孟于群国际货物运输及物流书系

国际物流运输法律咨询问答 423 例

孟于群　著

中国商务出版社

中国·北京

图书在版编目（CIP）数据

国际物流运输法律咨询问答 423 例/孟于群著 . —
北京：中国商务出版社，2012.9
（孟于群国际货物运输及物流书系）
ISBN 978 - 7 - 5103 - 0760 - 7

Ⅰ. ①国… Ⅱ. ①孟… Ⅲ. ①物流—国际运输—货物
运输—法律—问题解答 Ⅳ. ①D996. 1 - 44

中国版本图书馆 CIP 数据核字（2012）第 217363 号

孟于群国际货物运输及物流书系
国际物流运输法律咨询问答 **423** 例
GUOJI WULIU YUNSHU FALU ZIXUN WENDA 423 LI
孟于群　著

出　　版：中国商务出版社
发　　行：北京中商图出版物发行有限责任公司
社　　址：北京市东城区安定门外大街东后巷 28 号
邮　　编：100710
电　　话：010—64245686（编辑二室）
　　　　　010—64266119（发行部）
　　　　　010—64263201（零售、邮购）
网　　址：www. cctpress. com
邮　　箱：cctp@ cctpress. com
照　　排：卓越无限排版
印　　刷：北京密兴印刷有限公司印刷
开　　本：787 毫米 ×980 毫米　1/16
印　　张：44　　字　数：788 千字
版　　次：2012 年 9 月第 1 版　　2012 年 9 月第 1 次印刷

书　　号：ISBN 978 - 7 - 5103 - 0760 - 7
定　　价：98. 00 元

作者 1989 年 9 月参加"第九届国际海事仲裁员大会"，
摄于原联邦德国汉堡西柏林墙前

作者简介

　　孟于群　湖南桃江人，1946 年出生，毕业于北京第二外国语学院。中国海事和经贸仲裁员，海仲专家咨询和资格审查委员，北京仲裁委员会仲裁员。大连海事大学、上海海事大学和上海思博学院客座教授，北京大学法学院客座研究员，中国政法大学法学院兼职教授，中央财经大学与国际教育学会在职研究生校外导师。中国海商法协会常务理事。曾任菲亚塔法律顾问团委员，中国国际货运代理协会法律委员会主任和中国海商法协会副秘书长。1975 年任中国驻马来西亚使馆工作人员。1985 年任中国外运法律处副处长，1996 年任香港华润运达保险顾问有限公司董事总经理，2000 年任中国外运（香港）集团副总经理，2002

年任中国外运集团总法律顾问兼法律部总经理。1984 年赴美国律师所进修，1985 年获律师资格，1991 年获高级商务师，1993 年获国务院政府特殊津贴。著有《海运欺诈及其法律对策》、《国际货运代理法律及案例评析》、《货运代理与物流法律及案例评析》、《国际海上货物运输法律与实务》、《防止海运欺诈及法律实务》、《国际海运疑难典型案例精析》、《第三方物流法律实务及案例》。主编《中国外运法律论文集》（一、二、三册）、《国际货物运输物流案例分析集》、《国际货物运输法规选编》、《国际货物运输及相关业务合同范本》。参与中国《海商法》起草，任《海商法大辞典》分科主编和《中国海商法年刊》编委。多次出席联合国航运立法会议、国际海事委员会会议、国际海事仲裁员会议和菲亚塔国际会议，发表论文 60 余万字。

序

我和于群是近三十年的老朋友了。他为人谦和低调，赢得了圈内人的好口碑。

自20世纪70年代末从国外回来，他便开始从事索赔理赔工作，几十年如一日，深入基层，了解情况，解决实际问题，在向群众、向实践学习的同时，也极大地丰富和提高了自己。

于群有个好习惯——做一线学问。他每次下基层都把看到的、听到的以及人们问到的各种疑难问题，回到家一一整理、记录下来，从三十几岁开始，几十年下来，已经写下了工作笔记近八十本。我们透过这些发黄的笔记本，看到了一个勤勤恳恳、踏实工作的法律工作者的足迹，看到了一个严谨治学、一丝不苟的专家型老总的形象。

于群有个好助手——他的妻子陈震英女士，她跟我说：于群是个有心人，为了这本书，他把所有的工作笔记翻出来，一本一本地查阅，一篇一篇地筛选，花了不少的精力。《国际物流运输法律咨询问答423例》这本书就是这样整理出来的，这已是他退休后写的第六本书。目的就是想退休后还能为企业做一些力所能及的事情，让企业少付点学费。

我仔细拜读了于群发给我书稿的部分章节，发现《国际物流运输法律咨询问答423例》这本书涉及面非常广，不仅有海运，还有陆运、空运、多式联运、无船承运、货代、船代、物流、保险、仲裁、贸易等各个方面，需要各方面的知识。面对一线如此复杂、棘手的问题，于群能够当即给出自己的答案，这是需要一定功底的。

是于群的精神打动了我，愿为之作序，向广大读者推荐这本书，它不仅为一线业务人员提供了一本参考书，也会对在校老师的教学和司法实践有所帮助。

司玉琢

2012 年 4 月 25 日　于大连

前　言

　　从中学起我就爱写日记。1969 年参加工作后，我不仅在境外工作的 11 年间坚持写日记，还养成了写工作笔记的习惯，其中包括 1984 年以来从事法律工作期间接受各种法律咨询的意见和建议。即使在香港工作期间，我未专门负责法律事务，但也回答了许多来自全国各地乃至境外的一些朋友提出的有关法律方面的咨询。对于每次的咨询意见，我都会做笔记或事后追记。对于咨询的问题或案子，有把握的马上回答，把握不大或不十分清楚的，就去调查、了解，向我的老师和专家请教，然后加上自己的分析和思考再进行回答，并强调仅作参考。因为其一，自己不在第一线，又非当事人和承办律师，对案情的了解有限；其二，提问者提供的情况往往是初步的，或纠纷刚刚开始，掌握的资料并不多，自己对案情也非十分有把握；其三，自己水平有限，对案情所涉及的法律和解决问题的能力亦非娴熟。正因为如此，本人对提供的法律咨询意见十分慎重。

　　这本《国际物流运输法律咨询问答 423 例》的出版及其所具有的可读性源于两个重要因素：第一，中外运为我提供了一个平台和机会，中外运早期就从事外贸运输业务，长期与国际接轨，业务范围很广，遇到的问题繁多且复杂，新问题也层出不穷；第二，本人极好地抓住和利用了这个机会，不仅亲自处理诸多的国内外案件，认真研究和答复总公司系统的各类问题，还坚持累积第一手资料，不断总结经验教训，提升自己的能力。所以，今天才得以整理出《国际物流运输法律咨询问答 423 例》奉献给广大的读者。

本书中，我从自己几十本工作笔记中精选出 423 个案例，分为水运、陆运、空运、多式联运、无船承运、船务代理、货运代理、国际物流、其他方面和仲裁等十大类。423个案例全部是本人在工作实践中遇到和回答过的，个个真实可靠。书中的问答绝大部分无变动，仅对少数问答作了一些修改与完善。书中有个别答复是我与其他诸位资深专家如朱曾杰、高隼来等的共同意见；也有个别的答复不光是我本人的意见，还进一步请教了其他资深专家，如司玉琢老师和杨良宜先生等人，将他们的意见也一并收集到书中，为的是让大家对问题的解决有更全面的了解和更多的收益。书中还有一部分关于国际货运代理问答，是摘自本人在中国《海商法大辞典》中所撰写的词条。

后来的实践证明，其中绝大部分法律咨询意见是可行的，分析判断是正确的，达到了预期效果。当然其中也有不完善的，甚至是"馊"主意。所以，大家一方面在遇到类似问题时可参考使用这些意见；另一方面，还要根据形势的发展、案件的特殊情况找出适合的新的解决方法。这些咨询意见不是能医治百病的灵丹妙药，绝不能生搬硬套，一切都要以自己手中案子的具体情况进行具体分析，这样才能使复杂的纠纷得到妥善的解决。

在这些答复的意见中，有时本人是站在中间立场，对案例作出客观的评价，只能怎样，不能怎样；有时是站在咨询者的位置，或者是偏向咨询者的角度，对案情进行分析，可以这样，也可以那样；有时则完全是站在咨询者的立场，估计取胜的可能性不大，要想将案子翻过来是不可能的，但没有办法，只能是死马当活马医，出点主意，尽可能减少损失，而且还要看对方是否"厉害"、是否肯让步。

在这些答复的意见中，有些很好且符合实际，并可操作；有些意见并不是最好，却有操作性；有些意见却是没有办法的"办法"，只是去尝试一下；有些意见比较完整、翔实；有些意见则比较零散、粗糙；但无论如何，这些意见都是比较贴近当时的实际，且具有可操作性的。

本书所出的这些"点子"，有些看似十分简单，实则不易；虽仅一纸之隔，但要为人们所认识和察觉，也不容易；要被人们所捅破，更不容易。这些"点子"，有些只有一句话或几个字，或是只建议你去采取一个行动，或搜集一份证据，而你就有可能从被动变为主动，由败诉转为胜诉，就有可能避免损失或减少损失。为何？因为这些"点子"来源于实践的经验与教训，是智慧与心血的结晶。

提供法律咨询意见有时会让人感到困惑、操作起来有困难，其根本原因就在于现实中的案情很难在法律条款和教科书的理论中找到答案，它不像书本上给出的或列举的那些条件，它不是化学方程式。有时案情不十分清楚，缺乏足够的证据；有时案情涉及多个当事人，错综复杂；有时案情对当事人十分不利，十分被动；有时案情涉及多重法律关系，甚至涉及国外法律；有时案情涉及多种选择，所适用的法律没有"对号入座"的明确条款……所以，面对案情需要自己仔细倾听，去伪存真，找到最真实的东西；需要自己仔细分析，逻辑推理，找到最要害的问题；需要自己熟悉案情，归纳思考，找到最合理的理由；需要自己灵活运用，恰当解释，找到最准确的依据；最后，需要凭自己多年的经验，进行综合全面地考虑，提出一个符合案情的、对当事人有利的、可操作的法律咨询意见。总之，任何一个正确的法律咨询意见都必须来自对案情的熟悉了解，对法律的全面掌握，对业务的深入研究和对经验的不断总结。

本人从事国际运输和物流已有四十余年，其中专门从事法律工作二十多年，处理过业务中许多疑难复杂的涉外案件，也曾接受各类法律咨询数千次。本书收集整理的自 1982 年至 2012 年，这 30 年间所提供的书面法律咨询意见 423 例，用以增加大家的法律知识，拓宽大家分析案情的思路，提高大家处理案子的能力，帮助大家解决各种法律纠纷中的疑难问题。

归纳编辑本书，还源于我坚持四十余年的笔记，我以本书作为自己的意外收获来忠告大家：养成写笔记的良好习惯的确是大有益处的，不仅培养自己虚心学习的态度，还能帮助自己加深记忆。这些笔记既是当时处理案子的依据，又是日后原始资料与素材的积累，若干年后，笔记中的一点小小的记录或许就能帮你解决大问题。我正是在这样的积累基础之上，加上后续的追踪处理结果，才形成了今天这样一笔财富，同时也是经验总结的宝库，实在是一件很好的事情。我很羡慕现在的年轻人，赶上好时代，用上现代科技手段，通过电脑、手机、微博等，随时做笔记，随时发表，更可以随时根据自己的需要查找、修改、补充、完善。所以，建议大家在工作和学习中养成记笔记的好习惯。记笔记的要点是认真如实，尤其是提供法律咨询意见要符合案情，要严谨、慎重与正确，切忌草率、随意、想当然。

　　这本《国际物流运输法律咨询问答 423 例》经过五年的努力终于写完了。这对于一个上了年纪的人来说，虽谈不上是"拼老命"，但对我的体力和脑力的确是一次考验。那么，我为什么要"自讨苦吃"写这本《国际物流运输法律咨询问答 423 例》呢？除了朋友和读者的劝说外，我多少还有为社会作点贡献的想法。如果这本《国际物流运输法律咨询问答 423 例》的出版，能对正在从事物流与运输事业的同仁有所帮助的话，我就感到心满意足了。

　　由于四十多年前本人并没想到通过这些工作笔记成就今天的这本《国际物流运输法律咨询问答 423 例》一书，所以几十本工作日记显得那么零碎零乱，给今天编辑本书造成了很大的工作量，包括资料的收集、整理、归纳、分类、复印、录入、核实有关法律法规、校对和完善，在此特别要感谢妻子的无私奉献，感谢余众、余格的辛勤劳动，感谢余敏达、余路、余康、孟伊、孟尔、廖顿、唐可诗、陈震文、沈桂兰、邢乃群、杨旭、陈建华、贾同德、王中领、刘洋、孟然、高伟、魏秀云、刘英娜、管川云、杨伟国、翟娟、李赫、李京、吴津涛、杨运涛等给予的大力帮助，还要感谢中国商务出版社的李学新副社长、责任编辑汪沁、赵桂茹女士、徐文杰先生，以及韩晓磊和徐寄铭先生为出版本书在各方面提供的方便与支持，最终成就了本书的顺利出版。

　　鉴于自己的法律知识和办案水平所限，书中难免疏漏谬误，请读者批评指正，不胜感谢。

孟于群

2012 年 4 月 17 日写于长沙

目　录

一、水运方面（包括海运、沿海、内河等）

二、陆运方面

三、空运方面

七、货运代理

八、国际物流

九、其他方面

十、关于仲裁

一、水运方面

（包括海运、沿海、内河等）

（一）货损货差

1. 舱盖砸坏货物谁负责

问：我司一条租船去尼日利亚卸货，卸货过程中出现舱盖板跌落舱内，将舱内货物砸坏，请问将会出现什么问题？我们应怎么处理？

答：1. 如果卸货时的理货报告中有残损记录，收货人会申请商检，还将会要求承保公司进行赔付。

2. 收货人或承保公司将凭清洁提单、发票以及理货报告和商检证书向有关责任方，如船方或租船人索赔，或单独向船方，或单独向租船人索赔，或同时向船方及租船人索赔。

3. 如单独向租船人索赔，你可将责任先推向船方，如推脱不了，只好先赔付，然后再根据租约条款向船方索赔，因为你签的是租船人提单，并且租船人是

1987 年 5 月 3 日作者在外运系统经理业务培训班
讲授海运货物索赔及货代相关法律知识

承运人之一。确实有责任赔偿时，要争取享受每件的赔偿责任限制。

4. 如果签的是船东提单，可将责任推到船东身上，要求收货人直接向船东索赔。

5. 此时，你可向船东出一正式函，指出，×年×月×日，你的雇员即船员开×舱时，将舱盖板跌落舱内，造成货物损失，将来一旦收货人提出索赔时，一切责任由船东承担，对此我租船人不承担任何责任。

6. 查阅一下租约条款，对于货损货差有无明确规定，其明确规定是对船东有利，还是对你方有利，以便采用或应对。

答复远洋船务公司咨询，2004.12.17

2. 货越船舷被撞坏由谁赔

问：我公司与美国商家签了一个合同，进口两台可装7个空集装箱的叉车，实际发货地在荷兰鹿特丹，但在装船过程中，叉车碰坏了一个集装箱，叉车本身亦被撞坏，现美国卖方来了E-mail称：叉车坏了，很对不起，但因是CIF黄埔，叉车已过船舷，故风险已转移，他们不负任何责任，但会积极配合买方，从责任方那儿得到赔偿。

但买方认为，买卖合同条款已明确是CIF黄埔码头仓库，所以卖方应做到此点，在此情况下卖方有责任赔付，而卖方不是这么认为，怎么办？

答：你公司此时的想法与心情我完全理解，但从法律上分析，你公司还得考虑一下我的想法，看后有何意见请随时联系。

1. 你们应认识到，无论是FOB，还是CIF、C&F条款，从其风险、责任、费用三方面来看，风险是一致的，即都是由买方承担，只是买方承担责任与费用不同，所以卖方称，他的叉车交给承运人，承运人在叉车装船的过程中，具体来说已过了船舷，叉车被撞坏，所以其风险都转移到了买方，是有道理的。

2. 假如叉车损失是在装货前就坏了，或属质量本身问题，那么买方可根据买卖合同有关质量条款找卖方索赔。

3. 如船方签了已装船清洁提单，那么收货人可凭手中的清洁提单向承运人提出索赔，当然要求理货公司在残损单上标明并要船方签字，同时申请商检，确定其损坏原因、损坏程度与金额，如果金额大，要求承运人提供担保；并且还应指出，货物在装船时就已损坏，为什么不批注而出清洁提单，这属于欺诈行为，船方不但不能免责，并且不得享受赔偿限额。

4. 因为是 CIF 条款，卖方已替买方投了保险，如果被保险人是买方即你公司，那么你公司可凭保单向承保公司提赔，要求承保公司按投保金额或实际损失金额进行赔偿。

答复广东某货运代理公司咨询，2004.4.27

法律参考：

《2000 年国际贸易术语解释通则》中的贸易术语

FOB（Free On Board）：船上交货（……指定装运港）

"船上交货（……指定装运港）"是指当货物在指定的装运港越过船舷，卖方即完成交货。这意味着买方必须从该点起承当货物灭失或损坏的一切风险。

CFR（Cost and Freight）：成本加运费（……指定目的港）

"成本加运费（……指定目的港）"，是指在装运港货物越过船舷卖方即完成交货，卖方必须支付将货物运至指定的目的港所需的运费和费用。但交货后货物灭失或损坏的风险，以及由于各种事件造成的任何额外费用，即由卖方转移到买方。

CIF（Cost，Insurance and Freight）：成本、保险费加运费（……指定目的港）

"成本、保险费加运费"是指在装运港当货物越过船舷时卖方即完成交货。卖方必须支付将货物运至指定的目的港所需的运费和费用，但交货后货物灭失或损坏的风险及由于各种事件造成的任何额外费用即由卖方转移到买方。但是，在 CIF 条件下，卖方还必须办理买方货物在运输途中灭失或损坏风险的海运保险。

3. 货方未投保，货损谁赔偿

问：由东航公司负责从香港转运到宁波的 4 个集装箱，箱内装有布料。货到宁波后收货人发现其中 16 卷遭水湿，故向东航公司提出 2 000 多美元的索赔。此货是 CY-CY 货，东航公司签发了自己的提单，集装箱也是东航公司租的，船是东航公司的期租船，收货人未买保险。东航公司投保了租船人责任险。请问，东航公司对货物的损失是否需承担责任？如需承担责任，该责任是否在租船人责任险的承保范围之内？

答：根据此情况，我的意见如下：

1. 虽然东航公司买了租船人责任险，但保单条款规定的免赔额为3 000美元，现在收货人索赔款不超过3 000美元，在责任险免赔额之下，故承保公司将不负责赔偿。

2. 虽然收货人没有买保险，无法向保险公司索赔，但有权向责任方索赔，现租船人为东航公司且签发了东航公司的提单，加上集装箱也是东航公司提供，并有迹象表明是由于集装箱水密不严，造成进水使布匹水湿，东航公司的责任看来很难免除。

3. 所以本案可从以下三个方面先抗辩一下：

（1）告知虽然东航是租船人，但可要求收货人直接向船东索赔（以此避开你司承担责任）。

（2）要求收货人提供货物水湿的检验报告，光凭收货人所提供的理货报告不行，因为只有检验报告才能讲明货物水湿的程度及水湿的原因，便于确定谁的责任与损失的大小，如若索赔单据不足可拒赔。

（3）本案收货人实际是按责任限额索赔的，可以接受。集装箱纠纷中类似本案的情况是经常发生的，但许多当事人并不清楚赔偿责任限制的计算方法及注意事项，尤其作为船方，本可以享受的责任限额却因为不知或对每件的法律含义不明，导致多承担了赔偿责任。

例如本案提单上的每件赔偿限额为500美元，即1个集装箱按一件货物赔偿500美元。虽然提单上写了箱内布料的数量为××卷，但卷数不属于运输的件数，故不能按每卷进行赔偿，而只能按4个集装箱，即4件货物进行赔偿。

4. 原来是通过运达保险公司购买的租船人责任险，虽然在免赔额之下，由东航公司赔付，承保公司不承担赔付责任，但仍可请运达保险公司与承保公司交涉争取获得通融赔付。

答复香港东航船务公司咨询，2001.9.18

4. C&F条款下火灾货损卖方能否免责

问：现有一起纠纷要麻烦您，一是替我们分析一下我公司作为出口商是否要承担法律责任？二是应如何处理此纠纷？本案纠纷是我们轻工进出口公司出口一批丝绸货物，装运港为塘沽，目的港为荷兰鹿特丹，价格条款是C&F。该批货物在塘沽港口装完货后获取了船方签发的清洁提单且已安全结汇。其后，得知装运该批货物的船只在航行途中发生火灾，船方已宣布共同海损。

船上的货物，包括我们的货物全部被烧坏。特别遗憾的是经查，货物装上船，并且载货船舶离开装运港后未及时通知国外收货人，故收货人未投保。我们现在通知国外收货人还行吗？如不行，由于我们未及时通知收货人购买保险将会承担什么法律后果呢？

答：根据所提供的资料，你们将要承担赔偿国外收货人的损失是肯定的。此外，损失发生后再采取投保的措施来弥补这批货物的损失是完全不可能的。

因为，在进出口贸易中通常使用 FOB、CIF 与 C&F 三种最基本的贸易术语，对于卖方与买方的费用、责任及风险均有明确的界定。本案中，你们采用的是 C&F 条款，那就是意味着卖方承担将出口货运送到目的港的费用及责任，并且当出口货物装上船后应立即通知买方，由买方决定是否购买保险。如果你们尽了责任义务，其货物一过船舷，风险就转移了，对于运输途中出现的货损货差不必承担任何责任，无论是否发生火灾造成损失。但是作为卖方你们存在根本违约的行为。卖方有义务及时通知买方货物装船的信息，以便买方及时安排保险，否则因卖方未及时或未通知货物已装船的信息，致使收货人未及时投保，未事先将风险转移，而造成其无法向保险公司索赔，此时，卖方须承担买方因承运人运输途中发生火灾引起的货物损失。

在 C&F 的条款下如果收货人购买了保险，当货物在海运途中发生货损货差时，收货人可通过两个途径来挽回自己的损失，一是依据保单向保险公司提出索赔，只要货物损失在承保范围之内，单据齐全，收货人便可获得损失金额的全部赔偿（除非有免赔额与最高赔偿限额）。保险公司赔付后，获得权益转让，尚可向责任方如承运人进行追偿；二是依据海运提单向承运人索赔，但如果其货物损失属于承运人免责范围内，则收货人就无法追回其损失；如承运人不能免责但可享受赔偿责任限制，则收货人也只能追回赔偿限额部分的损失。

但在本案，收货人很难从承运人处索回货物损失，因为依据有关的国际公约、法律及海运提单条款，一般都明确规定在运输途中由于火灾引起的货损承运人免责，除非能证明火灾是由于承运人本人的过失所造成的。

现在你公司作为发货人要承担收货人的损失已经没有别的办法可挽回，除非你公司有证据证明这次火灾是由于承运人本人的过失造成的。目前你公司唯一可做的事情就是通过此案，很好地从中吸取教训，增强领导与业务人员的责任心，提高大家的业务知识水平，尤其是对各种贸易术语要有一个正确的认识。

答复中国纺织品进出口总公司运输处咨询，1987.7

5. 货被污染，收货人能否拒收货、拒付款

问：发货人的一批水泥出口去韩国，系运费到付。该批货物运到韩国后，收货人发现水泥被装在上面的焦炭污染了，因此不付运费，且拒绝收货。船方称拟留置货物。我们作为货运代理，须等船方收到运费后，才能获得每吨货 2.5 元人民币的代理费。请问我们应该怎么办？

答：关于你所提出的问题，我的意见如下：

1. 发货人已将货装船，得到清洁提单，且已结汇，故与此案无利害关系。

2. 货被污染显然是船方积载不当造成的，如不属船方免责范围，船方对此要承担责任。

3. 即使发生货损货差，收货人也不能拒付款、拒收货，而应当先付款收货，除非此货经检验 100% 的变质，已变成垃圾。

4. 如果货物已投保，收货人应向保险公司索赔其损失，然后由保险公司向有关责任方进行追偿。

5. 本案责任方在船方，但若收货人不付款，情况即发生变化，船方有权留置船上属于不付款的收货人的货物，并进行拍卖。

答复天津外运公司咨询，1995.12.14

6. 冷冻货腐烂，船方如何面对

问：我自营船"大山"轮交香港多古公司经营，装载日本 NYK 公司的出口货，即 9 个集装箱的冷冻货（据船务代理称，当时已通知是装 9 个集装箱的冷藏货，并且提单上也已注明）。而 9 个集装箱装上船后，船方忘了插电源，致使集装箱内的货物全部腐烂变质，收货人要求赔偿，我方怎么办？

答：作为船方可从以下几个方面考虑处理此案。

1. 进一步查明事故的原因，分清造成货物损失的原因属管货的过失还是属管船的过失，如属管船过失，则要求免责。

2. 若属管货过失，船方应承担责任。但请查看是否属于船东保赔协会理赔的范围，如属于，应由船东保赔协会负责赔偿（据称，此轮的船东保赔协会曾声明过对此情况不承保）。

3. 查看提单是如何打的。仅打 9 个集装箱，还是同时打了每箱内多少件数（指"运输单位"件数）。这涉及若属船方责任，船方按每件的最高限额进行赔偿时，是按 9 个集装箱赔付，还是按总件数即箱内件数乘以 9 个集装箱赔偿。

4. 应吸取的教训：

（1）如事先明知这种情况不在船东保赔协会承保范围之内，则应另外投保，将风险事先转移出去，不可心存侥幸。

（2）这样的疏忽是不能容忍的，说明船长根本不称职，要对船长及有关人员进行教育，必要时进行处理。

答复中外运航运公司咨询，2004.4.25

7. 装船次日鳗鱼死亡，船东应承担责任吗

问：上海某公司与日本一家公司签订了一批鳗鱼的出口合同，由日方派船。日方通过香港一家公司租了一艘活水循环船。该船经过整修后，开往福建马尾装运鳗鱼。1995 年 7 月 5 日凌晨开始装鱼，但 7 月 6 日鱼就死了。因此，上海公司与日本公司要求香港的租船人进行赔偿，并将该船扣下。之后船方出了 100 万元人民币的担保，才被放船。

该案经厦门海事法院审理，一审判决：

1. 该船属期租船，其租船人应是承运人。

2. 原告是日本公司，香港公司应是租船人。

3. 上海发货人应是第三人。

根据商检结论：

1. 在运载鳗鱼的船舱内有较大的油漆味，正是由于油漆的原因造成鳗鱼死亡。

2. 鳗鱼舱内的水不适合，本来这种活水循环船需要每天换水，但是该船到后好几天都未换水，而且租船人还称没关系，这是造成鳗鱼死亡的另一个原因。

3. 本来装运活鱼之类的动物，在装船前就应当申请检验，而承运人未这么做。

综上所述，故厦门海事法院判船东承担 60% 的损失，租船人承担 40% 的损失。请问，在本案中船东应承担责任吗？

答： 宋律师代表船东进行上诉，可从如下几个方面谈理由：

1. 除非船东有证据，足以证明鳗鱼的死亡不是船舱内油漆味造成的，才可以推翻商检的结论。

2. 既然鳗鱼在装船前未曾检验过，这就很难说明在装船前鳗鱼是好的。按照我国的出口货物检验法规，当时承运人应当申请检验。

3. 要有足够的证据能够证明，鳗鱼死亡是由于船上的水的原因。

但是，想以租船人不是承运人为由，拒绝承担任何责任是不可能的。看来此案要翻过来很难，顶多是减少一些赔偿金额。不过厦门海事法院按四六开作出判决，船东还算合算。

答复共和律师事务所宋律师咨询，1995.7.21

8. 有特殊要求之货损向谁索赔

问： 1998 年，我福建成龙木业公司与德国德柯公司（以下简称"德柯公司"）签订了一份国际贸易合同，由德柯公司向我司提供一批地板装饰纸。该装饰纸表面涂胶，在热压到木板上后可以对木板起到强化和美化的作用。合同的价格条款为 CIF，由德柯公司负责投保和租船。并且要求投保货价 110% 的运输保险。

按约定货物分两批从德国运至我国融侨码头。第一批货物于 1998 年 9 月 15 日运抵融侨；但第二批货物承运人错发到了福州，后于 9 月 30 日才转运到融侨，因此迟到了 10 天。当时，两批货物在表面上都看不出有任何问题。9 月 25 日我司对第一批货物开始热压处理，也未发现有任何问题。但到 10 月 3 日在对热压完的第一批货物进行切块开槽时，发现该装饰纸与木板根本没有粘接牢固。此时，我司对第二批货物的热压处理也已开始，而第二批货物比第一批货物更为糟糕，还在热压过程中该装饰纸就出现了粘不上、起泡、起层等问题。我司及时将上述问题通知了德柯公司，而德柯公司回复称问题出在我司的工艺上。于是我司调整了工艺条件，但仍未解决问题。后我司买了国内外其他几家公司的同类装饰纸进行热压对比测试，都没有出现任何质量问题。因此，我司认为德柯公司装饰纸的质量有问题。11 月 20 日，德柯公司派技术人员到我司对该装饰纸进行试压，结果证实该装饰纸的质量确实有问题。经某林学院和福建建材协会鉴定，该装饰纸的预固化度过高。应我司邀请，德国保险公司指定的香港 Surveyor Intertek Testing Service（ITS）于 12 月 10 日、11 日、12 日三天对该批货物进行了抽样检测，并于 1999 年 1 月 15 日出具了《检测报告》，证实该装饰纸的预固化度过高，全部货物都存在问题。但此时，德柯公司又称该批装饰纸货物可能在运输途中已经受损。目前，我司还一直未与保险公司及承运人接触，只是向德柯公司追索。

另外，我司与德柯公司在贸易合同中约定，装饰纸是非常敏感性的货物，要求较高的运输和贮存条件，在集装箱中的温度不应超过 35℃，在仓库贮存时最好保持 20℃左右的合理温度。德柯公司的技术人员和 ITS 的《检验报告》都已证实我司的仓库条件良好，温度满足要求，但集装箱中的温度还未查明。

从现在的情况来看，该批货物存在质量问题已经证实，但造成质量问题的原因并不明确，而且很可能日后也无法查明真实原因。在此情况下，请问：

1. 我司是否有权向保险公司或承运人索赔？

2. 为了对货物进行对比测试，我司购买了一些测试的原材料。另外，由于德柯公司的装饰纸无法使用，我司被迫以高价买入成品地板供给已与我司订货的厂商，我司在此笔贸易中遭受的损失比合同价格高出两倍。那么，如果保险公司赔付，是否也只能按保险合同赔付货价的 110%？

3. 保险公司在赔付后是否都要取得代位求偿权，这种求偿权是否只局限于保险公司赔付给被保险人的数额？

答： 根据你司对案情的介绍和所提供的资料，提出下列几点意见，以供参考：

1. 保险条款中明确规定：保险标的的固有缺陷或性质引起的损失、损害或费用属除外责任。所以，一般来讲，货物损失属货物本身质量问题，或是由本身质量问题所引起的损失属于除外责任，保险公司是不赔的。本案货物未遇任何意外（天灾或者意外事故），装船时及运输途中也没有发生任何海事等记录，卸货时也未理出货物有残损，当然也没有申请商检，只是在卸离船只多天后加工时才发现货物质量有问题。但是，保险公司的代理检验人员称货物可能是在运输过程中受损，并且保险公司也确认此推测的论点成立，那么，你司作为收货人就可以向承保公司索赔，因为在运输途中引起的货物残损，包括引起的质量损失应属承保范围之内，承保公司应当赔付。

2. 关于你司能否找海运承运人索赔，关键要搞清楚三个问题：第一，你司要证明本案货物的质量问题是在运输途中由于船方管货过失造成的；第二，货物的质量问题在卸货当时理货报告的理货单上要有记载，并经船长或大副签字确认；第三，货物要在卸货港申请商检，由商检局出具货物残损原因、数量、程度等的《商检报告》。同时，还要注意以下几点：①货物损失如在我国《海商法》海运承运人12项免责范围之内，海运承运人则可免责不赔；②即使货物损失属于海运承运人责任范围，其对货物损失仍享有赔偿责任限制；③索赔人不能超过诉讼时效，货物损失的诉讼时效为1年。根据《海牙规则》和我国《海商法》，诉讼时效都是在货物卸离船舶或者应当卸离船舶后1年之内。换句话说，1年内纠纷尚未能解决时，索赔人最晚须在1年之内提起仲裁（如有有效仲裁条款）或诉讼（向有管辖权的法院提起）。本案中，是保险公司的代理检验人员推测可能在运输途中造成的货物质量有问题，而货物却是在收到后及使用时才发现质量有问题，如无其他证据，例如卸货时的残损单、卸货港的商检证书等，收货人是无法向海运承运人追究任何疏忽责任的。

3. 如果投保金额是按发票价格的110%投保，那么即使按货物全损，最多也只能获得投保单上110%的金额获赔，超过部分是得不到赔偿的。

4. 当货物损失得到赔偿后，只要保险公司要求权益转让，获得赔偿的投保人就有义务出具权益转让书给承保公司，以便承保公司根据案情决定是否向有关责任方进行追偿。

5. 关于本案中是否对集装箱的温度有特殊要求，如有，发货人是否通知了总承运人，尤其是否书面通知了船方？如发货人未通知，那么货物损失的责任就在于发货人（因其未履行合同责任），收货人则无法向保险公司或总承运人索赔。如果发货人已明确书面通知，是船方未注意此特殊要求，而按一般货物进行运输，或按特殊货物运输，但未按要求的温度对集装箱温度进行调控，那么收货人就可以向保险公司或总承运人索赔，而不可向发货人索赔（发货人履行了合同义务）。

6. 虽然本案货物的质量问题有可能是海运途中造成的，但本案货物的运输不是单纯的海上运输，而采用的国际多式联运（CY-CY）的方式。所以，此时的承运人并非仅指船方，而是包括各种运输方式的承运人，特指法律意义上的多式联运经营人，即签发多式联运提单的人。因为他是本案货物的总承运人，他收取了全程运费，应当对委托人负全程运输责任，故他的责任期间应从集装箱堆场接收集装箱起到集装箱堆场将集装箱交给收货人为止。一旦货物损失被证明是在多式联运过程中发生的，并非货物本身质量不符合买卖合同时，收货人就可凭多式联运提单为法律依据向总承运人即多式联运经营人提出索赔。如果知道货物损失发生在哪一区段运输中，例如是在海运区段发生的，收货人则可要求总承运人按海运承运人应赔偿的金额进行赔偿；又如是在空运区段发生的，收货人则可要求承运人按空运承运人应赔偿的金额进行赔偿。如果无法判断货物损失发生在哪一区段的运输中，那么收货人就可要求总承运人按多式联运提单上所规定的每公斤赔偿的金额进行赔偿，一般都是依据《1980 年联合国国际多式联运公约》所规定的每公斤赔偿 2 美元计算。当然，每个国家从事国际多式联运的运输公司的多式联运提单条款规定的赔偿金额也不完全一样，有每公斤少于 2 美元的，也有每公斤超过 2 美元的。至于本案中每公斤应赔多少，据我所知，按"中国远洋运输公司集装箱联运提单"的规定，赔偿金额不得超过灭失或损坏的货物的毛重每公斤 3 元人民币。不过为了慎重起见，建议你司先查看本案货物运输所采用的多式联运提单的相关条款。

7. 如果发货人对本案货物的温度有特殊要求，并且已书面明确告知多式联运经营人或者海运承运人，那么你司就可设法运用我国《海商法》第 59 条（经证明，货物的灭失、损坏或者迟延交付是由于承运人的故意或者明知可能造成损失而轻率地作为或者不作为造成的，承运人不得援用本法第 56 条或者第 57 条限制赔偿责任的规定。经证明，货物的灭失、损坏或者迟延交付是由于承运人的受雇人、代理人的故意或者明知可能造成损失而轻率地作为或者不作为造成的，承运人的受雇人或者代理人不得援用本法第 56 条或者第 57 条限制赔偿责任的规定）。突破其承运人的赔偿责任限额，要求承运人按实际损失赔偿，甚至包括由于货物损失而引起你司额外支付的钱。但需注意，"中国远洋运输公司集装箱联运提单"第 21 条明确规定："承运人不承运装于冷冻、加热、绝缘、通风集装箱或任何其他特殊装箱中的货物，亦不运输货方或货方代表的此类集装箱，除非承运人同货方之间已就装运此种货物或集装箱的特殊安排以书面达成协议，并在本提单正面注明，且已支付所需的特殊运费。承运人对由货方或货方代表提供的特殊集装箱的功能不承担责任。"

鉴于本案情况及上述分析，我认为，如果没有足够充分的证据（仅发货人一方的推测不行）证明本案货物的损失是在国际多式联运运输中（含在堆场收货后与放货前）造成的，那么你司只有通过买卖合同这一法律关系向卖方提出索赔。如有充分的理由，你司获得赔偿的可能性很大。如果诉讼，你司也应能胜诉。当然，你司还要根据买卖合同的条款来确定在何处起诉及适用何国法律。同时，作为收货人你司还要看自己本身有无过失，例如货物卸下后到发现货物有质量问题时，货物存放场所的温度是否符合要求等。

根据本案的具体案情，虽然向总承运人提出索赔没有什么道理，将难以获赔。但我建议你司仍可考虑向总承运人提出索赔，让总承运人举证证明本案货损并非在其实际控制之下造成的，并从总承运人提出的理由和提供的证据中，获得你司转向卖方索赔或诉讼时的有用理由和有力证据。

另外，从策略上讲，即使你司作为收货人有一定的理由向保险公司或总承运人索赔，我仍建议你司抓住卖方为上策。因为从目前情况看，你司向卖方追究责任、追偿损失的理由最充足，证据最有利，并且还有可能要求卖方承担更多的损失，即包括因货物质量问题引起的一切费用，而非仅限货物本身的损失。而如向保险公司或总承运人索赔，即使获得赔偿，也仅限货物本身的价值或者保单上所列的金额，超出的其他损失无法获赔。

答复福建成龙木业公司咨询，1999.2.1

9. 船方造成货损变质如何处理

问：我司代化工公司承运出口阿根廷橡胶 100 吨。我司委托清华公司（以下简称"船方"）运输，条款为 CIF，由人保公司保险。该批货物运抵香港时，2 044 袋中剩下 668 袋货物无损，其余因水湿发生变质和凝固。船方提出下列处理意见：668 袋完好货由二程船运回塘沽，将残损货拍卖，并以拍卖所得价款支付给化工公司，至于差额根据提单条款和有关法律另外进行赔偿。这样的做法是否合适？

答：在船方承认水湿的 1376 袋货是由于其责任造成的前提之下，同意船方采取的措施和提出的意见，即由船方将损坏货物运回，然后再对船方采取措施。要求船方出具一个担保或通过扣船要求其出具担保，并且船方要对化工公司说明：

1. 对 1376 袋损坏货物承担责任；
2. 668 袋完好货物运回；
3. 损坏货物卖掉，所得款项交给化工公司；
4. 损失的 1376 袋货物按照提单条款和有关法律由船方赔付，并将担保出具给化工公司即收货人（可要求人保公司按照外汇货价赔付给化工公司）。

答复某货代公司咨询，1995.11.3

注：但船方未按照该货代公司的意见出具担保，而是擅自将 668 袋好货运抵国内，1376 袋拍卖，货价为 6 万美元的橡胶只卖了 8 万多港元，并且声称根据提单适用《海牙规则》第四节第二款免责，要求收货人去找保险商，后货代公司马上答复船方：①由于船方违反了电传第一条即责任在船方，故这样做的一切后果由船方自负；②收货人坚持以 2044 袋清洁提单要求提供短少的货物或者按照 CIF 承担全部赔偿，否则将采取必要的行动。

最后，船方来电答应按照货价全部赔偿化工公司，让化工公司提出索赔金额。船方赔付后，货代公司才付运费。船方赔款中是否有从香港到塘沽的运费，如有，货代公司照付，如没有，将扣除。

10. 实际损失是否包括间接损失

问：由天津出口到南非的一个项目工程的机械设备，价值 10 万美元，且为该工程项目急需的机器。船方擅自将舱内货装于甲板上，不料途中碰到风浪，货物水湿，经检验全损。因是专门制作的机器，无法找到替代物，使得整个工程被推迟，造成南非收货人很大损失。收货人不但提出货价全损的损失，同时还包括由于无法按时安装该机器所产生的间接损失，总共索赔 100 万美元。

对船方应否赔偿间接损失，法院有两种看法：

海事法院认为：在此情况下，船方不能免责，也不能享受赔偿责任限制，应按 CIF 货价赔偿，但不承担间接损失的赔偿。

天津高级法院认为：在此情况下，船方的赔偿应包括间接损失，因为船方明显违约。

请您对上述案子的判决谈谈您的看法，即在这种情况下，其损失是否应包括间接损失？

答：我的看法是，正因为船方明显违约，将舱内货装到甲板上，所以不能免责，也不得享受赔偿责任限制。但在多年的海事司法实践中，间接损失的费用不应包括在实际损失的计算之内。此点轻易不要突破，如要突破也应先修改或增加有关法律条文。除非在装货前，托运人将该货的价格、重要性书面通知船方，船方也同意了，此时考虑突破，还多少有些道理，但对所谓间接损失也应加以限制。例如，对有约定的延误，也只赔两倍运费；空运一快件丢失，因交货时按普通件托运的，故丢失后只赔 100 美元，因为托运人未强调与表明此快件的重要性，故承运人未多收运费，也未作特殊安排。

答复中外运总公司法律部咨询，2003.6.4

法律参考：

《中华人民共和国海商法》

第53条　承运人在舱面上装载货物，应当同托运人达成协议，或者符合航运惯例，或者符合有关法律、行政法规的规定。承运人依照前款规定将货物装载在舱面上，对由于此种装载的特殊风险造成的货物灭失或者损坏，不负赔偿责任。承运人违反本条第一款规定将货物装载在舱面上，致使货物遭受灭失或者损坏的，应当负赔偿责任。

第55条　货物灭失的赔偿额，按照货物的实际价值计算；货物损坏的赔偿额，按照货物受损前后实际价值的差额或者货物的修复费用计算。货物的实际价值，按照货物装船时的价值加保险费加运费计算。前款规定的货物实际价值，赔偿时应当减去因货物灭失或者损坏而少付或者免付的有关费用。

第56条　承运人对货物的灭失或者损坏的赔偿限额，按照货物件数或者其他货运单位数计算，每件或者每个其他货运单位为666.67计算单位，或者按照货物毛重计算，每公斤为2计算单位，以二者中赔偿限额较高的为准。但是，托运人在货物装运前已经申报其性质和价值，并在提单中载明的，或者承运人与托运人已经另行约定高于本条规定的赔偿限额的除外。

货物用集装箱、货盘或者类似装运器具集装的，提单中载明装在此类装运器具中的货物件数或者其他货运单位数，视为前款所指的货物件数或者其他货运单位数；未载明的，每一装运器具视为一件或者一个单位。

装运器具不属于承运人所有或者非由承运人提供的，装运器具本身应当视为一件或者一个单位。

第57条　承运人对货物因迟延交付造成经济损失的赔偿限额，为所迟延交付的货物的运费数额。货物的灭失或者损坏和迟延交付同时发生的，承运人的赔偿责任限额适用本法第56条第一款规定的限额。

第59条　经证明，货物的灭失、损坏或者迟延交付是由于承运人的故意或者明知可能造成损失而轻率地作为或者不作为造成的，承运人不得援用本法第56条或者第57条限制赔偿责任的规定。经证明，货物的灭失、损坏或者迟延交付是由于承运人的受雇人、代理人的故意或者明知可能造成损失而轻率地作为或者不作为造成的，承运人的受雇人或者代理人不得援用本法第56条或者第57条限制赔偿责任的规定。

11. 出口货物丢失与货代有关系吗

问：我司作为货运代理，根据国内发货人的委托，将出口货物装上船并已运出，在办理货物出口运输手续中无任何过失，但船到加纳后，收货人称未收到货，并要求国内发货人赔付，而国内发货人称如果他们赔付了，将再向我司索赔。请问在这种情况下，国内发货人是否有权向我司索赔？如向我司索赔，我司应如何进行抗辩？

答：根据你司对案情的介绍，现提出以下意见供你司参考。

1. 在加纳卸货港究竟是无货还是无人提货？

2. 正常的索赔渠道应当是收货人凭提单、发票和溢短单向船公司或者保险公司索赔，而现在为何向你方索赔？按照本案情况，发货人不应当赔付收货人（如果要赔也是发货人自愿赔的，是从商业上考虑的，并非从法律上考虑的）。即使现在赔了，发货人也无法向另外的人索赔，尤其是向你司索赔，因为发货人与你司无任何法律关系。

3. 你司已将货物发运，并且无任何过失。

4. 对方尚缺索赔单据：①提单；②卸货港货物短少的证据。

5. 对方提赔的金额计算也要有原始凭证，不能单凭对方口头提出的数额。

6. 正常的诉讼时效是否已过？既然向船公司和保险公司的诉讼时效均已过，那么向你司索赔的诉讼时效也应当过了。

答复重庆外运公司咨询，1995.8.25

12. 船方擅装甲板货损失谁负责

问：天津无缝钢管厂委托天津外运负责运输一项大工程的一批电器，天津外运又委托总公司负责此事。总公司通过班轮订舱，将该批货物装载于德国一家船公司的船舶。但船方擅自将 86 箱电器装在甲板上，因途中遇风浪引起货损。船长称是遭遇海事造成的，要求免责。船舶驶到卸货港后，货方通过天津海事法院扣船，获取 760 万马克的保函，货价为 560 万马克。装货时，我们不知道该批货物装在甲板上。运输途中得知后，船长称发货人曾同意该批货物可装甲板，船方又补买了甲板险，故我方也就没当做一回事。现在，货方一方面抓住船方，一方面抓住天津外运，并称天津外运为承运人，对此要承担连带责任。因此，天津外运要我方提出意见。请您告知我方应向天津外运提出哪些建设性的意见？

答：1. 这批货物属于班轮订舱，船东应是承运人。

2. 船东擅自将货物装于甲板，故由此产生的一切损失均应由船东负责，并且不能享受赔偿责任限制。

3. 货方通过提单与船东构成了法律关系，采取扣船取得担保是完全正确的。

4. 天津外运要全力支持货方向船东索赔。

5. 因天津外运吃了差价，故也有承运人性质。当货方未能从船东获赔或不满足时，肯定会找天津外运。所以你们要全力支持货方从船东那儿获赔，否则你方会处于很不利的地位。

据我所知，还有一条船，船东自行装了161箱货在甲板上，同样要电告船东，指出他们未征得发货人的同意，擅自将应装在舱内的货物装在甲板上，应承担由此引起的一切责任和费用，同时制止其船务代理继续这么做。

至于"易兴"轮，属你们经营的船只，又经你们同意将货物装了甲板，如果货物发生货损货差，那么肯定你们要承担责任。

答复中外运总公司远洋处咨询，1991.9.3

法律参考：

《汉堡规则》

第9条　舱面货

1. 承运人只有按照同托运人的协议或符合特定的贸易惯例，或依据法规的规章的要求，才有权在舱面上载运货物。

2. 如果承运人和托运人议定，货物应该或可以在舱面上载运，承运人必须在提单或证明海上运输合同的其他单证上载列相应说明。如无此项说明，承运人有责任证明，曾经达成在舱面上载运的协议。但承运人无权援引这种协议对抗包括收货人在内的，相信并持有提单的第三方。

3. 如违反本条第1款的规定将货物载运在舱面上，或承运人不能按照本条第2款援引在舱面上载运的协议，尽管有第五条第1款的规定，承运人仍需对仅由于在舱面上载运而造成的货物灭失或损坏以及延迟交付负赔偿责任，而其赔偿责任的限额，视情况分别按照本公约第六条或第八条的规定确定。

4. 违反将货物装载在舱内的明文协议而将货物装载在舱面，应视为第八条含义内的承运人的一种行为或不行为。

13. 船方对甲板货免责的条款能否接受

问：我们正与一家船公司商谈有关大型汽车装甲板的条款，谈判中碰到一个难题，想请您指点一下。客户出口大型汽车准备装在所载船舶的甲板上，船公司虽然同意，但要求在运输合同条款中加一条款，即船方对装在甲板上的大型汽车在任何情况下都不承担责任。请问，这是否属于霸王条款，能否接受？

答：以下分析与建议，供你与你的客户参考。

根据航运情况，货物装在甲板上的风险比装在船舱内肯定要大。一般情况下，作为货主，轻易不会同意船方擅自将货物装在甲板上，即使同意货物装于甲板时，也不会轻易同意船方可免除任何责任。而作为船方，对甲板上的货物总是企图免除一切责任。

根据我国《海商法》第 53 条的规定，船方在将货物装甲板时，必须符合下列三种情况，即"承运人在舱面上装载货物，应当同托运人达成协议，或者符合航运惯例，或者符合有关法律、行政法规的规定。承运人依照前款规定将货物装载在舱面上，对由于此种装载的特殊风险造成的货物灭失或者损坏，不负赔偿责任。承运人违反本条第一款规定将货物装载在舱面上，致使货物遭受灭失或者损坏的，应当负赔偿责任"。所以，当货主要求将货物装甲板时，虽然船方可以依据我国《海商法》免除一些责任，但绝不是免除任何责任，船方仍旧要根据我国《海商法》第 48 条"妥善地、谨慎地装载、搬移、积载、运输、保管、照料和卸载所运货物"。如果是船方故意或者明知可能造成损失而轻率地作为或者不作为造成的货损货差，或在不合理绕航中甲板上货物有损失，船方仍要负责，而且不能享受赔偿责任限制。

在航运实践中，当货主要求将货物装于甲板时，船方提出免除任何责任的情况曾出现现过，如货主为了赶船期或由于种种原因确实有此需求时，只好同意船方提出的上述条款。在此情况下，可称霸王条款，也可不称霸王条款，因为法院在判决时，一般不会认定该条款无效，反而会采信此条款。这样，一旦甲板货产生货损货差时，货主就会处于一种十分被动的地位，无法要求船方承担责任。所以，在条件允许的情况下，货主轻易不能同意船方提出在任何情况下免除责任的条款。建议你与你的客户可以提出这样的条款，即"对于货主所装甲板货，如产生货损货差船方可依据我国《海商法》的规定免除责任"。

答复香港华润保险经纪公司咨询，2009.5.6

1988 年 8 月作者主持外运总公司在青岛举办的
全国第二次货物索赔会议并做答疑

14. 大风浪引起的货损如何处理

问：我公司经营的船只在运输途中因突遇大风浪，装载在甲板上的部分捆绑木材的钢丝绳断裂，木材移动引起部分木材掉落海中，并有部分木材损坏。我公司已指示船长在风浪变小时，让船员赶紧对木材进行重新捆绑与加固，以免扩大损失。现请教您我公司应继续做些什么工作？我公司还应考虑哪些法律问题？

答：一、需要搜集的有关资料如下：

1. 几个报告，海事声明；

2. 事故前后的情况；

3. 气象预报（来往加拿大的电报）；

4. 货物捆绑无问题的证明；

5. 船检报告；

6. 照片；

7. 大副关于装货与捆绑情况的说明；

8. 航海日志；

9. 提单（正、副本）；

10. 积载图。

二、需要做的相关事项如下：

1. 了解情况（向船长、大副了解，以及通过华通公司代表、船代了解）；

2. 搜集证据，拍照；

3. 要大副写证明材料 [（1）积载无问题；（2）捆绑无问题；（3）每隔两天加固一次]；

4. 分析原因（风、浪、岛、风向改变、浅滩与深水）；

5. 委托船检，出具报告；

6. 仔细查看甲板上船损和货损的情况；

7. 告诉船长：可提供的情况和资料 [（1）此次木头较以前的光滑；（2）当时还有几条船在那儿；（3）航海日志可让人查看]

8. 查看航海日志。

三、对事故的分析、评估与建议：

经分析，造成事故的原因是风浪，尤其是连续的大浪。

估计货方会向船方提出货损索赔并要求船方出具担保，否则扣船。建议船方及时出具担保，以免耽误船期。因为在此情况下，货方有理由要求船方出具担保。

估计货方会从船方积载不当，管货不当，尤其是捆绑不牢着手，向船方提出索赔。另外货方还会强调 10 级风不算大，并且事先已告知船方。所以，建议船方要着重在这几个方面准备好相关证据，证明船方的积载、捆绑并无问题，在途中又进行了加固，已恪尽职责。

总之，船方可坚持以下几点理由：

1. 恶劣天气，10 级大风；

2. 大浪；

3. 提单上有发货人的风险；

4. 船舶适航；

5. 积载合理；

6. 捆绑有合格证书（加拿大海岸警卫队）。

答复中外运加拿大船公司咨询，1993.1.24

15. 空箱坠海谁担责

问：我江苏外运公司与南京托运人签订了一个包运合同（COA），约定由我司负责将托运人3 000个12英尺的铁路专用空箱从我国南通港运至日本，船舶运输共分6个航次，每个航次承运500个空箱。运输合同中签订的是FIO条款，即船方不负责装卸。同时，运输合同约定，货物的捆绑也由托运人负责。货物的装载是：在甲板上固定若干个40英尺大小的框架，将空箱装进框架里，一层装3个，共4层。但是，船舶在第一个航次运输途中就遭遇大风，由于货物绑扎不好，55个空箱掉进海里，同时还砸坏了15个空箱。

之前，该批货物的买卖协议签订的是CIF条款，南京托运人已向太平保险公司投保。事故发生后，南京托运人向承保公司提赔240万元人民币，获赔180万元人民币。承保公司赔付后，即向我司进行追偿。

目前，此案正由武汉海事法院南通派出法庭进行审理。现将承运人与托运人的意见分别告知如下。

1. 承运人的意见：

（1）船舶在航行途中天气不好，遭遇八九级大风，属于不可抗力，船方应当免责。

（2）货物系由托运人负责捆绑和装载，未捆绑牢固导致的货物脱落坠海并砸坏其他货物，应当由托运人承担货损的责任，船方不负责任。同时，日本港口并未对货物进行检验，也未出具货物的检验报告，只有我方（指承运人）在事故发生当时拍的一些照片，而这些照片恰恰说明货物没有捆绑好。

2. 托运人的意见：

货物虽由我方（指托运人）负责捆绑和装载，但积载是由船方负责的，属于船方的管货义务。船方在开航前并没有告知我方货物的捆绑或装载有问题，所以船方应当负责货物的损失。若货物捆绑或装载有问题则会影响船舶的重心与稳心，那么船舶在开航前与开航当时是不适航的，船方也应当负责。

请问，我方是本案中的承运人，不知有什么办法可以减少我方的损失，麻烦您在百忙中替我们出出主意。

答：根据你方提供的材料和介绍的情况，看来作为承运人的你方处于很被动的地位，想免除责任是很困难的。在此情况下，你方可尝试去争取一下。建议你们根据我国《海商法》及有关法规，按以下"2"提出的5个方面去进行抗辩。

1. 本案属于海上货物运输，起运港为中国港口，目的港为外国港口，适用我国《海商法》。

2. 你方作为承运人，可以通过以下途径或抗辩来争取减轻或者免除责任：

（1）本案中船舶在航行途中遭遇八九级大风构成不可抗力，你方应当免责。但是不可抗力是否成立，还要结合航行当时航行水域的风力强度、航行水域的浪高、船舶本身的抗风能力、承托双方对船舶抗风能力的预计等因素来衡量。所以，你方现在需要证明承托双方在开航前对船舶抗风能力的预计是低于或等于八九级大风的，或者虽然高于八九级大风，但由于当时航行水域的特殊情况比如风力强度大于八九级或浪高高于预计抗风能力或水流等导致船舶颠簸摇晃厉害，超过船舶的抗风能力，从而导致船载货物坠海并砸坏其他货物。另外，不可抗力是否成立，还要看当时天气预报是否已预报了会有八九级大风。

（2）本案中货物捆绑和装载系由托运人负责，由于货物捆绑不好而导致空箱坠海，并砸坏其他货物你方应当免责。货物的捆绑属于货物的包装，根据我国《海商法》第 51 条第 10 款规定，货物包装不良引起的货物灭失或损坏，承运人不负赔偿责任。

（3）本案中货物的捆绑是由托运人负责的，如果你方大副没有在 Lashing 单上签字，那就说明你方当时并没有认可该捆绑方式。因此，只要对方无法证明你方大副在 Lashing 单上签过字，你方对货物的捆绑就是免责的，从而由于货物捆绑不好导致的空箱坠海并砸坏其他货物，你方也应当免责。

（4）根据我国有关规定，国内托运人对货物损失没有索赔权。所以，本案保险公司赔付托运人于法无据，赔了也是白赔，其赔了的 180 万元人民币不能向你方追偿，因为你方不承认国内发货人的索赔权。

（5）根据我国相关法律规定，企业应当在报关出口 180 天内收汇，收汇后 10 天内到我国外汇管理局办理出口收汇核销手续。如果国外进口方退货，进口报关单正本应当留存在我国外汇管理局。因此，只有全部货物都结汇了我国出口方才能收汇，才能到我国外汇管理局核销。如果国外进口方由于货损等原因办理了退货，则我国出口方是无法完全收汇并核销的。但根据你方了解，本案托运人已经到我国外汇管理局完全核销了，这就证明国外收货人没有退货或是不存在货损。所以，根据我国《民法通则》的诚信与公平原则，你方也不应赔偿。

答复江苏外运公司咨询，2007. 1. 8

16. 集装箱包装不良货物受损责任在谁

问：有色公司与美国签订了一批进口集装箱货，抵达目的港上海后，在拆箱托运到洛阳时发生货损。有色公司要求我外运总公司赔偿 40 万美元，我公司强调美方违反了有关合同包装条款，即"集装箱包装必须坚固，并有防潮、防震、防锈等措施，适合于远程海运、空运和多次搬运。由于包装不良引起生锈、损坏、丢失，其责任应由卖方承担。"请问，此办法能否行得通？

答：首先我想搞清楚以下几个问题：

1. 此货是纯粹海运货，还是多式联运货？

2. 是谁拆箱，应谁的要求拆箱？

3. 关于合同包装条款"集装箱包装必须坚固"，是指集装箱本身还是指箱内的货物包装要坚固？还是指两方面都要坚固？

4. 有无时效问题？

解决意见：

我认为，以违反上述合同包装条款为由向发货人提出索赔，理由很不充分。但是一时又没有其他更好的办法，那就只好以集装箱内包装破损为由去索赔。因为发货人用的是船方的集装箱，货物被拼装在集装箱内，包装条款要求其内包装必须坚固、防潮等，以适应远程运输、多次搬运等的要求，现在货物未运抵内陆目的地之前，需从集装箱中掏出转运，而转运中发生的包装破损，造成货物在正常的运输中受损，应当由发货人负责。再加上集装箱中根本无防潮、防锈等物品，也是违反合同条款的。

答复中外运总公司港口处咨询，1987.9

17. 集装箱货损承运人承担怎样的责任

问：目前，货物采用集装箱方式从事海上运输的越来越多，相对传统件货的运输，其货损货差明显减少，但仍时有发生。请问：在集装箱海上运输中发生货损货差时，哪些情况下应由承运人承担责任？哪些情况下不应由承运人承担责任？又有哪些情况下承运人只应承担部分责任？

答：关于集装箱货物运输中的货损货差纠纷有时很简单，责任容易分清与认定，但有时又很复杂，责任很难分清，所以对此类问题难以作出一个统一的回答。一切要视每一个案子的具体情况作出分析和较为准确的回答为宜，因为前提条件不同，结果亦不同。根据我多年的实践经验以及对法律的认知和理解，现就此问题作一个原则性的答复，以供参考。

1. 虽然是 CY-CY 条款，不由承运人装箱，但当货物运抵目的港后，收货人开箱发现货物有破损或者短少时，仍可向承运人提出索赔。对此，承运人可以货物不是承运人装箱、积载和铅封，且交货时集装箱外表和铅封完好为由，拒绝承担责任。收货人只能向发货人或者其他装箱人提出索赔。

2. 由于集装箱本身有破损，出现漏水使货物水湿，尤其是货物装在旧集装箱时很容易出现这种情况。此时，只要承运人签发了清洁提单，就很难免除其责任。所以，承运人在接收旧集装箱装的货物时要特别注意，如发现集装箱有明显破损，就应加以批注，或者要求发货人更换集装箱。否则，一旦日后发生集装箱内有货损尤其是货物水湿等情况，承运人则需承担责任。

3. 承运人未经发货人同意自行甩货，后在航行途中因起火而导致货物灭失，此时收货人向承运人提出索赔，承运人可以拒赔。其理由有两点：（1）承运人承认甩货，但是货物装上下航次后发货人接受了承运人所签发的提单，并且以此结汇，就应当认定收货人接受了将货物装下一航次；（2）造成货物灭失的直接原因是船在航行途中起火，依据我国《海商法》和提单条款的有关规定，船方应当免责，除非收货人证明是船方故意行为，否则收货人无法要求船方承担责任。

4. 集装箱由承运人提供，且由承运人或其雇员装箱，因所提供的集装箱不适货而引起货物受损，承运人则须承担责任。即使集装箱不是由承运人提供的，法院也会判决承运人与装箱人共同承担责任，虽然主要责任由装箱人承担，但承运人对发货人提供的集装箱也有责任进行必要的检查。

5. 集装箱冷藏（冷冻）货发生货损的原因主要有：（1）未插电源；（2）设定温度有误；（3）未事先预冷；（4）箱内货物将冷藏口堵塞；（5）箱内制冷设备发生故障，无法制冷或制冷温度达不到要求。由于上述原因造成的货损，究竟应由谁来承担责任，尚需根据具体个案加以分析和认定。

答复中外运集装箱公司咨询，2003.4.1

18. 集装箱是包装容器还是运输工具

问：我司最近在集装箱海上运输过程中发生了货损货差，如果认定集装箱属运输工具，我司作为承运人对货损货差就可能会承担法律责任，赔偿货方。如果认定集装箱属包装容器，该集装箱是由货方提供的，并且是货方装箱，我司将以货方提供的货物包装有问题为由进行抗辩，就可能会免除责任。故请问集装箱究竟属何种性质？并请您提出宝贵意见，以利我司决定下一步如何处理此案。谢谢！

答：在各国的国家标准和各种国际公约和文件中，对集装箱定义的内容不尽一致，这是一个比较复杂的问题。

运输包装货或无包装货成组用的工具，我国香港称"货箱"，我国台湾称"货柜"，通常使用的集装箱具有一定的容积，可在各种不同的运输方式中转运，具有必要的强度和刚度，并可反复使用，但也有一种使用一次就丢弃的，称为"消费集装箱"。国际间流通的集装箱有国际标准，该标准由 ISO/TC104 制订，该组织对国际大型集装箱作了如下的定义："集装箱是一种运输设备，应满足下列要求：（1）具有足够的强度，可长期反复使用；（2）适合于一种或多种运输方式运送，途中转运时，箱内货物不需换装；（3）具有快速装卸和搬运的装置，特别便于从一种运输方式转移到另一种运输方式；（4）便于货物装满或卸空；（5）具有一立方米（m^3）以上的容积。"集装箱这一术语的含义不包括车辆和一般包装。

目前，我国专家学者在司法实践中，对集装箱究竟是属包装还是属运输工具看法不一。一种意见认为，集装箱是包装容器；另一种意见认为，集装箱是运输工具。我认为，集装箱既不是简单的包装容器，又不是独立的运输工具，而是具有包装属性的装载工具。国际标准化组织（ISO）及国际集装箱安全公约（IC-SC）及几乎所有的航运公司都把集装箱看成是运送设备。所以，你司作为承运人，可以以集装箱是包装作为理由，加上该集装箱是货方提供且自行装箱的进行抗辩，争取免除自己的责任。另外即使无法免除承运人的责任，还可以依据我国《海商法》第 56 条规定享受赔偿责任限制，以减少赔偿损失。

现将上海海事法院曾经判决认为集装箱属包装容器一案附后，供你们处理问题时参考：

A 公司与 C 公司签订一份货物买卖合同，约定 A 公司向 C 公司购买 301 千公升意大利红色餐酒，价格术语为 CIF 中国乙港。C 公司就上述货物向 B 公司投保。B 公司据此签发的保险单载明：投保代表为 C 公司，保险人为 B 公司，承运船舶为"Z"轮，保险标的为 14 个 20 英尺集装箱意大利红色佐餐葡萄酒，保险价值为 218 212.66 欧元，所保风险及时间适用意大利海运保险条例 1983，具体条款为：货物运输条款（A）1/1/82（INSTITUTE CARGO CLAUSES（A））、战争条款（货）1/1/82、罢工条款（货）1/1/82、放射性污染物排除条款 1/10/90、计算机千年虫条款（货物）（JC98/024）、货物背书规定（JC98/019），保险期限为仓至仓、保单按 CIF 发票全额的 110% 投保一切险和战争险。C 公司在投保后将该保险单背书转让给 A 公司。C 公司在货物装船前申请 SGS 公证行，对涉案买卖合同项下的货物进行了检验。该公证行经检验后签发的《重量和质量证书》记载：总重量为 301 千公升的葡萄酒平均装在 14 个 20 英尺集装箱内，每个集装箱装载的葡萄酒净重为 21.378 千公升，货物的净重合计为 299.292 千公升。葡萄酒的质量符合信用证的规定，货物的包装适合装运散装酒类及路上和海上运输。同日，涉案货物装上 "Z" 轮。提单记载：托运人为 C 公司并由其负责装箱，收货人凭指示，通知人为 A 公司，运输起讫港分别为意大利甲港和中国乙港，装载的货物为 14 个 20 英尺集装箱。该批货物运抵中国乙港后，中国乙港出入境检验检疫局对前述货物进行了检验检疫，发现该批 14 个集装箱中有 2 个集装箱的外部附有腐蚀品标识，遂禁止该两箱货物入境，并签发了《卫生证书》，记载：报检数量为 42.756 吨，检验检疫的结果为：根据卫生学调查，该批干葡萄酒原液使用带有腐蚀品标识的两个集装箱装运，不符合我国食品卫生要求，作销毁处理。上述两集装箱货物被销毁后，A 公司即以涉案事故属保险单约定的 "一切险" 责任范围为，由要求 B 公司予以赔偿，B 公司拒绝赔偿。

A 公司在我国某海事法院起诉后，海事法院经审理认为，本案中的集装箱外部附有腐蚀品标识，应理解为属保险标的物的包装不当，由此造成的货物损失应属协会货物保险条款（一切险）中的除外条款，不属于该条款中 "一切险" 的保险责任范围，保险人可以不负赔偿责任。因此，对原告的诉讼请求没有给予支持。

分析上述的除外责任条款以及本案中损失发生的原因，具有实际意义的是判断本案的情况是否符合 "保险标的的包装或准备不足或不当引起的损失、损害或费用"。这里的关键是，要判断本案中贴有腐蚀品标识的两个集装箱是包装还是承运人提供的运输工具的一部分。根据该条款的规定，如果积载是在保险责任开始前进行或是由被保险人或其雇员进行时，"包装" 应视为包括集装箱或托盘内的积载。但是，这并不意味着集装箱本身就是包装。通常，如果集装箱由承运人提供，尽管由托运人负责装箱，亦应视为运输工具的延伸而不是货物的包装。因此，由于集装箱上的标识而引起的保险标的的损失，不属于包装的不足或不当。

如果集装箱由托运人，即被保险人另行租用或所有，多数情况会被认为构成货物的包装。本案中一方面 A 公司无法证明涉案集装箱为承运人所提供，另一方面涉案集装箱为新标准集装箱，箱内红酒除集装箱外再无其他包装，这也进一步增加了该集装箱的包装性质。本案损失因该包装标识所引起，符合除外责任的范围。

答复某集装箱公司咨询，2008. 11. 20

注：《鹿特丹规则》第一章第一条定义中第 26 款规定："'集装箱'是指任何型号的集装箱、运输罐柜或者板架、交换式车厢或者拼装货物的任何类似货载单元及其附加设备。"

随着国际货物运输朝着高度集装化与信息化方向的发展，为了适用传统件杂货和散装货等各种货物的现代化运输的需要，集装箱的种类越来越多，例如干货集装箱、开顶集装箱、台架式及平台式集装箱、通风集装箱、冷藏集装箱、散货集装箱、动物集装箱、罐式集装箱和汽车集装箱。《鹿特丹规则》关于集装箱的定义几乎包括所有类似的装运设备。

19. 如何计算集装箱责任限制的"一件"或"货运单位"

问：我们是一家集装箱运输公司，承运的货物都是采用的集装箱，虽然在货物的装卸与运送过程中出现的货损货差较传统运输减少了许多，但也时有发生，且在处理此类问题中有一个很头痛的问题，即集装箱内产生货损货差后究竟是按一件赔偿，还是按多件赔偿？此时赔偿的"件"数应作怎样的解释与确定？特请您帮我们解决这一头痛问题。

答："集装箱"、"箱"、"盒"、"板条箱"、"件"、"捆"、"纸板箱"、"货盘"——所有这些都是提单正面所能发现的通常的描述。但是当货物丢失或损坏时，如何计算《海牙规则》或《海牙－维斯比规则》下的责任限制的问题却继续困扰着航运业。何谓该规则下计算责任限制的"一件"或"货运单位"？是承运人所主张的集装箱？或是对货主有利的装在集装箱内的件数或货运单位数？

关于承运人对货物灭失或者损坏的赔偿责任限制，根据我国《海商法》第56 条的规定："承运人对货物灭失或者损坏的赔偿限制，按照货物件数或者其他货运单位数计算，每件或者每个其他货运单位为 666.67 计算单位，或者按照货物毛重计算，每公斤为 2 计算单位，以二者中赔偿限额较高的为准。"因此，如果遭受灭失或者损坏的货物毛重超过了 333.33 公斤，承运人的赔偿限额按毛重乘以 2 计算单位计算。反之，承运人的赔偿限额为每件或者每一其他货运单位 666.67 计算单位。

货物的件是指货物的包装单位，如箱、桶、包、捆等。其他货运单位是对非包装货物而言，通常指运费单位。如汽车、机床按台收取运费，则承运人对每台汽车或者机床的灭失或者损坏赔偿一个限额。如系散装货物，运费单位通常为重量吨或者尺码吨。当货物用集装箱、货盘或者类似装运器具集装时，如果提单或其他运输单证中载明在此类装运器具中装运的货物件数或者其他货运单位数，则以所载明的件数或者其他货运单位数为准；反之，如提单中未载明，则每一装运器具视为一件或者一个单位。当装运器具不属于承运人所有或者非有承运人提供时，装运器具本身也视为一件或者一个单位。

本案中，如提单上仅填写了集装箱的数量，对其箱内货物的运输单位没有描述，则你司享受赔偿责任限制时，可按每个集装箱为一件货物即 666.67 计算单位进行赔偿。为此，介绍两个案例供你们参考。

案例一："DECTER ROSEN BRUCH V AMERICAN EXPORT ISBRANDTSON" 周刊于 1977 年 1 月 20 日第 4877 期上登过一个案例。原告把自己的家具、行李和零星物品散装在一个 8′×8′×40′的集装箱内，委托被告所有的集装箱船运输。被告将集装箱装在集装箱 "FORWORDER" 轮的甲板上从美国开往汉堡。该轮在航行中遭遇大风，原告的集装箱连同其他甲板上的集装箱全部被吹到海中漂失。原告向被告提出索赔，开出清单，箱内货物共值 9 000 美元。被告同意赔偿，但认为集装箱是一件货物，根据美国 1936 年的海上货运法，每件货物最高赔偿额为 500 美元。经美国法院审理，了解事实经过，提单上仅表明一个集装箱，托运物品散装在箱内，全部货物靠集装箱保护，在这种情况下，整个集装箱是一个包件，按照美国 1936 年的海上货运法附带规则规定，判船方赔偿原告 500 美元。

案例二：EI Greco 案是关于一起货损索赔的案件。根据提单正面对货物的描述，集装箱内据说装有 "200 945 件海报和版画"；但是，在名称为 "件数" 的一栏，却写着数字 "1"。对于 200 945 件海报和版画已被放入 "大约" 2 000 个包裹中的事实并不存在争议——虽然提单的表面对此并未提及。而本案中对于所托运的海报和版画的确切件数则存在争议。

被告主张根据《海牙－维斯比规则》他有权限制其责任，该规则规定了 "每件或每货运单位的损坏"。法院不得不考虑适用该规则第四条第五项（C）的规定 "如果货物使用集装箱来集装，则提单上所载明的装在（集装箱）内的件数或货运单位数便应被视为责任限制条款所规定的件数或单位数。"

初审法官判定提单上所提到的200 945的单个货物的件数构成了规则下的对"货运单位数"的载明。但是在上诉庭审中，多数法官（首席法官 Black 和法官 Allsop）认为提单上所提及的200 945件海报并不是对"所装入"数量的有效载明，且为计算责任限制，一个集装箱应被看做是"件或货运单位"。Beaumont 法官持不同意见，认为相关的数量应为已实际装运的"大约"2 000包。

在 EI Greco 案中，联邦法院强调《海牙－维斯比规则》第四条第五项（C）下的"所装"。提单上的记载应该显示货运单位是如何被包装的以及有多少货运单位。根据这些规则，"包"或"货运单位"这两个词的含义不能延伸至去指被装入集装箱的单个的货物件数。

于是，任务就是看通过集装箱所装的件和货运单位提单所载明的是什么。法院提供了一些有益的指导。如果提单明确了 X 包，每一包中装有 Y 件，相关的数量就是 X。如果提单记载有 X 包，每一包装有 Y 个更少的包，每个更小的包中又装有 Z 件，首选的观点是争议的数量应该是 X 乘以 Y。在集装箱装有大宗商品或散货时，不存在对上述数量的载明，集装箱本身应被视为件或货运单位。

根据这些最近的发展，承运人和货主如果希望避免有关责任限制数额的不必要的纠纷最好在提单上对货物作出清楚地记载，显示货物被装入集装箱的方式，即是否是以件、包、盒、纸箱或货运单位的方式装入集装箱。

答复某船公司咨询，1995.6.1

20. 配载预算出差错，甩货换船责任谁担

问： 我司原配载于"易发"轮的两个 40 英尺集装箱，因载货太多装不下，而只好改装另一条船运往目的港，时间晚约一个月。当时国内发货人认为晚一点国外收货人不会有多大意见，故其未将单据改船名即结了汇，也未将此情况告知收货人。后来收货人凭提单提货时发现"易发"轮上未装有他们的货，怀疑是发货人与船方串通所为，提出不要货，还向发货人索赔其损失。现在发货人要求我司出一个货物漏装的证明，请问能否出这个证明？出了会有何风险？

答： 1. 很明显，上述纠纷是由于船方配载预算有问题而造成的，主要责任在船方。所以作为船方，你方要面对、要想办法解决好此纠纷，只是看采取何种办法使得风险小一些，损失少一点。

2. 看来，你方只好出一个货物漏装的证明，并对由此给收货人带来的不便表示道歉，否认有串通行为。同时做好准备，收货人很可能会借此压价或要求赔偿。如果收货人提出的赔偿还算合理，你司也可适当赔一点钱，以了结此案，最好通过发货人多做做收货人的工作。

3. 其实收货人也知道，此事因为货太多船装不上，而你方很可能是预借提单，一方面为了发货人早结汇，另一方面为了信用证不过期所为。现在发货人要求你方出一份货物漏装的证明，可以接受，但要通知出口商、船代、港口、外运总公司及分公司等单位。

4. 根据我国《海商法》，如果提单已讲明货装哪条船，则船公司在进行改动时须事先征得托运人的同意。应该说这一条款是合理的，因为托运人对船公司有的了解，有的不了解，他不愿意将货物装在某些又老又破的船上。但是外运总公司提单第 14 条，并不适用这种情况，即当船舶装不下货物时，船公司可随便改装别的船或采取他种运输方式将货物运到目的地。该第 14 条是有前提的：当原承运船只在装港或中途发生事故，无法行驶到目的地的情况下，承运人才可在不征求托运人的情况下，交给别的船只运送，或通过其他运输方式将货物运到目的地。

5. 建议你方今后配载预算一定要准确一些，否则会给工作带来被动和造成不必要的损失。

答复中外运总公司班轮部咨询，1993.7.24

21. 承运人对短量免责抗辩理由何在

问：威海外运负责承运一批袋装出口货，并签发了清洁提单，货到港后短少 50 吨，收货人凭此清洁提单向承运人索赔，承运人能否进行免责抗辩？

答：1. 因为承运人签发了清洁提单，一般来说对于货损货差无法抗辩。

2. 在适用我国《海商法》的情况下，如属于该法列明的 12 种免责事项，则承运人不承担赔偿责任。

3. 如果在承运过程中发生不可抗力的情况下产生的货损货差，船方可免责，即以不可抗力为由要求免责。

4. 查阅收货人的索赔文件是否有效与齐全？诉讼时效是否已过？

5. 如承运人是应发货人之要求签的重量，那么承运人赔付后可试图向发货人索赔。

6. 需要承担责任进行赔付时，看能否享受赔偿限额，当然如果每件的价值低于赔偿限额，则按实际损失即每件价值进行赔付。

7. 虽然是袋装，但实质是散装货，因此还要看此种货物是否有一定比例的自然损耗数量，如有也应考虑予以扣除。

答复中外运总公司法律部咨询，2002.5.30

22. 契约承运人与实际承运人的责任如何划分

问：根据我国《海商法》，海上货物运输履约中涉及契约承运人与实际承运人，如果发生无单放货和货损货差都是实际承运人的过失造成的，那么，契约承运人还要承担连带责任吗？法院能只判实际承运人承担责任吗？

答：关于此问题，经咨询和请教其他专家，他们有如下一些意见，我认为这些意见都是有道理的，你们在处理案子中完全可采用。

1. 在无单放货情况下，如能证明完全是实际承运人的过失，则会单独判实际承运人承担责任。

2. 我国《海商法》第42条规定："（一）'承运人'是指本人或者委托他人以本人名义与托运人订立海上货物运输合同的人。（二）'实际承运人'是指接受承运人委托，从事货物运输或者部分运输的人，包括接受转委托从事此项运输的其他人。（三）'托运人'是指：①本人或者委托他人以本人名义或者委托他人为本人与承运人订立海上货物运输合同的人；②本人或者委托他人以本人名义或者委托他人为本人将货物交给与海上货物运输合同有关的承运人的人。（四）'收货人'是指有权提取货物的人。（五）'货物'包括活动物和由托运人提供的用于集装货物的集装箱、货盘或者类似的装运器具。"第60条规定："承运人将货物运输或者部分运输委托给实际承运人履行的，承运人仍然应当依照本章规定对全部运输负责。对实际承运人承担的运输，承运人应当对实际承运人的行为或者实际承运人的受雇人、代理人在受雇或者受委托的范围内的行为负责。虽有前款规定，在海上运输合同中明确约定合同所包括的特定的部分运输由承运人以外的指定的实际承运人履行的，合同可以同时约定，货物在指定的实际承运人掌管期间发生的灭失、损坏或者迟延交付，承运人不负赔偿责任。"第63条："承运人与实际承运人都负有赔偿责任的，应当在此项责任范围内负连带责任。"

在货损货差的情况下，根据我国《海商法》的相关规定，契约承运人与实际承运人负有连带责任，即使契约承运人无过失，判其先承担责任也不能说错，契约承运人赔偿后可转而向实际承运人追偿；当契约承运人与实际承运人同时成为被告，实际承运人存在过失，应承担全部或主要责任，且实际承运人的资信情况较好，即比契约承运人的赔付能力高时，将责任直接判给实际承运人不但是对的，而且是一种较好的判决，因为这样更有利于维护受害人的合法权益，可加速办案速度，节省诉讼费用，对各方当事人都有利，提高效率，增加社会效益。

答复重庆外运公司咨询，2002.10.22

23. 船东授权之事，船务代理是否承担连带责任

问：营口船务代理所代理的船只因所承运的钢卷严重锈蚀遭收货人索赔，在装货时，营口船务代理按船方的指示未在提单上进行批注而签发了清洁提单。在此情况下，营口船务代理是否要承担货损的连带责任？

答：1. 作为船务代理在船东授权范围内行事，无任何过失，不应成为被告。

2. 收货人为什么直接向发货人提赔，其理由和原因何在？收货人为何不凭保单向保险公司索赔，或凭清洁提单向承运人索赔？

3. 收货人提供的日方检验证书表明：造成钢卷严重锈蚀的原因是海上运输途中海水浸湿所致，故属于船方管货造成的损失，与船务代理毫无关系。

4. 至于本案中在装运时，船务代理依船方指示未在提单上进行批注而签发了清洁提单，与货物在海上运输途中因海水浸湿受损无直接的因果关系，故船务代理对此货物损失不承担任何责任，一切责任都应由承运人承担。

5. 发货人在货物存在问题的情况下，为了获取清洁提单、顺利结汇，而免除承运人的责任，向其出具保函，承诺当收货人对货损提出索赔时将由发货人承担责任。会有以下几种结局的可能性：其一，若发货人先行赔付了收货人，则受保函之约束无权再向承运人索赔；其二，若保险公司先行赔付了发货人，则完全是不应该的，即使保险公司代位求偿，也无权向承运人索赔，因为保险公司代位的是发货人，同样受到发货人保函之约束无权向承运人追偿，保险公司不知何故赔错了对象，只能自吞苦果；其三，若保险公司赔付了收货人，则保险公司取得代位权后，可向承运人进行追偿，作为承运人不得以该保函为由拒绝赔付善意的第三方即保险公司；此后承运人可向发货人索赔，但此时对承运人来说存在索赔

失败的风险，一旦发货人不承认保函或者推卸签发清洁提单的责任，则法院对该保函的合法有效性不予支持，因为这样的保函具有串通之嫌。

答复辽宁外运公司咨询，2006.7.6

24. 货方仅凭残损单能否向承运人索赔

问：货方根据理货公司的残损单可否向承运人索赔？

答：不行，一般情况下，当承运人卸货时，货物有残损或溢短，理货公司会出一份残损单或溢短单，并且要求大副签字。如有残损，准备向有关责任方索赔时，尚需在货物卸下未交出货物之前申请商检。只有凭商检证书与残损单才能向承运人提出索赔，现在只有理货公司出具的残损单，且没有大副签字，又没有当时在卸货港申请商检的报告。故在此情况下，向承运人索赔，想获得成功比较难，除非承运人愿意，否则打官司对货方肯定不利。

经验教训：

1. 残损报告必须要有大副的签字。

2. 发生货物残损应马上在卸货港申请商检。

3. 如是货物本身质量或包装不符合买卖合同条款，可依据买卖合同条款向卖方索赔，但要注意索赔时效、索赔的有效单据是否齐全。当然如果买了保险，首先应向保险公司提赔，如在承保范围内，往往能比较容易地得到货价的全额赔偿。若向承运人索赔，首先碰到的是船方的 12 项免责条款，即使不能免责，承运人也可享受赔偿限额。如适用我国《海商法》，则《海商法》第 51 条有关于 12 项免责规定，即"在责任期间货物发生的灭失或者损坏是由于下列原因之一造成的承运人不负赔偿责任：（一）船长、船员、引航员或者承运人的其他受雇人在驾驶船舶或者管理船舶中的过失；（二）火灾，但是由于承运人本人的过失所造成的除外；（三）天灾，海上或者其他可航水域的危险或者意外事故；（四）战争或者武装冲突；（五）政府或者主管部门的行为、检疫限制或者司法扣押；（六）罢工、停工或者劳动受到限制；（七）在海上救助或者企图救助人命或者财产；（八）托运人、货物所有人或者他们的代理人的行为；（九）货物的自然特性或者固有缺陷；（十）货物包装不良或者标志欠缺、不清；（十一）经谨慎处理仍未发现的船舶潜在缺陷；（十二）非由于承运人或者承运人的受雇人、代理人的过失造成的其他原因。承运人依照前款规定免除赔偿责任的，除第（二）

项规定的原因外，应当负举证责任。"

此外该法第 56 条（详见例 10 法律参考）规定每件最多赔偿 666.67 特别提款权，残损不到赔偿限额金额，按实际损失赔付。当然，如果承运人有不合理绕航或将货物擅自装甲板引起损失，则承运人不得享受每件的赔偿限额，而应按原货价赔偿，甚至还可赔偿由此引起的间接损失。

关于此点，也有海事法院曾作出判决，当承运人将舱内货擅自装于甲板引起损失后，承运人不但不能享受赔偿限额，还需赔偿整个货价，同时承担由此货损引起的间接损失。还有一种情况，如货物是贵重物品或高价值货，且于装船前发货人已申报价值，船方亦同意装，并多收了运费，那么该货发生损失后，承运人无法免责，同时亦不得享受赔偿限额。

答复北京吕律师咨询，2003.11.10

2011 年 7 月 9 日作者在商务部政府网站讲授海上
货物运输法律、货代责任与保险及索赔

25. 收货人索赔不合理，船方如何处理

问：国内发货人东莞三星电子厂（以下简称"三星公司"）作为托运人与广东长运公司（以下简称"长运公司"）签订了一份海上货物运输合同，约定由长运公司负责将托运人的电子软件 PCS 从我国运至葡萄牙［东莞—鹿特丹—BRAGA（葡萄牙）］。货物从黄埔港海运送到香港拼箱，由长运公司提供集装箱并负责拼箱，长运公司即委托当地的装卸公司派其工人完成拼箱工作。货物的买卖合同约定的是 DDU（Delivered Duty Unpaid，未完税交货）条款，即货物送到目的地由收货人报关付费。货物运到鹿特丹后拆箱，拟再用车运至 BRAGA。但是，长运公司驻鹿特丹的代理在拆箱时托盘的货物发生倒塌，发现部分包装表面及部分货物有损坏。最后经评估，共有91个箱子损坏，共计损失约32万美元。

事故发生后，长运公司在鹿特丹的代理安排了检验机构对货物的受损情况进行了检验，并请公证机构进行了公证。根据公证机构的公证报告，货损的原因是由于托盘和托盘上纸箱的移动变位造成的，而托盘和纸箱的移动则是由于托盘包装时没有进行绑扎，以及积载和拼箱时集装箱内的货物没有装满、有空位，但没有使用护垫物进行固定保护所造成的，并做出了这种包装和积载是不适合运输的结论。

之后，长运公司通知了发货人有关货损的情况。发货人称该批货物因精密度比较高，初步认为已不能正常交给收货人使用了，并称他们找过欧洲的一些公司想给货物做检测，但目前没有公司能给他们提供这种服务，因此他们要求长运公司将货物从鹿特丹空运回东莞进行质量检查，费用由长运公司支付，并向长运公司提出索赔，要求长运公司还需负责货物修理的人工费以及重新海运货物到 BRAGA 的费用。

此前，长运公司已向中国人民保险（香港）有限公司（以下简称"保险公司"）投了物流责任险。

请问：1. 对于发货人提出的索赔，承运人应当如何处理？

2. 承运人应当怎样利用保险公司的保险？

3. 承运人能否向装卸公司进行追偿？

4. 发货人要求将货物空运回来，承运人应当怎么办？

答：1. 承运人与发货人（托运人）之间的关系应当依据海上货物运输合同

处理，其中提单是该合同的证明。根据我国《海商法》第 48 条，承运人应当妥善地、谨慎地装载、积载和卸载所运货物。我国《海商法》第 54 条规定："货物的灭失、损坏或者迟延交付是由于承运人或者承运人的受雇人、代理人的不能免除赔偿责任的原因和其他原因共同造成的，承运人仅在其不能免除赔偿责任的范围内负赔偿责任。"本案中，装卸公司是承运人的代理，托盘绑扎部分应由托运人负责，拼箱部分则应由装卸公司负责。从上述分析可以看出，造成货损双方都有责任。所以，承运人应当赔偿货方损失，但可以根据双方过失比例适当减少赔偿。

2. 承运人在向发货人赔偿之后，可依据与保险公司的保险合同要求保险公司赔付，因为双方在保单上签订的是物流责任险，本案货损在承保范围之内。

3. 本案中，由于货损的原因是货物积载和拼箱造成的，所以装卸公司存在过错。根据我国《合同法》第 406 条的规定："有偿的委托合同，因受托人的过错给委托人造成损失的，委托人可以要求赔偿损失。"因此，承运人在赔偿发货人之后，除了可以向保险公司要求保险赔付之外，还可以通过侵权或违约向装卸公司进行追偿。

4. 至于发货人要求将货物空运回来，并要求承运人负责运费是否合理的问题，我国《合同法》第 94 条第 4 款规定，"当事人一方迟延履行债务或者有其他违约行为致使不能实现合同目的"，当事人可以解除合同。第 97 条规定："合同解除后，尚未履行的，终止履行；已经履行的，根据履行情况和合同性质，当事人可以要求恢复原状、采取其他补救措施，并有权要求赔偿损失。"根据这一规定，如果是根本违约，则发货人有权解除合同并要求恢复原状。但在本案中，货物不是全损也不是大部分损失，损失的只是小部分，发货人的合同目的并没有落空，所以承运人只是一般违约，发货人不能解除合同。根据我国《合同法》第 107 条的规定："当事人一方不履行合同义务或者履行合同义务不符合约定的，应当承担继续履行、采取补救措施或者赔偿损失等违约责任。"发货人不能要求承运人将货物运回来，更何况是空运，还要承运人支付运费。再者，这种做法也不符合航运的通常做法。按照出现损失后，双方应当合理地尽可能地减少损失的惯例，发货人要求空运货物回来的做法也是不当的。至于没有公司能给他们提供检测服务的说法，也是站不住脚的。提倡的做法是：承运人可以按照提单处理货损赔偿事宜，然后在鹿特丹尽快将货物整理好，继续运到 BRAGA。承运人在向发货人赔偿之后，货物到达 BRAGA 时如果没有新的货损，则承运人的合同义务和责任已经完成，有关鹿特丹的货损与承运人不再有任何关系，应由收、发货双方协商解决。

答复广东长运公司咨询，2006.7.26

26. 危险品事故调查中需注意哪些问题

问： 这次领导派我去青岛外运调查两轮危险品出事的情况，因我是第一次单独外出处理这类事件，不知应从何下手？处理中需注意哪些事项？故请您指教。

答： 根据我的经验，你应当注意下列事项：

一、需要收集的资料

1. 买卖合同及运输合同；

2. 危险品海关申报单、委托船方装运危险品的书面委托书；

3. 所装危险品的性能及应采取的防范措施；

4. 应符合的危险品国际法规及我国相关的法律法规；

5. 租约、提单；

6. 该危险品出口时装港的商检合格证书；

7. 船长授权代理签发提单的授权委托书；

8. 涉及危险品的保险单；

9. 出事后，如已申请商检，商检机构所出的正式商检报告。

二、需要调查的问题

1. 危险品是谁装的集装箱？是发货人还是船方？

2. 如果是由发货人负责装箱，那么他们是如何进行积载？如何包装的？

3. 船方积载集装箱的情况及集装箱积载图；

4. 所载危险品是在哪儿投保的？

5. 发货人齐鲁公司过去是否出口过同样的危险品？是否发生过问题？

6. 是谁委托青岛外运代运的？有无书面委托书？

重点调查三个问题：一是危险品的包装情况，是否符合国际和国内危险品法规，是否符合合同条款的要求，是否符合海运长途运输的要求？二是危险品箱内的积载与船上的积载情况；三是上述两轮在海运途中是否发生过海事？

答复中外运总公司港口处咨询，1990.1.31

（二）扣 留 货 物

27. 可否留置货物

问：我国内一条船，运送价值 200 万美元的水泥出口到北也门，船到后，收货人不及时提货，引起船方索赔 30 天船期损失，要求赔偿 20 万美元，现货已卸下，船方根据提单是否可留置货物？留置货物的后果会怎样？

答：针对你公司提出的问题，有以下几点提请你方注意：

1. 如对方资信情况好，采取放货然后追偿较稳妥。

2. 如对方资信情况不好，采取扣货为好，但应如何处理，还应咨询当地律师，然后再决定下一步怎么办，因为货物留置后处理起来也挺麻烦。

3. 索赔的费用计算要合理，如船呆在港口的费用，滞期的时间，仓储费用，留置货物的价值与索赔损失的金额成比例。

答复某船务公司咨询，2005.12.14

2004 年 10 月 11 日作者在南宁中外运集团案例分析会上答疑

28. 承运人未收到运费能否扣货

问：某公司承运一批服装。合同约定运费预付。但该批货物装船后，发货人一直不付运费。于是，承运人在卸货时留置了该批货物（两个集装箱），以此要求发货人或者收货人付清运费才放货。但是四个月后，发货人既不理睬也不付款。而收货人称，他已付清货款，运费应由发货人付，与其无关。目前货已属收货人，而承运人仍未放货。故收货人宣称不要货了。承运人问怎么办？有何风险？

答：1. 在这种情况下，虽然提单上有留置权条款，但是货物的所有权已经转移到收货人。根据我国《海商法》的明确规定，如果收货人与承运人无任何债务关系，承运人无权留置收货人的货物。

2. 因为收货人已付清货款，到货四个月后承运人仍未放货，收货人当然可以不要货了。随后，收货人一方面会向发货人索赔，由于发货人不付运费，导致承运人不交货。另一方面，我国《海商法》第87条规定："应当向承运人支付的运费、共同海损分摊、滞期费和承运人为货物垫付的必要费用以及应当向承运人支付的其他费用没有付清，又没有提供适当担保的，承运人可以在合理的限度内留置其货物。"根据该条款，收货人也会向承运人索赔，因为他与承运人无任何债务关系，货款已付清，货物所有属于他，所以承运人应当承担无理扣货的一切损失。并且很有可能，收货人会侧重找承运人。

3. 承运人为减轻损失，可再与收货人商量，让收货人收货，并赔偿他一部分延误交货的损失。如果此办法不行，承运人可将货物就地拍卖，或者重新运回卖出，所得款项保留。待收货人要求赔付时，除拍卖款外，再增加一些，赔付给收货人。因为总的来说，在这种情况下，承运人无权留置与其无债务关系属于收货人的货物，也就是说留置错了，当然要准备赔偿。

答复香港长运公司咨询，1995.4.25

29. 无人付运费，承运人能否留置货物

问：为了从澳大利亚运载3万吨进口氧化铝，我公司期租了一艘船，然后由香港华兴公司程租，其运输条款是FIOST。按照租约，货物在装货港开出后5个银行工作日之内程租租船人即香港华兴公司应当支付运费，但是现在该批货物已

运抵烟台港并卸下货，却还无人支付运费。我公司应收运费 52 万美元。请问，在此情况下，我公司能否扣留全部货物，并且拍卖一部分？

答： 根据你所介绍的案情与提供的资料，我有如下几点意见供参考：

1. 关于能否扣货，关键要看货物收货人与你公司是否有债权债务关系。如果收货人已经付清所有的费用，而是香港租船人即华兴公司不付运费，那么该批货物还无法扣留。你公司只有去向香港租船人即华兴公司索要运费。如果该批货物并未卖出，尚属于香港租船人即华兴公司的财产，也就是说，当货物所有人与租船人为同一人时，则你公司可以扣货。

2. 我国《海商法》第 88 条规定："承运人根据本法第 87 条规定留置的货物，自船舶抵达卸货港的次日起满 60 日无人提取的，承运人可以申请法院裁定拍卖；货物易腐烂变质或者货物的保管费用可能超过其价值的，可以申请提前拍卖。

拍卖所得价款，用于清偿保管、拍卖货物的费用和运费以及应当向承运人支付的其他有关费用；不足的金额，承运人有权向托运人追偿；剩余的金额，退还托运人；无法退还、自拍卖之日起满一年又无人领取的，上缴国库。"

根据该规定，如果属于收货人的货物且其不支付运费的情况下，那么你公司可以扣留与运费等价或者稍多一点的货物，但要通过法院进行拍卖。

3. 如果不属于香港租船人华兴公司的货物，你公司就要赶紧对其进行资信调查。如果香港租船人华兴公司有财产，你公司则可通过律师打官司将运费追回，除此之外别无他法。如果此案在程租租约中规定在伦敦仲裁，那么只有去伦敦申请仲裁。

4. 你公司应该吸取教训，今后不要再当无辜的受害者。最好的防范办法就是，将船租给租船人前一定要对租船人的资信情况进行必要的调查和了解。如果资信情况不好，即使再好的生意也不能做，否则"好生意"不但做不成，还会损失一部分冤枉钱。

答复中外运集团海运一部咨询，1995.12

30. 无人支付运费和货款，承运人可否留置货物

问： 我国某私人企业与非洲某国出口商就价值 480 万美元的原木签订了一份进口买卖合同，约定由澳门某中资公司代开信用证，交货条款为 FOB。该私人企

业即以程租方式向香港某船公司承租一条船进行运输。该船公司于 1998 年 4 月承运该批货物，由非洲某国港口至江苏张家港，运费 110 万美元，提单上打有"到付运费"字样。后因木材市场不景气货价下跌十分厉害，故国内收货人以种种理由未付货款。这样，船抵达卸货港后，既无人支付运费，也无人接收货物。请问，在此情况下，船公司能否留置船上的货物？

答：船公司应从五个方面考虑，谨慎处理此案。

第一，如果是"预付运费"，在收货人既支付了运费，又支付了货款的正常情况下，船公司若与发货人或其他人例如与租船人产生纠纷而未收到运费或租金或其他应收费用时，是不能留置已支付运费且已属于收货人的货物的，必须依照提单条款履行在目的港安全交货的义务。

第二，如果是"到付运费"，当收货人既拒付运费，又拒付货款，而以"到付运费"的副本提单要求船公司交付货物时，船公司理所当然地拒绝交货。即使收货人付了运费，船公司也应坚持凭正本提单放货，绝不能认为自己收到运费后就可以凭副本提单交货，否则后果是严重的。

第三，如果是"到付运费"，船舶抵达目的港后，应付运费的收货人无理由不支付运费，而船上所载货物又确属收货人的，此时，依据我国《海商法》第 87 条的规定，毫无疑问，船公司可以对船上的货物进行留置。

第四，在收货人拒付运费，同时又拒付货款的情况下，船公司首要的工作是重新分析并确定，谁应向其支付运费？船上所载货物的所有权此时此刻归谁所有？是归收货人？归发货人？归银行？归船方？还是归其他人？拟留置的货物所有权人与欠付船公司运费的人是否一致？如一致，船公司可以留置其货物；如不一致，船公司不能行使留置权，而且还要承担合理照料好船上货物的风险，因为此时货物的所有权人很可能是发货人，他们还会对货物主张权利。在上述不一致的情况下，船公司若强行对货物进行留置和处理，虽然看起来运费肯定是可以毫无损失地收回，但面临的很可能是货物所有人对船公司提出要求赔偿所有货物的主张，或对船公司采取其他法律行动，如申请扣船或起诉，要求船公司承担因其错误扣货所引起的一切法律责任及全部经济损失。所以，作为船公司应慎重、全面、正确地处理此种情况。

第五，如果船公司收到了运费，此时虽无需再考虑留置货物的问题，但在因收货人仍拒付货款导致无人提货的情况下，船公司也不能随意交付货物。因为货物尚未交付给收货人之前，还应视为在承运人的实际掌管之下，故承运人还应履行妥善地、谨慎地保管、照料和卸载所运货物之责。当然，依据我国《海商法》和提单条款的规定，收货人也有义务及时提取货物。当卸货港无人提取货物，或者收货人迟延、拒绝提取货物时，船长可将货物卸载仓库或其他适当场所，由此产生的费用和风险由收货人承担。

附有关留置权的相关规定如下：

1. 中国远洋运输公司杂货联运提单条款第 20 条规定：（1）承运人得因运费、空舱费、滞期费以及根据本提单所应收取的任何款项，面对货物及与货物有关的任何单证享有留置权。（2）在行使此项留置权时，承运人有权自行决定以拍卖或其他方式出售货物。如出售货物的价款不足以抵偿应收的款项和发生的费用，承运人有权向货方追回其差额。

2. 定期租船合同（土产格式）第 18 条规定：船舶所有人得因任何根据本租船合同应得款项，包括共同海损分摊，而对所有货物和所有转手运费行使留置权；承租人得因所有预付但未取得的款项，以及任何超额支付的租金或本应立即退还的多余保证金而对船舶行使留置权。承租人不应招致由其或其代理人引起的、可能对船舶所有人在船舶中的物权和利益具有优先权的任何留置权或担保物权，也不应允许继续招致此种权利。

3.《中华人民共和国海商法》第 141 条规定："承租人未向出租人支付现金或者合同约定的其他款项的，出租人对船上属于承租人的货物和财产以及转租船舶的收入有留置权。"

4.《中华人民共和国海商法》第 87 条规定："应当向承运人支付的运费、共同海损分摊、滞期费和承运人为货物垫付的必要费用以及应当向承运人支付的其他费用没有付清，又没有提供适当担保的，承运人可以在合理的限度内留置其货物。"

5. 中国对外贸易运输总公司直达或转船提单条款第 9 条规定：承运人可以为本提单下应付给他的所有款项和不管应给谁的共同海损分摊，以及为收回这些款项而发生的费用，对货物及任何有关货物的单证行使留置权。为此目的，承运人有权将货物公开拍卖或私下协议出售无需通知托运人。如果将货物出售所得款项不足以抵付应得款项和发生的费用，承运人有权向托运人收回其差额。

6. 中国租船公司期租船合同第 26 条规定：为了索回本租约属下的赔偿，船东有权留置属于定期租船人的货物和转租运费以及提单运费。为了索回预付而不应得的款项，索回因船东违约而造成的损失，租船人有权留置船舶。

答复某律师事务所律师咨询，1998.4

31. 船方可否通过扣货解决运费纠纷

问： 中租公司承租冶金的一条船，装运出口货到美国。要求运费预付，但国内发货人在货物装毕后不付运费，故中租公司扣下提单。直到船舶快到美国卸货港时，发货人才支付运费。于是中租公司交出两份正本提单。但此时，发货人拿到提单太晚了，尚未结汇，船舶已开始卸货。美国收货人要求凭另一份随船的正本提单（本是为了提供给收货人及时报关、办手续）提货。（根据信用证规定，银行结汇只需两份正本提单，另一份正本提单随船走，用于卸货港办手续，且该提单需凭银行指示）这份正本提单已经银行正式背书。请问，在此情况下，中租公司能否放货？

答： 根据你方提供的情况，本案中银行只需两份正本提单就可结汇，另一份正本提单只是随船供收货人办手续的，但凭该份正本提单就能提货吗？如果收货人不付款赎单，仅凭随船的正本提单既办理了卸货港手续，又将货物提走，那发货人手中的两份正本提单呢？它们将会自动失效吗？试想这样一来，国内那家既发了货又付了运费的发货人岂不是倒了霉？该发货人又无法向中租公司索赔，因为中租公司凭的是一份正式有效的正本提单放的货，本身没有过错，其他两份正本提单也已失效了。这将给不诚信、不付款（因为无须付款赎单，其已得到正本提单且可以用于提货）的收货人留下多大的可乘之机？

本案中，中租公司在随船正本提单不得用于提货时是绝对不能放货的；如果放了货，收货人则无须付款赎单了。将来，发货人必然会凭另外两份正本提单向中租公司索要货物。所以，面对美国收货人要求放货的情况下，中租公司应立即确认随船正本提单的作用是什么？同时将此情况及时告知发货人，并落实美国收货人是否已付款赎单？即确认此时货物所有权归属于谁？然后再决定下一步如何处理？否则中租公司一旦轻易放货，就要承担无正本提单放货的风险与责任。

我国《海商法》对签发正本提单的份数没有明确的规定。实践中，通常为一套正本提单，一式三份，每一份具有同等的法律效力。从理论上讲，之所以要求签发三份正本提单，是一份交托运人办理结汇，一份用于承运人作为货物收据，另一份留承运人备用，以防止提单在递送过程中被盗或遗失，令收货人在货物运抵卸货港后无法凭提单提货。实际操作中，船方所签发的一式三份正本提单基本都给了发货人，因为绝大多数信用证条款要求发货人提供三份正本提单才能结汇。当然，也有的规定只需提供两份正本提单，甚至提供一份正本提单就可以结汇的情况。提单上一般都注明一套正本提单的份数，还印明承运人或其代理人所签发的提单，若其中一份已经完成提货手续，其余各份便自动失效。承运人在卸货港将货物交与提单上注明的收货人或提单受让人，并收回正本提单，其交付货物的责任即告终止。

答复中国租船公司咨询，1995.6.1

32. 货代欠运费可否扣货

问：我公司作为代理与美国一家代理商合作了一年，出口货物到美国，我方为其办理出口手续及安排运输等事宜，运费到付，但双方仅有口头协议，从未签署过合同。自今年 4~5 月份开始，美国代理支付运费成了问题，已有 4 万美元未支付。前段时间又有一票货去美国，我公司要求美国代理先付运费，美国代理采取不理睬的态度，故国内的发货人也不想将该批货物运到美国了。我公司面临美国收货人直接找我公司的问题，我公司是否有权留置货物。拟留置其医疗用材，可价值不够 3 万美元。现在买卖双方都找我公司，我公司该怎么办？

答：1. 该货不是欠你公司运费的那家货运代理的货，加上你公司又未曾为该批货垫付运费，故该货物不能扣留。

2. 你公司与美国代理无任何协议，只有电子邮件作为证据，故打官司胜诉难度很大。

3. 被告即美国代理在美国芝加哥，你公司去芝加哥起诉他，律师费用肯定很大，而争议标的仅才 3 万美元，故不值得。

4. 如果实在要试一下，看能否委托美国一家追偿公司代为办理，采取无效果无报酬的付费办法。

5. 你公司做的是国际贸易与国际运输，如此不规范的操作，甚至连买卖合同都没有，运费还是到付，潜在的风险势必很大，且一旦产生纠纷，你公司将处于十分被动与不利的地位，故建议你公司要有风险防范意识，规范管理与操作。这样，你公司才能健康长久发展，否则，如果碰到大一点的纠纷，就会使你公司伤筋动骨，甚至倒闭。

答复金源公司咨询，2003.7.28

33. 租方欠运费，出租人可否扣其船上货物

问：出租人将一条船租给一家租船人，这家租船人同时是一家贸易商，他一方面作为租家，另一方面作为买方，购买了中国的大米，然后转卖给西非某商。该船到西非某国后，因买卖纠纷，西非某国买方申请扣货，给船方造成船期损失。为了保障出租人的权益不受损害，出租人拟扣留船上货物即大米。

根据租约条款，船舶的延迟费只能在卸货后索赔，但卸货后再处理又怕索赔落空，故想凭提单扣货，不知行不行？

答：根据你所介绍的纠纷情况与你们的打算，我的建议是这样。

1. 先搞清楚此纠纷中的两个法律关系。

第一个法律关系：出租人—租约—租船人；第二个法律关系：出租人—提单—买方。与此同时，还应调查清楚提单上发货人是谁？收货人是谁？运费是预付，还是到付？西非收货人是否已向租船人支付了运费。

2. 再搞清楚船上货物属谁所有。

如果提单上运费是预付，收货人是西非某国商人，并且运费已付，那么出租人不能扣船上的货物，因为此时船上的货物已不属于租船人，除非货物属于租船人，同时租船人欠了出租人的款。此时，出租人可依提单扣货。

例如粮油公司程租了一条船，将粮食运回国内，此时他既是租船人，又是收货人。出租人依租约或依提单都可以向粮油公司主张权利。但如果粮油公司已将船上货物卖给另外一家，且另外一家不但已支付货款，同时也已支付运费给粮油公司，那么该货物就不再属于粮油公司。粮油公司与出租人的纠纷只能凭租约处理，而不能以提单条款来处理，也就是说，在这种情况下出租人无法扣留船上不属于租船人即粮油公司的货物，除非，粮油公司因与提单持有人发生纠纷，提单持有人尚未支付货款或尚未支付运费，货物所有权未合法转移到提单持有人的手中，或货物所有权又回转到粮油公司手中。总之，只有当货物所有权仍在粮油公司手中，出租人才可以因与租船人产生纠纷而扣留船上的货物。否则，提单持有人不但可以扣留船上的货物，同时有权申请扣留出租人的船舶，因为出租人扣留的货物并非属于租船人之货物，而属于提单持有人的货物。当然各国的法律有所不同，有些国家的海商法规定当出租人与租船人发生纠纷时，无论船上货物是否属租船人的，均可扣留。所以你们还需考虑此案在何处打官司？适用哪个国家的法律？然后去咨询那个国家的律师，先了解清楚

在此情况下是否可以扣货？

答复厦门经贸船务公司咨询，2000.12.27

34. 卸货港无人提货应如何处理

问：我国某船公司承运一批水泥至也门，船抵目的港后，由于收货人一直未提货，致使船舶不能靠泊卸货。一个月后，提货人出现，船舶终于可以靠泊卸货。船舶在等候期间，产生各种损失计 20 余万美元。货卸完毕，船东告知，收货人在提货之前应当向船东支付上述费用，但却遭到收货人拒绝。根据提单条款的规定，在目的港无人提货或收货人延迟提货，承运人可以留置货物，以弥补承运人因收货人不提货或延迟提货而造成的损失。在此情况下，请问船东应当采取什么措施来保护自己的利益呢？

答：可以确定，无论是根据有关法律或国际公约的规定，抑或是提单的约定，承运人对因在目的地无人提货或收货人延迟提货而产生的损失均可以向包括提货人在内的相关人索赔。如果遭到拒绝，承运人理所当然地可以行使对货物的留置权，迫使对方回到谈判桌上或同意履行相关义务。但需要注意的是，承运人在行使货物的留置权时，应当留置与损失价值相等的货物，否则将有可能承担侵权责任。

本案船东应当从法律与商业两种角度综合思考如何解决上述争端。一方面，寻找支持自己观点的法律依据；另一方面，也要考虑如何用最小的代价获得最佳的解决方案。为此，建议船东根据以下两种情况采用不同的对策：

（一）如果收货人资信很好，且有相当的财力和声誉，则船东可以采取如下措施：

1. 协商和解；如未果，威胁扣货；

2. 先行放货，保留索赔权；

3. 确定损失金额并附相关证据；

4. 提起诉讼或仲裁（如订有有效仲裁条款）。

（二）如果对方资信不好，亦无很好的财力保障，则船东可以采取另外的措施：

1. 协商和解；如未果，要求对方出具担保（担保的方式可以多样，当然最好是银行担保）；又未果，威胁扣货；再未果，则：

2. 留置货物；

3. 可能的话，将货物依照当地法律向司法机构提存；

4. 确定损失金额并附相关证据；

5. 提起诉讼或仲裁（如订有有效仲裁条款）。

特别提醒的是，索赔的费用计算要合理，例如船舶停留在港口的费用、滞期的时间、仓储费用、留置货物的价值等，与索赔损失的金额要成比例。

答复北京远洋航运公司咨询，2005.12.14

35. 卸货港无人提货谁有处置权

问： 从韩国进口的一批货物抵达国内卸货港后，一直无人收货，时间长达两个月。最后船方宣布原来所签提单作废，并将该批货物卖给了国内另一名收货人。请问，船方是否有此权利？

答： 1. 根据提单条款与我国《海商法》条款以及国际惯例，当卸货港无人收货时，船方有权处理。

2. 但怎么处理，是否一定要通过法律程序，要视各国的法律来决定。

3. 我国《海商法》第86条规定："在卸货港无人提取货物或者收货人迟延、拒绝提取货物的，船长可以将货物卸在仓库或者其他适当场所，由此产生的费用和风险由收货人承担。"

第88条规定："承运人根据本法第87条规定留置的货物，自船舶抵达卸货港的次日起满六十日无人提取的，承运人可以申请法院裁定拍卖……剩余的金额，退还托运人……"

根据我国《海商法》条款是"可以"通过法院拍卖，那么是不是"必须"通过法院呢？从"可以"二字的理解，应该认为承运人处理留置货物时，并非一定要通过法院，也可以不通过法院自行处理。但在实践中，最好通过法院，这样做比较稳妥，风险小，同时也避免将来提单持有人找麻烦，尤其是对拍卖价有争议。

答复中国机械成套进出口公司法律处咨询，1995.4.17

36. 无人收货，承运人可以处置吗

问： 我公司是一家货运代理公司，但有时也作为契约承运人签发提单，在这

种情况下，若收货人不收货或者弃货，我们可否处置货物吗？如果可以处置，应该如何处置？

答： 关于你提出的问题，我的答复如下。

（一）可以处置

当收货人拒绝收货或者无人认领货物时，承运人根据我国《海商法》、国际公约与所签提单条款是有权并且有充分法律依据处置货物的。

1. 我国《海商法》第86条明确规定：在卸货港无人提取货物或者收货人迟延、拒绝提取货物的，船长可以将货物卸在仓库或者其他适当场所，由此产生的费用和风险由收货人承担。显然，根据此条规定，货运代理作为承运人且签发了提单，在无人收货的情况下，完全有权处置船上所载货物。

2. 根据承运人所签提单背面有关处置货物的条款，货运代理作为承运人在无人提货时也可处置所承运的货物。海运提单五花八门，其条款也各有差异，但是对在无人收货的情况下，一般都会有处置条款，并且大致相同，即有权处置。例如"外运海运提单"第12条就规定：无论港口习惯是否与此相反，货主应以船舶所能装卸的速度尽快地、不间断地、夜以继日地装货和卸货，星期日和假日也包括在内。违反本条规定所引起的一切灭失或损害均由货主负责。

无须事先通知，承运人便可以开始卸货。如果提货人没有及时从船边提货或拒绝提货，或者货物无人认领，承运人可以自由地将货物卸在岸上或其他任何适当的地方，风险和费用由托运人或提货人单独承担，承运人的交货责任应视为已经履行。

如果货物在合理的时间内无人认领，或不论何时变质、腐烂或丧失价值，承运人可以根据其拥有留置权自行决定将货物出售、放弃或其他处置，并不承担任何责任，风险和费用则由托运人单独承担。

3.《全程或者部分海上国际货物运输合同公约》对无人提货的规定

该《公约》第45、46、47、48条规定了无人提货/拒绝收货的情况，以及承运人的权利。主要内容有：

（1）第45条针对的是"未签发可转让运输单证或可转让电子运输记录"的情况；第46条针对的是"签发必须提交的不可转让运输单证"的情况；第47条针对的是"签发可转让运输单证或可转让电子运输记录"的情况。

（2）根据第45、46、47条的规定，如果收货人接到通知后未在约定的时间或合理的时间内来提货（指收货人出现的情况），或者无法确定收货人的（指找不到收货人的情况），承运人可以依次请求控制方（未签发运输单证时）、托运人、单证托运人对货物交付发出指示。承运人按照指示交付货物，即解除交货义务。

（3）根据第48条，如果承运人向控制方、托运人、单证托运人等依次发出了通知，并且也通知了单证上的通知人，但承运人无法找到控制方、托运人、单证托运人，或者上述人未发出交付货物的指示，承运人有权采取一系列措施，包括：

①将货物放在任何合适的地方；

②货物载于集装箱内或车辆内的，打开包装，或就货物采取其他行动，包括转移货物，或

③按照惯例，或者根据货物所在地的法律，将货物出售或者销毁。

承运人按照上述规定出售货物的，应当代有权提取货物的人保管出售货物的货款，但承运人有权从中扣除承运人承担的任何费用及与运输货物相关的款项。

此外，第48条还规定了另外几种情况，承运人可采取上述①－③项措施，包括根据当地法律，承运人不能向收货人交付货物；发生了某种情况，承运人有权或必须拒绝交付货物等（注：具体规定详见《鹿特丹规则》）。

（二）应注意的问题

在处置这些货物时，应注意以下几点：第一，应考虑适用的法律，是适用我国法律，还是适用外国法律？第二，一定要按法律程序办，不能随意作价处置。第三，书面通知收货人或其他可通知的单位。第四，处置货物要慎重，处理费用要合理。第五，处置货物所得，在扣除承运人因无人收货所引起的额外费用及造成的损失费用后，如有结余，应返还货主或上交国库。

答复浙江货代物流公司咨询，2008.10.23

37. 如何应对目的港无人提货

问：货物运抵目的港后，提单持有人一直未出现。而在运输合同中又没有约定应提取货物的日期，在此情况下，承运人是否只能将货物提存？

答：此问题实际上是关于目的港无人提货的问题，这在海运业务中时有发生，作为承运人应予以重视。目的港无人提货应当包括收货人明确拒绝提货或者明确声明放弃货物以及货物到港后一定时间内无人提取两种情况。即使提单未约

定收货人提货的时间范围，承运人亦应根据卸货港港口情况及当地有关法律、法规等确定一个合理的提货时间，该时间过后货方仍未提取货物的，应视为无人提货。

（一）造成目的港无人提货的原因有多种，主要包括：

1. 买卖合同项下发生纠纷，如市场价格下跌、卖方交货延迟、货物品质问题等；

2. 货物单证不符、通关延迟等；

3. 货物违反有关税收、检验检疫、许可证、进口限制和著作权等的规定，可能导致高额罚款或没收或根本无法进口的；

4. 运输合同下因承运人的原因造成货损、延迟或是承运人行使货物留置权的；

5. 货物本身为垃圾货的。

除非承运人构成根本违约，目的港提取货物是货方的义务。就无人提货的责任人来说，首先是收货人，他与承运人之间的关系应受提单的制约，收货人负有依据提单提取货物的义务。对此，我国《海商法》第 86 条规定："在卸货港无人提取货物或者收货人迟延、拒绝提取货物的，船长可以将货物卸在仓库或者其他适当场所，由此产生的费用和风险由收货人承担。"其次是托运人，一方面如实申报货物是托运人的义务之一，另一方面托运人作为运输合同的当事人应当对其所指定的收货人的真实存在和在卸货港提取货物对承运人承担默示担保义务。上述义务并不因提单的转让而解除，这从我国《海商法》第 88 条的规定亦可看出。该条规定："承运人根据本法第 87 条规定留置的货物，自船舶抵达卸货港的次日起满 60 日无人提取的，承运人可以申请法院裁定拍卖；货物易腐烂变质或者货物的保管费用可能超过其价值的，可以申请提前拍卖。拍卖所得价款，用于清偿保管、拍卖货物的费用和运费以及应当向承运人支付的其他有关费用；不足的金额，承运人有权向托运人追偿；剩余的金额，退还托运人；无法退还、自拍卖之日起满一年又无人领取的，上缴国库。"根据上述规定，托运人在无人提货情况下对承运人的赔偿应限于货物拍卖价款不足部分的运费和其他费用。同时，从各国的相关法律规定来看，上述的托运人应仅限于缔约托运人而不包括发货人。应当注意的是，承运人在无人提货情况下对托运人的追偿并不以其对收货人追偿未果为前提条件。

（二）承运人针对无人提货的妥善做法：

1. 事前预防，即承运人应当及时向收货人或者通知方发出到货通知，一般应当在船舶预计到港前若干天内。

2. 货物到达后，承运人应当敦促收货人及时提货。如果收货人在合理时间内不提取货物或者无法联系到收货人或者收货人明确拒绝提取货物，承运人则应及时以书面形式通知托运人，并且告知其在规定期限内给予答复；如果收货方要求延迟提货，承运人则应要求其出具书面延期提货申请，结清已经产生的费用或者提供相应的担保；如果托运人要求将货物回运，承运人则应要求其出具书面回运申请，结清前一运输合同下的运费，并且保证承担因回运而产生的一切费用；如果托运人要求放弃货物，承运人则应要求其出具书面声明，同时保留向其追偿一切损失的权利。

3. 如果托运人在规定期限内未予答复或者无法满足上述要求，承运人可以根据我国《海商法》第 87 条的规定："应当向承运人支付的运费、共同海损分摊、滞期费和承运人为货物垫付的必要费用以及应当向承运人支付的其他费用没有付清，又没有提供适当担保的，承运人可以在合理的限度内留置其货物。"宣布留置货物。但应当注意的是，根据前述我国《海商法》第 88 条的规定，承运人只有在已根据第 87 条的规定留置了货物，自船舶抵达卸货港次日起满 60 日无人提取的（除非货物易腐烂变质或者货物的保管费用可能超过其价值），才能申请法院裁定拍卖。留置和 60 日的期限是拍卖的前提条件。这里承运人在行使留置、拍卖权的时候可能会面临与目的港海关等的规定相冲突的情况，例如我国《海关法》第 21 条和《海上集装箱运输管理规定实施细则》第 26 条有关 3 个月的规定，即"进口货物的收货人自运输工具申报进境之日起超过 3 个月未向海关申报的，其进口货物由海关提取依法变卖处理"。此外，还会涉及拍卖主体的问题、价款清偿顺序的问题，等等。

4. 对于那些无法拍卖或者拍卖已无任何价值的货物，承运人应当申请销毁。对于那些既无法拍卖又无法在目的港销毁的货物，承运人应当及时安排回运。

应当注意的是，在发生目的港无人提货的情况下，根据我国《合同法》下的诚实信用原则，承运人仍负有防止损失扩大的义务。另一方面，拍卖所得往往微乎其微，承运人不应完全依赖于拍卖而坐视时间的流逝，在遇到无人提货的情况下必须尽可能地及时采取各种措施，争取将损失和费用降到最低点。

另外，承运人还须注意保留好一切书面证据，保留任何可以向收货人和托运人追偿的权利，并且对于自身以及收货人、托运人的权利和义务，保持清醒的认识。

答复浙江货代物流公司咨询，2008.10.28

38. 买方未开证付款，卖方可否留置货

问： 我司下属龙口外代称，发货人为广东五矿，出口 1 万吨水泥到香港。船东是台北的一家公司。租船人和收货人是一家香港公司。1993 年 7 月 15 日，国内发货方与供货方，在未收到对方信用证，也未收到货款的情况下，就将 1 万吨水泥装上了船。至今仍未收到信用证与货款。发货人要求留置货物，该船已被移置锚地。提单无法签发，离港手续也无法办理。请问我们该怎么办？

答： 对于您的问题，我有如下建议，供您参考。

1. 您要龙口外代与发货人先查阅买卖合同与信用证，查看何时开信用证？何时装船？及相关条款。

2. 发货人当然应先采取留置货物的办法，直至按信用证或合同的要求收到货款或对方开出的信用证后，才能放货。

3. 至于船方的损失，让船东直接向租船人索赔。

4. 按合同条款的约定，如果是发货人提前交了货，那么由此引起的船期等损失可能就得由发货人承担；如果是按期交的货，此耽误完全因买方违约造成的，引起的损失理应由买方承担。

5. 再过一段时间，若买方仍不开出信用证或付款，或者不予理睬，你方可建议发货人先垫款将货物卸下并控制好货，然后放船，并向买方索赔损失。

答复中国船代公司咨询，1993.7.23

39. 船方有权因滞期争议留置货物吗

问： 合肥正大分公司有 5 000 吨豆粕需要出口，委托我公司负责海运。双方签了合同，在南京装货，运至曼谷卸货，系 FIOST 条款，装货期为 1993 年 10 月 18 日以前。由于发货人货物未全部备妥，故商检推迟。待到船只靠泊时，动植物检验发现船上有虫子，于是又将船熏蒸了 8 小时，然后再放风若干小时。这样，该船实际装货自 10 月 20 日才开始，总共耽误 4.8 天（货方与船方都有责任）。为了加快装货，我方只好与港务局订立货物装货滞期速遣条款，装毕支付了 5 000 元人民币的速遣费。

根据租约约定，运费应由发货人预付。货物于 10 月 24 日装毕，提单有效期为 10 月 31 日。由于发货人无理不付运费，我方扣留了提单。直到 11 月 1 日我

方收到发货人支付运费的单据（由香港中银寄来），并通过国内中银查实该运费确实已到我公司账户后，我方才发放提单。发货人也顺利结了汇。

现在，船方要求我承担4.8天的船期滞期费，否则他们将对该批货物进行留置，怎么办？

答：你方可以答复船方：

1. 船方对该批货物无任何留置权，因为一是发货人的运费已付，二是善意的第三方即提单持有人对装货港发生的争议不承担任何责任。船方留置善意的第三方的货物属错误留置，由此引起的损失将由船方负责。

2. 至于船期损失4.8天，货方与船方都有责任。船上发现虫子属船方提供的货舱不适货，因熏蒸引起的船期损失应由船方自负。如果租约条款有规定，节假日、下雨天除外，那么节假日和下雨所耽误的时间还要扣除。

3. 即使船方可以留置货物，也必须将货物运到目的港以后才能留置，而且留置货物的价值应与所欠的船期滞期费相当，不可能将所有货物全部留置。

4. 如若因船方无理、不及时靠卸或进行留置货物而引起的一切后果，由船方自负。

答复安徽外运公司咨询，1993.11.4

法律参考：

我国《海商法大辞典》词条解释：

滞期

航次租船合同的承租人或者货方在航次租船合同或其他合同规定的可用装卸时间内未完成装卸作业，而出现的船舶运输延误。

速遣

航次租船合同中规定在合同规定的装卸时间内提前完成装卸作业，出租人应支付给出租人的费用。其费率通常为滞期费率的一半。

40. 报关致船期损失，船东能否扣货

问：华润公司从新加坡进口橡胶，CIF条款，卖方负责租船。船舶抵达大连后，由于报关不及时，造成船东船期损失，船东要求买方承担在卸货港产生的滞期费或出10万美元担保，否则就扣留100吨橡胶。在此情况下，我司该怎么办？

答：根据你所讲的简要案情，我有下面几点想法与建议供你参考。

1. 你方与船方没有任何契约表示要对滞期负责，故船方应找与他们签订滞期条款的另外一方。

2. 你方不是租船人，是已付了包括运费在内的任何费用，其货物是属你方的，并与船东无任何债权债务关系，根据我国《海商法》第 87 条，船方无权扣留属于你方的货。

3. 如船方硬是无理扣货，那么你司可向大连海事法院申请扣留他的船只。

4. 可核查该批进口货物是否由你方报关或你方委请报关行报关？如果是，再查报关中你方是否存在过失？如确实因你方报关延误使得该船舶无法靠卸，造成船东船期损失，你方须考虑赔偿，或向船东指出，即使由于你方报关引起船期损失，船方也应在卸货后向你方提赔，而不得留置你方的货物。

答复北京华润公司咨询，1996.12.10

41. 不同航次的货物可以扣留吗

问：某货运代理，将货主的货物交给德国瑞克马斯船公司（以下简称"船公司"）承运，因船舶装不下，甩下 4 箱货物没有装船。随后船公司又自行将该 4 箱货物装船发运，并要求货主支付运费，货主因种种理由拒付。后由另一货运代理，将同一货主的货又装在该船公司的船上，船舶将抵塘沽港卸货。该船公司提出，如果货主不支付上一航次 4 箱货物的运费，则船公司对本航次所装货物将进行留置。请问我们该怎么办？

答：我认为此纠纷涉及金额很小，你们可设法做做船货双方的工作，协商了结此案。同时提出如下意见，供你们参考。

1. 原来即第一个航次的船货纠纷，只能通过协商或诉讼解决。

2. 只有同一合同（提单），同一航次的货，船公司才有权留置货物；不同航次，不能进行留置货物。

3. 我的意见，此纠纷涉及金额仅 1 万多美元，该船公司与我外运总公司关系不错，最好由你们多式联运部门做中间人，出面做双方的工作，争取协商解决。

4. 如果船公司坚持留置货物，那么货主可考虑向法院申请扣船。

答复中外运总公司多式联运处咨询，1991.10.19

42. 救助公司收不到钱、得不到担保，能否留置货物

问： 莱芜钢铁总厂进口矿砂 16 万吨，期租了一条船去澳大利亚装货，订了滞期速遣条款，滞期费为每天 0.8 万美元。后来由于发货人供货不及时，造成期租船迟于允许装货期后才开始装货。发货人一方面以天气属于不可抗力为由，企图不赔偿滞期费；另一方面称，即使要赔也只是每天 0.8 万美元。而期租船的船东称，此时已发生船舶滞留，每天成本为 1.5 万美元，故要求要按每天 1.5 万美元赔偿。请问：发货人应按什么标准赔偿莱芜钢铁总厂？莱芜钢铁总厂又应按什么标准赔偿船东？

另外，期租船快到青岛时又搁浅，国内救助公司浮船将期租船救起，并使其靠码头卸货。当时采用的是劳合社救助标准格式，但是没有商定救助费。其后，救助公司提出要 65 万美元救助费，而船东称救助费太多不同意。于是，救助公司要求货方先提供担保函，但货方的保险公司称其已给船方出具了一份共同海损担保函，不能再出具第二个担保函了。在此情况下，国内救助公司要求留置船上的货物。请问：保险公司不向救助公司出具担保函对不对？在保险公司不出具担保函的情况下，救助公司可否留置船上的货物？

答： 1. 关于延迟费：由于莱芜钢铁总厂与发货人事先并未订明有关的赔偿条款，所以发货人很有可能只承担每天 0.8 万美元的滞期费。但是，发货人以天气为由作为不可抗力拒赔是不成立的。

另外，莱芜钢铁总厂与船东事先也未订明有关的赔偿条款，现在莱芜钢铁总厂是否应按船期损失来赔，还要看适用哪个国家的法律，目前很难说。

2. 关于担保函：发生共同海损后，货方的保险公司已向船方出具一保函，这是通常的做法，也是应该的。

根据劳合社救助格式签署了救助合同，当救助公司与船方未达成协议或未得到付款时，要求各方，尤其是货方出具一份保函也是通常的做法，两份担保函分别向不同利益方出的，不能因为出了一份，就不出另一份。

3. 关于留置货物：我国《海商法》第 87 条（留置权条款）："应当向承运人支付的运费、共同海损分摊、滞期费和承运人为货物垫付的必要费用以及应当向承运人支付的其他费用没有付清，又没有提供适当担保的，承运人可以在合理的限度内留置其货物。"当救助公司未得到救助费，又未得到满意的担保函时，他可留置船和留置货物，但留置的货物价值应与货方应承担的救助费相当。

例如船上 16 万吨货，价值 500 万美元，而整个救助费为 65 万美元，救助公司最多只能留置相当于 65 万美元的货，所以救助公司如果留置价值 500 万美元的货显然是错误的，故在此情况下，可要求救助公司改变其做法，如坚持留置全部货物所引起的一切后果和损失将由救助公司承担责任。

答复莱芜钢铁总厂咨询，1997.6.24

注：1997 年 7 月 8 日告知：烟台打捞局向青岛人保要求一个 60 万美元的保函，青岛人保开始拒绝，后经做工作和请示人保总公司，只同意出具中文格式保函。对此烟台打捞局开始也不接受，要求按劳合社标准格式保函，青岛人保坚持不改，最后烟台打捞局只好接受。莱芜的货已全部卸下，就此了结此案。

法律参考：

航次租船合同（金康 94）

第 7 条　滞期费

滞期费用由承租人按第 20 栏中规定的每日费率，不足一日者按比例计算，按日支付，并在收到船东的发票后支付。如未按上述规定支付，船东应书面通知承租人在 96 小时之内支付，如仍未在此期限内付清，且如船舶在装港，则船东有权在任何时候终止本租约并向其索赔由此引起的任何损失。

43. 欠费可否通过扣箱解决

问：韩国某船公司倒闭，该公司与香港长运公司合作，香港长运公司有 100 来个集装箱。香港怡和公司是韩国该船公司的船务代理，香港怡和公司要求拿回香港长运公司的集装箱用以抵扣韩国船公司的欠费。请问：

1. 香港怡和公司是否有权扣香港长运公司的集装箱？
2. 应办何种手续？
3. 我方有何权益？

答：1. 香港怡和公司作为韩国船公司的船务代理无权向你公司索要属于你公司所有的集装箱。此时香港怡和公司索要的财产只能以其合作的韩国船公司的财产为限，不能向其合作方即你公司进行追偿。

2. 香港怡和公司只可与韩国船公司直接联系，要求韩国船公司归还欠款，或以属于韩国船公司的集装箱或其他财产作为补偿。

3. 你公司应尽快向清偿委员会开出韩国船公司应付你公司的费用清单，以便将来受偿。

答复香港长运公司咨询，1997.12.29

44. 收货人未付拖箱费，箱子被卖责任谁负

问：长荣公司的集装箱运到国内蛇口，国内的拖箱公司因收货人未付拖箱费，而将集装箱卖掉了。该批集装箱货物是二船东万通公司承运的，并由他们保管集装箱。请问，万通公司是否要承担责任？

答：1. 如果运输合同中写明由万通公司承运并负责保管该集装箱，而没有别的条款，那么万通公司应对所保管的集装箱的失去负责。

2. 查看是否已投保，且此类情况是否属于保险范围之内？

3. 能否享受赔偿责任限制，按丢失一件货物进行赔偿？

4. 可试着向收货人追偿。

答复香港万通公司咨询，1997.4.10

45. CIF 条款下货物被扣，买方怎么办

问：我司购买了一批钢材，价格条款为 CIF，由卖方负责租船承运。现该船及船上所装钢材均被扣留，请告知我司应当如何处理此事，以便能够尽快收到货物。

答：根据本案情况，建议你司可以采取下列措施：

1. 你司可去广州海事法院等单位找相关资深专家咨询下列问题：

（1）在本案中，光船船东是否负有连带责任？

（2）考虑本案实际情况，买方在法理上是否可以扣留光船船东的姊妹船？

2. 你司可以咨询英国律师有关问题，因为本案租约仲裁条款载明是在伦敦仲裁，并适用英国法律，所以即使是在中国扣船，英国法律还是适用（但提单没有并入租约之仲裁条款）。

3. 你司可以根据国际货物买卖合同给卖方施加压力，因为卖方租用这样一条老破船运载货物并发生海难，使得货物至今尚未交到买方之手。鉴于租船工作系由卖方完成，所以卖方应当承担选择承运人存在过失的责任。以此迫使和希望

卖方能够为解决本案纠纷做些工作。

4. 你司可以给光船租赁的船东（即原船东）施加压力，迫使其尽快解决本案纠纷。否则，你司将根据下列理由扣其姊妹船：

（1）在本案中，原船东与四船东负有连带责任；

（2）本案提单系原船东代理所签。

5. 出于为下一步考虑，你司可以通过有关渠道调查四船东的资信（财务）状况，必要时可对其资产采取法律行动。

6. 不知缘于何因，原船东与四船东都不急于处理放船事宜。他们既不出具担保函，又不支付应付的款项，不知是否存在共同欺诈之嫌。因此，必要时你司可以将本案案情报告国际海事防止欺诈局，查其是否有欺诈之嫌。

7. 对于本案，你司亦应做最坏的打算。

目前原船东与四船东都不理睬此事，使老破船继续搁置在港口。如果将来申请扣船人要拍卖此船，那么你司还须另外安排船只将货运回。因此，你司还要事先与承保公司商量，日后向责任方追偿事宜。当然，这是迫不得已的做法。不过，为了不使自己钱、货两空，我认为，只要是货价高于运费，你司还是值得这样做的。

答复香港华润集团下属公司咨询，1996.8.22

46. 错误留置货物怎么办

问：我公司将船只期租给一家香港公司。香港公司将期租船转租给国内本溪钢厂。本溪钢厂已付清运费给香港公司，并且持有正本提单，但是香港公司却未支付我公司租金。此时，我们能否留置船上不属于香港公司的所载货物？法律部当时就告知我们在此情况下不能留置船上所载货物。可是我们未采纳该意见，仍然留置了货物，并且已留置约 3 个月，希望通过拍卖货物抵偿部分运费。而香港公司仍未见付款，本溪钢厂却持正本提单来主张其提货权力，另外仓储费也产生了。在此情况下，只好再次求教您，不知采用留置和拍卖的办法是否可行？下一步我们应当怎么办？

答：根据以上案情，我的意见如下：

1. 正确留置货物

法律部告知你们不能留置货物是对的。理由是：如果货物属于租船人，租船人欠付你方租金或运费则根据我国《海商法》的有关条款和租约条款以及提单条款，你们有权留置其货物并通过法院进行拍卖。但现在的情况是，尽管你们与租船人有租金纠纷，但货物并非属于租船人的，所以你们无权留置与你们无任何纠纷的提单持有人的货物。

2. 错误留置货物要承担责任

现在你们留置了货物，如果将其拍卖，肯定是要通过法院。但是一旦通过法院审理，肯定会认定你们既不应当留置货物，也不能拍卖货物，相反将承担错误留置货物的责任及所产生的一切损失。

3. 自行拍卖货物不可取

如果你们自行拍卖货物，那么本溪钢厂有权凭正本提单起诉你们，并且败诉的肯定是你们。

4. 交货后向租船人索赔租金

鉴于上述情况，你们只有尽快将货物交给已付清运费的货物所有人即本溪钢厂，然后根据与香港公司所签租约的仲裁条款申请仲裁，向香港公司提出索赔。

答复中外运集团总公司海运部咨询，1995.12.26

（三）运费纠纷

47. 托运人可否因货损拒付运费

问： 托运人将7个集装箱（内装普通货）交给我方承运，提单上打的是"运费预付"，实际上我方尚未收到运费，随后我方将7个集装箱装上韩进公司的船，现因韩进公司船上所装危险品发生爆炸（确切原因尚不知），引起我方集装箱货物受损，我们担心的问题是，托运人能否以此拒绝向我方支付运费，我方是否可以拒付运费给韩进公司？

答： 第一，要看所采用的提单条款是怎么写的？如果本案中采用的是中外运集装箱运输公司提单，该提单第21条订明："运费及费用（1）所有运费均应基于货方对货物的描述由承运人选择根据运价本列明的总重量或价值收取。承运人有权但没有义务开包或开箱，并且，如果货方对货物的描述有误，货方应对货物

2004 年 7 月 23 日作者在内河航运委员会举办的
中部崛起中长江·黄金水道对外贸易运输的法律应用研讨会上发言

检查、称重、测量或估价所产生的费用负责。（2）所有预付的运费在承运人收到货物时，即视为已经全额、最终并已无条件地赚得，并在任何情况下均须支付，且不得扣减。运费可在目的地支付，并在交付货物前必须支付。（3）所有运费及费用均应在交付货物前支付，并不得做任何冲抵、反索赔、扣减或延缓执行。（4）向货运代理人或经纪人或承运人和其授权代理人以外的任何人支付的运费及费用，不得被认为系向承运人支付，而应是在货方独自承担风险之下支付。（5）本提单第 1 条定义中作为货方列举的各方，应就向承运人支付全部运费、滞期费、共同海损摊款及费用、诉讼费包括但不限于在催收结清承运人的费用中发生的合理的律师费而承担连带责任，否则应被视为货方在支付运费及费用中违约。"按照该条款，托运人本应付给你方的运费，在此情况下仍有义务支付，不能以货物发生灭失或损坏为由拒付运费。正常情况下，签订了运费预付条款，承运人在装货前或装货之中就应收到运费，只因为市场为买方市场时，承运人为了"满足"客户的要求，在未收到运费的情况下就在提单上打上了"运费预付"，且这种做法似乎成了习惯做法。但是对于承运人来说，这样做存在着很大的风险，即很可能无法收回运费。当然，在司法实践中，法官对此类案子判定不一，也有法官认为承运人有充足的事实佐证托运人实际上未付运费，而认定承运人有权向托运人索回运费。同样，你方也没有理由拒付运费给实际承运人即韩进公司。

第二，案件发生后，收货人可向保险公司索赔。保险公司赔付并得到权益转让书后，再去向责任方追偿。一般情况下，保险公司会去找承运人，如承运人不能免责就应赔付保险公司。承运人则可根据托运人的危险品本身是否有问题，或是否在装船前书面准确报告了船方，从中寻找托运人的责任和向其索赔的依据，如因托运人货物问题所引起的、且事先又未告知船方，则承运人可要求托运人即你方予以赔偿。你方赔偿后，再追究真正托运人的责任，并向其索赔。

答复中外运集装箱运输公司咨询，2002.11.15

48. 发货人可否不履行运费预付义务

问：我公司负责将一个40英尺超高集装箱货物运至加拿大多伦多，约定运费预付。2002年9月28日，承运该集装箱的船只从深圳开船后，因受美国西部港口罢工的影响，集装箱一度被滞留在韩国釜山，最后比正常船期延迟了27天才到达目的港。由于船期延误，收货人没有将货款付给发货人，发货人也以此为由不向我公司支付运费。请问：发货人可以这种原因拒付运费吗？我公司应采取什么措施去讨回运费呢？

答：根据本案情况，发货人没有任何理由拒付运费，因为货物的运费已经明确约定是预付，所以发货人本应在货物装船前就将运费支付给承运人。一般运费条款中都会规定货方负有支付运费的绝对义务，在明确约定运费预付的条款下，应视为承运人已经赚取了运费，不论货物是否灭失或损坏或发生延迟交付，发货人都有向承运人支付全额运费的义务，并且不得有进行任何扣减运费的行为。即使货物灭失、损坏或延迟交付是由于承运人的责任所造成的，发货人也只能就这部分损失单独向承运人提出索赔，而不能从运费中扣减。本案中，发生货物延迟交付的原因是由于美国港口的罢工所造成的，因此根据提单条款的规定以及参考有关国际公约的规定，承运人是可以免除赔偿责任的，而发货人则没有任何理由扣减运费。通常，当发生发货人不付运费的情况时，如果货物还处于承运人的控制之下，承运人则可行使对货物的留置权，以索赔运费；如果货物已经放给了收货人，那么承运人可以起诉发货人，要求其支付运费。但是，在我国起诉发货人时要注意诉讼时效的问题，根据我国对《海商法》司法解释的规定，承运人索赔运费的诉讼时效为一年，从货物交付或应当交付之日起算。

答复广东长运公司咨询，2003.1.27

49. 收货人因货被没收拒付运费怎么办

问：某发货人委托一家货运代理将其一个 40 英尺的超高集装箱货物运至韩国釜山，约定"运费到付"（含拖车费等），发货人自己报关。集装箱运到目的港后，由于该批货物侵犯了知识产权，被韩国海关予以没收并声称要销毁。为此，收货人拒绝支付本应到付的运费等近 1 000 美元，而发货人因未收到收货人保证付款保函也拒绝付款。请问：在此情况下，该笔运费应由谁支付？作为承运人，我公司应如何才能索回运费？

答：一般情况下，提单中都会有关于运费及其他费用的条款，除注明运费的数额外，还会注明运费的支付时间、支付地点和支付方式。由于本人尚未看到本案所涉提单的条款，因此一时无法分析与判断该提单中有关运费的具体规定。但通常，如果收货人在卸货港提货前不付清提单上所注明的到付运费，以及在航行过程中和卸货港发生的、并应由其承担的其他费用，例如共同海损分摊、过驳费等，又没有提供适当的担保的话，那么承运人就可以行使对其货物的留置权。不过，本案中比较特殊的地方是，由于本案货物侵犯了知识产权，已被韩国海关予以没收，因此，作为承运人，你公司无法对该批货物行使留置权。但是，按照本案目前的情况，我认为，你公司可以收货人拒付运费为由，在韩国当地起诉收货人。当然，此时你公司也必须搞清楚两个问题，一是，海关采取的没收行动是否符合当地法律？二是，如果货物属侵犯了知识产权，究竟是发货人的过错？还是收货人的过错？或是发货人和收货人双方的过错造成的？换句话说，起诉收货人的前提是，当地海关没收货物是正确的，是收货人造成货物侵犯知识产权的。

如在韩国打官司费用成本过高，同时引起海关没收的货物与发货人也有关，则你公司也可尝试在中国国内起诉发货人，要求其支付运费。总之，你公司作为承运人，签发运费到付提单是会有风险的，所以，在业务中一定要尽量签发运费预付提单，并坚持按时收取运费，只有运费真正收到手才是对自己最大的、最到位的保护。

答复山东外运公司咨询，2008.3.19

50. 可否不付船东溢装货运费

问：我公司与二船东BTC公司签订了一租船协议，承运的货物是3台机器及187立方米的零件。二船东BTC公司与原船东签订一租船协议，将该批货物交由原船东承运。后在装货数量上原船东与我公司产生了纠纷。原船东称多装了货物，故要按多装货物数量收取运费。事实上二船东BTC公司在与某公司签订的协议中，约定的装货数量与原船东提供的装货数量不相同。船在装货港等候了7天半，从而产生了7天半的滞期费损失，计7.8万美元。

当二船东BTC公司告知我们多装了货物时，我们曾答复：

1. 我方从未报过盘，只能按租约已约定的货物数量来计算运费。

2. 原船东计算错误，是一种欺骗行为。

3. 在装货港等候7天半，我们是在第3、第4天才知道的。

原船东多装货从未得到我们的确认。原船东称：因我们不确认多装货物，且不多付运费，他们将不卸货，或卸货后拟卖掉。二船东BTC公司到上海后称，已说服原船东及时放货。但原船东称：放弃扣货不等于放弃向外运追索运费。

请您告知我们，外运能否不支付所谓多装货物的运费？

答：从你们所提供的资料看，总的来说，你们不应支付多装货物的运费的理由较充分，应立足于否定多装货物的运费。

1. 强调应以租约约定的数量为准。

2. 二船东曾两次明确表示不多收运费。

3. 外运与原船东没有任何关系，原船东应找二船东，而不应找外运。

4. 运费不能按特殊货算，如零配件改装于别的船或装集装箱。

答复中外运总公司海运班轮与海运二部咨询，1996.4.18

51. 舱位不足可否扣运费

问：1995年5月，为了从福建装载一批货物到日本，我公司租了一艘船。装船后，才发现该船舱容与实际货物相差3 000立方米。因此货物装不下，产生损失费用6 000多美元。于是，我方从预付的运费中扣下了这笔损失费用。货到日本后，在卸货前付的运费。此案仲裁条款约定：在北京仲裁，适用中国法律。

但船方称：当时报舱容包括油箱。如果我方积载好一点，应当可以装完该批货物，因为实际装的重量与合同是一致的。并且强调：1. 船方并未违约，因为所装货物的重量符合合同。2. 船方舱容平面图所提供的舱容是对的。

根据本案情况，我们可以扣运费吗？现请您替我们分析和出些主意，我们将不胜感激。

答：1. 对于运费或者租金，你方原则上不能扣。除非事先双方有约定，比如航速、停租后的租金可以扣。

2. 有其他债务纠纷时，你方也不能以运费去抵补其他费用，不能扣运费，只能运费照付，然后再去向船方索赔。

3. 如果确属船方提供的舱位不足，造成甩货，给租船人带来损失，那么你方可将未装上船的那部分货物的运费扣下。其余部分，可放在双方都同意的第三方账户上。不是扣，而是等责任分清后，该给谁就给谁。

4. 如果你方没有船舶或者财产之类的东西，也可先扣下这 6 000 多美元产生的损失费用。等对方起诉，你方再反诉。但这样，你方会产生几笔新的费用：（1）反诉费用（诉讼费或者仲裁费）；（2）6 000 多美元和产生的利息；（3）律师费。

5. 你方所扣费用要比较精确，水分不要太大，并且都是合理的费用：（1）未装货物的运费；（2）舱租费；（3）转运费；（4）重新装货的差价；（5）收货人的索赔金额（这笔费用可能被除外）。

6. 关于舱容计算，你方与船方之间不是按买卖合同，而是按运输合同。运输合同是按体积计算舱容，此案只能按体积计算。只是在收取运费时，船方可以按体积吨或者重量吨收取。所以船方称只要货物重量符合买卖合同就行了，这种说法显然是不对的。因为船方与租船人仅受租约的约束，而符合买卖合同对租方与出租人是不适用的。

7. 船方所报舱容应当是指实际可以装货的舱容，而不应包括船舶本身所需油料占用的舱容（当时是否讲清楚了）。这点，可向实际业务人员再咨询一下：平时报舱容是报两种，还是报一种？如果报一种，报哪一种？

答复某出口基地局咨询，1995. 8. 14

52. 拒付运费可否扣货

问：我公司负责承运 6 个集装箱的货物出口，先由天津塘沽海运到汉堡，然后由汉堡陆运到匈牙利，属于国际多式联运。发货人要求在提单上打"预付运费"，并且要求我方向收货人去托收运费。但是，当该批货物运到目的地，收货人提走4个集装箱后，却拒付我方运费。在此情况下，我方想扣下其尚未提走的两个集装箱。我方运费为2万美元，而那两个集装箱货的价值为5万美元。请问，我方是否能够扣留那两个集装箱？

答： 按你们所提供的案情，我有如下意见：

1. 你方应该赶紧去找发货人，要求他付运费，或者他去压收货人付运费，或者由他出面扣货，或者由他授权你方停止放货，并且由他承担由此引起的一切责任与费用。

2. 你方在运费尚未收到的情况下，提单上不能打"预付运费"。即使因业务缘故需要这样打，你方也要有相应的保护措施。比如，要求发货人出具担保，保证在你方收不到运费的情况下由他负责支付运费。

3. 国际多式联运提单第20条明确规定："在适用法律规定的限度内，无论任何时候，当货方欠付承运人包括堆存费及追偿费在内的任何有关费用时，承运人对相关货物和单证拥有留置权，并且可以采取任何他认为合理的方式行使留置权。"所以，你方只有权扣留债务人的货。如果货已转移到善意的第三人，你方无法扣货。

4. 你方扣货时要注意扣得合理，即所扣货物的价值应与所欠的费用基本相当，不能对方欠你2万美元，你方扣他价值5万美元的货物。

5. 至于采用扣提单或扣其他单据的方式，风险也很大，因为我国目前对此种方式尚有争议。例如某官司，法院就曾认为扣单据无法律依据，而判决扣留单据方某外运公司败诉。

答复河北外运公司咨询，1994.6.18

53. 船东为获取运费可否拍卖货物

问： 中储公司与香港某公司签了从印度进口铁矿砂合同，总进口量为14万吨，条款为CFR，从印度某港口至中国主要港口。现有8艘次货物已经卸在天津等几个港口，船已离开。但是中储公司一直提不到货，其原因是二船东指示其各卸港船务代理不要放货，除非中储公司补交了全部运费。而实际情况是，中储公司早已按买卖合同付了款（包括运费）给香港卖方，二船东也付了运费给原船东。现在是香港卖方未付运费（或租金）给二船东。在此情况下，二船东称他们下星期到中国，并且有船东保赔协会的律师陪同，将拍卖这些货物，从中获取运费。中储公司的问题是：1. 二船东是否有权拍卖货物？2. 中储公司已经付款，并且手中有提单，应该怎么办？

答：根据中储公司所提供的情况，我的意见如下：

1. 案子涉及金额很大，并且较为复杂，尤其处在金融海啸时期，所以要十分重视，成立一个应急小组，有专人对外发布该案的消息，对外提供哪些文字材料都需要慎重考虑，争取多获得对方的书面东西，尽量少对外提供书面的东西。

2. 查看提单运费一栏打的是"运费到付"还是"运费预付"或"运费付出按租约条款"。如果是运费预付，那么根据我国《海商法》和其他国家海商法，尽管二船东未收到租船人即香港某公司的运费，也不能留置货物，而必须将货物运抵提单所列的目的港。二船东只能继续向租船人即香港某公司追偿。如果是运费到付，那么当二船东未收到运费时，可以对所运货物进行留置。

另外，根据我国《海商法》第 87 条的规定，船东只能留置其货物，即谁欠了运费，留置谁的货，不能留置未欠二船东运费人的货物。而有些国家的海商法不强调这一点，为了维护船东的利益，只要船东未收到运费，就可留置船上的货物，不论是否欠运费。所以在本案中，还要仔细查看提单，弄清管辖权在哪个国家？适用哪国的法律？所适用的法律对货物留置的条款是如何规定的？

3. 关于二船东如果来中国对留置的货物进行拍卖的问题。我估计他们自行卖掉货物进行抵扣的可能性不大，而会通过有关海事法院进行拍卖。至于二船东是否有权拍卖货物？我认为这里面有一个法律问题，即提单上是否有租约并入提单条款。如果有，则该租约不但约束出租人与承租人，同时也约束收货人，这样事情就对你方不太有利，因为此时二船东可能有权对货物进行留置。在这种情况下，中储公司可以从租约并入提单条款入手进行抗辩，剖析该条款是否进行了有效的并入？原船东可以利用该并入条款，二船东是否也可以利用等。

4. 本案的关键是香港某公司与二船东之间的纠纷，即香港某公司未付款给二船东，结果导致二船东拒绝向中储公司放货。解决办案纠纷的最好、最简单的办法，就是紧紧抓住香港某公司，向其施加压力，迫使其早日付款给二船东，并告知由于其迟迟不付款给二船东，所引起的中储公司的一切损失均由其承担赔偿责任。

5. 尽快采取果断行为，凭借手中的正本提单和其他证据证明货物是中储公司的，向有管辖权的海事法院申请强制提货，一旦海事法院判决书下来，当地船务代理就无法抗拒，在办理此申请时，海事法院会要求中储公司提供现金或者第三方提供的反担保，这完全是正常的、符合程序的要求。

6. 虽然现在有一个优势，即货物已卸在国内，比较好控制，不至于出现钱货两空的极其被动的局面，但是要想将货物提出来所涉及的法律关系还很复杂，需要做的事情还很多，故建议你们立即委请一位既熟悉我国《海商法》，又具有相当丰富经验和处理海事案子的能力，懂外文的律师，替你们处理此案。切勿为了省钱而自己闷头去做，这样会使自己越来越被动，拖到实在支撑不下去时再请律师，很可能会为时已晚，甚至损失已无法挽回。

7. 尽快联系船务代理，向其通报此案的背景情况，说明是因卖方即香港某公司未付款给二船东，二船东虽未收到运费，也不能留置中储公司的货物。按照我国法律，中储公司完全有权根据正本提单提货，请船务代理放货，并告知，中储公司正在通过海事法院办理强制提货，要求他们不要将货物放给中储公司以外的其他收货人。

8. 向港务当局说明此笔货物的收货人是中储公司，请求港务局没有中储公司的指示不要放货。

答复中储公司咨询，2008.11.11

注：事情发生后，中储公司一直与香港某公司联系，催促他们尽早解决与二船东的纠纷，不断对他们施加种种压力，最终迫使他们向二船东付了款，令纠纷得以解决，中储公司很快提取到了属于他们自己的货物。

54. 垫付运费收不回怎么办

问：连云港外运、天津外运垫付运费各70万美元收不回来怎么办？

韩国一物流公司负责大宇公司运送到中亚的汽车配套零件，零件运抵中亚后再组装成汽车在中亚销售。韩国物流公司负责海运将零件运到青岛、天津和连云港；我天津、连云港外运、中海负责铁路运输，将零件运到中亚。现在韩国物流公司欠我方运费各70万美元，而在中国该物流公司只有办事处，没有固定资产与资金，下一步我方怎么办？

答：1. 你方不能再替该物流公司垫付运费进行运输。

2. 找出外运与韩国所签运输协议，查阅管辖权、适用法律及纠纷处理等条款。

3. 准备好韩国欠你方运费的可靠、有力的书面证据。

4. 请人通过朋友或律师了解该物流公司的资信及财产，尤其是有无船舶将航行中国的情况（如需花点钱，请天津外运和连云港外运确认承担该费用）。

5. 如果各方面条件具备，则可考虑将在韩国起诉该物流公司。如该物流公司的船舶将来中国港口装卸货物，则也可考虑申请扣船进行财产保全。

答复连云港外运公司咨询，2004.6.29

55. 货物迟到运费被扣怎么办

问：我公司为程租船船东，租船人租用我方部分船舱。租船人货物装船后，我方因配船需要到另外几个港口装卸货物，然后再到租船人约定的港口卸货。此时租船人称，由于货物晚到（实际上租约并未明确规定卸货期限），收货人要求赔偿损失，故租船人从应付我方剩余 10% 的运费中扣下了该笔赔偿款，即 3.5 万美元。后来我方要求对方退回其所扣的运费，对方却只答应退回 2 万美元，因此我方至今未同意。请问，我方应该怎么办？

答：1. 根据租约，应指出对方在货物卸毕后××天内必须支付你方运费。

2. 双方租约中并未约定该船到达对方卸货港的具体时间，因此该船××天到达卸货港是完全合理的。

3. 因对方只租用部分船舱，故船方有权去其他港口再增装货物。

4. 你方可提出以 2.5 万美元与对方和解，但也要做好 2 万美元解决问题的准备。

答复中外运总公司欧洲处咨询，1991.3.7

56. 能否追回未支付的预付运费

问：有一票货由一家无进出口权的商家委托我们运输出口到韩国，条款是运费预付（但实际未付），由于该商家无进出口权，于是委托另外一家有进出口权的贸易公司办理出口运输及报关等工作，故海运提单上托运人一栏写的是某进出口贸易公司。2002 年 3 月份应交运费 6 万元至今未支付，而该商家已找不到。请问此时能否直接起诉提单上的托运人？

答：1. 现已无法起诉商家，你方仅凭提单托运人一栏填写的是某进出口贸易公司就起诉该公司，而无其他证据进一步证明托运人就是该进出口贸易公司，则胜诉的可能性也仅有 50%。

2. 如果是 2002 年 3 月份的运费问题，那么承运人找货主或报关方索赔运费，其诉讼时效是一年（最高法院司法解释），现在起诉对方，时效已过，故我认为不要再去打官司。

答复湖南外运公司咨询，2003.5.28

57. 运费按重吨与体积计算之差价谁承担

问： 我公司属下的西北空运公司（以下简称"西北公司"）除做空运业务外，也做一些海运业务。最近他们揽得一批从西安出口到国外的钢管业务，为此，与西安发货人签订了一份由其负责该批货物全程运输的合同（包括公路运输和海上运输），约定按钢材的重吨收取运费。接受这项业务后，西北公司与一家运输公司签订了一份海上运输合同。之后，该运输公司又委托一家船公司实际负责将该批货物运到国外目的港。而此时船东要求按钢材的体积即按每立方米收取运费，这样就比原先按重吨收取的运费要多出 42 万美元的差价。由此造成西安发货人、西北公司及其委托的那家运输公司三方之间产生了运费纠纷，即多出的 42 万美元的运费究竟应由谁承担？

为了让该批货物按时运出，以免扩大损失，三方当时签订了一份备忘录，明确由西安发货人先行垫付多出的 42 万美元的运费，至于这笔差价到底由谁来承担，日后再由三方协商解决。

在该批货物运出后，西安发货人遂向西北公司索取其垫付的 42 万美元运费，而西北公司却不予支付。最后，西安发货人即按运输合同中的仲裁条款，在北京中国海事仲裁委员会提起仲裁。

现在，请问对此案子我们应该怎么办，究竟要不要承担责任？

答： 根据你所介绍的案情及提供的资料，经过仔细分析，我认为你们输的可能性较大，因为我曾处理过几起类似的纠纷，处于你们这个角色的当事人几乎都败诉了，所以你们在仲裁前或仲裁过程中应以争取和解为上策。

为什么在本案中，我认为你们胜诉的可能性很小呢？其主要原因有如下几点：

1. 本案托运人与你们下属公司存在一个法律关系。托运人的报价是以每吨为多少运费，对此你们下属公司已经承诺，并未提出任何异议或有任何保留意见。至于你们下属公司在履约中与船公司是如何洽谈和支付运费的确实与托运人无关，除非与托运人另有约定。所以托运人主张后来船公司按每立方米收取运费需多支付的那 42 万美元与托运人无关，托运人坚持仍按每吨支付运费是有道理的。

2. 本案船公司与你方下属公司是另外一个法律关系。船公司按每立方米向你方下属公司收取运费是完全合理的。一般来讲，根据海运提单条款和国际惯例，从事海上运输的承运人，对于所承运货物的运费可以按重吨收取，也可以按体积收取，以较高者为准，除非事先双方已明确约定以何种计算方法收取运费，否则承运人可选择运费较高者。因此，本案船东采取较高者即按体积收取运费，其理由也是充分的。

3. 本案还涉及一些具体情况，即后来托运人、你方下属公司及另一家运输公司三方签署了一个备忘录，为了不使损失扩大，决定先由托运人垫付多出的运费，然后再由三方协商解决。鉴于此，不知你们手中是否已掌握报关时，托运人向海关提供的货物体积数字的证据，看能否以此为由提出抗辩，并作为讨价还价的筹码，争取和解。

不过，通过这个案子，你们应该很好地总结一下经验教训，看看你们为什么 3 万美元未赚取，反倒可能要承受 42 万美元的巨大经济损失。我认为，最主要的教训至少是：

1. 不要轻易冒风险做自己不熟悉的业务；

2. 在签署背靠背运输合同时，一定要注意其条款的一致性，特别是责任条款；

3. 不可轻视货物的积载因素，如钢管是圆形的，中间是空的，而体积却是长方形的；

4. 货物的净体积与带包装的体积是有区别的；

5. 收取运费是按重吨还是按体积计算，事先要明确约定；

6. 海运承运人按较高者收取运费是合理的；

7. 承运人一定要注意落实货物的实际数量与体积，不能光凭托运人所填报的数量与体积就认可，尤其是对不规矩的成套机械设备与体积不规则的货物，要特别注意。

答复中外运空运发展公司法律部咨询，2010. 2. 11

注：仲裁的结果是西北公司败诉。

58. 对"运费吨"理解不同造成运费差额怎么办

问：我们公司最近遇到了一个有关"运费吨"的难题，简要案情是：我司作为发货人所报货物转船数量与船方报收运费的数量相差很大，即比我们所托运的数量大出很多，船方坚持要以他们转载数量即运费吨来收取运费。本案涉及我司作为发货人是否要多交×××万元，所以十分迫切需要您给我们解答下面几个问题，以便我们考虑下一步如何应对。

1. 什么叫"运费吨"？
2. "运费吨"的计算标准是什么？
3. 承运人应按什么收取运费？
4. 本案中×××运费差额应由谁承担？

答：你司碰到的这个问题我的确遇到过多起，但运费额相差这么大还是头一次。下面就你司提出的 4 个问题做简单说明如下，仅供你们参考。

1. "运费吨"又称"计费吨"与"付费吨"，是指按货物的重量或体积作为计算运费的单位。

2. "计算标准"又称"运费单位"与"计费单位"，是指计算运费的依据。在海上货物运输中，一般商品都以重量或体积作为最基本的运费单位。按此货物重量计算的，称为重量吨。在费率表上用"W"表示。公制，以 1 000 公斤为 1 计费吨。英制（长吨），以 1 016 公斤为 1 计费吨，美制（短吨）以 907.2 公斤为 1 计费吨；按照货物体积计算的，称为容积吨。在费率表上用"M"表示。公制，以 1 立方米为 1 运费吨。英制，以 40 立方英尺为 1 计费吨；货物分别按重量和体积计算运费，并选择其中运费较高者收取运费，用"W/M"表示。

3. 在海上货物运输中承运人收取运费，既可以按重量吨收取运费，也可按运费吨收取运费，通常承运人会选择其中运费较高者收取，除非事先有明确约定只按"重量吨"或"运费吨"收取运费，否则承运人有选择按何种运费吨收取运费的权力。

4. 本案几百万元的运费差额应由谁承担的问题，因为你们提供的资料太少，我无法确定究竟是谁的责任。是你们货主与运输公司两方的责任，还是涉及更多单位的责任？但是根据我以往处理类似案件的经验，我认为产生运费差额的原因主要有以下几种情况：

（1）船货双方都缺乏经验，没有"运费吨"的概念，作为货方更缺乏"承运人有权按较高者收取运费"的意识。

（2）船货双方对货物的积载因素不知，或疏忽了此问题，结果双方计算出来的体积不一样或相差甚远。

（3）货方对实际货物的体积丈量不准确，尤其是对一些不规格的机械设备，是估计的体积。

（4）货方丈量的体积与装上船后实际占用船舱的体积也会产生差额，甚至是较大差额，尤其是船方积载不合理时，产生的差额就会更大。

例如：某工程项目公司（下称项目公司）中标了一个位于中东的水泥项目，项目需要将大量设备零件运往中东。项目公司委托某运输公司办理上述项目的运输事宜，协议约定按每运费吨××元计费。运输公司随即安排运输，通过租用散杂货船、集装箱发运等方式陆续将上述货物发往目的地。在最终结算运费时，项目公司与运输公司对总计运费吨的数量产生分歧，按照工程项目公司的计算，对每一批货物进行体积和重量的衡量后，按可少交运费计算的运费吨；而按运输公司的计算方式，是对每一件独立包装的货物进行体积和重量的比较来收取运费吨。运输公司计算的运费比项目公司计算的运费要高出数百万元人民币。双方对单价和运输的其他条款均无异议。

所以要想理清责任，必须清楚究竟是哪方提供的数据有误，是货方少报或误报了货物重量或体积，还是船方提供货物的积载因素有误导致货方计算错误或船方积载货物很不合理，造成体积增加很大？还是船货双方均有错，……这些都是在处理此类案件需要考虑的重要因素。但无论如何作为货方应有这样一个概念，除非事先船货双方有明确约定只能按"重量吨"或"运费吨"收取运费，否则船方有权选择按较高计费单位向货方收取运费。

另外货方还要注意：①对于金银珠宝或其他贵重物品则以货物 FOB 价格的一定百分比计算运费，称从价运费，用 Ad. Val 表示。②按货物实体个数或件数为单位计算运费的，如活牲畜按每头（Per head）计收，车辆按"每辆"（Per unit）计收等。③不同商品因混装在同一包装内，按计费高者收取。④同一商品因包装不同、计费等级不同时，托运人应按不同包装分别列出毛重和体积，否则，应按计费高者计收。⑤托运人在交付货物前，应对船公司运价本关于运费计收单位的详细规定进行仔细阅读。

答复某贸易进出口公司咨询，2007.5.3

59. 展品体积计算需注意的问题

问：我们负责每年东南亚五国展览品的物流工作。去年，在展品运到越南展出后，运回的展品体积也是大于出运的展品体积。从第一届到第三届都是大大超过运出展品的体积，这样无形中大大减少了我们的收入，并且无法挽回这部分的损失。展品出口单位称，其展品在展览期间会赠送及处理一些，而又未从越南采购回任何东西，展品只会少不可能多，不应再向其收取多出体积的运费。找到越南当地的装箱方，他们称，运出展品的体积确确实实有这么多，必须要按越南方计量的体积付运费，否则就打官司。请问为何会出现这种现象？我们应如何才能避免这种现象的发生，而不减少我们的收入？

答：你们遇到的情况确实是一种新情况，但这种类似的情况我曾碰到过，问题很可能出在下面几个环节：

1. 国内发送展品单位填写的展品体积与实际展品体积不一致，引起这种不一致的原因可能是发送人有意少报其体积数量，达到其少交运费的目的；当然也有可能是发送人无意造成的，主要是他们未对展品一箱一箱地验体积，然后将一箱一箱的体积数加起来，仅凭眼力估算出来的，并且是往少估算，所以，才造成实际数量从一开始就少填了。

2. 展品肯定是通过运输工具送至海关通关，其体积是按展品装上运输工具后计算的，故其数量也是一个估计的结果，完全有可能大于实际展品的体积数量。

3. 由越南运回展品时，请当地装箱时，也未有特别交代，要求当地包装商按原来体积进行包装装箱，这样完全有可能使回运展品的箱子体积大于原来体积。如果越南方不是按每箱体积计算的数字，而是按卡车装载时估计的数字，那么多出的体积完全有可能更大。

针对上述原因，建议你们在国内接受交付展品时，一定要仔细，即派人去交付展品场地与交付人一箱一箱地测量体积，然后累积一个数字，这个数字才会比较贴近实际数量。同时，展品展销完毕，委托当地人装箱时，要提出具体要求，要求他们合理包装与积载，并指定箱子的大小，否则，回运箱子的体积会大于交付的箱子体积。

答复广西外运公司咨询，2007.7.25

60. 可否向货方主张运费

问：我公司替国内货主承运了一笔运费预付的货物，因不可抗力，收货人未收到货。收货人称由于货损不向承运人索赔，因此运费不付给货主，也不付给承运人。请问，在此情况下，作为承运人，我公司是否可向国内货主主张预付的运费？

答：可以。因为在运费预付的情况下，运费应视为已赚取，即使货物发生货损货差，承运人也不退还运费；尤其是在不可抗力的情况下，承运人可免责。承运人不但可不赔付货损货差，同时运费亦不退还。故在本案中，国内货主应将实际未付的运费支付给承运人。不过，你公司也应从本案中吸取教训。如果合同条款中已明确约定运费支付的方式为"运费预付"，那么，承运人在签发提单时就应坚持让货主预付运费，只有在收到运费后，才能在准备签发的提单上打上"运费预付"的字样，否则运费能否收回的风险很大。

答复柳州某公司咨询，2003.6.13

61. 船方无理扣货，租方有何措施

问 1：船已抵达湛江卸货港，预计几天即卸完货。经三船东（丹麦租船人）同意，我外运公司已将应给三船东的运费付给了二船东。但二船东称三船东还欠他 4 万多美元，要我司支付给他，否则他将通知其船务代理扣货。请问，在此情况下，我司应如何处理？

答：你司暂不要与二船东打交道，而应以国内收货人的名义给原船东发一个传真，传真内容可为如下四点：

1. 告诉原船东以上情况。

2. 二船东无权也无理扣留你司的货物，这完全是违反国际航运惯例的。因货是你司的，而你司与二船东无任何债务纠纷，所以你司可请原船东拒绝二船东的无理要求，并阻止其扣货。

3. 提单是船长签发的，相信他会履行提单下的义务，指示及时放货，而不会按二船东的无理要求行事。

4. 如果船长不履行提单义务，而按二船东的意思扣货，那么你司别无选择，

只好通过我国海事法院扣留他的船，由此引起的一切损失将由他承担。当然，你司相信原船东会与你司友好合作，履行其提单义务的。不过，你司应请原船东尽快确认。

问 2：货已全部卸下，而船务代理根据三船东的指示未放货。国内收货人正用正本提单在报关，还未以正本提单向船务代理要求放货。请问，下一步我司应当怎么办？

答：让国内收货人尽快报关，然后以正本提单去提货。国内收货人可正式去函告知船务代理：货是属于他的，任何人无权扣货。他与三船东无任何债务纠纷，所以三船东无权扣货。如果扣货，他将向广州海事法院申请强制放货。

你司也应正式去函向船务代理明确指出，货不是三船东的，而属于国内收货人的。三船东与二船东的债务纠纷，不涉及国内收货人。所以，二船东无权扣留属于国内收货人的货。如果硬扣不放，二船东及其船务代理应承担因错误扣货所引起的一切损失。

同时，我还有如下意见：

1. 你司应向原船东表示一个强硬态度，声明你司作为租船人无义务付给二船东运费，相反原船东与二船东都应根据所签提单履行义务，将所装货物安全、及时地运抵目的地，并交给真正的收货人。如果二船东与三船东有纠纷而不来目的港或擅自处理货物，属非法行为，货物不属于二船东，他无权处理。如果二船东阻止船舶来目的港卸货，则纯粹是欺诈行为，你司将立即通知国际海事局，要求对二船东及其船舶采取法律行动。为了解决纠纷，三船东若确认将运费付给二船东，你司可如数付给二船东，关键是要三船东通知你司。至于三船东还欠二船东的其他费用，也须三船东承担或者由他指示你司将全部运费付给二船东。超过运费部分，你司绝对不能向二船东支付的，二船东无权留置货物。如果留置货物，你司将通过我国海事法院扣船。

2. 你司还应向三船东表示：三船东与二船东在装货港的纠纷，只有三船东能解决，所以三船东必须尽快解决。现在由于三船东与二船东的纠纷给你司带来了很多不便，并且可能给你司带来很大的损失。如果确实引起了你司的损失，该损失将由三船东承担。因此，为了不使损失扩大，希望三船东尽快与二船东联系解决问题。

答复湛江外运公司咨询，1995.8.1

62. 船东能否擅自改变卸货港

问：现将我需向您请教的一些法律问题所涉及的案情简告如下：

2004 年 7 月份，中设商运为国内货主安排从上海港到伊拉克内陆的杂货运输。经国内一家名为 SCAN-TRANS 的公司的介绍，中设商运通过德国船东 BBC 公司在新加坡的代理 APC 公司与 BBC 公司签订了一份程租合同，运费为包干运费，全班轮，钩到钩，支付方式为运费预付，并规定航次租船合同受提单背面条款的约束。后中设商运又与国内货主签订了一份运输合同，海运部分的规定同其与 BBC 公司所订立的程租合同及提单背面条款的规定完全一致。7 月 31 日，船舶装货完毕离开上海港。货主直到 7 月 11 日才确认提单。12 日货主向中设商运支付了运费，中设商运后将运费支付给 BBC 在中国的代理——上海外代，由于 BBC 公司在中国国内没有任何的机构，因此上海外代为其办理退税的手续较慢，直至 18 日才将运费款项汇往 BBC 的账户。支付运费后，中设商运要求 BBC 公司签发提单，但 BBC 公司始终以未收到运费为由拒绝签发提单。8 月 11 日，BBC 船东通知中设商运，要求中设商运支付在伊港口卸货将产生的 THC（集装箱码头装卸作业费），中设商运认为该笔费用在以往的业务中都是放在卸货费用中由船方来支付的，但是，BBC 主张由于伊拉克港口管理的变化，有关费用的结构也发生了变化，该笔费用不能包括在 LINER OUT 条款下的费用中，应由货方来支付。8 月 13 日，BBC 公司通知中设商运船舶预前往伊拉克就必须投保战争险，中设商运应支付战争险附加费，中设商运发出确认书同意支付该笔费用，但指出船方必须出具保险费的发票和相关凭证，但船方拒绝出具。船方威胁如果货方拒不支付战争险附加费和 THC，船舶将不会前往伊拉克。8 月 18 日，船方通知中设商运称由于伊拉克局势的变化，船方根据提单背面条款的第 18 条（b）（规定如果运输合同的履行将使船舶或船上的人员受到战争、类似战争的状态、敌对行为、恐怖行为等的威胁，船长可以将货物卸在任何的安全、方便的港口而不承担任何责任，同时不影响已赚取的全部预付运费）和程租合同中约定适用的 VOY-WAR1993（该条款亦做了类似于第 18 条（b）的规定），将不会前往程租合同中约定的目的港伊拉克的 UM QASER，而是将货物卸在临近的一个安全港口。中设商运经与当地的代理联系获知 UM QASER 港确实因安全原因已被关闭，而且可能至今仍处在关闭状态下。另外，提单背面条款中规定管辖法院为德国汉堡法院，准据法为德国法。中设商运咨询应采取什么措施尽量减少损失。

答：根据你所提供的有关资料及介绍的情况，我有如下几点意见供参考：

1. 首要一点是中设商运应争取尽快拿到提单，控制货物，避免钱货两空的状况。如果船东仍拒绝签发提单，可以试试向上海海事法院申请海事强制令，强迫船东签发提单。但这需要船东代理上海外代的配合。如果上海外代拒绝承认船东曾授权其代签提单将很难办。

2. 中设商运为尽快取得对货物的控制权可以与货主进行协商先支付 THC，安排货物的转运，以使货主能尽快履行买卖合同下的义务，避免发生更大的损失，但同时应发函给船东，保留对有关费用和损失的索赔的权利。

3. 将来是否起诉船东还要看租约和提单中的具体的约定，是否有胜诉的把握。包括提单中约定的战争等状态的确定，转运费用和责任应由谁来承担，多支付的运费是否能够退回等。同时，还应了解 BBC 公司的资信情况，财产状况，确保胜诉后其有财产可供执行，以及能否扣船等。

另外，你们还有几点经验教训应吸取：

1. 在通过中间人订立合同的情况下，一定要对中间人有充分的了解，本案中间人很多，中设商运在对他们并不是很了解的情况下就订立合同是很危险的。

2. 要对程租业务有所了解，绝不能不懂就干，否则将会面临很大的风险。程租合同下的各种情况十分复杂，包括港口合同、泊位合同的约定，NOR（Notice of Readiness 装卸货准备就绪通知书）的递交，装卸时间的起算，滞期费的计算等，这些都是时间的问题，而时间就是钱。

3. 要注重对订约对方的资信的了解，否则对对方的资信都不了解，一旦发生纠纷，即使胜诉在执行上也会遇到困难。

4. 对于去往伊拉克的货物的付款方式的特殊性要有了解，根据联合国的石油换食品计划，伊拉克买方购买的所有货物，必须在数量完全符合的情况下才能支付货款，差一件整批货物的货款都不能支付，因此，对于安排前往伊拉克或其他战区的货物运输的企业我们必须提醒他们注意此种风险。

答复中设商运咨询，2004. 8

注：本案最终结果，中设商运与船东积极交涉，指出伊拉克当时的状态与程租合同订立时的状态并不存在根本的区别，船东擅自改变卸货港是违反租船合同约定的，是一种违法行为。后船东同意通过另一艘船舶将货物运往预定卸货港，并支付了转船的装卸费用。

（四）海运提单

63. 如何签发提单

问：如果发货人要求在签发提单上只打"ON"即"已装船"，不签具体日期是否可行？这样做，承运人有无风险？光写一个日期，行不行？

答：仅打"ON"而不打具体提单签发日期，我认为不行，理由是：信用证条款有具体日期的要求，如提单上无具体日期，肯定构成单证不符，银行不予接受，亦不同意结汇。

如果仅打"ON"而不打具体装船日期，承运人存在着风险。假如发货人事后擅自加上一个日期，而该日期属倒签提单，则一旦被买方或提单持有人发现，便可向承运人提出拒收货物并索赔，这种情况下，承运人就将面临着承担因倒签提单所引起的严重后果。

仅写一个日期行不行呢？这也要看信用证条款的要求，如信用证条款要求注

1994 年 3 月 31 日作者在黄埔外运讲授海运提单

明已装船提单，那么就必须有已装船字样，仅写日期显然是不行的，势必会影响到结汇。

答复某船公司咨询，2005.4.9

64. 提单可否这样签发

问：有批货物已于 1994 年 6 月 29 日装船，但是国内货主要求货运代理不按 6 月 29 日装船签发提单，而要求签发 7 月 4 日装船的提单。请问：货运代理能否依货主要求签发这样的提单？如果签发了，会有什么样的后果？

答：1. 货运代理最好不要这样签发提单，因为在具体航运业务中，发货人要求将实际装船时间提前的情况很多，那是倒签提单，属一种违法行为，风险很大。一旦发生纠纷、追究责任，如若为货运代理擅自倒签提单，则将独自承担相应的法律责任；如若为货运代理应发货人或承运人之要求倒签提单，则也要承担连带的法律责任。而发货人要求将实际装船时间推后的情况却很少，但货运代理如果应发货人的要求做，势必也有风险，主要风险是一旦货物在 6 月 29 日至 7 月 4 日期间发生货损货差，发货人就可能会遭承运人拒赔，其理由是发货人的货物还未装上船，并不在船方的掌控之下，即承运人对于货物未装船之前的风险是不承担责任的。另外，虽然这不属于倒签提单，但也未如实签发提单，若收货人发现，货运代理也要承担连带责任的。

2. 如果是发货人提出的要求，货运代理从商业角度考虑打算签发这样的提单，则必须做到：

（1）了解货主为什么要求签发这样的提单？

（2）要求货主出具保函，保证货运代理因受其委托签发该提单所引起的一切后果和法律责任将由货主承担。

（3）实践中确实存在开展业务与法律责任的平衡问题，不能简单地说行还是不行。货运代理既存在开展业务的需要，又存在可能会由此承担法律责任的后果。如果遇到下列情况：客户要求推迟签发提单的日期比较短，且涉及的货价金额比较小、为了维持客户关系、扩展日后业务，准备承担责任和损失，尚可考虑签发这样的提单；反之，则不行、应当拒绝签发。

答复塘沽外运公司咨询，1994.9.14

注：货代解释说，货主要求这样签发提单，是源于信用证条款要求货主在货

物装船后 10 天内寄出单据，如果签 6 月 29 日装船，则在 7 月 9 日前得寄出单据，但当时已经超过了该时限；如果改签 7 月 4 日装船，就可推迟到 7 月 14 日前寄出单据，符合信用证要求的时限，不会遭到拒付货款的后果。

65. 可否按不同日期签发提单

问：我司一条船正在港口装货，其中有几票货属不同的货主，要求签发提单日期的最后日子不一样，如按 7 月 10 日签发，有的就会超过信用证期限，如按不同的日期签发是否可行？

答：签发提单日期，系指每一提单项下的货物的装毕日期，一条船上有不同货主的货物，其装毕日期不同是很正常的，货主要求按最迟装货日期的不同，要求签发提单的日期不同也是正常的，是合法有效的。如果一个提单本应 7 月 10 日签发，因 10 日无法装完，需要 11 日才能装完，那么倒签一天，问题可能不会很大，但潜在的风险还是有的，尤其在收货人的货物行情不好，不想要货时，容易被收货人抓住装港装货时事记录等证据，追究船方责任。如果允许至 12 日、13 日装毕货物，则签发 12 日或 13 日的提单没有一点问题。也就是说一条船上的货物，涉及不同货主，在各信用证要求装船最后日期不同的情况下，提单上所签日期不同是自然的、是可行的。

答复远洋船务公司咨询，2004.7.9

66. 可否改签提单

问：从印度进口的货，卸货港为国内某港口，现在国外发货人请求二船东改签另一套提单，装卸港等都不变，只是发货人改变，收货人的通知方改变，请问：我方如同意国外发货人的要求会有何风险？对方称是买卖贸易合同有此要求。

答：1. 不同意改签一套提单。

2. 如实在要改签，必须清楚所谓的买卖贸易合同条款要求的内容，权衡有无风险及风险大小后，再决定是否同意签发第二套提单。

3. 因我未遇到过完全一样的情况，也不知发货人为何要换提单，故无法提供确切的建议，也无法预料可能会产生何种风险与后果，请谨慎行事。

答复嘉海航运公司咨询，2004.9.14

2002 年作者在北京主持参加中外运集团提单修改讨论会

67. 可否签发第二套正本提单

问：托运人因提单丢失，无法结汇，请求我方再补发一份正本提单，以便托运人向银行结汇，托运人表示愿意出一担保函，免除我方因补发一份正本提单所产生的法律责任及经济后果。此时，我方应如何处理？

答：1. 一般情况下，承运人签发了一套正本提单，就履行了自己的义务，其后不再签发第二套正本提单，否则将承担签发第二套正本提单的风险。

2. 如果为了商业上的需要，实在要再签发第二套正本提单时，则须托运人提交一份银行担保，银行书面向你方担保由其承担因签发第二套正本提单所引起的一切后果；也可由一家资信情况好，你方可接受的机构出具类似银行的保函，并要求托运人登报声明原提单已丢失作废。

3. 在本案中，你司不是承运人，只是代理签单人，故可以"承运人未授权我签发第二套正本提单"为由答复托运人，请他们理解，这样你方既没有产生风险，又没有得罪托运人。在业务实践中，一定要记住自己的身份即一个代理签单人，作为代理签单人没有船东的授权，绝对不能签发第二套正本提单，否则将承担擅自签发第二套正本提单的责任及由此带来的经济损失。

答复中外运上海某合资公司咨询，2003.3.5

68. 一票货可否签发两套提单

问： 一家与我船务代理公司关系非常好的租船人，要求我们替他签发一份二程提单，其手中已有一份船东签发的提单，之所以要两份提单，是因为一份提单交给收货人，另一份提单交给××。该租船人向我司保证免除船务代理再签发一套提单的任何法律责任。我司作为船务代理可否帮忙再签发一套提单呢？

答： 1. 原则上不能签发。因为一票货物签发两套提单，对于承运人及其代理与雇员都存在风险，甚至是很大的风险：一是如果两个提单持有人都来提货，请问你将货物交给谁呢？二是一个提单持有人将货物提走后，又一个提单持有人问你要货，你该怎么办？所以，作为承运人及其代理人对于一票货物只能签发一套提单；如遇特殊情况，需要签发第二套提单，则必须收回第一套提单，否则后患无穷。

2. 即使租船人给船务代理出了担保，免除其一切责任，也仅限在租船人与船务代理之间具有约束力，绝不能用于对抗第三人。

3. 如果从业务角度考虑需要帮忙，则首先要明白签发第二套提单的后果与责任；其次要求对方出具保函；第三，也是最重要的，即租船人的资信情况要很好，实力要很强。

答复唐山船代公司咨询，2006.7.19

69. 签发两套正本提单会产生怎样的后果

问： 香港一中间商，是我的长期客户，为了方便对方及时结汇，过去在做散货时，天津外运都是替对方出具两套提单，一套签发给国内托运人，国内托运人马上即可凭借此套提单结汇（天津到香港），另一套签发给中间商，中间商可凭借另一套提单结汇（香港到国外其他目的港）。一票货签发两套正本提单，分别给不同的人。我方这样做完全是为了满足客户的要求，维持与客户尤其是大客户长期稳定的合作关系。请问在法律上我方将会承担何种法律责任？其法律后果又是怎样？

答： 你方一票货签发两套正本提单显然是错误的，不应该的。虽然以往你方这么做未曾出过事，但并不代表承运人可以这样做，也不代表这样做是正常的、合法的；虽然这样做对托运人是有利无害的，但对承运人来说风险是很大的，尤其是整船散装货，价值较高，不出事则已，一出事往往就是大事；虽然以往不曾出过事，但不能保证今后不会出事。而历史的教训是惨痛的，那些心怀不轨的诈骗犯往往是头几笔生意很正常、很顺利，不知什么时候，就发生一笔大金额的欺诈案，让承运人输得一败涂地。

对天津外运的这种做法，我有如下意见：

1. 这不是正常做法，风险很大，再不能冒此种风险了。

2. 根据商业需要，即使要签发两套提单，也必须有一些控制风险的保障措施，例如①要求对方出具银行或第三者的担保；②小额的如50万元人民币以下的，可考虑接受对方自己提供的保函，而签发两套正本提单，金额较大的就必须要求出具第三者的担保。

3. 第一套即签发给托运人的提单，签发时要在收货人一栏列明中间商为收货人，这样做也仅限控制了部分风险，即排除了其他人，承运人看似只对两家负有责任，即托运人和收货人；然而承运人签发的另一套不是记名提单，就有可能出现合法提单持有人向承运人主张货物时，货物已被中间商凭记名提单提走，并逃之夭夭。此时，承运人面临的是需要向后来的提单持有人再次履行交付货物的责任。

4. 在此，必须提醒你们的是将未来可能的风险事先转移或将风险控制在你方能够承受的范围内，否则忍痛割爱，放弃这一做法。

答复天津外运咨询，2003.3.5

70. 修改过的提单是否有效

问：我公司向裕成公司购买200吨标准胶，货价为49.15万美元。裕成公司当时无货，即向南益公司购买了200吨标准胶，由南益公司装船。后来因为裕成公司破产，南益公司凭提单无法向银行兑付款，所以要求我公司将200吨标准胶货款付给他们。由于裕成公司原来欠下我公司17万美元，我公司答应扣除这17万美元以后，将其他余款退付给南益公司。南益公司不同意，称自己是法定货主。现在正本提单在南益公司手中，但是"发货人"已经修改过。请问，这种修改过的提单是否具有法律效力？提单在南益公司手中有何作用？我公司应该怎么办？

答：根据以上案情，建议你们：

1. 强调你公司仅与裕成公司有关系，本来扣除其 17 万美元欠款以后，其他余款应当退付给银行（债权人之一）。正因为考虑到与南益公司的关系，才答应将其他余款退付给南益公司。

2. 南益公司如果仍不同意，一定会以正本提单在手为由，要求船方交货或者赔款。鉴于你公司货已拨交，并且船方属于中远公司，在这种情况下，你公司最好争取对半解决。

3. 至于谁授权修改的提单，修改后的提单是否有效？从船长已签字来说，该提单应当是有效的。加上提单上的"托运人"一般由托运人自己填写，如果托运人的名称与以前不同，并不涉及银行结汇的问题，船方也无法考虑此问题。

答复中国化工进出口公司咨询，1988. 1

71. 船方签发新提单是否合法有效

问：1. 案情简介

1994 年 6 月 10 日，新加坡明达有限公司（以下简称"明达公司"）与汕头特区江海有色金属有限公司（以下简称"江海公司"）签订销售合同，由明达公司向江海公司出售 1 万吨土耳其盘条。在合同中，江海公司指定香港爱斯卡公司向明达公司开证。

1994 年 6 月 21 日，江海公司向明达公司开出 55 天远期信用证。

1994 年 7 月 15 日，土耳其发货人装船并签发提单，由 M/V "MARINE GLO-RIA" 装运。

1994 年 7 月 25 日，土耳其发货人传来的单据与香港开出的信用证有严重不符点（两个数据打印错误）。原因是明达公司制作合同时打字失误。

1994 年 7 月 25 日~8 月 2 日，明达公司一再促请江海公司说服香港开证行，请其接受不符点或修改信用证，但香港方面认为市场不好，拒不接受。江海公司无法说服开证人，转而要求明达公司改变付款方式。

1994 年 8 月 4 日，鉴于付款方式的改变，明达公司为降低风险以及便于控制收款与发货程序，传真指示船东将原提单切割成十份提单，船东随即签发新的十份提单，签发日仍为 7 月 15 日。

1994 年 8 月 4 日，船东指示明达公司到香港向其船务代理公司换发提单，明达公司要求改为在中国漳州外代换发，对此船东表示同意，明达公司随即电告船东将派人前往东山，交回原提单，同时取回新的十份提单。

1994 年 8 月 10 日，船东之香港船务代理书面通知中国漳州外代原提单作废，提货需凭新签发的十份提单。

1994 年 8 月 10 日，漳州外代通知江海公司原提单作废，提货需凭新的十份提单。

1994 年 8 月 18 日晨，明达公司与漳州外代签署了原提单作废协议，并交回了有明达公司背书的原提单，同时漳州外代总经理手签了自明达公司处收到原提单的书面材料。

1994 年 8 月 19 日，漳州外代将已作废的原提单借给江海公司报关，中国东山海关在已作废的提单上盖放行章。报关后，因发现江海公司所持的是虚假钢材进口批文，从而导致目前该批 1 万吨钢材遭海关扣押。目前新的正本提单仍由明达公司持有。

本案目前状况是：东山海关欲以合谋走私为名对物权仍属于明达公司的 1 万吨钢材予以罚没。

本律师事务所认为：江海公司串通漳州外代以作废提单欺骗海关与明达公司无关。鉴于明达公司是新提单持有人，同时鉴于新提单尚未提交海关报关，该 1 万吨钢材应视为尚未进口，海关不应对该 1 万吨钢材予以罚没。

2. 问题

（1）将原提单分割为十份提单的行为是否合法有效；

（2）原提单在新的十份提单签发后是否即失效；

（3）新的十份提单签发后，使用原提单所为的任何行为是否无效；

（4）东山海关在未审单的情况下，在报关人提交的只有明达公司背书的原提单上盖放行章的行为是否符合我国法定的报关程序。

答： 中国海商法协会邀请高隼来、朱曾杰、徐鹤皋、孟于群、刘书剑等专家根据相关材料，经过认真的讨论，对本案提出如下意见：

1. 原提单在交给江海公司以前，已经背书给明达，明达作为提单的合法持有人同承运人达成协议，把全套原提单换成 10 份新提单，就提单的作用（参阅我国《海商法》第 71 条）来说，在承运人与提单持有人之间，应为合法有效；至于这种做法是否违反该批货物的买卖合同，则是另一问题。

2. 根据明达同承运人的协议以及漳州外代向明达作出的书面承诺（1994 年

2002 年秋作者夫妇与中国海商法协会资深专家合影
前排左起：徐鹤皋、朱曾杰、高隼来、王茂深
后排左起：康明、刘书剑、孟于群、高宗泽、金正佳、陈震英

8 月 14 日函），外代应将收回的原提单注销作废，原提单当然失效。但是，事实上外代并未履行其承诺，将收回的原提单加盖"作废"章，而让别人拿到了未注销的原提单正本，则该提单的效力似应取决于该人是否善意取得了该提单。从本案的情况来说，外代出借和江海公司取得该提单均非善意，故该提单不能作为提取货物的合法凭证，也不能作为江海公司已取得货物所有权的证明。

3. 就本案的具体情况而言，根据我们见到的材料，如无相反的证据，假使新提单现由明达持有，应当承认明达作为货物所有人的身份。至于江海公司根据买卖合同是否有权向明达提出任何主张，海关似可不必考虑。江海公司在明达既未参与、又不知情甚至违反其意愿的情况下，不合法地取得提单，并用虚假批文企图把属于他人的货物通关进口，海关当然要依法对责任方进行处理，但也要考虑不使无辜的货主明达因海关对责任方的行政行为而受到损失。

4. 为促进我国对外开放，发展我国对外贸易往来，建议考虑采取释放明达货物或减少其损失的其他处理方案。

上述意见供参考。

答复中国法律事务中心商务、投资律师事务所咨询，1994.12.26

注：本问答为中国海商法协会会员提出的咨询问题，协会邀请高隼来、朱曾杰、徐鹤皋、刘书剑及作者孟于群等人士根据该会员提供的部分材料，进行了专家讨论，给出上述答复意见。

72. 船方批注是否要合理合法

问：上海某贸易公司，出口烘干机，木板包装，800 立方米，FIXTURE NOTE 写明可装甲板，货物装船后，船东称根据国际惯例和船东保赔协会的要求，提单上要批注，船方对甲板货的灭失与损坏不承担任何责任。这样导致托运人无法结汇，请问，船方的批注是否有道理？

答：1. 没有听说过凡属货物装甲板，船方对此货物的灭失与损坏一律可免责，除非事先双方有约定，船方免责。

2. 一般来讲，活动物、活植物与一些特殊货物，船方对这些甲板货不负责任。

3. 船方擅自将货装甲板造成的损失，船方不但不能免责，而且不得享受赔偿责任限制。

4. 事先有约定，船方可免责，船方可批注。

5. 我国《海商法》第53条规定：

"承运人在舱面上装载货物，应当同托运人达成协议，或者符合航运惯例，或者符合有关法律、行政法规的规定。

承运人依照前款规定将货物装载在舱面上，对由于此种装载的特殊风险造成的货物灭失或者损坏，不负赔偿责任。

承运人违反本条第一款规定将货物装载在舱面上，致使货物遭受灭失或者损坏的，应当负赔偿责任。"

根据该条的规定，只有船方不顾三种情况，擅自装甲板，船方不能免责，也不能享受赔偿责任限制。

按三种情况装了甲板，承运人可不负责任，但承运人仍须要承担尽到了合理谨慎的责任。此款之规定，并不意味着承运人不具有管货责任。尽管承运人装载货物于舱面具有合理合法依据，但仍须在装载、绑扎、加固、防水、运输等环节上尽到合理的谨慎之责。如果承运人未尽谨慎管货之责，舱面货物遭遇风险和损失是由于承运人采取措施不当，那么，承运人也不能免责。

答复上海某航运公司咨询，2005.6.21

73. 提单不填写中文抬头可以吗

问：海运提单抬头有中、英文，现有一部分客户要求不要中文抬头（使国内发货人不知是哪一家的提单），仅用英文名是否可以？

答：1. 法律上未规定非要有中文抬头。

2. 如果为满足一部分人的要求，删除中文抬头，你们须事先考虑：

（1）其他客户也许不同意这样写怎么办？

（2）如果信用证要求描述有中文，则会产生所提供的单证与信用证不相符又怎么办？

（3）如果应某一方客户的要求，签发了两种不同抬头的提单，即一种为中、英文抬头的提单，一种仅为英文抬头的提单，造成使用者与银行鉴别的困惑，会由此产生怀疑造假的质疑，甚至导致银行不予结汇又怎么办？

答复广东长运公司咨询，2006.1.6

74. 如何确定海运托运人

问：托运人与承运人被定义为运输合同的当事方。但在实践中，承运人究竟是以与自己订立运输合同的买方为托运人，还是以船上交货的卖方为托运人？如果谁交货谁就有权获得承运人签发的提单，那么在船上交货的情况下，若买卖双方关系破裂，卖方就可以取得以买方为托运人的提单。但是，我国《海商法》中没有采纳控制权的概念，在这种情况下，请问：如若卖方没有将提单寄给买方，买方是否有权依据运输合同提取货物？承运人是否应当按照运输合同的约定，在不出示提单的情况下将货物交给买方？提单在此还有什么作用？

答：上述问题实际上是关于托运人定义的问题。我国《海商法》第 42 条将托运人定义为："1. 本人或者委托他人以本人名义或者委托他人为本人与承运人订立海上货物运输合同的人；2. 本人或者委托他人以本人名义或者委托他人为本人将货物交给与海上货物运输合同有关的承运人的人。"

我国《海商法》实际上规定了两类托运人，但是对其具体权利和义务并未加以区分，从而带来了实际操作与司法实践中的许多困惑。因此，我国很多学者建议，托运人仅应是与承运人订立运输合同的人，即契约托运人，而将货物实际交给承运人的人不应是托运人，应单独规定为实际托运人或者发货人。

《UNCITRAL 运输法草案（WP. 81）》规定："托运人"是指与承运人订立运输合同的人。"发货人"是指将货物交给承运人或履约方运输的人。但值得注意的是，《草案（WP. 81）》较之于之前的《草案（WP. 56）》增加了"单证托运人"的概念，即"单证托运人"是指托运人以外的，同意在运输单证或电子运输记录中被指定为"托运人"的人。

实践中，有关提单应签发给托运人还是发货人的争议，主要出现在 FOB 贸易术语项下的交易中。对此，因缺乏明确的法律规定，我国国内存在很大的争议，双方往往各执一词。在《UNCITRAL 运输法草案》的起草过程中，亦存在争议。美国、荷兰的代表主张应同时满足三个条件，发货人才有权获得提单：1. 实际交付货物；2. 发货人的名字放在提单托运人栏中；3. 托运人指示承运人将提单签发给发货人。而中国、意大利的代表主张只要满足上述第 1、3 条件即可。丹麦、挪威的代表则认为只要满足上述第 1 条件即可。从《草案（WP. 81）》的规定来看，该草案实际上是采用了上述第一种观点，如草案第 35条有关运输单证或电子运输记录的签发规定：

除非托运人和承运人约定不使用运输单证或电子运输记录，或者不使用运输单证或电子运输记录系行业习惯、惯例或做法，否则，货物一经向承运人或履约方交付运输：

（a）发货人即有权获得不可转让运输单证或根据第 8 条（a）项获得不可转让电子运输记录，但只能以此证明承运人或履约方收到了货物；并且（b）托运人，或经托运人同意的单证托运人，有权根据托运人的选择从承运人处获得适当的可转让或不可转让运输单证，或者根据第 8 条（a）项获得可转让或不可转让电子运输记录，除非托运人和承运人约定不使用可转让运输单证或可转让电子运输记录，或者不使用可转让运输单证或可转让电子运输记录系行业习惯、惯例或做法。

这里值得注意的是，一旦发货人同意在运输单证或电子运输记录中被指定为"托运人"，同时就会成为"单证托运人"，虽然可以取得可转让运输单证或电子运输记录，但是根据草案第 33 条的规定，作为单证托运人必须承担草案所规定的托运人向承运人履行的义务和草案第 57 条（向承运人提供额外的信息、指示或单证）对托运人规定的义务和赔偿责任，这不单单是发货人的义务和责任，同时发货人也有权享有草案对托运人规定的权利和免责。

鉴于该草案的上述规定（很可能被最终采纳通过＊），FOB 贸易术语项下的卖方在与买方订立买卖合同时就应当格外注意，首先要考察买方的资信状况，争取通过买卖合同及有关信用证的约定来维护自身的权益，防止落入纠纷和欺诈的陷阱。

我国《海商法》并未对控制权做出规定，仅在我国《合同法》中有所体现。我国《合同法》第 308 条规定："在承运人将货物交付收货人之前，托运人可以要求承运人中止运输、返还货物、变更到达地或者将货物交给其他收货人，但应当赔偿承运人因此受到的损失。"但是，我国《合同法》规定的托运人不同于我国《海商法》，其中并不包含发货人这一角色。同时，从《草案（WP. 81）》第 53 条的规定来看，无论是在签发可转让运输单证还是在签发不可转让运输单证的情况下，单纯地作为发货人都很难成为控制权人，除非发货人取得并持有载明其为托运人的可转让运输单证。

如果 FOB 的卖方从承运人处取得了提单，那么在买方未付款赎单的情况下，承运人向买方交付货物将会构成无单放货，除非承运人与作为契约托运人的买方在运输合同中有相反的明确约定，并体现在其所签发的提单中（值得注意的是，如果提单是记名提单，在一些国家很可能被无单放货，同时承运人又不承担赔偿责任）。

答复中国货代协会咨询，2007. 8

注：《UNCITRAL 运输法草案（WP. 81）》（简称《鹿特丹规则》）已于 2008 年 12 月 11 日经联合国大会通过，上文提及的第 33 条之规定亦被采纳。

75. 船代应将提单交给谁

问：中化公司一批 FOB 出口货，化工产品 3 000 吨，于 2003 年 2 月 22 日装船且开往国外。一方面船东书面指示我船务代理不要将正本提单与大副收据交给托运人即中化公司；另一方面中化公司要求我船务代理交出提单或大副收据，或出一证明中化公司的 3 000 吨货已装船。请问，我司作为船东的船务代理此时该如何处理这种事情？

答：1. 在此种情况下，你司不能将提单与大副收据交给中化公司，并向中化公司公开明确解释，你们仅是船东的船务代理，所以一切要听从船东的指示。

2. 同时，为了协助中化公司解决问题，你们可依据大副收据出一证明，说明该批货物确实已经装船的事实。

3. 如中化公司确定提单与大副收据应交给他们，船务代理可建议中化公司向法院申请强制要求船务代理交出该提单与大副收据，另外还可考虑扣留船东的船只。

答复天津船务代理公司咨询，2003.2.27

76. 货代应将提单交给谁

问：1996 年 5 月上旬，华海公司受宁波某化建公司（以下简称"化建公司"）委托代办其 2 000 吨日本进口甲苯报关放行事宜。化建公司向华海公司提交了介绍信、商务单证和报关备用金。华海公司刘某发现其中没有正本提单，便向化建公司吴某索要。吴告刘：化建公司无进出口权，进口一事系委托泰宇公司与日本公司签约并开证，正本提单尚在泰宇公司。吴表示可去泰宇公司拿提单，请刘一起去。这样，刘、吴以及吴的下家联华公司陈某一起去了泰宇公司。时值正午，泰宇公司韩某说："中午银行休息（提单尚在开证银行），下午派人去取，现在吃饭。"刘、吴、陈、韩四人一同就餐。席间，吴称下午有事不能去取提单，委托刘代取。韩说下午去银行取来提单后打电话给刘。当时几方讲好，提单报关放行后交吴提货（韩事后不认可）。下午，刘拿到提单后出具收条。此后，化建公司拿到华海公司交来的盖了放行章的提单去港务局提货，提货时间持续了一个月之久。泰宇公司对此明知，并未提出异议。

化建公司与泰宇公司的进口委托合同中有如下约定：提货事宜由化建公司自行负责（其为此也作了安排，与某港务局签订了装卸合同并预订了化工产品专用储罐），化建公司应在泰宇公司对外付款前 20 天将全额货款付给泰宇公司，并提供有实力的付款担保人（泰宇公司对外付款为 90 天远期信用证）。化建公司提货销售以后，由于炒期货发生巨额亏损，丧失付款能力，泰宇公司便向其担保人催款，担保人亦无力支付，遂以华海公司提单侵权为由主张损失，华海公司不允，即成诉讼。

答：1. 侵权之诉及其主体资格

泰宇公司与宁波公司和华海公司虽然没有任何委托或合同关系，但泰宇公司以提单侵权起诉宁波公司和华海公司是可以的。也就是说，无委托、合同关系依然可以以提单侵权向法院提起诉讼。

本案的问题是泰宇公司是否具有诉讼的主体资格。泰宇公司以提单侵权为由起诉，则其必须是提单的合法持有者。根据最高院《关于贯彻执行〈民法通则〉若干问题的意见》第84条规定，财产已经交付，但当事人约定财产所有权转移附条件的，在所付条件成就时，财产所有权方为转移。提单是物权的凭证，它可以通过合同由卖方转移给买方，买方可以通过议付行取得提单，进而取得货物。但取得提单、取得货物是否意味着货物所有权已经转移呢？在有附加条件的时候，尚须满足该条件。根据开证行所开具的信用证的规定，开证人只有履行了按时付款的义务才能合法取得包括正本提单在内的全套商业单证，进而享有提单项下的货物所有权。因此，泰宇公司虽然持有提单，却因其未按信用证的要求向开证行履行付款义务，而不能享有提单项下货物的所有权，故无权以提单侵权起诉华海公司。该提单的合法持有者应为开证行，同时其享有要求买方付款的权利。然而在泰宇公司不能出示足够的证据以证明其已向开证行支付了信用证项下的货款时，不能说明其为提单的合法持有者，也就不能享有本案诉讼主体的资格。

2. 管辖权问题

鉴于本案是在将提单用于履行货运代理业务，办理报关放行货物的过程中产生的责任纠纷，因此宁波公司和华海公司可以依据最高院《关于海事法院收案范围的规定》中第2款有关货运代理合同产生的纠纷应由海事法院管辖的规定和《民事诉讼法》第36、38条的规定对管辖权提出异议。

3. 交单背景是确定还单与损失有无直接因果关系的关键

本案中，为什么法院认定的事实一样，却会产生截然不同的判决结果呢？其焦点就在于泰宇公司将提单交给华海公司时，是在化建公司与泰宇公司发生付款纠纷之前还是之后，这是要考虑的首要问题。华海公司对泰宇公司有否侵权，对泰宇公司的经济损失有无直接的因果关系，要不要承担责任，其核心问题就是要看这一时间。也就是说，如果华海公司去取提单时已产生付款纠纷，那么作为物权凭证的正本提单在泰宇公司与化建公司之间交还给哪一方就成为至关重要的环节。换句话说，将提单交与化建公司就意味着收不回货款，所以提单一定要还回到泰宇公司，否则交付提单将与导致货款落空有直接的因果关系。不过，若如此重要，相信泰宇公司也一定会有言在先，要求华海公司报关后切勿将提单交给化建公司而务必退给泰宇公司。在这样的前提下，若华海公司报关后未能将提单退还泰宇公司，造成泰宇公司从化建公司收不到货款，则二者之间有着必然的直接的因果关系，华海公司的行为属侵权，应承担责任。反之，如华海公司代化建公司去取提单时，化建公司与泰宇公司尚未产生付款纠纷，泰宇公司未明示取走提单报完关后将提单退还泰宇公司，那么华海公司将提单交给化建公司与泰宇公司收不到货款没有直接因果关系。此时，泰宇公司期待着化建公司尽快报关、提货，售出后还其货款，则华海公司的取单及交单给化建公司的行为不具有侵权性质（而是泰宇公司所希望的），不应承担责任。这就是如何认定本案中华海公司是否应承担责任的关键，如果情况属后者，一审判决是正确的；如果情况属前者，则二审判决是正确的。

4. 化建公司是真正的收货人

1996 年 3 月 8 日泰宇公司与化建公司所签代理进口合同有关条款充分证明，在此笔交易中化建公司是委托人即真正的收货人，而泰宇公司是纯粹的进口代理商，只是合同表面的进口商。另外，根据合同有关条款可以看出，化建公司完全承担了整个合同的商业风险、责任及费用，是真正的进口商，而泰宇公司充其量只是一个代为开证、收取代理费的进口代理人。从履约过程看，化建公司已为接货做了准备和安排，与宁波装卸公司签订了接卸合同和速遣协议，与储运公司签订了租用储罐中转合同。卸货后，化建公司整整花了一个月的时间提货，如果货不属化建公司而属泰宇公司，此间泰宇公司为什么不去干预或采取法律行动来控制自己的货呢？这足以说明，在泰宇公司眼中同样认为化建公司是真正的收货人，提单应交给他。

5. 华海公司是化建公司的货运代理

泰宇公司不仅认定化建公司是收货人，同意其用提单去报关和提货，而且认定华海公司是化建公司的代理人。纵观本案全部事实，泰宇公司从未委托华海公司报关、提货，是化建公司委托华海公司为其代理人，代为办理报关手续。华海公司派人去取单是由化建公司先与泰宇公司谈妥，由泰宇公司电话通知华海公司刘某，使其顺利从泰宇公司手中取回提单，在取提单过程中不存在任何骗单问题。这一事实泰宇公司是清楚的，也是认定的，否则华海公司去取提单时，泰宇公司根本不会交出提单。也就是说，泰宇公司不会无缘无故将提单交给华海公司。况且，华海公司作为化建公司代理人去泰宇公司取提单，并非是其自己去向泰宇公司借提单，所以其写的是收条而非借条。当时所做一切都是正常的，符合原来化建公司与泰宇公司的合同，不存在任何纠纷。

退一步说，华海公司去取提单，如泰宇公司认为化建公司无权报关与提货，或华海公司不能代表化建公司或对其代理资格有任何疑义，就不应该出现泰宇公司将提单交给华海公司的情况，即使发生了也是泰宇公司的过错。

6. 华海公司作为货运代理将单证交给收货人无过错

既然化建公司是真正的收货人，华海公司是其货运代理，那么泰宇公司将提单交给华海公司就意味着交给化建公司，其目的是为了报关、接货。这一切泰宇公司很清楚，在没有任何纠纷产生的前提下，这一切顺理成章，也是泰宇公司所愿意看到的事情。在此阶段泰宇公司没有必要控制货物，因此决不会要求华海公司将提单交还给他。如交还给他，意义何在？由其报关、接货？否。由其代化建公司委托货运代理？否。由其将提单封存，那么货和款怎么办？毫无道理可解释。所以，作为货运代理的华海公司在代化建公司取回提单，报完关后将包括提单在内的全部单证交给化建公司应该说是妥当的，既无过错又无可非议，是货运代理职责范围内的正常做法，符合提单的正常流转程序。根据泰宇公司与化建公司的合同规定，货到后泰宇公司将提单交给化建公司是其履行合同的正确做法，根本用不着再授权。否则，货到后化建公司没有提单又如何履行自负报关、接货的义务呢？

其实这是一个很简单的道理，例如 A 公司与 B 公司事先有约定，B 公司拿到提单后交由 A 公司去报关提货，A 公司委托 C 公司去 B 公司取提单并代办提货前的手续，C 公司遵照 A 公司的指示从 B 公司取回提单并办妥了提货前的一切手续，随后收取一定代理费，将办妥的单证交给委托人即 A 公司。但 A 公司提货后不履行其原来与 B 公司签订的合同，而携款潜逃，此时 B 公司只能向 A 公司进行追偿，C 公司不应承担任何法律责任，除非 B 公司能证明 C 公司是骗走了他们的提单，或 B 公司当时已怀疑 A 公司有诈并打算不将提单交给 A 公司，而是该由 B 公司自己委托 C 公司替其办理报关手续（不再由 A 公司报关），并要求 C 公司办妥手续后将提单交回 B 公司，C 公司亦同意办理。

7. 泰宇公司注定对货物失去控制

按照泰宇公司的逻辑，如果华海公司将提单交还给泰宇公司，泰宇公司就能控制货物，就不会发生债务人携款潜逃货款落空的局面。事实上，早在泰宇公司与化建公司签订的合同中就已注定泰宇公司将失去对货物的控制。为什么？其一，合同约定化建公司自负接货，自负关税、商检等一切费用。那么，化建公司要报关、提货，没有提单怎么办得到，即使按照泰宇公司的逻辑将提单交还给泰宇公司，泰宇公司还是要给化建公司的；其二，从泰宇公司与化建公司的交单过程看并非是付款赎单，而是交单不付款，这中间就存在着交货后收不回钱的极大风险；其三，从泰宇公司与化建公司之间的货款结算看，合同约定，泰宇公司在1996 年 3 月 15 日前开出远期 90 天信用证，化建公司则在泰宇公司对外付汇前20 天将货款支付泰宇公司。这表明，远期信用证是银行信贷，交付提单在 5 月初，而化建公司付款时间可在 5 月底，这无非是等化建公司提货销售后收集回笼资金再付款给泰宇公司。因此，即便华海公司将提单交还给泰宇公司，泰宇公司依旧注定对货物失去控制。

8. 华海公司的代理行为与货款落空无关

对于华海公司来说，无论是从化建公司接过提单，还是从泰宇公司接过提单，均没有什么区别，因为华海公司是用提单去办理报关手续，这与货款落空无任何关系。对于泰宇公司来说，即便华海公司将提单还给它，它仍需交给化建公司，因为最终化建公司须凭提单去取货，这一事实无法回避。而且按照合同约定，允许化建公司于货物销售后一段时间内再行向泰宇公司支付货款的义务，这在国际贸易中实属罕见，因这期间不知会有什么样的事情发生，什么样的风险出现。果然不出所料，本案问题就出在该提单不是付款赎单，而是未付款先交单。这种远期付款方式本身就存在着极大的风险。此外，从银行将提单交给泰宇公司，泰宇公司又将提单交给化建公司（由华海公司代取）的一系列环节看，这是一种商业信誉行为。一旦信誉没有了，一切便都没有了，留下的只有风险。而在这样的商业信誉行为中，各个环节的当事人均存在着风险。本案中，根据化建公司与泰宇公司签订的委托代理进口合同第 6 条的规定，对这一风险承担连带经济责任的应是乙方（化建公司）提供的一较有经济实力的付款担保人，即新亚公司，在化建公司不守信誉，携款潜逃（已被公安部门通缉）的情况下，应由其担保人承担付款责任。

另外，从化建公司与泰宇公司所签订的合同来看，也反映出我国当前市场经济中一些地区的不规范做法，其中包括银行、买方、卖方在处理提单、开证、付款等各个环节。泰宇公司、华海公司、宁波公司与化建公司之间在业务接洽、签约履约、交单放货、结算货款的过程中，存在许多不严谨的做法，这才是导致货款落空的真正原因。

9. 泰宇公司货款落空的损失只能自己承担

本案反映出泰宇公司从一开始就缺乏足够的自我保护措施。货款收不回的原因完全是由于化建公司及其担保人无力偿还导致的。这是一种商业风险，泰宇公司虽意识到有风险存在而让化建公司提供付款担保，但却忽视了对担保人资信情况的掌握。泰宇公司在走投无路的情况下，想起这其中还有一提单插曲，企图利用这个插曲来挽回由于自己过错酿成的损失，将其商业风险和责任转嫁给货运代理华海公司，这岂不是在制造一起经济上的冤假错案吗？这对货运代理是极不公平的，一旦既成事实也是无法得到平反的。显然，这是不应受到法律保护的。

综上所述，泰宇公司在本案中没有诉权，华海公司在提单交付过程中没有过错，泰宇公司的损失是由化建公司违约及本身的商业风险所造成，在无法向责任人追偿的情况下，泰宇公司只能自食苦果。

答复宁波外运公司咨询，1996.8.6

注：最高法院经提审审理认为，涉案的正本提单是经过托运人背书的空白指示提单，泰宇主张华海将该提单交给化建，使其丧失对提单的控制权，而未能收回货款，并以提单侵权为由向华海提起索赔诉讼，并不违反法律规定。华海在原审中主张的泰宇无权就提单提起侵权之诉无法律依据。

提单具有物权凭证的性质，泰宇将提单交给华海用于报关放行，其法律意义就是认定华海是化建的代理，也是相当于将提单交给化建。这种做法符合泰宇与化建的合同约定。因此，泰宇实际是按照其与化建的合同对化建实施交付行为，化建再依据委托报关关系，将提单交到华海手中。华海交单系正常处理受委托业务的行为，并不违反合同约定，也不违反法律规定，因此不存在过错。泰宇的损失是化建不付款行为造成的，与华海的交单行为无关。

原再审判决没有认定本案中华海报关行为是代理泰宇还是化建，属部分事实不清。认定华海错误交单是导致泰宇损失的原因并判令华海承担赔偿责任无法律依据，华海的交单行为与泰宇的损失之间并无因果关系。宁波外运与华海虽属上下级关系，但均系独立法人，华海以宁波外运的名义办理报关手续，但并未以宁波外运的名义将提单交给化建，华海的交单行为与宁波外运无关。宁波海事法院（1996）甬海商初字第 206 号民事判决认定华海交单行为存在一定的过错缺乏法律依据，但判决结果并无不当。依据我国《民事诉讼法》第 184 条的规定，判决如下：

1. 撤销浙江省高级人民法院（2000）浙法告申经再字第 24 号民事判决。
2. 撤销浙江省高级人民法院（1997）浙经终字第 224 号民事判决。
3. 维持宁波海事法院（1996）甬海商初字第 206 号民事判决。

一审、二审案件受理费各为32 752元人民币，由泰宇公司承担。

本判决为终审判决。

77. FOB 条件下提单应签发给谁

问：这次我们主要遇到以下问题，向您请教。根据您的经验，我国出口货物是否多为 FOB 价格条件？在 FOB 价格条件下，卖方是否能从承运人处取得提单？英美国家大多认为，只有托运人（即与承运人签订运输合同的人，亦即 FOB 价格条件下的国外买方）才有权取得提单。在 FOB 价格条件下，国内卖方不是运输合同的订约方，故无权取得提单。只有一种例外，在 FOB 价格条件下，托运人（即国外买方）与卖方约定，由卖方交运货物并取得单证，同时做出指示要求承运人将提单交给卖方。但因我国采用的是《汉堡规则》对托运人的定义，即托运人可以是签订运输合同的人（即国外买方），也可以是交货给承运人的人（即 FOB 价格条件下的卖方），故实践中不清楚承运人到底要将提单交给谁？如果两方都要求取得提单，承运人应如何签发提单？这涉及《联合国贸法会运输法公约》的一个问题，该公约正在制定过程中，希望您提供意见。

答：1. 我国出口货物是否多为 FOB 价格条件？

在我国的国际贸易合同中，过去出口货物采用 CFR 或 CIF 价格条件成交的较多，而近年来则多以 FOB 价格条件成交，进口货物多以 CIF 价格条件成交。

2. 在 FOB 价格条件下，如果两种托运人（交货托运人和契约托运人）都要求取得提单，承运人到底应将提单签发给哪个托运人呢？

我国《海商法》中规定了两种托运人，即交货托运人和契约托运人。这种规定源于《汉堡规则》，但与《汉堡规则》又有所区别。《汉堡规则》连接交货托运人与契约托运人之间的连词是"或"，即，在每一具体运输合同中只可能有一个托运人，需要根据具体情况认定托运人；而我国《海商法》用的是"和"，即，在一个运输合同中会有两种托运人，这实际上存在一定的立法缺陷。对此，目前存在两种观点：

一种观点认为，与承运人订立合同的是买方，并由买方负责订舱和支付运费，故承运人应将提单交给买方，而卖方的交货行为不能认定为托运人。一般认为，提单上托运人一栏需填写为买方，只有在托运人一栏填写为卖方时，承运人才有义务将提单交给卖方。

另一种观点则认为，在 FOB 价格条件买卖中，承运人必须向卖方签发提单；即便是具名托运人为买方的指示提单或记名人为买方的提单，承运人同样必须向卖方签发提单；只有在买方已支付价款或当事双方特别约定所有权转移不以支付价款为前提等情况下，承运人才能向买方签发提单。如果提单不是签发给卖方，而是直接签发给买方，势必使卖方失去对货物的控制，形成了货物所有权的转移并不以支付货款为对价的局面，进而使得买方可以无需支付对价即取得货物所有权。这明显对卖方是不公平的，也不符合国际贸易单证买卖的性质。

综上，我认为我国《海商法》对于托运人的规定确实存在一定的立法缺陷。在一个运输合同中，应当只有一个托运人，即，与承运人订立运输合同的人。否则，会造成很多混乱，会使权利义务主体不明确。但是，这并不等于 FOB 价格条件下的卖方没有任何权利。法律中应当规定 FOB 价格条件下卖方取得提单的权利，即，

1. 在 FOB 价格条件买卖下，虽然与承运人订立运输合同的是买方，但是，如果在买卖合同中明确约定提单托运人一栏的托运人为卖方，或明确约定由卖方取得提单的情况下，承运人应当将提单签发给卖方。

2. 在两种情况下，承运人应当将提单交给买方。

（1）在买卖合同中，买方与卖方约定，由买方取得提单；

（2）在买方支付了货款的情况下，卖方无权请求取得提单，承运人有义务将提单签发给买方。

有关 FOB 价格条件的详细内容及其风险防范的基本措施，请参考我写的《严防出口货物 FOB 条款下的欺诈》一文，此文发表在《国际海上货物运输的法律与实务》一书中（中国商务出版社 2007 年 9 月出版）。

答复中国货代协会综合业务部咨询，2007.8.12

78. 可否不签发提单

问：香港买方曾告知并在租约中明确约定，在装港只签到韩国卸港的提单，（因为此笔生意是国内卖方卖给韩国就结束，至于港商买主将货又转卖或作何处理，卖方无须知晓），但由于船方未通知其在湛江的船务代理，船务代理报关申请时称是由国内直接运到日本，这样按中国的规定，该种货物不能出口到日本，于是造成一方面发货人申报去韩国，另一方面船方称去日本，国内海关以涉嫌走私为由，将船、货扣下的后果。请问，在此情况下应该怎么办？

答：1. 根据你所讲述的情况，看来造成船货被扣的原因不在发货人，作为船方面对发货人必须签发提单，以避免发货人因无法结汇、货又被扣，而扣留船

舶追究船方责任，造成船方的更大损失；面对买方，如果买方不同意展期，采取既不付款又不要货的态度，那么船方就更惨了。总之，目前船方处于一个很被动的地位，船方只有想方设法向海关讲清楚不是走私，争取尽早将船只解脱出来，一旦被证实是由于船方过失造成的，则其船期损失很难得到买卖双方的补偿，从海关得到补偿更不可能。

2. 如果因船方原因造成损失，就要看该船舶是否加入了船东保赔协会？如加入了，可向船东保赔协会咨询意见，并要求船东保赔协会承担其全部损失或部分损失。

例如中船保第十九条第 2 款规定："走私或违反海关关于入会船的构造、改装、修改或装修的有关法律或规定（故意行为不赔）"；第 7 款规定："入会船被没收。对会员因违反海关法或规定被任何法定授权的法院法庭或主管当局没收入会船而遭受到的损失，本协会董事会有权决定全部或部分赔付（为防止违反已采取了合理措施）。"

3. 关于你询问的如何加入船东保赔协会，现简单介绍如下：

（1）船东给中间人一个授权书，为了询价。

（2）船东将船舶规范告中间人。

（3）费率的确定，每吨 3 美元（基本价），追加保费 5%（一年后协会对所有船只，一般是几年下来一个常数，各协会常数不一样），分保费 0.158（一种固定数），三种费用加起来约每吨 3 美元或多一点，中船保是每吨 4 美元。

（4）确定起保时间，承保范围，除外责任，各种免赔额等。

答复中外运总公司咨询，1999.3.27

注：船东保赔协会的保费费率是变化的，加入时要先咨询。

79. 托运人可以要求不签发提单吗

问：我国《海商法》第 72 条规定，提单应按托运人的要求签发。请问，实践中有没有托运人不要求签发提单的情况？承运人是否有签发提单的义务？该条第 2 款关于"承运人授权签发提单的人"，通常是指哪些人，其中是否包括船务代理人和货运代理人，"船务代理人"与"货运代理人"是否有区别？

答：实践中，所谓不签发提单的情况，通常是在托运人要求电放的情况下（通常承运人要求只有记名提单下才可作电放），承运人或者收回已签发的正本提单，或者根本不签发正本提单，或者只在副本提单盖上电放章（SURREN-DER）。

我国《海商法》第 72 条规定，"货物由承运人接收或者装船后，应托运人的要求，承运人应当签发提单。"因此，承运人在接收货物后负有签发提单的义务。

关于该条第 2 款，实践中，"承运人授权签发提单的人"通常是指其在装货港的船务代理人或代表处或分支机构，而不包括货运代理人，二者的职责范围不同，货运代理人的职责范围中不包括代理承运人签发提单。

不过，货运代理人可签发多式联运提单，也可签发自己的无船承运人提单。需要提醒的是，一旦货运代理签发了上述提单，其法律地位就发生了变化，不是承运人的代理人，而是多式联运经营人和无船承运人，这将意味着须承担承运人的法律责任。

答复大连外运公司咨询，2002.5

2006 年 3 月 9 日作者与中国政法大学原校长、终身教授江平，
教授吴焕宁探讨无单放货案例

80. 卖方未获提单怎么办

问：我司于 2004 年 12 月底出口一批铁管到阿尔及利亚，约 1 万吨/28 000 立方米，货物价值 400 万美元，运费 100 万美元。作为托运人我司与上海中基公司签了一份《海上货物运输合同》。青岛港装货，因舱内装不下，只好将部分货物装在甲板上，也因此造成船期损失，船东当时提出两点要求，一是因货物装于甲板而多用了时间，二是货物包装有灰尘，有些货物有毛病，要在提单上进行批注。我司口头答复：如能签发清洁提单，我们可承担部分时间损失费用，如不签发清洁提单，我们不支付任何费用。货物装船后，船方未签发提单就开走了，我司也未支付任何运费。我司认为，当时未通知我们支付运费，至今我司也不知运费应付到何处何人何账号，上海中基公司也不知应支付何处。

我司通过上海中基公司转告船东：只要船东签发提单，即使是不清洁提单我们也接受，现因船东不答复，我们无法处理此事，待收到提单后我们就支付运费。

上海中基公司回复：他们可以签发提单，但发货人不接受，担心收货人到时凭这提单提不了货，会引起新的纠纷。

据了解，该船东在美国有十几条船，常来中国装卸货，在上海有办事处。我司不太担心船方将货卖掉，因为那不是普材，是专材，只有有要求的特定机构购买这类铁管才有用，用这类铁管炼废铁都不行。

现在，我们的问题是，我们怎样做才能维护自己的合法权益。具体讲，1. 怎么才能拿到提单，将货物控制在手？ 2. 运费在此情况下该不该付？如果付？付给谁？

答：1. 一定要抓住船东，控制提单，哪怕是不清洁提单，否则，货物失控事情就不好办了。

2. 建议你们尽快委请律师，不要等事情闹大了，处于很被动很难办时才委请律师。

答复邯郸新兴铸管公司咨询，2005. 1. 10

注：咨询人吴先生称：案子已基本解决，最后作为托运人的新兴公司除支付运费外，还付给船东几万美元，获得了有批注的不清洁提单，目的是为了首先将货物控制在自己手中，虽然接受不清洁提单，会影响结汇，但最终未让货物失控，未导致钱货两空的局面。至于收货人那方未能按时收货是否属发货人违约，

收货人是否会因此拒绝收货或压价收货，这些待以后再慢慢解决。

81. 签发提单应注意哪些问题

问：签发提单应注意哪些问题？

答：实践中，承运人接到货物或货物装船后，无故拒签提单的情况极少。但是否依据法律，按照航运惯例，如实签发提单则是一个值得重视的问题。作为承运人，不仅负有签发提单的义务，而且负有依法、如实、准确无误签发提单的义务。

一、依法签发提单

承运人必须依法签发提单。依法签发提单包括：

1. 依法定程序签发

实践中，签发提单有两种作法。一般情况下，货物是由托运人直接与船公司订舱、发运，或委托代理人办理。当托运人自行办理时，通常将货物运至码头后，由承运人签发大副收据，之后托运人须填写提单的相关内容，承运人将大副收据与提单内容核对无误后，即签发提单交与托运人。若承运人因船舶尚未确定而签发的是收货待运提单，则应在船舶确定并将货物装船后，及时签发已装船提单并交与托运人。

2. 按法定格式签发

承运人事先印制的提单格式必须符合法律的要求。我国《海商法》第 73 条规定，提单正面的内容包括 11 项，与《汉堡规则》第 15 条第 1 款列举的 15 项内容基本相同，承运人必须按这些内容签发提单。

3. 依法或按航运惯例签发

无论是关于提单的三个国际公约还是各国的海商法都明确了一点，即承运人在货物装船后才签发提单。因此，提单签发的日期应当是货物装船完毕的日期。但实践中，某些承运人应托运人的请求或接受托运人提供的保函，倒签了提单的日期或在货物尚未装船之前预先签发了提单，即构成了倒签提单或预借提单，这两种提单都为法律所禁止。

二、如实签发提单

如实签发提单，是指根据货物的实际状况，包括货物的名称、数量或重量、体积，主要标志以及表面状况等签发提单。我国《海商法》第 75 条的规定，赋予了承运人在提单上批注的权利，但这项权利的行使必须依据事实，并在以下三种情况时才能行使：

1. 提单的记载与实际接收或装船的货物不符是明确的；
2. 怀疑提单的记载与实际接收或装船的货物不符是有合理依据的；
3. 无适当方法核对提单的记载。

此外，承运人在行使批注权时，应对不符之处、怀疑的依据或无法核对的原因加以具体说明。

若承运人或代其签发提单的人未就货物不符之处在提单上作出批注或保留，或未在提单上批注货物的表面状况，则该提单被视为清洁提单，它是承运人已按提单所载状况收到货物或者货物已装船的初步证据。一旦提单转让，提单上的记载在承运人与收货人、提单持有人之间便构成了最终的证据，承运人提出的与提单所载状况不同的证据，不能对抗善意受让提单的包括收货人在内的第三方。

三、准确无误签发提单

提单签发是指作成提单并交付予人的一种提单行为。提单行为包括三项：制作、签字和交付予人。提单一经签发就产生一定的法律后果。没有经过签字即进入流通的提单是无效提单。在提单制作、签字和交付过程中，一定要认真、仔细、正确、准确，一个字、一个数、一个字母、一个日期都不得有误。

答复李律师咨询，2004.8.25

82. 电放和签发指示提单有何风险

问：发货人丹江公司有一批铝锭要出口到日本。据悉，过去山东烟台国际海运公司、中海公司在为其承运海上货物时，由于中日两国之间航程短，为保证收货人能及时提到货，发货人丹江公司曾要求承运人对货物做电放，同时要求承运人出具一份正本指示提单用于其信用证结汇，并在提单上标注"Only for Negotiable"。考虑发货人丹江公司出口量较大，外运连云港公司希望能揽取到这个大客户。发货人丹江公司同样向外运连云港公司提出了上述两个要求，并同意出具一份保函："保证在目的港不重复提货，如再出现有人凭提单要求在目的港提货，丹江公司将承担由此产生的责任和后果"。鉴于该批货物价值较高，作为承运人，请问外运连云港公司可否同意丹江公司的电放请求，这样做有何风险？

答：第一，航运实践中电放的基本操作：

航运实践中对"电放"并没有明确的定义，其做法也不尽相同，但基本的"电放"程序如下：

1. "电放"在实践中多发生在记名提单下，因买卖双方彼此较为信任（如一些跨国公司的母子公司之间），故采用的付款方式通常为非信用证方式，提单不再用于结汇。

2. 托运人在向承运人申请"电放"时，应提供签发提单所需的相关数据及托运人电放保函（保函中应列名收货人详细名称、地址及通信方式，并加盖发货人及货运代理公司的法定公章），同时交纳电放费。

3. 承运人在接受电放申请后，已签发提单的应收回全套正本提单并加盖电放章（"此单已电放，正本提单作废"或"SURRENDERED"）。但实践中，承运人常常不签发正本提单，直接根据托运人提供的数据制作成提单副本，在提单副本上加盖电放章。托运人在获取提单副本后，将提单副本传真给收货人。

4. 承运人在保证收货人能及时提到货的时间内通知其卸货港代理办理电放事宜。通常，船公司会为其承运的每票电放货物设定电放号码，使电放货物可以通过船公司的网络进行查询。

5. 货到目的港后，承运人的目的港代理通知收货人办理提货手续。收货人持提单副本在提供收货人电放保函后从承运人的目的港代理处取得提货单（D/O），办理报关提货手续。

第二，丹江公司在要求电放的同时，要求签发正本指示提单的可能原因：

1. 该笔交易中，丹江公司与日本买方彼此之间不是很信任，于是希望借助银行信用的担保，采用了信用证付款方式。但跟单信用证下需要运输单据，而信用证下规定可以提交提单副本的情况又十分少见，所以，丹江公司在要求电放的同时，要求承运人签发一份正本指示提单用于其信用证结汇。

2. 除防范欺诈外，买方还希望通过正本提单来确认货已装船。

第三，此种做法存在的风险与问题：

1. 从外运连云港公司提供的山东烟台国际海运公司、中海集装箱运输（香港）有限公司过去向丹江公司出具的提单来看，均为指示提单，托运人为丹江公司，收货人为"To Order of Shipper"，通知方为日本收货人，正本提单标注"Only for Negotiable"，提单副本上盖有"SURRENDERED"的电放章。但在实践中，指示提单下较少发生"电放"。指示提单多用于信用证付款方式下，通常是买卖双方彼此并不十分信任，卖方希望通过银行信用和掌控货物单据来获得买方的付款保证。因此，通常只有货到目的港后，等待正本提单提货确实来不及或者涉及中间商等情况下，卖方才会应买方的要求临时请求承运人将货物作电放。在此情况下，除进行上述记名提单下的"电放"程序外，承运人通常会要求将提单上的通知人注明为收货人，使该提单类似于记名提单。同时，承运人会收回其已签发的全套正本提单，并在提单副本上加盖电放章交给托运人。此外，一些船公司还明确规定不接受银行指示提单的电放。可见，航运实践中已充分认识到指示提单下电放可能存在的风险。而在本次海上货物运输中，外运连云港公司作为承运人要面对的不但是指示提单下的电放，而且在做电放的同时托运人还要保留一份正本指示提单用于结汇，其中的风险无疑将更大。

一方面，如前所述，指示提单上注明的是"To Order of Shipper"。如果信用证下（很可能规定提交 1/3 套正本提单）存在议付行（Negotiation Bank），议付行不同于单纯的交单行（Forwarding Bank），议付行在议付时要向受益人支付对价并进而取得单据下的权利。此时，卖方作为托运人要先将单据背书转让给议付行，议付行在买方付款后，再将单据背书转让给买方，这完全符合提单仅用于结汇的要求。但是，此种情况下，如果买方企图欺诈，在通过电放取得货物后，不向银行付款赎单，那么，银行作为正本提单的合法持有人就有权追究承运人无单放货的责任。

另一方面，即使信用证下不存在议付行，仅是交单行负责转交单据，托运人直接将提单背书转让给买方，买方是否就不可以再将该提单转让给第三人，亦即该提单就丧失了可转让性呢？众所周知，可转让性是指示提单的特性。如果当事人试图让提单不具有可转让性，其完全可以要求承运人签发记名提单。因此，签发指示提单与不可转让两者本身就是矛盾的。而同时，信用证下托运人向买方做的背书本身也是一种转让。所以，法官在判定标注了仅用于结汇的提单是否丧失可转让性时就需行使其自由裁量权，对当事人的这种矛盾做法给出一个倾向性的意见，即或是认可此种指示提单不具有可转让性，或是从保护买卖双方之外的提单受让人出发，否定此种矛盾做法的效力，认可第三人对提单的权利，而这无疑存在很大的不确定性。同时，因提单的可转让性与提单的物权凭证效力之间的因果关系在司法实践和理论揭示中存在争议，所以，在提单是否丧失可转让性尚不确定的情况下，判断其是否丧失物权凭证功能存在更大的不确定性。

2. 提单中标注的"Only for Negotiable"本身在意义上就存在问题，"Negotiable"并不具有结汇的意思。相反，在法律和贸易上常用的是其"（票据、证券等）可转让的、可流通的"意思。因此，如果意图是使提单仅用于结汇而在这里使用"Negotiable"无疑是不恰当的，甚至是极端错误的。

第四，避免风险的途径：

1. 以记名提单代替指示提单。我国《海商法》明确规定，记名提单不可转让。日本《商法典》第 574 条（货物提单的当然的指示证券性）规定："货物提单虽然是记名式，但仍可以依照背书进行转让。但是货物提单上有禁止背书的记载的除外。"第 584 条（缴回货物提单的证券性）规定："在填发货物提单的情形下，不缴回货物提单，不能请求交付运输物品。"可见，在日本如果记名提单上有禁止背书的记载，该提单同样是不可转让的。因此，使用不可转让的记名提单不但能满足信用证结汇对运输单据的要求，而且能够从很大程度上避免前述的风险，至少不会涉及银行和买卖双方之外的第三人的利益。

2. 从中国和日本（可能的准据法国家）的法律规定来看，目前记名提单下都要凭单交货（收回正本提单）。因此，承运人在电放的同时允许托运人保留正本提单是存在风险的。这就提醒承运人一方面应要求托运人与收货人都提供充分有效的担保，如果是提供保函，一定要注意保函提供人的资金实力，同时要完善保函的内容；另一方面在放货前应仔细核实收货人的身份，确定其就是提单上的收货人。

3. 更为便捷而有效的途径就是说服托运人丹江公司，以海运单代替提单。这样，不但可以省去"电放"的操作，而且可以满足信用证结汇的需要。

答复连云港外运公司咨询，2005.4.18

附件：

提单电放保函

致：××公司

船名航次（V/V）：＿＿＿＿＿＿＿＿＿＿＿＿＿＿＿＿

提单号（HB/L NO.）：＿＿＿＿＿＿＿＿＿＿＿＿＿＿

接货地（POL）：＿＿＿＿＿＿＿＿＿＿＿＿＿＿＿＿＿

交货地（POD）：＿＿＿＿＿＿＿＿＿＿＿＿＿＿＿＿＿

箱号（CTN NO.）：＿＿＿＿＿＿＿＿＿＿＿＿＿＿＿＿

运费条款（PAYMENT TERM）：＿＿＿＿＿＿＿＿＿

根据我司与收货人之间的有关协议，我司上述货物需要电报放货给提单所示的收货人，恳请贵司协助办理放货手续。同时恳请贵司允许我司保留一份正本记名提单，仅作为我司信用证下结汇之用。

据此，我司特此保证如下几点：

一、对于我司保留用于结汇的正本记名提单（不可转让），我司保证不用于目的港提货，并承担该提单下所产生的与"电报放货"相冲突的任何法律责任与后果。

二、收货人凭上述提单副本在目的地联系提货：

收货人名称：＿＿＿＿＿＿＿＿＿＿＿＿＿＿＿＿＿＿

地址：＿＿＿＿＿＿＿＿＿＿＿＿＿＿＿＿＿＿＿

电话：＿＿＿＿＿＿＿＿＿＿＿＿＿＿＿＿＿＿＿

传真：＿＿＿＿＿＿＿＿＿＿＿＿＿＿＿＿＿＿＿

三、由此对此票提单电放所产生的一切风险、责任、后果及相关费用或给提单抬头人、提单签发人及相关国外代理所造成的因诉讼、索赔、扣押、留置等方式而发生的损失均由我司承担，与贵司无关。

四、本保函适用于中国法律，并由××海事法院管辖。

发货人签章：　　　　　货运代理签章：　　　　　日期：

83. 签发全程海运提单与多式联运提单的责任相同吗

问：我司所签全程海运提单，由龙口运至香港，香港转至欧洲。在二程船航运中遇恶劣天气，导致船上 65 个集装箱掉到海中或被撞坏。其中我司负责托运的 18 个集装箱，有 9 个掉到海中，另有 9 个被撞坏，价值 17 万美元（C&F 货）。该船抵卸货港后，收货人要求船方提供保函，否则扣船。于是船东保赔协会为我司出了保函。现在二程船承运人中波公司称：船东保赔协会为我司出了保函，他们还可代表我司抗辩收货人或其保险公司，但要求我司给其一授权书并承担律师费用。请问，我司该不该出此委托书，授权船东保赔协会代理的律师去打官司并承担该费用？

答：1. 你司签发的是全程海运提单，还是多式联运提单？

2. 当时船东保赔协会出具保函时，是否征求过你司的意见？

3. 现在你司是否接到过收货人或其保险公司的索赔函？

4. 从现在了解到的情况看，你司无论作为多式联运经营人还是第一程船承运人都没有实际过失，本可不负任何责任。但如果你司签发的是多式联运提单，即为多式联运经营人，则收货人或其保险公司就有权向你司索赔。你司龙口万通公司可按中波公司的海运提单条款所规定的每个集装箱按一件的限额进行赔付，因为是在海运段出的事。如果你司签发的是全程海运提单，该提单第三条有过户条款，则你司不承担责任。请收货人或其保险公司直接找二程船承运人中波公司索赔，如实在不行再说。

5. 现在，你司在未收到收货人或其保险公司的索赔函和起诉书时，不要请律师替你方辩护，因为还谈不上。如果船方可免责，则保险公司倒霉了。如果船方不可免责，也应由二程船承运人中波公司负责赔偿，实际上是由船东保赔协会负责赔偿。因此，你司可答复中波公司：谢谢他们的关照，因为此案你司毫无责任，也不承担任何损失的赔偿，加上你司既未收到货方的索赔函，又未涉及诉讼，所以没有必要提前委请律师。

6. 如果你司已被起诉，或是被告之一，又没有请到好律师，可以考虑委请船东的律师替你司辩护，并承担相应的费用。

答复深圳外运公司咨询，1993.8.4

84. 船方拒签清洁提单怎么办

问： 发货人的出口货物只是外包装有点问题，对内装货物质量无任何影响，船方已接受发货人的保函答应签发清洁提单，后又反悔不同意了，现在货已装船且船已驶离天津装港，然而船方却迟迟不签发提单，请问我司应如何代发货人与船方进行交涉？

答： 1. 船方已接受保函，不能出尔反尔，并且这种货物的包装有点问题影响不大，签发清洁提单并不构成欺诈行为。

2. 船方对这种货物的包装太挑剔，让发货人不能接受。如果当时船方不同意保函签发清洁提单，发货人就会要求卸下货。由于船方的不合作和无理，造成发货人的一切损失应由船方负责。

3. 告知船方，发货人的货物已出口多年，到世界各地都没有问题。出口多次，无一船方对货物包装如此挑剔。

4. 请发货人向船方表示，如果真有问题，会赔付给船方的。这样做毕竟损失会小一些，只要货物本身问题不大，行情又好，收货人会要货的。

5. 发货人认为货物没有问题，船方应签发清洁提单，今后打官司都不怕。即使签了清洁提单，也无欺骗性，因为发货人的货物的确没有什么问题，只是船方太挑剔才引起此分歧。在此情况下，发货人可坚持要求船方及早签发清洁提单，否则将由船方承担由于船方不及时签发清洁提单导致的一切损失。

答复天津外运公司咨询，1991.6.6

85. 船方拒签清洁提单应向谁主张运费

问： 我部向船公司整船班轮订舱，船方因为货物有锈损，拒绝签发清洁提单，但要求我方支付75万美元运费，否则对货物进行留置。这样做是否可以？

答： 你方可强调，在未收到正式的有效提单前，无法100%支付运费75万美元。船方是否签发清洁提单或者接受保函，是船方自己的事情，与作为订舱人的你部无关。你部还须明确告知船方不得对其货物进行留置，否则，船方将承担错误留置货物的一切法律后果及产生的经济损失。

答复中外运总公司海运班轮部咨询，1994.5

注： 最后，收货人向该部出具了保函，保证不提出索赔，因为收货人估计货物问题不大，怕收不到货，同时也向船方出具了保函，船方同意出具清洁提单。

86. 申报重量有误，船方有权拒签提单吗

问： 托运人与天津某公司签订了一份合同，约定将两个大件货从塘沽运至雅加达，并约定运费计算方式为每立方米××元人民币。该天津公司为二船东，原船东为菲律宾某公司。

托运人申报每件货重31吨，船方即安排了可吊100吨重的浮吊。但装船时船方发现实际每件货重41吨，远远超过申报的重量。由于货物超重，加上当时风势较大，不但增加了装货难度，而且多花了3小时装货时间，于是船方向托运人提出2万美元的索赔，否则不签发提单。而托运人则认为船方不应额外增加2万美元，更不应扣发提单。

货物运抵雅加达后，由于船方一直未签发提单，托运人未收到货款，收货人也因无提单而无法提货。船方称若托运人不支付2万美元，船方将不收运费，也不开发票。

请问：船方是否有权不签发提单？是否有权要求托运人增加2万美元？我们作为托运人应该怎么办？

答：根据案情介绍，我有三点意见：

首先，根据我国《海商法》和国际惯例，在货物已装船的情况下，船方有义务及时签发提单给托运人。我国《海商法》第 72 条规定，"货物由承运人接收或者装船后，应托运人的要求，承运人应当签发提单。"在正常情况下，提单应在货物装船时，或在装船结束后的一段合理时间内签发。即使已装船的货物有问题，船方可对提单进行批注，也不得拒绝签发提单；与托运人存在其他纠纷也只能采取索赔的方式解决。所以，我认为托运人可要求船方出具提单，船方必须及时签发提单，否则须承担因拒签提单引起纠纷所造成的一切损失。

其次，因托运人申报货物重量有误，的确增加了装货难度，多花了 3 小时装货时间，给船方造成了额外损失，故托运人应承担相应的责任。至于托运人承担多少费用为合理，要看船方有无实际损失，损失多大。建议托运人可考虑以下两点：多花 3 小时装货造成了多少损失？货物超重是否应增加运费等？

第三，纵观此案，应尽量避免继续扩大损失，产生更多的额外费用，增加问题的解决难度。我认为，还是争取和解为妥，即托运人承担船方增加的合理费用，船方尽早签提单。这样，不但托运人可早日结汇，而且不至于引起因货到卸货港收货人无法及时提货，导致货物遭海关罚款或被海关没收，使本案纠纷更加复杂难办。

答复某贸易进出口公司咨询，2008.5.25

87. 货方亏舱与船方签发提单有关吗

问：由于印尼发货人未备妥货不能按约定数量装煤，致使德国外运亏舱 5 000 吨。发货人不但不表示承担亏舱损失，反而想强迫船方签发清洁提单。在此情况下，德国外运未给发货人签发提单。发货人原本申请印尼当地法院扣船，但因其不能提供反担保未果。于是，发货方 4 人上船，企图无理阻止船舶开航。德国外运拟马上报警，并委请印尼当地律师责令该 4 人下船。后他们自己下船了，下船后反而先报警，将当地船务代理抓走，谎称其伪造单证，让这条船跑了，并要求船务代理让德国外运将船开回来。事实上，德国外运并未让船务代理做任何手脚，更没有做任何伪证，船舶也没走。如果船务代理真有违法行为，船务代理也应自己承担。对此，我们只是继续了解情况，关注事态的发展。目前，对我们而言，当务之急是如何签发提单。请问，在这种情况下，我们应签发什么样的提单，一方面可保护自己的合法权益，另一方面又能使船舶避免被扣尽早驶离印尼港口？

答：经仔细研究你们的案情，考虑如何维护你们的权益与摆脱困境，在签发提单方面提出四种做法，供你们作决定时参考。

1. 签德国外运作为承运人的提单。这样做的好处是，你们将有权留置货物，并追索运费；但不好的方面是，到时你们要承担承运人的责任，如果货物有残损、短少或因其他意外引起货损，虽然保护了运费，但责任却加大了。

2. 签发的提单比较含糊，德国外运既不是明显的承运人，也不是明显的中间人。这样，你们一方面可以利用承运人的身份，申请对货物的留置；另一方面，也可利用自己不是承运人，对货物的货损货差不承担承运人的责任，但这样做最终能否站得住脚很难说。

3. 维持现有的法律关系，该是什么关系就是什么关系。这样，你们就不能要求货主支付运费，对货损货差也不承担任何责任。你们只能从商业角度考虑，威胁收货人，如果不付装货港所产生的费用，船就不开往中国台湾，或者拒绝卸货。

4. 与原船东合作，即你们不付运费给原船东，原船东也先不向你们租船人追偿，而是表示要对船上的货物进行留置。当然，这样做原船东很可能不会接受，因为他不会为了德国外运的利益而去承担较大的风险，给自己添很多麻烦。

由于本案案情较为复杂，很多具体情况我又不十分了解，所以最后你们采用哪种做法，还需视具体案情与事态的发展而定，同时还应与你们委托的香港李律师商量，由于本案涉及台湾的收货人，建议你们也可听听台湾律师的意见，最后再决定如何处理为好。

从此案中你们应吸取的经验教训是：合同条款要尽量订好，但问题的关键是找好合作伙伴。否则，尽管条款对你们有利，可合作伙伴资信情况不好，即便依据合同条款打赢这场官司，但判决后无法执行还是钱货两空，因为碰上这样的合作伙伴一不讲信任，二没有钱，三会耍赖，处理纠纷只会令人左右为难，头痛得很，结果很可能是自己损失惨重。在此，我呼吁大家：要想防止风险责任，必须从源头抓起，即选择一个好的合作伙伴，否则后患无穷。

另外，涉及境外的案子，需要境外律师协助就必须委请，需要获得境外法律咨询意见就必须咨询，不能想当然，不能怕花钱，否则也会吃大亏。

当然，在处理海事纠纷时，我们既要从法律的角度去考虑，也要从商业的需要去权衡，令钱货两空的办法是不可取的，有时为了维护自己的合法权益，还需冒点风险。

鉴于本案涉及多方的利益，我认为，争取各方共同签署一个解决问题的协议较为妥当。

答复中外运德国公司咨询，2004.8.5

注：中外运德国公司最后从收货人台塑公司那里直接得到全额运费，并从收到的货款中扣除 50 万美元作为装货港的滞期费。关于此案的详细案情，请见孟于群著《国际海运疑难典型案例精析》一书。

88. 倒签提单属何种性质的问题

问：1992 年下半年，厦门联丰公司委托我司运输 2 000 吨铝锭。当时双方签了两个合同（各为 1 000 吨），原来还有一个口头协议。8 月 30 日开始装船，9 月 7、8 日装完，但签发提单日为 8 月 31 日（倒签提单）。11 月中旬船到厦门，走了两个多月。船到时，收货人通过海事法院对装货船舶采取了证据保全，"大丰"轮与"天运"轮的船长、船员都有供词是倒签提单。

我公司即与欧亚船公司联系，指出对方倒签提单，要求索赔。后来达成协议，由对方赔偿 23.5 万美元。而对另外一家船公司我公司并未提出索赔，因当时货款已付。接着德国五矿又向远洋公司提出索赔，但是法院并未判决远洋公司败诉。于是，德国五矿又申请仲裁。

请问，倒签提单属何种性质的问题？现在我司应怎么办？

答：1. 德国五矿是根据后签的协议书提起仲裁的。你方可研究该仲裁条款是否无效，因为后签的协议书纠纷与原买卖合同无关。

2. 此案发生在 1992 年，查看时效是否已过。

3. 德国五矿若以合同无效为由提起诉讼，无非有三种情况：（1）属欺诈；（2）属威胁；（3）合同本身有缺陷而构成无效（比如没签字盖章，不是法人签名，不是盖的公司章，手续不全，条款前后矛盾等）。你方要阐述不是在威胁下签的。

4. 根据买卖合同，提单一旦倒签，就是严重违约，与信用证条款不符，收货人当然可以拒付货款。至于倒签提单，是船方擅自签的，还是应发货人要求由船方倒签的，这些都与你方无关。对于你方来说，可坚持要求由发货人负责。如果发货人无责任，他再去找真正的责任方。

5. 关于你方的实际损失，一定要准备好证据。因为倒签提单，肯定是属卖方严重违约，你方应当得到赔偿。但赔多少算合理？以何为标准？都是难以预测的。总之，你方已经产生的实际损失是应当要求赔偿的，这一点比较容易站得住脚。

答复中国华润集团咨询，1995.4.13

89. 倒签提单需承担怎样的责任

问：我越秀公司（广东外运、广州外运、外贸局、总公司合营）为康华公司海运一批货物去日本，因为船期耽误，日商拒绝收货。现在，港商以我方倒签提单 3 天（在港务局已找到证据），装船以前就有货物破损，未收发货人担保函就签发清洁提单为由，向我方提出索赔 2.9 万美元。怎么办？

答：从目前情况看：

1. 此案对你方很不利，应该力争减少损失。

2. 对方是否确实搞到了你方倒签提单的证据，船方是否确实未对装船前的损坏货物进行批注就签发了清洁提单。

3. 关于倒签提单 3 天，是你方自行决定的，还是应康华公司要求决定的。对于残损货物，可以请康华公司再补一个担保函，以便一致对外。

4. 如果现在认为此案责任的确都在你方，那么就需考虑：（1）请收货人接货，然后你方赔偿对方一些损失（当然赔款不能超过 2.9 万美元）；（2）赔偿后，你方再委托别人在日本拍卖掉该批货物；（3）或者将该批货物运回国内处理。

答复广州外运公司咨询，1987.8

90. 谁承担倒签提单的责任

问：广西五矿出口水泥去泰国，泰国船东船舶按时到达国内装货港，发货人也按时备好了货。该货于 1991 年 5 月 14 日开装，6 月 1 日装毕。按照信用证的要求，装期最晚不得迟于 5 月 31 日，故现在发货人需倒签提单。发货人称晚一天的原因在于船方，装货速度太慢，有时只有两个工班，不愿意承担倒签提单的责任。怎么办？

答：1. 倒签提单当然有风险，是违法的。

2. 如确系船方责任，且船方与外运关系很好，可要求船方指示同意倒签提单，其责任由船方承担。

3. 如果责任不在船方，虽然装的速度慢，但发货人与船方之间无约束条款，那么还得让发货人来承担倒签提单的责任。

4. 如果船货双方都不愿承担责任，此次只需倒签一天，水泥行情好，船也已开走，故倒签风险不是很大，考虑到与发货人的关系，外运权衡一下，也可签。

答复广西外运公司咨询，1991.6.3

91. 倒签提单和预借提单的法律后果一样吗

问：可否倒签提单或者预借提单，其法律后果会是什么？担保函是否有效？船务代理是否要承担责任？

答：倒签提单或者预借提单一律无效，而且还不能享受赔偿责任限额。这是因为，倒签提单或者预借提单，通常会被认为是承运人、船务代理、发货人共同欺诈收货人，属于性质严重的违法行为。无论是根据国际公约还是各国国内法，都被列为严格禁止的行为。

倒签提单或者预借提单，即使有担保函，一般也会被认定为无效。担保函不仅不能对抗善意的收货人，而且在发货人与承运人之间也将被认定为无效。因此，承运人在赔偿了收货人的损失后，根据担保函向发货人或者其他提供担保函的人追偿时，将得不到法律的保护。

倒签提单或者预借提单，即使是承运人明确指示，船务代理也要承担连带责任。其依据是，我国《民法通则》第 67 条规定："代理人知道被委托代理的事项违法仍然进行代理活动的，或者被代理人知道代理人的代理行为违法不表示反对的，由被代理人和代理人负连带责任。"因此，即使是承运人明确指示，船务代理也万万不可签发倒签提单或者预借提单。如果确实是因为业务需要而不得不签发倒签提单或者预借提单，船务代理必须将风险控制在可以承受的范围之内，而且还要尽量避免在承运高价值、市场价格波动较大的货物时签发倒签提单或者预借提单。

答复广西外运公司咨询，1990.3.8

92. 背书转让提单一定要连续吗

问：根据我国《海商法》第89条第2款关于背书转让提单，背书一定要连续吗？法律如果要求提单背书转让必须连续的话，那么它在稳定提单流转关系的同时，是不是也会阻碍提单更为便利和迅速地流通？

答：提单物权凭证及提货凭证的功能要求提单的背书转让必须是连续的，只有这样才能满足国际贸易中通过单证转让实现货物转让的目的。因此，实践中船务代理在放货之前必须审查提单的背书转让是否连续，通过识别连续的被背书人，才能确定该货物真正、合法的收货人（除非背书人做的是空白背书，后面受让提单的人很难做到背书的连续）。也就是说，在指示提单的情况下，背书转让必须连续。

答复广西外运公司咨询，2003.3

93. 提单应背书而未背书是否享有诉权

问：我们在处理一个纠纷中碰到一些不熟悉的法律问题，例如应背书而未背书的提单有否诉权？货物在何种情况下不具有保险利益？货物在运输途中发生霉变，承运人能否免除责任？现特向您咨询，望复。

现将该案的基本案情介绍如下：

某承保公司承保的中国粮油饲料进出口公司和河北省食品进出口公司出口到荷兰的24票花生果和花生仁，装于某远洋航运公司所属的"水城"轮承运。货物于新港装船前，中国天津进出口商品检验局对货物进行了检验，检验证书载明大部分货物的含水量在7.4%～8.5%之间，符合买卖合同的规定。装船后，被申请人签发了清洁提单。1994年1月24日"水城"轮从新港开航，3月1日到达目的港荷兰FLUSHING港，3月2日开始卸货。卸货期间，HANDELSVEEN B.V.对货物的数量和重量进行了核对，并出具了理货单，发现货物短卸、破漏短量，还有不同程度的霉损。承保公司、英国汽船保赔协会和收货人分别指定的检验人对货物进行了联合检验，并各自出具了检验报告。据检验报告记载，部分货物短卸、破漏短量、大部分货物霉损。收货人作为被保险人根据保险合同向承保公司提出索赔，承保公司向收货人赔付了货物损失1 368 451美元和有关费用，并取得了权益转让书。承保公司认为，货物在被申请人即承运人控制期间，所发生的灭失或损坏，根据运输合同的规定，应由远洋航运公司负责赔偿。据此，承保公司提出如下仲裁请求：

赔偿货物损失 1 368 451 美元和费用 80 289.44 荷兰盾及其利息。

而远洋航运公司认为承保公司无索赔权，理由如下：

1. 承保公司提交的赔偿付款凭证中，其中一份没有付款人名称，另一份的付款人也不是承保公司，而且，这两份付款凭证上记载的付款金额与承保公司的索赔金额不一致，因此，这两份付款凭证不能证明承保公司已实际赔付。

2. 承保公司代位求偿必须提交经过有效背书的全套正本提单，而承保公司据以向远洋航运公司索赔的 24 份提单中，仅有 6 份是经过背书的，其余均未背书。申请人对未经背书的提单项下的货损货差无权索赔。

3. 承保公司提交的权益转让书是由货物的买方签署的，而该轮各票货物的交易价格为 FOBS，即应由货物的买方办理保险，卖方在装运港货物越过船舷后，对货物已不再具有保险利益。在承保公司提交的保险单中只有部分提单项下货物的被保险人是买方，其余均为卖方，相应保险单也未经卖方背书转让，因此，作为保险人的承保公司对于这些提单项下的货物所发生的货损货差不负保险赔偿责任。

远洋航运公司还认为，"水城"轮运输航次中，舱盖未被打开过，卸货港卸货完毕后船舱也全部卸空，货主雇佣人员在装货港提供的理货数据有误差。根据提单记载，该航次装运花生、花生仁 134 050 袋，卸货时短少 203 袋，短少量为 0.15%，应属合理范围之内；货物破包短量，完全是由收货人雇佣的装卸工人野蛮作业所致；关于货物霉损问题，远洋航运公司在整个运输过程中，对货物采取了必要的吸湿措施，保证货舱合理通风，尽到了妥善、谨慎地保管货物的责任。通过对霉损货物抽样化验，证明大部分含水量在 8.5% ~9.5%，最高达到 12.2%。因此，是货物的潜在缺陷造成了货物的霉损，远洋航运公司对此不承担责任。

答：（一）提单应背书而未背书是否有诉权

我国《海商法》涉及提单有如下规定，提单有几种，例如指示提单、记名提单；提单经背书可以转让；承运人应凭正本提单交货，即应将货物交给提单持有人，此时的提单持有人应理解为合法的提单持有人。但是，未有任何条款明确规定如提单有缺陷，而货物发生短少或残损时，提单持有人是否丧失了诉权，故对此案中在提单未背书的情况下，提单持有人是否有诉权，我的看法是有诉权，其理由如下：

1. 我国《海商法》对依据应背书而未背书的提单，进行诉讼或仲裁时自动丧失诉权没有明确规定；

2. 根据《民法通则》的有关规定，只要有损失，又确实有利益关系的一方当事人，对其责任方就有诉权。现在提单持有人为合法提单持有人，确实有损失，且又是利益方，故对有责任的承运人有诉权；

3. 承保公司有较充足的理由证明他所赔付的收货人是提单的合法持有人，是真正的收货人；

4. 当收货人凭应背书而未背书的提单提货时，承运人有权拒绝交货；然而一旦承运人交了货，则意味着承运人已接受这一应背书而未背书的提单，那么就应按提单条款履行自己的义务，即清洁提单应放完整的货物。现在承运人不能交付完整的货物，就等于没有履行义务。提单是通过正当途径买回来的，百分之百地付了款。现在只收到一部分完好货物，那些未获得部分的货物就应得到赔偿，除非承运人可以免责。所以按清洁提单交货，如无短少或残损，收货人对承运人就不存在诉权问题。现在有了残损与短少，收货人就有权依据这份提单起诉承运人。

5. 目前国际上对当事人向责任方进行追偿有无诉权的问题，英国法要求较为严格，大陆法等国家要求宽松一些，不过英国法也在变得越来越宽松。按照英国1885年的提单法，对承运人的诉权要求很严，但英国1992年新的法律就宽松多了。应该说这是一种进步，即对于合法提单持有人的正当权益应得到多一点的保护。

6. 本案中，发货人将货物装上船并通过银行结了汇。收货人付款且通过正当途径获取了提单，然后又通过正当途径收到货，所以是该提单的真正收货人，即便没有背书，但已付了款，且通过正当途径获得的提单，又有损失，货确实属于他的。承运人也接受了他的提单。在此情况下，提单持有人可凭这张未背书的提单向承运人起诉。

（二）有无可保利益

一般来讲，在FOBS条件下，卖方不是以自己的名义购买保险的，即使是卖方买保险，也是代买方投保。保单中被保险人是买方。至于谈及在FOBS条件下，卖方购买保险有无可保利益，回答应该是肯定的，是有可保利益的。其理由如下：

1. 保险责任起止条款往往是仓至仓，所以在卖方未将货物装上船，即所装货物未过船舷之前，如货物发生问题，其风险应属于卖方承担；

2. 如果货物在运输途中发生问题，一般来讲其风险应是收货人的，因为此时风险责任及货物的所有权都已属于买方。不过遇到一些特殊情况，如买方不付款，货物又未卸下，仍在船方控制之下或仍在卖方控制之下时，货物的所有权可回转到卖方；

3. 在货物进行买卖中，其货物的所有权、占有权与处置权是可分开的，对货物无所有权时，不一定就无可保利益，例如货物属货主的，当货物存放在仓库时，虽然货物不属仓库管理人，但仓库管理人完全可以对货物进行投保，并且是有可保利益的；

4. 虽然卖方投保时，保单上被保险人是卖方，但是保单已背书，根据我国《海商法》，保单是可以背书转让的，这样实质上该保单就成了卖方替买方购买保险，当然买方有权凭此保单向承保公司索赔，承保公司赔付买方并得到权益转让之后，便有权向责任方即承保公司认为负有责任的承运人起诉。

（三）关于霉变的原因

中国出口到国外的花生仁，经常发生霉变，这是一个长期未得到解决的问题。虽然承运人已采取一些措施，并且注意在途中加强照管，但运到卸货港后，仍然出现货物霉变，究竟是何原因呢？卸货港检验机构的检验报告往往也不明确，而船方签的又是清洁提单，途中也未曾遇到不可抗力的意外事故，所以一方面是，出口时商检证书证明货物无问题，船方签的是清洁提单，船方称积载是合理的、航行途中小心谨慎照料了货物；另一方面，货到卸货港后，发现霉变，且数量还很大。检验报告并未讲明霉变原因，船方和货方分别委请的检验机构的报告各执一词，对原因的认定不一致，故造成责任不明确。

实际上，我认为造成霉变的原因是多方面的：有货物本身的质量问题，有商检问题，有船方照料不当问题，有积载问题，有通风问题，有垫料问题，有航行途中气候变化引起的空气潮湿的问题，有熏蒸时间太久的问题……要想解决花生仁霉变这一问题必须进行综合治理，配套解决，所以如果说承运人未照料好是发生的霉变的唯一原因，不是很合理。相反，说花生仁在装船前就存在质量问题，证据又不足，这就是我国出口花生仁遇到的实际问题和难以解决的困惑。所以，承运人只好放弃承运这种货物，以回避令承运人困惑的被动局面。

具体到这个案件，我们不能光凭分析，只能凭双方提出的证据来裁决：

1. 申请人提交货物的商检证书，用以说明货物在装船前本身质量无问题，适合海上运输；

2. 船方接收该批货物时无任何批注，签的是清洁提单；

3. 货物运到卸货港后，无论哪方出的商检证书，都证明有一部分货物霉变和短少，虽然承运人出示了自己进行合理通风与积载的证据，尽到了职责，并且辩称：出口时商检证书不真实，实际上货物本身质量有问题，但因无充足的证据无法推翻出口商检证书的结论，承运人途中未遇不可抗力不能令船方免责，货物又确实出现了霉变损失，所以船方必须承担责任，赔偿损失。

中远公司遇到这类案子有几起，一般均与原告和解，赔付率为40%左右，外运一个案子也是船方赔付35%的索赔款，双方和解。

（四）结论

鉴于上述事实和理由，初步结论是：作为申请人的天津人保公司在此案中有诉权，其保单有可保利益。上海中远公司试图以这两点为抗辩理由是不能成立的。在实体方面，作为承运人的上海中远公司对花生仁的霉变与短少应承担责任。因为货物在装港的商检书中证明货物是好的，上海中远公司又签了清洁提单，在卸港卸货时，货物确实产生了霉变与短少的损失，而承运人又无法举证推翻装港的商检证书和找出可免责的理由，再加上航行途中发生温度计坏了，有些花生仁袋子倒在通风道上，影响了货物通风。

（五）建议

因为实际上承运花生仁这类货物很容易发霉，其原因是多种因素造成的，其中一个很重要的原因是货物装前本身湿度太大，不符合海洋运输，而国内商检证书往往出的是没问题，由此承运人签发了清洁提单而须承担货物的全部损失，这也是不公平的（当然纯粹从法律上讲是合理的）。故在以往外运公司"易友轮"和中远公司一些船舶承运花生仁发生霉变短少案中，最后均以承运人赔付40%左右了结案件。

本案中，一方面取得代位权的保险公司，有可能被承运人以提单应背书而未背书和我国出口花生仁一般都存在质量问题为由，抗辩保险公司无诉权，建议保险公司适当做出让步；

另一方面，基于上述理由，即承运人难于举证装船前花生仁存在质量问题，和无法回避所签发的清洁提单，建议上海中远公司也不要再坚持船方无责任，不赔付保险公司。因为一旦承运人所提出的程序上的两个理由被认为不成立，很可能就要承担对方的全部损失，如果和解损失还会少一点。

总而言之，尽量促成双方和解为上策。

上述几点不成熟意见，供你们考虑。

答复海仲秘书处咨询 1997.3.5

注：双方当事人协商达成如下和解协议：

1. 远洋航运公司按货损货差损失 1 251 393.88 美元及利息 285 832.08 美元（自 1994 年 12 月 15 日计算至 1998 年 3 月 15 日，年利率为 7%），共计 1 537 225.96 美元的 45% 赔偿给承保公司，即远洋航运公司应向承保公司支付货损货差损失 691 751.68 美元；

2. 双方为办理本案所各自支出的律师费及其他费用由双方各自承担。

94. 换小提单及凭小提单提货需注意哪些问题

问：在具体业务中，换小提单需审查哪些问题？凭小提单提货有哪些具体做法？

答：（一）船务代理换单时的审查事项

收货人凭正本提单只能到船务代理处换小提单，货运代理无权办理此事。但是，当货运代理从事无船承运人业务时，亦可办理此事。

换小提单时，船务代理对正本提单以及来换单的人有审查义务：

第一，船务代理将根据船东提供的信息区别是否真假提单。

第二，如是指示提单，（1）必须看该提单是否背书，且背书是否与提单 SHIPPER 栏记载的托运人名称一致。如未背书，或者背书与提单 SHIPPER 栏记载不一致，除非承运人有书面指示同意换单，一般情况下，要么拒绝办理换单手续，要么需提供三套正本提单（担心将来出现有背书的提单）。（2）根据公安局要求，换单时要求持单人在提单背面加盖公司印章。

第三，如是记名提单，则需审查记名提单上的收货人与背书的图章是否一致。实际业务中，往往是记名收货人有中文名而无英文名，即使有英文名，也是乱译的，地址有时也是乱写的，使你无法确定提单持有人就是记名提单上打印的那个人。这种情况很难办，最保险的办法就是让承运人签字同意放货，或者要求收货人提交三份提单的同时，另外提交提单项下货物的进口贸易合同和银行付款单据，以证明提单持有人就是提单上的记名人，并合法持有提单。

（二）收货人凭小提单到港务局提货的具体做法

收货人凭小提单到港务局提货时，港务局无义务核实获取小提单的做法是否合法，更没义务去审查小提单持有人的身份。港务局只认小提单，只看小提单有无海关放行章。为了安全起见，公安局要求留下最终提货人的痕迹，故要求最终提货人留下提货单位、驾驶员姓名、身份证号码、车号、联系电话等字样，以便将来万一发生事情时用。

广州地区的做法：

1. 广州的普遍做法是，船舶代理公司与码头有协议。根据协议，小提单只能用作报关。收货人到码头提货，需持有小提单和正本提单。

2. 通常来船务代理处换小提单的是报关行或者货运代理。要求其持正本提单来换；电放的情况下，则持副本提单和保函。船务代理审查事项有：

第一，审查提单的真伪，比如提单的颜色等；

第二，指示提单和记名提单的审核与中外运华东公司相同。

出现任何不符的情况，船务代理都会与委托人船公司联系，取得他们的指令。

3. 货主持小提单和正本提单到码头提货时，码头通常也会审查一下提单的背书。

答复最高法院刘法官咨询，2007.

95. 一票货物两家提取怎么办

问：北京南光公司从澳大利亚进口一批氧化铝（中间商不少）。船到后卸货已有两个月之久一直无人提取，时至今日还存放在山东外运手中。南光公司称，该批货物应当交付给他们，货款他们已经支付，且手中有一份已背书的有效正本提单。与此同时，国内还有一家公司也称，该批货物是他们的，其手中也有一份已背书的有效正本提单（据称也是卖方给的），并且已经报了关，只是未来提货。面对一笔货，同时有两家持已背书的有效正本提单来主张货物。南光公司问他们应该怎么办？

答：如果该批货物的确是南光公司的，那么：

1. 赶快正式书面给山东外运（或山东外代）发一函，讲明这笔货物的所有权是他们的，在未得到他们同意之前，货物不得放出，否则由此引起的一切后果由山东外运负责（其目的是使山东外运知道，围绕这笔货物有纠纷，不能轻易放货，最好等法院判决或两家协商后再放货）。

2. 赶紧去青岛海事法院申请诉前财产保全，主张对这笔货物享有所有权，然后再到有管辖权的法院去提起诉讼。

答复南光公司咨询，1995.9.12

96. 两套正本提单哪个有效

问：我们接手了一个很复杂且难办的案子，简单地讲，本案是船方对一票货物签发了两套正本提单。我方提单持有人去提货时，船方称货物已被持有另一套正本提单的收货人取走了，船方的责任已完成。我方当事人起诉船方时，法院判决：由于我方当事人所持提单未经具有资格的托运人的背书，也无船方签字，故一审败诉。现拟上诉，上诉前很想听听您的意见。我们知道本案亦可通过买卖合同的法律关系，要求卖方承担责任，但鉴于卖方是一家资信情况很差的中间商，即使打赢官司也追不回损失，看来只有通过手中的提单向船方索赔是唯一的解决途径了。而本案将涉及许多《海商法》方面的问题，您是这方面的资深专家，同时也处理过许多这方面的案子，现将本案诉讼的所有材料提供给您，请教我们是否上诉？如果上诉，上诉的理由是什么？

答：关于你司提货遭拒一案，经仔细阅读和研究了所提供的全部材料后，我有如下五点看法：

1. 此案使你司处于如此被动地位的主要责任，应由新加坡贸易商承担，原本可通过买卖合同关系要求新加坡贸易商承担你司的一切经济损失，但现在经你司查询，他们是一家皮包公司，找到他也得不到赔偿；起诉他，也是胜诉拿不回钱，所以只好放弃通过此渠道来挽回损失的想法。

2. 通过手中的提单向承运人起诉，要求其交货或得到与货价相当的赔偿。你们来北京时，我和律师已向你们做了较详细的说明，在本案中你们存在一个致命的弱点，即新加坡贸易商卖给你们的5 500吨货并非属于新加坡贸易商，（因其至今未付款）货物所有权仍属印度发货人，也就是说，即使你司提单无任何问题，合法有效并已将货提走，从法律上讲印度发货人仍有权向你司讨要。

当然，目前对方未以此来对抗你司，法院也未以此作为判决的依据。如果上诉，对方律师或法官提出以此为依据，则胜诉的可能性就没有了。所以，如你方决定上诉，对此必须要做好充分的准备。

3. 现在以手中的提单要求上海远洋公司交货，上海远洋公司提出其你公司的提单必须是船方签字的，指示提单必须是经过指示人背书的，根据我国《海商法》和国际航运惯例，这两点主张也是对的。而你司手中的提单虽有船方的签字，也有背书，但对方称背书人新加坡贸易商无资格作第一手背书人，只有印度的托运人才有此资格和权利。那么提单背书为无效，你司也就无权凭借无效提单向承运人主张货物，最后判决会对你方很不利的。

4. 既然情况是这样，我认为如果上诉，必须从两方面去努力争取。其一，托运人有资格和权利背书，新加坡贸易商是代表印度发货人的，故从广义上讲，他也是托运人。关于这点，如果你司有印度发货人委托新加坡贸易商作为托运人的书面证据就好，只是根据案情来看不可能有，这反而让我认为提单托运人一栏为什么不填写印度发货人，显然是新加坡贸易商动用了计谋。其二，退一步来说，承运人闭着眼睛签发了一套无效提单，也是有过错的。作为承运人的上海远洋公司在签提单时有过失，签发了一套无效提单，导致你司损失，一是承运人不能一票货签发两套提单，二是承运人应对所签提单进行审核，如发现背书无效就不应签发。第三，虽然背书无效，尚可通过其他的旁证和理由，说明承运人所承运的5 500吨货物是属于提单持有人即湖南土畜产进出口公司的。

5. 另外，作为仲裁员我也曾涉及承运人以提单未背书无效而要求仲裁庭认定对方无诉权，最后仲裁庭认为申请人有诉权的案例。当然那个案子与你们的案子情况不一样：一是，提单已进行了有效的背书，并凭已背书提单提了货，只是提货后发现货物有残损、短少转向承运人索赔时，申请人苦于手中丧失了那份已背书的提单（未影印留底），而承运人把握在手中的已背书提单不但不退还，反而趁申请人手中无已背书正本提单作为索赔单据，要求仲裁庭裁定申请人无诉权。二是，申请人有充足的证据和理由证明货物是属于收货人的，承运人也交了货且称未错交，所以保险公司赔付货主后取得的代位求偿是有效的。我之所以提供这个案例并将我为这个案例写的意见转给你们看，是给你们作一个参考，或许其中的道理对你们有一点启发，但必须再次提醒你们两个案件的情况相差很大，绝不能硬套，一切要根据你司案件的具体情况决定是否再行上诉。

也就是说，如果是由于船长或其委托代理错误签发提单所引起的后果，应由承运人承担法律责任及其经济损失。因为船长和船务代理属于承运人的雇员，其雇员过失造成的损失，应由承运人承担赔偿责任。

以上意见，仅供参考。

答复刘律师、柳先生咨询，1998.12.16

法律参考：

中国《海商法大辞典》词条解释：

背书

在提单或其他某些流通票据背面批注或签章的行为。背书是指示提单中确定收货人的方式，具体分为记名背书和空白背书。前者系指背书人在提单背面写明被背书人的背书，表明承运人应将货物交给被背书人或按其进一步的指示交货；后者系指背书人在提单背面不写明被背书人，而只签署自己姓名，经此背书后的指示提单的效力同不记名提单，承运人应将货物交给出示提单的人。指示提单经背书人背书后发生转让，实现提单的流通，在当今国际货物买卖中得到普遍应用。如背书人不做任何背书，则意味着背书人保留对货物的所有权，有权提货的仍是背书人本人。

97. 无正本提单如何提货

问：出口商通过 EMS 公司快件投寄海运提单，但国外收货人未收到正本提单无法提货，怎么办？

答：1. 找船公司，通过银行担保，或抵押财产，或第三方提供担保，使船方同意再出一套提单，或同意让收货人凭副本提单加保函提货。

2. 要求 EMS 快递公司赔偿，但只要不是有意的，往往只能得到 100 美元的限额赔偿。

答复中外运总公司咨询，2006. 1. 1

98. 无正本提单能否放货

问：山西某公司作为卖方出口焦炭 3.8 万吨到美国。日本大阪三井作为买方和租船人，委托我司程租一条船，大阪三井是租船人，我司是三船东。原船东是香港公司，二船东是挪威公司。

船将于明天抵达卸货港，大阪三井称现在还没有正本提单，为了不耽误卸货，大阪三井自己出具了保函，要求我方同意卸货并指示原船东。我方已同意，并指示原船东，原船东已同意。与此同时，山西发货人称，货装毕后，他们结汇未成，因为买方称正本提单未打上"正本"的字样，另外货物水分含量很大，比合同要求要大，所以尚未付款。在此情况下，我们应该怎么办，是否放货？

答：你司作为船方应坚持凭正本提单放货，否则风险和责任都会转移到船方，尤其是已经知道收货人和发货人有纠纷，收货人因货物质量有问题尚未付款的情况。此时，如果仅凭收货人本身的保函将货物放掉，风险显然很大。在这种情况下，你方一是坚持凭正本提单放货；二是要求大阪三井提供银行保函。否则，一旦原船东按你司指示放了货，而大阪三井不付款，山西发货人肯定凭银行退返的正本提单向原船东要货，原船东赔偿山西发货人后，会以遵照你司的指示放货为由，要求你司赔偿。此时，如果大阪三井或银行认账，并给予了赔付，你司的风险和责任就不存在；反之，你司将面临承担无正本提单放货的风险和责任，遭受巨大的经济损失。

答复山西外运公司咨询，1995. 9. 8

2008 年 7 月 10 日作者在中国银行于郑州举办的
惯例研究与纠纷处理培训班上讲授海运提单及实务

99. 船方过于谨慎凭正本提单放货会招致损失吗

问：湖南华湘进出口公司（以下简称"华湘公司"）与香港东麒公司（以下简称"东麒公司"）货损纠纷一案中，船方以华湘公司出具的正本提单与随船副本提单不符为由拒绝放货，致使收货人受到损失。请问，收货人的损失应由船方承担还是由托运人承担？

答：根据相关材料，现给你们一些法律咨询意见，以做参考：

（一）在国际贸易中，采用 CIF 价格条款，是象征性交货，而非实际交货

通常情况下，货物所有权的转移是通过交货实现的。所谓交货，是指卖方按照合同约定的时间、地点和运输方式将合同约定的货物交给买方，这是实际交货。但在国际贸易中，采用 CIF 价格条款，凭单据交货，是象征性交货，此时货物所有权的转移与实际交货有所不同。在 CIF 条款下，只要卖方在约定的装运港按期将货物运到指定目的港的船上，同时办理了保险，将约定的单证及时交给了买方，就算完成了交货任务。结合本案，托运人东麒公司于 1993 年 9 月 17 日将电解铜装上 "长春" 轮，并取得了提单；该批货物于 9 月 20 日运至汕头港，华湘公司于 10 月 15 日收到了东麒公司提交的全套提单。此时东麒公司已完成了交货任务，按照国际贸易惯例，只要其单据符合要求，华湘公司就必须付款。因此本案中，托运人东麒公司按时将货物装上了船，并将有关单据及时、准确地交给了华湘公司，就应视其履行完毕交货义务。

（二）提单在海运中是物权凭证，谁持有提单，谁享有物权

1. 提单是由船长、承运人或其代理人签发，证明货物已收到，保证将货物运至特定目的地，并交付收货人的凭证。我国 1993 年开始实施的《海商法》第 71 条也对提单作了明确规定，提单不仅是运输合同的证明和货物收据，同时又是物权凭证。作为物权凭证，谁持有提单，谁就可以凭提单将货物提走；承运人或其代理人只有凭提单才可以放货。

2. 我国《海商法》第 77 条规定："……承运人向善意受让提单的包括收货人在内的第三人提出的与提单所载状况不同的证据，不予承认。"也就是说，承运人提出的证据与提单持有人所持提单不符时，对于承运人提出的证据不予承认；即在承运人与善意的提单受让人之间，提单是唯一最终的证据。本案中，作为船方的船务代理汕头外运以华湘公司提货时所提供的正本提单与随船副本提单在数量上不一致为由而拒绝放货是不对的，当提单与舱单或副本提单不符时，应以正本提单为准。

3. 我国《海商法》第 78 条规定："承运人同收货人、提单持有人之间的权利、义务关系，依据提单的规定确定……"提单虽是应托运人的请求签发的，但托运人取得提单是为了要求买方议付货款，而提单背面条款最终是要约束承运人和提单持有人的，谁取得提单，谁就占有提单项下的货物，并受提单条款的约束，履行提单条款所规定的义务。

4. 我国《海商法》第 86 条规定："在卸货港无人提取货物或者收货人迟延、拒绝提取货物时，船长可以将货物卸在仓库或者其他适当场所，由此产生的费用

和风险由收货人承担。"本案中，运送该批电解铜的"长春"轮于1993年9月2日已到达汕头港，9月22日卸货完毕；10月15日华湘公司也收到包括提单在内的所有单据，而华湘公司10月底才去提货。该交易信用证规定的交货期限为1992年12月9日至1993年10月13日，也就是说，东麒公司在交单上并未延误，已尽到及时、准确交单的义务，对于后来所发生的汕头外运拒绝放货给华湘公司造成的损失不应负责。

（三）船方或其代理人的谨慎行为，不应影响提单持有人的正当权益

本案中，收货人华湘公司于1993年10月29日凭正本提单前往汕头提货时，汕头外运以华湘公司出具的正本提单与随船副本提单不符为由拒绝放货。如前所述，发生此种情况时应以正本提单为准，因此，作为船方的船务代理汕头外运不应以上述理由拒绝放货。汕头外运之所以这样做，也许是出于谨慎，害怕错误放货。谨慎的工作态度固然是对的，但如果船方过于谨慎，反而适得其反，侵犯了提单持有人的正当权益，并给其造成了损失，那么船方则应对其损失负责。

综上所述，本案中，对于华湘公司遭受的损失，船方及其船务代理汕头外运负有不可推卸的责任。而东麒公司在本案中已完成其应履行的义务，亦不存在过失，所提供的单据也无任何不符之处，因此对华湘公司的损失不应承担责任。

答复湖南王律师咨询，1994.5.16

100. 收货人拒绝付款赎单怎么办

问：香港一中间商购买一批国内出口的硫酸，装货港为塘沽，卸货港为曼谷，由对方派船，付款方式为D/P，系FOB条款。该批货物运抵曼谷后，由于市场价格下跌，收货人不付款赎单。于是，承运人将货卸下处理（事先已征得国内发货人的同意），获得部分款项，但仍不够运费，尚差6万美元。承运人即起诉国内发货人，要求赔偿6万美元。现在，安徽被告方的法律顾问咨询如下几个问题：

1. 提单背面条款规定：香港法院有管辖权，适用香港法律。天津海事法院能否立案，是否有管辖权？

2. 船方是否有权追要不足的6万美元运费？

3. 可否把香港中间商列为本案的第三人？

答：1. 关于问题1我认为，由于提单比较特殊，与运输合同相比较，有它

的特殊性，所以我国《海商法》与国际上许多国家的海商法一样，将之称为运输合同的证明或者凭证。因为提单背面的条款往往是事先打印好的，托运人装货前或装货时，根本来不及看，一般也不容易得到船方同意改动条款。但是发生纠纷后，提单又是打官司的主要依据。除非与各国法律有冲突，或者违反公共利益，其一般条款是适用的。但是有关管辖权条款、仲裁条款、法律适用条款有些特殊性，故往往不一定适用。从司法角度看，依据对等原则，如有司法协议、有明确条文规定，当然适用。对上述几个问题，暂无统一结论性的看法。所以究竟如何处理，要视具体案子、具体法院而定，目前判法不一。

2. 关于问题 2 我认为，船方在运费未收到的情况下，货物尚未转移到收货人手中或者第三者手中，也就是说仍属于发货人，完全可以留置发货人的货物，如果发货人不付运费，就可以处理。处理后，不够部分可向发货人继续追偿，超过部分退给发货人，无法退还的交国库（详见我国《海商法》第 86 条、87 条、88 条）。

3. 关于问题 3 我认为，完全可以请求法院将香港中间商列为第三人并入本案审理（据说已经破产）。

答复香港长运公司咨询，1995.5.25

101. 无单放货属违约责任还是侵权责任

问：在无单放货中，是否一定要区分将承运人的责任认定为违约责任，而将无单提货人的责任认定为侵权责任？请问孟先生，您如何看待这一问题？在承运人与无单提货人串通无单放货时，如果可以追究承运人与无单提货人的连带责任，那么这两种责任是否适用不同的请求权基础？我国司法实践中对上述问题是如何认定的？

答：关于承运人无单放货到底是属违约责任还是属侵权责任的问题，我国司法实践在认定上是经历了一个过程的，这其中包括侵权责任、违约与侵权的竞合以及现在的违约责任。我国最高人民法院发布的《涉外商事海事审判实务问题解答》中，对如何认定无单放货纠纷案件的性质作了如下解答：根据提单的性质，无单放货纠纷既可能产生违约的民事责任，也可能产生侵权的民事责任。在审判实践中应当掌握：一般情况下，在海上货物运输中合法的提单持有人向承运人请求无单放货损害赔偿的，视为违约；提单持有人向无单提货人主张权利的，以侵权论处。

至于无单放货人与无单提货人的连带责任问题，在我国司法实践中也存在争议，即二者是基于不同性质的请求权——债权请求权与物权请求权。如果既不是法定连带之债（法律的明确规定）也不是议定连带之债（当事人的约定），那么认定为连带责任是有问题的。在我国的司法实践中有将此类连带责任认定为不是真正的连带责任，但在无单放货纠纷案件中，我至今尚未见过这种情况。

答复清华大学某研究生咨询，2001.2

102. 无单放货要承担法律责任吗

问：我司位于上海的某仓库，为宁波中艺公司出具了一单据，称该仓库内存放了宁波中艺公司××吨货物，价值××元。而该仓库将这批货物交给了无锡新代公司，无锡新代公司已关闭。宁波中艺公司凭手中的海运提单等单据及仓库出具的单据，通过法院主张仓库的那批货物是宁波中艺公司的，要求仓库交货或赔款，法院判我司仓库赔偿宁波中艺公司的损失。我司不服一审法院的判决拟上诉，您认为可行吗？

答：我认为，此案要想翻过来，就必须证明：

1. 你公司将货物交给无锡新代公司是正确的。你仓库与无锡新代公司存在着放货关系。

2. 原告宁波中艺公司与该仓库无法律关系，因为委托人是上海金陵公司，不是宁波中艺公司。

3. 该仓库出具的那份单据，是无锡新代公司为宁波中艺公司提出的，是无锡新代公司与宁波中艺公司两家的事，当时说好宁波中艺公司与仓库货无关。

如果第一条不成立，此案就没有必要再上诉了，如果第一条无问题，尚可进行上诉，争取一下。

答复香港长运公司咨询，2000.1.3

103. 谁应对无单放货承担责任

问：我华力环球运输有限公司在一起海运货物无单放货的纠纷中，一审青岛海事法院判我司败诉，我司不服一审判决并向山东省高级人民法院提出上诉，经二审法院审理后，判我司胜诉。随后，对方即莱芜染织厂（以下简称"染织厂"）不服提起申诉，经山东省高级人民法院再审，撤销二审判决，维持一审判决，即判决我司败诉。我司认为再审判决不正确，拟再向上级法院进行申诉。现在申诉前，请您帮我们分析一下，根据此等情况，我司进行再申诉的胜诉几率究竟有多大？如进行再审，其突破点在何处？麻烦您在百忙中给予我们一些意见，以便我们决定下一步怎么办。谢谢您！

现将该案的详细情况及一审法院的判决介绍如下：

1999 年 10 月，染织厂与（香港）嘉宏达实业公司签订售货确认书，约定嘉宏达实业公司购买莱芜染织厂的全棉靛蓝牛仔布，数量为272 950 码，贸易条款为 FOB 中国青岛；信用证结算，总货值为36 1761.75 美元；装船期限：信用证到厂确认后 12 月 10 日前全部交清；双方指定装运口岸（代理）为熙荣（香港）有限公司青岛办事处（以下简称熙荣青岛办）；付款条件：买方须于 1999 年 11 月 1 日开立保兑、不可撤销、无追索权、可转让及可分割、以卖方为抬头、见票即付的信用证，其有效期应为装船期后 35 天。

售货确认书签订后，染织厂便与自称为熙荣青岛办负责人的王伟联系，双方商定熙荣青岛办为染织厂的买方代理。之后，染织厂向（香港）嘉宏达实业公司提供出口货为4 000 码的货样，向熙荣青岛办发出委托书，委托其办理租船订舱及报关业务。

12 月 6 日，熙荣青岛办向莱芜染织厂发出"送货通知"，告知船期为 12 月 10 日，船名"普·哈姆尼（PU HARMONY）"，9 907航次，提单号为 GMQD9121063，送货时间为 12 月 9 日 10：00 前，送货及交货地址为：青岛胜狮货柜。

12 月 10 日，熙荣青岛办向染织厂传真了华力公司的 GMQD9121063 号提单副本，染织厂予以确认。熙荣青岛办随将华力公司青岛分公司签发的 GMQD9121063 号全套正本提单一式三份寄给了染织厂。该提单记载托运人为染织厂，收货人凭指示，"普·哈姆尼（PU HARMONY）"轮9 907航次，装港为中国青岛，卸港为孟加拉吉大港。50 包4 000 码纯棉靛蓝牛仔布，毛重为2 330 千克，运费到付等。

同日，王伟就上述货物安排环联海运公司【GLOBLINK MARINE（CHINA）PTE LTD】（以下简称"环联公司"）订舱出运，该公司签发了 GMQD9121063 号海运提单。该提单载明：托运人为熙荣青岛办，收货人为伟航船务代理公司（以下简称伟航公司），"普·哈姆尼（PU HARMONY）"轮9 907航次，装港为中国青岛，卸港为香港。该提单由王伟交给了伟航公司。该货样已在香港被提取，环联公司收回了其签发的 GMQD9121063 号海运提单正本。

染织厂 1999 年 12 月 7 日开具的 99LW1115 号发票，显示该货样的总价值为 5 280.00 美元。

12 月 29 日，染织厂就贸易合同项下的 272 950 码货物，再次向熙荣青岛办发出委托书，委托熙荣青岛办租船订舱、出口报关。

12 月 30 日，熙荣青岛办发传真告知染织厂：船名为"吉西（JI XI）"，V001 航次，提单号 JX001T216，船期 2000 年 1 月 6 日，货物堆场：汽运场站。

2000 年 1 月 3 日，熙荣青岛办派车将货物从染织厂运至装港。

1 月 6 日，熙荣青岛办向染织厂传真了华力公司的 JX001T216 号提单副本、要求染织厂确认。该副本提单记载：托运人为染织厂，收货人凭指示，"吉西（JI XI）"轮 001 航次，装港为中国青岛、卸港为孟加拉吉大港，3 336 包纯棉靛蓝牛仔布，毛重159 100公斤，信用证号 WSBC/LC/3318/99，运费到付等。染织厂予以确认。

同日，王伟就该货物向船公司青岛海发实业公司订舱出运，该公司签发了 JX001T216 号海运提单。该提单载明：托运人为熙荣青岛办，收货人为伟航公司，"吉西（JI XI）"轮 001 航次，装港为青岛港，卸港为香港。该提单由王伟交给了伟航公司。

1 月 7 日，熙荣青岛办王伟将华力公司青岛分公司签发的 JX001T216 号全套正本提单一式三份交给莱芜染织厂。提单记载的内容与 1 月 6 日熙荣青岛办向染织厂传真的副本提单内容一致。

染织厂 2000 年 1 月 3 日开具的 99LW1112 号发票，显示该货物的总价值为 36 1761.75 美元。

1 月 10 日，伟航公司在香港出具了青岛海发实业公司签发的 JX001T216 号海运提单，换取了提货单后，将货物提走。

在染织厂持华力公司签发的 GMQD9121063 号全套正本提单与 JX001T216 号全套正本提单结汇过程中，分别因货物不对、商检证不符之由，两套提单均被退回。现两套正本提单仍由染织厂持有。染织厂凭提单向华力公司主张其权利。

另查明，青岛熙荣青岛办为（香港）熙荣有限公司在青岛设立的办事处，该办事处于 1996 年 4 月 2 日经青岛市对外经济贸易委员会批准设立，于 1998 年 4 月 16 日经青岛市工商局核准登记，登记证有效期限为 1996 年 4 月 2 日至 1999 年 4 月 1 日，业务范围为与公司的货运代理业务有关的咨询、联络和服务，中间经过一次变更，变更后登记的驻在期限为 1993 年 4 月 2 日至 1999 年 4 月 1 日。

到期后该办事处未再办理工商的续展手续。王伟自称熙荣青岛办负责人,但其未有熙荣公司或熙荣青岛办的任何委任或委托手续,同时王伟任华力公司的海运部负责人职务。染织厂在本次业务操作前便知晓王伟的熙荣青岛办负责人和华力公司海运部负责人的身份。

在熙荣青岛办就上述出口货样与出口货物在青岛海关办理报关的相关海关报关单中显示报关员为王伟,华力公司青岛办事处加盖了报关专用章。

一审法院认为:一、染织厂委托熙荣青岛办作为货运代理办理货物托运及租船订舱业务,王伟向染织厂交付了华力公司签发的货物已装船海运提单。染织厂、华力公司之间的海上货物运输合同关系成立。二、染织厂作为提单的合法持有人,有权要求华力公司依提单记载交付货物;华力公司作为承运人负有据提单交付货物的义务,否则应当承担交货不能导致的染织厂的损失。三、华力公司关于提单被王伟盗窃的主张,证据不足,依法不予支持。经审判委员会讨论,依照《中华人民共和国民法通则》第 106 条、《中华人民共和国海商法》第 71 条及有关法律之规定,判决:华力公司应于判决生效后 10 日内赔偿染织厂货款损失 36 7041.75 美元及利息(利率按中国人民银行同期美元存款利率计算),逾期加倍支付迟延履行期间的债务利息。案件受理费 25 243.00 元,财产保全申请费 16 520.00 元,由华力公司负担。

答: 根据你司介绍的案情,对你司与染织厂争议一案,提出以下法律意见。

(一) 再审判决你司败诉的依据和理由

1. 提单是证明承运人已收到货物的单证,提单的签发表明货物已处在承运人的掌控之下。本案中,你司是否亲自办理接货事宜并不能成为抗辩你司并非为承运人的理由;

2. 你司出具的提单并非伪造,即使王伟未经你司同意私自出具提单的事实成立,也不能作为抗辩提单真实性与出具提单行为本身并非你司真实意思表示的理由。

全面分析本案的事实和法律依据,再审判决适用法律及对法律的解释是合理的、适当的。提单作为证明承运人收到货物的证据以及承运人保证据以交付货物的单证的特质,不仅在我国《海商法》中有明确的规定,而且,这也是国际海运界在总结了长期海运业务实践的基础上达成的最基本的共识,是国际公约、国际惯例和法律法规对承运人义务的基本要求,正因为如此,与国际惯例和法律法规相冲突的观点很难得到业界基本一致的认可。由此看来,你司申诉成功的希望不大。

（二）申诉理由

在申诉理由上，可从王伟是熙荣青岛办职员，对造成两份提单不符负有责任的角度，来论证你司不应当承担全部损失的赔偿责任，以下观点供参考：

1. 熙荣青岛办是染织厂的委托代理人，又鉴于染织厂明知王伟是熙荣青岛办的职员，自熙荣青岛办代理染织厂与实际承运人订立运输合同并取得实际承运人出具的海运提单时起，染织厂便未全面履行与你司的运输合同，造成与第一份提单即你司提单完全不相关的第二份提单即实际承运人提单的出现，最终导致你司损失的发生，染织厂对此有不可推卸的责任。

2. 实际承运人出具的海运提单是由染织厂的代理人熙荣青岛办直接交付给提单记载的收货人的，从法律上可以视为这一交付提单的行为为染织厂自己所为，正是由于染织厂向收货人交付了可以据以提货的提单，直接导致染织厂虽持有你司出具的提单但提货不能的后果，染织厂对此当然应承担相应的责任。

3. 再审判决认定你司在本案涉及的业务行为中的身份为无船承运人，但根据我国《海运条例》对无船承运人的规定，无船承运人在接受托运人的货物后，要以自己的名义与实际承运人订立运输合同，但在本案中，实际承运人出具的海运提单上记载的托运人是熙荣青岛办，法律上与实际承运人订立运输合同的是染织厂，因此，你司的身份并非是无船承运人。

4. 染织厂作为贸易合同的卖方应对据以结汇的提单的记载是否与信用证相符给予充分重视，正是由于染织厂的疏忽大意导致单证不符而结汇不能，对造成染织厂实际损失的责任理应染织厂承担。

此外，染织厂与香港买方的贸易合同是否得到履行或部分履行，需要进一步核实，如果已经履行或部分履行，就应相应免除你司承担的赔偿责任。

以上意见，仅供参考。

如有问题，请及时联系。

答复华力环境运输有限公司咨询，2004.4.15

104. 无单放货的诉讼时效是几年

问： 请您看看我江苏外运无单放货案，其诉讼时效应适用我国《海商法》所规定的一年，还是应适用我国《民诉法》所规定的两年，同时是否存在时效中断的问题？

答：1. 此案，你方首先要从法律上和事实上彻底否定二审法院关于你方的一个《答复协助解决的函》，该函有可能被认定为我国《海商法》中引起时效中断的依据，即你方同意赔付对方。

2. 根据我国《海商法》的规定，货物装船后应托运人要求船方得签发提单，而托运人不要求，承运人无必要签发提单给托运人，同时托运人也必须及时要求签发提单，否则承运人可不签发提单交予托运人，即使签发了也应无效，所以说承运人在卸货以后××天所补发的提单也应无效，因此托运人事后不得凭补发的提单向承运人主张任何权利。

3. 你方可进一步强调，该纠纷应适用我国《海商法》，而不是适用我国《民诉法》。所以，（1）诉讼时效应是一年，而不是两年；（2）引起时效中断应是同意履行义务，或提起诉讼与仲裁，或扣船，而不是只要一提赔，就引起时效中断，诉讼时间就重新起算；（3）无论是以违约还是以侵权提起诉讼，都是一年的诉讼时效。

答复江苏外运公司咨询，2003. 3. 18

105. 船代不同意无单放货怎么办

问：我方有一批出口货物，需转船运到土耳其。我方出了全程提单，一程提单的收货人为某代理，全程提单的收货人为银行，实际收货人为土耳其某钢厂，现货物即将运到土耳其，估计船抵达时，实际收货人手中无提单，想请我方船务代理无单放货，并由发货人或实际收货人向船务代理出具保函，免除该船务代理无单放货的责任，但船务代理不同意，请问您有什么办法？

答：船务代理完全有理由不同意无单放货。现建议你方向船务代理表明这么做的风险将由你方承担，如该船务代理同意就行，如仍不同意，则没有别的办法，他是在坚持凭正本提单放货，无可非议、无可指责。

答复中钢货运公司咨询，2005. 9. 29

106. 记名提单可以不凭正本提单放货吗

问 1：有一票去美国的货物，由于操作人员的失误（此票货本不需电放，但业务人员误认为需电放，故将该票货与其他几票货一起通知承运人的代理电放了），致使该票货物未凭正本提单，就将货物交给了记名提单上的记名人，而正本提单的持有人与记名提单上的记名人并非同一人，造成提单持有人凭正本提单向承运人索赔。据我所知，根据美国法律，在记名提单的情况下，承运人可不凭正本提单交货，只要承运人将货交给了能证明是提单上的那个记名人就行了，的确是这样吗？

答： 关于记名提单放货的问题，提出以下看法供参考。

1. 按我国《海商法》，应凭正本提单交货，即使是记名提单，也要凭正本提单交货，否则承运人要承担由于未凭正本提单交货的责任。不过，我国最高法院确实有一案例，承运人未凭正本提单将货物交给了提单上的记名人，当提单持有人向承运人索赔时，最高法院判承运人免责。值得注意的是，该提单条款中适用的法律是美国法律，也就是说最高法院确认在该案中适用美国法律，而非其他国家的法律。

另外，对于记名提单可不凭正本提单放货的问题，我国学术界和实务界的确有两派意见：一派认为，应向美国法看齐，可不凭正本提单交货；而另一派认为，还应凭正本提单交货。最后经请示人大法工委，回复在我国《海商法》未修改之前，仍强调按我国《海商法》凭正本提单交货。

2. 对于上述问题，世界各国及各地区的法律与判例也不一样。例如新加坡和香港，均判决承运人要凭正本提单交货，即使在记名提单情况下，也要凭正本提单交货，否则要承担未凭正本提单交货的法律后果。

2005. 1. 27

问 2： 经查，我们使用的提单第 2 条，管辖权在中国，但第 27 条有美国条款。现在的问题是，如何解释这两个条款？根据这两条，该提单是适用中国法律还是美国法律？在记名提单的情况下，未凭正本提单放货，是要承担责任，还是可免除责任？

答： 1. 根据该海运提单第 2 条管辖权条款："任何本提单项下或与本提单有关的争议均由中华人民共和国管辖"的规定，肯定是适用中国法律。而第 27 条即美国条款规定："尽管由本提单其他条款，来往美国港口的货物运输应适用美国《1936 年海上货物运输法》。于本提单中任何规定根据美国《1936 年海上货物运输法》判定为无效时，该规定仅在此限度内无效，不影响其他条款的效力。"据此，如果在美国打官司，将适用美国的法律。本案在中国起诉，并适用中国法律，则对提单持有人会更为有利一些，而承运人是不能以第 27 条来对抗并免责的。

2. 如果该海运提单的首要条款规定适用美国法，则即使在中国法院起诉，也应适用美国法律，那么承运人就可以免责。上述所及我国最高法院判决的那个案例中，提单的首要条款就规定了适用美国法律，所以在该案中采用了美国法律之规定，判承运人免责。

3. 还有一种意见认为，只要是进出口美国的货物运输，其提单上有第 27 条的规定，则适用的法律就应是美国法律。所以在本案中，我认为，你们可采用这条意见争取承运人免责。

2005.1.28

问 3：为了防范风险，我们已通知所有目的港代理在放货后均要收回正本提单，并且要有背书，但我们发现，在收回的正本提单中记名提单并未背书，请问，指示提单是否一定要背书？记名提单是否也一定要背书？

答：指示提单一定要背书才能流转，而记名提单根据我国法律不得转让，故无须作任何背书。

答复广东长运公司咨询，2005.3.3

注：本案经向买卖双方施加压力，最终双方达成协议，买方表示同意按提单付款，此案得以圆满解决。

如果 2009 年 2 月 16 日以后发生的此类案件可参考《最高人民法院关于审理无正本提单交付货物案件适用法律若干问题的规定》，见法律参考。

法律参考：

《最高人民法院关于审理无正本提单交付货物案件适用法律若干问题的规定》（2009 年 2 月 16 日最高人民法院审判委员会第 1463 次会议通过，法释〔2009〕1 号）

中华人民共和国最高人民法院公告

《最高人民法院关于审理无正本提单交付货物案件适用法律若干问题的规定》已于 2009 年 2 月 16 日由最高人民法院审判委员会第 1463 次会议通过，现予公布，自 2009 年 3 月 5 日起施行。

二〇〇九年二月二十六日

为正确审理无正本提单交付货物案件，根据《中华人民共和国海商法》、《中华人民共和国合同法》、《中华人民共和国民法通则》等法律，制定本规定。

第一条　本规定所称正本提单包括记名提单、指示提单和不记名提单。

第二条　承运人违反法律规定，无正本提单交付货物，损害正本提单持有人提单权利的，正本提单持有人可以要求承运人承担由此造成损失的民事责任。

第三条　承运人因无正本提单交付货物造成正本提单持有人损失的，正本提单持有人可以要求承运人承担违约责任，或者承担侵权责任。

正本提单持有人要求承运人承担无正本提单交付货物民事责任的，适用海商法规定；海商法没有规定的，适用其他法律规定。

第四条　承运人因无正本提单交付货物承担民事责任的，不适用海商法第五十六条关于限制赔偿责任的规定。

第五条　提货人凭伪造的提单向承运人提取了货物，持有正本提单的收货人可以要求承运人承担无正本提单交付货物的民事责任。

第六条　承运人因无正本提单交付货物造成正本提单持有人损失的赔偿额，按照货物装船时的价值加运费和保险费计算。

第七条　承运人依照提单载明的卸货港所在地法律规定，必须将承运到港的货物交付给当地海关或者港口当局的，不承担无正本提单交付货物的民事责任。

第八条　承运到港的货物超过法律规定期限无人向海关申报，被海关提取并依法变卖处理，或者法院依法裁定拍卖承运人留置的货物，承运人主张免除交付货物责任的，人民法院应予支持。

第九条　承运人按照记名提单托运人的要求中止运输、返还货物、变更到达地或者将货物交给其他收货人，持有记名提单的收货人要求承运人承担无正本提单交付货物民事责任的，人民法院不予支持。

第十条　承运人签发一式数份正本提单，向最先提交正本提单的人交付货物后，其他持有相同正本提单的人要求承运人承担无正本提单交付货物民事责任的，人民法院不予支持。

第十一条　正本提单持有人可以要求无正本提单交付货物的承运人与无正本提单提取货物的人承担连带赔偿责任。

第十二条　向承运人实际交付货物并持有指示提单的托运人，虽然在正本提单上没有载明其托运人身份，因承运人无正本提单交付货物，要求承运人依据海上货物运输合同承担无正本提单交付货物民事责任的，人民法院应予支持。

第十三条　在承运人未凭正本提单交付货物后，正本提单持有人与无正本提单提取货物的人就货款支付达成协议，在协议款项得不到赔付时，不影响正本提单持有人就其遭受的损失，要求承运人承担无正本提单交付货物的民事责任。

第十四条　正本提单持有人以承运人无正本提单交付货物为由提起的诉讼，适用海商法第二百五十七条的规定，时效期间为一年，自承运人应当交付货物之日起计算。

正本提单持有人以承运人与无正本提单提取货物的人共同实施无正本提单交付货物行为为由提起的侵权诉讼，诉讼时效适用本条前款规定。

第十五条　正本提单持有人以承运人无正本提单交付货物为由提起的诉讼，时效中断适用海商法第二百六十七条的规定。

正本提单持有人以承运人与无正本提单提取货物的人共同实施无正本提单交付货物行为为由提起的侵权诉讼，时效中断适用本条前款规定。

107. 记名提单无单放货，承运人是否承担法律责任

问：在我司出具的记名提单项下，发生无单放货，承运人是否应当承担无单放货的法律责任？如果对方在法院提起诉讼，因具有管辖权的法院分别为美国或中国，因此将会适用美国法或中国法，我们想请教一下两国法院判决的结果是否会有区别？

答：对于在记名提单项下是否可以无单放货，各国在法律规定及法院认定上确实存在很大差异。因此，本案涉及的管辖权和法律适用对于最终的结果至关重要。

第一，你司提单第 2 条虽然规定该提单下产生的争议由中国法院管辖，但如果对方是在美国起诉，这种提单管辖权条款就可能不被美国法院认可。如果该纠纷由美国法院审理，必然适用美国法作为准据法。根据《美国联邦提单法》（美国 1936 年《海上货物运输法》规定，该法的规定不影响《美国联邦提单法》的适用）的规定，记名提单不得流通，非经衡平法不能转让，承运人必须根据记名提单收货人的要求交付提单下的货物。因此，在美国，如果是提单记名收货人，那么这种提单实际上相当于海运单，承运人有权在未提交记名提单的情况下，向提单记名人交付货物。所以，你司作为承运人，在确认了收货人的身份后将货物交给记名提单上记载的收货人，应不承担无单放货的责任。

但是，你司应当注意的是，根据美国《统一商法典》第 7 - 703 条的规定，除非提单另有规定，在货物已抵达提单中指定的目的地或收货人已占有提单前，记名提单的托运人可以指示承运人将货物交付给非提单记名的收货人。因此，如

果本案托运人根据该条规定行使了这一指示权，你司仍将货物交付给了提单中记名的收货人，你司将会被法院判决向托运人承担违约责任。

第二，如果对方是在中国法院起诉，你司提单第 27 条的美国条款，即所谓的地区条款，通常会被认为构成双方当事人对法律适用的选择。因此，如本案涉及进出美国港口的运输时，对于该运输就应当适用美国法律。同时，我注意到你司提单第 4 条还有关于《海牙规则》适用的规定，但《海牙规则》并未对记名提单作出规定，因此，有关记名提单的纠纷不应适用《海牙规则》。如果对方考虑到我国《海商法》的规定以及我国法院目前对于记名提单下仍需凭提单放货的较为一致的共识，很可能会试图主张本案应适用我国《海商法》，其理由可能包括：1. 美国条款是因美国 1936 年《海上货物运输法》对于进出美国的海上货物运输强制适用，为避免提单无效而被迫加入提单中的，只有案件在美国法院审理时，才应适用美国法；2. 如主张提单中有关适用美国法的规定，其结果可能会导致与我国《海商法》中的强制性规定相冲突，因此，法律适用条款应当被认定为无效。考虑到我国最高人民法院曾针对记名提单无单放货案件适用过美国法，故本案对方的主张应该是站不住脚的，但是不能排除不同法官可能会有不同的观点。

第三，你司还应当注意，向你司主张权利的提单持有人究竟是托运人，还是托运人与收货人之外的第三人。如果是托运人，其因未收到货款或与收货人之间存在贸易纠纷而向你司主张提单权利，那么，应该说在诉讼主体上是适格的，即其有权对你司提起诉讼。至于法院是否会判其胜诉，判决你司承担无单放货的责任，则有待法院对前述所析法律的适用。但如果是托运人之外的提单持有人，无论根据美国法还是我国《海商法》，记名提单都是不可转让的，因此，该提单持有人并非合法的权利人，并不具有诉权，无权向你司主张提单权利。

答复香港长运公司咨询，2003.5.3

108. 承运人会有不承担无单放货责任的例外吗

问：根据海上货物运输国际公约与我国《海商法》的规定，承运人一定要凭海运正本提单交货，否则将承担未凭正本提单交货所引起的法律责任与经济损失，这是承运人在交货时应坚持的一条基本原则。但世界上的事情是复杂的，总会有例外情况。请问，在凭正本提单放货方面是否也有例外呢？

答: 你的问题提得很好,在未凭正本提单放货方面也有例外,现介绍如下,仅供参考。

1. 承运人凭海运单放货

承运人凭海运单放货,只需证明收货人是海运单上打明的收货人就行。

2. 记名提单之例外

根据美国法律,在记名提单的情况下,承运人不必凭记名的正本提单交货,只要能证明自己是记名提单上的收货人就行(按照美国法律的解释,他们的记名提单就是现在国际通用的海运单,也就是说美国更早就开始使用海运单了)。

但根据我国《海商法》第72条的规定,即使是记名提单,仍需凭正本提单放货,否则承运人仍旧要承担无正本提单放货的责任。不过,目前已有另外一种呼声,要求记名提单的情况下,承运人可以不凭正本提单放货,只要将货交给能够证明是记名提单上的收货人就完成了交货义务,无需承担无单放货的责任。

3. 由港口、海关放货之例外

根据某些国家的法律规定或港口当局的习惯做法,承运人将货物卸离船舶后不能直接交给收货人,只能交给港务当局或海关,然后由这些机构将货物交给收货人(韩国就有此规定,货物应卸下由海关监管,并由海关放行),当这些机构交货给收货人时,有时未凭正本提单放货,在这种情况下,承运人可不承担无单放货的责任。但这种看法也非绝对的,在有的案子中,法官仍判承运人需承担责任。

4. 按新协议交货之例外

这是在某种特定情况下的例外,例如当买卖双方产生贸易纠纷,货到目的港后,承运人无法凭正本提单交货时,买卖双方就放货事宜达成新的协议,承运人须按新协议交货,而不能按正本提单交货,此时的正本提单已不是原有货物的物权凭证了,在此情况下,免除承运人无单放货的责任。

5. 超过时效获免责之例外

当正本提单持有人向承运人起诉时,诉讼时效已超过一年。此时,起诉人只有起诉权,而无胜诉权,承运人因此而免除了无单放货的责任。

6. 放弃追究承运人责任之例外

当正本提单持有人自动放弃向承运人索赔的权利时,承运人自然就不必承担无单放货的责任了。

7. 凭保函无单放货之例外

卖方在货物装船后获取正本提单,向承运人出具保函,要求承运人无单放货给第三方，并表示由此引起的责任由卖方承担。在此情况下，承运人可以听从也可以不听从。当买方凭正本提单在承运人处提货不着，可以去找承运人也可以找卖方索赔，尽管卖方会称其已完成交货义务，但仲裁庭仍旧会裁定由卖方承担无单放货的责任，从而免除承运人的责任。

若买方追究卖方的责任，裁定卖方承担责任是正确的；若买方认为卖方资信情况不好，向承运人追究无单放货的责任，我认为裁定承运人承担责任也是无可非议的；若选择同时追究两家的责任，裁定两家承担连带责任也是可以的。一句话，在此情况下，承运人很难完全免责，因为他所接受的卖方的保函，是不能用于对抗第三方的，无单放货的风险永远在承运人身上。

答复北大法学院某研究生咨询，2004.5.28

109. 江苏外运无单放货是否应承担责任

问：我公司有一个无单放货诉讼案，我们认为一审与二审法院判我公司败诉是错误的，但我们很想听听您的意见。我们的主要问题有两个：一是原告的诉讼时效是否已过？二是一、二审判决是否不对？该案案情简况如下：

1994年4月15日安徽服装与香港建景公司签订贸易合同，由安徽服装向建景公司提供服装。1994年6月30日至8月30日安徽服装向江苏外运托运18票货物，出运后，建景公司南京办事处到江苏外运自行取正本提单，1994年9月8日至11月21日承运人交付货物给收货人。1994年8月11日安徽服装书面指示江苏外运放4票货的正本提单给建景公司。1994年12月13日安徽服装传真给建景公司表示若不付货款将不允许其自行拿取提单。1995年3月13日安徽服装致函江苏外运因其无法收回货款，要求江苏外运对建景公司从其处获得正本提单一事作出解释。同年3月27日江苏外运回函称此为惯常做法，并表示愿意帮助安徽服装追款，7月18日安徽服装向江苏外运查询部分提单放行情况，江苏外运传真确认已放给建景公司。1996年3月16日安徽服装向上海海事法院起诉江苏外运，3月22日上海海事法院收到诉状，4月23日移送武汉海事法院审理。1996年3月18日建景公司向安徽服装确认已承付400 800美元，同年6月4日和25日建景公司分别向安徽服装支付货款19 356.8美元和20 389.1美元。

1996年10月15日武汉海事法院一审判决江苏外运败诉，湖北高院二审维持原判。2000年11月6日最高人民法院裁定湖北高院再审。

答：针对你们的问题，我的意见如下：

（一）原告安徽服装的请求已过诉讼时效

本案是关于海上货物运输合同的纠纷，应当适用我国《海商法》的规定。所以关于诉讼时效应当适用我国《海商法》第 257 条："就海上货物运输向承运人要求赔偿的请求权，时效期间为一年，自承运人交付或应当交付货物之日计算"。从本条的规定可以看出，只要是由于海上货物运输产生的争议，向承运人要求赔偿损失的请求不论是侵权还是违约之诉，都适用一年的诉讼时效。这不仅是我国多年来海事审判机构以及海商法学界的共识，也完全符合《海牙规则》和《维斯比规则》等国际公约的规定。

我国《海商法》比《民法通则》中关于诉讼时效中断的法定事由的规定更加严格。按照我国《民法通则》第 140 条的规定，"时效因提起诉讼、当事人一方提出要求或者同意履行义务而中断。"而我国《海商法》第 267 条明确规定，"时效因请求人提起诉讼、提交仲裁或者被请求人同意履行义务而中断。"或因扣船而中断。而且按照我国《海商法》的规定和有关司法解释：1. 仅请求人向被请求人要求履行义务并不能中断时效，只有被请求人明确同意履行义务时才中断；2. 请求人提起诉讼或仲裁后被受理才中断，被驳回或撤诉都不构成中断；3. 请求人扣船不一定中断，只有扣船成功后才构成中断。本案涉及的所有提单项下货物交付的日期为 1994 年 9 月 8 日至 11 月 21 日，时效期间届满日最迟应为 1995 年 11 月 21 日。也就是说，如果在此之前的一年中没有任何法定时效中断事由出现，原告于 1996 年提起的诉讼请求早已过了诉讼时效了。

本案中原告提出的中断事由只有一个所谓"被告回函同意履行义务"。那么这个被二审法院认为"1995 年 3 月 27 日被告给原告的回函为承诺履行义务，故该案未超过诉讼时效"的函到底是什么内容，又是否构成我国《海商法》上的时效中断呢？

首先，该函是被告于 1995 年 3 月 27 日给原告的回函，其中对自己签发正本提单的情况做了说明，同意了原告所提的新的提单交付办法，并明确表示："对贵司的货款事，我司将通过有关部门尽力协助贵司追讨，尽量达到圆满解决此事的效果。"（详见附件一）很明显，被告在文中只是对原告表达了双方继续努力合作的美好愿望并表示希望能"协助追讨"建景公司尚未支付的货款。这根本无法构成一项具体的保证，更谈不上明确确认并同意履行义务的承诺了。因此，被告的复函中没有愿意承担责任、同意履行义务的意思和表述，不是我国《海商法》第 267 条规定的时效中断事由。

其次，该函是针对原告于 1995 年 3 月 13 日给被告的文所做的回复。原告在文中的表述为："我司至今尚有一大批货款未能追回，望贵司能有一个圆满的答复或解决办法。"（详见附件二）这样的表达本就是模糊不清的，从中很难得出原告要求被告承认放单责任并承诺履行赔偿原告所有损失的意思表示。该文没有指出被告责任也没有谈到责任后果以及承担方式。该文实际上是原告就此事向被告询问情况并与被告商议解决办法的函，充其量是表达了要求被告协助的意愿。另外，从当时的实际情况来看，双方关系并未恶化，原告没有直接指责被告或要被告对损失负责。而且原告的目的也是向建景公司直接追讨货款，希望被告能给予配合，只是在向建景公司多次主张未果的情况下，转而嫁祸给被告而起诉被告。所以，原告的上述文中并无任何要求对方承担责任的意思表示。对此文的回复当然只是愿意协助而不是明确反对，更不会傻到作茧自缚自己主动要求承担责任了。

综上所述，不论从该回函的内容、还是原告的文与被告回函的逻辑关系来看，本案原审法院认定的所谓"被告同意履行义务"的情况根本不能成立。本案中没有任何满足 267 条规定情形的中断事由出现，所以原告已经丧失向被告主张赔偿的诉讼时效。

（二）本案虽然经过多次审理，却有许多基本事实仍然不清

1. 既然原告要求被告赔偿其所受的损失，根据谁主张谁举证的原则，原告需要充分的证据证明自己在诉讼请求中提出的损失数额。而本案原告根本没有举出任何直接合理的证据证明自己遭受的实际损失，对此，法庭也未做深入调查。

2. 从一审法院认定的事实我们可以看到，在原告起诉后的三个月，债务人建景公司又向原告支付了部分货款。被告新发现的原告与建景公司事后签订的还款协议也可以佐证，原告在从被告处拿到请求的货款后，又从债务人那里取得了货款，显然已构成不当得利。

3. 本案原告与建景公司买卖合同的支付方式不清楚。从提供的证据来看，是信用证形式，所以原告只有在取得正本提单之后才可以向银行交单结汇。而从原告曾要求建景公司尽快付款赎单的事实来看又像是托收或信用证。从原告与债务人建景公司事后达成协议的情况看，也不排除直接汇付的可能性。法庭未做深入调查。

4. 被告新发现的原告与建景公司事后签订的还款协议说明，原告对建景公司提货行为的认可以及对被告交付提单行为的认可。这时，提单项下的货物所有权已转移给建景公司，原告与建景公司之间是该协议约束的债权债务关系。即提

单以丧失其物权效力，该提单只是运输合同的证明和交付货物的凭证。故原告不得再以侵犯提单物权为由要求被告承担货款损失。

从以上分析可以看出，本案原告的诉求不论从事实上还是法律上都是站不住脚的，应当承担败诉的后果。

答复江苏外运公司咨询，2002.12

附件一

中国外运江苏集团公司海运分公司：

贵我双方自 1993 年合作以来，一直能相互支持、相互配合。但就正本提单发放问题，确实值得贵司重视。

1994 年下半年至目前，我司曾托运很多去美加线的货物，其中间商为建景有限公司（KEN KING LTD）。在未得到我司确认的情况下，贵司居然将正本提单直接交该司南京办事处。具体编号为：AC404138，AC404132，AC404144，AC404152，AC404151，AC404167A，AC404167B，AC404167C，AC404175，AC404180，AC404181，AC404183，AC404182，AC404209，AC404294，AC404304，AC404296，AC 404297，AC404303，AC501031。

总金额约 1 490 756.16 美元。

他们凭正本提单即可在目的港提取货物。但我司至今尚有一大批货款未能追回，望贵司能有一个圆满的答复或解决办法。

对于此事，我司领导非常重视，并作出如下决定：凡由我司托运的货物，其正本提单务必由贵司安徽办事处或我司指定的托单人转交我司运输部。否则，因发放提单的错误而产生的责任和风险由放单人承担，我司一概不负任何责任！

请贵司多多配合！

此致

敬礼！

安徽省服装进出口公司

1995 年 3 月 13 日

附件二

安徽省服装进出口公司：

自从我司 1993 年在安徽设立办事处以来，一直得到贵司的大力支持，鼎力相助，货量与日俱增，但就贵司 1995 年 3 月 13 日的函所提及的正本提单直接发放给中间商（建景有限公司）一事，确实引起了我司的高度重视，并组织人员进行调查、处理此事，现将调查了解到的情况向贵司通报如下。

从 1993 年至 1994 年上半年，我司从没发生将正本提单直接发放给贵司中间商建景公司，其原因，我司与建景公司之间没有任何直接的合作关系，更谈不上业务往来关系。至 1994 年下半年，贵司有一票货运的提单，贵司运输部致电我司，请我司将正本提单直接发放给建景公司，出于与贵司业务的需要和配合，建景公司就此与我司发生了正常的业务接触；而建景公司作为贵司的中间商，一直是贵司的客户、业务的合作伙伴，且关系甚为密切。鉴于你们彼此间如此友好的合作关系，以至于建景公司多次来我司直接领取正本提单，此事发生多次，但贵司并没有丝毫异议；直至今日，才接到贵司的来函谓建景公司直接领取正本提单的弊病。

贵我双方自合作以来，一直都能相互支持，相互配合，而且已建立起良好的业务紧密关系。为使今后合作得更理想、更密切，自收到贵司来函后，我司的各级领导均十分重视此事的动态并已作出决定："凡贵司的提单必须通过我司驻安徽办事处或贵司指定的托单人转交贵司运输部；立即停止将正本提单直接发放给建景公司或贵司的其他中间商的做法。其次加强提单的发放制度和归口管理，禁止乱发提单，如发现类似现象再次出现，将追究责任，并予以当事人相应的纪律处分和经济处罚。

对贵司的货款事，我司将通过有关部门尽力协助贵司追讨，尽量达到圆满解决此事的效果。

诚谢贵司平时的大力支持!

顺致商祺!

外运集团江苏海运公司

1995 年 3 月 27 日

110. 我国关于无正本提单放货有哪些规定

问 1：我国最高人民法院《关于审理无正本提单放货纠纷案件若干问题的规定》（征求意见稿）（以下简称"征求意见稿"）第 11 条规定，承运人与实际承运人对无正本提单放货都负有责任的，依据我国《海商法》第 63 条的规定，应当承担连带责任。请问，按照"谁签单，谁负责"的原则，为什么这里还要承担连带责任？

答：我国《海商法》第 63 条规定，"承运人与实际承运人都负有赔偿责任的，应当在此项责任范围内负连带责任。"因此，实际承运人在无单放货有过错的情况下对权利人承担侵权责任，依据上述规定应与承运人承担连带责任。

问 2：最高人民法院"征求意见稿"第 12 条规定，承运人倒签提单或者预借提单后无正本提单放货的，不影响提单持有人向承运人主张无正本提单放货的权利。请问，您对这条规定如何理解？

答：我认为，倒签提单或者预借提单与无单放货是属于两类不同性质的行为，其构成要件、损害后果、赔偿责任等均不相同。因此，承运人不能因为承担了倒签提单或者预借提单的责任后就能免除其无单放货的责任。

问 3：最高人民法院"征求意见稿"第 23 条规定，在发生无正本提单提货的事实后，提单持有人就货款的支付与无正本提单提货的人达成协议后，货款仍未得到支付时，仍可请求承运人承担赔偿责任。请问，在这种情况下应适用何种时效？时效应从何时起算？时效是否适用中断？

答：首先，我本人对这一规定还存在着一定的异议。如果采纳这样的规定，那么，我认为时效仍应适用提单持有人向承运人请求承担违约责任的时效，且时效不得因提单持有人与无正本提单提货人之间的任何单方行为而发生中断，因为题述是完全不同的两个请求——违约损害赔偿请求与侵权损害赔偿请求，在赋予提单持有人选择权的同时不应剥夺承运人依法享有的受时效保护的权利。

答复中租公司咨询，2008.9.5

111. 凭副本提单可否提货

问：上海外运要求凭正本提单或者外运公司的格式保函提货，不知可否？

答：1. 从法律上讲上海外运的要求是对的，也不算苛刻。

2. 但目前在我国凭正本提单提货是办不到的，这就要考虑其主观原因是什么，尤其客观原因是什么？

3. 若要坚持凭正本提单提货，还要考虑会带来哪些后果？

4. 上海外运是货运代理，只有货主向上海外运提供正本提单，或者提供中远公司/外运公司的格式保函，上海外运才能同意提货。否则，上海外运将可能承担因副本提单提货所引起的一切责任。

5. 你们的理念是对的，看来此事上海外运还只能从行政方面去解决，即要求货主明白，只有凭正本提单才能提货，只有这样才是合法的，并且是符合国际惯例的。

答复中外运总公司港口处咨询，1988.6.19

112. 凭副本提单加保函放货也会有风险吗

问：改革开放以前，我国进出口专业总公司只有 10 来家，提单也不得转让。为解决压港压船问题，当时可以凭副本提单加保函提货，未曾发生过什么纠纷。而这些年来，凭副本提单交货后，由于各种原因，买方未付款给卖方，造成正本提单仍在卖方或其他提单持有人手中，由于引发正本提单持有人凭借手中的正本提单向法院起诉的案件时有发生，承运人或货运代理成为被告，处于十分被动的地位，甚至败诉。目前，我国凭副本提单加保函提货的情形很乱，有凭介绍信提货的，有用副本提单提货的，发展趋势不好，应当进行整顿。尤其是我国南方地区已发生货到前或到后的提单转让或提单买卖现象，加之东南亚地区海上欺诈行为愈演愈烈。为此，船方要求凭正本提单提货的呼声越来越高。随着我国法制建设的不断完善以及我国《海商法》的制定，也将要求凭正本提单放货。对此，作为货运代理我司应当怎么办？

答：我认为，首先要分析一下为何我国目前不能做到凭正本提单提货的主观原因与客观原因。

从主观原因分析：（1）对于正本提单的作用不懂或者不知；（2）误认为凭副本提单就可以提货；（3）不重视提单，例如有些公司将三份提单分别放在运输处、订货单位、财会处；（4）获取正本提单不及时：例如经办人将正本提单锁在抽屉里，经办人出国出差，而别人又不知道。

从客观原因分析：（1）航程短；（2）银行耽误；（3）邮局耽误；（4）商业纠纷；（5）东欧有些国家无法提供正本提单或者很晚才提供。

综上，你司作为货运代理，一方面要提供优质服务，协助客户解决实际困难；另一方面也要保护自己的权益。对凭副本提单加保函提货的做法要有限制地承办，但谨防欺诈行为，且对于承运人来说，该保函仅限在担保人与被担保人之间具有效力。这一做法的目的是为了加速航运过程，提高经济效益。鉴于目前形势与中国的具体情况，你司可采取以下办法来处理：

1. 坚持凭正本提单提货。你司应尽最大的努力，通过各种渠道，向委托人进行各种宣传，使委托人增强凭正本提单提货的法律意识，想办法将正本提单及时提供给你司，以便及时提货。

2. 凡我国经贸部（现商务部）所属专业公司及各部工贸公司向你司出具担保，你司即可代其向外代出具担保，凭副本提单提货。但要求这些专业公司和工贸公司承担凭副本提单提货所引起的一切风险和费用，并保证在 15 日之内交出正本提单。

3. 对大企业及资信情况好的企业，可接受他们的保函，然后由你司向船方出具保函提货。

4. 凭银行担保，或保险公司担保，或第三者资信情况好、资本雄厚的企业担保也可以。

5. 对深圳、珠海及一些不太了解的货主，一定要凭正本提单才能放货。

6. 如属对方派船，当船方坚持要求凭正本提单提货时，你司应千方百计尽快找来正本提单，以便及时提货，但如果由于收货人不能及时提供正本提单而造成的损失，你司不应承担责任。

答复中外运总公司咨询，1991.2

113. 承运人凭银行担保放货能免责吗

问：我们中土畜上海浦东进出口公司有一个因承运人无单放货而引起我司货款全部损失的案子，曾在天津海事法院提起诉讼，被告是中国远洋运输总公司河北分公司。经一审法院即天津海事法院审理，判我司胜诉，即被告应承担无单放货的责任，并赔偿由此引起的我司的全部损失，即使承运人是凭银行担保放的货，也无法免除其责任。对此被告不服，将此案上诉到天津高级人民法院（以下简称"二审法院"）。二审法院经审理认为："被告因菲律宾联合银行出具的保函而产生的向其追索权利，应向原告出具权益转让书，由原告行使追索权。"同时还认为：原告在国际买卖合同中的货款未能实现收回与被告无单放货并没有直接因果关系。故对被告无单放货的赔偿责任应予免除。二审法院以上述理由推翻一审法院的判决，判我司败诉。我司认为，二审法院的改判是完全错误的。现将一、二审法院的判决书及有关材料提供给您，请您提出宝贵的意见，以利我们向最高人民法院进行申诉，维护自己的合法权益。

答：关于中土畜上海浦东进出口公司（简称"原告"）诉中国远洋运输总公司河北省公司（简称"被告"）无提单交货索赔纠纷一案，通过对案情的了解，我认为一审法院即天津海事法院的判决是完全正确的，而二审法院即天津高级人民法院的改判显然是错误的，此案应该维持一审法院的判决，即由被告承担由于无提单放货所引起的一切损失。其主要理由如下：

（一）根据我国《海商法》及国际航运惯例，承运人必须按正本提单（简称提单）交付货物，凡属未按提单交付货物，其风险和责任均应由承运人承担。

我国《海商法》第71条明确指出：提单，是指用以证明海上货物运输合同和货物已经由承运人接收或者装船，以及承运人保证据以交付货物的单证。依据这一条款的规定，在目的港要求收货人提货时必须提供提单是承运人交付货物的先决条件。这个特征不是提单作为物权凭证或准流通票据的结果，这个特征完全独立于其他特征之外。在各国的海商法和我国的海商法中，提单的这一特征建立在合同基础上的，这是一个十分清楚的问题，没有凭提单交货的承运人得自行承担这样做的风险，合同规定应凭提单把货物交给提单项下有权接收货物的人，所以，被告必须承担无单放货的责任。

（二）承运人凭银行担保放货后，风险并没有消失，承运人仍然不能免除自己的风险和责任。

在航运实际业务中，当收货人要求提货，可是由于提单丢失或未在船只到达卸货港前收到提单，因而不能出示提单时，承运人可在取得足够的担保后将货物交给收货人，担保通常采用由银行出具保函的形式。此时，承运人必须清楚这种做法虽然符合国际航运惯例，但并不意味着承运人的风险就消失了，也不意味着能完全免除承运人的责任。作为承运人的被告应该清醒地认识到，即使你按国际航运惯例做了，其风险仍旧是存在的。在本案中，被告凭银行的担保放货后，由于种种原因，原告作为合法的提单持有人凭提单要求被告交付货物，如被告交不出货物，理所当然地要赔付全部货款，然后被告可去找收货人和出具保函的银行索赔。但一旦收货人赖账或破产，而出具保函的银行也以种种借口拒绝承担担保责任时，被告在法律上是站得住脚的，即收货人或银行应该赔付被告，但被告能否拿回部分或全部货款却是另一回事。也就是说，此时这风险和责任全部应由被告自己承担。所以，二审法院判决要求"上诉人（指被告）因菲律宾联合银行出具的保函而产生的向其追索权利，应向被上诉人（指原告）出具权益转让书，由被上诉人（指原告）行使追索权"，企图将被告应承担风险转嫁给原告，显然是错误的，是行不通的，也是没有任何法律依据的。

另外，根据二审法院的判决，被告并不承担无单放货的责任，也就不会有任何损失，那么银行对既没有责任又没损失的被告所出具的保函有何效力和价值吗？在此情况下，将一张毫无效力和价值的"保函"转让给原告又有何作用呢？显然，即使能转让，也只是"废纸"一张。

（三）被告无提单放货使得原告在收不到货款时无法采取任何补救措施，是致使原告钱货两空的直接和根本原因。

二审法院判决书中称"且被诉人（指原告）在国际货物买卖合同中的货款未能实现收回与上诉人（指被告）无单放货并没有直接因果关系。故对上诉人（指被告）无单放货的赔偿责任应予免除。"而事实上，本案恰恰是由于被告无提单放货致使原告既收不到货款，同时也无法对货物采取任何补救措施。当时，如果被告坚持凭提单放货，收货人要么以所谓单证不符拒付货款，而提不到货物，要么按信用证要求付足货款，提走货物，根本不可能出现现在的结局：原告既收不到货款，又丢掉了货物。我们知道，无论是在特定物的买卖中，或者是在非特定物的买卖中，即使在货物已经特定化之后，卖方都可以保留对货物的处分权，主要是指对所有权的处置权，在这种情况下，在卖方所要求的条件得到满足以前，主要是指在买方支付货款以前，货物的所有权仍不移转买方，卖方保留了对货物的处分权。卖方可通过对装运单据主要是提单的处理方法表示卖方保留对货物的处分权。如果卖方已按合同规定的货价向买方开出以买方为付款人的汇票，并将汇票和提单一起交给买方，要求买方承兑该汇票或见票付款，在这种情况下，如买方拒绝承兑或拒绝付款，他就必须把提单退回给卖方；如果买方非法扣下提单，货物的所有权亦不因此而转于买方。就本案而言，只要被告未将货物交出，原告就完全可以控制这批货物并处置其货物。正是由于被告无提单放了货，使得原告丧失了对货物的控制，同时又收不到货款。

（四）要求被告承担责任绝不是什么将贸易上的过错转嫁到被告身上的问题。

二审法院认为"不能将其在国际贸易上的过错责任以海事诉讼的无单放货为由转嫁给上诉人"是完全站不住脚的。因为，在装港如货物外包装及表面状况问题，或货物数量有问题，承运人有权在提单上加批注，并且完全可以不签清洁提单，一旦承运人签了清洁提单，其责任就转移到了承运人身上，即承运人必须承担签发清洁提单的责任。这一点，作为承运人的被告应该是很清楚的，所以被告应该承担签发清洁提单的责任。

另外，至于在装港，假使被告根据保函签了清洁提单，也根本不会造成原告钱货两空，因为船到卸港后，如果被告是凭提单交货，那么就可肯定收货人付了货款，在此情况下，收货人发现货物质量有问题，他可以凭有效的齐全的索赔单据向有关的责任方索赔，如属货物质量本身的问题，将依据买卖合同的法律关系索赔；如属被告的责任，将依据提单的法律关系索赔。（当然，收货人往往会先向保险公司提赔，保险公司赔付代位后，将由保险公司向有关责任方索赔）。就本案而言，被告签的是清洁提单，在卸港如发生货损货差，当收货人找被告索赔时，在被告确认有责任的情况下赔付收货人后，被告可依据在装港的保函进行索赔，如协商解决不了，一旦诉之于法院，当法官认定装港的保函属善意的保函时，被告的损失可根据保函的内容从出具保函的人处得到补偿，这才是本案的正常索赔途径。也就是说，如果被告在卸港没有无单放货，而是凭提单交货，虽然在装港曾发生过被告接受保函后签发了清洁提单，那么也根本不可能"导致菲律宾联合银行以有关单证的不符点为由拒绝承兑信用证项下的货款"，所以，原告的钱货两空绝不是二审法院判决书中所讲的贸易上的过错所造成的，其原因确确实实是承运人无单放货造成的。

结论：应该将二审法院颠倒的因果关系再颠倒过来，维持一审法院的正确判决，使原告的合法权益得到保护，使真正的责任方被告承担起应有的责任。而被告的损失应该找菲律宾的收货人及出具保函的银行进行索赔，这才是合理合法解决此案的唯一正确途径。只有这样才能维护正常的国际贸易和国际航运秩序，有利于我国贸易和航运事业的健康发展。

答复中土畜上海浦东进出口公司咨询，1996.5.6

114. 船方可否要求租船人提供提单副本加保函

问1：很多定期租船合同中都会有无单放货条款，例如"In case original Bills of Lading cannot be made available at discharging port（s）then vessel release the cargo against Charterers'letter of indemnity in accordance with Owners' P&I Club wording."如果租船人在提交无单放货保函时，以航运习惯为由，声称正本提单从未签发过，所以不能提交签字盖章的提单副本件，船东是否有权要求租船人提供相应提单副本件，否则由此引起的所有损失都由租船人承担？

答：1. 最好修改一下该条款，在"租船人必须提供依据船东保赔协会的词语的保函"再加上"及提单副本"，这样从源头上解决了你的问题，要求租船人提供副本提单就有法律依据了。

2. 如果不修改，船东要求租船人提供副本提单就比较困难，因为既无法律依据，又无事先约定。

3. 不过，在此情况下，你仍可以要求租船人提供提单副本，强调按照国际惯例，应提供银行担保和提单副本，现在接受你自身的保函就可以了，所以要求你再加上副本提单是完全正当的、合理的。条款中之所以没有写，因为这是默示条件，如不提交副本提单引起的一切损失应由租船人承担。但真正打起官司来，胜诉或败诉的可能性都存在。

问 2：在你写的《国际海运疑难典型案例精析》这本书中，第 392 页有一个关于新协议使提单丧失物权凭证效力的案例，从中我们了解到法院并不支持凭失去物权凭证效力的提单向承运人及其代理人的索赔。

但根据 2009 年 2 月 16 日最高法院《关于审理无正本提单交付货物案件适用法律若干问题的规定》第 13 条，"在承运人未凭正本提单交付货物后，正本提单持有人与无正本提单提取货物的人就货款支付达成协议，在协议款项得不到赔付时，不影响正本提单持有人就其遭受的损失，要求承运人承担无正本提单交付货物的民事责任"，这样的司法解释是否意味着已经完全改变了原先无单放货在这方面的法律理解？司法解释这样规定，又如何解决另一个问题，即如何控制在国际贸易中把债权债务风险转嫁给承运人及其代理人或其他相关方的问题？

答：1. 这的确是一个问题，究竟是维护承运人利益，还是维护收货人的利益？怎么才能算是利益最佳平衡点，我的意见不应支持已失去物权凭证效力的提单，仍可向承运人及其代理人索赔。

2. 我们也可以这样理解最高法院有关无单放货的司法解释，即解释条款中的"货款支付达成协议"是否使得原正本提单丧失了物权凭证效力。如果这样的新协议并未导致原正本提单的物权凭证丧失效力，那么该解释是对的；如果这样的新协议已导致原正本提单的物权凭证效力丧失，就不适应此规定。

3. 视具体案情，尤其是"新协议"的措辞，是否使原正本提单已丧失物权凭证效力，或是否有其他附带条件即"如果执行不了，原正本提单有效"等字句。

答复中租公司咨询，2009. 12. 15

115. 提单出借方承担借用方的风险吗

问 1：福建"正星"轮为连云港天联公司（民营企业）运送货物，但双方均未以自己的名义签约，"正星"轮的船东是以南洋公司的名义，发货人天联公司是以连云港物流集团（国有企业）的名义，即最终由南洋公司与连云港物流集团出面订立了一个航次租船合同，合同中订有在英国伦敦仲裁的条款。南洋公司与"正星"轮的船东也订立了一个航次租船合同。"正星"轮所装载的货物为68 000吨水泥，收货人有两个：一个是位于第一卸货港的阿联酋迪拜；另一个是位于第二卸货港的巴基斯坦卡拉奇。

在装运港装货时，由于天阴下雨，使其中的8 000吨货物被雨淋湿造成损失，因此船东一直不同意签发清洁提单。又因船舱要抽水，错过了原定的结汇期，发货人要求倒签提单，船东不同意。于是，发货人天联公司找到我湖南外运请求帮忙为其签发了清洁提单，并办理了结汇。对此，天联公司向湖南外运支付了6 800元人民币。

船舶到达第一卸货港迪拜后，由于装卸条件不好以及装卸操作不当，造成部分货物破包、散包，迪拜当局扣船，耽误了好几十天的时间。船东认为，由于发生了8 000吨的货损，继续航行至卡拉奇肯定也会被扣船，于是擅自决定不开往卡拉奇。巴基斯坦收货人得知此情况后十分着急，认为这是欺诈行为。于是，该收货人通过中国驻巴领事馆提出要求，同时找到发货人天联公司和连云港物流集团以及中外运总公司和湖南外运，要求他们承担责任。

虽然我湖南外运只是出借提单，借提单的人曾表示将承担我方出借提单的一切责任，但我们仍有些担心。请您指点我们应该怎么办，才不会有风险和承担责任。

答： 照我看，这个案子很不简单，涉及的金额如此之大（约200万美元），必须引起高度重视，绝不要认为你公司只是出借了几张提单，仅获得不到一万元人民币的出借好处费，其他事与你公司无关，借用提单的发货人是自己的好朋友，曾口头答应将承担由此引起的一切责任及其损失，因此认为你公司不会承担什么法律责任，正好相反，你公司应马上做好如下几项工作：

1. 关于发货人对你公司的承诺，光口头的不行，还要尽快要求其补充一份正式的书面文件，明确表示发货人将承担一切有关借用提单所引起的你公司的责任及损失。同时，你公司还要进一步调查发货人的资信情况，查清发货人的资金与固定资产，并考虑是只需获得发货人本身的保证，还是需要发货人再提供第三方的担保或银行担保，以便将来你公司向法院申请财产保全措施。

2. 你公司应与发货人连云港物流集团补签一份正式协议。

3. 你公司要准备应对以下三个方面，且均需制订出对策方案。

（1）发货人（如未结汇）凭提单要求退货或索赔；

（2）收货人（如已付款，尚未收货）凭提单要求交货或索赔损失；

（3）银行（如已结汇并付款，但收货人未付款赎单）凭提单追偿货款。

4. 你公司还要了解船公司的动态及经济实力。

看来，此案情况复杂且严重，而你公司所掌握的和提供的资料不充分，我对案情尚不十分清楚，许多细节尚不知道，故请你公司负责此事的领导和熟悉情况的经办人员赶快来总公司详细介绍情况，商讨对策。如仍讲不清，你公司就应赶快派人去连云港进行调查、了解情况。

2006. 12. 5

问 2： 经查，连云港的发货人已结汇，船东的船尚未找到。从目前掌握的情况分析，案子越来越复杂，我们真不知该怎么办。如果我方不能免除责任，那损失就太大了，同时也很冤。现在我们感到压力很大，很头痛，故请您和集团法律部帮助我们，并指示我们如何进一步处理此案？

答： 根据目前所掌握的资料与案子的进展情况，我有如下几点意见：

（一）经过认真分析，此案很复杂，又涉及国外，纠纷金额高达几百万美元，集团公司决定由法律部李副总牵头，你公司徐副总协助，统一对外。我认为，你公司风险极大，要立足应对打硬仗，并要在整个案件的处理进程中力争使你公司处于主导地位，始终掌握全局，利用矛盾，并且在案件进展到一定程度时，力促各方和解，设法使你公司摆脱出来，以取得对你公司较为有利的结局。

（二）在处理本案的过程中，要动用一切力量，利用一切资源，挖掘一切渠道去解决问题，要请求相关部门和有关人士大力支持，如国际海事局、国内地方公安局、国内外律师等给予配合与协助，从而达到使本案顺利解决的目的。

（三）集团法律部将派专人立即与国际商会防止海事欺诈局联系，请他们查告"正星"轮的状况。

（四）其他应做或应考虑的事项，包括：

1. 关于采用委托代理关系还是租船关系的问题，我意采用委托代理关系，这样简单一些，也同样能抓住发货人与连云港物流集团。

2. 让连云港两委托人重新签署一份书面委托书，并表明由他们负责承担委托你公司签发提单所引起的责任与经济损失。

3. 要一份发货人与连云港物流集团情况说明的原件。

4. 要一份发货人收到你公司所签九份提单的收据原件。

5. 考虑一下你公司要不要马上回复卡拉奇收货人的索赔函，如要回复，回复什么内容，是以外运集团的名义还是以湖南外运的名义回复？

6. 对收货人来说，提单是有效证据，凭提单他们即可向你公司索赔。因此，如果你公司无法转嫁这种赔偿责任的风险，其后果将是严重的。

7. 必须设法转嫁上述风险。你公司需尽快补签一个相关协议，该协议是以外运集团的名义还是湖南外运的名义，需慎重考虑。其目的是为了证明，你公司在本案中仅为租船人的代理，而非租船人。同时证明你公司是受两个委托人的委托签发提单的。作为纯粹的签单人，对由于签发提单所引起的责任后果，应由两个委托人负责。

答复湖南外运公司咨询，2006.12.12

注：此案后经船货双方协商，最终达成和解，由发货人连云港物流集团和天联公司支付 150 万美元给船东，以补偿其滞期费及滞期损失等各项费用；而"正星"轮的船东赔偿巴基斯坦收货方 200 万美元；湖南外运幸免了所有的责任。关于此案的详细案情，请见孟于群著《国际海运疑难典型案例精析》一书。

116. 提单管辖权条款是否被各国认定有效

问：关于花生米一案，我方有如下问题需要向您请教：

根据外运公司提单背面的管辖权条款，以及此案中装货港和卸货港都不在法国，我方认为，此案不应由法国受理。但据香港船东保赔协会律师称，法国曾有判例确定同类案件的管辖权授予法国法院。请问：该提单管辖权条款的效力如何？法国法院对此案有无管辖权？

答：从本案提单背面条款看，的确有协议管辖权条款，再加上本案装货港、发货人都在中国，因此，本案管辖权应当在中国法院。但是，在国际上，有的国家尊重提单上的协议管辖权，如德国；有的国家强调管辖权对等，如美国；有的国家根本不承认提单中的管辖权，如澳大利亚。我国也是强调管辖权对等原则。据了解，法国对于提单中的管辖权条款，往往是一审法院不承认，因为根据法国法律，要承认提单中的管辖权条款，不光要看管辖权条款本身，还要看其他条件；但二审法院审理的有一些案件中却承认提单中的管辖权条款有效。

关于花生米案，在法国已有很多起，此类有关管辖权的案子都在等待我国中远公司的一个案子的结果。一审中远公司败诉，即提单中的管辖权条款无效。中远公司不服已提起上诉，目前还不知结果如何。

可以说，对于提单中的管辖权条款，大部分国家相互是不承认的，除非两国司法协议明确规定相互承认一切合同包括提单中的管辖权条款。所以说，提单中的管辖权条款是否被各国相互承认很难说。至于在法国，提单中的管辖权条款是否被承认，从目前的判例看，存在上述两种可能。

答复香港华通船务公司咨询，1996.10.11

117. "误交"提单的诉讼时效是否为一年

问：我公司将面临一场"误交"提单的官司，原告指责我司误将提单交给了不应交给的人，致使真正的收货人无法收到货物。不过真正的收货人在货物卸货一年后才提出索赔，请问我们这种"无单放货"是否可适用我国《海商法》一年的诉讼时效？

答：你方要适用我国《海商法》一年的时效，有两个问题需要讲得很清楚。

1. 虽然你方将提单给了不该给的人，其未经授权，造成收货人未付货款货被提走，提货后仍不付款，使得发货人迟迟收不到货款，这与无单放货的结果是一样，只是情节有所区别。在这种情况下，你方可强调适用我国《海商法》，适用一年的诉讼时效。

具体理由有三点：

（1）该纠纷与提单有关，应适用我国《海商法》。

（2）倒签提单，预借提单带有欺诈性，均应适用一年的诉讼时效，无单放货也适用一年时效，故这种"误派"也应该适用一年时效。

（3）凡属提单或与提单有关的纠纷，无论以"违约"还是以"侵权"的法律关系起诉，均视同"违约"的法律关系，也适用一年的诉讼时效。

2. 首先要明确江苏外运在此案中扮演的角色是承运人，还是船代或货代。

如果是承运人，为什么签发 APL 提单，而不签发江苏外运提单？签单时为何写上"AS AGENT"字样？如果是承运人为什么收取的是佣金不是运费？

答复江苏外运公司咨询，2003.5.23

118. 单方提出诉讼时效的延长是否有效

问：在花生米一案中，我方还有一问题需要向您请教：

作为承租人，我方并无索赔的信息及时效展期的记录，而且由于时间过长，难以找到原租约，因此对于当时我方有否授权船东代为展期已难确定。请问，我方有否授权船东代为展期对外运公司的责任与义务有何影响？我方单方提出延长诉讼时效是否有效？

答： 本案中，你方有否同意或者授权船东同意延长诉讼时效，对外运公司的责任与义务有重大影响。关于本案诉讼时效是否已过这个问题，存在两种可能。一是你方根本没有同意过延长诉讼时效，那么根据我国《海商法》的有关规定，其时效肯定是过了，根据法国法律时效也过了。船东在未经你方同意的情况下，擅自延长了时效，并不等于承租人也同意延长时效，因为船东和承租人是两个不同的独立法人。也就是说，如果原告想要使自己对船东和承租人的诉讼时效都不丧失，他就必须分别向船东和承租人两家提出，并且由两家分别确认同意延长。否则，船东同意只表示原告对船东的诉讼时效未丧失，如未向承租人提出，或虽有提出，但承租人并未同意，那么原告对承租人的诉讼时效就过了。二是你方曾同意延长诉讼时效，那么时效是否已过，则要取决于究竟延长到什么时候。建议你方仔细查一下案卷，确定你方是否曾同意延长诉讼时效，以及具体延长到什么时间。

答复香港华通船务公司咨询，1996.10.11

（五）延误纠纷

119. 延误致货损可否扣船

问： 货方因船方给其造成的货损，提出索赔9 000万元人民币。船方只同意给付80万美元，即船东保赔协会的担保金额。货方不同意，将要扣船。请您告诉我们应如何处理这起案子？

答： 1. 对新协议的分析

（1）为了使货方能够早日拿到货物，船货双方签了一个新的协议。但在该协议中，货方使用了一个模棱两可的词，表面上看对船方有利，实质上货方要扣船的企图并未排除。（2）新协议条款中也没有代表所有货主的意思。（3）新协议条款中更没有保证货方不扣船的意向。

2. 船方对延误一般不负责任

在航运实践中，船舶晚到是常有的事情，船舶晚到两、三个月也时有发生，

2007 年 6 月 6 日作者在中外运集团
于重庆举办的全国法律工作会议上答疑

除非事先有约定或者船方有重大过失，否则，船方对货物延误不负责任。货方只能就货物残损或者短少向船方提出索赔，而对货物延误要求赔偿是没有法律依据的，如若这样，我国将会有许多船舶被扣留。

3. 明确约定交付时间是船方承担延误交付责任的前提

船方对延误承担责任的一个大前提是，双方事先在运输合同中对货物到达日期有明确的规定。我国《海商法》第 50 条规定："货物未能在明确约定的时间内，在约定的卸货港交付的，为迟延交付。除依照本章规定承运人不负赔偿责任的情形外，由于承运人的过失，致使货物因迟延交付而灭失或者损坏的，承运人应当负赔偿责任。除依照本章规定承运人不负赔偿责任的情形外，由于承运人的过失，致使货物因迟延交付而遭受经济损失的，即使货物没有灭失或者损坏，承运人仍然应当负赔偿责任。承运人未能在本条第一款规定的时间届满六十日内交付货物，有权对货物灭失提出赔偿请求的人可以认为货物已经灭失。"

同时，根据上述规定，对迟延交付有明确规定的，如果在应交付日期超过 60 天后仍未交付，则被视为货物灭失。

而在没有明确约定交付时间的情况下，承运人若有过失，致使货物因迟延交付而遭受经济损失的，尽管货物没有灭失或者损坏，承运人仍须负赔偿责任。

我国《海商法》关于迟延交付特指事先有明确的交付时间的约定的情况下，

船方对延迟交付要负责任；对没有此约定的，一般不承担责任，但如果船方有过失仍须承担责任。

4. 关于责任限制

我国《海商法》第 59 条规定："经证明，货物的灭失、损坏或者迟延交付是由于承运人的故意或者明知可能造成损失而轻率地作为或者不作为造成的，承运人不得援用本法第 56 条或者第 57 条限制赔偿责任的规定。经证明，货物的灭失、损坏或者迟延交付是由于承运人的受雇人、代理人的故意或者明知可能造成损失而轻率地作为或者不作为造成的，承运人的受雇人或者代理人不得援用本法第 56 条或者第 57 条限制赔偿责任的规定。"也就是说，如果不是"承运人故意或者明知可能造成损失而轻率地作为或者不作为造成的损失"船方则可以享受责任限制。

本案船方在上一港口耽误了三个月，不能算船方过失造成的。如果船方须负责任，也应享受责任限制，即限定在运费金额内。《汉堡规则》第 6 条关于责任限制中的 1 (b) 规定："按照第 5 条规定，承运人对延迟交付的赔偿责任，以相当于该延迟交付货物应支付运费的 2.5 倍的数额为限，但不得超过海上货物运输合同规定的应付运费总额。"

5. 法院对扣船申请持慎重态度

法院在处理类似纠纷时须相当慎重，不然将来我国会有许多船只因为所谓延误交货要承担责任，这显然跟我国《海商法》是不相称的。国外对我方扣船已有较大反应，认为我国货方要求船方所出的担保金太高。

答复中外运集团法律部咨询，1993.10.27

法律参考：

《中华人民共和国海商法》

第 56 条　详见例 10 法律参考

第 57 条　详见例 10 法律参考

《汉堡规则》

第五条　责任基础

2. 如果货物未能在明确议定的时间内，或虽无此项议定，但未能在考虑到实际情况对一个勤勉的承运人所能合理要求的时间内，在海上运输合同所规定的卸货港交货，即为延迟交付。

3. 如果货物在本条第 2 款规定的交货时间期满后连续六十天内未能按第四条的要求交付，有权对货物的灭失提出索赔的人可以视为货物已经灭失。

120. 迟延交货可否扣船

问：原租约对交货时间有明确约定，而实际交付迟了一个多月，我方拟申请扣船，要求船方承担因其迟延交货给我方造成的损失。请问，我们可否采取这一行动？

答：你介绍的情况及提供的相关资料过于简单，我无法直接回答你的问题，但需要提醒你注意的事项是：

1. 审查原租约中关于"迟延"的条款，是否符合我国《海商法》关于"迟延"的定义？

2. 原租约中所签订的"迟延"条款中是否同时订有除外责任（如天气、不可抗力等）？

3. 索赔能否突破赔偿责任限额？我国《海商法》第 59 条规定："经证明，货物的灭失、损坏或者迟延交付是由于承运人的故意或者明知可能造成损失而轻率地作为或者不作为造成的，承运人不得援用本法第 56 条或者第 57 条限制赔偿责任的规定。经证明，货物的灭失、损坏或者迟延交付是由于承运人的受雇人、代理人的故意或者明知可能造成损失而轻率地作为或者不作为造成的，承运人的受雇人或者代理人不得援用本法第 56 条或者第 57 条限制赔偿责任的规定。"根据此条规定，只有能够举证"承运人的故意或者明知可能造成损失而轻率地作为或者不作为造成的，"才能突破船方的赔偿责任限额。

4. ①先看法院的受理意见；②采取诉前证据保全措施；③了解船方的观点及主张；④索赔金额要适当；⑤查阅租约中有无仲裁条款。如有，且为有效条款，则必须去仲裁；如没有，可以租船人名义向法院提出诉讼请求。

答复中外运总公司班轮部咨询，1995.10.30

法律参考：

《中华人民共和国海商法》

第 50 条　货物未能在明确约定的时间内，在约定的卸货港交付的，为迟延交付。

除依照本章规定承运人不负赔偿责任的情形外，由于承运人的过失，致使货物因迟延交付而灭失或者损坏的，承运人应当负赔偿责任。

除依照本章规定承运人不负赔偿责任的情形外，由于承运人的过失，致使货物因迟延交付而遭受经济损失的，即使货物没有灭失或者损坏，承运人仍然应当负赔偿责任。

承运人未能在本条第一款规定的时间届满六十日内交付货物，有权对货物灭失提出赔偿请求的人可以认为货物已经灭失。

第54条　货物的灭失、损坏或者迟延交付是由于承运人或者承运人的受雇人、代理人的不能免除赔偿责任的原因和其他原因共同造成的，承运人仅在其不能免除赔偿责任的范围内负赔偿责任；但是，承运人对其他原因造成的灭失、损坏或者迟延交付应当负举证责任。

第57条　详见例10法律参考

121. 谁应对展品迟到负责

问：上海外运负责承运一批到巴拿马的展览品，原约定在香港交渣华公司转运，但接货船只因种种原因，最后改在韩国港口转运的，致使该批展览品迟至开展时才到。为此，收货人向船方提出索赔80多万港元的延误损失，并在广州海事法院提起诉讼。接货时，使用的是上海外运的联运提单，发货人曾口头讲过是展览品，也讲过开展日期，但未正式明确地提出要求货物必须于某月某日前运到卸货港，也未要求该批货物不得转船。现在的问题是，承运人是否应对该批展览品的延误负责？如需负责，应赔付多少？

答：1. 由于托运人在委托与交货时，并未明示该批货物不得转船的特殊要求，根据航运惯例，船方有权选择直运还是转运，因此，船方采用转运方式是合法的。

2. 根据提单条款，承运人对货物延误是不负责任的，除非发货人能证明货物延误的时间是非常不合理的。

3. 如果承运人对货物延误有过失，应负责任，根据《国际多式联运规则》和《汉堡规则》，其赔偿延误损失应以该批货物运费的 2.5 倍为限，但不得超过合同规定的运费总额。

《国际多式联运规则》第16条甲板货和活动物规定如下：

16.1 承运人在舱面上装载货物，应当通知托运人或者符合航运惯例的要求，或者符合有关法律、行政法规的规定。

16.2 当货物依 16.1 款规定装载在甲板上时，承运人对运输过程中特殊风险引起的货物灭失或者损坏不负责任。

16.3 活动物在运输中的任何时候所发生的事故、伤亡、疾病、死亡、损失，无论因不适航或过失或任何其他原因造成的，承运人均不承担任何责任。

第 18 条温控货规定：

18.1 在未事先书面通知（如由货方或者货方代理人缮制提单，则需在提单正面栏目注明）货物性质和特殊温控范围要求的情况下，货方保证任何托运的货物不要求温度控制；而且一旦温控集装箱有货方装载或其代表装载，货方要进一步保证集装箱已经预先进行了正确的温度调整，且如果货物在承运人接受前由货方装载于集装箱并且温控装置也是由货方设置的，货方要保证正确的设置。

如上述要求未予满足，对货物因此遭受到的任何损失承运人不承担责任。

18.2 在运输开始前或开始时，如果承运人对维护温控箱的正常运转尽到了合理谨慎，则对由于温控设备或者集装箱上的任何设备的缺陷、故障、中断、停机等造成的损失，承运人不承担责任。

答复黄埔外运公司咨询，1991.3.7

法律参考：

《汉堡规则》

第 5 条、第 6 条，详见例 119 法律参考

《中华人民共和国海商法》

第 50 条，详见例 120 法律参考

122. 如何追索因延误拒付的运费

问 1：某公司从德国进口 4 条小船，委托我公司负责运输。为此，我公司向德国船东租了一艘特种船，用来装运这 4 条小船（小船在河口水中待装），装运期为 1994 年 10 月，但特种船船方无理一拖再拖，直到 1995 年 1 月 4 日还未到。由于该船晚装了两个月，4 条小船发生锈损。在装货港发货人和船方即对 4 条小船进行了检验。船方检验的目的是为运到卸货港时避免自己的损失，而称装船前 4 条小船已有锈损，并非运输途中造成的。因此，我公司担心交出正本提单后发货人会将其扣下，且不支付我公司运费，而船方又会催促我方支付运费，怎么办？

答：这案子看起来简单，实际上比较麻烦，现从以下四个方面给你们一点建议。

1. 按理说，你方应将正本提单先交发货人，然后再向其索要运费。因为我国《海商法》第 72 条对提单的签发是有明确规定的。该条规定："货物由承运人接收或者装船后，应托运人的要求，承运人应当签发提单。"

2. 货物运抵卸货港后，如果收货人不支付运费，你方则可行使留置权——留置船上货物即所装运的小船。我国《海商法》第 87 条明确规定："应当向承运人支付的运费、共同海损分摊、滞期费和承运人为货物垫付的必要费用以及应当向承运人支付的其他费用没有付清，又没有提供适当担保的，承运人可以在合理的限度内留置其货物。"依据此条规定，你方完全有权和有理由对货方采取相应的法律行动，以维护自己的合法权益。

3. 你方与发货方并未事先约定交货的保证时间，故对延误不承担责任，至少不承担全部责任。根据我国《海商法》第 50 条规定："货物未能在明确约定的时间内，在约定的卸货港交付的，为迟延交付。"这就是说，承托双方事先没有约定交货时间的，承运人对货物的延误是无须承担违约的法律责任的。迟延交付适用于承托双方事先已明确约定交货时间的情况的。当然，对没有约定交货时间的，也不是说就可以无限制地延误，仍应在一个合理的时间内交付货物，否则，超过合理时间或对延误交货有过失时，也须承担相应责任的。

4. 本案最主要的原因是你方租用的特种船船方多次改变船期所致，你方虽然出于无奈而被迫接受同意了这样的多次船期的改变，但仍保留着索赔权，必要时尚可向船方提出索赔，并宣称将有可能扣留其船只。

1995.12.14

问 2：这是一批易货贸易，发货人就是收货人。发货人要求我方给其出具正本提单，他们才支付运费。其运费应在提单签发后 7 个银行工作日之内支付，我方应收取的运费为 34 万美元。

收货人即发货人本应支付我公司运费，现在却以小船晚到加上有损坏为由（4 条小船按原装货时间放在水中等候，由于晚装两个月，泡在水中有些损坏），不但不付我公司 34 万美元运费，反而向我公司要求索赔损失 90 万美元。

目前，该批货物尚在运输途中。根据我方与船方所签的运输协议，签发提单后 3 至 7 天之内应付运费，故船方催促我方支付运费，否则要求在伦敦仲裁。

现在的情况是：

1. 我方未支付船方运费，也未理睬其伦敦仲裁。

2. 货方未支付我方运费，还向我方索赔。

3. 船方态度软了，开始答应赔付延误费 10 万美元，要求我方不扣船。而我方称 10 万美元太少，因为不仅是货物延误问题，还有 4 条小船损坏的问题，货方要求赔偿 90 万美元。于是，1996 年 1 月 17 日船方代表来京面谈，答应赔付延误费 15 万美元（从应付运费中扣除）。另外再签一个协议，关于货损费该赔多少由最后检验或法院判决后船方再进行赔偿，但是要求租船方或货方保证不扣船。

请问，下一步我公司该怎么办？

答：关于船方提出的条件，我的意见是你们可以接受。但是在新签协议中要明确约定，如果协商解决不了，应在我国法院进行诉讼或者在我国仲裁机构提起仲裁；同时通知收货人，促使收货人也同意船方提出的条件，不要再坚持他们的意见。

答复中外运集团海运二部咨询，1996. 2. 26

法律参考：

《中华人民共和国海商法》

第 50 条，详见例 120 法律参考

123. 谨慎船东延迟放货造成损失是否赔偿

问：湖南某公司以 CIF 条款进口一批货物，由厦门一家船公司负责承运。该批货物运到目的港后，收货人凭手中的正本提单提货，不料船方不予放行，理由是：一、船方掌握的货物数量与提单上所列的货物数量不相符；二、船方掌握的收货人名称与提单持有人名称不一致。后经调查证实：提单上的数字是正确的；提单也并非是记名提单，而是 TO ORDER，故收货人为合法的提单持有人，不存在任何问题，于是船方才予以放货。由于船方迟放货，引起收货人市场差价的损失，为此收货人向香港发货人提出索赔。本案，不及时放货的原因是由于船方过分谨慎造成的。在此情况下，收货人能否向船方索赔？如能索赔，其索赔的理由充足吗？

答：1. 发货人已履行了全部责任，并没有过错（单据齐全、准确、及时，船长的错误信息也并非由发货人提供）。

2. 收货人已按提单所列物品收取了货物。

3. 造成晚放货的原因和责任在船方，与发货人无关，因此收货人可以向船方索赔，且只能向船方提出索赔。

4. 还有两个问题需要你方律师替收货人认真考虑并作出决定。

（1）如果原告即收货人在长沙起诉，管辖权是否存在问题？

（2）本案迟交货物是否属于延误交货的性质？如果属于，船方的赔付能否享受责任限额，即最高赔付一倍的运费？

答复湖南经贸委法律顾问处咨询，1994.5.12

124. 联运延误能否拒收货物

问： 我司承运一批从匈牙利进口的家具到国内，共有200多个集装箱，采用的是日欧多式联运提单。该批货物从匈牙利按时发运，但在原苏联转运时由于车皮不够，其中有10个集装箱的货物被耽误了半年。因此，国内收货人拒绝收货，除非我司承担由于货物延误所造成的一切损失。此外，即使开箱检验发现存在属于发货人责任造成的损失，也已丧失了收货人向发货人索赔的时效。请问，收货人是否有权拒绝收货？我司对货物延误所引起的直接损失或者间接损失是否应当负责任？

答： 针对你司上述案件，现提出如下几点意见和建议，供参考。

1. 收货人无权拒绝收货

即使发现该批货物有短少或残损，收货人也应当及时收货，然后凭商检证书向有关责任方索赔。如果属于你司的责任，你司应当赔偿，并且按照提单有关条款进行赔付，但赔付是有限额的。如果该批货物已经投保，收货人应先行向保险公司提出索赔，这样可获得全额赔偿（除非未全额投保）。然后，由保险公司向有关责任方追偿。

2. 联运承运人对延误不负责任

根据日欧多式联运提单有关延误条款的规定，承运人对由于延误所引起的货物短少或者残损、直接损失或者间接损失一概不负责任。即使有责任，也应按提单有关赔偿的条款办理，即在分不清是哪方的责任时，按每公斤2美元进行赔偿，最高赔偿不超过运费。也就是说，除非另有协议，并且明确约定了交货时间（例如我国出口到欧洲的核桃仁、花生仁如果发货人要求必须在圣诞节之前运到；又如出口的月饼要求必须在中秋节前多少天运到东南亚地区各国等。但此时，承运人将要求收取高额运费并进行投保），规定承运人对运输延误负责。否则，承运人对货物运输的延误不负任何责任。

3. 给收货人适当补偿

鉴于你司是多式联运经营人，货物晚到的时间长达半年之久，影响了收货人向发货人提出索赔的时效，可以考虑补偿一点收货人的损失。

4. 向苏方责任人追偿

向原苏联方面查询为什么该 10 个集装箱的货物晚到半年之久？是否可以追究苏方有关单位的责任？

5. 建议不要轻易采用别人的提单

不同公司的联运提单条款在许多方面存在着差异，日欧多式联运提单的责任就大于我国联运提单的责任。例如，日欧提单的赔偿条款按每公斤 2 美元计算，而我国联运提单的赔偿条款则按每公斤 3 元人民币计算；又如，日欧提单虽然有"承运人对延误不负责任"的条款，但又有"如果要有责任的情况下⋯⋯"的条款，而我国提单则没有后面的这一条款；另外，日欧多式联运提单的管辖权是在汉堡法院，所适用的法律是德国法。

答复中外运总公司陆运处咨询，1990.5.20

125. 发货人可否因货物延误拒领提单

问： 一个 20 英尺集装箱需运到丹麦奥胡斯，运费预付。我公司通过另一家货运代理公司向船公司订舱，不料装运该集装箱的船只在运输途中意外着火。集装箱虽没有被烧，也未被告知是否完好无损。一个多月后，即 2003 年年初才被通知说 2002 年 12 月 31 日船舶驶靠新加坡，此后无进一步的消息。这家货运代理跟我公司说万一货没被烧，船东会继续将货物运往目的港。现在发货人因延误时间过长而拒绝领取船东提单。请问船公司是否应赔偿发货人的损失呢？

答： 本案案情交代不清楚，不知咨询者是无船承运人的货运代理公司，还是"发货人"或是另一家货运代理公司，故很难作一个准确的答复。另外，我很难理解为什么发货人不要提单，如果发货人手中无提单，发生纠纷时凭什么向船方索赔？我认为发货人手中有无提单是能否向船方提出索赔的最重要的证据。所以，下面的具体设想是有前提的，即发货人手中有提单，仅需区分是无船承运人提单还是海运提单？

本案中的一个重要环节，即所及货损是在海运途中起火而导致的，通常根据提单条款或海上运输国际公约如《海牙规则》的有关规定，对火灾都有免责条款，除非发货人能证明是船方的实际过失或私谋引起的火灾造成的货损货差。但目前发货人的货物是好是坏并不清楚，甚至货物在何方亦不清楚。在此情况下，应先通过一切途径了解货在何方、状况如何，然后再采取种种手段索取到提单。这样，就可凭提单及其他单据向保险公司提赔（如事先已投保），如未投保，也要尝试要求船东赔偿货物损失。

如果咨询者作为货运代理的身份从事此笔业务，又通过另一家货运代理公司将发货人的货物交给了船公司，发货人通常会接受船公司的海运提单，并依海运提单去银行结汇。丹麦收货人将会持此清洁提单要求船公司交货，如果货物灭失，船公司应赔偿收货人。

如果咨询者作为无船承运人，以经营人身份收取了运费，且以其自己的名义向船公司订舱，发货人当然可要求咨询者出具其自己的无船承运人提单，而不接受船东提单，尤其得知货物在船舶运输途中已发生问题，更可拒绝收取船东的提单。此时，发货人如果未获取无船承运人提单，未结汇，便可要求咨询者即无船承运人赔付货物。无船承运人有责任进行赔偿。无船承运人赔付发货人后，可凭船东出具的海运提单向船公司索赔。

答复某货代公司咨询，2003.1.27

注：我国无船承运人在交通运输部报备的无船承运人提单与多式联运提单的条款大同小异，甚至就是一份多式联运提单。

法律参考：

《海牙规则》

第四条第2款　不论承运人或船舶，对于下列原因引起或造成的灭失或损坏，都不负责：b）火灾，但由于承运人的实际过失或私谋引起的除外。

《中华人民共和国海商法》

第51条　在责任期间货物发生的灭失或损坏是由于下列原因之一造成的，承运人不负赔偿责任：（二）火灾，但是由于承运人本人的过失所造成的除外。

外运多式联运提单背面条款第九条承运人的责任

9.4　由于下列原因造成的货物灭失或损坏，承运人不承担任何责任：（j）火灾，但是由于承运人本人的过失所造成的除外。

126. 船期更改延误可否扣运费

问：我公司从乌克兰负责承运进口重大件货，每件 200 吨，共有 4 件。运输中，买方曾要求更改装货期，被我公司罚款。船东也曾几次要求更换船只：一次要求更换一条 4 000 吨、无重吊的船只，买方不同意；又提出更换另一艘船，买方同意，被我公司罚款；还有一次要求换船，买方同意，但要求租船人承担船期延误的损失，租船人又要求船东承担，船东同意了，于是船期延到 1995 年 7 月 25 日至 8 月 8 日。

而卖方称该批货物早已备妥，延误损失应由买方承担，且装船前如果不交清延误损失费，他们不装货。后来经协商，货总算装载了，船于 1995 年 8 月 21 日开航。但延误损失费并未支付，对此，卖方还会向买方索赔，另外还有 3 万美元的储存费。

现在的问题是，我公司向买方索要的罚款费用已减少到 2 万美元，但对方仍未支付。请问，船公司可否扣货？我公司可否从运费中扣留 3 万美元的装港费？

答：1. 运费轻易不要扣。鉴于船东已承诺装港费由他们清付，你公司可以先扣留 3 万美元储存费，并告知船东扣留的原因，如果不行再退。

2. 船东可能会威胁扣货。但货物已属于提单持有人，作为船东无权扣货。如果船东要扣货，收货人可警告船东，亦可采取扣船或申请法院强制放货。

3. 对于国内收货人，鉴于其更改船期已承诺支付罚款 2 万美元，故你公司不必扣货。考虑到该批货物属工程项目，彼此存在长期的合作关系，再加上既有船东要求更改船期的情况，也有买方要求更改装货期的情况，双方都有改动发生，故相互抵消算了。

答复中外运集团总公司海运班轮部咨询，1995.8.22

127. 换船延误将承担怎样的责任

问：发货人大连某公司向广远公司程租一艘船，从营口装运镁矿 1.3 万吨运至印度。原订装货期为 1995 年 11 月 1 日，派 S 船。后因 S 船赶不上装货期，改派 M 船，装货期也推迟到 1995 年 12 月 15 日。但 M 船停在青岛港卸货出不来，又赶不上装货期了。于是，发货人找了另外一家船公司承运其货物，同时向广远公司索赔损失 300 万元人民币。现在有几个问题需要向您请教：

广远公司的船舶第二次没有赶上原约定受载期是否有免责的理由？如果没有，广远公司就要承担责任。但现在的问题不是有无责任，而是广远公司要承担对方多少损失？发货人大连某公司要求索赔损失 300 万元人民币是否有理？是否能够减少对方的索赔金额？

答：关于你们所遇到的案子，我想可以从下列几个方面考虑：

（一）索赔方（发货人）可能向你方提出的损失：

1. 码头仓库费；

2. 重新租船运送的运费差价；

3. 贷款购货的利息；

4. 改港（如需）的短途运输费；

5. 收货人因未能按时收到货物向发货人提出的索赔；

6. 双方合同中是否订有违约金，如有，发货人也会提出。

（二）你方需要准备的抗辩理由：

1. 损失时间的计算

损失时间应当争取从第二次装货期算起，理由是第一次晚派船是经大连某公司同意的，这等于最先一次的时间推迟就不存在了。且广远公司的船舶不能及时到港装货已及时通知了大连某公司。

2. 重新租船运送的运费差价

据了解大连某公司另外找的中远公司的船舶，其运费比广远公司的还低，故重新租船不存在运费差价问题。也就是说大连某公司实际上没有损失，故不应向广远公司要求赔偿。

3. 关于违约金

租约中未订违约金条款，因此不存在违约金的索赔问题。

4. 关于改港短途运输费

本案实际未产生转港短途运输的费用，因为前后装货均在同一港口，并未出现转港装货情况。

5. 关于收货人的索赔

对于收货人的索赔，一方面要求其提供具体实际损失的证据，一方面我们认为是间接损失，可以不赔。间接损失不可估量。

6. 银行贷款利息。

7. 买方提出索赔及退货要求（11 月 1 日货物已到码头）。

本案广远公司一点不承担发货人的损失理由是站不住的。在此需要考虑承担的损失责任有两点：第一，码头仓库费用；第二，利息。

本案中，可能涉及我国《海商法》第 96 条和第 97 条，现列明如下，供参考：

第 96 条　出租人应当提供约定的船舶；经承租人同意，可以更换船舶。但是，提供的船舶或者更换的船舶不符合合同约定的，承租人有权拒绝或者解除合同。

因出租人过失未提供约定的船舶致使承租人遭受损失的，出租人应当负赔偿责任。

第 97 条　出租人在约定的受载期限内未能提供船舶的，承租人有权解除合同。但是，出租人将船舶延误情况和船舶预期抵达装货港的日期通知承租人的，承租人应当自收到通知时起四十八小时内，将是否解除合同的决定通知出租人。

因出租人过失延误提供船舶致使承租人遭受损失的，出租人应当负赔偿责任。

解约期

按照本条规定：船舶必须在规定的解约日之前，抵达装货港并在各方面作好装货的准备，否则承租人有取消合同的选择权。这是出租人的一项重要义务。

按本条规定，如果出租人估计船舶不可能在规定的解约日之前到达时，可将延误情况和船舶预抵达装货港的日期通知承租人，后者应当自收到通知时起 48 小时内通知出租人是否解除合同。

答复广州远洋运输公司咨询，1996.1.16

128. 捆扎超时延误损失谁买单

问：我们现在有三个问题欲向您请教：

1. 装货港应以递交装货准备就绪通知书为准，还是以接受装货准备就绪通知书为准？

2. 租约事先约定应按 CQD（Customary Quick Despatch，港口习惯装卸率）条款装货并且装了两种货物，但实际上这两种货物的装卸并非依据 CQD 来计算时间的，而都是按装卸率计算时间的，这样合理吗？

3. 捆扎货物多花一天时间应算谁的？

答：根据你们的简单介绍，我有如下几点想法，供你们参考。

1. 此案你们双方对装货时间何时起算没有约定，即以递交装货准备就绪通知书为准，还是以接受装货准备就绪通知书为准事先没有明确约定，所以你方如果想坚持应以接受装货准备就绪通知书为准，并且又有充足和有利的证据，能够说明为什么应以两天后接受准备就绪通知书起算的理由，则可以强调应以接受准备就绪通知书为准。否则，争取双方各自承担一半所花的时间，也是合理的，也可称得上结果不错。

2. 机械设备应按 CQD 条款计算时间，而船东按装卸率计算时间是不对的，只有钢材类货物才应按装卸率计算时间。

3. 捆扎货物多花一天时间应算船东的时间，其理由是：（1）根据租约条款第 17 条，装卸工人算船东雇员；（2）船东应当一边装货一边捆扎，不应多出一天时间来捆扎（这说明船长不称职）；（3）此次捆扎货物是为了船舶的稳定性，涉及船舶适航的问题，所以是为了船东自身的利益而多花了一天的时间。

答复经贸船公司咨询，1995.11.8

129. 如何认定班轮不合理绕航及延迟责任

问：我国卖方委托德国班轮公司（以下简称"船方"）将其一批矿石运往捷克交给买方。船方班轮在天津新港装货后起航，因空舱绕航到韩国釜山，又绕航回天津新港，再次装货后，抵达捷克时延迟交货。此时市场行情不好，买方借故拒绝付款赎单。现卖方将提单从银行取回，欲凭提单向船方索赔。请问：在此情况下，卖方能向买方索赔吗？船方是否属于不合理绕航？卖方能否向船方索赔其不合理绕航造成的延误损失？

答：根据你司提供的情况，首先要看交易的方式，采用的是信用证方式，还是 D/A 或 D/P 方式？如果是后者，卖方往往存在着买方既不要货也不付款的风险，且很难抓住买方。

其次，对于该班轮公司是否属于不合理绕航。本案的关键是对绕航行为的认定。绕航系指，船舶离开合同约定的或者习惯的或者地理上的航线弯航的行为。我国《海商法》第 49 条规定："承运人应当按照约定的或者习惯的或者地理上的航线将货物运往卸货港。船舶在海上为救助或者企图救助人命或者财产而发生的绕航或者其他合理绕航，不属于违反前款规定的行为。"根据此条规定，合理绕航系指，船舶在海上为救助或者企图救助人命或者财产，或者由于其他合理的原因，偏离约定的或者习惯的或者地理上的航线将货物运往卸货港的行为。其他合理绕航一般解释为：为船货双方的共同利益而进行的绕航和符合航运习惯的绕航，如船舶在航行途中遭遇大风，准备充足的燃料将耗尽而临时决定在附近港口加油；船舶遇难后驶入避难港修理等。合理绕航通常是合同或法律规定允许发生的绕航。所以，因合理绕航而发生的货物灭失或损坏，承运人是可以免责的。

不合理绕航，又称不正当绕航。除法律规定和合同约定的原因外，或者在其他不合理的情况下，船舶未按照约定的或者习惯的或者地理上的航线航行的行为。不进行不合理绕航是承运人的一项基本义务。承运人通常要赔偿货方因不合理绕航所造成的损失，并且有可能丧失赔偿责任限制的权利。

由此可见，该班轮公司显然不是为了"为救助或者企图救助人命或者财产"，也不是为了"船货双方的共同利益而进行的绕航和符合航运习惯的绕航"，而是为了解决其空舱问题，是为了"自己的利益"，因此属于不正当的绕航，属于违约行为。由此给卖方造成的损失应承担延迟交付的责任。

建议你司根据该班轮公司签发的提单追究船方不合理绕航引起的和迟延交付的责任，要求船方承担所有的损失，并不得享受赔偿责任限制。

答复香港中远保险顾问有限公司咨询，1998.11.20

法律参考：

中国《海商法大辞典》相关词条

延迟交付（Delay in Delivery）

在海上货物运输中，承运人未能按照约定或法律的规定及时在目的港向收货人交付所运货物。我国《海商法》第 50 条第 1 款规定："货物未能在明确约定的时间内，在约定的卸货港交付的，为迟延交付。"国际上，1978 年《汉堡规则》将迟延交付定义为："如果货物未在明确约定的时间内，或者没有这种约定时，未在按照具体情况，对一个勤勉的承运人所能合理要求的时间内，在海上运输契约规定的卸货港交付，便是迟延交付。"

班轮运输（Liner Service；Liner Shipping）

船舶的经营方式之一。船舶在固定的航线按照预先公布的船期表定期挂靠若干固定的港口所进行的一种旅客和（或）货物运输。班轮运输分为正规和非正规的班轮运输两种。正规班轮运输的特点是船期准，各航次船舶在装货港的受载量相对固定，船方在收受货物后签发专用格式的提单。非正规班轮运输的特点是不定期、不定港或不定船，甚至还包括租船经营的班轮业务。经营班轮运输的船公司按公布的运价表所列的运价费率收取运费。船方负责货物自船边至货舱、货舱至船边的装卸费用。班轮较适合数量少、票数多的件杂货运输。

船期（Ship's Time Schedule）

船舶动态预计和实际抵离港时间。船期应通知海上运输的有关各方，以便及时准备交接货物，安排船舶修理、装卸、供应燃料、伙食、物料、备件等。

船期表（Sailing Schedule）

又称"班期表"。班轮公司在固定航线上营运的船舶抵达和驶离各挂靠港口的日期表。船期一般预先登载报刊上或分发给各港代理人，或以其他形式公告，以便发货人安排货物托运，收货人安排提货，以及方便旅客搭乘等。

130. 码头被撞停工滞期可否扣除

问：作为租船人，我司与船东签署了从巴西装 158 004 吨矿石运至中国的航次合同，承运船舶为 MV CHINA PEACE 轮，装卸率为 50000MT/D（SHINC）。2007 年 11 月 29 日，该船抵达装货港 SEPETIBA，并递交装卸准备就绪通知书（NOR），直到 12 月 17 日才开始靠泊装货。根据租约中装卸率和滞期费条款，该船从 12 月 2 日起即开始滞期。但实际上，在该船靠泊之前，即 12 月 8 日，因另一条船撞坏码头而导致港口停工，直到 12 月 15 日才复工。请问，码头被撞坏导致停工的这段时间，租船人需付滞期费吗？

答：1. 本案租约中虽明确规定了不可抗力，但案中出现的情况不属不可抗力，故不能以不可抗力免责，将他船撞坏码头引起的时间延误从租船人的滞期时间内扣除。

2. 本案租约中虽有兜底条款，即因无法控制的原因引起的时间延误可从租船人的滞期时间内扣除，但根据英国判例，必须在租约中列明具体的不可控制的原因。本案纠纷中发生的原因，即"码头被撞坏的时间延误可扣除"并没有被明确地订入租约兜底条款中，所以，不能将他船撞坏码头引起的时间延误从租船人的滞期时间内扣除。

租船人要免除滞期费的责任需要有针对性很强的、足够清楚的条文。除外条款的目的是要改变普通法加在租船人身上的沉重义务，即装卸时间是绝对算在租船人头上，这是他的风险之一。解释除外/免责条款的一般原则是利益方解释原则，即如果条款规定不明确或存在有多种解释时，要针对企图利用它的人即受益人来解释该条款。因此，租船人欲利用该条款获益，则必须以清楚而不含糊的词句将中断装卸时间的事项、情况在条款中列明，否则对条款的解释将对他不利。因为既往判例的缘故，对中止装卸和滞期时间的除外条款要求特别严格，所以租约中此类条款的约定必须更加明确具体，才能有效。另外，租船人要想获得该条款的保护，还须对除外事项的存在与影响负举证责任。

例如某案，因资方关门不让装卸工人工作，故不能卸货，租船人即以罢工条款来保护自己。对此，法院不予认可，因为"罢工"在法律上是有明确含义的，系指装卸工人因为任何对资方的不满而拒绝工作，本案工人愿意上班，资方关门不让上班，只能算是资方的停工。租船人只有在租约中清楚地订入"资方的停工不计算为装卸时间"，才有可能将资方引起的影响工人作业的行为包括在内。

又例如，某船准备停靠码头，但该码头已被先前离泊的船舶撞坏，故不能作业，同时岸上的机械设备也受到一定的影响。虽然租约中规定"如果发生岸上机械设备的故障，装卸时间可以中断"，但这一条款却保护不了租船人，因为法院认为造成货物装卸不能进行的主要原因是码头的倒塌。因此，租船人要想保护自己，就得在租约中明确写入"装卸时间可以因码头的倒塌而中断"。这样，租船人就安全了，否则只能自认倒霉。但在实际业务中，租约中用太细微的条文来针对每一意外是不多见的，也是不可能的。

3. 本案履行"一旦滞期，永远滞期"的原则。根据此原则，一般被认为，当程租船按租约条款递交装卸准备就绪通知书并生效后，即卸货时间开始起算。一旦装卸时间结束滞期时间便开始计算，其后的可引起免责的时间就不能再从滞期时间中扣除了，全部应按滞期时间进行计算，并且无论此时该船已靠泊还是在锚地。也就是说，不存在"一旦滞期，永远滞期"仅适用船舶靠泊后的说法。

在程租船运输业务中，如何计算滞期费用经常会碰到上述情况，即在船舶进入滞期后，如遇到星期天、节假日或天气不良影响装卸作业的情况，承租人是否还能像船舶未进入滞期时那样，请求将这些因素予以扣除？为了明确这一问题，避免日后产生纠纷，有两种术语可以使用。一种术语称"滞期时间非连续计算"，也称"按同样的日"（Per Like Day）。按照这一术语，即使船舶已进入滞期，仍需像没有滞期那样，将合同中约定的影响装卸作业的时间予以扣除，而后再支付滞期费。另一种术语称"滞期时间连续计算"，俗称"一旦滞期，永远滞期"。按照这一术语，一旦船舶进入滞期，则原来所约定的那些影响装卸作业的时间将不再发挥效用，而是一律计算滞期费。另外，如果当事人没有就这一问题作出明确的约定，按照惯例，应按"一旦滞期，永远滞期"的术语来处理滞期费的计算问题。

答复远洋船务公司咨询，2009.2.19

注：租船人原索赔160万美元，后经双方协商，达成和解协议，出租人赔偿60万美元，了结此案。为什么这么快就和解了呢？主要是租船人认为目前整个航运市场不好，早点拿到一些钱似乎还稳妥一点，否则通过仲裁解决，势必花费较长时间，到那时尚不知出租人是否还有偿付能力或是否倒闭。另外通过和解亦不伤感情，双方的生意还可继续合作下去。

131. "一旦滞期，永远滞期"损失谁承担

问1：程租出租一条船，船舶到卸货港锚地后，因前面一条船将港口码头撞坏，修理10天，使得船舶推迟10天靠卸。当时，船舶尚未靠泊就已开始滞期。根据程租租约中的"一旦滞期，永远滞期"条款，请问，推迟10天靠港卸货的时间，出租人能否从租船人的时事记录中扣除，即该10天的损失由出租人承担，还是应该由租船人承担？

答：鉴于是第三方引起的该10天延误靠卸时间，尚未靠泊卸货前，出租人的船只已经开始滞期，故该10天的时间应该算为出租人的滞期时间，其引起的损失由出租人承担，因为"一旦滞期，永远滞期"，即船舶一旦开始滞期，后面的滞期时间，无论是什么原因引起的都属于出租人的。

问2：出租的船只到达锚地后，根据租约规定已递交了卸货准备就绪通知书，并且生效，不过卸货准备就绪通知书虽然起算了但尚未靠泊卸货。这期间有两天港口出现大雾，港务局停止了一切作业。此时，租船人能否从滞期速遣时间中扣除这两天？如果租船人能扣除，但船舶在锚地的天气与卸货码头的天气不一样（假设锚地是晴天，码头是大雾天），此时，租船人应依据何处的天气来决定能否扣除？

答：这两天租船人可以从滞期速遣时间中扣除，并且应按装港码头的天气来决定能否扣除及扣除的时间。

答复远洋船务公司咨询，2009.3.3

132. 可否拒赔滞期费

问：1990 年 11 月，我公司通过广州外运出口一批水泥去韩国，买方为香港某公司，条款为 CIF FO/D，发货人与收货人之间的合同中未签订滞期速遣条款。

船舶到卸货港后，因天气不好，收货人不收货，在港口等了 50 来天。后来通过做工作，发货人才于 1991 年 1 月收到货款。

船东与租船人的合同订有滞期条款，其要求租船人赔付 15.44 万美元（每天滞期费为 3 500 美元）。租船人（广州外运）与我公司的运输协议为港口条款，也订有滞期条款。租船人要求我公司进行赔付。但我公司想拒赔，理由是：

1. 租船人未将不能及时卸货的情况告知我公司，如果告之，我公司则可对该批货物进行留置。

2. 此情况是在货物卸毕后，才告知我公司的。

请问，我公司可以拒赔此笔滞期费吗？

答：根据以上情况，租船人有权按滞期条款向你方索赔滞期费，也有权根据仲裁条款去仲裁委员会申请仲裁，因此你方拒赔没有什么道理，但有两件事情可做：

1. 争取与船方和解，双方共同承担这一意外损失。

2. 找香港买方，要求买方也承担一部分损失，光凭"FO/D"条款作为理由是很不充分的。

答复湖南五矿公司咨询，1991.4.3

133. 能否依据"RULE B 规则"在美申请扣押令

问：我法律事务所代理了一个海事扣押案，现将该案的简况介绍如下，请您多多指教，并给我们书面专家意见，以便我们在美国法院进行起诉，要求被告解除冻结我们委托人在美被扣押的美元。

（一）基本案情

原告 PLAMAR 为一家注册于塞浦路斯的航运公司，其于 2007 年 9 月 28 日与中国天津的 S 船务公司签订了一份《租船合同》，以航次租船的方式负责将一批货物由中国常熟港运输至意大利某港口。该批货物的托运人为 20 多家中国公司（即货物的卖方）。上述《租船合同》中约定，在装卸港口因货物或单证未备妥而导致船期延迟时应当由天津盛嘉承担相应的延滞损失。货物装船后，PLAMAR

分别向各家货主签发了相应的提单，提单背面均载有"租船合同中的一切条件、内容、责任和除外条款均并入提单"。

当船舶到达意大利的卸货港后，因货物积载问题装卸公司拒绝卸货，导致船舶在港口滞留139天，产生了相应的延滞损失，并且 PLAMAR 支付了该期间产生的港口费用。2009年6月12日，PLAMAR 基于其与 S 船务公司签订的《租船合同》及其与货主之间的提单关系，依据美国《联邦民事诉讼规则》海事补充规则中的"Rule B 规则"向美国联邦法院纽约南部地区法院（"纽约南区法院"）提交起诉状，将 S 船务公司和全部货主列为被告，要求被告 S 船务公司支付相应的延滞损失和港口费用总计 3 586 651.32 美元，并要求全部货主在相同数额内根据装货比例承担连带赔偿责任。原告 PLAMAR 还在起诉状中表明，其将在通过"Rule B 扣押令"获得准物权管辖权后向相应的法院提起诉讼。

纽约南区法院于2009年7月8日根据"Rule B 规则"作出依单方申请的扣押令，要求扣押被告位于其辖区内的总计 3 586 651.32 美元的财产。2009年7月15日，纽约的银行依据该扣押令冻结了各被告在银行流转的电子转账资金。

上述扣押令作出后，被告中包括 H 公司在内的十家中国货主公司委托中国律师，并聘请了相关美国律师，向纽约南区法院提起关于撤销对该十家货主公司的扣押令的申请。

（二）法律问题

1. 根据"Rule B 规则"及相应判例法确定的规则，美国法院可以扣押被告财产的条件之一即为"被告不在受案法院的管辖区域内"。而在本案中，有部分中国被告已在纽约进行了注册，是否可以此理由抗辩？

2. 原告起诉货主的依据是其与 S 船务公司签订的租船确认书已被并入货主的提单中，所以货主应根据租船确认书的约定条款与 S 船务公司一同就滞期费和滞留损失对原告承担赔偿责任。被告货主有何抗辩理由？

3. 被告还有其他哪些抗辩理由可以提出？

答：关于问题1：

对于本案中已在纽约进行注册的被告，其可以在纽约南区法院辖区范围内被找到，因此可以主张对该部分被告的扣押令缺少法律依据。

关于问题2：

建议货主可以从以下方面考虑抗辩：首先，货主事实上根本不是租船确认书的一方；其次，货主从来不知道也并不了解租船确认书中的任何条款。而且，货主的提单中并未指明并入哪一份租船合同或租船确认书，且在租船过程中存在若干租船确认书。无论依据中国法还是美国法以及相应的法院判例，在上述情况下，原告与 S 船务公司之间的租船确认书均应被认定为未并入提单。

最后，即使认为租船确认书已被并入提单，也不能将租船人在租船确认书项下的义务和责任（包括对滞留损失的赔偿责任等）转移给货主承担。根据《海牙规则》、中国法和美国法的相关规定以及法院判例，提单中关于将承运人装载、堆放及卸载货物（包括由此引起的滞留损失）的义务和责任转移至货主的约定均为无效，因此上述义务和责任并不能转移至货主。

另外，根据租船确认书的约定（金康 76 第 8 条），原告只有在对船上货物行使留置权却仍不能获得卸货港滞期费（包括滞留损失）的赔偿后才能主张滞期费（滞留损失）的赔偿；但原告实际上从未行使过留置权，因此无权向租船人或者货主（假设并入有效的话）主张任何滞留损失的赔偿款项。

关于问题 3：

建议结合具体案情找出尽可能多的抗辩点。例如：（1）由于扣押令是根据原告的单方申请所作出的，所以法律要求原告应承担证明扣押令不应被撤销的举证责任；（2）原告未能证明因卸货的延迟导致其遭受了实际损失，因此其没有权利主张任何滞期费（包括滞留损失）等等。

目前，在国际贸易中为便于以美元形式结算和支付，企业一般都会在美国设立账户，美元的流通都将通过企业在美国设立的账户。然而在美国根据 Rule B 法令，只要申请人单方有需要，均可在美国冻结对方美元账户的存款，因此，发生纠纷后申请人只要认为对方有欠款现象，只要查到对方在美国的美元账户，就可向美国法院申请冻结，一旦有新款项流入进来，就可予以冻结，直到流入的金额满足了申请人提出的冻结金额为止。

在这种情况下，作为被冻结的一方如何尽量避免被冻结款项呢？一是即刻停止再往其美国的美元账户上打款，否则将陆续被冻结，除非账面金额已满足申请人申请冻结的金额；二是尽快通过和解解决问题；三是分析责任，如确有其事，应向申请人支付欠款，且数额为申请人提出的金额，否则将来即使走司法程序也将败诉，所以从全局和长远考虑，应及时付款不拖延；四是如属国企，可申请法院免除被冻结。

若账户款项已经被冻结，作为被冻结的一方应如何争取尽早解除冻结局面呢？一是打官司，证明申请人冻结错了，请求法院判决申请人败诉，解除冻结；二是证明自己是某国的国企，例如：中国远洋集团、中国外运集团，申请法院免除冻结；三是若被冻结一方急需使用该美元账号，可请美国担保机构，为被冻结一方出具担保，撤销该冻结令，但被冻结一方必须承担1%的担保费用。

答复北京市金杜律师事务所咨询，2009.8

注：案件结果：经过双方数回合的争辩以及法院审查过程，纽约南区法院于2009年10月8日作出法院令，撤销依原告单方申请而作出的扣押令。

（六）租船纠纷

134. 租约是否成立

问：现在我司在与丹麦一船东洽谈一票阿根廷到日本的粮食出口业务，我司是租家。双方已就主要条款达成协议，然后船东拖延了2~3天才对租约细节作出反馈，我司还盘答复不能接受，船东单方面宣布撤销成交。

我司认为船东不能在事先没有任何通知的情况下撤销成交，而且我司现已明确表示接受船东对租约的修改。双方已没有争议，船东没有理由撤约。

附双方往来文件及租约范本。我等您上班后给您打电话，事情比较急，请您百忙之中抽时间看看，非常感谢！

答：关于协议是否成立、船东是否违约的问题，鉴于该纠纷将在伦敦仲裁，适应英国法，依我看，按照英国法，你司与船东的租约是不能成立的，所以船东单方面宣布撤销成交，不属违约。但我对英国法毕竟不是很熟悉。好在对英国法律很熟悉的杨良宜先生在他的《期租合约》一书中刚好较为详细地谈到英美法律对协议是否成立的区别，现将有关章节复印传真给你。

"在《期租合约》一文中我们已经谈过对于合约条件未全谈妥，而且双方往往会用上文字如 'fixture Concluded'（即此租约已谈拢），所以合约是否依然成立的问题，英、美两国法律的看法有所不同。英国的看法是要待合约的每一项细节都谈妥，合约才能成立，如合约是在某些方面有所保留或有先决条件的话，例如：'subject stem'、'subject approval' 等之类只要这些方面一日未有结论，合约则一天未成立。但美国的法庭则认为只要合约的主要项目谈妥了，其余的细节虽仍留有尾巴（subject details），合约亦已成立。

由于两国的判法有所不同，就会出现如下争议：双方使用 NYPE 租约，虽然大家都希望一旦有争议的话到伦敦仲裁，但双方尚未改正过来，由于只谈妥了主要条件而细节尚未谈妥，其中一方已放弃不谈。另一方要提交伦敦仲裁的话，英国会以此合约尚余细节未定来认定合约并未成立。但如果到纽约仲裁的话，虽然这并不是双方事前所希望的，美国仲裁员会以主要条件已谈妥，而且双方往往会用上文字如 'fixture Concluded' （即租约已谈拢），来认定合约已成立。而 NYPE 印备仲裁条款（17 条）是纽约仲裁的，所以美国可以受理此案，除非在谈不拢之前，双方已经把纽约改为伦敦。

这两者的差异受到人们猛烈抨击。批评的意见有认为一个合约即使是谈拢但仍是细节待谈（subject details）的话，这很难说所有条文已谈妥，因为细节之中可能仍有一些很重要的条件，这些条件未谈妥不能说合约可以成立。另外，既然是以某一事件为先决条件的（subject），这事件未有结论，此合约亦不应成立。由此看来，英国法庭的判法是比较合情合理的，而美国的判法则有些混乱。

因此，针对这种情况 FONASBA 已起草了一条 Subject Details Clause，主要是针对使用 NYPE 在谈判租约时用的。如果双方同意 Subject NYPE 而又未确定是适用英国法律的话，就应该在电文中订入此条款。条款的主要内容是说明除非所有待谈的细节能够全部谈妥，否则合约并不成立。为的就是防止根据 17 条的纽约仲裁使这实质并未谈妥的合约自动生效，而某一方可以借此取巧。

2009 年 5 月 22 日作者在北京与香港杨良宜先生互签字赠书

租船人或船东只要不希望借此取巧或让人有机会取巧的话，都应该在未谈妥细节的时候订入此条款（或其他更明确的条款）以作保证，不要简短地说：'Fixture concluded subject Details'"。

另外，我还请曾长期在华夏公司负责租船业务的姜副总也写了一些意见，供你参考。你可结合手中的案情去仔细分析一下，然后再考虑下一步怎么办。

姜副总的意见：

"关于外运巴西租船与船东议租约细款未达成协议是否'合约成立'问题，我提以下几点意见供参考：

（一）初看租方与船东确实未完全达成租约细款的协议，此合约 NO BIND-INS/NO CONTRACT；

（二）请细查，洽谈 CP DETAILS 双方有否设定时限答复。

船东——拖延租方迟不答复，而租方设定时限迫船东答复，船东不同意，GET OUT BIZ 正是其理由（此乃船东申辩之理据）。

（三）英国法，CP DETAILS 双方不能达成协议，确实 NO CONTRACT，已经无数案例证实的。

问题可再与船东争一下的是：

22｜2｜00 1750 LDN 主要条款中无 SUBJECT 的字眼

CP DETAILS 用'OTHERWISE CHRS BTB TERMS …（PSE FAX BY RE-TURN）'这些字眼可能抓着船东有 BINDING 或有 CONTRACT CONELUDED。

A. 如果租方与船东做过同样的 Voy. 都知道 BTB TERMS 内容，此乃 CON-TRACT BINDING。

B. 或船东过去都非常熟悉阿根廷粮食到日本，大家都知道此内容。

OTHERWISE 后面 UNDERSTOOD 是'AS PER'虽然未写明。

C. 最后面（PSE FAX BY RETURN）船东可以争议，但 A 和 B 论如果成立，此字眼是次要的。

建议，请 CLARKSONS LONDON 再争取或征询律师意见如何？

因为 OTHEROWISE 与 SUBJECT 在英国法律很不相同，我也未见过 OTHER-OWISE 有案例判 NO BINDING OR BINDING。"

答复巴西拉亚公司咨询，2000.3.1

注：本案特为巴西拉亚公司作了一次会诊，为了帮助大家更好地了解问题全貌，作者将会诊的全程情况编写入文，供大家学习参考。

135. 主合同确认，细条款未确认，合同是否生效

问：我方拟向韩国船方租船，同时又向国内船方租船。后来，我方认为国内的这条船更适合。但此时，我方与韩国船方已谈好租约的主要条款（细节条款还未达成）。于是，我方于 1994 年 12 月 19 日给对方一电传，要求对方在当日下午 3 时以前对租约条款给予确认，如果不确认就告吹。结果，对方在下午 3 时以前未回电，而是在下午 4 时 45 分才来电同意我方条款并确认（我方有一条款即租约必须在细节条款确认以后才能生效）。现在，我方认为对方下午 3 时以后的确认过时了。而对方则称我方无理，要求我方赔偿。怎么办？

答：听起来你方有理，又是在北京仲裁，可以不怕对方。但是英、美法律怎样？还是问问杨良宜先生，这样更有把握一些。

按照英国法律，如果主合同谈好了，但还有一个尾巴未谈好，在没有确认之前不能算成交；按照美国法律，如果主合同谈好了，后面的条款是否谈成，不影响成交。

不过此案，有时间限制电传，即要求对方在当日下午 3 时以前答复，否则先前谈的全部失效。而对方是在下午 4 时 45 分才答复同意你方全部条件，此时你方可表示抱歉，不能接受对方的确认，因为对方答复太晚了。

现在不知韩国船方将采用何种法律？不管怎样，有当日下午 3 时之前的时间限制，对你方很有利。

我建议：今后在租船洽谈主合同时应有言在先，即只有当主细条款都被确认以后，合同才能生效（如果你方本意如此）。这样一旦发生问题，将不由法官解释，而是有明确的条文规定，意思很清楚，对你方更有利。

答复中租公司咨询，1994.12

注：经咨询，杨良宜先生的意见：美国有判例，主要条款成交，细条款未成交，合同有效，但遭到大家的反对。按英国法，光有主合同确认，没有对细条款确认，合同不生效。尤其已声明过只有在细条款确认后合同才生效的情况下，合同应不能算成交。

136. 船租双方是否已达成有效租约

问：海商法协会咨询部：现我会接手一起纠纷，涉及租船合同是否成立、仲

裁条款是否有效，如租船合同无效，是否可提交仲裁等问题，特向你部提出法律咨询。该纠纷的简况如下：

某五矿进出口公司（简称"租方"）向印度公司（简称"船方"）租船承运一批货物，双方通过函电就所运送货物、运费、装货港、时间、付款方式、提单的签发等主要条款与事项达成一致，并且双方都在履行租船合同中的条款内容，如租方提供了货物，支付了运费，出具了银行担保；船方也收取了运费，签发了提单，货物已运抵卸港。只是该租船合同双方均未签字，该租船合同条款的磋商不是租方与船方直接进行的，而是通过双方委托的中间人进行的商谈。在双方来往函电中，双方对仲裁条款提到过多次，起初租方提出在香港仲裁，船方提出在伦敦仲裁，后因租方坚持在香港仲裁，船方也接受在香港仲裁。

现船到卸港后，因船方无单放货引起了纠纷，这是否影响提起仲裁？另外，在处理此纠纷中，租方拟采取保全措施即申请法院扣船，这样做会影响仲裁条款的效力吗？

答：根据海商法协会团体会员上海市浦东律师事务所及会员毛柏根先生提出的关于中国五金矿产进出口上海浦东公司（下称"租方"）与印度船业公司（下称"船方"）是否达成有效租船合同及其仲裁协议的问题，协会特邀请朱曾杰、徐鹤皋、孟于群等专家，就其船方所提供的书面材料，进行了认真的分析和讨论，现将讨论意见归纳整理如下，仅供参考。

（一）租船合同是存在的

1. 双方就合同的主要条款已达成一致意见

双方来往的函电中就租船所装货物、运费、装货港、时间、付款方式、签发提单及银行担保等合同的主要条款及事项，经过反复磋商，已达成一致的意思表示。

2. 双方已实际履行该租船合同

租船合同虽未经双方签字（仅船方签字），但该合同为租方提出，且租方已按该租船合同执行，如提供货物、支付运费、出具银行担保等。船方已按租船合同收取运费，签发提单，将货物运抵目的港。

3. 双方通过中间人谈判并达成的协议是有效的

根据国际惯例，租船业务通常是由出租和承租双方的代理——即中间人进行谈判磋商的。中间人代表各自的委托人，达成的协议是有效的。

电传中记载，Frever 可从船方得到 1.25% 的佣金，可见 Frever 是租方的代理，本案租方中间人与船方中间人达成协议，表明订有仲裁条款的租船合同已经成立。

4. 银行出具的担保函也表明合同的成立

银行应租方的要求出具的担保函中明确写道："依据 1993 年 8 月 31 日签订的租船合同"。该合同约定"若运费预付提单已签发，承租方银行——中国银行须向船方出具信函"。因此，租方难以否认租船合同的存在。

（二）仲裁条款是有效的

中国内地和香港地区都参加了 1958 年纽约公约，该公约对仲裁协议的要求是明确的。

根据 1958 年纽约公约第二条的规定：

"1. 如果双方当事人书面协议把由于同某个可以通过仲裁方式解决的事项有关的特定的法律关系，不论是契约关系还是非契约关系，已经产生或可能产生的全部或任何争执提交仲裁，每一个缔约国应该承认这种协议。

2. '书面协议'包括当事人所签署的或者来往书信、电报中所包含的合同中的仲裁条款和仲裁协议。"

从双方来往的函电中，多处可见，双方曾就仲裁条款反复协商过，租方始终坚持在香港仲裁，船方则提出在伦敦仲裁，直至 1993 年 8 月 31 日，船方最终放弃在伦敦仲裁，接受了租方在香港仲裁的条件——即租船合同中的第 33 条，至此，应认定仲裁协议已达成，并符合公约对"书面协议"的要求。

（三）无论是否为合同纠纷，均可根据仲裁协议提交仲裁

对于无正本提单放货的性质，目前有人认为属于合同纠纷，有人认为属于侵权纠纷，然而根据 1958 年纽约公约上述第二条第一款的规定，无论是契约性质或非契约性质，即无论是否为合同纠纷，均可根据仲裁协议提交仲裁，除非法院认定该仲裁协议无效、失效或不能实行者。

（四）本案中，租方申请法院扣船采取保全措施不影响仲裁协议的效力

无论是否有仲裁协议，租方申请法院扣船采取保全措施完全是合法的，是符合我国法律程序的，而且根据法律的有关规定，当事人只能通过法院申请扣船。

然而在双方当事人签有有效仲裁协议的情况下，根据 1958 年纽约公约第二条第三款的规定和我国《民事诉讼法》第 257 条关于"涉外经济贸易、运输和海事中发生的纠纷，当事人在合同中订有仲裁条款或者事后达成书面协议，提交中华人民共和国涉外仲裁机构或者其他仲裁机构仲裁的，当事人不得向人民法院起诉"的规定，有效的仲裁协议应排除法院对案件审理的管辖。

答复上海市浦东律师事务所咨询，1995. 11. 2

注：本问答为中国海商法协会会员提出的咨询问题，协会邀请朱曾杰、徐鹤皋及作者孟于群等人士根据该会员提供的部分材料，进行了专家讨论，给出上述答复意见。

137. 租约中的定金条款是否生效

问：现将我们的一个案子向您汇报，恳请您多多指教，告诉我们应如何分析此案并进行抗辩。

2004年4月，时值北煤南运的高峰时节，广远在天津新港停有一艘预从天津前往广州的3万吨级的散货船，河北外运与该轮取得联系，该轮初步同意承运其货物。2004年4月2日，河北外运与天津开发区盛兴电力燃料有限公司（以下简称"盛兴公司"）签订了装货港为天津新港，卸货港为广州黄埔新沙港的沿海航次租船合同，该合同的第12条关于付款方式处约定：本合同签订后甲方需在2004年4月7日中午12点之前将定金人民币陆拾万元整付给乙方（乙方向甲方提供定金收据），如到期船舶不能到位，乙方必须双倍偿还甲方定金。装货完毕甲方必须在三天内按实际装船吨数付清全部船运费（如不按时付清，乙方有权留置相等价值的货物，由此产生一切损失由甲方负责。双方任何一方违约，双方按新合同法执行）乙方需开具货物运输专用发票。合同签订后，盛兴公司签约人员称来时未带定金，让河北外运先开好定金收据派一个业务员次日跟他去天津取定金，河北外运开出一张定金收据（日期为2004年4月5日）并派一名业务员跟随其到了天津，后又以其账户无钱为由转至秦皇岛，盛兴公司向河北外运业务员提供了一张由盛隆（天津）国际工贸有限公司（以下简称"盛隆公司"）开出的汇票，出票日期为2004年4月6日。业务员回到河北外运后，河北外运经咨询有关专家认为盛隆公司与盛兴公司的关系尚不清楚，盛兴公司如何取得盛隆公司开出的汇票亦不清楚，汇票的备注中明确写着汇票的用途为付船运费而不是定金，且盛隆公司作为双方合同之外的第三人其签发的汇票下的金额能否作为有效的定金也存在疑问，因此，多次联系盛兴公司让其重新提供有效的定金，但盛兴公司始终以盛隆公司与他们就是一家，汇票没有问题而不予理睬。因定金事宜始终未解决，河北外运始终无法与广东外运正式签订运输合同，致使船方决定改运他货。河北外运后向盛兴公司提出将其所提供的汇票退回，盛兴公司同意，但在收到汇票后并未将河北外运出具给他的收据还给河北外运，而是又签发了一张盖有盛隆公司财务专用章的收据。2004 年 7 月 26 日，盛兴公司以河北外运不顾合同约定，未履行如期提供船舶的合同义务，给其造成巨大损失为由向天津海事法院对河北外运提起诉讼，要求法院判令被告河北外运双倍返还原告定金损失 600 000 万元人民币、相应利息及相关诉讼费用。

答： 听完你们的汇报及仔细看完整个案情的资料后，我有如下两部分想法，供你们参考。

（一）本案主要涉及如下问题：

首先是，盛兴公司与河北外运之间的定金合同是否有效成立？

盛兴公司与河北外运之间签订的运输合同中的定金条款应被视为作为主合同的运输合同的从合同——定金合同。我国《担保法》第九十条规定："定金应当以书面形式约定。当事人在定金合同中应当约定交付定金的期限。定金合同从实际交付定金之日起生效。"因此，判断本案中的定金合同是否生效关键要看盛兴公司是否已向河北外运实际交付了定金。这里有几点应该注意：

第一，盛兴公司作为定金提供给河北外运的汇票，签发人是盛隆公司，收款人是河北外运。根据我国《票据法》第十条的规定："票据的签发、取得和转让，应当遵循诚实信用的原则，具有真实的交易关系和债权债务关系。票据的取得，必须给付对价，即应当给付票据双方当事人认可的相对应的代价。"河北外运对盛兴公司与盛隆公司的关系并不了解，其与盛隆公司之间并未发生任何交易关系，更不用说向其支付过对价，对盛隆公司账户中的资金状况和支付能力亦不清楚，且河北外运完全有理由怀疑该张汇票是盛兴公司盗签的或通过其他不正当手段取得的，那么该票据本身的效力难道不值得质疑吗？

第二，盛兴公司在河北外运对该汇票的效力提出质疑后，始终未向河北外运提供有关其与盛隆公司是一家公司、一个法人主体的证明，在其提供的定金的有效性无法为合同对方所认可的情况下，提供此种证明完全是其履行交付定金的义务的一部分而且提供起来并不困难，盛兴公司又存在什么顾虑呢？

第三，河北外运业务员在拿到盛兴公司提供的汇票后交给盛兴公司的收据其签发日期早于汇票签发日期，并不是河北外运实际收到汇票后签发的，当时业务员几经周折后在接近银行下班时间才拿到盛兴公司提供的这张汇票，业务员一时无法确定该张汇票作为定金的效力，而为了不影响业务的正常进行，暂时收下这张汇票，将手中事先签发好的收据交给盛兴公司，这张收据在此种情况下应被视为仅仅是该张汇票的收据，还是河北外运签发时所预想的定金的收据？收据上

"定金"二字是否还能代表河北外运接收该汇票时的真实的意思表示?

第四,盛兴公司提供的汇票的备注处清楚的注明"代付船运费",这样一张用途的汇票一旦发生纠纷,盛兴公司是否会承认其提供的是作为定金的钱,而不是用来代付船运费的钱?河北外运公司不能不对此产生疑问。

这样一张权利人不能确定是盛兴公司,用途不能确定是定金的汇票如何能被认定为是盛兴公司向河北外运提供的定金?如果它不能被当然地认定为是定金那么本案中何谈定金的交付?这张汇票能否作为定金的实质效力并不会因河北外运提供的一张并不代表其真实意思表示的收据所改变。因此,本案中的定金实际并未交付,定金合同并未生效,不论河北外运是否违反了合同,盛兴公司都无权根据合同中的定金条款要求河北外运双倍返还定金。

其次是,河北外运在本案中是否存在违约行为?

本案中河北外运最终未能履行其与盛兴公司之间的运输合同,但根据我国《合同法》的规定并不是在所有情况下对合同的不履行都会构成违约。我国《合同法》第67条规定:"当事人互负债务的,有先后履行顺序,先履行一方未履行的,后履行一方有权拒绝其履行要求。先履行一方履行义务不符合约定的,后履行一方有权拒绝其相应的履行要求。"本案中盛兴公司与河北外运的运输合同中明确约定,合同签订后,甲方盛兴公司需在2004年4月7日中午12点之前将定金人民币陆拾万元整付给乙方河北外运,盛兴公司在4月7日中午12点前既未交付有效的定金,也未向河北外运提供任何可以证明其交给河北外运的汇票构成有效的定金的证明,因此已构成对合同义务的违反。而双方在合同中约定船舶的预计到达时间为2004年4月15日(+5天),因此,河北外运提供船舶的义务在顺序上显然在盛兴公司交付定金的义务之后,在盛兴公司未履行其在先义务的情况下,河北外运显然有权行使先履行抗辩权,拒绝履行在后义务。因此,河北外运未能履行运输合同并未构成违约,盛兴公司无权要求河北外运承担其因运输合同无法履行而遭受的损失。

(二)本案需进一步澄清的问题和要获取的证据:

首先,上述分析均是建立在河北外运在收到盛兴公司提供的汇票后至2004年4月7日12点之前曾就该汇票的定金效力向盛兴公司提出过质疑的前提之上的。如果盛兴公司坚持河北外运从未就此事向其提出异议,也未要求另行提供有效汇票,说明其主观上已经认可该汇票的定金效力,而只是在其无法提供约定的船舶,履行运输合同的情况下,为逃避责任,才主张该汇票不能作为定金的话,河北外运必须能够提供有效证据,尤其是书面证据证明其质疑和要求。否则,即使河北外运主张该汇票自始不具有定金效力，其实质效力不受河北外运接受与否的影响，考虑到当时船舶的紧张，盛兴公司的主张是很容易为法院所支持的。

其次，广远的船舶是何时决定不承运该批货物的，是在 2004 年 4 月 7 日中午 12 点之前还是之后？如果是之前，当时天津新港在受载期前是否还有其他类似船舶可完成该运输合同？这需要从船东和港务部门获取相关的证据，如果河北外运不能提供相关证明或对其有利的证明，那么这一事实就更加佐证了盛兴公司的主张。既然河北外运已当然地无法履行运输合同，此时盛兴公司提供的定金合同的生效与否对于确定河北外运的违约已无意义，汇票的定金效力问题就很可能被认定为是河北外运逃避违约责任的借口与托词。

再次，盛兴公司与盛隆公司是否是各自独立的法人？汇票签发之日盛隆公司账户中的资金是否足以支付汇票下的金额？取得前者的肯定证据和后者的否定证据，对河北外运无疑是十分有利的。

最后，尽管盛兴公司在其诉讼请求中仅仅要求双倍返还定金，在定金合同一旦被判定为未生效的情况下，它是否会转而要求河北外运赔偿其经济损失也是应予考虑的。因此，河北外运应清楚即使其确实违反了运输合同，盛兴公司是否因其违约而遭受了经济损失？盛兴公司在约定的船舶预计到达日能否提供货物？如果有证据证明盛兴公司并未因此而遭受任何经济损失，将存在两种可能，一是如果本案中定金合同被判定已生效，河北外运根据运输合同的约定仍需双倍返还定金；如果定金合同被判定为未生效，因盛兴公司没有任何经济损失，河北外运当然无需对其承担赔偿责任。

答复河北外运公司咨询，2004.8

138. 金康范本对散货装载有何要求

问：1. GENCON（1996）Charter Party 租船条款有何内容？1996 年有哪些新条款？

2. IMO Code of State Practice 对散货装载有怎样的要求？

答：1. 迄今并无 GENCON（1996）Charter Party，最新范本是 GENCON（1994）。现提供你英文/中文的 GENCON（1974）以及 GENCON（1994）范本供比较时参考。

专门用于运送矿砂的运输合同即租约有几种不同的范本，其中通用的有

GENOREGON 现也提供给你参考。但是建议运输矿砂时，应当采用矿砂运输合同。

租约为自由合同，合约方可以按照双方的意图洽谈订约，通常会根据双方的具体情况和提出的要求，对范本的条款进行修改或者添加附加条款。尤其发货人（卖方）/租船人会视其买卖合同的有关条款，而决定有关其运输合同（租约或者提单）条款的签订。

2. 关于国际危规问题。就租船人而言，涉及散货装载要求，视各类货物不同而有别（如矿砂、煤、糖、水泥、鱼粉等）。具体如下：

（1）要考虑散装货物本身的性质，是否容易发热、自燃、液化、遇水时是否会膨胀或产生有毒气体，装货前要掌握它的性能，注意采取必要的措施；

（2）要考虑符合国际危规；

（3）要考虑符合出口国/进口国有关法律条文和各国港口的有关规定和要求；

（4）散装运输，其中很重要的一项是租船人及船东均需考虑的大事，即船舶的稳性问题，尤其是装载一些容易移动的散装货。因此平仓积载工作必须做好，并且对费用、责任与风险，事前要有明确地表示和明确的划分。

此外，对装货后吃水的检验及采取封仓措施和签发提单等都是一些很重要的环节，一定要小心处理，因为散货的重量往往是通过看吃水来测定的。

3. 我想你们出口矿砂很可能采取程租的方式，而程租方式比较复杂，有许多值得注意的问题和条款，例如船舶的到达与装卸时间的起算、滞期速遣费及装卸时间的扣除、安全港口、装卸工人由谁雇用及其费用由谁承担、谁负责平舱、是否需要船上吊杆、谁宣载、在何处仲裁、适用哪国法律等等，如果你们不是很熟悉，建议你们去运输公司找有关专家详细咨询一下，哪怕是花钱也值得，否则，即便今天省了这笔小钱的学费，将来发生争端可能会花费更大笔的学费。

答复船务公司咨询，1998.4.18

139. 如何约定滞期费和租金对出租人有利

问：独伊公司从原船东处期租了 A 船，然后又将 A 船程租给瑞士公司。期租租金每天 1.7 万美元，程租滞期费率每天 1.3 万美元。A 船承运 5.3 万吨豆粕（饲料）于 1997 年 10 月 20 日抵湛江、上海卸货。湛江两个收货人，上海一个收货人。独伊公司与瑞士公司所签的程租租约中，订有滞期速遣条款，其卸率为

2 800吨/每天。在独伊公司与原船东所签的期租租约中约定：收货人未获取正本提单时，原船东可凭船东保赔协会的单据或银行担保放货，但在独伊公司与瑞士公司所签的程租租约中无此约定。

A船抵达卸货港后发生了问题：收货人因尚未找到买主而未将正本提单转手出去，船方一直未见持有正本提单的货主前来提货，作为程租租船人的瑞士公司坚持无正本提单不予放货，于是货物一直压在船上将A船当成了仓库，身为二船东的独伊公司急于将A船摆脱出来，想让瑞士公司凭船东保赔协会的单据加收货人的保函放货。您看独伊公司这么做可行吗？风险大吗？

答： 1. 与船舶到装货港装货一样，尽管船方得知发货人未备妥货物，甚至无货可装，船方仍须依据租约条款驶往装港，直到发货人确实无货可供，违约在先，船方才能撤船驶离港口，否则即使发货人无货可供，只要船舶未抵达装港，就会成为发货人主张船方违约在先的证据，此时，船方由主动变为被动，反倒要承担责任。

同理，程租船抵达卸货港后，要等到提货人持正本提单前来提货时，方可卸货直接交给收货人，否则船方不能擅自卸货，只有当租约中约定的允许卸货时间届满，进入滞期了，货主仍迟迟不出现，船方才能采取措施，其中包括自行卸货到码头，以尽早将船舶解脱出来，防止产生无休止的滞期，影响下一个航程的如期履行。

这时租船人就是收货人。船方由此所产生的滞期费，由于卸货而垫付的卸货费、仓租费、甚至期租影响还船的费用等，应由程租租船人即收货人承担，若其不承担这些损失时，你方可依据租约条款留置相当损失金额的货物。

2. 船方未见正本提单或未经程租租船人同意，千万不能放货，否则未付款的收货人提走了货，真正的收货人即租船人凭正本提单向A船的船方独伊公司要货，其风险是很大的。此时，船方不得以程租租船人不提货为由放掉货而不承担责任。船方一定要承担未凭正本提单放货的责任。当然，事后可向租船人索赔由于租船人即正本提单持有人不及时提货所引起的船方损失，同时还可向国内提货人及出具保函的担保方（例如银行）提出索赔。

3. 可警告租船人及时提货，否则将货卸在码头，由此引起的船方垫付的卸货费、仓租费等一切损失由租船人承担。

当然最好是说服租船人同意先卸下货物，由程租租船人控制货物，但这将涉及一个卸货费与仓租费谁先垫付的问题。

4. 因租约条款中的仲裁地在伦敦，故还需咨询一下英国律师，根据英国法，船方可在何时开始卸货？是船可卸货时就卸，还是过了滞期速遣规定的天数后卸，或是过了允许的天数后一周、两周或一个月才能卸？

5. 值得引起注意的是，期租船又转租或程租时，其滞期费应高于期租每天的费用，以赚取两者之间的差价。例如本案中，如果滞期费高于期租成本，独伊公司就不必急于卸货，将船舶摆脱出来了。同时也要防止程租租船人拖得太久，产生的滞期费太大，一旦程租租船人的资信情况不好，无能力赔付，船方的损失也是很大的，因此船方也不能一味地单从法律上考虑滞期费由程租租船人承担，而让船舶滞期太久，还不闻不问，不及时采取措施，为此船方也应考虑：

（1）滞期费太大，程租租船人是否有偿付能力。

（2）期租船的租期期间，是否会涉及最后一个航次的还船期与违约问题。

（3）是否船舶摆脱出来就好，如果市场行情好，对船东有利，尚可赚到更多的钱。

本案中，滞期费每天 1.3 万美元，租金每天 1.7 万美元，独伊公司作为程租出租人，此笔生意有问题，其要害就在于每天的滞期费小于租金，即每天的滞期费比租金少 0.4 万美元，如滞期费大于或等于租金，作为程租出租人就可以不用着急了。

答复某船公司咨询，1997.9.29

140. 租约有误是谁的责任

问：我公司租了新加坡一条船（即"冰鸟"轮），租期为 3 ~ 4 个月。租约是由新加坡船方制定的条款，后来交给辽宁外运。租约中规定的航行港口为：新加坡 - 中国香港 - 中国。现在我方决定宣布在中国港口还船，但是对方不同意。其理由是：在签租约之前，双方的来往函电中并未谈及可在中国港口还船，是最后签的租约条款有误。现在我方坚持在中国港口还船，而对方坚持在中国香港还船。请问，到底是租约有效还是来往函电有效？

答：1. 应当是最后签订的租约条款有效，除非当时马上提出修改意见并经双方签字同意。

2. 你方可以同意在中国香港还船，但是该船从中国港口开到中国香港所花的费用要求由船方负责。

3. 经查证，你方当时确实未谈及过在中国港口还船。为了友好，建议双方各承担一半费用。

答复中外运新加坡公司咨询，1989.8

141. 擅自使用他人名义租船，违约责任谁承担

问：我司与北方公司签了一个大合同，承运北方公司从俄罗斯运往欧洲的 36 万吨钢材，准备分 14 个航次完成总运量。但不幸的事情出现了，由于俄罗斯局势出现混乱，造成我司第一个航次的程租船还未到装港就被通知无货可供，要求撤销此航次，同时要求撤销整个大合同即连同余下的 14 个航次。在此情况下，北方公司只同意承担我司的第一个航次的损失，而出租人 CBC 公司依据大合同条款，要求我司不但承担第一个航次，还有其余 14 个航次，共计 15 个航次的运费损失。我公司感到涉及金额巨大，事关重大，相当棘手，请您费心答复我们的问题，并指教我们如何处理此案。我司最主要的问题：一是在此情况下，依据法律或国际惯例应承担 1 个航次的赔偿责任，还是 15 个航次的赔偿责任？二是我司是以外运总公司的名义租的船，外运总公司将会承担责任或是连带责任吗？

答：你公司未经外运总公司同意，擅自以"外运"的名义进行租船，并且签订的是承运 36 万吨货物、15 个航次的大合同，现在委托人即发货人的货物全部落空，需要取消 15 个航次的租约，案情相当复杂、金额相当巨大、你公司的处境十分被动，此案不仅涉及你公司还牵扯到外运总公司，其法律后果也是非常严重的，你公司千万不要掉以轻心，采取不理睬船方的消极态度，必须引起高度重视，采取必要的措施减少损失。根据目前的情况，建议你们，一方面积极面对船方的巨额索赔，另一方面紧紧抓住责任方北方公司。

1. 本案的严重性在于：第一，肯定会涉及外运总公司，如果你公司不出面处理和赔偿船方损失，船方就会抓住外运总公司不放，要求其承担法律责任及经济损失，他们不是要求外运总公司出具担保，就是申请扣留外运总公司在境内外的船只等财产。第二，你公司不但要承担船方第一航次的空舱损失，还要承担另外 14 个航次的巨大空舱损失，即包合同的全部责任。

2. 按照国际惯例，你公司可采用比较法（即前后两航次的利润差）来计算船方的损失。根据我国《海商法》，你公司即租方也要承担无货可供而取消租约的责任。

3. 你公司一方面应与船方进行讨价还价，据理力争，减少损失：

（1）看能否找出不可抗力的证据。

（2）对于船方任意扩大的损失，你公司即租方不承担责任。在你公司明确宣布取消所有租船合同后，船方也应采取相应的积极措施，尽量减小损失，这是船方应尽的义务。

（3）11月2日你公司就已正式取消了15个航次，其后的工作纯属为了船方的利益而去找货，并非继续履约。

（4）如果对方提出和解，你公司力争通过讨价还价，把赔款减少到可以接受的范围内，采取与对方和解了结此案。

（5）租约的仲裁条款订明"如协商解决不了，在伦敦或北京仲裁，由被告方选择"，到时，对方申请仲裁时，你公司可选择在北京仲裁（对方提出仲裁申请时再明确答复"在北京仲裁"）。

（6）你公司要坚持不出100万美元的保函，但是也要事先考虑到万一船方扣留外运总公司的船只时怎么办？你公司是否要给威林公司和华通公司先打个招呼？

（7）你公司可以租船代理擅自使用"外运"的名义租船签约为由，让船方直接找租船代理进行追偿，而与外运总公司无关。

4. 另一方面，你公司也要紧紧抓住北方公司处理此案，并要求北方公司承担无货可供所引起的一切损失：

（1）北方公司已正式委托你公司租船承运货物，而实际上北方公司并没有备妥所装货物，才出现租船到港而无货可装的局面，故由此引起的一切损失理应由北方公司承担。

（2）你公司与船方的联系情况应及时告知北方公司，有些事项应先征得北方公司的认可，尤其是涉及对船方的赔偿金额。

（3）北方公司可能会提出，我委托你公司租船，为什么租船人要打"外运总公司"的牌子？既然租船人不是你公司，那么你公司不应承担赔偿责任。对北方公司的此种说法，你公司要准备好反驳的理由。

5. 关于最后的赔偿金额，第一方案，要求北方公司承担全部损失，实在不行，你公司要争取由北方公司承担主要责任，而你公司与华威公司分别承担次要责任。

鉴于本案涉及英国法，为了慎重起见，我向熟悉英国法的杨良宜先生咨询，现将杨先生的答复转你们，我想他的意见对你们如何处理本案有很大帮助。

杨先生的答复:

谢谢你们今日的传真,目前你们有很多疑难问题,这是令人遗憾的。我建议你们租船时只要有可能订上"附条件地同意"、"附条件地不同意"的字样,以备将来有退路,或者更好的话,用一个"纸面公司"(代替中外运)作为租船人。即使中外运不得不为运费或租金的支付作担保,那么你们仍可逃脱责任,因为不履行租约所造成的损失既不是租金也不是运费的支付。

现在具体到你提的几个问题:

1. 你们租了一条船然后又取消了,这是一种违约行为,你们必须为对方因此而遭受的损失负责,损失金额通常用比较的方法计算,由于你们的违约,船东不得不另订一条别的航次,因此这个比较就是与该航次比较,举例来说,如果航运市场好转,船东能迅速找到一个很好航次,船东能挣到比与你所订的航次更多的利润,那么即使你违约,船东也没有遭受任何损失。但是如果船东为了另寻航次而滞留,或者下一替代航次运价或租金低了,那么你将会有一个诉讼案子了。

船东会要求你赔偿两个航次比较而遭受的损失——一个是其正执行的,另一个是被你取消的。我希望这个理由我已讲述清楚。

2. 我不清楚你租了这条船是仅仅 1 个航次还是 15 个连续航次?如果租的是订了 15 个连续航次,那么显而易见,如果遭受损失的话,这 15 个航次都要做比较,如果情况如此的话,损失可要大得多。

如果你们与这艘船只订了一个航次的合同,实际情况你们与别的船东订了 14 个航次的合同,这另外的 14 个航次可不能牵连进去,这种情况下你做的比较只是第一个航次,看看是否有损失,损失又是多大。

3. 你们必须要拒绝担保,为什么你们要提供?仅仅因为船东要求?如果我要求你们提供担保,你会提供吗?肯定不会!

如果你们拒绝提供担保,也不会发生更坏的后果,你们没有可被扣押的船,因此没有任何后果。船东肯定会起诉你们,即使你们提供了担保,他们也会起诉你,难道你们提供了担保,这个事情就会结束?绝对不可能!因此,没有别的更多的后果。

4. 这是你的要害之处,我建议你们参考你们自己的案件"STAR SEXAS",作为被告到北京仲裁,这会使外方当事人(外国船东)很着急,你们就能在自己的国家打官司了,你们会有一个较好的机会争取少赔甚至不向船东赔偿,因此,绝对不能同意在伦敦仲裁。

5. 总之,现在告诉船东:第一,我们不会提供担保;第二,作为被告选择北京仲裁。

你们现在就等船东到北京来参加仲裁，不要对船东多说别的话——即使是和解。

一旦你不得不在仲裁中辩护，面临这种情况，我建议你们：

（1）仔细阅读船东的损害赔偿要求，该要求基于两个航次的比较，尽量地减少该数额，但由于我对详情不太了解，我还不能提出更加详细的建议。

（2）尽力去寻找一些证据为自己辩护，看看在租约中有无"例外条款"，如果你们有"例外条款"和"负责条款"例如，"政府限令、暴动、国内动乱、骚乱等等"，你们可以辩护说不履行合同是由于去年10月发生俄罗斯的上述事件。

希望我已经解释清楚了上述观点，由于时间所限，我没能给你们做出更详细的回答，如果你们还有不明确或不清楚之处，我再来回答。

答复中外运经济合作技术公司咨询，1994.1.13

注：综合多种因素的考虑，中外运决定同出租人 CBC 公司谈判和解，并最终以150万美元（各自承担法律费用）了结此案。此后，中外运着力于在我国海事法院对北方公司的诉讼，并及时采取了诉讼保全措施，最大限度地挽回损失。海事法院最后判决中外运胜诉。有关本案的详细内容，请参阅孟于群著《国际海运疑难典型案例精析》一书（2009年，中国商务出版社）。

142. 期租船可否超期

问：我们期租一条船5~8个月，现在安排最后一个航次，去南非装矿砂运回中国。但租期要超过10多天，因市场租金上涨，出租人不同意，仍要求在8个月之内还船。我方坚持要使用最后一个航次，超过的10多天愿按市价付租金，但船方仍坚持不同意，我们应该怎么办？

答：按你们介绍的简单案情，我认为出租人的理由较充分。在此情况下，你们只能争取出租人同意推迟还船，允许你们使用最后一个航次，但如出租人实在不同意，不宜与出租人打官司。

1. 因租约条款有关租期规定的前面无"大约"（ABOUT）二字，那么就只能理解出租人要求8个月之内还船是完全有道理的。

2. 如果出租人同意延长推迟还船，当然可以，否则问题较大。

3. 虽然有人建议你故意跟出租人说，租船人租的这条船需到新加坡去装货

（实际上不存在此事实），但这样做风险太大。

4. 我意还是按时还船为好，不然赚点钱还不够支付打官司的钱。

答复中租公司咨询，1991.10.23

143. 转船租约之风险如何避免

问 1：集装箱公司从航线撤下三条船转租给上海集团，上海集团又将其中一条转租给台湾某公司。转租租约中要求填写船东保赔协会的名称，我方可否同意？

答：原则上只能填写原船东参加的船东保赔协会名称。除非租船人在某船东保赔协会投保了租船人责任险，尚可将承担租船人责任险的船东保赔协会也写上，否则没有投保租船人责任险就不要填写。

问 2：转租时，台湾某公司为了避税，要求以台湾另外一家公司的名义签署的租船协议，由台湾某公司出保函，即在租约期间出现的任何纠纷由台湾某公司负责，我们可否同意？

答：没必要做这个"好事"，因为无形中增加了你们的风险。一是你们对另外一家公司不了解，如各方面条件较台湾某公司差，必然会增加你们的许多麻烦，一旦纠纷产生，再找台湾某公司能否得到全部解决很难说；二是涉及避税问题，万一被台湾当局发现，有欺诈之嫌，就会陷入泥坑之中，难以自拔。结论：此种"好事"不能做。

答复上海外运分公司企管部咨询，2002.12.11

144. 船东有义务满足租船人的换船要求吗

问：很多包运合同都订有租船人宣布受载期后船东指定承运船舶的条款。如果船东指定承运船舶时预计船舶尚能按时抵达装港，但之后因某些原因导致船舶在预备航次中预计必然无法按时到达装货港，在此情况下，如果租船人要求船东换船，船东是否有此义务？如果船东故意使船舶延迟，根据现行英国法律，当租船人不能举证证明船东有违约行为时，租船人是否仅能解除合同，而不能索赔相关损失？这对租船人似乎不太公平，在此情况下，如何平衡船方与租方的权利义务较为妥当？租船人如何才能更好地保护己方的利益？反之，如果租船人想解除合同，何时解除方为合适？

答：1. 如果是在英国打官司，又适用英国法律，在船东无法按时派船装货时，你方作为租船人可以要求船东换船承运，但这不是唯一的办法，船东亦可不接受。在此情况下，作为租船人只有在合适的时间内解除合同，而不能索赔损失。这对租船人当然是不公平的，但英国法律在这种情况下是更多的维护船东的利益。所以当法律未改变时，作为租船人毫无办法，唯一可行的办法就是根据租约条款自由的原则，争取在租约中明确当船东无法按时指派原船承运时，有责任及时（或具体时间内）再派替代船只承运，或明确约定，当船舶延迟抵达装港装货，租船人有权解除合同并由船东承担因延迟所引起的一切损失，这样能起到保护自己的作用。如果你们经常碰到此类情形，建议向英国律师咨询，他们会提出一些更具体更有效的建议。

2. 我国《海商法》第97条规定："出租人在约定的受载期限内未能提供船舶的，承租人有权解除合同。但是，出租人将船舶延误情况和船舶预期抵达装货港的日期通知承租人的，承租人应当自收到通知时起48小时内，将是否解除合同的决定通知出租人。因出租人过失延误提供船舶致使承租人遭受损失的，出租人应当负赔偿责任。"这就是说如果适用我国《海商法》，出租人不能按时指派船舶到装港承运货物，租船人有权解除合同，同时，如果致使租船人遭受损失的，租船人可向出租人要求赔偿。当然也要注意，租船人宣布解除合同要在48小时内作出决定。

受载期限是航次租船合同的主要内容之一。由于在签订合同时，船舶抵达装货港的确切时间往往难以确定，因此，合同规定的受载期一般为一段期限，如5月1日至8日。按照惯例，船舶未在约定的受载期内抵达装货港，租船人有权解除合同。因此，习惯上将受载期的最后一天视为"解约日"。本条规定与惯例是一致的。在受载期限内提供船舶，不仅要求船舶在受载期内抵达装货港，而且应该做好装货准备，如货舱清洁、吊机可以正常操作等。船舶虽在受载期内抵达装货港，但未做好装货准备，也被视为未在受载期内提供船舶，租船人仍然可以解除合同。

出租人未在约定的受载期限内提供船舶，租船人要行使解约权，需具备一定的条件。当出租人将船舶延误情况和船舶预期抵达装货港的日期通知租船人的，租船人有义务自收到通知起48小时内，将是否解除合同的决定通知出租人。这一规定的目的是避免船舶到达装货港后再解除合同造成损失的扩大，在赋予租船人解约权的同时附加一定条件，在约束出租人的同时给予适当的保护。

本条第二款是关于损失赔偿的规定。出租人对延误提供船舶致使租船人遭受损失的，应负赔偿责任，但以出租人有过失为条件。出租人对延误提供船舶无过失，便不应承担赔偿责任。例如，由于受强风影响，船舶航行受阻导致延误，出租人就可以免除赔偿责任。值得注意的是，租船人解除合同与出租人负责赔偿，两者是相对独立的。前者不以出租人过失为条件，后者则应以出租人过失为条件。出租人对延误提供船舶无过失不承担赔偿责任，并不影响租船人解除合同的权利。相反，租船人不行使解约权，也不影响其向出租人索赔损失的权利。

1995 年 4 月作者在中外运与中国海商法协会
举办的租约研讨会上发言

3. 根据我国《海商法》第 140 条规定："承租人应当按照合同约定支付租金。承租人未按合同约定支付租金的，出租人有权解除合同，并有权要求赔偿因此遭受的损失。"因此，撤回船舶的权利是绝对的，但出租人宣布撤船，应该在合理的时间内进行，否则即丧失了撤船权。

租船人想解除合同，何时为最佳时间不好讲，一切要视具体案情，全面分析利弊后才好确定。但一般来说：①最好在制定租约条款时，就设置对租船人解除合同的有利条款；②找出租船人解除合同的理由；③估计解除合同的法律后果及承担的损失；④对利弊进行衡量。

4. 根据我国《海商法》规定，除第 47 条（承运人提供适航船舶）和第 49 条（承运船舶不得绕航）两条强制性条款的规定外，第四章关于海上货物运输合同当事人之间权利义务的规定，包括航次租船合同的特别规定，对于航次租船合同的出租人和承租人没有强制适用效力，仅在合同没有约定或没有不同约定的情况下适用。也就是说，合同有约定的，按照合同约定；合同没有约定的，按照第四章的有关规定处理。合同的约定与有关规定不同的，按照合同的约定处理。

这是航次租船合同的特殊性之一，也是航次租船合同与件杂货运输合同的重大区别。这一规定在很大程度上体现了航次租船合同当事人意思自治的原则，只要航次租船合同不是在受胁迫的情况下签订，合同条款不构成显失公平，都应承认其效力。

答复中租公司咨询，2009. 12. 15

145. 何谓"到达船舶"

问："到达船舶"的含义有哪些，应怎样理解？

答：关于"到达船舶"，有以下两种情况：

（一）"泊位租约"下"到达船舶"的原则

1. 租约中若指定了特定泊位或码头作为装卸地点时，船舶需到达该泊位码头，方被视为"到达船舶"。

2. 租约中明确了特定的港池作为装卸地点时，船舶只需到达港池内，且由租船方支配时，就被视为"到达船舶"。

（二）"港口租约"下"到达船舶"的原则

1. 船舶实际驶达海港的一个地点，在此它能有效地在租船方的支配下，可供租船方立即使用；

2. 这个地点，是靠近实际和经常装运某类货物的现场地点，或是通常船舶等待进入装卸泊位的地方。

3. 这个地点，可以在港口"商业区"范围以内或以外，但必须在港口法定的管辖范围以内。

（三）对上述规则的两点说明

1. 若由于租船方引起的直接、间接的障碍妨碍了船舶开往码头、泊位、港池或合同中规定的其他装卸地点，而船舶本身已经做好装卸准备，则按假定无妨碍就抵达，起算装卸。

2. 无论以上何种情况，起算都必须在"装卸准备就绪通知书"递交之后。

港池（DOCK），系指一定的区域范围；

港口，由于定义的方法不同，可各有不同的含义。若从港口所包括的范围的角度来定义，可以有三种，最广泛的含义是以国家领海范围为港口法律管辖区；其次是以港口当局实际管理的范围作为管辖区，一般是以船舶到达港口检疫地算作"船舶到达"；第三是在国际航运实务上，多以到达港口"商业区"作为到达港口。

答复中租公司咨询，1998.7.21

146. 装卸就绪准备通知书递交和生效同时吗

问：程租租约条款明文规定，递交通知书须在港口联检以后才有效，而船方是在港口联检之前递交的，后来一直再未递交新的通知书。

根据英国案例，有两种截然不同的判法。过去，因递交无效，后又未再递交，故滞期速遣不再计算，即船方承担滞期的风险，现在，因递交的无效，虽然后来未递交新的，但事实上已开始装卸货，故应视为租方接受了装卸开始的时间，也就是说船方与租方存在一个有效递交通知书应从开始装卸时起算时间。

在本案中，船方坚持过去案件的观点，我方坚持现在案件的观点。本案纠纷将在中国海事仲裁委员会仲裁，但适用法律未明确。孟总，如适用中国法，请告知将会是什么结果？

答：1. 有关该法律问题的明确条文肯定没有。

2. 要查一下我国的法院或仲裁机构对此类纠纷是否有判决过？

3. 我认为，不同的法官和仲裁员会有不同的解释与判决，很难讲会怎么样。

4. 我比较倾向于现在英国的这种判法，开卸后就应视为已正式递交并可生效，这样较为合理，也不会与我国法律相违背。

5. 为了避免此类事件的发生，作为船方应该注意再补交一份装卸就绪准备通知书。

6. 程租船涉及滞期速遣，即在港停留时间就是金钱，故何时递交，递交何时生效，十分重要，它将直接涉及船东的时间起算，所以我们的条款要订得十分清楚、明确，并且要切切实实照办，才能避免不必要的经济损失。

答复中外运德国公司咨询，2004.8.23

147. 装货时间从何时起算

问： 亚洲能源开发公司（以下简称"能源公司"）程租了一条船前往唐山港装运货物，租约中订有滞期速遣条款。但该船到达唐山港后，由于出租人的船舱两次被检均不合格，故能源公司无法按时装货。请问，在此情况下，装货时间应从何时起算？船期损失应由谁来承担？

答： 关于题述事宜，根据传真材料和电话交谈，我认为，本案船东提出的自2005年12月21日开始产生滞期是不成立的。其理由如下：

1. 在海上货物运输中，船东应当提供适合装载货物的船舱，清洗船舱并获得检验合格是船东的义务。

2. 船东在2005年12月25日之前，已经清洗过两次船舱，均被检验不合格。

3. 船东实际获得船舱检验合格的时间为2005年12月25日10时20分。虽然船东提出船舱已于2005年12月24日凌晨清洗完毕，是CCIC延误了检测时间。无论检测时间延误与否，均不属于发货人的责任。并且，发货人亦不清楚能源公司与船东之间订立的租船合同中是否规定了CCIC延误的检测时间应当由租船人承担，即使有此规定，能源公司也不能转嫁给发货人。

4. 由于船东2005年12月24日12时发出的NOR是在没有实际准备就绪的情况下发出的，故装货时间应当从实际装货时间即2005年12月25日14时45分开始起算。

基于以上，我认为，本案各方应当按照2005年12月25日14时45分起始的装货时间来计算滞期速遣费，船期损失应由船东承担。同时，按照买卖合同第12条第1、第2款的规定（根据传真的2页合同内容，我估计是买卖合同），能源公司应当在装货完毕后的 30 天内将速遣费支付给发货人。

以上分析，仅供参考。如需进一步协助，请随时告知。

答复某租船公司咨询，2006. 2. 5

148. 雾天停滞作业可否被扣除

问：国内某收货人向我司程租了一条船，承运进口矿砂 15 万吨。2008 年 2 月 3 日，该租船人在卸货港递交了卸货准备就绪通知书。根据租约条款，该船卸货时间应于递交通知书 24 小时后，即 2 月 4 日起生效。但该船递交通知书后未能立即靠泊卸货，而是在锚地待泊。该船卸率为每天 3 万吨。不巧的是，2 月 6 日与 7 日当地出现大雾，港务局宣布港口全部停止作业。因此，该船产生了滞期费。作为船东，我司要求租船人支付滞期费。虽然租船人同意支付，但要求扣除因大雾停止作业的两天时间，因租约中明确规定是"连续 24 小时晴天工作日"。现请您根据您的法律知识与经验告诉我们，对方的依据是否有理，以便我方决定下一步怎么处理此纠纷。

答：根据你们所介绍的纠纷情况，我认为，首先要理解"连续 24 小时晴天工作日"的定义。《1993 年航次租船合同装卸时间解释规则》规定，"晴天工作日"，或"24 小时晴天工作日"，或"连续 24 小时晴天工作日"，是指连续 24 小时的工作日，但天气妨碍船舶装货或卸货的时间或者装货或卸货作业已经进行而天气妨碍作业的时间除外。

根据这条规定，本案中租船人要求从滞期时间中将因大雾港口停止作业耽误的两天时间扣除，其理由充分，是站得住脚的。而你司以这条规定只适应货物已开始装卸，或船只已靠泊正准备开始装卸货时才适应，对于未靠泊在锚地待靠船舶不适应的理由不成立，因为该条规则只讲到"天气妨碍船舶装货或卸货的时间"，而未限制在泊位或锚地，也未特别强调船舶必须靠泊。换句话说，该条规则准确的解释是适应两种情况：一种情况是天气妨碍已开始装卸作业的船舶；另一种情况是天气妨碍装卸货的船舶，而此时，又包括两种情形，一是船舶已靠泊正准备装卸时，天气不允许，二是船舶在锚地准备靠泊装卸货时，天气不允许。

杨良宜先生在《装卸时间与滞期费》一书中（第 360 页）写道：好天气工作只是描述什么"性质"的天，下大雨的一天不会因为船舶在泊位或者锚地等货物装卸，没有准备装卸作业，而变为"晴天"。法律已经很清楚地说明，装卸时间与承租人的装卸意向无关（The "Azuero"（1957）1 Lloyd's Rep. 312）。所以，船在锚地待泊或等货，下雨、下雪、结冰、暴风等坏天气承租人一样可去享受非好天气工作天，排除在计算内，只要这坏天气是影响装货地点/泊位，而不是锚地。

当然，具体到本案，我建议你司可以该规则不适用在泊等靠装卸船只为由，与租船人协商解决纠纷。但如果对方仍不妥协，坚持要将两天大雾的时间除外，那么你方也只能放弃自己的主张，不要去进行仲裁，因为进行仲裁，你方输的可能性很大，加上本案金额不大，对方又是一个长期的大客户，不能因小失大。

答复远洋船务公司咨询，2008.2.26

149. 良好天气工作日条款可否扣除机器损坏时间

问：我公司程租了一条程租船，发货人负责装货，因其租用装货的机器坏了所耽误的时间，是否可以按"良好天气工作日（WEATHER WORKING DAY）"条款扣除？即该条款的"工作日（WORKING DAY）"是否指只要不能工作的时间都可扣除？

答：不能这么理解。这个条款只是指"天气导致不能工作"所引起的时间损失可以扣除，而绝不是指所有"不能工作的时间"都可以扣除，除非租约条款中已明确由船方提供机器装卸货，在这种情况下，如果出现机器损坏故障，可以扣除由船方承担的机器损坏影响作业所引起的时间损失。

答复嘉海航运公司咨询，2003.7.18

150. 何谓"安全港"

问：某船公司向一船东期租一条船，又程租给B国一家公司，该轮从A国到B国运输××万吨矿砂，在B国卸货港卸了××万吨，还有×万吨没卸完时突刮台风，缆绳被刮断，无奈之下欲将船舶移至远离港口的地点以避免波及其他停泊船，不料途中搁浅，施救无效而宣布共损，船体断裂发生全损。本案属安全使用中发生的物理安全事故，并且是列名港口。船东诉某船公司违背了安全港义务。

现请您谈谈何谓"安全港",并且告诉我们在本案中某船公司应如何进行抗辩。

答:1. 关于"安全港"的问题,不论是在租船实务中还是司法实践中,都占有重要的地位。所以,几乎所有的航次租船合同都要在规定装卸港口时订明是"safe port",而定期租船合同中则要求承租人指定的港口必须是"always afloat"或"not always afloat but safely lie aground"。但是大多数租约中的安全港口条款十分简略。目前,国际上关于港口安全与否及其责任归属问题,争议很多,处理结果因租约受辖的法律不同而出现差异,但对于"安全港"的定义却基本趋于一致,即普遍认可《1980 年租船合同装卸时间定义》中对"安全港"的定义:安全港或安全泊位,是指在一个港口或泊位能使船舶在抵达、进港、在港内停泊和离港的整个相关期间内,在未出现某些非常事件的情况下,不会处于运用良好的航海技术和船艺仍不能避免的危险中。因此,我们可以给安全港下这么一个定义:所谓安全港口,系指船舶能安全地进入、停靠和驶离,而不会遭受损害风险的港口或泊位(司玉琢等编:《新编海商法学》,1999 年 4 月第一版,第 283页)。

2. 安全港的内涵包括政治安全、物理安全与气象安全,本案涉及的主要是物理安全。

安全港的标准包括安全抵达、安全使用、安全离开三个阶段,本案涉及的主要是安全使用阶段。

3. 港口或泊位物理上的安全包括港口的各种软、硬件设施齐备、完善,不会造成船舶物理上的损害,通常判断安全港的物理因素主要包括以下几个方面:

(1)自然条件方面的安全,系指港口应具有能够使船舶避免恶劣气候等自然现象的危险的必要设施,如构筑防波堤、配置气候报警设备等。

(2)港口设施,系指港口能够提供足够的夜间照明、拖轮、引水员以及必要的锚地、掉头区域等。

(3)航海方面的安全,系指港口应设置能使船舶安全进出港口所需要的导航灯标等,还包括港口的航道水深和桥梁的净空能符合安全航行的要求。

(4)装卸货物方面的安全,系指港口泊位水深能够保证船舶在港装卸作业期间使船舶在各种装载状态下始终处于安全浮泊状态。

4. 因此,如果以通常的良好的航海技术和船艺能够避免危险,那么这个危险不会构成港口的不安全,因为绝大多数的可通航河道,水道,港口,码头,泊位都会有来自潮汐、海流、浪涌、沙洲、浅滩、护岸等的危险，而且这些危险会因配有照明、浮标、信号装置、警报设施和其他助航设备而减小，并且可运用良好的航海技术和船艺加以避免，但是，如果需要超乎寻常的技能才能避免危险，那么这个港口就是不安全的。

"这种安全是'预见'（prospective），即使是已冰封的航道刚有意外的港口，但预期会很快解决，并不能指责租船人在指定时港口不安全"（杨良宜《程租合约》第 192 页），所以这种预见不是绝对的，而是在合理的范围内作出的即可。

一个港口的安全的地理范围，不仅包括港口及泊位本身，还应包括进、出港口的航道及港区之外进、出港的必经之路。如果船舶不能安全通过航道上的桥梁的下方或由于航道狭窄弯曲，没有拖轮协助，船舶不能进入，而当地港口又没有配备拖轮等等，都构成了不安全港，而航道离港口 100 海里处也可能构成安全港的一部分。安全港口的地理范围应是一条线而不是一个区域，一个港口的地理区域都是较大的，但是这并不意味着要求这整块区域内的每一块面积对特定船舶在相关的时间内都必须是安全的。只要在港内外存在一条线能够保证船舶在这条线上航行，便可安全地进港、停泊、出港，那么这个港口对这艘船舶来说，就是安全港口。

另外，关于安全港口的地理范围，与航次租船合同下船舶递交装卸准备就绪通知书所要求的"到达港口"中的"港口"的要求是不同的，后者的地理范围是指"港口的商业区"，即港口的装卸作业区和习惯等泊锚地的区域。

5. 本案中，船舶在港口卸货期间遇到了不可预料的风暴，你方为了尽力减少损失，履行必要的派生义务，使船舶尽可能脱离港口不安全的危险，而将船舶驶离港口期间遭遇搁浅以致全损，你方的确尽到了恪尽职责，合理谨慎的义务。该卸货港口的选择是造成损失的间接原因，因为如果船舶被命令去其他港口的话，该船就不会受到本次风暴的袭击。但它只是一个间接原因，因为港口的选择，不涉及承租人要承担这种不可预料事件的风险。这种风险造成的损失是不能向承租人追偿的，除非船舶所有人能举证证明是这个港口的通常特性或特点，如在某个时段在该港口经常发生的事件，否则不能提出索赔。故你方能够援引意外事项的抗辩理由。

6. 实践中有些作为安全港保证人的承租人，在合同中对安全港条款作了修正，比如 BP Time Charter Party（1961）第 10 条、ShellTime 2（1958）第 3.2 条以及 ShellTime3 中都加入了谨慎处理（due diligence）文字，从而使严格责任转换成了过失责任原则，不妨仔细研究你方与船东的期租合约下的具体措辞。

7. 鉴于英国法下"配置安全说"的严格责任,在举证方面应侧重于证明某船公司对海上危险采取过一些合理的预防措施,并给予船舶足够的警示以使其避免上述危险。尤其是港口硬件上配备有标识航道的浮标、提供照明的灯光、有健全的引水、气象预报系统,有适合抛锚的区域以及供船舶在港作业的充足空间、安全的泊位设施等等。船东将船舶在港口期间的所有损失一概归为安全港责任是片面的,需要对出现的损失做出分析,哪些是由港口安全因素造成的,哪些是由其他原因(船舶所有人自身过错等)引起的,在这些分析基础上,才能得出安全港保证义务是否违反的结论。

答复某船公司咨询,2006. 10.

151. "安全港"需具备哪些条件

问:从法律的角度讲,"安全港口"具体包括哪些内容?

答:在海上货物运输以及租船实务中,涉及安全港口问题的情况有两种。一是在航次租船中,二是在定期租船中。我国《海商法》第 134 条规定:"承租人应当保证船舶在约定航区内的安全港口或者地点之间从事约定的海上运输。承租人违反前款规定的,出租人有权解除合同,并有权要求赔偿因此遭受的损失。"在《中华法学大辞典》中,对安全港口的界定是这样的:"未处于战争状态或对某船来说没有敌意和特别限制以及地理环境允许进入的港口皆系安全港口。在航次租船运输中,租船人在租赁船舶时,有指定货物装卸港口的权利,船东则有根据租船合同的规定将船舶开到装港装货、并将货物在卸港卸下的义务。指定的港口是否妥当,关系到船舶的安全、船东的利益。航次租船合同一般规定,租船人对港口的安全负责,但这种责任仅在租船人行使装卸港选择权时存在,如所订合同已经列明装卸港港名的,则表明船东已对港口的安全性无异议,港口安全问题由船东负责。在定期租船运输中,港口的安全问题一般在合同中订明。租船人在安排船舶营运时,应考虑所去港口的安全性。船长有权拒绝执行租船人违反合同的命令。对突发性事件,多变的气候因素,以及有规律性的障碍,如低潮等造成的港口安全问题,当事人不负责任。"因此,我们可以给安全港口下这么一个定义:所谓安全港口,指船舶能安全地进入、停靠和驶离,而不会遭受损害风险的港口或泊位。

那么,具体什么样的港口是安全港口,安全港口包括哪些方面的安全,安全港口的标准和要求是什么，又如何选择一个安全港口呢？

1. 安全港口的内涵

"安全"一词，当其与"港口"相联系时就意味着港口在以下几个方面都应该安全：

（1）物理上的安全

所谓物理上的安全，系指港口地理环境、港口设施等物质条件方面的安全，例如航道水深、系泊设备、助航设施等方面应该安全并适于船舶的进入、使用和驶离。作为一个物理上安全的港口，应该满足下列条件：

①具有可以利用的引航员和拖轮；

②适当的海上操纵空间；

③适当的锚泊设备。

（2）政治上的安全

政治上的安全是指在社会条件方面的安全。具体地讲，应当保证船舶不会遭遇诸如战争行为、敌对行为、恐怖主义行为、捕获或征用等方面的危险。在某些情况下，港口在自然条件方面能够允许船舶安全进入，但是，由于政治条件方面的原因，船舶在进入港口时却可能遭遇被充公、没收或扣押的危险，该港在政治上就是不安全的。

（3）气象上的安全

气象上的安全，是指在天气预报条件方面的安全。作为在气象上安全的港口，应该具有可靠的天气预报系统，如果在某地气象情况无法预报以致船舶在进港或离港时将遇到危险，则该港就不是安全港口。

2. 安全港口的标准

一般构成安全港口必须符合以下三个标准：

（1）安全到达

在安全港口条件下，船舶必须能安全地到达并进入港口。因此，下列情况下的港口是不安全的：

①如果不拆除船舶的部分结构，船舶将无法进入港口；

②如果不在港口外卸掉一部分货物，船舶将无法进入港口；

③在通往港口的途中，船舶有被袭击的可能性。

（2）安全使用

安全港口的标准还应包括在谨慎操作的前提下，船舶在港口停留期间，可以安全地利用该港口而不会受到损害。当然，安全使用绝不意味着港口可以被毫不间断地使用，换言之，在危险发生的时候，船舶可以安全撤离，该港就可被视为安全港口。

（3）安全驶离

对特定的船舶而言，港口必须具备使船舶安全驶离的条件，换言之，虽然船舶能够安全地进入或使用港口，但在离港时，船舶的安全将受到某种威胁，该港就不是安全港。下列情况是实务中船舶不能安全离港的典型：

①在卸货以后，由于吃水减少，船舶无法从桥下驶过；

②船舶在离港时被浮冰损坏。这种情况是有争议的，争论的焦点集中在安全港口的范围应该扩展到船舶离开港口以后多远的距离之内。考查此问题的标准是该航路上所发生的危险是否与上一港口经常发生的危险具有相同的特征。这就说明，船舶经过之处的任何不安全因素，只要它与港口内的不安全有着某种联系，此种不安全因素即属港口的不安全，至于危险发生之处到港口的距离有多远则不是主要因素。

3. 安全港口的范围

在海上运输中，安全港口是一个法律概念而不是地理概念。如果对其作广义上的解释，应该包括港口、泊位以及为驶往港口必须经过的地方。

（1）港口。港口是指处在沿海的供船舶为装卸货物或上下旅客的目的停留的场所。对租船合同中的"港口"一词，应该从商业意义上来解释，而不是从地理的角度来理解。

（2）泊位。泊位，从狭义上讲，是指供船舶停泊的海上空间或可供船舶在允许的限度内回旋的适当水域，由于指定安全泊位属于安全港口义务的组成部分。因而，衡量安全港口的标准同样适用于泊位，但是，指定安全泊位的义务，只是要求租船人所指定的某一个泊位应该安全，不保证整个港口或港内每一个泊位均无危险。

（3）驶往安全港口而必须经过的水域。租船人指定安全港口的范围还应包括船舶为进入港口而必须经过的区域。例如，某轮根据租船人的指示须驶往某一港口，虽然该港口内部是安全的，但船舶驶往该安全港口所经过的某个区域是不安全的，则该港同样不属于安全港口。但是，要提出这样的请求，必须满足两点：首先，该区域应具有港口的特征（例如有灯塔、航标等，至于该区域距港口的距离有多远则不是绝对的标准）；其次，船舶进入或驶出港口必须经过这一区域，别无其他选择。

答复中租公司咨询，2007. 3. 13.

152. 如何选择安全港

问：我们在租船业务中常常会碰到安全港和安全泊位问题，并且要求在租约条款中给予一个准确的描述，请问，我们选择安全港的前提是什么？应考虑哪些因素？

答：1. 考查安全港口的前提

考查一个港口是否安全，首先，应明确履行该项义务的时间，承租人承担指定安全港的义务绝不意味着在整个租期内港口都必须安全。换言之，承租人下达指定港口的命令时，港口能够做到预期安全就可以了，在船舶进港以后突然发生的事件，则不应由承租人承担责任。例如，在 KODRKOSSHIPPING CORP 诉 EMPRESACUBANADE FLETES 一案中，租船人指定港口时，港口没有任何不安全的迹象，但在船舶进港后，突然爆发了敌对行动，致使船舶在港延误。对于此案，法院判决认为，租船人在指定港口的当时港口是安全的，至于突然爆发的敌对行动，纯属偶然事件，而该事件在指定港口时是不可能预见的。因而租船人对港口突然变得不安全而造成的损失不承担责任。

其次，要明确承租人指定安全港口义务所针对的船舶。港口的安全并非是针对所有的船舶而言，而是针对特定船舶讲的。从这个意义上来说，应该做到具体情况具体分析。例如船舶的长度、宽度、是满载还是空载等，而不管其他船舶是否曾经安全地使用过该港口，因为每一艘船舶都有其自身特点。例如：某船舶，在承租人命令船舶进港时，船长就船舶的长度能否顺利进出港口的问题曾提出过疑问，承租人保证不会出现问题。然而，船舶进港以后，由于长度较大，在港内无法掉头，由此产生了损失，船方以港口不安全为由向承租人索赔，但承租人以其他船舶进出该港时均未发生此类问题为由而拒赔。法院在审理此案时认为，每一艘船舶均有自己的特点，因而对港口都有自己的要求，其他船在该港未发生问题不等于该港就是安全港口，换言之，对其他船而言是安全港口，对另一艘特定的船而言，可能就不是安全港口。

2. 选择安全港口应考虑的因素

（1）港内的助航设施有无缺陷或是否灭失；

（2）如果在某一港口内引航工作至关重要，则应看在该港有无引航员以及是否胜任（在英国，如果某一港口的引航员普遍不胜任以致形成了该港的一个特点，此时如承租人指令船舶进入该港，就可能构成承租人违反指定安全港口的义务）；

（3）在船舶所要进入的泊位中是否存在某种障碍物而潜伏着危险（如未清除干净的船舶残骸）；

（4）港内系泊设备是否有缺陷；

（5）港口是否存在某些疫情或者对货物检验有某些特殊要求；

（6）港口国家是否处于战争状态或者对某船来说存在敌意或某些特别限制；

（7）其他政治因素。

答复中租公司咨询，2006.10

153. 航速不足可否提前还船

问：美国的金融危机引发世界性的金融海啸，我国虽然受到的冲击没有某些国家那么严重，但受到的影响也是很大的，许多企业尤其是航运企业遇到的纠纷已经显现出来。目前，有一租船人因为资金短缺无法按期支付每月租金，想提前还船，理由是因为该船自租用一年来，航速达不到租约条款规定的航速。请问，一年的航速达不到租约规定，提前还船是否合法？是否可免除一切责任？由于租船人在出租人处放了 400 万美元的保证金，如果航速达不到，硬性提前还船属违约，那么出租人就会扣留 400 万美元的保证金，请问，租船人以航速达不到租约规定，硬性提前还船是否有道理？如果不行，有何好办法？

答：在金融海啸影响下，由此引起的纠纷肯定会越来越多，航运业也不例外，租船业务中的纠纷肯定也不少，这些纠纷主要源自两方面，一方面是出租人无法按时收到运费或租金；另一方面是租船人想提前还船。那么出租人遇到租船人拖欠或不付运费或租金怎么处理？租船人如何才能提前还船而又不违约？

现在还是就航速不足能否提前还船，谈谈自己的看法。

一般来说，租船人要提前还船都须按租约条款承担违约款，除非符合租约条款中所规定可退船的条件，才可免责。

至于航速达不到租约条款中所规定的航速能否提前退船并免责，不能笼统回答行与否，要视具体情况，例如，若租约规定航速是 15 海里，而接船后相差很大，航速才 7.5 海里或 10 海里，当然可以提出退船，并且要求出租人承担由于航速不足引起的租船人的损失；但是如果只差 0.5 海里或 1 海里，一般不能提出索赔，更不能以此为由提出退船解除合同。尤其是具体到本案，该轮航速不足已一年有余，在这一相当长的时间内均未提出过索赔，也未谈及过提前还船之事，现在因为金融海啸的影响，航运业突然骤降，严重影响租船业务，租船人无力支付租金，故企图以航速达不到要求提前还船，减少损失这个理由不充分。所以如果采取这一行动，存放在出租人手中的400万美元保证金肯定拿不回来，建议租船人重新考虑，进行利弊权衡后再作决定。

根据英国法，航速规定不是保证条款，一方违约不构成根本违约，为了保证合同的履行，英国法对于租约的解除是很严格的，即一般不允许解约，只能索赔，也就是说在出现航速达不到租约规定的航速时，不能提前退租从而解除合同，而只能向出租人提出索赔。如果该船只租来用于集装箱班轮运输，考虑到会影响班轮运输，对航速要求较严，只有在此情况下，若因航速达不到要求，而严重影响班轮的正常运输秩序，才有可能解除合同，但也要严格掌握。

答复广东蔡律师咨询，2008.11.5

154. 提前撤船会有怎样的后果和风险

问：在租金高位时（每天租金为27 000美元），我们租了4条德国的船，可装2 000个集装箱，租期为6年，现在行情很不好，运费和租金下跌得厉害，故我们想找一些理由迫使船东降租金或撤船。现船东称船舶共振厉害，想修船，时间约1个月，我们表示不同意，请问：能否以此为理由，要求船东降价或撤船？

答：1. 听起来就觉得你们的理由不充分，要求船东降租金可提出，但以船舶共振为由要求船东主动撤船肯定不行，要考虑你们所采取的行动将会带来的后果。

2. 将该船的租约，对方的要求，你们想到的理由等，请快件寄给我，供我考虑研究。

不知你们为何在租金高位时，对今后几年租船市场如此乐观，而一口气签订了4条期租船，并且租期为6年之久，这种做法缺乏金融风险意识，赌的成分太大，科学分析太少。

答复上海集装箱公司咨询，2005.11.15

注：本案处理过程中，双方均产生大量律师费等法律费用，船东转租船舶，还有市场租金差价损失。双方考虑各自的立场和今后的合作关系，最终撤销索赔与反索赔，进行了和解。承租人补偿船东部分市场租金差价损失。有关本案的详细内容，请参阅孟于群《国际海运疑难典型案例精析》一书（2009年，中国商

务出版社）。

155. 提前还船损失如何计算

问：租船人租用了一条租期较长的船舶，由于船舶达不到租约所规定的航速，租船人在租用一段时间后强制还船。之后船东接受还船并提出巨额赔偿，赔偿金额按照日租金损失计算。后得知，船方并没有转租或者继续运作船舶，而是采取了把此船以废钢的形式卖掉了。问题是，如果船东没有通过转租方式以减少损失，船东是否仍有权按照日租金损失要求赔偿？

答：1. 看适用哪个国家的法律，法律是如何规定的。

2. 看租约条款是否对此有明确规定，如果有，是如何规定的。

3. 如果法律无明确规定，租约也未明确规定，那么你们可以试一下，以船东既未转租又未产生实际损失为由，拒绝按日租金损失要求赔偿，争取减少一些赔偿。

4. 根据我国《海商法》第 130 条规定，定期租船合同的内容包括船速。而船速是租船合同中的重要条款。

定期租船合同的租金是按时间计算，如果船舶的实际速度与出租人声明的有差距，可能产生租期的延长，为此造成租船人额外支出，出租人要承担赔偿责任，但一般租船人无权解除合同或强制还船。当然，问题很严重时另说。

答复中租公司咨询，2009. 12. 15

156. 租船代理可否代客户取消租船

问：我们作为租船代理，代国内出口商租船，后因缺货，将该租船取消，于是出租人向租船代理山西外运索赔租金损失 30 万美元，山西外运应怎么办？

答：1. 将无货要求撤船与你方通知船方撤船的来往函电提供过来。

2. 根据提供资料，首先确定一下山西外运的法律地位，是租船代理，还是租船人？其次，即使你方是代理，在整个代理过程中有无过错？再次，撤船的程序对不对？国内出口商对撤船应否承担责任？或应承担多大责任？

3. 租约中有无仲裁条款？所定的仲裁条款是否有效？能否争取让出租人在

山西起诉你方？

4. 你方介绍的情况太简单，又没有提供相关的资料，故请你们尽快将当时客户委托你们代他们租船的委托书提供过来，将租约及其他有关文件提供过来，以便我们进一步提出建议。

答复山西外运公司咨询，2005.9.2

157. 船东可否因货未备妥撤船

问：余先生向天津某船公司程租了一条船，双方只签订了一个订租确认书（FIXTURE NOTE），装货期为 7 日至 11 日。该船于 7 日到达装货港，但租船人货未备妥，直到 12 日货备妥，准备装船时，船东已撤船。船方认为原来约定"在北京仲裁"字样的仲裁条款无效。故其一方面申请保全；另一方面在武汉海事法院起诉了租船人，索赔金额为 3 万美元。FIXTUIE NOTE 中有装卸日（LAYDAY）条款，该条款约定，由于租船人的原因，每天赔偿船方2 500美元。

租船人遇到的问题是：（1）出租人在不通知租船人情况下擅自撤船是否应承担责任？（2）在此情况下，出租人是否无权撤船只能索赔？还是可撤船但须事先通知租船人？（3）按金康（GENCON）条款，有这样的情况，当租船人备妥货，而出租人未按时派船装运时，租船人可以解除合同，并要求出租人赔偿由此引起租船人的损失，请问是否有相反的条款？

答：请你们写一情况，并将有关资料传真给我，看后再回答。

关于仲裁条款是否有效，上次已答复无效。其主要原因：一是，与我国《仲裁法》不相符，仲裁法要求是正确的、全称的仲裁机构，现仅有在北京仲裁是不行的；二是，由于北京有几家仲裁机构，从逻辑推理也无法准确推定是哪家仲裁机构；三是，待纠纷出来后，又不能就仲裁条款达成新的一致。

答复安徽某船公司咨询，2006.5.25

158. 选择撤船是否还可向船东索赔

问：我司于1995 年 6 月通过华林船舶经纪（香港）有限公司与挪威籍船东CAPEKLAV 签订了一个大合同（COA）。合同未签字，只有口头确认主要条款，合同包括四个船次在五个月里执行。第一、第二船次执行中没有发生什么问题。

第三船次装期应在 10 月 30 日至 11 月 14 日，船东派的船由于机械故障，到装港时间从原通知的最早到达时间 10 月 30 日，延迟到 11 月 10 日，又推迟到 11 月 17 日。由于面临着货主要求取消该船货物的风险，我们要求船东马上换船以保证在装期内到达装港。船东答复市场上没有船在位置上。但我们怀疑是船东坚持要用此船，而不配合。货主的态度非常强硬，如船东不能如期到达将不装船，这样给用户钢厂带来的损失是非常严重的。我们于 10 月 30 日左右开始在市场上联系其他船只，此时船东只发传真一再要求推迟装期 10 天，货主拒绝了，因为此船已一再推迟数次，货主担心此船无论如何都不可能满足此装期，我们也一再给船东机会，直到 11 月 10 日左右才取消该船次，由于船东的失误，未能派出合适的替代船，而迫使我司上市找船，并在时间非常紧迫的情况下找到了替代船，到装港时间已是 11 月 17 日，因此船是老船，航行速度也慢，到卸港时间比原船晚到半个月，所以我司在此船受到很大损失，并且我方既得利益未得到，钢厂也要求补偿损失，我司也准备向船东提出索赔约 20 万美元左右。

第四船次装期也比合同推迟，由于装港拥挤，因此对船东曾在 10 月 14 报的两条船迟迟不能确认，一直到 11 月初钢厂通知不能开立信用证，经我司一再工作未果，导致货主不能保留货物，期间我们曾发传真给船东通知第四船次取消，并告知是由于信用证未安排好的问题，是我方租船人所不能控制的原因，但船东一直提出索赔，从最初 30 多万美元到现在有一个详细的计算是 22 万美元。而钢厂方面去年 11 月到 12 月间因高炉事故停产修理，减少了矿石的进口量，因此未开证买货。我方认为应属不可抗力的原因取消此船次，但尚未向船东解释。后来，我司考虑虽因其他原因不得已取消了船东的合同，但仍希望与其合作，所以又通过华林船舶经纪（香港）有限公司询问 1996 年可否继续合作，对方答复不愿意，最终第四船次没有执行。现在船东以一条超龄、超过合同载重量的、未经确认的船舶，计算其损失，我方不能接受。

根据本案的情况，我司有下列问题向海商法协会提出法律咨询：

1. 第三船次我司索赔

由于此船次为船东失误，导致我司产生损失，但船东以我们选择取消船次而不给船方延长装期并罚款为由拒绝我们的索赔。

现在我们想提出此船索赔，但不清楚索赔是否成立，需要什么支持性的文件，并且希望能找到合适的理由和依据来索赔。

2. 第四船次船东索赔

船东向我司提出并非实际发生损失的索赔。

船东认为，如果当时我司执行此船次，他们到市场上去租船，就会赚到合同价和市场价的差价，他们来索赔是以此为依据。我司希望找到理由使他们的索赔不成立，如果由于第三船次船东违约，而取消第四船次是否成立？

答： 根据嘉才有限公司（下称"租方"）提出的咨询要求，海商法协会特邀请朱曾杰、冯立奇、孟于群等专家，就其与挪威船公司（下称"船方"）在履行租船合同中发生的纠纷所提供的书面材料及口头介绍的情况，经过认真讨论，现针对所咨询的问题作出如下分析和建议，仅供参考。

（一）第三船次中租方向船方提出索赔的要求不能成立

根据英国法律与租船合同（该合同虽未经双方签字，但已实际履行）第30条的规定，如船方未能如期派船，租方可选择罚款或撤船，但现租方已选择了后者——撤船，这就意味着其放弃了前者，即不得再行使罚款的权利，故租方无法再向船方索赔。

（二）第四船次中租方不得以买方之意外事故为不可抗力对抗船方的索赔

"不可抗力"一词的解释是非常严格的，不可随意引用。其次，买卖合同与租船合同是两个法律关系，即使按照买卖合同买方之意外事故构成不可抗力，也只能使买卖合同的履行受阻。买方与船方无法律关系，因而不能以此影响到租船合同的履行。租方以不可抗力对抗船方的理由，只能是依据合同第26条有关计算装卸时间的规定，如装港发生罢工或战争等，导致已备妥的货物无法装船，从而使租船合同有关装卸时间不予计算。再次，本案租方已告知船方信用证未能开出，即货物尚未备妥。在此情况下，租方试图以买方的不可抗力为由对抗船方，则难以奏效。

（三）核实船舶资料，查清船方是否违约在先——即是否只派了一艘按合同不能接受的船舶

派到装港的船舶，如超过20年船龄，根据合同第3条之规定，租方不能接受，属于船方违约。亦不存在租方确认的问题。在船方于此之后未曾派出符合租约规定的船舶的情况下，第四船次虽存在如船方指出的租方违约之处，但船方违约在先，其已无权向租方索赔，也无实际损失可言，故船方提出的索赔要求不能成立。

（四）关于船方的实际损失问题

如船舶未超过20年船龄，也只赔偿其实际损失，即运费差价，且须提供依据。租方不可以接受理论上的推算。而对于船方计算的运费差价，租方应予重新核算，争取将损失减少到最低限度。

现根据租方提供的材料作如下估算：

1. 运费应以合同双方约定的价格为计算依据。至于船方向其新的租方作出让步，任意降低运费，其损失与租方无关，不应让租方承担。因此，运价差额应为 11.20 元/吨 − 9.80 元/吨 = 1.40 元/吨。

2. 根据合同第 5 条的规定，在无货可供的情况下，租方的义务应按合同约定的每船保证提供 11 万 7 千吨的货物（此点可能有争议）。其运费差额应为 1.40 元 × 11.7 万吨 = 16.3 万元。

但该轮所收运费为 130.095 3 万元。多收运费为：130.095 3 万元 − 114.66 万元（9.80 元 × 11.7 万吨）= 15.435 3 万元。

由于船舶装货超过了租方保证的货载，其多收的运费 15.435 3 万元应冲抵上述 16.3 万元的运费差额。这样，船方实际损失仅为 0.864 7 万元。

根据上述估算的实际损失，如需赔偿，租方可力争减少赔偿的数额。建议据此争取和解，不宜采取法律手段解决，以免发生更多的伦敦仲裁费和律师费用等。

答复嘉才有限公司咨询，1996.5.3

注：本问答为海商法协会会员提出的咨询问题，协会邀请朱曾杰、冯立奇及作者孟于群等人士根据该会员提供的部分材料，进行了专家讨论，给出上述答复意见。

159. 船被损坏谁修理

问 1：我方期租船负责承运一批出口到马来西亚的废钢。期租船条款明确规定，在装卸期间引起的船舶损坏或不适航，由租船人承担责任。现在，该船的边水柜坏了，引起船舶不适航，需要进行修理。对此，我们有两个问题向您请教：一是此事应由谁承担责任？二是要进行临时修理，还是永久修理？

答：我的意见是：

1. 在船舶被损坏情况不明时，你方不要急于承担责任并垫款进行修理。

2. 如已有检验报告，证明船舶是装卸期间损坏的，那么你方只好认可承担责任。

3. 因有条款规定，还船后三个月内仍使船舶适航，故对于船舶损坏应做永久性的修理。但你方可要求船东安排修理并先付款，然后再来扯皮。

4. 对未买租船人责任险，你方很后悔，因前几次都未出事，所以抱有一种侥幸心理，偏偏这次出事了。故你方应吸取教训，建议你方还是要投保租船人责任险，事先将风险转嫁出去为上策，不然遇到一个大案子，就能把前几个航次赚的钱全部赔掉了，甚至可能还不够。

因没看到你们具体的租约条款，以上意见是否准确适用，只能做参考，一切要依租约条款来处理。

2003. 3. 7

问2： 我方委托第三者就船损进行了检验，其检验报告称：船壁的损坏是由于在装货时和船舶航行中货物移动造成的。

租约条款中虽规定在装卸时造成的损失由租船人负责，但要求船方在装货后或卸货后48小时之内提出，否则租船人不承担责任。请问，我方即租船人可否以船方对船损未在48小时之内提出进行抗辩？

答： 我认为，

1. 如船方索赔，你方可以提出其索赔时效已超过租约条款所规定的时效。

2. 根据航运惯例，如该船航行中是在船方的控制之下，那么船方应对货物进行合理积载与捆绑以及固定，对所装废钢应采取必要的合理措施。如由于废钢移动造成的船损应由船方自己承担，租船人对此不承担任何责任。

答复嘉海航运公司咨询，2003. 3. 7

160. 船舶搁浅，期租人如何处理

问1： 我司期租了一条吨位为3万吨船只，船东是一家美国公司。后我司又将该船程租给了一新加坡的承租人。该船去了印尼港装矿砂3万吨，卸货港为江苏常州。船舶原定2007年3月9日离开装货港，但我司从船东上海办事处获悉，该船3月9日从印尼港起锚后半小时就搁浅了。船东找了两条驳船，卸下8 000吨矿砂，采取了一些施救措施。承保公司也派人去了解情况。但之后一周就无消息了。现在，我司作为二船东尚未签发提单给新加坡承租人，新加坡承租人也未支付运费。原先，我司与美国船东在期租租约中约定伦敦仲裁，适用英国法；而我司与新加坡承租人在程租租约中则约定香港仲裁，适用英国法。另外，我司没有投保租船人责任险，船东至今也没有宣布共同海损。目前，船东方面保持沉默，搁浅船舶动态不知，所载货物情况不明。请问：在此情况下，我司应当做些

什么？如果将来收货人有损失时，会向谁索赔？

答：根据你司提供的案情，现提出以下初步处理措施，供参考。

1. 本案涉及印尼、美国、新加坡和中国的多方当事人，涉及期租和程租两个租约的合同条款，涉及管辖权是伦敦仲裁还是香港仲裁，涉及英国法和其他几个国家的法律，案情十分复杂。因此，你司应当高度重视，认真研究，及时采取果断措施处理本案。

2. 你司应当尽早委托专业律师来处理此案，介入越早越主动，越早越好，该花的律师费还是要花，这是值得的。你司如果投保了租船人责任险，就应赶紧与船东保赔协会或者保险公司联系，请他们出面解决问题；因你司没有投保租船人责任险，那么就得花钱委请律师来处理纠纷。

3. 现在，该船在印尼装货港情况不明。既然船东不将当时发生搁浅情况与目前处理情况通知你司，那么你司就必须赶紧委托印尼律师去了解和处理装货港的情况。因为只有在弄清情况的前提下，你司才能正确处理纠纷，妥善解决问题，否则将无从下手。

4. 目前，你司至少可以先做两件事情：第一，向船东表态，对于他们不通知事故的发生原因，不报告事故的处理结果，由此产生的一切后果将由他们负责，由此引起的一切损失将由他们承担。对此，你司将保留索赔权。第二，向新加坡托运人发出一份保留索赔权函。

5. 该船搁浅后，你司尚未签发海运提单，新加坡托运人也未付运费。现在，你司应当考虑如何维护自己的合法权益。建议你司与新加坡托运人重新签订一份协议，看能否让他们先付运费或者大部分运费后你司即签发提单。

6. 你司签发提单后，如果将来再发生货损货差时，常州的收货人很可能会凭其持有的正本提单向你司提出索赔，尤其是已卸下的那8 000吨矿砂还没有运至目的港，这是你司需要考虑的问题。

7. 你司应当查看原租约条款中有无关于"安全港"的规定，如有，对于"安全港"是如何具体描述的。

8. 船东可能会向你司提出巨额经济损失的索赔，如施救费用、修船费用、处理油污费用、共同海损费用（如宣布）、期租燃油耗费、到付运费、货价分摊费等，这些你司事先都要做好思想准备。

2007.3.17

问2：现在的情况是，船东仍然不理睬我司，也不告知我司有关印尼港搁浅船舶的进展情况（感觉船东认为此事与我司无关）。经证实，船东已向货主提出共同海损分摊（这对我司很有利），并与货主直接接触。因此，我司只好找货主的承保公司。新加坡承租人已付全部运费（先付 10 万美元押金，后付 30 万美元余款），收到运费后我司签发了船东提单。随后货主找船东，但船东推托称，即使货物存在货损货差，也要先修船。船东要求我司提供与新加坡承租人的租约及有关运费情况（如方便），可能是用于计算货主共损分摊。请问，在此情况下，我司将要承担一些什么责任？

答：关于你司将要承担何种责任，根据目前案情估计，问题不大，其主要理由是：（1）租船人（期租人）无过错，不应当承担责任；（2）租船人是代表船东签发船东提单，而不是签发租船人提单；（3）船东已宣布共同海损，要求货主提供担保函；（4）你司已收到全部运费40万美元。

但是，你司可能存在以下麻烦：（1）燃油需分摊；（2）船东找麻烦；（3）收货人找麻烦，因为货物晚到，出现货损货差等情况。

2007.3.21

问 3：船东至今还是不给我司任何消息，仅仅发过一封邮件，称该船卸货多少吨后浮起来，待全部卸货后需安排修船等，并保留对于不安全泊位的索赔权。收货人一直在问新加坡的船务代理有关船舶的动态与货物的情况，并要求我司告诉他们。根据提单的责任，船东应将货物运抵目的港。请问：在此情况下，船东会作何考虑？我司下一步是否也应要求有关代理收集该船的情况，准备一个应对的方案？

答：1. 关于船东当下的考虑。自该船出事后，为使搁浅船舶浮起、卸货并对船舶进行修理等，船东垫付了不少费用。如果船东继续履约，到时可能会找替代船将货物重新装上或者仍用该船装货，并依据租约或提单条款将货物运至目的港。但是对于船舶搁浅发生的费用，船东肯定会要找责任方，包括想方设法找你司即期租租船人承担责任。其理由之一，就是装货港租约条款中的"安全泊位"，船东会主张该泊位是一个不安全港口的不安全泊位。当然，船东还会以别的理由向你司提出索赔。另外，在本案中，虽然你司与收货人没有什么关系，并且是以代理人的身份签发船东提单，但是，当收货人收不到货，或者收到的货有货损货差，或者由于货物晚到而给收货人带来了较大损失时，收货人也可能会将你司作为追偿对象之一。

2. 关于你司是否应当收集该船情况并准备应对方案。该船在印尼装货港搁浅后，至今船东不曾主动给你司任何消息。你司从旁得到一些信息与资料，也很有限。因此，你司对该船的动态与货物的现状以及船东下一步的打算全然不知。这样看来，你司一直处于一种很被动的状况。没有准确的信息，就无法做出正确的判断，也无法采取合理的措施，更不能保护自己的合法权益。而本案无论如何与你司都有关系，所以为了争取主动，避免或减少损失，建议你司委托装货港的代理收集与整理一些该船的情况，并随时通知你司。另外，建议你司还是要委托专业律师替你司妥当处理此案，直到本案结束。

答复大田公司咨询，2007.3.30

161. 原船东有权要求租船人将运费作为还款吗

问：A 公司期租韩国公司一条船承运矿砂回厦门卸货。由于韩国公司欠原船东（挪威公司）租金，原船东根据原船东与二船东韩国公司所签的 NYP 条款，可留置下家未付给二船东的租金。A 公司已付第一期租金给二船东，但还有一部分租金未付，另外 A 公司的运费还未收回。

问题：1. 原船东已告知 A 公司二船东欠租金，并要求 A 公司将应付二船东的租金直接付给原船东，A 公司应怎么办？

2. 如果 A 公司尚未支付的租金，不够二船东还原船东的款项，能否要求 A 公司将应收的运费付给原船东？

3. A 公司如何处理此事才比较稳妥？

答：1. 原船东的确有权要求 A 公司将应付二船东的租金付给它，为稳妥起见，要求原船东与二船东有一协议，同意 A 公司将应付给二船东的租金直接付给原船东，他们之间如达不成协议，A 公司最好按法院或仲裁机构的判决行事为妥。

2. 此时，原船东可要求 A 公司向其支付应付给二船东的租金，但无权要求 A 公司将 A 公司应收的运费付给原船东，因为 A 公司与原船东无租约关系，同时也不欠原船东的任何款项，而运费是 A 公司的所得，与原船东毫无关系。

答复嘉海航运公司咨询，2005.7.27

162. 节省的油费可否冲抵航速索赔

问 1：我公司期租一条船舶，与船东发生航速索赔纠纷，共扣了船东 41 763

美元。现船东向我司要求返还节省油共约 20 000 美元，即用节省油冲减航速索赔。请问：在租约没有明确规定的情况下，期租船节省油是否要返还船东，或者说，在船东面临航速索赔的情况下，是否有权用节省油来冲减航速索赔？

答：关于期租船节省的油费能否冲抵航速索赔金额的问题，我已委请香港律师梁先生答复你们，现将他的意见转去，供你们参考。

根据你方提供的信息，现提出以下意见，供参考：

1. 如果按 NYPE 的租约标准条款，船东不得以因航速慢而替租家节省油钱为由，抵扣租家向船东提出的航速索赔金额。因为根据所签租约，航速是船东单方面向租家的承诺，船东不得违反，如违反了，租家有权向船东提出航速索赔。在此种情况下，一方面船东要承担未达到租约条款所规定的航速的赔偿，另一方面所节省的油钱还应归租家所有，与船东无关。

但是，曾经也有过仲裁案，裁定船东可以用所节省的油钱来冲减航速索赔金额，主要是有的仲裁员认为这样似乎比较公道。因为，一方面船东的航速未达到租约条款事先约定的航速，船东应承担赔偿责任；另一方面，由于航速慢了，等于使用的是经济速度，其结果是替租家省了油，故两者可以冲减，即船东只承担租家冲减后的损失。然而这种主张不是主流，只属个别判例。

2. 如果租约有明确约定，船东与租家可相互冲减，或有别的约定，那就另当别论了。

1999. 5. 4

问 2：关于我司向您询问的在航速索赔案中船东是否可以用节省油互相冲减一事，感谢您 5 月 4 日的答复，并感谢您转来的杨良宜同事梁志辉先生的意见。

现我司正着手委托仲裁员，准备与船东仲裁，不同意船东用节省油来冲减航速索赔（此仲裁由船东提出，船东已委托仲裁员）。

在委托过程中，接法律部信息告知，根据 1995 年劳埃德报告第二本第 164 页 MV "10ANNA" 的判例分析，原船东可以将航速索赔和所节省的耗油相抵扣。

请您帮忙核一下此事，并请帮我们分析一下，如有以上案例存在，我们是否还有必要与船东仲裁？我司的获胜几率有多大？谢谢您的帮助。

答：关于贵司的航速索赔案，因我公司（当时本人尚在香港）没有这方面资料，故建议你们还是请北京总公司法律部帮你再核实一下，或请他们将所找到的案例传真给你们看看。

上次传真给你们的是梁先生的意见，我并未发表什么意见。我本人未曾处理过此类要求抵冲的案子，很难谈出较为准确的意见，至于胜诉的几率的大小就更难讲了，因为一个案子判下来往往涉及诸多因素。

根据梁先生介绍的情况，我有一点想法跟你交流，关于抵冲问题，从公平上讲，将航速索赔与节省油款进行抵冲，不能说一点道理没有，我认为也是有一定道理的。另外，每个仲裁员的素质，处理案子时所站的立场，掌握的原则，对法律条文的解释，及其想法不会一致，或不会完全一致，再加上各国的法律也有区别，所以，对同一个案子可能会出现裁定结果完全不一样的情况，除非是明确一边倒的案子。至于对类似的不同案子，有判败诉的，也有判胜诉的，这更是常有的事情。我最终的意思是你们的案子，如判船东可进行抵冲，也是有一定道理的，船东胜诉的可能性也是存在的，既然这样，还不如不仲裁了。我之所以这样主张，原因是如果你们资金富裕，可以尝试一下，或认为道理比较充足去争取胜诉，即使败诉也承受得起。而眼前的情况是你们手上资金很紧，又没有十足的胜诉把握，如果败诉，你们不但要承担自身的律师费，仲裁费，甚至在境外仲裁，还可能要承担对方的律师费，并且花费很多时间与精力，所以，我建议你们不要去仲裁了。

答复中外运新加坡公司咨询，1999.5.13

163. 租船人可否扣租金冲抵垫付费用

问：中租公司期租了一条粮船，然后作为二船东程租给租船人，承运一批散装粮，船抵卸港时，发现舱内有虫子，故卸货前需熏蒸，大概要 6 天时间。现在原船东和租船人都称不承担任何责任，目前熏蒸费是中租公司垫付的，船期损失是中租公司的，中租公司应承担何种责任？中租公司能扣租金吗？

答：1. 关键是要找出虫子从何而来？是装船前、运输途中、还是船舱本来就有？或是所装粮食本身带有的，还是船舶租用中装过其他货物留下来的？只有确定了事实才能确定责任方。

2. 作为二船东，可办理停租手续及文件，以便日后向船东索赔船期损失。

3. 在责任不明的情况下，不宜扣租金，因为租金是租船人有义务按租约所规定的条款支付给出租人的，不是租船人与出租人发生的任何纠纷都有权通过扣租金来解决的，有纠纷可索赔，但不能一律通过扣租金来解决，除非另有约定。

答复中租公司咨询，1997.11.5

164. 租家破产，船方如何讨回租金

问：我公司将"大进"轮期租给 WESTOIL 公司，后因租船市场变坏，租船人 WESTOIL 公司财政状况极差，无理违反支付租金条款，迟迟不支付租金，经多次催收未果，故请您指示我公司该怎么办，现将本案的最新处理与发展情况汇报如下。

1. 英国伦敦的情况

我公司从船东保赔协会获悉，WESTOIL 公司资产管理人的代表律师 Halliwells 已计划在 2005 年 9 月 8 日向伦敦的公司法院申请将 WESTOIL 公司清盘，WESTOIL 公司资产管理人也将会同时向法院提出请辞。我公司估计法院会在收到有关申请后的一星期内进行聆讯，所有债权人亦会被知会有关安排。有关 WESTOIL 公司债权人的数量及其公司剩余资产的清单将会向外公布，待 WESTOIL 公司付清资产管理人及资产管理人代表律师的费用后，剩余的资产才会按比例分配给各合资格的债权人。

2. 南非扣船的安排

我公司所获悉的资料并没有显示 WESTOIL 公司的四艘船舶在短期内会到南非，但我公司会继续监察有关船舶的动态以及继续研究在其他国家扣船的可能性。

3. 中国扣船的安排

我公司获悉，被怀疑是 WESTOIL 公司所拥有的一条名为 M. V. "VASSILIOS" 的船舶，即将在 2005 年 9 月 4 日到达广西防城港卸货，随后到江苏南通港（约在 9 月 10 日）把货物卸空。船东保赔协会正积极研究在第二卸货港（南通）向法院申请扣船，并且委托北京的律师，就本案是否能在中国法院提出扣押 M. V. "VASSILLOS" 一事向我公司提出专业的法律意见。如律师认为我公司可以在中国申请扣押有关船舶，我公司将随即准备有关文件向法院申请扣船。但我公司亦需考虑是否提供反担保的安排，船东保赔协会初步估计反担保金额不会少于 50 万美元（按 30 天租金计算）。另外，我公司还需承担一定的额外风险，若中国法院最后裁定我公司败诉，我公司有可能需要承担对方因扣船而产生的损失。

4. 有关 WESTOIL 公司四艘巴拿马船的按揭安排

我公司得到未能证实的数据，提示四艘巴拿马船的按揭公司（BFC Assets

Inc.）并没有在美国当地持有有效的按揭公司执照。我公司现正就此情况要求美国律师作深入调查。若有关按揭公司被证实违反当地条例或没有资格向第三方提供按揭业务，则极有可能使他们作为有关船舶第一债权人的地位被受质疑。若我公司能对其按揭安排成功作出挑战，对于日后扣押相关船舶具有正面的影响作用。

对上述情况有任何意见，请及时通知。

答：看来，有关"大进"轮案件的各项工作进展得很不错，你们下了很大的工夫，与船东保赔协会的合作也是卓有成效的。

关于你在邮件中提到的在中国南通港扣船一事，我有以下一点意见供参考。

因为你们只是怀疑 M. V. "VASSILIOS" 轮属 WESTOIL 公司所有，并不是非常确定，所以一旦扣错船，代价是比较大的。建议你们与律师深入研究在南通扣船的可行性，权衡一下可能导致的得失利弊。如果律师认为综合各方面的情况和信息，扣错的可能性比较小，那么你们提供一定的反担保也是可行的；但如果律师也不确定，而且船舶属债务人所有的信息的真实性难以证实，当法院要求你们提供高额反担保时，你们就要慎重了。

总之，建议你们与船东保赔协会和律师多多沟通，抓住机会，但切不可草率行事。祝顺利！

答复香港中外运航运有限公司咨询，2005.9.6

附件一：香港中外运航运有限公司有关该案的最新进展汇报（一）

根据我公司上次汇报的有关标题案件的处理情况，现将此案最新的进展情况作进一步汇报。

（1）英国伦敦情况

WESTOIL 公司资产管理人的代表律师已于 9 月 9 日向法院申请终止作为 WESTOIL 公司资产管理人的任命，同时要求收取有关费用。上述申请已定于 10 月 3 日在伦敦的公司法庭进行聆讯。

根据资产管理人向法院提交的文件，就是否考虑向法院申请终止资产管理人要求索取其费用的请求，我方律师意见如下：

（a）资产管理人所提交的证词，绝大部分是为他本人的行为以及他所提交证据的一致性观点上作出解释。

（b）我方所争辩的论点是：是否容许资产管理人从 WESTOIL 公司支取其费用？此金额超过 10 万英镑，我方认为有关费用并不合理。再者，由于资产管理人所提供的数据不太全面及正确，最终导致资产管理计划不能有效地实行，所以 WESTOIL 公司的董事或资产管理人应该自行承担有关费用。

（c）我方向法院就资产管理人收取费用而提出反对的论点，好处是可以将我方认为资产管理人的不当行为，通过法院要求对方就每项提问作出回答。假若我方最后胜诉，法院可能命令资产管理人个人承担我方的诉讼费。反之，我方最终就要承担对方的诉讼费。另外，我方律师已邀请其中两家主要债权人的代表律师，商讨联名向法院提出有关申请。

（d）（i）并没有证据显示资产管理人向 SSY 提出任何索赔的行动。

（ii）资产管理人认为根据他过往处理众多类似的个案，安排资产管理计划是不需要准备财务报表的，有关资料可以从公司的董事获得。上述处理的手法与我公司指称资产管理人没有充分考虑公司的真正财政状况是一致的。而且，亦没有书面的证据显示，资产管理人曾经建议 WESTOIL 公司的董事在公司处于最恶劣的情况下，应怎样评估公司的价值。虽然没有有关的法律要求，但财务报表确实能清楚地反映公司的真实情况，以及对于评估公司是否安排资产管理计划是一个适当的处理方法。

（iii）从资产管理人所提交的附件，得悉他们所安排的资产管理计划可能是一个策略，用来以回避对 WESTOIL 公司仲裁的行动，并不是一个对于财政困难的公司所作出的真诚的拯救计划。

综合各方面的材料，我方律师建议向法院申请终止资产管理人要求索取其费用的请求。

（2）南非或其他国家扣船的安排

我公司已指示船东保赔协会要求英国的调查公司尽最大努力，跟踪四艘相关船舶的动态，为日后在适当地方进行扣船的安排做好准备。

（3）中国扣船的安排

根据律师意见，按现时中国的法律，对于 WESTOIL 公司拥有的其他船舶，我公司并不能向法院申请扣押。

但全国人大可能在今年（2005 年）10 月份宣布有关中国公司法进行修订的安排，其中一项对于公司法的重要修改是将会采纳"揭穿面纱"的法则。律师建议待有关法律条文正式对外宣布后，才能进一步研究在中国扣船的可行性。

（4）有关 WESTOIL 公司四艘巴拿马船的按揭安排

我公司及船东保赔协会已聘请一位在美国 Massachusetts 的当地律师，进一步研究有关按揭公司执照有效性的问题，以及有关按揭公司被证实违反当地条例或并没有资格向第三方提供按揭业务，能否导致他们作为有关船舶第一债权人的地位被受质疑的问题。

如对上述情况有任何意见，请及时通知。

2005 年 9 月 21 日

附件二：香港中外运航运有限公司有关该案的最新进展汇报（二）

根据我公司上一次汇报有关标题案件的处理情况，现将此案最新进展情况作进一步汇报。

10 月 3 日，伦敦的公司法庭进行了聆讯，法庭命令 WESTOIL 公司的资产管理人实时终止其职务，WESTOIL 公司亦同时被立令安排清盘。资产管理人及其代表律师向法院申请，要求收取费用约 12 万英镑，我方律师与船东保赔协会原先计划就上述有关的申请向法院提出反对，但考虑到没有其他债权人同意分摊诉讼费用（我方预计约 22000 英镑），即使我方胜诉，日后按比例分摊的金额与所付出的诉讼费用相比并不合理，所以我方律师最终决定对此不采取行动。

有关委托清盘人的安排，我方会与其他主要债权人基本上达成一致意见，致函要求破产管理署向 Secretary of State 正式提出申请，委任 Mr. Earp and Mr. Conquest of Grant Thornton 作为 WESTOIL 公司的清盘人；并且建议安排在 11 月的第二周召开会议，主要是对于 WESTOIL 公司的董事以及其资产管理人的行为，特别是涉及一些没有申报的资产而被怀疑是属于 WESTOIL 公司拥有的项目，如需通过清盘人或其他途径作详细调查时，评估其他债权人对于上述安排所持的态度。现时得悉 WESTOIL 公司的剩余资产约为 20 万美元，这个数目还未包括日后支付清盘人的费用。

另外，船东保赔协会得悉，被怀疑属于 WESTOIL 公司拥有的一条名为"Vassilios"的船近期已出售，卖价为 1 860 万美元，我方相信有关金额将会通过纽约付还到 BFC Assets Inc. 。船东保赔协会与美国律师商讨后，认为现阶段向纽约法院申请将上述款项冻结，有机会被对方借词以"Wrongfully Attach"的理由反诉我们。但另一方面，考虑到上述行动可能对 BFC Assets Inc. 、WESTOIL 公司等有关方的彼此关系，有机会在美国纽约的法院作出验证，所以美国律师认为有必要将上述船舶在巴拿马登记的全套按揭文件做深入研究后，才决定采取适当的行动。

如对上述情况有任何意见，请及时通知。

2005 年 10 月 26 日

附件三：香港中外运航运有限公司有关该案的最新进展汇报（三）

根据我公司上次汇报有关标题案件的处理情况，现将此案最新进展情况作进一步汇报。

我方英国律师（Mr. Duncan McDonald of Stephenson Harwood London）会同船东保赔协会（Mr. Ken Little John of The Swedish Club Hong Kong Ltd.）已于11月4日与清盘人进行了一次会议，主要内容如下：

（1）说明我方对于 WESTOIL 公司过往所提供的资产材料有所怀疑，特别是 WESTOIL 公司与其有关的公司所经营的业务，并没有在他们先前公开的账目上如实反映出来。

（2）我方要求清盘人就以下事项作优先调查：

（a）WESTOIL 公司在初期委托资产管理人的相约时间内，我方已注意到由 WESTOIL 公司的其中一位董事签发了两张总值40万美元的银行本票给予 WESTOIL 公司所委托的资产管理人，我方律师曾多次要求 WESTOIL 公司解释上述金额的来源及其用途，但一直得不到对方正面的回复。我方怀疑并有理由相信上述类似的行为，还有可能发生而并未被发现及披露出来。

（b）WESTOIL 公司其中的一项业务是船舶管理，但在他们所公开的资料中，并没有任何证据显示 WESTOIL 公司曾经收取船舶管理费用。

（3）清盘人告知我方，这次清盘费用约为3万~4万英镑，并将会在 WESTOIL 公司的资产内优先扣除。按现时的情况及扣除上述清盘费用后，WESTOIL 公司的公开资产只剩余约10万英镑。

（4）债权人有权要求成立委员会，可以由最少3位独立债权人或以上组成（但总人数必须为单数，主要是因为投票时需要大多数票来通过决议），日后投票的准则是以占大多数已投票的债权人为准，而并不是以每单一债权人索偿金额多少为准。

另外，我方律师及船东保赔协会亦代表我方出席了11月7日的主要债权人会议，参与会议各方有：

Great Ambition Shipping Inc.

Samsun represented by More Fisher Brown

Western Bulk represented by Ince & Co. and UK Club

Montario Shipping & Refined Success represented by Holman Fenwick & Willan

Sinochart Beijing represented by Richards Butler

会议内容主要是向其他债权人讲述我方与清盘人在11月4日的会谈纪要，

另外亦希望争取全体主要的债权人都能派代表加入债权人委员会及作出一致的投票，确保我方向清盘人提出的要求可以在委员会得以顺利通过。

清盘人已宣布将于 11 月 29 日召开债权人会议，商讨成立债权人委员会的目的及有关安排。另外，我公司该船之船东保赔协会律师与 SSY London 的管理层于 11 月 2 日在伦敦亦进行了会议，SSY London 声称可以考虑向我方提供关于 WESTOIL 公司可能的船舶交易情况，但我方必须向他们作出书面确认，同意承担由于他们披露出来的资料而引致的一切责任及风险；由于涉及责任及风险巨大，我方对上述要求表示不能接受。

按现时的情况，由于我方还未能取得确实的证据来支持对被怀疑属 WES-TOIL 公司的资产作进一步行动，包括向美国纽约法院申请扩大我们现有的冻结令（范围并不限于被怀疑属 WESTOIL 公司所操控的公司或先前所提及位于美国的船舶按揭财务公司 – BFC Assets Inc.），或向其他国家的法院申请扣押被怀疑属于 WESTOIL 公司拥有的船舶。我方希望能通过债权人委员会，要求清盘人向 WESTOIL 公司就其资产作进一步调查。借助清盘人的力量及权力，可以正式要求 SSY London 或有关方面提供资料及协助调查工作。我方认为上述安排对于日后的工作会有一定的帮助，以及具有正面的影响。

如对上述情况有任何意见，请及时通知。

2005 年 11 月 23 日

附件四：香港中外运航运有限公司有关该案的最新进展汇报（四）

此案件在 2006 年上半年并没有突破性的发展，最主要的是在 1 月 10 日召开了债权人会议，并通过成立了破产管理委员会，成员有 3 家公司，其中包括"大进"轮的注册船东，委员会最主要的目的是协助清盘人在处理公司清盘的过程中合理地对待债权人的所有利益。清盘人在上述会议上亦作了口头工作汇报，并得悉他们与资产管理人曾经进行了会面，但在彼此的会谈上，对"资产管理人在接受其任命前，是否为他所建议的资产管理计划是否合理而作出了适当的考虑"这一点，并没有作深入讨论或有所肯定。

清盘人亦曾到访资产管理人的公司及其代表律师的办公室，收集及阅读了有关档案，并进行了初步的分析，显示采用资产管理计划对债权人的效益不大。但由于所有的债权人在会议上均表示不再愿意支付任何费用，包括通过法院投诉资产管理人的不合理收费及其专业操守；而且法院将会要求由清盘人就有关投诉提出足够及合理的证据来支持投诉的论点；另有关争议性的金额约为 20 万英镑，估计所需的诉讼费有可能超越上述数字，所以律师及船东保赔协会均不建议对有关资产管理人的投诉继续坚持下去。

另外，由于法院已颁令租家进行强制性清盘，我公司先前向法院提交的50 000美元用作申请冻结租方资产令的担保金，随着强制性清盘令的发出而自动撤销，我公司已收回上述担保金及利息，合计金额为50 936.35美元。

现时最新的情况如下：

（1）清盘人现正与美国律师联系，要求他们确认已将先前美国法院颁布的冻结租方的资产令解除，以便我方得悉是否有租方在美国的资产被冻结。

（2）目前收到租方债务人确认交付的金额为42505英镑。

（3）清盘人与租方两位董事作首次会面的时间距今已有8个多月，其后清盘人先后在2005年12月及2006年2月，要求他们说明有关租方在2002年、2003年、2004及2005年的现金流量情况。清盘人将公司有关账目记录用来分析船务现金流量的情况，同时利用银行账户与公司船务记录作一比较，发现从船务得来的现金流量与公司银行账目两者的数额出现较大的差异。直至2006年5月份，清盘人才收到租方两位董事简短的回复，称他们是通过公司租船业务的扩展，从而将资金分散到其他业务上，所以使上述差异出现不成比例的增长。清盘人对此解释并不满意，而且会继续就有关情况作进一步调查。

2006年8月1日

165. 程租船能否扣留滞期费

问：从印度进口矿砂1.2万至3万吨，由马士基承运。租约订明滞期费6 000美元/天，速遣费3 000美元/天，滞期费60天结清。该轮于2002年10月25日在连云港卸毕，装卸港无下雨记录。收货人以装港的商检报告，水分有差距，索赔24.8万元人民币。本应12月24日付滞期费给马士基。

本案中有两个租约，即马士基与北京外运签署的一个程租租约，北京外运与山西三联正丰又有一个程租租约。产生纠纷后，北京外运向山西三联正丰索赔5万美元，如果协商解决不了，在伦敦仲裁。请问，我司应如何处理此案？

答：我认为可从以下三条途径中衡量利弊后选取一条。

1. 按租约给原船东马士基5万美元的滞期费，不再扣留拟留置的3万吨货物，然后继续向山西三联正丰索赔5万美元的滞期费。

风险：（1）山西三联正丰不给5万美元；（2）山西三联正丰扣除所谓质量

损失费 24 万元人民币，只付 2 万美元。

2. 先扣下价值 5 万美元左右的货物（向法院申请诉讼前的扣货），然后去伦敦申请仲裁。

这里有一个技术问题，一票提单 3 万吨，如果只扣 5 000 吨，提单怎么分割，如果扣多了，引起的一些损失究竟由谁承担？

3. 放货前，让收货人出具一个银行担保，或由一家你方可接受的单位出担保。

答复北京外运公司咨询，2002.12.23

166. CIF 条款下滞期费谁承担

问：北京华润公司从新加坡进口橡胶，卖方租船，CIF 条款，船到大连后，由于报关不及时，造成船东租期损失，船东要求买方承担在卸货港的滞期费或提供 10 万美元的担保，否则就扣 100 吨橡胶。船东这样做是否合法？

答：1. 你方与船方没有任何契约表示要对卸港的滞期费负责，船方应向与其订立滞期费条款的货运合同的另一方主张滞期费。

2. 你方不是租船人，且已支付了包括运费在内的任何费用，与船东没有任何债权债务关系，根据我国《海商法》第 87 条的规定，船方无权扣货。

3. 如果船方坚持无理扣货，则你方可以申请扣其船舶。

4. 再仔细看一下有关资料，报关是否确实由你方负责，并且是因你方而引起的，如果是，确定耽误船期的时间与损失金额，在打官司之前，按照实际损失赔付船方也是可以的，因为船方虽然不能扣留你方货物，但是索赔权还是有的，关键看船方与谁订立了滞期速遣条款。

答复北京华润公司咨询，1996.12.10

167. 大生意中潜伏大风险，"急"中要生智

问：现有 480 万吨柴油，属欧佩克 7%，美国与俄罗斯均不能直接做这笔生意，需找第三方，现在找到我绥芬河外运，俄罗斯是买方，美国是卖方（目前两笔合同均未签署）。我们仅是中间商，负责收款与转账。

黑龙江外汇管理局，收到美国钱后随时转给俄罗斯，留下佣金，美方出具一

个资信证书，俄罗斯方面也同意，绥芬河外运的承诺是收到美国汇款后即支付给俄罗斯。

荷兰鹿特丹→圣彼得堡，每月 40 万~60 万吨，FOB 条件，负责海运租船，代办保险每吨 50 美分，设流动小组，绥芬河外运一年可收入 200 万美元。

在这笔无本生意中，我们的原则是收到美国付款我方才给俄罗斯，买空卖空生意，每笔要有 100 万美元的佣金收入才能做。但如果结算单据有不符点时怎么办？请您替我们出出主意，作为中间人开展这项业务是否存在风险，但一年的收入可观，时间很紧，机会难得，望明天下午就能给我们答复，因为后天我们就要与美方签合同。

答： 在此生意中，并非只存在一个美方与俄方的买卖合同，实际上存在着两个买卖合同，即你们与美方的买卖合同和你们与俄方的买卖合同。你们绝非只扮演美方与俄方之间的中间人角色和只承担中间人的责任与义务。此事我看没那么简单，风险、责任看来不小，因为对美方来说，绥芬河外运是合同的买方，故肯定要承担作为买方的风险及责任。对俄方来说，绥芬河外运是合同的卖方，故肯定要承担作为卖方的风险及责任。

另外绥芬河外运还要承担作为转汇方的责任，如果在转汇中有过失，同样要承担责任。

如果还负责租船、投保等业务，则需要承担的风险与责任就更大了，尤其是 480 万吨柴油的大合同租船，所以一定要看看所有单据与合同，分析其责任究竟有多大，我们能否承担与控制，然后再做一个方案决定是否做此笔生意。

另外，在看完绥芬河外运购买柴油的合同后，我的进一步意见是：（1）如绥芬河外运签了合同，其责任不小。（2）该合同当事人太多，很复杂。（3）绥芬河外运未见到俄罗斯的合同、且未准备签约时，与"美国"的合同不能签，因为两个合同如果差异很大，绥芬河外运就无法做此生意。

答复黑龙江外运公司咨询，2002.12.7

注： 美国卖方称实际发货人在南非并不在美国，经与我国驻南非使馆商务处联系调查，南非并不存在美国卖方所提供的那家发货人。看来这档生意实际上很可能是一个大骗局，法律部果断作出明确指示，让下属公司不要再与美国卖方签什么合同，断绝与他们的关系，从源头杜绝了上当受骗。

168. 承租人违约怎么办

问：香港粮油公司期租一条船给承租人，租约条款订明，打算装原木（LOG），航行路线是去澳大利亚、新西兰，在韩国接船，回来在远东交船。而现在的实际情况是，接船后，承租人擅自指示船长装钢材，卸港为美国和加拿大，回头货装什么还不知，租期为 60 天~80 天。问题：承租人所装货物不是原来租约订明的货物，航行区域也改变了，虽然现在未有什么损失，作为船东应怎么办？

答：我认为，承租人的确违约，但因租约条款中未就违约行为有相应的违约金条款，而现在又未对船东造成任何实际损失，鉴于这种情况，只能给承租人一封信，表示对方已违约，且对于违约将造成的我方损失保留索赔权。另外，如不能按时还船，引起损失也可提出索赔。还有如当时船东的确是因承租人装原木，去澳大利亚、新西兰，所以租金的计算低一些。假如船东一开始就知道是装钢材去美国、加拿大，肯定租金的计算会高一些，现在船东也可索赔合理的租金差。

答复香港粮油公司咨询，2000.1.24

1995 年 8 月 14 日作者在中租公司于庐山举办的
租船业务研讨会上发言

169. 租船人不付运费，船方怎么办

问：中国租船公司向厦门经贸船务公司期租了一条船，然后以期租方式转租给另外一家公司，另外一家公司又以程租方式出租，其程租人为国内的一家公司。现在该轮在南通第一装港装了去印尼的货，并已签发提单交给了发货人，按照租船合同，该轮还得去另一港口装货。但根据租约，第二租船人（另外一家公司）应付的租金未付，经催过多次也未付（提单上打的是运费到付）。在这种情况下，作为第一租船人，即二船东中国租船公司应当怎么做？请问：1. 能否到另一港装货不去印尼？2. 能否不去第二港装货？3. 能否到第二港装货，但扣住提单不给发货人，从而迫使发货人去找第二租船人？4. 能否不去卸货港而将货物卖掉？5. 是否还有别的好办法？

答：1. 不能去另一港装货而不去印尼。因为第一港已装货且已签发提单，所以中国租船公司与第二租船人的纠纷不能妨碍其根据提单应当履行的义务。

2. 可以不去第二港装货。中国租船公司可以告知发货人，因为第二租船人不付租金，无法去第二港，故不装货，让发货人去找第二租船人。

3. 不能扣住提单。既然收了货就应签发提单，这是船东的义务，但可以在提单上作批注。

4. 不能将货卖掉。即使是运费到付的货，作为船方必须首先将货物运到卸港，在卸货前可要求收货人支付运费，否则留置货物。至于能否将货留置在船上还是卸下来留置，则视各国法律而定。而且可要求付给第二租船人运费的那家不要将运费付给第二租船人而付给你方（告知其原因，并警告他不要付给第二租船人，否则他们还需承担责任），但对方不会轻易将运费付给你方，只有对方拿到法院判决书应付给你方时才会付给你方，或者你方、第二租船人与对方三方约定先交给三方都同意的一方，或者要求租船人指示对方将款付给你方。

5. 暂时想不出还有何更好的办法，实在不行，只有在履行了提单义务，在卸货前要求收货人付运费，否则留置货物。同时根据租约条款，决定是去法院起诉，还是通过仲裁机构提起仲裁。

答复中租公司咨询，1997.1.24

170. 承运人未收到运费怎么办

问：我国《海商法》第257条规定："就海上货物运输向承运人要求赔偿的

请求权，时效期间为一年，自承运人交付或者应当交付货物之日起计算。"

如果租船人未付运费，船东为迫使租船人支付运费，在卸货港留置了货物，但租船人仍迟迟不付运费。被留置的货物并非租船人本人所有，如果正本提单持有人向法院申请强制交货以及起诉承运人留置错误，其诉讼时效应当如何计算？如果收货人迟迟不主张提货，承运人又应如何处理？是否可以按照我国《海商法》的相关规定申请法院拍卖？

答： 1. 如依据正本提单主张承运人扣货错误，要求强制交货，其诉讼时效应为一年，起算时间也应从自承运人交付或者应当交付货物之日起计算。完全可以依照我国《海商法》通过法院进行拍卖。

2. 如果属租船人提单，提单持有人依据提单只可向租船人提出索赔，而租船人只有依据租约条款向船东提出索赔。

3. 如果属船东提单，那么提单持有人与船东的法律关系是依据提单条款。

4. 在程租船的情况下，船东签了海运提单，即使租船人未付运费给船东，此时船东也只能依据租约条款向租船人索赔运费，而不能扣船上不属租船人所有的货物，并且还应依据所签发的提单将货物运抵提单上列明的目的港卸货。

5. 在租约条款全部或部分并入提单的情况下，要特别注意：仲裁条款的特殊性和独立性。这种租约条款并入提单时，租约的所有条款都可并入，唯独租约中的仲裁条款若要做到有效并入必须特别指明"仲裁条款也并入"，其并入条款须这样写"租约的所有条款都并入提单，其中包括租约中的仲裁条款"。如果只有前半句，而没有后半句，虽然有"所有条款"字样，但仲裁条款也不算有效并入，也就是说，提单持有人与船东之间并不存在事先订有仲裁条款的协议。

6. 提单的签发与租约相矛盾的问题

缔结了规定运输合同条款的租约后，船东不一定仅仅按此租约行事，有时还可能存在与租约有关的别的合同，船东也必须遵守。出现这类问题往往是在船舶按期租租出时，船东中途因某种原因欲行使撤船权利的情况下。例如，当租船人未付租金或未付其他应付款项，依据租约条款，船东通常有权向租船人发出撤船通知并撤船。但是，如果船东同时是提单合同的承运人，情况就大不一样了。此时，他必须履行提单合同，将所载货物运到目的地。尽管他在完成一个航次运输后未得到任何收入，也不得不履行提单的义务。经常发生这样的情况：货主将运费付给了期租合同的租船人，而租船人却不向船东付租金，这种情况下，也不能免除作为承运人的船东履行提单的交货义务。

提单与租约相矛盾的另一个例子是留置权。大多数期租合同以及许多的航次租船合同都有一个留置权条款，允许船东在得不到租约规定的租金或运费时留置货物。然而，如果签发给货方的提单既没有明示地规定留置权条款，又没有并入租约的留置权条款，而收货人又付了运费的话，船东就无法依据租约条款的规定行使其留置权。

答复中租公司咨询，2009.12.15

171. 地震导致亏舱损失谁承担

问：前几天，智利发生8.8级地震。此前，我司作为发货人和租船人程租了一条船。按照租约条款，装货量为4.6万吨（±10%，即船方最多可宣载5.06万吨）。在地震发生前，船方已宣载可装5.06万吨。但地震发生后，当地港务局怕不安全，要求该船最多只能装到吃水11.18米，即只能装4.4万吨。也就是说，较船方宣载数量少装6000多吨货物。现在船方向我司开来的发票却是按最大宣载数量即5.06万吨收取运费的，我们认为船方的这一要求不合理，因为少装货物是由于地震造成的，应属不可抗力，故船方只能按实际所装货物即4.4万吨向我司收取运费。您认为我们有道理吗？您看怎么办？

答：根据你电话中所讲的内容及与你沟通的情况，我认为，你们要求按实际所装数量付运费是有道理的，故建议你们先进行抗辩，看船方如何回应与提供一些什么证据，再研讨下一步怎么办。

本案中，我认为你方主要的理由有如下几个方面：

第一，双方在Fixture note协议中规定其他未列明的内容按金康94租约办理，而金康94中明确规定在不可抗力的情况下，可以免除责任。

第二，该船在智利装货时正好赶上发生8.8级地震，由于地震原因引起船方少装货物应属不可抗力，故你方应免责。在这种情况下，不可能让该船临时再去补装货物，也不存在可到智利临近港口去加载，唯一合理的处理办法就是按照当地港务局的规定货物装到吃水为11.18米时离港。

第三，当时是当地港务局为了船货的安全与港口的安全，而要求该船所装货物的吃水不得超过11.18米，这属当局命令，也是船长同意的，这是一种正当合理的做法，而非租船人即你方擅自作出的决定。

第四，如果说该船少装货物损害了船方的利益，那么同时也损害了租船人即你方的利益。船方有亏舱费的损失，你方的货早已备妥，有仓储费的损失；如果说有损失，则双方都有损失，并非你方为了自己的利益作出的决定而导致船方的损失（实际上在这种情况下，港务当局的这一决定是为了保护各方利益的安全，对各方都是有利的）。

第五，如果说船方的理由成立，那么你方已备好的所有货物，船方少装了6 000 多吨货物，由此引起你方的一切损失，也应由船方承担。

答复远洋船务公司咨询，2010.3.2

172. 谁为信用证笔误买单

问： 长运公司租了一条程租船，租约中卸货港定为南京，买卖合同中规定的卸货港也是南京，但国内买方开信用证时，将"南京"误写成"上海"。

货装完后，船东签发了卸货港为上海的提单，长运公司收到提单副本后才知道卸货港有误。

由于信用证的错误，长运公司当初要求修改信用证，强调应以租约为准。船到南京后，船东不让卸货，有了泊位也不卸货，结果产生了滞期费，并要求租船人即长运公司承担。

请问，在程租情况下，当提单标明的卸货港与租约约定的卸货港不同时，应以提单为准，还是以租约为准？在本纠纷中引起的船舶滞期费应由谁承担？

答： 我认为，你们可以租船人的名义向船东表明下列意见：

1. 指出船东违约，租约明文规定，卸货港是南京，由于船东的违约，引起租船人的损失，船东应赔偿。另外，引起的滞期损失应由船东自行负责。

2. 租约与提单条款发生冲突时，应以租约为准。如船东有何要求，可修改条款，但应事先征得租船人的同意，而船东擅自改动卸货港，引起的滞期损失应由船东自行负责。

3. 租船人与船东之间是受租约的约束，一切以租约条款为准。根据租约，租方在卸货港只承担安全港、安全泊位，保证及时卸货的责任，而不是保证交货，"卸货"与"交货"是完全两个不同的概念。

答复香港长运公司咨询，1991.8.1

173. 退船方租金，还是与其仲裁

问：船方要求我方退还其 5.9 万美元的租金。另外，对方只同意给付我方 1.1 万美元利息的一半即 5 500 美元。否则，对方将在香港提起仲裁。请指教我方，是退租金还是与对方进行仲裁？

答：1. 可先退还对方 5.9 万美元的租金。因为如果对方在香港提起仲裁，很可能是你方败诉。如果你方与对方仲裁败诉，输的不光是租金，还要承担仲裁费用、两年的利息及律师费用（包括对方的律师费用）。

2. 有关时效问题，可咨询杨良宜先生。

3. 同时，可请华泰公司出面做对方工作。

4. 查实是哪一艘船的租约，其货损货差的索赔时效是否也改为了两年？

5. 计算一下 5.9 万美元租金的两年利息是多少？如果利息与 5 500 美元差不多，就将租金退还对方。

6. 鉴于当时你方扣留了对方的租金，当然不会再主动去申请仲裁。如果现在申请仲裁，就会存在时效问题。反过来，现在对方想通过仲裁索要回你方扣留的租金，也面临着两年的时效问题。

综上分析，能否说你方为索赔货损货差款扣留了租金后，两年之内对方不起诉或不申请仲裁，就意味着对方也受该两年时效的约束，即对方向你方反索赔的时效也已经过了。这个问题，你们尚可咨询杨良宜先生。

答复中外运集团总公司海运二处咨询，1996.6.12

174. 可否引用金康 94 条款进行抗辩

问：广东外运程租了一条船后，作为二船东又转租给国内买方，两个背靠背租约的合同条款是完全一致的。广东外运与原船东签订的租约条款中规定，其他未尽事宜采用金康 94。

广东外运与国内买方的租约条款明确约定了船舶抵达卸货港的时间，但实际上，该船到达卸货港的时间较之租约约定的时间晚了 10 天，结果导致买方少退税 52 万元人民币。如果该轮按时到港卸货，当时退税率为 17%，而晚到 10 天，退税率改为 11% 了。所以，买方获取的退税足足少了 52 万元人民币。买方要求广东外运赔偿少退的 52 万元人民币税金，遭到广东外运拒赔。于是，买方在广

州海事法院起诉，要求广东外运承担赔偿责任。

对此我司的问题是：1. 这种船舶延迟到港引起的退税差额是否应由广东外运承担责任？2. 金康94条款中有一条明确规定，如果船舶有延迟，承租人知晓的当时未提出异议，就等于默认，那么船方对延迟不承担任何责任。此案中，我们是否可以引用该条款进行抗辩？法官会不会以此条显失公平而认定无效？

答：根据你所介绍的案情，我认为买方以租约中对船舶到港时间事先有明确约定为由，指出该损失完全是因为船方的原因，即船方晚到造成的，继而向二船东广东外运索赔是有相当道理的。一是程租船对到港时间要求比较严格，往往订有滞期速遣条款来约束双方，迫使双方严格按照所约定的时间操作，同时还订有装卸时间的起算；二是该租船双方已明确约定了到港时间；三是该租船晚到10天的原因属于船东自己的原因，不能免责；四是晚到10天，确实引起了买主的实际损失。但是，因为该租约未尽事项适应金康94，而金康94中又有你讲的那一条款。所以，广东外运就可以以那一条款进行抗辩，这也是有相当理由的。其理由有以下几点：

1. 在过去的司法实践中，法院对租约当事人采用金康94进行抗辩时，即使对一方看起来很不利，甚至很不公平时，法官也没有轻易认为此条款显失公平而认定其为无效条款，至少我从未遇到过。因为在订立此租约时，不是一方欺骗另一方，或者一方在另一方的威逼下签订的，所以法官不会轻易加以否定。

2. 当租船晚到时，买方从未提出任何异议，包括口头的异议也未提出，故应视为默认，因此船方可免除一切延迟的责任。

3. 退一步讲，即使船方应该对买方承担责任，也不应该包括买方由于政府这种税率变化所产生的损失，特别是签约后政府当局发布的法律或者政策变化，这属于双方签约时未发生的、不可预见的损失。

4. 退税的损失应该算是一种间接损失，广东外运对此不应承担赔偿责任。

因为不知详情，提不出更多更准确的意见，所提建议仅供参考。此案有何进展情况请随时告知。谢谢！

答复上海外运公司企管部咨询，2008.12.5

175. 租船人可否通过证据保全获取航海日志

问：国内一家船公司与土耳其一家船东签订了一份单航次期租合同，运输货物为铁矿砂 4 万吨，卸货港为中国南山港。租约中约定，"如果航速低于租约中约定的航速，租船人可以根据 Ocean Report 和航海日志，从租金中扣除因此而受到的时间损失。"租约中还约定，"本合同适用英国法律。如有争议，在伦敦仲裁。"船舶到达卸货港后，租船人认为，此行船舶航速低于租约中约定的航速，因此从租金中扣留了 4 万美元。对此，船东表示反对，要求租船人应当向其支付这 4 万美元，并表示如果不支付，他将在伦敦提起仲裁。此时，租船人手中只有 Ocean Report，没有航海日志，因此即向船东索要航海日志，但未果。船舶在南山港卸完货物，拟前往天津新港装货，然后再去张家港装货。

请问：1. 租船人如何才能取得航海日志，是否可以申请海事证据保全？如可以，应去哪个法院申请，需要履行什么手续，是否需要提供担保，相关费用如何？2. 如起诉，租船人是否可以在我国法院诉讼？3. 假设证据保全失败，租船人没有取得航海日志，是否可以继续扣留 4 万美元，还是需要先将这 4 万美元支付给船东，待胜诉后，再由船东返还给租船人？如果租船人继续扣留这 4 万美元，其后果会是怎样？

答：根据所述案情，作出以下法律咨询意见，供参考：

1. 租船人可以通过证据保全来取得航海日志

（1）申请证据保全的法院

我国《海事诉讼特别程序法》（以下简称《海诉法》）第 63 条规定："当事人在起诉前申请海事证据保全，应当向被保全的证据所在地海事法院提出。"因此，本案中，船舶在天津新港装货期间，则租船人可以向天津海事法院申请证据保全；船舶在张家港装货期间，则租船人可以向武汉海事法院申请证据保全。

（2）应当履行的手续

根据我国《海诉法》第 65 条的规定，租船人应当向海事法院提交书面申请。申请书应当载明请求保全的证据、该证据与海事请求的联系、申请理由（申请理由一般包括有关海事请求的基本情况，尤其是应当说明证据保全的必要性，即不立即采取证据保全就会使该证据灭失或者难以取得）。

（3）是否需要提供担保

我国《海诉法》第 66 条规定："海事法院受理海事证据保全申请，可以责令海事请求人提供担保。"因此，是否需要提供担保要由海事法院决定。海事证据保全与海事请求保全、海事强制令不同，即使申请错误，一般也不会造成被申请人损失。因此，一般情况下，法院不要求提供担保。只有在少数可能造成被申请人损失的情况下，法院才要求提供担保。

（4）相关费用

关于费用等问题，可以向海事法院询问。

2. 关于案件管辖权问题

本案租约中约定，"本合同适用英国法律。如有争议，在伦敦仲裁。"一般情况下，法院都会认定这种约定是有效的。因此，本案如果在我国起诉，我国法院一般不会受理。

关于仲裁协议中只约定了仲裁地点，没有约定具体的仲裁机构，是否有效的问题，我国的做法与外国的做法不同。在英、美等绝大多数国家，都认为这种约定有效。而在我国，则可能会被认定为无效。例如，如果双方只约定了"如有争议，提交在北京的仲裁委员会仲裁"，我国法院则可能会认为北京有三个仲裁机构，而当事人没有明确是哪一个，故该约定无效。但是，近年来，这种做法有些改变。有的法院认为，如果能够根据其他条件确定当事人的意思是在北京的某一个仲裁机构仲裁（比如，能够确定当事人的意思是在中国海事仲裁委员会仲裁），那么这种约定还是有效的。

本案合同中，虽然只约定了仲裁地点，没有约定仲裁机构，但是由于约定的仲裁地点是外国，我国法院一般会认定为有效。

3. 关于诉讼保全失败后原所扣租金的处置问题

这要看合同的约定，以及法官如何解释合同条款。

（1）英国法的规定

英国法下，传统上，根据 NYPE46，租约条款只有在停租条款中订明可以停租的情况下才可以从租金中扣除。而租船人的其他时间损失，如果要向船东索赔，但尚未有定案的，不可以从租金中预先扣除。但是，在 The Nanfri 案中，法庭首次提出，租金不同于运费。只要是使用船舶"受阻"，租船人都可以从租金中扣除。因此，根据英国法，航速低于约定速度所造成的时间损失，可以从租金中扣除。

（2）要看合同的约定

合同的约定可以改变法律的规定。如果根据合同，同时取得 Ocean Report 和航海日志是租船人扣租金的条件，那么，缺少了其中一个文件，租船人就不能扣租金。如果不是作为条件，或者不需要同时取得这两个文件，则租船人可以扣租金。

（3）要看法官如何解释合同条款

既然英国法已有规定，如果当事人想要改变法律的规定，另设扣除租金的条件，那么在合同中就必须明确约定，措辞也要十分清楚。然而，航海日志的取得在很大程度上取决于船东，如果船东拒不交出，租船人也无能为力（唯一的办法是请求法院证据保全）。因此，法院应当"严格解释"合同条款。只有合同条款明确将"同时取得 Ocean Report 和航海日志"作为扣租金的条件，法官才可如此解释。否则，租船人不必同时取得这两个文件，就有权扣租金。假设本案租船人必须取得航海日志才能扣租金，而租船人没有取得，也没有成功的证据保全，那么租船人就要先把那4万美元支付给船东，待胜诉后，再由船东支付给租船人。如果租船人坚持扣留那4万美元，租船人就要赔偿船东因此受到的损失。该损失包括从租船人扣留4万美元之日起，到胜诉后船东应当向租船人支付4万美元之日止的利息损失。

答复某船公司咨询，2007.3.8

176. 船代受命于船东还是法院指令

问：发货人已按合同交了货且支付了全部运费，但因租船人与船东的矛盾，致使船东书面指示我船代不要签发提单。后来发货人向法院申请强制令，命令我船代签发提单。于是我船代根据法院指令向发货人签发了提单，我船务代理这样做对吗？以后我船代再遇到类似问题应如何处理为好，请孟总指教。具体案情如下：

我司代理的韩国籍"布冈"轮于2004年9月11日到我港装散磷酸一案。该轮委托方（船东）：上海联海货运代理有限公司；租船人：北海揭扬船务代理有限公司；发货人：连云港雅仕硫黄有限公司（防城港雅仕硫黄有限公司代）。

该轮于9月11日15时到达我港锚地等泊，于13日12时35分靠泊。由于港务局作业机械紧张，直到当日晚上22时30分才开始装货作业。

由于9月初以来，港务局堆场、仓库一直比较紧张，该轮的货物因没有场地而事前未做好准备工作、未拆好包。货物一边拆包一边装船，作业进度受到影响。而且该轮货物粉尘很大，并需要破碎、过筛才能装船，于是更增加了作业的难度，影响了作业进度。该轮共装货物4 499.42吨，装货时间前后花了大约5天时间（下雨和停工时间除外）。该轮于9月19日早上完货，中午离港。

该轮签发的提单为运费预付提单。该轮发货人连云港雅仕硫黄有限公司于 9 月 21 （或 21 日以前）将上述货物运费支付给租船人北海市揭扬船务代理有限公司。租船人将该轮运费金额为：63 610.56 美元电汇给船东上海联海货运代理有限公司。实际运费金额为：4 499.42 吨 × 14.5 美元 = 65 241.59 美元。该轮船东在收到 63 610.56 美元后，认为租船人没有得到船东的确认而擅自将佣金扣除，违背了租船的有关合同。所以一直没指示我司放单给发货人。

实际上，发货人已将运费全额支付给租船人。发货人因没有得到提单，考虑到可能影响结汇，于是以我司作为被申请人向北海海事法院提出海事强制令申请。北海海事法院在收到发货人申请后，于 9 月 23 日作出民事裁定书和海事强制令：

一、准许申请人连云港雅仕硫黄有限公司的海事强制令申请；

二、责令被申请广西防城港船务代理公司在本裁定书送达后立即向申请人连云港雅仕硫黄有限公司签发提单。

海事强制令：现命令广西防城港船务代理公司在本强制令送达后向申请人连云港雅仕硫黄有限公司签发提单。

我司在 9 月 24 日民事裁定书和海事强制令送达时在北海海事法院官员当面履行民事裁定书向发货人签放该轮提单。

附件一：北海海事法院民事裁定书 [（2004）海法强字第 002 号]

请求人连云港雅仕硫黄有限公司，住所：江苏省连云港市中华西路 163 号新华园 1 号楼 14 层。

法定代表人程宝琦，总经理。

被请求人广西防城港船务代理公司，住所：广西壮族自治区防城港市兴港大道外运大楼。

法定代表人陶幼荣，总经理。

请求人连云港雅仕硫黄有限公司因被请求人广西防城港船务代理公司作为船东上海联海货运代理有限公司的船舶代理在货物装完且其已依约支付全部海运费后仍拒不签发提单，使其有可能不能按期向银行交单结汇，于 2004 年 9 月 23 日向本院提出海事强制令申请，请求责令被请求人广西防城港船务代理公司立即向其签发提单。请求人连云港雅仕硫黄有限公司已向本院提供相应担保。

本院经审查认为，请求人的申请符合法律规定。依照《中华人民共和国海事诉讼特别程序法》第五十七条、第五十八条的规定，裁定如下：

一、准许申请人连云港雅仕硫黄有限公司的海事强制令申请；

二、责令被申请人广西防城港船务代理公司在本裁定书送达后，立即向请求人连云港雅仕硫黄有限公司签发提单。

附件二：北海海事法院海事强制令［（2004）海法强字第002号］

本院于2004年9月23日作出（2004）海法强字第002号民事裁定，准许请求人连云港雅仕硫黄有限公司提出的海事强制令申请。现命令：

被申请人广西防城港船务代理公司在本强制令送达后立即向申请人连云港雅仕硫黄有限公司签发提单。

此令。

答：（一）在船方和租方履约中，船方认为租方未完全履约，存在纠纷，协商未果，船方采取扣发提单，企图要回租方未付的运费。而租方要求船方即时签发提单，船方却坚持不签发提单，于是引起租方向当地海事法院申请强制船方签发提单。租方此请求获准后，船方的船务代理按海事法院的强制令将签发的提单交给了租方。此时，船方的船务代理依照海事法院的命令即时签发提单交予租方是完全正确的做法，不会有任何风险与承担任何责任，并且在此情况下，船方也将会理解船务代理的做法。

（二）作为船务代理在其操作业务中应该弄清楚以下问题：

1. 船务代理的法律地位及业务范围。

2. 船务代理是谁的雇员，应该代表谁？听从谁的指示？

3. 船方在什么情况下应签发清洁提单？在什么情况下可签发不清洁提单？在什么情况下可拒绝签发提单？

（三）根据此纠纷，船务代理应认识到：

1. 在本案中，有船方正式书面指示不放提单的情况下，船务代理未接到海事法院强制令前，坚持不放提单是正确的。

2. 在发货人向海事法院申请强制执行令获准后，船务代理依照海事法院的命令放提单给发货人也是正确的。

3. 根据我国《海商法》第72条规定："货物由承运人接收或者装船后，应托运人的要求，承运人应当签发提单。提单可以由承运人授权的人签发。提单由载货船舶的船长签发的，视为代表承运人签发。"作为船方一般不能随意扣发提单。货方已交了货给船方，并且也已支付了运费（如运输合同约定运费预付）的情况下，船方应及时签发提单，否则将要承担不及时签发提单的法律后果。

4. 作为发货人，在此情况下，依照法律并且采用法律手段向海事法院申请强制令，维护自己的合法权益是一种好的做法。

答复上海联海货运代理有限公司咨询，2004.9.30

177. 船舶被劫持，出租人能否免责

问：我外运集团香港子公司中外运航运有限公司的一艘期租船，于 2008 年 9 月 17 日在索马里海域被海盗劫持。船上共有船员 25 名，其中中国籍船员 23 名（合作公司派有 16 名，中海公司派有 7 名），香港籍和斯里兰卡籍船员各 1 名，船上装有化肥两万多吨。劫持事件发生后，我国政府高度重视，由外交部牵头，有关部门或单位配合，正在积极组织营救，以使我国船员和船舶早日获释。我外运集团公司也十分重视，正按外交部要求，努力做好相关工作。为此，我们特向您咨询以下四个问题：

1. 船舶被海盗劫持后，我方应该怎么办，有哪些工作要做？

2. 作为船舶出租人，在船舶被海盗劫持下，我方能否免责？如果不能免责，我方应承担哪些责任？

3. 在船舶被海盗劫持的情况下，通常会引起我方哪些损失？

4. 期租船被海盗劫持后，我方查看了该船的租约，其中没有办理停租的具体条款。在此情况下，作为租船人是否可以办理停租，并且不按租约条款支付租金？

答：根据以上你们所介绍的初步情况，我认为，你方可以马上做的事情有：

第一步：不惜一切代价全力进行解救，使船员和船舶尽早获释。

1. 在外交部的领导下，紧紧依靠他们，通过外交及多种途径，首先要求索马里政府保证我国船员和船舶的安全，采取各种非法律手段对 25 名船员进行全力解救，想方设法早日让被海盗劫持的所有船员和船舶获释。此前，法国也曾有一艘船舶在索马里海域被海盗劫持，后被解救。你方是否可以建议我国外交部与法国有关方面接触，请他们介绍一些这方面的成功经验？比如，他们是通过什么途径、通过与哪些人员接洽使得船员获救、船舶获释，同时应当注意哪些问题（也许外交部已做了此方面的工作）。

2. 积极配合外交部营救小组，做好一切需要你方做的工作，比如提供有关船舶、船员的基本情况，提供有关保险、货物的具体情况等。

3. 你方还可以联系国际海事局和船东保赔协会，充分发挥他们的优势和作

用，请求他们提供相关信息和援助。

第二步：估算损失，分析责任，尽量减少你方的损失。

1. 分析和估算你方的损失，比如船员伤亡、船价、货价、租金等。

2. 收集查看保单、租约、提单、买卖合同等相关单据，分清责任。

3. 如果你方需要承担责任，那么看是否能够享受赔偿责任限制。

4. 翻阅有关保险合同条款，查看船舶被海盗劫持是否在船东保赔协会的承保范围之内，如果租船人投保了租船人责任险，被劫货物与船舶是否均应由承保责任险的保险公司负责赔偿。

第三步：作好承保公司赔付租船人后向你方索赔的准备。

1. 上述涉及的承保公司在赔付租船人后可能会向你出租方索赔，如果此事确实属于船东保赔协会的承保范围，那么你方应敦促该船东保赔协会积极应对和解决本案。

2. 你方应当核实该期租船的租约中，是否有办理停租的条款或者类似的词语。在期租船条款中一般都订有办理停租的条款，即租船人在哪些情况下（如航速发生问题或者机器发生故障导致船舶不能正常运行等）可以办理停租。如果没在列明的范围内，则租船人不能办理停租，而须按租约条款的时间与金额支付租金。即使某些情况下租船人有理由向船舶出租人索赔，也不能以扣租金的方式来替代索赔方式解决问题。

3. 目前，你方称该期租船的租约中没有办理停租的具体条款，但这并不说明租船人就绝对不能办理停租，这只是说明事先无约定，因此双方仍有争议的空间。如果租船人能够举证所租的船不能正常运营，影响了其利益，造成其时间和经济上的损失，均因船舶出租人为了自己的利益或者船舶自身的原因所引起的，那么租船人就可以办理停租。

4. 至于该船舶被海盗劫持而滞留在索马里海域，造成了船期损失，这不是船舶出租人为了自己的利益，也不是船舶自身的原因所引起的。相反，该船舶所走的航线和所指定的装卸港要经过索马里海域，这都是租船人自己决定的。因此，在这种情况下，船期损失究竟应由出租人承担，还是由租船人承担，还是由出租人和租船人双方承担，是值得大家探讨的一个问题。我个人倾向应由双方来承担，因为这是双方都无法预见的意外情况，除非双方在租约中事先有约定。

5. 既然租船人可否办理停租有两种可能性，因此你方应当站在船舶出租人的立场上，主张租船人不能办理停租，而应按租约条款支付租金。

另外，通过本案我们也可吸取下列经验教训：

1. 本案告诫大家，海上货物运输的风险是很大的，但是世界上已经建立了一套完整的保险制度，比较好地解决和控制了海上货物运输的风险。我们要善于充分利用这一保险制度，做到事先买保，及时买保，买齐买足。只有这样，才能在人员、船舶和货物发生事故，尤其是遇到突如其来的大事故时，自己公司的人、财、物能够安全平稳地渡过难关，而不至于损失惨重，大伤元气，甚至关门倒闭。因此，凡从事航运业务的公司和各级领导要对保险有一个正确的认识，要十分重视风险管理工作，通过保险事先转移和控制风险。这是风险管理的一个重要手段和切实可行的有效措施，也是现代管理必须具备的一个理念。

2. 我们投保时不能光考虑便宜，而要根据货物性质、船舶性能、航行区域、装卸方式、港口条件、气候环境、政府状态、社会治安等情况，进行全面分析和综合考虑，以决定购买什么险种（投保宽一点，还是窄一点），买几个险种（尽量保齐保全），是否还需再买一些必要的附加险（如战争险和提货不着等险种），并决定免赔额的多少和最高赔偿额的高低，切记不要凭想象和感情，或者完全凭经验去进行投保。

答复中外运法律部咨询，2008.9.19

注：经境内外有关单位和人士的共同努力，以及多方的援救，被海盗劫持的船员与船只在几个月后终于获释，船员无一人伤亡、全部获救，船只亦完整无损，唯船公司承担了相当可观的现金损失，即交给海盗的赎金。

178. 如何防范船只被劫持

问： 目前我公司通过索马里海域的船只不少，虽然至今还未发生过一起船只被海盗劫持的事件，但为了以防万一，现请问，我们应采取哪些措施来防范船只被海盗劫持？

答： 眼下索马里海盗十分猖獗，据我所知你公司期租船又多。因此我认为，在此情况下，你公司应将索马里海盗劫持船只问题作为一个课题去认真研究，千万不能抱侥幸心理，要把防范工作做在前面，尽量从源头解决，因为船只一旦被海盗劫持，再去解决难度就大多了。为此，根据你公司的情况，建议你公司可采取以下措施进行防范：

（一）你司作为租船人时

BIMCO 在 2009 年 12 月 25 日发布了《2009 年定期租船合同海盗条款》。该条款是针对海盗劫持船舶的，尤其是针对索马里海盗十分猖獗的情况，为了维护船东的利益而专门修改制定的。很明显，该条款对租船人是极为不利的，使租船人的责任更加重大。因此，针对 BIMCO 这样的条款，租船人要想规避或控制此类风险，必须从以下几个方面考虑周全：

1. 尽量避免走亚丁湾及索马里沿海的印度洋航线。

2. 坚持与船东据理力争，尽量避免将此 BIMCO 条款及类似条款订入租船合同，即使不得不订入时，也要对相关措辞进行必要的修改，或加以限制条件，或在"停租条款"中对涉及海盗的问题进行针对性的修改。

3. 如果出租人在租约中要求订入 BIMCO 条款时，你们一定要对该条款的中文译文与英文原文进行认真仔细地阅读，将有关条款吃透弄懂，搞清楚文字、数字背后代表的真正意思是什么，再看你司能否全部或部分接受。对于你们租船人来说，当然是能全部不接受就全部不接受；不能做到这点时，也要力争仅部分接受。这一切取决于你司是否意识到签订该条款的利害关系，是否有经济能力承担或转移其后果，取决于当时的租船市场，也取决于你公司的谈判地位与谈判能力。总之，你司绝不能轻视该条款，或轻易接受该条款，因为一旦该条款订入租约生效后，将意味着对你司的利益会有很大的影响，尤其是一旦所租船舶真正遇到海盗或被海盗劫持后，该条款就将起决定性的作用。所以，在租船谈判中你司若准备接受该条款或类似条款时一定要慎重考虑、认真对待，哪怕是对部分条款或一些相关缩写字母也要小心谨慎，绝不能马虎草率、轻易签约。

4. 如果租船人同时作为二船东，则应努力将此 BIMCO 条款订入其与下家租船人的合同之中，将条款中可能涉及的风险转嫁给分租船人，使背靠背签订的上下租船合同尽量做到一致。

5. 租船人应事先转移海盗风险，与保险公司洽商海盗保险条款及费用，并投保海盗险，以减少自己的风险。

（二）你司作为出租人时

在租约中应尽量争取全部或部分采用 BIMCO 最新的《2009 年定期租船合同海盗条款》，该条款保护船方的利益较大，其内容译文如下：

1. 船舶没有义务行进或被迫继续行进或通过任何港口，地方，地区或区域，或任何水道或运河（"地区"），如果依船长和/或船东的合理判断，由于任何实际的，受到威胁的或报告的海盗行为和/或暴力抢劫和/或抓捕/扣押（"海盗行为"），该地区对船舶、货物、船员或其他船上人员存在危险，无论该危险存在于订立租船合同之时，还是之后发生，在上述存在危险、可能存在危险或者即将发生危险的地点,本船舶驶入之后,有权驶离。

2. 如果依照(1)分款,船方决定该船舶将不行进或继续行进或通过该地区,他们必须立即通知租方。租方有义务发出替代航程命令,并且向船方赔偿,提单持有人向船方提出的,由于等待该命令和/或履行替代航程而发生的索赔。由于遵守这些命令而发生的时间损失,不得视为停租。

3. 如果船方同意或者如果船舶行进或通过海盗威胁的地区,船方有权:

(1)采取预防手段保护船舶、船员和货物,包括但不限于在此地区内改变航线,行进于护航队,使用护航,避免白天或夜间航行,调整速度或路线,或者雇佣安保人员或在船舶上或船舶附近租用安保设备;

(2)遵守命令、指示或任何有权根据保险条款作出相同指示的保险商的建议;

(3)遵守所有命令、指示、建议或忠告,凡来自于船旗国政府,或船方须遵守其法律的其他政府,或其他政府、机构或团体,包括军事当局,任何以权力保证其命令或指示被遵守的行动;及

(4)遵守联合国安理会任何决议的规定,任何其他有权发布和作出同样决议的超国家机构的生效命令,船方须遵守的目的在于执行同样决议的国家法律,并且遵守负责执法者的命令和指示;并且租方应向船方赔偿,提单持有人或第三方因上述船舶行进而提出的任何索赔,限于 4 分款(3)项提供的附加保险所允许的索赔范围。

4. 费用

(1)如果船舶驶往或者通过某一区域,由于来自海盗的危险将产生包括但不限于增加人员和预防措施以避免海盗袭击的额外费用,这些合理费用应由租方承担。由于等待护航队,航行于建议航线、时间,或减速或采取措施将危险降到最小而产生的时间损失,应由租方承担并且船舶应继续租用;

(2)如果船方依照雇佣合同的条款有义务支付船员任何奖金或额外工资,由于以上述条款中定义的方式在危险的地区航行,那么租方应向船方赔偿其实际支付的奖金和额外工资;

(3)由于船舶驶往或通过某一存在海盗危险的地区,如果船方的保险商要求增加保费或有必要办理附加保险,那么租方应向船方赔偿此类附加保险费;

(4)依(d)分款发生的所有赔偿,应在收到船方认可的发票或还船后的 15 天内支付,以先发生者为准。

5. 如果船舶被海盗袭击,任何时间损失应由租方承担并且船舶应继续租用。

6. 如果船舶被海盗劫持，船方应让租方知悉为释放船舶做出的努力。劫持期间船舶应继续租用，并且租方的义务不受影响，除非自被劫持的第 91 天起有权停止缴付租金，并且应该在船舶被释放后立即恢复。

7. 如果符合本条款的任何作为或不作为，则该类行为将不被视为偏航，而应视为对租船合同的完全履行。如果本条款中的规定与租船合同中默示或明示的约定存在冲突，则在冲突内容的范围内，本条款效力优于租船合同，但不及于其他。

（三）你司法律部门的同事不但自己要深入研究并清楚掌握有关海盗风险与责任的问题，同时还要与其他业务部门及时沟通，提高大家的防范意识，共同认识到：

1. 海盗劫持船只将产生的危险及带来的损失；

2. 业务部门在谈判时，应根据自己所扮演的角色，在租约中积极主动地争取对自己有利的条款；

3. 在争取有利条款的过程中，如因手中谈判的筹码不够而不能全部达到目的时，也要力争部分条款或个别措辞的改动，以将自己的风险控制到最低限度；

4. 一旦遇到船只被海盗劫持，你司应根据事先制定的应急预案，立即采取果断措施。当然，此类事件真正发生后处理起来的确难度很大，要视具体情况，具体分析，具体解决，但也要清醒地认识到，事发前有无科学合理的应急预案，对事件解决的结果大不一样；

5. 要充分利用我国和别国在索马里海域的护航舰队，在条件允许的情况下，力争每次都能得到护航舰队的保驾护航，使自己的船只能避开海盗，安全顺利地通过索马里海域；

6. 无论作为出租人还是租船人，都应要求船长和全体船员具有防范海盗劫持的意识，在海盗活动区域，保持高度警惕，随时准备击退海盗的袭击，粉碎海盗劫持船只的目的。

（四）海外最新判例供你们参考

【海外判例】

海盗劫持船舶后释放，船舶被劫持期是否可被视为停租期（off-hire）

英国高等法院 Gross 大法官在 The Saldanha［2011］1 Lloyd's Rep. 187 一案中作出了支持船东的判决，判决海盗劫持船舶后释放，船舶不视为停租。

【案情】

船舶 Saldanha 以 NYPE 格式出租 47 到 50 个月。在 2009 年 2 月 22 号，船舶

被索马里海盗劫持。海盗强迫船长将船舶开往索马里海域并停留，直到 4 月 25 号才释放船舶。5 月 2 号时，船舶回到被劫持地点。租船人拒绝支付 2 月 22 号到 5 月 2 号这段期间的租金，声称根据 NYPE 第 15 条，船舶在此期间处于停租状态。NYPE 第 15 条的措辞是：如果由于船员不足和/或船员罢工，或物料不足，船舶发生火灾，船体、船机或设备发生故障或损害，船舶搁浅……因此损失的时间，任何因此额外消耗的燃料费用和全部经证实的额外费用，可以从租金中扣减。

租船人争辩，海盗劫持事件可以被认为是以下三种情况中的至少一种情况：

（1）由于船舶或者货物造成非全损损失的事故而导致的延迟（average accidents to ship or cargo）

（2）船员不足（default and/or deficiency of men）

（3）任何其他阻止船舶完全正常营运的原因（any other cause）

【判决】

英国高等法院 Gross 大法官做出了支持船东的判决，认为海盗劫持事件不属于租船人所提出的三种情况中的任何一种，租船人因此在船舶被海盗劫持期间仍然需要继续支付租金。理由如下：

（1）被海盗劫持是否构成"由于船舶或者货物造成非全损损失的事故而导致的延迟"

争议关键在于，船舶被海盗劫持是否能被认为是一个船舶或者货物造成非全损损失的事故。法院认为不能。首先，根据 The Mareva AS［1977］1 Lloyd's Rep. 368，average accidents 是指对船舶造成损坏的事故。但是在本案中，船舶没有遭到损坏。其次，事故（Accident）需要事件的参与者没有主观意图。而有计划的故意的暴力的海盗袭击是很难被认为是一个意外（Accident）。再次，Average 这个词的含义在海上保险里面是"除全损之外的损失"，也是损坏（damage）的意思。在这个案子里面不应该有什么不同。第 15 条的 average accidents to ship or cargo 的含义是"对船舶或者货物造成非全损损失的事故"，而本案发生的情况与此不符。

（2）被海盗劫持能否构成人员不足

租船人认为，本案中，船长和船员事前没有采取反海盗的措施，以及在海盗袭击中没有奋力抵抗，可以被视为船员过错和不足（主要是能力不足）。Gross 大法官没有支持租船人的理由。大法官认为，首先，人员不足（deficiency of men）是指数量上的不足（numerical insufficiency），而在本案中，这个情况不存在；第二，从这个条款起草的背景和意图看，人员不足应该特指船长船员罢工或者拒绝履行义务的情况（Royal Greek Government v Minister of Transport（1949）82 Ll L Rep. 196）。这里的 default 必须做限缩解释。船长和船员在海盗的胁迫下不能履行其义务的情况不能被视为拒绝履行。

（3）是否构成任何其他阻止船舶完全正常营运的原因

根据 Rix 大法官在 The Laconian Confidence［1997］1 Lloyd's Rep. 139，at 150 - 151 里面的解释，在解释相关事件是否是 Any Other Cause 的时候，必须适用同义解释（Ejusdem Generis）原则且要综合考虑整个条款和租船合同的语境。综合之前的判例法，NYPE 第 15 条的 Any other cause 并不包括任何使船舶无法工作的完全的外来因素（entirely extraneous cause）。而本案中，海盗劫持船舶就是一个完全的外来因素。不在第 15 条 any other cause 的涵盖范围之内。根据第 15 条，完全的外来原因阻止船舶工作的情况，应该由租船人承担时间损失的风险。

综上所述，租船人请求被驳回，船东在海盗劫持船舶期间可以请求继续支付租金。Gross 大法官在判决最后提出，如果租船人想把海盗劫持的情况列为停租事件，他们可以，首先，修改 NYPE 第 15 条，把海盗劫持的情况列明；其次，修改 NYPE 第 40 条，把海盗劫持的情况列明；再次，把第 15 条 any other cause 修改为 any other cause whatsoever，使之范围更广。

（五）现将联合战争委员会有关《战争险划分区域》的新清单（译文）提供给你们，以供参考。

联合战争委员会船舶战争、空袭、恐怖主义以及相关危险之划分区域（2009 年 11 月 25 日）
非洲
吉布提，不包括过境
索马里，包括从索马里东部海岸北纬 10 度以南直至 250 海里的区域
印度洋，超出索马里东部和亚丁湾地区至东经 65 度的区域，北纬 15 度以南直至南纬 11 度但南部边界东至东经 49 度，边界应该向正南延伸然后沿着南纬 12 度向东，但是不包括肯尼亚沿海区域、坦桑尼亚和莫桑比克沿海 12 海里区域内的范围
象牙海岸
尼日利亚，包括所有尼日利亚海上装置
亚洲

续表

巴基斯坦
斯里兰卡
泰国，仅包括宋卡和那拉提瓦之间的南部海湾海岸区域
东欧
格鲁吉亚
印度尼西亚／马来西亚
巴厘巴板港（婆罗洲东南部）包括至 250 海里的区域
婆罗洲，仅包括科威特港口至山打根港口东北部海岸
雅加达港口
苏门答腊（苏门答腊岛），仅包括北纬 5°40′ 至北纬 0°48′N 的东北部海岸，不包括运输
中东
巴林，不包括过境
亚丁湾，在下页列明的区域
伊拉克，包括所有伊拉克近海石油转运码头
以色列
黎巴嫩
卡塔尔，不包括运过境
沙特阿拉伯，不包括过境
也门
菲律宾
棉兰老岛，包括泊罗科港和桑托斯之间的港口
苏禄群岛，包括霍洛岛，范围在下页说明
南美洲
委内瑞拉，包括所有在委内瑞拉专属经济区之内的海上装置

定义：

·列明的国家除了上面另有说明的以外，应该包括离岸 12 海里之内的全部海域。

·列明的港口应该包括相关港口政府控制区域内的所有设施和码头（或者可以由保险人更精确地定义），包括离岸设备/码头，以及 12 海里之内的所有海域，但是除了特别说明之外不超过 12 海里。

苏禄群岛

区域范围：

a）西至 Tanjung Bidadari（北纬 5°49′·6，东经 118°21′·0）和北纬 3°32′·0N，东经 118°57′·0 地点之间的直线

b）东南部为北纬 5°50′·0，东经 122°31′·0 的地点和北纬 7°06′·6，东经 122°31′·0 的地点之间的直线

c）北边是从那儿到 Batorampon Point Light（北纬 7°06′·6N，东经 121°53′·8）的直线

d）西北部是从那儿回到 Tanjung Bidadari 的直线

亚丁湾

区域范围：

a）西至东经 45°

b）北至北纬 15°

c）东至东经 57°

d）南至北纬 10°。

六、另将 BIMCO 最新的《2009 年定期租船合同海盗条款》的英文原文提供给你们，真正采用时应以英文原文为准。

Piracy Clause for Time Charter Parties 2009

（a）The Vessel shall not be obliged to proceed or required to continue to or through, any port, place, area or zone, or any waterway or canal（hereinafter "Area"）which, in the reasonable judgment of the Master and/or the Owners, is dangerous to the Vessel, her cargo, crew or other persons on board the Vessel due to any actual, threatened or reported acts of piracy and/or violent robbery and/or capture/seizure（hereinafter "Piracy"）, whether such risk existed at the time of entering into this charter party or occurred thereafter. Should the Vessel be within any such place as aforesaid which only becomes dangerous, or is likely to be or to become dangerous, after her entry into it, she shall be at liberty to leave it.

(b) If in accordance with sub-clause (a) the Owners decide that the Vessel shall not proceed or continue to or through the Area they must immediately inform the Charterers. The Charterers shall be obliged to issue alternative voyage orders and shall indemnify the Owners for any claims from holders of the Bills of Lading caused by waiting for such orders and/or the performance of an alternative voyage. Any time lost as a result of complying with such orders shall not be considered off-hire.

(c) If the Owners consent or if the Vessel proceeds to or through an Area exposed to the risk of Piracy the Owners shall have the liberty:

(i) to take reasonable preventative measures to protect the Vessel, her crew and cargo including but not limited to re-routeing within the Area, proceeding in convoy, using escorts, avoiding day or night navigation, adjusting speed or course, or engaging security personnel or equipment on or about the Vessel;

(ii) to comply with the orders, directions or recommendations of any underwriters who have the authority to give the same under the terms of the insurance;

(iii) to comply with all orders, directions, recommendations or advice given by the Government of the Nation under whose flag the Vessel sails, or other Government to whose laws the Owners are subject, or any other Government, body or group, including military authorities, whatsoever acting with the power to compel compliance with their orders or directions; and

(iv) to comply with the terms of any resolution of the Security Council of the United Nations, the effective orders of any other Supranational body which has the right to issue and give the same, and with national laws aimed at enforcing the same to which the Owners are subject, and to obey the orders and directions of those who are charged with their enforcement;

and the Charterers shall indemnify the Owners for any claims from holders of Bills of Lading or third parties caused by the Vessel proceeding as aforesaid, save to the extent that such claims are covered by additional insurance as provided in sub-clause (d) (iii).

(d) Costs

(i) If the Vessel proceeds to or through an Area where due to risk of Piracy additional costs will be incurred including but not limited to additional personnel and preventative measures to avoid Piracy, such reasonable costs shall be for the Charterers' account. Any time lost waiting for convoys, following recommended routeing, timing, or reducing speed or taking measures to minimise risk, shall be for the Charterers' account and the Vessel shall remain on hire;

(ii) If the Owners become liable under the terms of employment to pay to the crew any bonus or additional wages in respect of sailing into an area which is dangerous in the manner defined by the said terms, then the actual bonus or additional wages paid shall be reimbursed to the Owners by the Charterers;

(iii) If the underwriters of the Owners' insurances require additional premiums or additional insurance cover is necessary because the Vessel proceeds to or through an Area exposed to risk of Piracy, then such additional insurance costs shall be reimbursed by the Charterers to the Owners;

(iv) All payments arising under Sub-clause (d) shall be settled within fifteen (15) days of receipt of Owners' supported invoices or on redelivery, whichever occurs first.

(e) If the Vessel is attacked by pirates any time lost shall be for the account of the Charterers and the Vessel shall remain on hire.

(f) If the Vessel is seized by pirates the Owners shall keep the Charterers closely informed of the efforts made to have the Vessel released. The Vessel shall remain on hire throughout the seizure and the Charterers' obligations shall remain unaffected, except that hire payments shall cease as of the ninety-first (91st) day after the seizure and shall resume once the Vessel is released. The Charterers shall not be liable for late redelivery under this Charter Party resulting from seizure of the Vessel by pirates.

(g) If in compliance with this Clause anything is done or not done, such shall not be deemed a deviation, but shall be considered as due fulfilment of this Charter Party. In the event of a conflict between the provisions of this Clause and any implied or express provision of the Charter Party, this Clause shall prevail to the extent of such conflict, but no further.

答复某船公司咨询，2011.6.3

（七）船舶纠纷

179. 船舶被撞是否属不可抗力

问 1：原提单的货物未装完，发货人能否获取船方签发的清洁提单？

2006 年 6 月 24 日作者在中国船东协会于
上海举办的大讲堂上讲授海事海商议题

答：不可能获取船方签发的清洁提单。因为货物未装船，船方（原船东）轻易不会同意签发已装船的清洁提单。另外，不是你方（二船东）船舶本身过失引起发货人无法装货（发货人称：不能继续装货不是因为他无货可装，而是你方船舱进水无法装货），而是由于你方船舶被另外一条船碰撞以后发生海事，属不可抗力，你方船舶无责任，所以发货人只能等到该批货物装完后才能获得签发的清洁提单，否则要批注。

问 2：如果收货人要转船，该费用是否可以列入共同海损？

答：不可以。因为修船后一个月，该船就能够继续履行航程。如果收货人要求转船，那是他自己的事。该碰船意外事故不是你方或船方造成的，它属于不可抗力，对这种意外事故你方和船方均可免责，从法律上讲并不需要承担责任。除非该船无法修理或者需要太长时间，船方可以从商业角度考虑决定转运。

问3： 船方宣布共同海损后，由谁来出具担保？是发货人或其保险公司，还是收货人或其保险公司？该费用如何才能列入共同海损分摊，垫付的费用都应由船方负责吗？在目前情况下，三个大件货物如果要转运，需由收货人自己承担其责任与费用吗？

答： 虽然有些货物尚未签发提单，此时货物的所有权尚未转移，但是在 FOB 条件下，只要货物装上船其风险就已转移到收货人。收货人获得提单只是个时间迟早问题，所以有很多案例都是要求收货人或其保险公司出具保函。

问4： 港务局要求每天交纳一定的占用码头费，而发货人不同意，故该船无法修理怎么办？

答： 此事应由船东保赔协会安排，可列为共同海损费用。

问5： 因某种需要，需将二舱货转移到甲板或者其他舱内，同时需要一些垫料，租船人（二船东）不肯出。请问这种垫料费是否可以作为替代费用，列入共同海损分摊？

答： 先要弄清该船是作临时性的修理，还是永久性的修理？如作临时性的修理，且为了节省费用不必去船厂修理。此时为了修船需要转移二舱货，还要支付垫料、排水等费用，这是可以作为替代费用列入共同海损的；同样，占用码头费用，也可列入共同海损。既然船方已宣布共同海损，那么这些费用都应由船东垫付。如果该船作永久性的修理，那么这笔费用就应由船东来承担，但可扣除属于共同海损的合理费用。

答复中外运总公司咨询，1993. 4. 26

180. 船舶碰撞后立即着手哪些工作

问： 我公司的船与国内一条1 000多吨的船相撞，国内船只被撞沉，27 个船员被救起，没有死亡与重伤。请问此时我方应如何处理？

答： 你方电话中介绍的情况很简单，我也就只好作一些原则性的答复。目前你们可做以下工作：

1. 通知你方的船东保赔协会。

2. 请船东保赔协会委派检验师去国内卸货港宁波。

3. 船东代表及所指定的中国律师去宁波，一方面向港务当局与船长了解情况，另一方面与对方律师谈判。

答复香港华通船务公司咨询，1997.4.30

注：经与对方律师谈判，将开始要求 90 万美元的保函，降至 86.5 万美元的保函，华通公司拟同意。

损失计算主要包括：A. 船价；B. 营运损失。其实如对方精明，还应包括船员受惊损失，买船需要时间的损失，有无污染的损失。

保赔协会出具了保函，因只承担 1/4，还有 3/4 是保险公司应该承担的风险，故要求承保公司出一个反担保，随后承保公司又要求船公司出具一个反担保。因为有可能是船东责任或部分责任由船东承担。

181. 船舶碰撞处理费谁承担

问： 外运集装箱公司一条期租船与另外一条船发生碰撞，需要一些额外处理费，应由谁承担？

答： 1. 你司作为船务代理本身不应承担任何费用，所以不要主动垫付任何费用，需垫付时一定要有船东或租船人的书面明确指示。

2. 如船东和租船人均由船东保赔协会出面，那么可与其船东保赔协会联系，谁指示你办事，就要求谁承担费用（如需要的），你方不要主动垫钱去办事，避免垫付的款项日后无人承担。

3. 既然船方已宣布共同海损，那么一般情况下，许多费用都应由船东先垫付，然后船东根据共同海损理算报告，向各分摊方索要。当然放货前，船东往往会要求收货人提供担保才放货，如收货人买了保险，实际是由保险公司出保函。

答复中外运韩国船代公司咨询，2004.2.5

法律参考：

《中华人民共和国海商法》

第 193 条　共同海损，是指在同一海上航程中，船舶、货物和其他财产遭遇共同危险，为了共同安全，有意地合理地采取措施所直接造成的特殊牺牲、支付的特殊费用。无论在航程中或者在航程结束后发生的船舶或者货物因迟延所造成的损失，包括船期损失和行市损失以及其他间接损失，均不得列入共同海损。

第194条　船舶因发生意外、牺牲或者其他特殊情况而损坏时，为了安全完成本航程，驶入避难港口、避难地点或者驶回装货港口、装货地点进行必要的修理，在该港口或者地点额外停留期间所支付的港口费，船员工资、给养，船舶所消耗的燃料、物料，为修理而卸载、贮存、重装或者搬移船上货物、燃料、物料以及其他财产所造成的损失、支付的费用，应当列入共同海损。

第199条　共同海损应当由受益方按照各自的分摊价值的比例分摊。船舶、货物和运费的共同海损分摊价值，分别依照下列规定确定：

（一）船舶共同海损分摊价值，按照船舶在航程终止时的完好价值，减除不属于共同海损的损失金额计算，或者按照船舶在航程终止时的实际价值，加上共同海损牺牲的金额计算。

（二）货物共同海损分摊价值，按照货物在装船时的价值加保险费加运费，减除不属于共同海损的损失金额和承运人承担风险的运费计算。货物在抵达目的港以前售出的，按照出售净得金额，加上共同海损牺牲的金额计算。旅客的行李和私人物品，不分摊共同海损。

（三）运费分摊价值，按照承运人承担风险并于航程终止时有权收取的运费，减除为取得该项运费而在共同海损事故发生后，为完成本航程所支付的营运费用，加上共同海损牺牲的金额计算。

第202条　经利益关系人要求，各分摊方应当提供共同海损担保。以提供保证金方式进行共同海损担保的，保证金应当交由海损理算师以保管人名义存入银行。保证金的提供、使用或者退还，不影响各方最终的分摊责任。

182. 租船人对船舶碰撞是否负责

问：我司作为租船人程租的一条租船与另一条船发生碰撞。碰撞后不但产生了水泥受损，还产生了滞期损失，后来船东只好通过法院拍卖水泥。韩国法院第一次拍卖水泥失败（90万美元），现在准备进行第二次拍卖。

该船第六舱遭到碰坏，引起4 000～5 000吨水泥受损。船东不想负责卸下该批受损水泥，故转嫁到我方头上，要求我方负责卸下该批受损水泥。该批货物由买方投保，C&F FO/D，已出 3 万美元。

请问我方有责任卸下这批受损的水泥吗？

答： 关于船东要求你方负责水泥卸货费一事，现提供如下意见，仅供参考。

一、船东要求租船人承担卸货费是没有道理的。其理由是：

1. 外运作为租船人对于船舶滞期期间的风险不负责任。船东因收货人不履行收货义务，致使船舶滞期数月，对此外运深表同情。但是外运与船东之间只是租船合同关系，只需履行租船合同上的义务即可。租船合同并未规定租船人应对滞期期间的船、货风险负责，因此外运对于船东因碰撞造成的各种损失实在是爱莫能助。由于货物未卸下，该航次尚未完成，货物的风险仍由船东承担，而与租船人没有关系。

2. 该船是因收货人不收货而等待泊位时与另外一艘船发生的碰撞，由此造成的货损及产生的其他费用均与租船人无关。在此次意外事故中，租船人无任何过失，因此也不应该承担任何责任。

3. 两条船舶发生碰撞，如属对方船舶的责任，则货损及产生的其他费用应向对方船东索赔；如属己方船舶的责任，则货损及产生的其他费用应由己方船舶的船东保赔协会负责。

4. 在你方与船东的租约中未签订这样的条款，即如果船舶发生滞期，在滞期期间船舶发生的一切意外事故均由租船人承担。

5. 船舶发生碰撞，非租约范围内的事情与租船人无关。船舶发生碰撞是侵权行为。如责任在对方，船东应向对方赔偿；如责任在船东自己一方，应由船东负责赔偿；如双方均有责任，应按责任大小分摊承担。总而言之，两船相撞与租船人无任何关系。

6. 钉是钉，铆是铆。船舶在卸货港发生滞期，租船人应付滞期费。但船舶因其他意外事故引起的损失，租船人一概不负责任。如果船舶发生碰撞属于船东的责任，那么收货人或租船人反而可要求船东赔偿这笔损失。

7. 正常情况下，如果货损货差是在管船中发生的，船方可要求免责；如果货损货差是在不合理绕航中发生的，船方不但不能免责，还不能享受赔偿责任限额；如果是船东的责任碰了他人的船只，船方也无法免责，且要承担损失。

二、关于船东弥补损失的几点建议：

船舶碰撞引起的损失，直接原因是碰撞，而不是船舶进入滞期，因而只能根据碰撞所确定的法律关系来解决。碰撞是一种侵权行为，造成碰撞的过失方应对其所引起的损失负责。如碰撞属于对方过失所致，本船完全可以向对方要求赔偿，其中自然包括碰撞应支付的多余的卸货费。如碰撞属于双方过失所致，所有损失应按双方过失比例分摊。由于航次尚未结束，保险公司对本船因碰撞引起的货损、船损可向保险公司索回。

综上所述，外运公司不应对该损失负责，船方应按合法的程序解决该项争议，以达到各方满意的结果。

答复中租公司咨询，1990.3.29

183. 货轮沉没责任在谁

问：1983年6月10日"ATHENA"轮因严重损坏，船东同意船长弃船，当时该船还没有沉。两天后即6月13日宣布沉船，声称已委托加拿大律师调查沉船，并委托海特律师事务所调查船员。然而，约一个月后即7月10日律师来电说又发现了该轮，被日本一家拖轮公司救到了安全港（即ADAK港，ON DUTCH HARBOUR，ALEUTIAN，SLANDS，ALASKA）。现在，船上货物价值800万美元，其中铝锭价值500万美元。

鉴于目前国内铝锭价格上涨到每吨300~500美元，五矿公司又急需铝锭，如果船上货物超过300万美元，我们可想办法把船上货物运回来。大连"山海关"轮就曾出现过这样的情况，当时是由美国海军拖轮拖的，拖轮费2万美元。

请问，我们要货还是不要货？如要，又怎么要？

答：如果你们打算要货，我建议你们先考虑以下几个问题，然后再做出决定。

1. 追究船东的责任。

2. 通过外运公司去了解船上货物的有关情况。

3. 仔细查看租约条款及适用的有关法律，查阅有关租约终止条款和船东弃船是否须经租船人同意的约定？

4. 是否可将船上货物拖回来？

5. 询问中租公司能否派替代船只将船上货物运回来？

6. 是否可将该船作为临时修理开回来？

答复人保总公司咨询，1983.7.20

184. 如何处理沉船事宜

问1： 关于装硅铁的船只沉没一案，我们天津外运对船沉之前的情况知道一些，但对船沉以后的情况一直没有什么消息，国内发货人已结汇。香港律师来电称，他要来见我们天津外运，怎么办？

答： 1. 查清是谁授权香港律师来询问情况的？他究竟代表谁？

2. 你方目前不要向香港律师提供任何情况和资料，告其所有资料船东都有，所有情况船东都知道。

3. 可向其明确：天津外运在这当中无任何过失，不承担任何责任。

问2： 香港律师已来天津，是收货人所在国的一家保险公司委托其来了解这批硅铁是否已确实装船，并要求我方提供一些情况和资料，还提到吃水、包装等问题。请问，我们应如何回答？

答： 1. 明确表示：提单是船东授权天津外运签的，货物确实已按提单数量装船了。

2. 货装毕、船走后的情况天津外运不知，也与天津外运无任何关系。

3. 天津外运与收货人无任何关系，故无任何义务提供其他任何情况和资料。

4. 有关收货人或收货人的保险人，有任何问题应找责任方提供情况和资料。

答复天津外运公司咨询，1991.8.1

185. 船沉后买方能否拒付货款

问： 五矿石油器材贸易有限公司（以下简称"五矿石油公司"）进口的石油专用管由我司承保。这些货物载于"EASTERN"轮上。该轮从日本驶往我国连云港的途中，于 1994 年 11 月 29 日，在天气良好、海况正常的情况下沉没，造成船上货物全部灭失。

据了解，五矿石油公司是按 C&F 价格从日本购买这批货物的。在信用证条款上明确规定，凡 C&F 或 CIF 成交的货物，承运船舶必须得到买方确认。而日方违反信用证规定，派船时并未以任何方式征得五矿石油公司的同意和确认。

我司认为，五矿石油公司完全可以按照信用证规定拒付日方货款。特向您咨询，并请出具一份法律咨询意见。

答：贵司 1995 年 6 月 14 日传真收悉。

关于"EASTERN"轮沉没案，五矿石油公司在卖方缺少一份重要单据，即征得五矿石油公司同意的确认函的情况下，依据信用证条款，能否拒付货款的问题，经认真研究案情，我认为根据信用证单据一致、单单一致的原则，五矿石油公司完全有权拒付货款，其理由如下：

1. 信用证与买卖合同是独立的两个合同

买方一般是根据买卖合同向银行申请开立信用证，买卖合同是买方申请银行开立信用证的基础。但信用证一经开立，就与原来的买卖合同完全分离，而成为完全独立的一种交易，即信用证交易。在信用证交易中，银行是一方当事人合同的交易对象，不再是货物本身，而是信用证上所约定的单据，所以又称为单据交易。信用证的这种与买卖合同完全独立的特点是信用证的基本特性，它与票据法规定的票据的独立性一样。

就买卖双方而言，买卖合同与信用证有着相当密切的联系。买方依据买卖合同申请开立信用证，对信用证所应记载的商品名称、质量、数量、货运单据的种类及份数、装运日期、单据提交期限等条件，通常都是依据买卖合同的规定填写的。但信用证一经银行开立，就与买卖合同分离。银行与买卖合同没有任何牵连，它不受买卖合同的约束。

2. 受益人未提出修改信用证条款，就意味着以信用证条款为准

银行虽然不管买卖双方的合同，但在进口商申请开立信用证时，毕竟还是以买卖合同的条件为基础，信用证应该反映买卖合同的内容。而当进口商开立信用证与买卖合同条款不一致或相矛盾时，倘若受益人一旦接受了与买卖合同不一致的信用证条款，无形中变成开证行与受益人之间形成新的契约，意味着双方开始受信用证的约束，并以信用证作为能否付款的主要依据。

通知行在收到信用证后、通知受益人之前，应对所收到的信用证进行必要的审查。审查后，通知行应将信用证送交受益人，由受益人进一步审查。受益人收到信用证后，必须及时对信用证条款及本身进行审查。如发现信用证条款有问题，例如与买卖合同条款不一致，受益人决定修改，就必须立即与通知行联系，要求通知行用最短的时间通知申请人，并让申请人尽快修改。如果信用证条款与买卖合同条款不一致，而受益人审查时未提出异议，又不坚持修改，实际上受益人做不到时，就会使受益人陷入困境，甚至给受益人带来不可估量的损失。因为，此时要以信用证条款为准。所以，受益人的正确做法应是在审查信用证时，如发现与买卖合同不一致或矛盾时，应及时向开证申请人提出修改，改妥后再装

运货物。

3. 只要卖方提供了适当的单据，买方就必须付款

当我们进行国际货物买卖，采用以信用证作为付款方式时，即使货物在运输过程中发生残损或灭失，只要卖方及时提供了适当的单据，买方就必须付款。卖方向买方提供适当的单据时，尽管货物已沉入海底，或由于未能预见的情况而不能运到，或由于双方同意的保险单上未包括的风险而灭失，买方也有义务支付货款。其关键是卖方必须及时提供信用证条款所要求的所有单据，并且还要做到单据相符，单单相符。

4. 卖方提供的单据要符合信用证的要求

卖方必须提交适当的单据，即买卖合同和信用证所规定的单据必须全部提交，如有任何遗漏，即使货物已安全抵达，买方也可以拒绝付款。

5. 单据不符，银行可拒绝向受益人付款

采用信用证作为支付方式，根据"单据严格符合的原则"，要求所提交的单据必须"单据一致"、"单单一致"，无论是要求所提交的单据必须"单据一致"、"单单一致"，无论是议付行垫付的货款，还是开证行或指定的付款行的代付货款，其前提条件均有两点：一是单据相符，即货运单据与信用证中对单据的规定要求完全一致，银行可以付款；二是单单相符，即不同的货运单据，其内容相互吻合，没有矛盾和抵触时，银行可以付款。如果发生单据不符、单单不符的情况，银行通常拒绝向受益人付款。

6. 在受益人知道并参与欺诈时，买方可拒付货款

在受益人知道并参与欺诈行为时，买方可拒付货款。法院准许根据信用证提出的请求权项的唯一例外，即是所谓的欺诈例外。如果能够证明受益人的请示权是欺诈性的，受益人知道并卷入了这一欺诈行为，银行则必须拒绝支付该信用证项下的货款。同时，法院一般拒绝发布禁止银行履行不可撤销的信用证及不可撤销加保兑信用证项下的付款义务的禁令。同时也拒绝发布阻止受益人根据信用证提款的禁令。这里同样也承认有关欺诈的例外。

7. 以单据不符拒付货款要在合理的期限内提出

由开证银行指定的或由进口方指定的付款银行，收到议付银行寄来的汇票和单据后，付款银行应立即核对，如有异议或发现单据不符之处予以提出。一般来讲，收到汇票和单据后应在合理时间内提出异议，否则视为同意或默认处理，付款银行予以付款。所以买方或银行（通知行或开证行）以卖方提供的单据不符为由，决定拒付货款时，必须在合理的期间内通知受益人。

8. 卖方少提供了一份单据，五矿石油公司完全可拒付货款

信用证毫不例外地规定了受益人为使自己得到信用证项下的利益，向通知行提交各项单据。如果受益人提交的单据符合银行在通知中列举的单据，并且按严格一致的原则完全相符，则不会发生什么问题。如果不是这样，就会产生单据不符的问题，银行就可以拒付货款，尤其是在名副其实的单据不符的情况下。

就本案而言，根据信用证条款的第 6 条，在对方派船的情况下，卖方必须提供一份买方对所承运货物的船舶确认的副本，而卖方没有提供，这不仅不是无关紧要的单据不符，而是完全缺失了一份重要的单据，构成法律上名副其实的单据不符。对买方来说，因为在对方派船的情况下，卖方指派什么样的船只，该船船东的资信情况如何，将直接影响到该批货物能否安全抵达目的港，这对于买方来说是至关重要的。如果所派船只是一艘老破船，在航行中机器往往会出毛病，要不时地进行修理，否则或许出大的机器故障，使船舶无法开到目的港，而需中途换船转运，影响到买方及时收货；甚至船不遇海事都会沉掉，致使买方根本收不到货物。另外，海上欺诈的发生也往往是诈骗分子利用对方派船作为跳板，从事罪恶勾当，致使买方无法收到货物。鉴于此种情况，作为买方的五矿石油公司完全可以拒付货款。

结论：在此案中，由于卖方未按信用证条款的要求提供齐全的单据，并且缺失的是一份重要单据，是严重的单据不符，因此作为买方的五矿石油公司有充足的理由以单据不符拒绝付款。

答复人保总公司营业部咨询，1995.6.19

186. 船舶途中机器损坏，租船人怎么办

问：有一程租合约，根据租约，出租人已按时派船去装港，但在航程途中机器坏了，无法按时到装港去受载，于是租船人要求船方出具可免责的证据，船方不理睬，也不找替代船只，在此情况下，租船人对船方书面提出将另租一条船来承运货物，如其费用有所增加，要求增加的费用由船方承担，问题的焦点：船方是否违约？在此情况下租船人增加的费用能否向船方提出索赔？

答：如船东的机器坏了，属于免责或不可抗力，当然船东不承担责任。如不属免责与不可抗力，出现此情况时，租船人有三种选择：

1. 销约，不得索赔延迟损失。

2. 有条件的继续装船等待，并明确向船方索赔。

3. 无条件的继续装船，但其造成的损失能否索赔就成问题了。

答复北京王律师咨询，2003.11.12

187. 船舶再次维修，租船人还需负责吗

问： 一条程租船从加拿大运小麦到连云港靠泊卸货，退潮时遇搁浅。当时我们立即代船方申请船检派潜水员下去，船检结果无问题，并出具了证书。船方当时及船舶开走时也都无任何异议。该船系 1987 年 5 月 4 日到达连云港，5 月 20 日才离开。但是船方 6 月 3 日来电称：该船底部发现有一条两米长、70 公分宽、70 公分深的凹槽，要求我们派人去加拿大温哥华与他们一起再次进行船检。作为租船人我们应该如何处理此事？

答： 我的意见如下：

1. 程租船完全是船方自己管理船舶的问题，与你方无关。

2. 当时在连云港已经申请过船检，并出具了证书证明无任何问题，也未见有任何异议。现在过了这么久，你们完全可以不用理睬。

3. 我国船检结果无问题，即使日后国外另有船检结论称有问题，你方仍可坚持以我国船检为标准，因为我国船舶检验在国际上已经得到承认，并且具有法律效力。

4. 船方如果要起诉你方，也只有以不是安全港或者安全泊位为由起诉，再加上国外船检证书。但是你方可以要求船方举证，即使他们能够举证，时隔这么久，责任早已终止，即货物卸毕后责任就终止了。因此，你方作为租船人可以不负任何责任。

答复中外运总公司海运美洲处咨询，1987.6

188. 缆绳费用谁承担

问： 新谊公司作为船东，将一条集装箱船出租给福建外运。福建外运在台湾靠离码头时，需租用当地拖轮使其船只靠离码头，并且购买了缆绳，产生了费用，租船人承担了拖轮费，但不承担其拖轮使用的缆绳费，从租金中总共扣下 8 000 元人民币，其理由是缆绳应由船东提供，船东提供不了，故需购置，所产

生的费用应由船东承担。请问租船人从租金中扣留8 000元人民币合理吗?

答:1. 仔细看一下租约条款,是否明确了船东应该提供租方所需的一切器具与设备,甚至明确包括了拖轮使用的缆绳,如无此明确规定一般就不能要求船东承担。

2. 另外,需要看使用缆绳的目的,是为船东的利益,还是为租船人的利益,还是为了双方的利益,如租船人使用拖轮靠离,其目的是为了租船人安排的货物可安全装卸,即纯粹是为了租船人的利益,那么就应由租船人承担,包括拖轮的缆绳。

3. 船东一般只提供正常需要的设备与器具,租船人根据特殊港口的要求,或特殊货物,或某些特殊要求所需提供的特殊物品,应由租船人自行解决,并承担其特殊费用。

答复香港新谊公司咨询,1999.3.10

189. 何谓船舱干净

问:我公司作为船东,将一艘远洋船期租给租船人,其中有一条款为:交船时船舱已由船员打扫干净。而在接船前,租船人发现船舱上航次装过谷物有虫子与虫卵,故要求船东熏蒸使船舱干净,但熏蒸需要费用和时间,则问题是:

1. 如要熏蒸,时间与费用算船东的,还是算租船人的?

2. 交船时,船东的船舱打扫干净是一个什么概念,是只要打扫无垃圾了,还是包括无虫子?

答:1. 作为船东出租一条船,当然船舱应当是干净的、要使船舱适货,如果船舱装过谷物,并且很容易就看出有虫子与虫卵,那么应该说船舱并未达到租约条款的“干净”程度,要求船东清除虫子与虫卵并不过分,如果是要求船舱干净到一点灰尘都没有或没有细菌,那么要求就太苛刻了,所以说,租船人认为船舱还不够干净,未达到条款的条件是合理的。

2. 如上述理由成立,当然船东就要承担船期损失及需要熏蒸的费用。

3. 船舶要适航,其中就包括船舱要适货,船舱明显有虫子与虫卵,显然是不适货,所以船东要使船舱真正适航,就得使船舱适货,从这个角度来讲,在交船前亦有责任将船舱的虫子与虫卵清除干净,现由于有虫子需要熏蒸所引起的一切费用都应由船东自己承担。

4. 除非租船人期租该条船准备装特别的货,而这种货对船舱的“干净”有特别的要求，超过了惯例上的"干净"程度，为此需要产生特别的花费，那么就应由租船人自己去采取特别的措施，其船期损失与费用应由租船人承担。

答复中外运厦门船务公司咨询，1999.1.14

法律参考：

《中华人民共和国海商法》

第 47 条　承运人在船舶开航前和开航当时，应当谨慎处理，使船舶处于适航状态，妥善配备船员、装备船舶和配备供应品，并使货舱、冷藏舱、冷气舱和其他载货处所适于并能安全收受、载运和保管货物。

第 132 条　出租人交付船舶时，应当做到谨慎处理，使船舶适航。交付的船舶应当适于约定的用途。出租人违反前款规定的，承租人有权解除合同，并有权要求赔偿因此遭受的损失。

第 133 条　船舶在租期内不符合约定的适航状态或者其他状态，出租人应当采取可能采取的合理措施，使之尽快恢复。船舶不符合约定的适航状态或者其他状态而不能正常营运连续满二十四小时的，对因此而损失的营运时间，承租人不付租金，但是上述状态是由承租人造成的除外。

《汉堡规则》

第三条　对本公约的解释

在解释和应用本公约的各项规定时，应注意本公约的国际性和促进统一的需要。

第四条　责任期间

1. 按照本公约，承运人对货物的责任期间包括在装货港，在运输途中以及在卸货港，货物在承运人掌管的全部期间。

2. 就本条第 1 款而言，在下述起讫期间，承运人应视为已掌管货物：

（a）自承运人从以下各方接管货物时起：

（i）托运人或代其行事的人；或

（ii）根据装货港适用的法律和规章，货物必须交其装运的当局或其他第三方；

（b）至承运人将货物交付以下各方时止：

（i）将货物交付收货人；或

（ii）遇有收货人不向承运人提货时，则依照合同或卸货港适用的法律或特定的贸易惯例，将货物置于收货人支配之下；或

（iii）根据在卸货港适用的法律或规章将货物交给必须交付的当局或其他第三方。

3. 在本条第 1 款和第 2 款内提到的承运人或收货人，除指承运人和收货人外，还分别指承运人或收货人的受雇人或代理人。

190. 贷款购船协议未达成是否需承担责任

问：天津外运公司与大连远洋运输公司寻找银行贷款，拟购买 10 条船，其合资公司与海外某公司草签了合同，但 9 个月未谈成一致协议，另外经查询，最后签了终止协议。现海外某公司要求我天津外运公司承担其损失。请问天津外运公司应如何处理此事？

答：1. 你们尚需进一步向天津外运公司了解情况，并要求天津外运公司提供更多的证据，然后确定天津外运公司究竟有无责任，海外公司是否有道理向天津外运公司索赔。

2. 暂不理海外公司，若其再来函时，简单回答此案与天津外运公司毫无关系。

3. 如海外公司继续追逼，你们则依据该国法律分析是否有不利的结果，然后向该国律师先行咨询。

4. 根据目前的情况与资料，海外公司向天津外运公司索赔没什么道理，如果其想起诉天津外运公司，也应在中国有管辖权的法院起诉。

答复中外运股份公司证券法律部咨询，2005.9.7

191. 船舶抵押贷款应注意哪些问题

问：以船舶为抵押物向银行作抵押贷款时，为什么其保单上需要注"受抵押银行为被保险人之一"？如需取消"受抵押银行为被保险人之一"，应如何办理？

答：办理船舶抵押贷款，具体应注意事项如下：

1. 船东以某一船舶向银行作抵押贷款，银行为了保障自己的权益，会要求船东在该船舶的所有保险（包括船壳及机器险、增值险、战争险和船东责任险等）的保单上加上"受抵押银行为被保险人之一"的条款。

2. 要求保险公司和船东保赔协会取消"受抵押银行为被保险人之一"，必须提供有关银行发出的船东已清还贷款，并同意解除船舶抵押的证明；或者银行出具证明，表示有关贷款已不需要该船舶为抵押。

保险公司和船东保赔协会不会同意两家权益一样的受抵押银行同时作为被保险人之一，因为银行之间的权益存在冲突。

大船队的船壳及机器险一般都由多家保险公司共保，如威林、中通船队。为简化程序、减少文件，银行会接受一些有信誉的保险顾问/经纪所签发的暂保单（COVER NOTE）作为已投保证明。保险顾问/经纪暂保单上所有条款（包括被保险人名称），必须与保险公司保单一致。因此，保险顾问/经纪不可能为同一船舶的不同受抵押银行签发两份暂保单。

另一方面，每条船都只能由一家船东保赔协会承保（船东责任险）。所以，银行会要求船东保赔协会直接出具已投保证明，而不会接受保险顾问\经纪的暂保单。船东保赔协会不可能分别向两家银行证明其作为受抵押银行的权益已加入该船舶保单之中。

答复香港船务公司咨询，1999.10.9

192. 三船东如何处理二船东与原船东的纠纷

问：大连原船东将一艘船出租给二船东，二船东又将船以单程期租给三船东，三船东用该船来承运一批由日本到天津新港的货物。现在，因为二船东与原船东有债务纠纷，原船东即对三船东采取两项措施：一是要求三船东将原本该付给二船东的租金直接付给原船东；二是要求三船东命令船长将该船开到烟台去，并对该批货物进行留置。此时，作为三船东应当如何处理？

答：1. 三船东应当向原船东指出：原船东要求其将本该付给二船东的租金直接付给原船东的要求是可以考虑的。但是有个前提：要么是二船东同意，要么是法院判决或者仲裁裁决三船东应付给原船东的租金。否则，三船东只好暂时留住此租金，待原船东与二船东协商好后再付款（二船东已同意将此租金直接付给原船东，三船东也已确认将此租金付给原船东）。

2. 三船东还应向原船东指出：将此船由天津新港改去烟台是错误的，原船东无权要求这样做。如果这样做，由此引起的一切损失将由原船东承担。

3. 原船东企图留置的、并非属于二船东的、也非属于三船东的货物是错误的。原船东无权留置并非与其有债务关系的货主的货物，如果这么做，是违法的。

4. 以收货人名义向原船东指出：既然船方签了提单，则原船东就应履行提单上的义务，将货物及时安全运送到提单上所列明的目的港。在收货人与原船东无任何债务关系的情况下，原船东无权扣留收货人的货物。如果原船东一意孤行，则收货人将通过海事法院扣船，并且申请强制卸货。

答复中外运总公司海运部咨询，1996.5.22

注：船舶开往天津新港，原船东并未坚持自己的错误做法。

193. 三船东的债务与原船东和二船东有关吗

问： 粮油公司期租了一条船，又以期租的方式转租给香港一家公司。还船半年后，即现原船东称：因香港三船东欠某油公司的油款4万多美元，要求原船东承担，（经查，香港三船东已倒闭，转换成另外一家公司），否则扣船，故原船东要求二船东即粮油公司承担，否则由此引起扣船的损失要求粮油公司负责。我们的问题是粮油公司是否应承担该责任？

答： 1. 答复原船东，已还船6个月。三船东和某油公司的债务纠纷，与原船东和你公司即二船东均无任何关系。

2. 在期租船情况下，燃油是租船人即三船东供应的，三船东向油公司要求供油，为此所欠款项不能追究到二船东和原船东身上，故你公司即二船东与此案无关。

3. 但各国的法律有所区别，有些国家可能可以追索到原船东或二船东，所以要看此诉讼或仲裁在哪个国家？适用何种法律？需要时再去咨询那个国家的律师，然后决定采取何种办法来解决此案。

4. 根据中国法律，此案中，原船东和二船东与三船东应该是分开的，油公司应没有任何理由告原船东，更没有法律依据扣原船东的船。

答复中国粮油总公司咨询，1997.5.29

194. 船方依美 RULE B 能否冻结船代美元账户

问： 我们下属公司天津船代现碰到一个十分棘手的纠纷，该纠纷的情况介绍如下，请您替我们出个主意，看如何解决这一问题。

2007年7月，OLD EAST MEDITERRANEAN（以下简称"OEM"）委托天津

船代为 MV "BRAVE JOHN" 做代理。OEM 声称其代表香港永和船务有限公司（以下简称"永和公司"），是永和公司的船舶经营人。

MV "BRAVE JOHN" 的船长指示天津船代按照大副收据签发提单，不能签发运费预付的提单。天津船代根据 OEM 公司的指示和发货人的保函签发了清洁提单。发货人的保函担保了清洁提单；OEM 对提单样本给予了确认，包括运费预付以及提单日期。提单是金康格式提单（抬头空白），签章显示 "for and on behalf of the master of mv brave john"。

2007 年 12 月，该轮的二船东耐威森船务有限公司（NAVISION）在美国通过 RULE B ATTACHMENT 冻结了包括永和公司、OEM、天津船代在内的 9 家公司的银行账户，声称永和公司未支付租金而索赔 269 万美元，天津船代在内的各个船代公司按照永和公司和 OEM 的非法指示签发了清洁、倒签、运费预付的提单导致了耐威森船务有限公司的损失。

答：根据你们介绍的情况，我认为你们需马上做下列两件事：

1. 立即要求天津船代采取以下应急措施

（1）停止再以天津船代的名字收付美元，以避免更多的款项被冻结。

（2）天津船代发函给委托人 OEM 公司和承租人永和公司，要求其解决此事。

2. 你法律部应采取的法律措施

（1）要求香港律师行对案情作出初步的分析

你部可把材料发给李律师，要求其对案情作出初步的分析。可提出如下问题，包括：RULE B 对海外的被申请人是如何送达的；程序上如何救济；原告下一步对你们如何采取法律行动（注：后来李律师的答复是：如果申请人仅仅申请 RULE B ATTACHMENT，而不要求美国法院作出 DEFAULT JUDGEMENT 的话，则申请人的律师并无义务把材料送达给被申请人。RULE B 只对申请人的申请做形式上的审查，因此对 RULE B 的有效抗辩比较困难，建议你们可以从被冻结的款项是天津船代代收代付的款项来进行抗辩。由于天津船代与原告没有合同关系，因此原告会以侵权在美国或者中国起诉天津船代，由于已经在美国冻结了 20 万美元，原告很可能选择在美国诉讼）。

（2）咨询有关 RULE B 的规定

（注：法律部咨询了中租公司及宋律师，了解对 RULE B 的程序以及有效抗辩有哪些。他们认为已冻结的款项非属天津船代所有，而属于代收代付性质的款项，这种抗辩的成功性较低。）

3. 下一步要做的事情

（1）争取能够解冻 RULE B ATTACHMENT

对于天津船代来说，一直不用自己的名义做收付，是有一定困难的。考虑到成本和效率，争取同原告协商在给予合理担保的情况下，解冻 RULE B ATTACH-MENT。

（2）积极应对未来的诉讼

一方面，你部已经要求天津船代全面提供有关资料。另一方面，如果未来原告提起了诉讼（不论是在中国，还是美国），你们都要积极应对。从现有的资料来看，天津船代签发的提单，虽与船长的指示不一致，但得到了委托人 OEM 与承租人永和公司的认可。按我的想法，只要天津船代在代理过程中无过错，就不应承担签发提单的连带责任。即使有问题也应该由委托人即租船人永和公司承担。但这仅仅是我个人的意见，还不知作为船代这样签发风险究竟有多大？其后果会怎样？无论如何需作最坏的打算。

答复中外运股份公司证券法律部咨询，2008.1.4

注：一方面，二船东丹麦耐威森船务公司（NAVISION）在美国依据 RULE B 冻结了天津船代在美的美元账户。但当其作为原告在中国法院起诉天津船代期间，天津船代在美的账户就获得解冻了。

另一方面，二船东丹麦耐威森船务公司（NAVISION）于 2008 年在天津海事法院起诉了天津船代，要求天津船代承担与承租人永和公司的连带责任，而一审法院认为，根据承租人永和公司的明确指示，签发提单、提单格式及内容均得到委托人永和公司的确认，天津船代在代理过程中不存在过错，即使错误签单也应由委托人永和公司承担责任。因此，丹麦耐威森船务公司要求天津船代承担连带赔偿责任，法院不予支持。

原告不服一审判决，于 2010 年上诉，经二审法院审理，驳回上诉，维持原判。

（八）扣留船舶

195. 由谁申请扣船

问：科威特"TRIDENT BALTIC"轮于 1990 年 5 月 15 日在智利 CHIMBOTE

港，装运5 250M/T 鱼粉 CNF 大连，船行驶马尼拉港附近，发现三舱起火。船方积极救助，首先用二氧化碳灭火没有成功，然后，向船舱灌水，火被扑灭，之后，船方宣布共同海损，并已确认。

该轮于 8 月 24 日至 8 月 29 日抵达大连卸货，国内定货单位是辽宁省基地进出口公司和黑龙江省土畜产进出口公司。

我司向船东提供了全船货物的 VALUATION FORM 和 AGERAGE BOND，大连保险公向船东提供了 460 824.00 美元的担保，黑龙江保险公司向船东提供了 1 748 203.30 美元的担保。

2004 年 6 月作者在中国外运辽宁有限公司于大连
举办的海运业务纠纷研讨会上讲授船舶扣留问题

2004 年 6 月作者在中国外运辽宁股份有限公司于大连举办的
海运业务纠纷研讨会上和与会者探讨船舶扣留纠纷问题

货卸毕后，船方与理货公司签字确认为 5000 包残损，另有批注："SUBJECT TO SURVEY BY P&I CLUB SURVEYOR"，"TO AVOID DUPLICATION ALL DAMAGES MENTIONED ON THE FINALIST HAVE ALSO BEEN SIGNED ON DALIAN LIST"。

伦敦船东保赔协会代表，在船抵大连卸货时，来大连登轮调查事件情况，同意大连人保公司提出的让船东保赔协会出具 100 万美元的反担保，表示回香港后发一份正式的担保函。但该代表回港后却发来一份电传，称"该船东在船东保赔协会没有足够的资金，另外按残损单的货损数目，不值 100 万美元，船东保赔协会只能提供 23 万美元的担保，如果货方要想得到 100 万美元的担保，建议货方配合船东保赔协会采取扣船的措施解决"。

就扣船事宜大连人保公司和我司交涉，让我司代货主向海事法院申请扣船，扣船理由是船东没有提供足够的担保金额，被告方是船东和伦敦船东保赔协会。

大连人保公司不能申请扣船的理由是，他目前尚未赔付货主，没有获得权益转让。

我司尚有几个问题不明确：

1. 扣船后将会出现以下几种结果：

（1）可能会得到船东保赔协会提供的 100 万美元的担保，但此结果希望极小，因为船东保赔协会电传上已建议扣船解决。

（2）船东保赔协会不提供 100 万美元的担保，将通过法律形式解决。

——如果扣船方胜诉：恐怕也难以追回损失，因为该轮目前连我司的代理费都无法支付。有可能拍卖船只，但在目前的政治微妙局势下，拍卖科威特的船能否行得通还是问题。

——如果扣船方败诉：因船东保赔协会只提供 23 万美元的担保，是根据港口交船方签字的残损单而计算得出的，尽管实际货损大于残损单上确认的损失。提出 23 万美元的担保是否合理？如果败诉需赔付船东船期损失吗？

2. 在共同海损前提下有无扣船先例？

3. 由谁出面申请海事法院扣船？

大连人保公司认为，尚未办理权益转让，应由收货人出面申请扣船。经联系定货公司，辽宁外贸基地公司认为应由人保公司出面扣船，理由是，既然已投保，承保公司应按实际损失赔付给投保方，至于承保公司如何追赔是承保公司的事。

我司认为，既然大连人保公司向船东提供了担保，那么，向船东索取及担保的权利就应当属于大连人保公司；而不应当是我司代货主索取担保。

另外，我司与大连人保公司的实际做法是，出现货损货差后，大连人保公司向我司直接索取权益转让书，而实际上并没有赔付我司，然后追偿。

那么，在重大的案件面前，为什么大连人保公司不采取习惯做法呢？这是值得深思的。

因案情比较复杂，请总公司法律室及港口处研究后速回复我司为盼。

答：现对你司 9 月 6 日传真提出如下意见，仅供参考。

（一）正如货主辽宁基地公司所认为，承保公司为利害关系人。根据大连人保公司的一贯作法，货损货差一经发生，大连人保公司即应向货主赔付，然后代位求偿。在此案中，如得不到船东保赔协会的担保或提供的担保金额不足，风险当然在大连人保公司一方，所以应由大连人保公司决定是否扣船。至于在申请扣船的过程中以谁家的名义更快更合适，大连人保公司可与货主商量。

（二）从该轮情况看，该轮现在连代理费都支付不起，那么港口使费是否交付？如不交港口使费，无法办理离港手续，那么即使港务局不扣船也不会放行。

（三）从船东保赔协会的态度看，"该轮没有足够资金"这一理由是站不住脚的，因为船东一旦加入船东保赔协会，发生此类事件一般就由船东保赔协会出面解决。现在船东保赔协会不予理睬，很有可能是船东和船东保赔协会对该轮失去信心，准备以放弃船舶的方式了结一切债务。

（四）你司只是货主的进口代运人，与共同海损无利害关系，是否有必要在这种情况下卷入此事请慎重考虑。如从商业角度考虑，实在要你司出面，也必须请大连人保公司给大连海事法院出具保函，讲明因扣船所引起的一切后果由大连人保公司承担，同时还须有国内货主的授权书，并且你们也只是协助大连人保公司处理此事。

答复辽宁外运分公司进口部咨询，1990.9.6

注：辽宁外运关于"TRIDENT BALTIC"轮申请扣船一事的最新进展汇报

昨天，我司已将总公司法律室孟于群处长的指示如实地转告给大连人保公司。现将该保险公司的意见转告如下：

1. 担保书应该由货方索取。

2. 向船东保赔协会提出担保金额的权利应该是货方。

3. 按保险条例的规定，货方向保险人索赔时，应附上有效的证据，其中船东保赔协会向货方出具的担保书也视为有效的单证附在索赔文件中。

4. 如果货方从船东保赔协会得不到担保，或者得到的担保中金额少于实际的货损金额，保险公司在赔偿时会有所考虑。

今天上午，我司和货主辽宁基地公司与大连人保公司进行了一次交涉。货主提出如果大连人保公司硬要扣船，考虑到一致对外的原则，货主可以出面申请，但首先要有大连人保公司出具的保函。即：（1）大连人保公司保证不管能否得到担保，应按保险条款的规定如实地赔偿货主的损失；（2）大连人保公司保证承担由于扣船而引起的一切经济责任和法律纠纷；（3）扣船以后，有关的法律事务均应由大连人保公司出面解决。

大连人保公司口头答应了货主的要求，但拒绝出保函，称大连人保公司从未向任何单位出具过保函。

196. 船方违约延误，租船人可否申请扣船

问1：按租约约定，我公司一批进口货应于35天内运抵天津塘沽港，但因船

方 JANBO 轮途中去了别的港装卸，以至该批货物延误了半个月。我公司曾答应国内客户，如未按时到货我公司将承担所有的费用。客户称货物的延误已使他们产生 2 000 多万元人民币的损失，由于该批货物是大件货物，运输途中有些桥梁要加固，有些道路要采取临时措施，为此还预定了车皮，有一个车皮已到达塘沽。在此情况下，请问我公司应该怎么办？如果扣船索要担保，能要求多少金额的保函？是以租船人的名义还是以货主的身份提出？是在广东黄埔扣，还是待船舶抵达天津塘沽再扣？

答：根据上述情况，现对案子发表三点意见：

1. 你方应向船方再次发去传真，明确指出：

（1）从一开始你方就向船方清楚说明该批货物是有时间要求的，且约定为35 天，为此你方支付了 300 多美元一吨的运费，正常情况只需 130 美元一吨。

（2）当时船方提及改变到货时间时，你方就明确表态不同意。

（3）对于船方故意违约行为造成你方的损失，你方将保留索赔权。

（4）为减少双方的损失，船方应使该船尽快到达卸货港。

2. 你方应与新加坡和泰国代理联系，查明该船何时抵离新加坡和泰国港口的，在港期间干了什么。要有文字依据，以便日后证明船方完全是为了自己的利益而故意违约，所以不能享受赔偿责任限制。

3. 你方可准备扣船获取保函，但须再慎重考虑：

（1）是以货主的名义还是以租船人的名义扣船；

（2）提赔金额多少合理（货主已要求赔 2 000 多万元人民币）；

（3）能否突破赔偿责任限制；

（4）如果最后决定以租船人名义扣船，那么就必须去伦敦仲裁，因为租约条款是这样规定的。

1994.8.1

问 2：为使 JANBO 轮不被扣，船方代表与我方交涉称：双方最好和解，何必扣船？因船方已答应赔偿 12.5 万美元，或者出具 20 万美元的银行保函。对此，您有何意见？

答：我认为此案完全是船方无理，因为：

1. 你方货物运达的时间约定为 35 天，船方已确认；

2. 你方所付的运费是原来的 3 倍；

3. 船方本来答应只去新加坡，结果中途又去了曼谷、香港和广东黄埔；

4. 你方货物晚到了 17 天；

5. 货主已向你方提赔。

综上所述，你方理由充足，故可要求船方赔偿现金 20 万美元左右，18 万美元也行，或者出具 50 万美元的银行保函。

答复中外运总公司海运二部咨询，1994.8.23

197. 可否以倒签提单为由扣船

问：某外贸公司从国外进口一批金属，条件是付款赎单。目前有足够证据证明船方倒签提单 6 天，所以外贸公司想以此压价，否则拒收货物，不付款赎单。但新西兰发货人不同意。此时，外贸公司是否可以通过扣船要求船方承担倒签提单的法律责任？过去可以违约或侵权告船方，因为收货人手中有已付款而获得的正本提单。现在收货人尚未付款，对船方是否有诉权？当然可不用提单而以侵权告船方，因为船方与发货人合谋倒签提单从根本上是违约的。但问题是，此时货物的所有权是否已转移到收货人手中尚不知，如收货人无货物所有权将以什么身份来告船方呢？

答：天津海事法院曾经判过一个类似的案子，法院判国内某进出口公司因手中无正本提单而无诉权。船方虽倒签提单却未承担责任。其理由是，因该进出口公司手中无正本提单，故与船方没有契约关系而无诉权。虽然专家们讨论时认为，从提单上讲无关系，但从侵权方面讲有诉权，可是我国海事法院在处理海事时，对同时存在上述两种情况的（违约或侵权），只认定合同关系。

综上，我的意见是：

1. 从理论上讲，其诉权有些问题，故收货人是否扣船要慎重考虑。

2. 如果晚到货，损失不大，收货人可考虑接货。然后，再向船方或发货人索赔损失。

3. 如果行情不好，收货人可拒收货。所产生的损失可直接向发货人索赔，但不宜采取扣船的办法解决问题。否则进行实体审判时，收货人会处于很被动的局面，因为收货人毕竟未付款，货物的所有权尚不属于你，你有什么权利扣船或扣货呢？

答复湖南经贸律师事务所刘律师咨询，1994.7

198. 收货人能否扣船

问： 国内收货人从巴西进口一批豆粕，在卸货港蛇口卸货时发现豆粕结块严重，并有炭化物，经分析应属货物质量本身有问题。此批货由发货人程租船运送的，收货人手中只有简式提单。我方的问题是：在此情况下，收货人能否扣船？

答： 我有如下意见，供你方参考：

1. 如收货人手中有清洁提单，卸港的商检报告结果明确是运输途中产生的损失，或是卸货前产生的损失，那么收货人可申请扣船或索要担保。

2. 如收货人手中有清洁提单，商检报告结果是装前豆粕质量就有问题，那么不能找船方，收货人只能凭买卖合同的法律关系向发货人索赔。

3. 再查阅买卖合同中，有无以装港商检为准或以卸港商检为准的条款，以便提供符合买卖合同约定的有效的商检证书。

答复深圳人保公司咨询，1998.6.10

199. 姊妹船能否相互扣留

问： 我公司有 A、B 两轮，都在 ×× 地单船注册，是两家独立的法人公司。A 船曾与 C 船发生过碰撞，据说 C 船船东在扣不着 A 船的情况下，拟在日本航线上扣留 B 船，请问我们该如何应对？

答： 关于此问题，我有如下建议：

1. 通过你公司的律师向日本律师咨询，根据日本的法律，同一家航运公司的姊妹船已单独注册为单船公司后能否互相扣留；如 C 船东硬要扣，将来在日本打官司哪方胜诉的可能性大。根据许多国家包括我国的法律，同一船东的姊妹船如果注册成了单船公司是不能互相扣的，只能扣当事船舶。我国《海事诉讼特别程序法》第 23 条规定："海事法院可以扣押对海事请求负有责任的船舶所有人、光船承租人、定期租船人或者航次租船人在实施扣押时所有的其他船舶，但与船舶所有权或者占有有关的请求除外。"即指法律仅赋予对负有责任的当事船舶所有人的所有船舶包括其他船舶，这里的其他船舶包括姊妹船。但如果是单船公司的船，则已不属于法律规定的"负有责任的船舶所有人"这个范围，所以不能扣押。本案即属于这种情况。我想日本的法律也应是如此，不过为了慎重起见，还是去咨询一下，对如何处理此案做到心中有数。

2. 考虑调整航线，在纠纷未彻底解决之前先不航行日本，这的确是一招。调整航线，可以避免被扣，但业务经营受到的不利影响太大，而且此举并非短时间内可以奏效，此方案可以考虑，但成本代价以及时间因素必须充分考虑与权衡。

3. 你公司应继续要求承保公司明确表态，一旦你公司 B 船被扣，承保公司马上出具保函使得 B 船被释放避免损失。同时建议你公司要求承保公司与日本船东保赔协会沟通，避免通过诉讼（扣船）的手段解决争议。

答复山东鲁丰公司咨询，2007.7.25

注：被扣的船属单船公司注册的船，并非法律意义上的姊妹船，但对方贸然在韩国申请扣押。船方在有关公司提供担保后被放行。为此，船方在韩国起诉对方，要求因错误扣船引起的损失由扣船申请人承担，法院最终判决船方胜诉。

200. 监护代理欠费，船代能否扣留代理船舶

问：有一家监护代理欠我锦州分公司为其垫付的代理费 3 万多美元，催促索要多次未果。现有一条船来中国卸货，该监护代理委托我公司进行代理，我公司能否扣这条代理的船舶？

答：我认为不能扣，因为欠你公司下属锦州分公司钱的债务人是监护代理，他所指定的这条船根本不欠你方任何钱，故不能因为该船是欠你分公司款的监护代理指定的船就去扣。根据我国《海商法》和扣押船舶的司法解释，船务代理只能扣与代理有债权债务关系的船，或属同一船东的姊妹船；如属船东的租船也不能扣，除非是光船租船；虽属同一船东旗下的船只，但若其每条船已进行了单船注册，则只限出事船只本身、不涉及其他注册的单船，所以也不能扣其他注册的单船。

答复中国船代公司咨询，2004.3.10

201. 原船东欠费被扣船，二船东怎么办

问 1：货主与山东外运（三船东）签了租船合同（程租），山东外运又与天津外运（二船东）签了程租合约，于是天津外运程租了一条船，所签条款与上述一样，只有运费不一样。该船运载的是一批出口货，在连云港装货。但装货之后，船被法院扣留。原因是：该船船员因船东拖欠工资申请扣船，另外连云港港

务局也因船东拖欠港口使费申请扣船。

货物已滞留在船上 1 个月，货主向山东外运索赔 100 万元人民币。于是，涉案各方相互追偿。实际上货主的运费分文未付，并提出解除合同。

船东称这种情况（司法扣押）属不可抗力，因为不是他不愿意将船驶离港口，也不是他不想履约。但索赔方称其损失是因船东的过错造成的，所以船东应承担损失。

请问，我们天津外运作为二船东，也被深深卷入这起纠纷中，应该如何面对与处理？

答： 在这起纠纷中，我认为：

1. 船东称所谓的"不可抗力"理由根本不成立

（1）本案纠纷不是不可预见的，因为船东应当很清楚，拖欠船员的工资肯定会引起纠纷。根据中国法律，船员可就船东拖欠工资申请扣船，甚至拍卖船只来解决，并且享有优先受偿权。另外，船东拖欠港务局的港口使费，也是同样的道理。我国《海商法》第 21 条规定："船舶优先权，是指海事请求人依照本法第 22 条的规定，向船舶所有人、光船承租人、船舶经营人提出海事请求，对产生该海事请求的船舶具有优先受偿的权利。"第 22 条规定："下列各项海事请求具有船舶优先权：（一）船长、船员和在船上工作的其他在编人员根据劳动法律、行政法规或者劳动合同所产生的工资、其他劳动报酬、船员遣返费用和社会保险费用的给付请求；（二）在船舶营运中发生的人身伤亡的赔偿请求；（三）船舶吨税、引航费、港务费和其他港口规费的缴付请求；（四）海难救助的救助款项的给付请求；（五）船舶在营运中因侵权行为产生的财产赔偿请求。载运 2000 吨以上的散装货油的船舶，持有有效的证书，证明已经进行油污损害民事责任保险或者具有相应的财务保证的，对其造成的油污损害的赔偿请求，不属于前款第（五）项规定的范围。"

（2）本案纠纷不是不可避免的，因为只要船东履约，按时付给船员工资与港务局的港口使费，就不会有任何问题。

（3）本案纠纷不是不可克服的，因为船东欠款无法支付，并非是"不可抗力"含义中的"不可克服"。我国《合同法》第 311 条规定："承运人对运输过程中货物有毁损、灭失承担损害赔偿责任，但承运人证明货物的毁损、灭失是因不可抗力、货物本身的自然性质或者合理损耗以及托运人、收货人的过错造成的，不承担损害赔偿责任。"因此，船东应承担 100% 的还债的法律责任。债权人遇到这样资信情况不好又耍赖的船东很倒霉。

2. 山东外运（包括天津外运）需做的工作

（1）尽量协助货主将货物尽快卸离该船并及时处理，以免所装货物损坏，引起损失扩大，这对山东外运极为不利，因为货主有权将扩大的损失也作为索赔的项目。

（2）计算一下货主100万人民币的损失是否合理，应扣除一些不合理的费用。

（3）考虑可否申请参与扣船清算，一种方式是由天津外运（作为租船人受到损失）申请参与扣船清算，另一种方式是由货主申请参与扣船清算。

（4）仔细查阅货主与山东外运的租约，看有否可利用减轻船东责任的条款。不过，一般情况下不会有此类条款。

3. 从此案中应吸取的教训

作为租船人，在租船时不能光考虑租金便宜，同时还要考虑船东的资信情况。俗话说便宜没好货，这句话还是有一定道理的。

2002.9.20

问2：当时扣船的具体情况是，货装到1 200吨时（应装7 000吨），船员因船东拖欠工资申请扣船，另外港务局也因船东拖欠港口使费（实际已由山东外运垫付）申请扣船，于是，2002年8月25日船被扣，被拖至锚地。

我们的问题是：能否让山东外运直接起诉船东，不要起诉我天津外运。

答：关于这个问题，我的看法是：

1. 山东外运以契约关系起诉天津外运是符合法律程序的，也是合理合法的。

2. 问题的关键是要说服山东外运，如他们同意不起诉天津外运，可考虑不以契约关系而以侵权关系起诉船东，并申请参与扣船清算。

3. 天津外运与船东签的是仲裁条款，但该条款不符合我国《仲裁法》的规定，故可认定无效。

4. 天津外运可与山东外运签一协议，表示天津外运将承担由此给山东外运造成的损失（前提是山东外运撤销将天津外运作为被告）。

5. 案件中山东外运未将船东作为被告，我认为山东外运应将船东作为被告，这样会对全局更有利（因天津外运已答应出保函，保证补偿山东外运从船东处应得到而未得到的损失）。另外，天津外运也没必要从诉讼中撤出来。

答复天津外运公司咨询，2002.9.28

202. 如何解救被扣船只

问：鲁丰公司一条挂五星红旗的船只在韩国被法院扣押，申请扣船的是金玫瑰船东的保险公司。

按表面法律证据，该保险公司无权扣鲁丰公司的这条船，第一，被扣船只不是肇事船，第二，"金发"轮是单船注册公司，被扣船只与"金发"轮不是姊妹船。但从实体考虑仍有麻烦，因为鲁丰公司将来上市后，对其属下的三条船来说都是股东。如果对方掌握这些信息，我方要想斩断相互的关系，避开承担连带责任，证明对方扣船错误，要求其承担因错误扣船引起的损失是比较困难的。

目前被扣船只出租给江苏外运进行经营，江苏外运称为了不影响经营避免扩大损失，请求鲁丰公司设法尽快放船。鲁丰公司已通知青岛人保（通过青岛人保参加船东保赔协会）出保函放船，青岛人保称 270 万美元金额较大还得报总公司批准，同时船东拒绝接受船东保赔协会的信誉担保，要求现金担保。在此情况下，青岛人保称他们没办法，只能船东自己设法解决。我们想尽快放船，应该怎么办？

答：1. 继续找青岛人保，与对方的保险公司交涉，让对方按国际惯例接受青岛人保或西英船东保赔协会的信誉担保。

2. 如果不行，只能由鲁丰公司或山东外运通过银行出具担保或出具现金担保，以使船舶早日被释放，避免扩大损失。为此，只有先按对方要求去做，至于对方是否有权扣船，所要求的担保金额是否合理等先不予抗辩，待日后打官司或进一步协商解决时再谈。

3. 慎重仔细审查一下在法律上或实质上，鲁丰公司与"金发"轮的关系；"金发"轮与挂五星红旗船只的关系；能否证明他们相互间不应承担连带责任。这涉及下一步的运作：如果论证后认为对方扣错了船，委请律师进入实体司法程序时是一种考虑；如果论证后认为对方扣挂五星红旗船只无过错，或虽不完全对但有一定道理并有证据，那么处理起来又是另一种考虑。

总之，应先设法放船，然后再打官司。正式打官司前还需与你方律师和青岛人保一起对此案进行详细分析，认真研究，确定对方是否扣错，再来决定如何处理。同时还应尽可能地让青岛人保承担你方的损失。

答复山东鲁丰公司咨询，2007.7.18

203. 在鹿特丹申请扣船需考虑哪些问题

问1： 我方从美国进口一批毛豆油，卸货港为上海，由台湾船装运，所装毛豆油价值3 000万美元。船东未经我方同意，擅自将该批货物放给他人，但提单仍在我方手中。在此情况下，我方想扣船。经初步了解，承运该批货物的"WAN HO"轮有姊妹船，其船名为"TEAM FORSTA"。针对此案，请您指教我方该如何处理，如果在鹿特丹申请扣船应考虑哪些问题。

答： 我认为，你方可从三个方面着手：（1）抓船东；（2）申请扣货；（3）抓租船人。

既然你方拟通过香港律师申请扣船，那么在扣船之前你方应了解下列情况，然后再决定是否在鹿特丹扣船。

（1）在鹿特丹扣船容易还是困难？

（2）申请扣船的费用是多少？

（3）当地律师费用怎么计算？

（4）是否要承担错扣责任？

（5）是否需出具反担保？

（6）如船方同意出保函，什么样的保函你方可接受？包括要求的担保金额、条件、保函时效等，都要考虑。

1997. 1. 5

问2： 谢谢您上次的指教。由于我们从未处理过此类案子，心中没有数，现还得烦请您在百忙中根据我们前后提供的资料及介绍的纠纷的新情况，再给我们一些具体的指示，以便能较顺利地处理好此案。

答： 后来扣船过程中你方碰到了新问题，经进一步调查，了解到被扣船只已有抵押，故船方律师称，船已有抵押，你们不必扣了。经过此次扣船，归纳总结本案，连同上次我讲过的，你方需弄清楚下列问题：

（1）根据你方与船方的纠纷是否可采取扣船方式（因有的纠纷欠款是不能通过扣船方式的）？

（2）被扣船只是否与你方有债权债务关系，即是否正当被扣船东的船？

（3）在何国何港扣船？该国扣船的相关法律与程序是什么？对你方是否有利？

（4）被扣船只是否已有有效抵押？何种抵押？是否优先于你方？扣除抵押金额后，是否还有余额？

（5）扣船地点国是否要出反担保？反担保金额如何计算？扣错了如何承担赔偿？

（6）如对方同意出担保，你方接受何种担保？包括是向法院出具还是向你方出具、金额多少、何种货币、有效期及其他条件等，都应考虑到。

（7）在中国扣船是通过法院，但实体纠纷的审理往往是依据租约，看租约中是否有仲裁条款，如有，尚须去仲裁机构提交仲裁。

（8）通过外国律师扣船，还应事先问清扣船的费用，包括律师费、实际开支等，如还需通过另外一国律师，那么还要了解另外的律师费用、法院扣船的费用……所以，最好选择在中国扣船。

（9）船东可能有好几条船，此时需要了解这几条船是否已分别注册，如已分别注册，每条船就成了一家单船公司，一般来讲，单船公司的船不能相互扣（船东采用这种办法就是为了避免船舶相互被扣，大多数国家的法律是遵守这一原则的），中国也是遵守这一原则的，故只能扣同一船东的姊妹船。

顺告，关于我国扣船程序，可查阅"最高法院关于扣船程序的司法解释"。

答复香港华润集团咨询，1997. 1. 30

（九）共 同 海 损

204. 怎样理解共同海损

问：共同海损对于我比较难理解，请您告诉我，应该怎么来认识与理解共同海损？

答：（一）从理论上和法律上讲，共同海损在《2004 年约克—安特卫普规则》和我国《海商法》中均分别有规定。

《2004 年约克—安特卫普规则》：

"首要规则牺牲或费用，除合理作出或支付者外，不得受到补偿。

规则 A

（1）只有在为了共同安全，使同一航程中的财产脱离危险，有意且合理地作出特殊牺牲或支付特殊费用时，才能构成共同海损行为。

（2）共同海损牺牲和费用，应按下列规定，由各分摊方分摊。"

我国《海商法》第 193 条规定：

"共同海损，是指在同一海上航程中，船舶、货物和其他财产遭遇共同危险，为了共同安全，有意地合理地采取措施所直接造成的特殊牺牲、支付的特殊费用。

无论在航程中或者在航程结束后发生的船舶或者货物因迟延所造成的损失，包括船期损失和行市损失以及其他间接损失，均不得列入共同海损。"

（二）究竟应当怎么来认识共同海损呢？我认为可掌握以下几点：

1. 共同海损一词包括共同海损行为、共同海损牺牲与费用以及共同海损分摊三个方面的内容，三者结合构成了共同海损法律制度。

2. 当船舶遇到危险，船货受到威胁时，如船方不作为、不立即采取措施，船舶定将沉没，其所载货物也将全部灭失，在这种船货处于共同危险下，船方所采取的必须且合理的措施，即牺牲一些货物或支付一些特殊的施救费用以保护船货安全，被认为是共同海损行为和共同海损牺牲与费用，此时船方可宣布共同海损。同时必须注意，所采取的措施是恰当的，所支付的费用是合理的。

3. 采取人为措施后，所产生的损失才能列入共同海损分摊，而采取措施前已经产生的损失不能列入共同海损参与分摊。例如，一艘木材专用船甲板上装有原木，在航行中遇到风浪，船上一边的捆绑钢丝绳断裂，有五根原木掉入海中，造成船舶倾斜，此时如果不将船上另外一边的五根原木也推到海中，那么船舶肯定会继续倾斜，其结果必定是船舶翻沉，船货灭失。在此种情况下，船方应当人为地将船上另外一边的五根原木也推向海中，使船舶恢复平衡，安全行驶，同时可以宣布共同海损。但是，开始从船上掉入海中的那五根原木不可列入共同海损参与分摊，只有后来主动推入海中的五根原木的损失才可列入共同海损分摊。

4. 共同海损分摊的参与者一般是船方与货方，另外在到付运费的情况下还有收取运费方，在期租船的情况下还有承租人。通常货方或其他方均提前投保了保险，所以一旦船方宣布共同海损，其所投保的保险公司可提供担保函，以便船方在卸货港及时放货，同时船方的利益也有保障。

5. 共同海损后，哪些费用可以参加分摊，哪些费用不可参加分摊，一般要由海损理算公司进行专门的理算。为什么要委请理算公司来做这一工作呢？因为这是一项专业性很强的事情，只有专门从事此项工作的理算师才能公平、公正、合理地做出这一理算工作。另外，共同海损工作一般都是由船方实施并垫付费用，费用产生后，作为船方无意或有意想把所发生的费用全部列入共同海损进行分摊，以减少自己的损失，所以只有委请具有中间性质、处于第三方立场、专门从事理算的机构来进行理算，才能使所作出的理算报告具有权威性与公正性，使当事各方都能接受。

答复上海海事大学某研究生咨询，2009.1.1

2004 年 10 月 11 日作者在中外运集团于南宁举办的
案例分析会上答疑

205. 共同海损费用应由谁分摊

问：我司作为船东，将一条船期租给一家公司，该租船在承运韩国的货物时，从长江口至南京的运输途中发生海事，船东宣布共同海损，并发生拖船费用，现要求分摊其共同海损费用。该租船的租约条款中写明共同海损理算将采用"1996 年北京理算规则"（实际应该是 1975 年北京理算规则），现在集装箱货物已卸下，其中有些收货人我们不知道，租船人又不予及时提供，现有三个问题想请教。

1. 共同海损的费用应由谁垫付？谁分摊？

2. 在期租船的情况下，租船人有否义务提供有关的资料与信息？有无法律依据？

3. 船东宣布共同海损后，应如何找到收货人？

答：该案的问题很有趣，只是近些年来，共同海损的案子不知何故越来越少，人们对共同海损似乎有点生疏了，现重新回顾一下对我也很有益。以下几点想法供你在处理共同海损案子参考，不对之处，望谅。

1. 一般获救的利益方最关心。利益方包括船方、货方、期租船的供油方、运费到付的收取运费方。共同海损往往由船东宣布，其费用也由船东垫付，垫付后，再由各受益方分摊。船东可依据提单、租约要求受益方提供担保，并决定在什么地方委请理算师，依据提单或租约事先约定的条款规定的理算规则进行理算。

2. 船东在放货之前，可要求租船人提供相应的担保，也可要求收货人提供担保，或接受保险公司替收货人出具的保函，这是船东将来是否能及时向分摊人收回应分摊的垫付费用的保障。但没有法律明确规定要求哪方具体做什么、不做什么。作为船东，在已通知了收货人而未得到收货人的任何答复或提供担保的情况下，可对其货物进行留置，但须注意，如果整箱货为拼箱货，属于不同的收货人，而其中有的收货人提供了担保，有的收货人未提供，此时是否进行留置，如何进行留置等，均需慎重考虑，否则留置了已提供担保人的货物，属于错误扣货，需承担错扣货物的责任。

3. 可以说，共同海损是谁出钱谁最急，这样往往是船东最急，也最积极主动。船东急于找到收货人以尽早获得担保。他可以通过自己在卸货港的船务代理或租船人的代理找到收货人，让收货人签署共同海损协议书，其保险公司出具保函，然后才能放货。当收货人不出具时，船东尚可以不放货进行施压，同时还可采取其他一些办法，例如通过发货人或托运人找收货人，委托货运代理找收货人，委托理算公司找收货人，或委托当地的服务机构找收货人。

4. 承运件杂货与承运集装箱货发生共同海损后，处理的办法是否有所区别？应该说没有本质上的区别。但考虑集装箱船期紧，货物分散，货量不大，发生共同海损的理算成本高，委托理算公司进行理算不合算，要委托方一家承担又不合理，那么在香港地区和其他一些国家普遍这样做，即船东购买船壳险时附加一个共同海损险，保额为约 20 万~30 万美元，如发生海事后，不宣布共同海损，不去委请理算师进行理算，由保险公司理赔，只要承保公司同意就行。这时处理小额共同海损既省时又省力，当然在此情况下，保险公司赔付后就无法再向收货人去收回应分摊的费用了。

附上《北京理算规则》（1975）有关规定，你们可作参考：

第四条 共同海损的分摊

共同海损的损失和费用，由各受益方根据各自的分摊价值比例分摊。

分摊价值按照下列标准计算：

一、船舶分摊价值，按照船舶在航程终止时的当地完好价值减除不属于共同海损的损失金额计算；或按照船舶在航程终止时的当地实际价值加上共同海损的损失金额计算。

二、货物分摊价值，按照货物的到岸价格，减除不属于共同海损的损失金额和承运人承担风险的运费计算。

未经申报的货物或谎报的货物，应按实际价值参加分摊；如果这些货物遭受损失，不得列入共同海损。

旅客行李和个人物品，除特殊情况外，不参加共同海损分摊。

三、运费分摊价值，按照承运人承担风险并于事后收得的运费，根据共同海损事故发生时尚未完成的航程，作相应比例的扣减，加上列入共同海损的运费损失金额计算。

答复山东外运公司咨询，2003.7.28

206. 货方能否宣布共同海损

问：我司委托船方承运危险品货物，运输途中发生事故引起货损货差，船方一直不同意宣布共同海损，作为货方我们能否宣布共同海损？

答：根据你们所讲情况，我的意见如下：

1. 如果船方不同意宣布共同海损，作为货方的你们可以再去一个电报声明：由于应当宣布共同海损而不宣布，引起的一切损失将由船方负责。

2. 货方可以宣布共同海损，但困难一些，尤其是不在国内，要取得担保很困难。

3. 你们可调查一下船方的资信情况，然后再来考虑下一步怎么办。

又答：根据你们提供的进一步资料，我再补充如下意见供你们参考。

1. 现在为了船货的共同利益，必须首先处理这批危险品，使船上没有危险。

因为共同海损已经成立，如果船方不宣布，货方可考虑宣布。

2. 虽然这起事故可能是箱内货物的包装或者内在的问题所引起，但是引起的结果将造成整个船货的危险，故人保公司也有责任参加分摊解决。

3. 关于运费的收取，你们是按整箱危险品的费率收的，还是按每桶的费率收的？如果是按整箱收的，那就更加明确是整箱的危险品了。

4. 你方在装船前已经告诉了船方，该批货物是几十箱危险品，并且还明确告知是什么样的危险品，按照危险品的有关规定是多少级的。所以，作为一名称职的船长，不能将该批货物随便放置，应当根据危险品的有关规定或者习惯做法，将整箱货物当做危险品来积载和料理。

5. 无论你们与配载中心有何协议，提供的配载图对于船长来说只能作为参考。船长有权对此修改和提出异议，这是船长的职责。所以，如果船长采用了配载中心的积载图，就说明船长同意了。那么，由此产生的问题应由船方负责。

6. 根据租约第 32 条所增加的内容，船方对箱内货物积载不当所引起的货物残损或短少应负责，但并非说船方对船上集装箱的积载有过失而引起的责任不负责。如果积载不当，说明船长不称职，未恪尽职责，船舶不适航，船长对此要承担一切责任。

7. 危险品装进集装箱后不能保证集装箱不漏气、不漏液体、不燃烧或不爆炸，所以装了危险品的集装箱，同样要视为危险品，要按危险品的有关规定和特殊要求处理。

8. 如果船方积载合理，危险品一旦发生问题便可及时处理；反之，会带来处理上的麻烦且造成多支付费用。假如本来只要花 10 元人民币处理费，但由于危险品不合理地放置在最下面而需花费 100 元人民币来处理，那么船方至少应承担多支付的 90 元人民币。

答复中外运总公司海运欧洲部咨询，1990.9

207. 无责任方可否拒绝分摊共同海损费用

问：以下案件是我们律师事务所最近接受委托的一个海事案件，其中有两点不明之处，望您能结合多年的仲裁经验给我们指点迷津。

案情大致如下：

某糖烟酒公司向某糖厂购糖，同时租船进行海运，并投保海运保险水渍险。

保险合同载明标的为一级白砂糖 17 000 件，计 850 吨，保险金额 365.5 万元人民币。运单上"特约事项栏"未注明托运人同意白砂糖配置甲板上，但船东装船时将部分白砂糖配载在甲板上。航行途中该船遭遇八级大风巨浪，船身剧烈摇摆，配载在甲板上的白砂糖歪至一边。为使船舶保持平衡并继续航行，船东作出决定，将甲板上的白砂糖部分抛至海中。结果，到港后白砂糖只剩 14040 件，同时还有部分受潮，包装受损，货物短量。于是，糖烟酒公司遂向保险公司提出索赔。

经查，该案中船舶系由渔船改装，吨位为 910 吨，抗风等级为八级，但其初检适航证书已过有效期，在本航程前未作检查。

该案争议焦点在于两点：

1. 船东将部分白砂糖抛入海中造成的损失是否属于共同海损？

2. 被保险人糖烟酒公司所租船舶不具适航性是否意味着被保险人履行告知义务有过失？

答： 根据你们所提供的案情，我的分析与意见如下：

（一）关于本案船东将部分白砂糖抛入海中造成的损失是否属于共同海损的问题

1. 共同海损行为成立

我国《海商法》第 193 条规定，"共同海损，是指在同一海上航程中，船舶、货物和其他财产遭遇共同危险，为了共同安全，有意地合理地采取措施所直接造成的特殊牺牲、支付的特殊费用。"

共同海损成立必须具备四个要件：第一，同一海上航程中的船舶、货物和其他财产所共同面临的、真实存在的海上危险；第二，措施是有意而合理的；第三，牺牲和费用是特殊的，即在通常营运的情况下，此种牺牲和费用不会发生；第四，采取的措施产生了积极和有效的结果，即采取的措施最终使船舶、货物和其他财产脱离了危险，得到保全或者部分保全。

鉴于本案中抛弃白糖的行为符合上述共同海损成立的四个要件，因此共同海损行为成立。

2. 船方无权请求货主分摊共同海损

共同海损行为与共同海损分摊是两个概念。在判断共同海损行为是否成立时，只需考虑是否符合上述四个要件，无须考虑哪一方有无过失。但是，共同海损是否应当由受益方分摊，则必须考虑承运人或者托运人是否有过失，过失是否可以免责。

根据国际海事司法的普遍实践，对于承运人的过失导致的共同海损事故，应当区分是否为可以免责的过失。如果为承运人可以免责的过失，则要求各受益方分摊由此导致的共同海损；如果为承运人不可免责的过失导致的共同海损，由此造成的损失是不能得到各受益方分摊的。

但在承运人不可免责的过失所导致的共同海损的情况下，又存在两种观点，并且我国司法实践中，两种观点都有案例。

（1）一种观点认为，"先分摊，后追偿"。即在尚未确定承运人有无免责过失的情况下先分摊。只有在分摊以后，分摊方才有权就此项过失提出赔偿要求，承运人亦有权抗辩。即使分摊方在分摊前已经提出赔偿请求，只要承运人是否可免责的过失尚未确定，承运人仍有权要求分摊共同海损金额，分摊方必须先予分摊。

如案例①：上海市高级人民法院审理的"原告明阳船务有限公司（以下简称'明阳公司'）、志成船务有限公司（以下简称'志成公司'）诉中国人民保险公司（一下简称'保险公司'）"案。

该案中，船舶从日本驶往上海途中，遇 7 ~ 9 级大风，主机发生故障，船舶无法保持航向，处境危急。后被日本拖轮公司指派的拖轮拖往日本修理，该轮宣布共同海损。保险公司为货主签署了共同海损担保函。中国国际经济贸易促进委员会海损理算处进行了共同海损理算，《海损理算书》确认保险公司应分摊的共同海损金额为131 606.77美元。但保险公司以船舶不适航为由拒绝分摊共同海损金额。而明阳公司、志成公司则起诉要求保险公司支付共同海损金额。

一审（上海海事法院）及二审（上海高院）均认为，在尚未确定原告明阳公司和志成公司有无免责过失的情况下，其有权要求分摊共同海损金额。而被告保险公司要在确定分摊以后，才有可能就此项过失提出赔偿请求。若提起赔偿请求后，查明承运人确实存在不可免责的过失时，保险公司有权追偿因承运人过失而造成的损失。

这里值得注意的是，如果已经确定是承运人不能免责的过失引起的共同海损，则承运人无权要求货主分摊共同海损。

如案例②：某海事法院审理的"烟台银发船务公司（以下简称'银发公司'）诉三被告（秦皇岛市人防办、秦皇岛市供销公司、东莞市生产资料公司）"案。

该案中，从事沿海运输的银发公司所属的"龙桥"轮在航行途中与另一船舶"NORTH FUTURE"发生碰撞。双方即就碰撞事故达成协议，由银发公司承担40%的碰撞责任，"NORTH FUTURE"轮船东承担60%的碰撞责任。后银发公司起诉要求该船的货主分摊共同海损。但海事法院认为，船舶碰撞造成的全部损失应由对碰撞负有过失责任的当事人承担赔偿责任，因此原告无权请求货主分摊共同海损，遂驳回银发公司诉讼请求。

（2）另一种观点认为，货主自始至终都可以拒绝共同海损分摊。

如案例③：北海海事法院审理的"海南华联轮船公司（以下简称'海南公司'）诉广西国际合作经贸公司（以下简称'广西公司'）等共同海损分摊纠纷"案。

该案中，经查明，船舶不适航。故海事法院认为，由于原告不可免责的过失而导致的共同海损损失，当然应由原告自行承担，而不能将该损失转嫁给非过失方，否则既对非过失方不公平，亦有悖法律关于承运人最低责任的规定。根据我国《海商法》第 197 条规定："引起共同海损特殊牺牲、特殊费用的事故，可能是由航程中一方的过失造成的，不影响该方要求分摊共同海损的权利；但是，非过失方或者过失方可以就此项过失提出赔偿请求或者进行抗辩。"被告广西公司以共同海损事故是原告不可免责的过失造成为由进行抗辩并拒绝分摊共同海损损失，符合法律之明文规定；而原告海南公司诉讼请求被告分摊共同海损损失，没有法律依据，依法予以驳回。

3. 我国《海商法》、《约克—安特卫普规则》、《北京理算规则》的规定

我国《海商法》第 197 条以及《1994 年约克—安特卫普规则》字母规则 D 均规定，引起共同海损特殊牺牲、特殊费用的事故，可能是由航程中一方的过失造成的，不影响该方要求分摊共同海损的权利；但是，非过失方或者过失方可以就此项过失提出赔偿请求或者进行抗辩。

一般认为，上述规定确立了"先分摊、后追偿"的原则。

中国国际经济贸易促进委员会的《北京理算规则》第 2 条第 3 款规定得很明确，"对作为共同海损提出理算的案件，如果构成案件的事故确系运输契约一方不能免责的过失所引起，则不进行共同海损理算，但可根据具体情况，通过协商另作适当处理"。

《北京理算规则》与我国《海商法》的规定是不矛盾的。它是指，在已经确定是某方不能免责的过失的情况下，可不进行共同海损理算。而我国《海商法》则是指，在尚未确定的情况下，先分摊，后追偿。

4. 结论

结合我国司法实践、我国《海商法》以及相关理算规则，可以得出如下结论：

（1）在尚未确定承运人有无免责过失的情况下，货主应当先分摊共同海损。分摊后，货主有权再向有责任的承运人追偿。

（2）如果在请求分摊时，已经确定是承运人不能免责的过失所引起的共同海损，则承运人无权要求货主分摊共同海损。

（3）在共同海损案件中，如何确定是否为承运人不能免责的过失，取决于个案中的事实是否明确，以及法院在审理时是否会予以认定（有的法院对船方是否有不能免责的过失做出认定，有的法院则撇开这个问题不予认定，而是判货主先分摊共同海损。可参见上述几个案例）。

5. 本案分析

本案的关键在于，是否能够确定是船方不能免责的过失引起的共同海损。即，是否能够确定船舶开航前及开航当时不适航。这一点取决于法院/仲裁庭的认定。

本案中，船舶适航证书已过期，在本航程前又未做检查。因此，开航前及开航当时船舶不适航的事实应属明确（船舶是否适航，最终取决于案件的具体事实和法院的认定）。如果法院/仲裁庭认定船舶不适航，则船方就无权请求货主分摊共同海损。

此外，本案糖烟酒公司还有权向船方要求赔偿损失。船方的过失有两点：一是船舶不适航；二是未经货方同意，船方擅自将白砂糖装载在甲板上，违反了我国《海商法》第53条的规定。因此，糖烟酒公司不仅可以拒绝共同海损分摊，而且还可以向船方索赔相应的损失。

（二）关于本案被保险人糖烟酒公司所租船舶不具适航性是否意味着被保险人履行告知义务有过失之问题

我国《海商法》第222条规定，"合同订立前，被保险人应当将其知道的或者在通常业务中应当知道的有关影响保险人据以确定保险费率或者确定是否同意承担的重要情况，如实告知保险人。保险人知道或者在通常业务中应当知道的情况，保险人没有询问的，被保险人无需告知。"

因此，本案的关键是被保险人糖烟酒公司在合同订立前是否知道或者在通常业务中应当知道船舶不适航的事实。

一般来说，货主无从了解船舶是否适航。因此，本案被保险人糖烟酒公司并不违反告知义务。而且在货物保险中，对于船舶不适航导致的事故所引起的货物损失，保险人都是予以赔偿的。由此看来，本案保险公司应当赔付糖烟酒公司。

答复北京惠诚律师事务所咨询，2006.8.8

（十）水 运 保 险

208. 租船人投保责任险好处何在

问： 我公司现有航行欧洲的 10 条船，都是租用来的船舶。在以往的航运过程中遇到过下面几个问题：

1. 迟交货——货太多需甩货，致使货物晚到 2 ~ 3 个星期。

2. 冷冻箱——集装箱坏了，不能制冷，箱内冷冻货受损。

3. 收不到运费。

请问，我们可通过购买租船人责任险来解决这些问题吗？购买租船人责任险有何好处？

答： 1. 你公司作为租船人碰到的上述发生过法律责任的风险，一般来讲都是可以通过投保租船人责任险来规避和解决，只是与保险费的多少有关系。

1994 年 5 月 8 日作者在人保总公司
于桂林举办的保险业务培训班上讲课及答疑

2. 投保了租船人责任险有如下好处：

（1）有利于开拓新的业务，促进租船业的发展。例如你公司可考虑一直想承运的、但容易自燃的鱼粉。

（2）目前的市场不是租船人的市场，而是出租人的市场，所以租约条款中租船人的责任就增大了。

（3）从法律上讲，租船人与船东都是承运人，负连带责任。

（4）租船人投保责任险，还有一个形象问题。当今社会，租船人就应该考虑购买责任保险了，它就像从事进出口货物的贸易公司一样，如果其对进出口的货物都不予购买保险，大家肯定会感到奇怪、疑惑，甚至认为这家进出口公司做业务很不规范，从而严重影响公司的对外形象、信誉和业务的开展。

（5）购买了责任保险，你公司可大胆去做生意，无须花费太大精力去处理案子，因为租船航运过程中发生的事故，只要在承保公司的保险范围内均由承保公司处理与赔付。

答复某远洋航运公司咨询，1997.4.30

209. 如何投保租船人责任险

问：我公司正在开展租船业务，因为租船业务比较专业，其风险也较大，特向您请教有关租船人责任险方面的一些问题，请您在百忙之中给予答复。

答：根据你公司开展的租船业务与你提出的要求，我简要答复如下：

1. 4万吨船，最高赔偿额2500万美元，每总登记吨1.1美元，（报价1.6~1.13美元），交保费4000美元。免赔额货损1万美元，货残损1万美元，其他1.5万美元。承保公司为荷兰的FORTIS，是欧洲一家大的公司。

2. 某船东保赔协会，只承保加入该船东保赔协会会员租船的责任险，不是会员的租船责任不承保，报来的价是1.5美元每一总吨位。

3. 鉴于你公司签的是租船人提单，而不是船东提单，且租船人提单还有"作为承运人"字样，且没有"过户"条款，这样，承保公司开出的保费就会高出一倍多，每一总吨位为2.5美元。因为，作为承运人签发租船人提单，则货主有问题和损失时就会直接找租船人。租船人首先赔付后，再根据租约条款中约定的属于船东的责任向其进行追偿。所以说，当租船人作为承运人签发自己的提单时，其风险责任增大了许多，保费相应也贵了；如果租船人签发的是船东提单，那么货主有问题和损失时，首先找的是船东。船东须先行赔付，然后再根据租约条款，如确属租船人责任，租船人才承担责任并赔偿，相对而言其风险责任就小多了。

答复某船公司咨询，2004.11.25

210. 怎样选择租船人责任险

问：怎样投保租船人责任保险？

答：（一）船只租赁的方式多种多样，其中租船方式与租船人责任保险最常见的三种关系，简述如下：

光船租赁（光租）：船东以光船的形式把船舶租予租船人，有关船舶的经营管理包括雇用船员均由租船人负责。在这种方式之下，租船人便如船东一样，需要购买全面的船壳机器及 P&I 责任保险。所以，光船租船人其实是不大需要下述之租船人责任保险的。

航次租赁（程租）：船东把船舶租予租船人在预定的航程上使用。船东负责船只的管理及主要运营费用。租船人一般只负责在港口装卸货物的费用及其他在租船合约中订明的费用。租船人承担一定的责任和风险。

定期租赁（期租）：船东把船舶租予租船人在一定期限内使用。在租约期内租船人根据租约规定的航行区域自行安排挂港、卸货和调度。在此期间内，船只虽然仍由船东负责管理，包括船长和船员仍属船东雇用，但是他们在运营上必须服从租船人的命令。租船人需要承担相对的责任。

（二）租船人经常面临的问题：

租船人会面临哪些潜在的责任呢？而保险又能够给予他们怎样的保障呢？在此，我们把一般在租船合约下租船人要承担的责任细列如下：

引起船体损坏的情况：

1. 租船人命令船只驶进一个不安全的港口。如果船只真的因此而损坏，而船长及船员又没有任何疏忽，租船人要对该损失负责。

关于安全港口一般指，船只能安全抵达、使用及离开该港口，而不会遭受在任何小心航行下都能够避免的损坏，这个港口就是一个安全港口，否则就是一个不安全的港口。

由于各国规定和法律解释均未给予明确定义，围绕安全性所涉及的方面较多、较复杂，从判例来看，对在特定环境下的解释不同，存在分歧和争议，这本身就说明对租船人存在风险。

2. 由所载货物而引发的损坏。

如果船只的灭失或不能运作是由租船人引起的，其必须向船东负责。

租船人对第三者的责任，包括以下三种：

身体受伤——包括船员的医疗及遣返费等费用，或可能由于船员根据租船人指示在工作中产生疏忽而导致第三者的伤亡。

财物损失——由于租船人在安排船只或货物装卸上的疏忽而导致码头及其设施，或其他第三者的财物造成的损失。

货物损失——当货物属于第三者（即不属于租船人）时，租船人须向货主负责。

（三）根据租船合同，租船人更需要向船东承担后者在提单条款规定须向发货人或货主承担之责任。除了上述风险外，一个谨慎的租船人更会考虑下列的风险或责任：

1. 租约取消或因延误而导致的租金损失；

2. 因偏离正常航线而有违约的条款；

3. 罢工及各类政治风险等（包括充公、褫夺、货币不能兑换及取消租约等）；

4. 期租人或程租人包括首租船人和转租船人的所有诉讼费用险（即有关运费、滞期费和抗辩等因合同引起的诉讼费用）；

5. 不履行合同；

6. 未能交还租用的船只；

7. 由于船只的灭失而导致的利润损失；

8. 燃料保险（在期租合同下，船上所有的燃料均属租船人所有）。

（四）在可供选择的保险市场上有一些保险计划对上述租船人应承担的、存在着的风险提供保障。

1. 现在一般的承保公司和一些船东保赔协会都提供租船人责任保险，承保租船人（在航次或期租合同下）的责任保险，包括意外责任（P&I）、诉讼费用（Freight，Document & Defence，即有关运费、滞期费和抗辩等因合同引起的诉讼费用）及船舶损坏（Damage to Hull）。

关于租船合同，世界性船务机构都有印制各种标准的租船合同，较常见的合同有"金康航次租船合同"（GENCON）等，船东及租船人根据此种合同作为基础，增加或者删除某些条款以适合双方的要求。通常保险公司都要事先审核租船合同的条文才予船东提供保障。有一点需要注意的是，即使保险公司愿意提供保障，这并不代表租船合同的内容对租船人是公平和合理的。

2. 如果所承保的是几个相同的航次，保险人通常会收取相同费率的保费以方便租船人计算运营成本。

3. 预约保险合同（open cover）为租船人提供一种非常灵活的保障。投保人与保险公司预先洽谈各种保险条件，然后由保险公司发出一份预约承保协议书，保障租船人在一段时间内所面对的租船责任保险，在承保的时限内，费率可以随每次租赁的特殊需要而做出调整。

4. 预约保险合同更可为租船人提供一项延续性的保障。由于承保人对投保人的租赁业务有清晰的了解，如果投保人既往索赔金额较少，保费则会相应的便宜一点。

如果投保人每年需要进行多次的船只租赁，建议租船人购买预约保险合同的保险计划。按计划条款，保险公司会在预定的时间内，通常为期 12 个月，自动承保租船人所面临的责任风险。这就免去了每次租赁都需要制定个别保险计划之麻烦，也不会出现忘记投保的后果。如果某一航次超越了保险期限，租船人所享受的保障会延续至航程完结为止。

（五）要安排一套适合租船人的保险计划，以下的资料是必不可少的：

1. 租约的范本及其内容；

2. 船舶之类型、年龄及吨位；

3. 次租赁的次数；

4. 航行的区域；

5. 挂靠的港口；

6. 航次的长短；

7. 所载货物的种类；

8. 货物是否租船人所拥有；

9. 船只是否已加入船东保赔协会；

10. 既往索赔记录；

11. 所需的责任限制。

答复某大学王教授咨询，2004.11

211. 租船人责任险能否涵盖其全部责任

问：我们投保了租船人责任险，是否意味着凡属租船人的责任都在此责任险的承保范围之内？

答：投保了租船人责任险，并不等于租船人所有的责任都承保。因为租船人的责任是很广泛的，一切要视租船人投保的范围是宽还是窄，除非投保时双方明确约定所投保的责任险是宽的，即租船人的全部责任均在承保范围之内，否则其责任只是相对的。当然作为租船人在投保时应与承保公司明确这一点，以免事后扯皮。

通常，租船人责任险不包括甲板货的损失，换句话说，凡甲板货都不在租船人责任险的承保范围之内，如果租船人想事先转移此种风险，可通过船东保赔协会代租船人去伦敦保险市场再投保。

例如，加拿大外运公司经常将木板货装载于甲板上，往往会由于捆绑松动（实际开始捆得很紧），稍遇风浪就被吹到海中，造成损失。虽然租船人同意将货物装在甲板上，发货人也买了甲板险，掉入海中的木板损失可以从保险公司获赔，但当保险公司赔付货主后，随即就会找责任方，即船方进行追偿。如果确定并非船方的责任而是租船人的责任时，租船人就要负责赔偿。加拿大外运公司已碰到两次这种案子，一次要赔30多万美元，一次要赔50多万美元，所以要求船东保赔协会承保，船东保赔协会不予承保。但代他在伦敦找了一家保险公司，其条件是保费按 CIF 价值的再增加25%，即 CIF 125% 的 1% 交保费，同时免赔额每航次10 000美元，而根据船东保赔协会承保的责任险，货物损失免赔额为5 000美元。

答复中租公司咨询，1996

212. 承保公司如何给出租船人责任险的报价

问：某程租租船人想投保租船人责任险，请问，我19 828吨船只要交多少保险费？其免赔额是多少？累计最高赔偿限额又是多少？还有一些什么其他限制条款？

答：根据你方的询价，承保公司给出下列条件下的报价，供你方参考：

被保险人：世界航运公司

保险期间：自建议日起 12 个月

船舶：名称：FESCO MARINA

型号：BC 滚装船

总吨：19 828 吨

建造时间：2004 年

船旗：马耳他

船级：BV

加上已宣布的航次期租船，预计每年有 15 航次期租船

风险：（1）D 部分：承租人责任风险，包括根据第 2 条的船壳损害；

（2）C 部分：诉讼成本及费用范围；

责任限额：（1）根据 A 部分 2.4 条发生任何事故的最高赔偿限额为 5 000 万美元；

（2）发生任何索赔的最高赔偿限额为 50 万美元；

免 赔 额：（1）发生任何事故的免赔额为 1 万美元，包括诉讼费用及其他专业费用；

（2）根据发生任何索赔的最少免赔额为 5 000 美元，减免所支出费用的 25%；

承保条件：每条船不超过 25 年的船龄；每条船都有 IACS 证明；包括船体损害总价为 3 000 万美元；

被保险人承诺：贸易区域：除美国水域外的世界范围；

所有危险品都根据 IMDG 条例和港务局规章的要求严格进行标识、装载、积载和管理、卸货；

保险费：（承租人义务）根据 45 天期最小比例每年每船每总吨 2.5 美元。

诉讼费用：根据 45 天期最小比例每年每船 5 000 美元；

安排：取消后仅仅返还（CRO）

保证人：QBE 香港及上海保险股份公司

报价单（修改的）

就你方询价，我方给出下列条件下报价，供你方参考：

被保险人	世界航运公司
船舶	所有被保险人租用的船舶应被告知，不应超过 25 年船龄，并且应接受在附件之前规定的费率、条款、条件
期间	从协议签署后 12 个月

续表

告知保险人的信息	2004 年 11 月 16 日已从香港成功频道保险公司得到信息 在 FESCO MARIN 船的期租船合同期间内，该船为 33 000MT，19 828GT，2004 马耳他。NYPE 租约格式，5~7 个月租期 被保险人使用了 NYPE 的格式合同以 TCT 方式租用了另外 15 艘船舶，主要为散货船/装载干散货，一般货物、钢铁等。主要从中国开往全球各地
保险费	保险费最少在附件中提到的日期前 30 天或在船舶宣载的延长期内支付
贸易区域	全球，也包括机构担保区域
类型保险	租船人责任险（保障与赔偿包括船壳险）—船级—
保证	FORTIS 保险公司，荷兰，鹿特丹。以 RAETSCLUB 海上保险公司为保险代理人
条件	通常的租船人责任险（根据附上的保单确定）
承诺	被保险人不签发提单/但是由船长或代表船长签发提单
除外货物	硝酸铵、粮食、液态硫黄、甲烷和类似气体、爆炸物、活动物、石棉、酸、碳化钙、汽油、柏油、散装沥青、湿兽皮、散装水泥、鱼粉
最大保险金额	两个选择：（1）25 000 000 美元或（2）50 000 000 美元
扣减	10 000 美元就每个航次货物的索赔 对每次事故造成的船壳索赔为 10 000 美元 对于每次事故的任何其他索赔为 3 500 美元
固定保险费	两个选择权：对每艘船舶每个 GT/GRT （1）1.10 美元每年，每天的比例，但是 （2）1.20 美元每艘船舶最少 45 天，最低 15 000GT

可选择的

保险类型	海运抗辩—第二级
担保	FORTIS 保险公司，荷兰，鹿特丹。以 RAETSCLUB 海上保险公司为保险代理人

保险类型	海运抗辩—第二级
最大保险金额	500 000 美元
条件	法律费用中通常的抗辩费（根据附上的保单条款）
扣减	每次索赔为 5 000 美元，除非在美国管辖的情况下，1/3 的费用每次将依据最少 5 000 美元的标准
固定保险费	8 000 美元，每艘船舶，每年，每天，最少每艘船舶 1 400 美元

本报价单有效期 30 天

答复某租船公司咨询，2004. 11. 30

213. 沿海运输对承运人责任险如何理解

问 1：委托人即货主的羊毛由沿海船只承运，在黄埔至上海的运输途中遇到大风浪，承运人宣布共同海损，请问此共同海损是否成立？如成立，应由何方承担货物的分摊费用？另外，装在甲板上的羊毛发生水湿，收货人要求人保公司赔付，而人保公司称对承运人将不是甲板货而装在甲板上的羊毛损失不予赔偿，请问人保公司是否应予赔付？

答：我认为有如下三种情况：

1. 第一种情况，如果船方没有过失，共同海损成立，那么保险公司则要赔付货主，同时还要承担共同海损分摊费用。

2. 第二种情况，如果船方有过失，共同海损成立，那么保险公司应先赔付货主，承担分摊费用，然后向船方索赔。

3. 第三种情况，如果船方有重大过失，例如不合理绕航、擅自装甲板货等，共同海损成立后，保险公司是否要先行赔付货主，是否要承担共同海损分摊费用，应按《北京理算规则》和《安特卫普理算规则》办理，因为两规则条款中对船方有重大违约能否分摊共同海损费用均有说明。

4. 通常先赔货物损失，后赔分摊费用。

保单上没有这样的条款，即承运人的过失造成的货物损失不赔。事实上承运人给货主造成的货物损失，应由保险公司先行赔付，因为本案的货主事先并不知道承运人将其货物装载甲板上。除非保单事先约定：此种情况属"免赔或除外责任"，或"第三方造成的损失应由第三方赔付"，或"货主不能凭保单直接要求保险公司赔付"的可不赔付。

问2：在专用码头装船时，是由船方还是由外运公司委派装卸工人？如果是外运公司委派，就由外运公司承担积载的责任吗？

现在提供的保单是1990年修改过的，而老保单无"遭受盗窃或承运人责任造成的整件提货不着的损失……"

答：1. 委派的装卸工人是谁的雇员，就由谁负责。即使这些装卸工作由外运公司安排，并支付费用，但他们不属于外运公司的雇员，而属于船东的雇员时，则应由船东承担积载的责任。

2. 承运人的责任应该是广义的，即只要属承运人的责任，他就应对货物负责，不仅指当原因不明时，提货不着，才予赔偿。

保险理赔不能仅看责任条文，还必须考虑其他因素，例如：（1）保单是否有效？（2）是否投保了综合险？（3）投保人是否履行了应尽义务？

1995.5.3

问3：关于黄埔羊毛损失案，人保公司应承担责任的理由是什么？

答：1. 沿海运输与国际运输是两种完全不同的运输。

2. 承运人投保了沿海运输责任险，只要保险合同时效，凡属承运人责任范围内的损失就由保险公司给予赔付，合同中没有关于承运人责任引起的甲板货损失除外的规定，只有限额内的就由船公司赔。

3. 投保了综合险，其第三条明确规定：整件提货不着在承保范围之内。

4. 共同海损应该是成立的。

答复广州人保公司咨询，1995.8.22

注：本案最后由最高人民法院出面调解，经过多方细致的工作，达成和解协议，了结这一长达5年之久的案子。

214. FDD 险承保的是什么责任

问：买了诉讼费用险（FDD）的船只，出现一个现象，即"一女许了两婆家"，而其中的一个婆家——德国认为 FIXTURE NOTE 已使租船（程租）生效，如不按时交船给他用，他将扣船。请问此时船东保赔协会将承担什么责任？

答： 投保 FDD 险的责任为：

1. 船东保赔协会会给你意见，如经分析案情确实要输，船东保赔协会会建议你不要打官司。

2. 如船只被扣，船东保赔协会可提供担保。

3. 起诉的诉讼费及律师费由船东保赔协会承担。

4. 如败诉，法院判你方承担责任应赔付的费用，船东保赔协会不予承担，仍由你方自己承担和支付赔偿款项。所谓诉讼费用保险，即有关运费、滞期费和抗辩等因合同引起的诉讼费用，仅限起诉的律师费和交法院的诉讼费由船东保赔协会承担，而并非船方自身责任引起的应承担的费用。

答复四川海运公司咨询，1997.4.11

215. 投保货物险包括运费损失吗

问： 1996 年 1 月 12 日，我司代船公司将 82 件货物拼装在一个集装箱内，并交到码头，约定 1996 年 1 月 13 日离港，而我司之装箱记录确实列出该批货物已足数入箱。1996 年 2 月 3 日我司才发现货物仍留仓库并通知发货人，但发货人亦因此要再付多一次运费 5 000 多港元将该批漏装的货物运往目的港，并向我司索偿，幸好未有追究延迟付运的损失（半个月多）。请问，我司投保了货物险，造成发货人的 5 000 多港元运费损失，保险公司能承担吗？

答： 你司的案子已转中银集团保险公司经他们审理，结论为根据保单条款只承保货物错误入箱到别处目的地后所须运至正确目的地或两批货物对调之合理运费，并不包括本案有关未入箱所产生的责任，故拒绝承担赔偿你司的运费损失。

我认为承保公司拒赔是有道理的。事实上，起因属于你司的装箱经办人员之疏忽大意，你司对保险公司的拒赔意见亦未表示反对，如属于你司的雇员失职及/或行政上的失误，则任何后果及引致对第三者的责任，保险公司皆可免责及拒赔。

答复香港润发仓码公司咨询，1996.3.

216. 保险公司是否赔偿船舶修理费

问： 我司今日收到"金满江"轮从日本发来的传真，报告"金满江"轮

**1996 年 10 月 15 日作者在香港华润运达
保险顾问有限公司讲授国际保险市场**

1996 年 10 月 16 日在横滨港收揽作业时，不慎将缆绳的琵琶头套住了船尾右绞缆机的马达上，致使马达的轴瓦断裂、脱落，造成严重损坏（船上的事故报告附后）。不知您公司是否能派贵司驻日本代理上船检验一下，处理有关保险事宜。同时请告我司应承担何种费用？

　　答：根据该事故的情况，我司已通知承保公司，承保公司也已派当地具有资格的人员去检验。如果修理费不超过 5 万美元，由船东自付；如超过，则超过部分由承保公司承担。据称因机器损坏不影响开航，船东决定在该轮抵达中国港口时再进行修理。无论修理费超过或不超过免赔额，其检验费用都将由承保公司负责。

答复四川海运公司咨询，1996. 10. 17

217. CIF 进口货短卸应向谁提赔

　　问：我司以 CIF 条款进口了一批货物，由 "YAMASACHI MARU" 轮承运到国内，但货到后我们发现有短少，我们马上向国内保险公司索赔，结果被拒赔。现请你告诉我们，在 CIF 条款下，卖方替买方在香港购买了保险，而国内保险公司拒赔有道理吗？在我司进口货物出现货损货差后，究竟应向何方索赔呢？另外，外运公司在海运提单抬头项目中往往是"通知方"，这意味着外运公司就是"收货人"吗？

答：首先应对"CIF"条款有一正确的理解，明确责任方是谁，才好确定由谁去向何方提赔。"CIF"即成本加保险费、运费，习惯上称为"到岸价格"。按照国际惯例的一般解释，在"CIF"条件下，买方责任即：一、负担合同规定的货物装上船以后的一切费用和风险；二、接受卖方提供的有关货运单据，并按合同规定支付货款；三、办理在目的港的收货和进口手续。这就是说，保险虽由卖方投保，但货物装船后的风险全部由买方承担。对于"CIF"进口货的货损货差索赔案件的处理，当责任不属船方，或虽属于船方责任，但又系国外保险人承保的情况下，一律应由买方即收货人向该承保公司办理索赔。当属于船方责任时，买方本可以向船方提赔，但由于船方依据提单条款，短少一件最多能赔偿 100 英镑，其获赔金额与货价的差额仍需向承保公司提赔。所以一般买方均直接向承保公司提赔。

承保公司赔付后如何处理呢？目前，保险公司对"CIF"到岸价格成交的货物，如货损货差属保险责任范围，但不涉及第三责任方时，则承保公司凭买方提交的相关索赔单据直接予以赔付；如货损货差在承保的责任范围内，但涉及船方或其他第三者责任的，则承保公司在有效索赔期内赔付给买方后，取得代位求偿权向责任方进行追偿。

而本案的关键是，买方未凭保单向国外的承保公司提赔，而是向与其未签保险合同、无保险关系的国内某家保险公司申请理赔，国内这家保险公司当然不予理睬。虽然在国外申请保险理赔麻烦，但保单是哪家保险公司的就要向哪家保险公司提赔，这是最基本的常识。

关于外运公司是否为收货人问题，根据提单的抬头一般都有"发货人"、"收货人"和"通知方"三栏，收货人名称有时打明，有时不打明，而各外运分公司作为收货人指定的接货人，一般打明在"通知方"一栏，但不是真正收货人。

鉴于上述理由，请你司径直向国外承保公司申请理赔，并将抄函及有关附件影印本寄香港华润公司，亦请他们协助向保险公司催赔。同时，我们已通知外运上海分公司通过外代向船方申请延长索赔期。今后为了保险理赔的方便，也为了保护时效，建议尽量少订或不订"CIF"，争取多订"FOB"或"C&F"进口货，以便选择国内保险公司承保。

答复江西某贸易进出口公司咨询，1982.4.6

218. 保单可否擅自转让

问：我公司从瑞士进口面粉1.2万吨，价格条款为C&F，在人保公司投保了综合险（ALL RISK）加战争险。该批货物装船后，于1987年5月20日开出。没航行几天该船的主机就坏了，于是宣布共同海损，停在附近希腊修船。由于经济状况不好，加上该船已使用近15年，船主本来就想装完这最后一个航次将该船作为废钢卖掉。现在看到该船修了一个多月还未修好，船主只好放弃修理，船员也只剩下7位。目前卖方称，自货物越过船舷他们就无法律责任了，既然已经宣布共同海损，此事就应当由人保公司负责处理。不过卖方又称，他们愿意协助处理此事，只要我公司将保单转让给他们，他们就愿意垫付租船所用的费用以及其他一切费用。因此，我公司拟背着人保公司同意卖方这种处理办法。不知道可否？

答：我认为，你公司在这样做之前应当先征得人保公司的同意，否则人保公司有理由拒付处理此事所花的一切费用。你公司认为这样做，一是可以使该批货物早日运回来（因为当地无法拍卖）；二是可以使卖方脱身，让他们凭保单直接去找人保公司要钱。而我估计，人保公司不会愿意这样处理此事，其理由是：（1）你公司不应当买C&F货，而应当买FOB货；（2）你公司不应当用一条老破船（已接近15年的船龄）；（3）你公司不应当找一家经济状况很糟的船主。

答复中国粮油进出口公司咨询，1987.8

219. 可保利益为何不能转让承运人

问：可保利益为什么不能转让给承运人？

答：可保利益转让给承运人意味着当被保人的货物在承运人的运输过程中产生货损货差后，投保人只能向承保公司索赔，而不能依据清洁提单向承运人索赔，当被保人向承保公司索赔获赔后，承保公司无法向承运人追偿，追偿了也得不到赔偿，因为承运人对海运中产生的货损货差是在许多情况下享受免责的。这样做，减低了承运人的责任，与国际公约或提单条款或各国海商法的规定相冲突。根据公共利益关系，凡属承运人与另外一方所签协议的责任若减低了原来承运人的责任的条款一律无效。所以被保人的可保利益不能转让给承运人。当然，如果增大了承运人的责任是可以的，是有效的。《汉堡规则》第23条第2款：

"尽管有本条第 1 款的规定，承运人可以增加本公约中规定的他的责任和义务。"

答复中国政法大学某教授咨询，2005.4.3

法律参考：

《汉堡规则》

第 23 条第 1 款

海上运输合同、提单或证明海上运输合同的任何其他单证中的任何条款，在其直接或间接违背本公约规定的范围内，均属无效。这种条款的无效不影响作为该合同或单证的其他部分规定的效力。将货物的保险利益让给承运人的条款，或任何类似条款，均属无效。

220. 变更运输方式是否应先征得保险公司的同意

问： 我司出口丝绸 5 吨，货到新加坡转运时，中转仓丢失（仓库确认），我司已通知国内发货人，问货物是否还需出口，是否急，发货人称：还需出口，并且很急，于是改空运送达收货人，现怎么办？是否需要通知承保公司？

答： 1. 现在应该收集有关证据，尤其要有中转仓库确认丢失的证据。

2. 应该报告承保公司，下次有这样的事情，如何处理应先征得承保公司的同意，否则承保公司认为采取的措施不合理或不恰当，其不合理的费用他们不予赔付。

3. 根据保单条款，如果在承保范围内，但赔款在免赔额以下，则由你司自己承担，如果超过免赔额，但在保险金额内，承保公司将根据保险条款的约定赔偿其全部或超过部分的赔款。

答复中外运华东公司市场部咨询，2005.3.25

221. 船员身故保险赔偿金如何计算

问： 我公司遇到了麻烦事，因为在海上运输过程中发生了船员死亡，涉及适用什么法律和赔偿金额应如何计算等问题，特请您指教一下。

答： 关于船员死亡赔偿与计算问题，根据我掌握的知识和实践，现提出以下建议，供你参考。

1. 首先要看船东与船员事先签定的合同是如何约定的？如有具体明确的规定，就按条款办，例如：最多不超过××万元人民币，或按某一方法计算，或适用某个国家的赔偿办法。

2. 合同中有关死亡赔偿条款若不清楚，或未订此条款，则要看在什么地方起诉，如在国内起诉，肯定适用中国法律，即适用的程序法与实体法是一致的。

3. 关于涉外因素问题，一般情况有涉外因素时，船员获赔金额较多，无涉外因素时，船员获赔金额较少。至于船东在国外船东保赔协会投了保，并不被视为有涉外因素。因为，船员死亡后要求船东赔偿，是依据船东与船员所签合同，如果这个合同当事人都是中国人，加上又无其他涉外因素，就按国内赔付标准进行赔偿。只有当船东与船东保赔协会打官司时才有涉外因素。在两个不同的合同情况下，如果一个合同有涉外因素，另外一个合同并不等于也有涉外因素。

此外，如果船东不投保，则就要完全由其船东自己承担风险和全部赔偿责任。

4. 印尼赔偿最低，船员死亡2万美元；缅甸2.5万美元；中国3万多美元；香港地区赔偿最高，根据香港劳工法，不管船员有无过失（除非是故意的），也不管船东有无责任都要赔，如能证明船东有过失，还可另外要求船东再赔偿。

5. 一般情况下，船东向船东保赔协会投保时，需要提供船东与船员的合同，以便船东保赔协会视船东的责任大小来确定投保费率。

6. 结论：根据我国最高法院《关于涉外船员死亡赔偿的司法解释》中对于涉外的定义，如无其他涉外因素，只是船东在国外参加了船东保赔协会，那么，这样的案子不能算涉外案子，也就是说不适用最高法院的相关规定，除非船东与船员在合同中明确约定：如船员发生伤亡，按照我国最高法院的该规定处理。此时，之所以适用该规定是因为合同中有明确约定，而并非考虑本案是否涉外。

7. 最新发展：过去国际经济贸易仲裁委员会和中国海事仲裁委员会只受理涉外案件。自改革开放以来，在中国有许多三资企业，他们都是在中国注册的公司，根据中国法律，应属中国法人，那么此类法人之间的纠纷，或此类法人与中国其他单位的纠纷，是否可算涉外纠纷呢？根据最新消息，上述在中国的三资企业之间，或与中国其他单位事先或产生纠纷后订立了书面仲裁条款的，则两个仲裁委员会可以作为涉外案件受理并进行审理，这是符合有关法律和规定的、其裁决具有法律效力。

照此原则，我认为，如果船东属于三资企业，船员与船东的纠纷也可视为有涉外因素，且可适用最高法院的该规定。

答复中外运厦门船务公司咨询，1998.5.21

法律参考：

最高人民法院关于审理涉外海上人身伤亡案件损害赔偿的具体规定（试行）

（1991 年 11 月 8 日最高人民法院审判委员会第 521 次会议通过）

为了正确及时地审理涉外海上人身伤亡损害赔偿案件，保护当事人的合法权益，依据《中华人民共和国民法通则》有关规定，结合我国海事审判实践，参照国际习惯作法，特作如下具体规定：

一、涉外海上人身伤亡损害赔偿案件，是指案件的主体、客体和法律事实具有涉外因素的，在海上（含通海水域）和港口作业过程中因受害人的生命、健康受到侵害所引起的海事赔偿案件。伤残者本人、死亡者遗属均有权依法向有管辖权的海事法院提起诉讼，请求侵权人赔偿损失。根据《中华人民共和国民事诉讼法》第 15 条规定，伤亡者所在单位可以支持伤残者及死亡者遗属向法院起诉。

二、责任的承担

除法律另有规定者外，损害的发生完全是因一方的过错造成的，由该过错方承担全部责任；互有过错的，按过错程序比例分别承担责任；过错程度比例难以确定的，由各自平均承担责任。

二人以上共同侵权造成他人损害，侵害人承担连带责任。

船舶所有人、经营人、承租人、救助人等的受雇人员在执行职务过程中造成第三者伤亡的，由船舶所有人、经营人、承租人或救助人承担赔偿责任。

三、伤残赔偿范围

（一）收入损失。是指根据伤残者受伤致残之前的实际收入水平计算的收入损失。因受伤、致残丧失劳动能力者，按受伤、致残之前的实际收入的全额赔偿；因受伤、致残丧失部分劳动能力者，按受伤、致残前后的实际收入的差额赔偿。

（二）医疗、护理费。医疗费包括挂号费、检查诊断费、治疗医药费、住院费等；护理费包括住院期间必需陪护人的合理费用和出院后生活不能自理所雇请的护理人的费用。

（三）安抚费。是指对受伤致残者的精神损失所给予的补偿。可按伤势轻重、伤痛情况、残废程度，并考虑其年龄、职业等因素作一次性的赔付。

（四）其他必要的费用。包括运送伤残人员的交通、食宿之合理费用、伤愈前的营养费、补救性治疗（整容、镶牙等）费、残疾用具（假肢、代步车等）费、医疗期间陪住家属的交通费、食宿费等合理支出。

四、死亡赔偿范围和计算公式

（一）收入损失。提指根据死者生前的综合收入水平计算的收入损失。收入损失＝（年收入－年个人生活费）×死亡时起至退休的年数＋退休收入×10

死者年个人生活费占年收入的 25%～30%。

（二）医疗、护理费〈具体内容参见前条第（二）项〉。

（三）安抚费。是指对死者遗属的精神损失所给予的补偿。

（四）丧葬费。包括运尸、火化、骨灰盒和一期骨灰存放费等合理支出。但以死者生前 6 个月的收入总额为限。

（五）其他必要的费用。包括寻找尸体、遗属的交通、食宿及误工等合理费用。

五、受伤者的收入损失，计算到伤愈为止；致残者的收入损失，计算到 70 岁；死亡者的收入损失，计算到 70 岁。

70 岁以上致残或死亡的，其计算收入损失的年限不足 5 年者，按 5 年计算，并予以一次性赔付（综合考虑利率及物价上涨因素）。

六、伤亡者本人无固定工资收入的，其收入损失可比照同岗位、同工种、同职务的人员工资标准，或按其所在地区正常年度内的收入计算。

伤亡者为待业人员及其他无固定工资收入的，按其所在地的平均生活水平计算。伤亡者为未成年人的，可参照本款以 18 岁为起点计算。

伤亡者为我国公民的，其对外索赔的标准，可参照我国有关部门制定的对外索赔工资标准处理。

七、海上人身伤亡损害赔偿的最高限额为每人 80 万元人民币。

八、赔偿费应赔付给死者遗属、伤残者本人。伤亡者所在单位、或者其他单位或个人为处理伤亡事故所垫付的费用，应从赔偿费中返还。

九、当事人双方国籍相同或者在同一国家有住所的，可以适用当事人本国法律或者住所地法律。

十、本规定自 1992 年 7 月 1 日起试行。

222. 保险公司赔偿船员意外伤害后是否享有代位权

问：有一条装油的船，派一船员驾驶船上小艇去岸边办事，办完事返回大船旁时，突然发生意外，小船爆炸，致使该船员 70% 皮肤烧伤，尤其是脸部全被烧坏，需要治疗，影响上班。该船员年仅 30 多岁，有 3 个孩子，按香港劳工保险只能获 100 万港元赔偿，现该船员，通过律师起诉了承保公司，要求赔付 700 万港元，而承保公司的律师只答应赔 100 万港元……

现在的问题是：

1. 该船员称，船上向外排了带油的污水，是小艇遇到该带油的污水引起船舶爆炸，如果情况属实，船东有责任吗？

2. 保险公司赔付后，是否可回过头来找责任方即船东？

答： 1. 按正常来讲，当船员碰到这种意外伤害之后，应在承保范围内，除非是船员故意行为造成的。

2. 保险公司赔付后，肯定要找责任方，如船东确实有意排了带油的污水，并且又能证明它是导致该小艇爆炸的直接原因，那么船东要承担赔偿保险公司的责任。

3. 如果船东确实有违规行为，甚至可称故意行为，又有证据证明该小艇爆炸的直接原因是小艇遇上带油的污水造成的，那么船方的责任就很大，不如与承保公司商量，争取与原告和解。据私下了解，原告可在得到 300 万港元左右与保险公司和解。基于有可能因嘉陵公司的船只排了带油的污水，为了维护嘉陵公司的形象，对船员也表示同情，嘉陵公司有意通过保险公司和解，保险公司与嘉陵公司共同承担 300 万港元。

4. 如果嘉陵公司船只确实排了带油的污水，并且是受公司的指示，加上小艇在带油的水上活动时很容易起火，那么就可采取和解的办法解决此案。

答复中国石化集团嘉陵公司咨询，1999.10.12

223. 承保公司应向谁起诉

问： 一批由"丹锋"轮运载自海参威港进口到广东珠海市的钢材，到港卸货时，经当地商检局及中国外轮理货公司查验证明短卸 8 扎，折损 12 000 美元。

根据提单表面而言，承运人应为丹东海运公司，而实际承运人为香港嘉航公司。我们开始本着协商解决的原则，根据提单抬头为丹东海运公司，首先向其提出了追偿，但答复为"丹锋"轮已租给香港嘉航公司，按租船合同第 17 条规定，货损应由香港嘉航公司负责。于是我们改向香港嘉航公司追偿，其总经理陈某答复："1. 提单抬头为丹东公司。2. 租船合同是香港嘉航公司与丹东海运公司签订的，有关合同规定的问题，可由该两家合同方来解决，因此货损问题应首先找丹东公司。"两家船公司是为此推卸责任。

对并入租船合同条款的提单项下的货损，究竟应向谁索赔？尽管我国《海商法》无明确规定，但据惯例，可以向任何一家或同时向两家提出。因此，鉴于上述两家船公司的态度，我们拟状告两家，但有下列法律证据不太明确，特向您请教：1. 状告两家的法律根据何在？即依据某法某条某款或某国际惯例。2. 如向两家船公司起诉，根据运输目的港为珠海市，广州海事法院是否有司法管辖权？

答：1. 为了确定是丹东海运公司还是香港嘉航公司对货物短量负责，首先要明确本案中承运人和实际承运人究竟是哪家公司。

由于租约并入提单，在丹东海运公司即出租人和香港嘉航公司即承租人之间的权利与义务由租约规定，至于货物装船后所签发的提单，谁为承运人就要看提单和租约是如何规定的。

下面提供三点条件来确定承运人。

（1）租约下的提单抬头是以谁的名义签发的；

（2）租约下的船舶由谁控制和占有；

（3）提单中是否注有实际承运人字样。

来信中说明提单表面上注有"船东"为丹东海运公司，但签名一栏具有"For and on behalf of Concordence Trading Limited"字样，来信中说明据悉为香港嘉航公司在俄罗斯的代理。

由于我国《海商法》第42条规定，"承运人"是指本人或委托他人以本人名义与托运人订立海上货物运输合同的人。"实际承运人"是指接受承运人委托，从事货物运输或者部分运输的人，包括接受转委托从事此项运输的其他人。

结合本案的具体情况，承运人应为香港嘉航公司，实际承运人应为丹东海运公司。因为在租船运输下，是托运人与香港嘉航公司即承租人之间订立的海上货物运输合同，这种运输是承租人通过租用的船舶运输的。所以承租人香港嘉航公司为承运人，出租人（船东）丹东海运公司为实际承运人。

根据我国《海商法》第46条规定，在承运人的责任期间内货物发生灭失或损坏，除本节另有规定外，承运人应当负赔偿责任，因此如果承担此次货物短量的责任的承运人香港嘉航公司不能举证我国《海商法》中第51条规定的12项免责的话，就应赔偿货主的损失。

另外，根据我国《海商法》第 60 条规定，承运人将货物运输或者部分运输委托给实际承运人履行的，承运人仍然应当依照本章规定对全部运输负责，所以在租船运输情况下，不但承运人要对货物的全程运输负责，实际承运人也如此。因为承运人已将运输全部委托给实际承运人履行。因此在本案中，索赔方不但可以向承运人香港嘉航公司索赔，也可以向实际承运人丹东海运公司索赔。

由于来信中未具体说明货物短量的原因，根据我国《海商法》第 63 条规定，承运人与实际承运人都负有赔偿责任的，应当在此责任范围内负连带责任。如果货物的短量是实际承运人造成的，承运人与实际承运人都负有赔偿责任，他们在货物短量的责任上负有连带责任，所以本案中，货方可向承运人索赔，也可向实际承运人索赔。

2. 根据我国《民事诉讼法》第 28 条规定，因铁路、公路、水路、航空运输和联合运输合同纠纷提起的诉讼，由运输始发地、目的地或被告住所地人民法院管辖。因此广州海事法院拥有管辖权。

"……如提单以承租人或其代理人的名义签发，除租船合同另有相反规定，并且提单持有人知道此种规定的情况外，一般认为，承租人是货物的承运人，出租人与提单持有人之间不存在运输合同关系。如货物在运输期间，由于出租人未尽适当的谨慎使船舶适航，或由于船长、船员管理货物中的过失或其他原因造成灭失或损害，出租人对此种灭失或损害负有侵权的责任……"（摘自《新编海商法学》）

结论：建议在时效一年届满之前，货主或其保险人在广州海事法院以海上货物运输纠纷为由，提起对丹东海运公司和香港嘉航公司的诉讼，将他们两家公司列为共同被告。

答复人保湖南分公司国外部咨询，1995. 3. 14

224. 保险赔偿大于代位追偿损失差额谁担

问：2004 年，某公司代理报关的一件货物丢失，保险公司赔付收货人后，反过来向某公司追偿。某公司有责任应赔偿没问题。但争议的焦点是应当按照报关单托运人申报的 7 万元人民币赔付，还是应当按保险公司根据公估行评估的 5 万美元即约 40 万元人民币赔付（保险公司已赔给收货人 5 万美元）。双方对此争执不下，于是诉至法院。经过一审、二审，法院最终采信了某公司的意见，判决赔付 7 万元人民币。其主要理由是：第一，托运人报关时要如实申报，所报的价格应是真实可靠的，不能为了避税或逃税，实际价值高而少报；第二，该货为二手货，价格公估多少不确定；第三，该批货物由多件货物组成，其总价为 36 万多美元，而丢失的这件经查证是多件中的一件，其价值与总单中列明的单件价值 7 万元人民币是一致的。

请问：1. 在该案中，保险公司是否有权向某公司追偿？2. 某公司应当按报关单上的 7 万元人民币赔付，还是应按保险公司所提供的 5 万元美元赔付？

答：1. 保险公司有权向责任方即某公司进行追偿

因为托运人对被某公司丢失的那件货物投了保险，并且丢失货物在承保范围之内，保险公司按保单赔付后，索赔权益发生转让，保险公司取得了代位求偿权，完全有资格向责任方进行追偿。此时，某公司首先要做的就是根据其与托运人签订的双方协议或者所适用的法律审视自己能否免责，或本案在程序上是否存在问题而进行抗辩。

2. 某公司应当坚持保险公司只能凭托运人在报关单上所填写的金额即 7 万元人民币进行索赔。因为依据我国《海关法》、《保险法》、《海商法》关于保险的条款，货物投保人在进行投保时，既不能将货物保险金额缩小而少缴保费，也不能将保险金额扩大而多缴保费。如果发生上述情况，保险公司都不应按投保时的保险金额进行赔付；保险公司若按投保金额进行了赔付，反过来向实际责任方追偿时却按评估行公估的价值赔偿则也是不能获赔的，本案保险公司应自己承担差额部分，即 40 万人民币 − 7 万人民币 ＝ 33 万人民币。

另外，托运人不能将货物价值在报关时填一个价值，在向保险公司索赔时又提出一个价值。诉讼中法院肯定只采信一个真实且合理的申报价值。

答复某货代公司咨询，2004.7.5

225. 船舶不适航，损失能否从保赔协会得到补偿

问：在船东未恪尽职责而使之船舶适航的情况下，船东对船上所载的货物损失是要承担责任的。但船东赔付货方之后，能否从船东保赔协会得到补偿呢？船东要想得到补偿，是否要符合船东保赔协会的某些条件呢？

答：对于这些问题，船东必须有一个清醒的认识，知道自己与船东保赔协会的关系。只有这样，当船舶"不适航"造成事故而要承担责任时，才能得到较

顺利的解决及避免损失。

船东保赔协会在承担船东对货物的责任方面起着很重要的作用，因为该协会有着非常好的承保和分保的制度，所以它能向入会的船东提供无限额的保障（但油污责任除外）。这种保障是一般的船壳保险市场所无法提供的。

船东保赔协会对货物的保障一般有如下几项：

1. 船东对入会船只载运的货物要负的责任，即对货物的损失或损坏要负的责任。包括对短卸，不适航，积载不当，铺垫不当、铺垫不足，通风不够，货物发热，货物出汗、被盗、污损，受其他货物玷污等索赔应负的责任等。

2. 完全由于船方破坏运输契约，而无法从货方收回的共同海损分摊费。

但是船东保赔协会不承担船东的如下风险：

1. 船东保赔协会对会员船东提供的货物方面的保障，根据《海牙规则》、《海牙－维斯比规则》，不论是有意还是无意，船东对其所签运输契约中承担的责任高于《海牙规则》或《海牙－维斯比规则》的，该协会拒绝提供保障，或者将应赔付的金额降至船东保赔协会的规章应予赔付的水平；

2. 船东未将货物卸在运输契约或提单上所落实的港口或地点。除非是按照船东保赔协会的书面要求将货物卸在他处，或由于运输过程中入会船舶出事而将货物卸在他处；

3. 货物装船前已损失，但是船东签发了货物完好的提单，或签发的提单上的货物数量比已知装船的数量为大；

4. 倒签提单，或其他对船东保赔协会谎报的情况；

5. 未凭正本提单交货；

6. 不合理的绕航；

7. 船东未在运输契约上加入新杰逊条款或双方互有责任碰撞条款。

在船东保赔协会的赔偿中，对货物的赔款占主要部分。而"不适航"则是造成货物赔款的罪魁祸首。这个原因可由于船东各种不同程度的过失所造成。船东把一艘不适航的船派出海，或最谨慎小心的船东也无法发现的潜在缺陷，都可以造成"不适航"。按照普通法，保持船舶适航是船东必须遵守的责任，而按《海牙规则》和《海牙－维斯比规则》把此责任降低为仅仅恪尽职责的水平，其责任小于按普通法的国家，船东做到恪尽职责使船舶适航即可。当然，在航海实践中，船东要想免责，仍须做到恪尽职责使船舶适航，才可引用《海牙规则》或《海牙－维斯比规则》第 4 条从（a）到（q）所列述的免责风险。

当"不适航"不仅构成违反"恪尽职责"的规定，而且严重程度达到"故意的不良行为"或船东参与了"私谋"时，船东保赔协会可以根据 1906 年英国海上保险法，拒绝替船东承担赔偿责任。在这种情况下，如发生严重货损，就可以使一家小船东完全破产，致使货物索赔人无法从破产的船东处取得赔偿，而货物索赔人也无法向船东保赔协会直接进行索赔。例如 1976 年"E"轮案，该轮是一艘旧船，航程中触礁，造成船上大部分货物全损，其余货物也被损坏。货主向船东提出 250 万美元的索赔，其理由是该轮航次开始时就不适航，即开航时船上驾驶员不是都有证书，配备的海图不符合该航次的需要，测深仪不耐用，锅炉工作状况不佳。在该轮船东准备赔给索赔人的损失，并想从船东保赔协会得到补偿时，船东保赔协会拒赔，其理由是根据 1906 年英国海上保险法规定和船东保赔协会规章第 39 条（5），即如果船东私谋一艘不适航的船派出海，船东保赔协会就不负责赔偿，虽然"私谋"不一定包括"故意乱搞"，但肯定构成船东对值得怀疑的情况故意视而不见，而不去查究原因。

当船东一方面要对货物索赔人承担赔偿责任，而另一方面又希望从船东保赔协会得到补偿，却偏偏遭到了船东保赔协会的拒赔，其实，绝大多数船东保赔协会在船舶真正不适航，属于船东责任时是愿意帮助船东的。但如果船东很明显搞"私谋"，构成"故意乱搞"的程度，船东保赔协会当然不愿补偿其损失。换句话说，船东在开航时要尽量做到恪尽职责，使船舶在开航前和开航时适航，即使未做到恪尽职责使船舶适航，只要不是"私谋"、"故意乱搞"，那么船东对货物的赔偿责任，都可以从船东保赔协会得到补偿。

一般来说，船东绝不会轻易承认自己的船舶"不适航"，亦不会轻易承认自己未恪尽职责。但有时确实因船东未恪尽职责，造成船舶不适航而需承担对货物损失的责任。可是在不适航情况下提赔牵涉的问题很复杂，所以船东能否从船东保赔协会得到补偿往往要考虑如下几个条件：

1. 构成船舶不适航的原因不少，是否真正由船东疏忽责任造成的，如船舶不适航，非由船东所导致的，船东可引用提单条款或《海牙规则》条款免除其责任；

2. 船东加入船东保赔协会，重要的是该船舶有否投保货物责任险；

3. 船东有无"私谋"或"故意乱搞"，即船东完全为了自己某种利益如赶船期，将船上的某种缺陷隐瞒起来派出海，而不遵照验船师的建议克服缺陷，结果发生了事故。

答复山东外运公司咨询，1997.9

226. 保赔协会对船舶不适航的赔偿是否附带条件

问：我公司作为二船东从原船东手里租了一艘船，因该船舶不适航使货物全部受损，我司在赔付货主后，向原船东提出索赔，假设原船东加入了船东保赔协会，那么在船舶不适航的情况下造成的损失是否在船东保赔协会承保范围之内？或者船东保赔协会对于船舶不适航的索赔有无其他条件？

答：就所提问分析如下：

公司称租来的船舶不适航，可否有确实法律依据，而构成船舶不适航之原因不少，是否真正由于船东疏忽责任导致亦须考究，如船舶不适航非由船东所引致，船东大可引用提单条款或《海牙规则》免除责任。

原则上，原船东绝不会轻易承认自己船舶是不适航而向船东保赔协会要求在船舶不适的情况下给予维护利益，而船东保赔协会亦会酌情给予保护船东。但如果确定船舶于开航时或之前已存在不适航情况，船东保赔协会则有全权判断不给予保护。当然，最重要的是该船舶在该船东保赔协会有否投保货物责任险，如未投保货物责任险，船东保赔协会必定会拒绝援手。基本上，船东保赔协会对不适航索赔之首要条件是要确定不适航之起因是否由于未遵照船东保赔协会船舶状况检验报告所提出修理项目而发生，若然的话，亦有可能被船东保赔协会拒绝保护。

由于在船舶不适航情况下去提赔牵涉的问题很复杂，包括举证责任，恕难作统一结论，故以上意见仅供参考。

答复中外运总公司法律部咨询，1996.8.6

227. 货物是否需加保战争险

问：货船将要通过红海，其货物是否要加保战争险，加保费用由谁承担？另外，是否可像某些班轮公司一样，在提单上加批注，可在不通知收货人与发货人的基础上加保战争险，加保费用由收货人与发货人承担吗？

答：关于是否加保战争险，我的意见是：

1. 为货物加保战争险。如果加保了战争险，提单上也不必加批注，当然加上也不会有坏处，只会有好处。还有些地方要求船方强制加保战争险，船方出钱，由收货人分摊。

根据战争情况，进出口货物通过战区都要加保战争险，否则货物产生货损货差，保险公司不予赔偿。虽然现在加保战争险保费很贵，但如果投保该险，那么碰上货物经过战区遭到损坏的情况，保险公司就会负责赔偿，并不得向承运人追偿。凡我国出口货物，船东都要提醒发货人加保战争险。

2. 为船只本身加保战争险。船壳战争险的保费由船东自己支付。正在航行的船只，船东也应通知收货人加保战争险，否则在战区发生的货物损失，船东将一概不负责任。

3. 船东在其责任险中也应加保战争责任险。其保险费率 24 小时都在变，但是如果发生核战争，保险则自动取消。

如果船只要绕航，船东也要告知收货人与发货人，以便收/发货人根据情况决定是否加保和及时通知承保公司，否则如在绕航过程中发生货物损失，承保公司不负责赔偿。

答复中外运总公司海运欧洲部咨询，1991.1.26

法律参考：

人保公司"战争保险条款"

船舶保险附加战争、罢工保险条款

一、责任范围

本保险承保由于下述原因造成保险船舶的损失、碰撞责任、共同海损和救助或施救费用：

（一）战争、内战、革命、叛乱或由此引起的内乱或敌对行为；

（二）捕获、扣押、扣留、羁押、没收或封锁，但这种赔案必须从发生日起满六个月才能受理；

（三）各种战争武器，包括水雷、鱼雷、炸弹；

（四）罢工、被迫停工或其他类似事件；

（五）民变、暴动或其他类似事件；

（六）任何人怀有政治动机的恶意行为。

二、除外责任

由于下列原因引起保险船舶的损失、责任或费用，本保险不负责赔偿责任：

（一）原子弹、氢弹或核武器的爆炸；

（二）由保险船舶的船籍国或登记国的政府或地方当局所采取的或命令的捕

获、扣押、扣留、羁押或没收；

（三）被征用、征购或被出售；

（四）联合国安理会常任理事国之间爆发的战争（不论宣战与否）。

三、保险终止

（一）保险人有权在任何时候向被保险人发出注销本保险的通知，在发出通知后 7 天期满时生效；

（二）无论是否已发注销通知，本保险在下列情况下应自动终止：

1. 任何原子、氢弹或核武器的敌对性爆炸发生；

2. 联合国安理会常任理事国之间爆发的战争（无论宣战与否）；

3. 船舶被征用或出售。

四、承保原则

（一）本保险系《船舶保险条款》（以下简称"主险"）的附加险。主险的条款也适用于本附加险，但主险条款与本附加险条款有抵触时，以本附加险条款为准。

（二）保险船舶如同时有其他保险，任何索赔应由其他保险公司负责时，本保险不负赔偿责任。

（三）如本保险由于第三条原因终止时，净保费可按日比例退还给被保险人。本保险不办理停泊退费。

228. 投保战争险需注意哪些问题

问：如果一条船投保了战争险，还需要注意哪些方面的问题？

答：1. 如果投保船只所去港口不属列明战区港口，突然发生战争，船舶遭袭击损坏，船东保赔协会应负责赔偿。

2. 如果投保船只所去的港口属列明战区港口，则必须先报船东保赔协会，看是否要增加保费。

3. 附加保险往往视战区港口的船只将要去时的当时情况来决定保费的高低，一般是按每七天计算一个费率，如超过七天，前七天是一个费率，超过七天的后几天则是另一个费率。

答复香港某公司咨询，1997.2

2009 年 7 月 1 日作者在上海参加中国外运华东有限公司
举办的物流责任保险座谈会

229. 可否为航行中的纠纷投保

问：我运输公司期租了一条船，在运输途中产生了纠纷，请问：现在为租船人投保租船人责任险行吗？

答：关于你司为期租的那条船投保租船人责任险事，经了解，承保公司一般要求在起租时投保，而不接受中途的投保，即使接受了中途起保，对起保以前的纠纷也不予承保，不予赔付，尤其是纠纷和事故已经发生，承保公司更不可能接受投保了。所以，建议你司以后还是在租船前考虑投保租船人责任险的事宜。

答复拉亚公司咨询，1999.5.12

230. 保险公司会因改变航线拒赔吗

问 1：如果信用证与合同明确不能转船，投保时也填写了直达，但后来发生转船，产生了货物损失，保险公司是否可以拒赔？

答：直达改为转船，改变了原来的运输路线，加大了运输中的风险，承保公司有权拒赔。

问 2： 如果原来允许转船，后改为直达，发生海事，造成货物受损时，承保公司能否拒赔？

答： 由转船改为直达，虽然改变了运输路线，但减少了一次装卸的风险，如果在直达运输中货物受损，承保公司不能拒赔。

答复香港志晓船务公司咨询，1998.6.10

231. 保险公司对集装箱倒塌引起损失会拒赔吗

问： 我公司的集装箱放在堆场，突然刮来季风，并带有大雨，致使集装箱倒塌，箱子和内装货物遭受损坏，估计损失达 120 万港元。我公司曾要求承保公司赔偿，但承保公司拒赔，其理由是，当时投保的承保范围规定，只有由于台风或暴风引起的损失才给予赔偿，而现在不是这两种风的原因引起的损失，故不予赔偿。现请站在投保人的立场，看能否找到一些理由要求承保公司赔偿，当天确实是有强烈的季风。

答： 经审阅你的案子，我认为对你公司十分不利。

1. 保险条款规定得很明确，只赔台风或暴风引起的损失，而现在的损失是由于水浸引起的，即使有季风，也不属保险合同约定的台风或暴风，另外，并不是由于风将集装箱刮倒的。

2. 保险公证行已出证明，此案损失不在赔偿范围之内。

3. 现在只有通过商业做法来解决。因为从保险条款看，承保公司根本不用赔偿，所以，你们只有从你公司与承保公司关系的角度，要求承保公司象征性地补偿一些，例如赔 10%。如果你公司是承保公司的长期客户，还可考虑争取多赔一些。

另外，建议你们今后投保 EP094，那样就包括水浸的损失了。

答复香港万大通国际货运有限公司咨询，2000.7.18

232. 保险公司拒赔货损有道理吗

问： 根据卸港的检验报告，各方面的化验结果与装港的化验结果及合同要求的货物成分一致，且均符合要求，但对于搀杂在货物中的黑色东西货主却讲不出是怎么造成的。如果不是外来原因引起的，保险公司打算以不在承保范围之列为由拒赔。请问我们拒赔的理由是否站得住脚？

答： 我对你们拒赔有疑问，现有以下三个问题需要你们讲清楚。听了你们的解释后，我再发表意见。

1. 搀杂了黑色东西，算不算货物有损失？

2. 是否一定要货主举证这黑色东西是否意外造成的，如果货主不知何原因，就可以不是意外原因造成的而拒赔吗？

3. 船方既然签了清洁提单，货物明明是黄豆但卸出来内有黑色东西，双方都讲不出造成的原因时，是否船方就可免责？

答复深圳人保公司咨询，1998.7.3

注： 货方以清洁提单，坚持要船方承担责任，船方称：船舶适航，该船在运输途中从未出过海事，肯定是所装货物内在缺陷造成，船方不应承担任何责任。最后，船东保赔协会出了450万美元的担保函，先卸货放船，责任事后再界定。

233. 甲板货损遭拒赔原因何在

问： 船方擅自将货物装在甲板上，发货人并不知情。请问，对收货人来说，此时保险合同是否有效？

答： 1. 只要船方将发货人的舱内货改装为甲板货，且未投甲板险，保险公司就不会赔偿收货人，无论发货人投的是"基本险"还是"综合险"。

2. 作为货运代理黄埔外运与收货人无直接关系，收货人应找船方赔偿。

一切费用均由黄埔外运与船方结算。黄埔外运与收货人没有委托代理协议，实际收到货物的用户与黄埔外运更没有直接的权利和义务关系。

黄埔外运不是本案的被告，他与原告——用户之间没有直接的法律关系。被告应是船方或订货公司，因为订货公司接受用户的申请后，以自己的名义对外订货、委托黄埔外运办理国内港口转运货物的工作。用户与黄埔外运之间没有任何协议，所以黄埔外运不能成为被告，在诉讼中原告只能将黄埔外运列为无独立请求权的第三人，当然还要看法院是否认可。

答复黄埔外运公司咨询，1991.10.7

234. 保险公司为何拒赔

问：某汽车公司从汉堡进口两箱汽车零件。该批货物装在集装箱内运抵香港转船，船方签的清洁提单。发货时，单据上有这两箱货物。但运到国内拆箱时，发现集装箱内没有这两箱货物，却多出两箱属于国内另一家客户的货物。造成汽车公司提货不着。于是，汽车公司向船方索赔，船方只答应按每件限额赔付1 000多美元。汽车公司又向保险公司提出赔偿，却遭到保险公司的拒赔，理由是：汽车公司的这两箱货物未装箱，尚未进入运输阶段，不在投保范围之内，保险公司保的是海上货物运输险，即保运输途中的货损货差，故其承保责任尚未开始；同时，没装上的货物就不存在可保利益，所以根据保险公司的赔偿原则，对没有可保利益的不予赔偿。现在的问题是：

1. 如果船方负责装箱，由于船方过失漏装货物，引起收货人的损失，收货人是否可以找保险公司索赔？

2. 如果属于船方过失错装了货物，造成收货人收货不着，在这种情况下，船方能否享受赔偿责任限制？

3. 收货人与船东签有延长时效的协议，这种协议延长时效是否受法律保护？

答：1. 如果保险公司有充分的证据，证明收货人的两箱货物确实未装运，那么保险公司可以不赔付，因为收货人投保的是海上货物运输险，其未开始承保的主张是符合合同约定的，是有理由的。但是，如果保险合同约定：保险期间是从发货人货场到收货人货场，那么保险公司拒赔是没有道理的。

2. 通常船方负责装箱，引起收货人收货不着时，船方可以享受赔偿责任限制，除非收货人能够证明是船方的故意行为。也就是说，只有船方的故意行为造成收货人收货不着时，才不得享受赔偿责任限制。

3. 关于协议延长时效的问题，在我国是有争议的，暂无统一意见。如果船东对此不提出异议，就没有问题，因为法院会议纪要不具有法律效力。在此问题上，我本人主张承认协议延长时效，但不能无限期地延长。

答复人保湖南分公司咨询，1996.4.15

235. 属于承运人责任的货损为何拒赔

问：国内某货运代理负责承运一批门到门的货物，约定由其负责将货物从国内新港运到非洲赞比亚基特韦工地，并负责货物的装箱。货物装箱后，该货运代理即签发了一份菲亚塔多式联运提单。该批货物在国内段和海运段的运输中均为顺利，集装箱到达赞比亚基特韦卸下来时铅封是完好的，箱体也未发现问题。在装箱过程中，装箱工作人员将用木箱单独包装，单件重量为 1.656 吨的减速机放在高处，没有进行合理绑扎，导致运输过程中货物在集装箱内倒垛。到目的地开箱后，收货人发现货物已从高处掉落，无法使用，系全损，经出具检验报告，其中一台机器被摔坏，其损失金额为 5.8 万元人民币，于是收货人要求签发菲亚塔多式联运提单的货运代理负责赔偿，要求赔偿的依据有两点：一是货运代理签发的是门到门的多式联运提单，因此他是多式联运经营人，应对所承运货物的全程负责；二是收货人委请的检验公司对被摔坏的机器出具了检验报告。报告中的评估是货物全损。据收货人称货物被摔坏的原因，是因货物积载不当，开箱时被摔到地上造成的。但承保公司认为，由于收货人未保护好现场，货物的检验报告也不是集装箱开箱当时检验的情况，而是开箱后货物被掏出存放在收货人工地仓库中检验的情况，报告中货物被摔坏的理由也只是收货人单方面的陈述，因此，承保公司认为根据收货人所出示的检验报告其要求货运代理赔付的理由不充分。而货运代理则因已投保了货运代理责任险，认为自己对所摔坏的货物应承担责任，因此要求保险公司进行赔偿。请问，在此情况下，该保险公司是否应该赔偿？

答：根据上述案情，本案中由货运代理负责该货物的运输和装箱，并且已签发多式联运提单，因此作为多式联运经营人亦即承运人，他应对所承运的货物全程负责，也就是说，本案中被摔坏的机器应由货运代理负责赔偿。但是，如果当承运人所交集装箱货物铅封完好，箱体也无破损时，承运人对箱内货物的损坏是不承担责任的，除非收货人能够证明货物的损坏是由于承运人装箱时货物积载不当，或者未按买卖合同的要求进行装载、隔垫、加固，或者不适国际运输惯例的要求所造成的。而本案收货人所出示的检验报告虽能证实货物全损，但货物摔坏是由于货运代理所造成的理由不充分，因为该检验报告并不是货物被摔坏时的情况，而是货物在收货人仓库中的情况。也就是说，货物究竟何时摔坏的并不确定。由此可见，本案的收货人向货运代理进行索赔的理由不充分，证据不足，故承保公司完全有权不赔付。当然，从商业的角度，如果承保公司考虑到该收货人是货运代理的重要客户，其货物确实全损，加上货损金额不大，承保公司作出通融赔付也是可以的。

答复新时代保险经纪公司咨询，2010.1.11

注：开始时承保责任险的保险公司以"发货人责任"为由，不予赔付。但在此货代公司迫于委托人的压力先期向委托人赔偿 58 万元人民币后，向责任险保险公司正式提出索赔申请。该保险公司进行资料审核，确定了保险责任，最后进行了赔付。

（十一）时效问题

236. 提单提货时效是如何规定的

问：我们进口一批价值约十几万美元的信号灯，装在一个 20 英尺集装箱内，由美国运抵香港。货物运抵香港后，受船公司的指示货运代理将该批货物放给了没有提单的收货人。一年后，我们凭手中的正本提单去提货，发现货物早已被人提走。请问，现在我们该怎么办？索赔的时效是否已过？此案可否在内地打官

2006 年 4 月 22 日作者在北京家中与资深海商法专家
饶中享及李连君先生共同分析海事诉讼时效案例

司? 还是要去美国或香港打官司?

答: 1. 首先需要咨询美国律师, 确定一下诉讼时效是否已过。根据我国《海商法》货损货差或者货物灭失, 包括无单放货均为一年的诉讼时效, 不知美国法律如何规定的? 承运人本人或指示其代理无单放货导致真正的提单持有人提货不到的情况下, 诉讼时效是否也是一年? 诉讼时效是最重要的第一步, 你们一定要先咨询美国律师, 以便决定下一步如何办。

2. 本案的管辖权究竟是在中国内地还是在美国, 或是在中国香港? 你们可查阅该提单上的规定。

3. 我真不知道你们为什么这么久不去提货, 即使船方未无单放货, 将货物存放在卸港仓库, 也会产生巨大的仓储费或遭海关罚款, 甚至被没收充公了。

答复新兴公司咨询, 1997.4.10

237. 出租人向租船人的诉讼时效是一年还是两年

问: 我公司与首钢签订了一份运送矿砂的大合同, 由于对方未完全履约与拖欠一些运费, 我公司拟通过司法程序追究其责任, 请问, 我们所签的大合同的诉讼时效应为一年, 还是两年?

答: 根据我国《海商法》规定, 其诉讼时效可分为一年、两年和三年三种情况。其海上货物运输合同、海上拖航合同、共同海损分摊、多式联运合同、追偿请求权等时效期间为一年; 海上旅客运输合同、航次租船合同、定期租船合同、光船租赁合同、船舶碰撞、海难救助及海上保险合同等时效期间为两年; 油污损害赔偿时效期间为三年。

根据我国《海商法》第 257 条规定, 海上货物运输中货方依据海运提单向承运人要求赔偿的诉讼时效为一年, 依据航次租船合同向承运人要求赔偿的诉讼时效为两年。

第一种情况往往是指远洋班轮运输, 一般以承运人签发的提单为运输合同证明的, 由于承运人的责任造成货物的灭失或损坏, 货方向承运人提出赔偿请求的时效期间为一年。此期间自承运人交付或者应当交付货物之日起计算。承运人交付货物之日, 是指承运人向收货人实际交付货物的日期; 承运人应当交付货物之日, 是指在由于货物灭失等原因, 没有实际交付货物的情况下, 而是以未发生意外情况, 货物正常运抵目的港, 承运人应向收货人交付货物的合理日期。反过来，根据我国最高法院的司法解释，承运人依据提单要求货方赔偿运费及其他应赔偿的损失，其诉讼时效也为一年。

第二种情况往往是指航次租船合同，以承租双方所签租约为证据的，其诉讼时效为两年，自知道或者应该知道权利被侵害之日起计算。但有两点应予注意：一是当航次租船合同的租船人是收货人，收货人向承运人即航次租船的出租人要求的货物赔偿的请求权时效期间为两年，因为此时收货人手中的提单只起到一个收据作用，而收货人是以租船人名义依据其租船合同向出租人提出索赔；当收货人不是租船人时，只能依据提单向承运人索赔，其适用的时效期间为一年（不能依据租船合同向承运人索赔，不适用两年时效期间）。二是该条规定不适用于我国港口之间的海上货物运输。

具体到你们提出的问题，关键涉及两点，一是你们与货方所签的大合同是否属于航次租船合同；二是如属于航次租船合同，货方既是租船人又是收货人，所以货方可依据租船合同向你公司提出索赔，其诉讼时效应为两年。作为出租人，依据租约合同向货方提起索赔，其诉讼时效是否也是两年呢？

我的看法如下：根据你们所提供的资料，第一，所签大合同中货方是以租船人名义签定的租船合同，其合同形式和内容与正常的航次租船合同类似，我认为你们所签的大合同应属我国《海商法》中所讲的航次租船合同，故诉讼时效应为两年。第二，在航次租船中是否涉及条款中所讲的"请求权"仅指租船人向出租人提起索赔，而不包括出租人向租船人索赔呢？即使目前没有明确司法解释，我认为根据我国最高法院关于承运人依据提单向货方提出索赔时效的解释原则精神，在航次租船合同情况下，承运人即出租人依据航次租船合同向租船人提出索赔的诉讼时效也应是两年，这样既是公平的，又是与最高法院解释海上运输承运人向收货人提出索赔的有关诉讼时效的原则精神相一致。

从该条的文字上看，第一款与第二款还不完全一样，第一款明确并强调了"向承运人要求赔偿的请求权"，而第二款并未强调向承运人即出租人，而订的是"有关航次租船合同的请求权"，所以可以理解为双方请求权，即承租人与出租人依据租船合同解决争论时，其诉讼时效都是两年。退一步说，如果也存在第一款的问题，即条款只规定了承租人向出租人索赔的诉讼时效，而未规定出租人向承租人索赔的诉讼时效，那么我们可参照我国最高法院对第一款关于承运人向货方索赔诉讼时效的司法解释精神，其诉讼时效也应是两年。

答复中租公司咨询，2010.1.27

238. 法律适用与诉讼时效有关系吗

问：我们有两个问题向您请教一下，一个是时效问题，另一个是因合同无法履行引起的损失，应该适用什么法律？

答：你所提供的情况过于简单，我只能原则性地提出以下意见，供你处理案件时参考。

1. 如果此案适用我国《海商法》，同时又按提单与提单相关的时效，那么时效应该是一年。

2. 如果此案适用我国《海商法》中包括含有海运在内的多式联运，那么时效也应该是一年，鉴于本案从未中断过时效，因此目前时效已过。

3. 如果适用我国《民法通则》规定的两年时效，只要提出索赔就引起时效中断。本案曾经提出过多次索赔，那么，就要看如何认定了：

如果依照 2001 年 4 月 21 日起算，到 2003 年 4 月 30 日止，则两年的时效已过。

如果依照 2001 年 7 月 30 日起算，到 2003 年 7 月 30 日（对方已同意终止合同时），则两年的时效就未过。

如果对方提出保留索赔权（未提具体金额）的书面材料，则可认定为提出索赔，引起时效中断，此时两年的时效就未过。

4. 由于你方提供的材料实在太简单，没有什么实质性的内容，故不好确定该案究竟适用我国《海商法》，还是适用我国《民法通则》，所以暂且无法针对你的案子提具体建议，只能泛泛地分析几种可能。同时，又无法确定时效起算的日子究竟应该是 2001 年 4 月 21 日，还是 7 月 30 日。

答复云南外运公司咨询，2003.5.8

239. 追偿时效究竟应从何时起算

问 1：重庆外运作为多式联运经营人承运一批货物，后将该批货物交给实际承运人民生船公司负责承运。民生船公司在承运过程中由于发生海事（风浪），致使船舶沉于水中，造成货物全部灭失，损失 700 万元人民币。保险公司在赔付货主后，转向重庆外运与民生船公司索赔。一审在武汉法院审理，判重庆外运与民生船公司败诉，由重庆外运承担全部赔偿责任。现重庆外运与民生船公司均拟上诉，抗辩理由有两个：一是发生海事属不可抗力，要求免责；二是原告为不合理原告，因保单抬头是人保总公司，而实际索赔人是其下属一支公司。请问，重庆外运在上诉时要注意哪些问题？

答：根据以上案情，我认为，重庆外运在上诉时要注意以下两个问题：

一是要尽量弄清诉讼追偿时效条款，保证重庆外运对民生船公司的追偿时效不被丧失。

二是本案的关键问题是重庆外运向民生船公司的追偿时效是否已过。照我分析，该案要想在实体上打败保险公司，争取二审胜诉，实际上不太可能。但如果已尽最大努力仍不成功，那就意味着民生船公司到时也无法对重庆外运的诉讼进行抗辩，因为民生船公司作为实际承运人应承担全部法律责任。

问 2：按照您的提示，重庆外运已做了一些工作。不知能否再提一些具体意见，以便准备工作做得更充分、更周全一些。

答：至于具体意见，重庆外运有如下几点需注意：

（一）关于追偿时效的问题

1. 我国《海商法》第 257 条规定："就海上货物运输向承运人要求赔偿的请求权，时效期间为一年，自承运人交付或者应当交付货物之日起计算；在时效期间内或者时效期间届满后，被认定为负有责任的人向第三人提起追偿请求的，时效期间为九十日，自追偿请求人解决原赔偿请求之日起或者收到受理对其本人提起诉讼的法院的起诉状副本之日起计算。"

一方当事人因第三方原因被索赔后，应当在何时向第三方采取追偿行动呢？目前有三种观点：第一种，是在原告起诉后，即可向负有赔偿责任的第三方进行追偿；第二种，是在一审判决后，方可向第三方采取追偿行动；第三种，是在终审判决并且执行完毕后，方可向第三方采取追偿措施（其实这种观点与立法者的立法意图已相违背，因为诉讼时效的立法本意就是要避免争议纠纷无限期的拖延）。由于对追偿时效条款的理解与解释不尽相同，故目前在学术界与司法实践中存在着各种意见分歧。我的意见是：为保险起见，重庆外运本应按第一种办法进行追偿，以确保追偿时效，但现在已来不及了，故重庆外运可考虑马上起诉民生船公司，不能再与民生船公司搞"统一战线"了，除非事先或现在有书面约定，民生船公司放弃重庆外运对他们的诉讼追偿时效并承诺承担重庆外运的一切损失。重庆外运在二审开庭前有必要做好充分的准备，尽量弄清追偿时效条款，以保证重庆外运对民生船公司的追偿诉讼时效不被丧失。

2. 进一步落实诉讼追偿时效问题

（1）可咨询贸促会资深专家高準来先生；

（2）可咨询大连海事大学司玉琢老师；

（3）可咨询上海海事大学尹东年老师；

（4）要找出法律依据，如新的水规；

（5）能否先起诉民生船公司？根据我国《海商法》，除第四章不适用沿海内河运输以外，其他都适用，但是否包括追偿时效也适用还需进一步落实。

（二）全力以赴打好不可抗力的官司

1. 本案是否属不可抗力，涉及到港监作出的事故报告即《通知》。如一审中，重庆外运与民生船公司一发现港监事故报告的结论对承运人不利就提出行政复议，那么不可抗力成立的可能性就比现在二审再提出要大得多。现在，我认为坚持不可抗力的成立仍有一定道理，但存在较大的不可预测的风险，因事故发生后民生船公司与重庆外运均未向港监有关部门申请行政复议或行政诉讼，从而间接上同意了港监《通知》的责任认定结论，这无形中增加了抗辩的难度。不过，只要还有一线希望，就要努力争取。

2. 进一步落实不可抗力的问题

（1）对不可抗力要深入研究，结合事实，论证此案中不可抗力的成立；

（2）委请权威机构出具意见书；

（3）要请有关资深专家出具法律咨询意见。

（三）上诉书的内容需再充实一些，为开庭做好充分的准备工作

（四）请湖北外运总经理帮忙

（五）开庭前需考虑的两个问题

1. 在一个诉讼案中，如以合同契约法律关系起诉一方，同时又以侵权法律关系起诉另一方，而侵权关系的那一方负有100%的责任。在这种情况下，法院可能判合同违约的一方承担责任；也可能合并审理直接判负有实际责任的侵权的另一方承担，或判两方均有责任，分别承担不同程度的责任而已。

2. 如你方败诉，判你方先执行怎么办？

在此情况下，如你需要考虑的是：若再去追偿侵权方，追偿时效已过怎么办？或侵权方经济状况发生加大变化、追偿不到怎么办？

2002.9.2

问3：关于重庆外运一案，涉及追偿时效的问题。我们应如何理解与运用我

国《海商法》第 247 条,以便把握好时机,而不至于丧失向下一家追偿的时效。

答:关于重庆外运的案子,的确涉及一个很重要的问题,即追偿时效问题,如把握不当,造成的后果很严重。也就是说,一旦法院判重庆外运对沉船货物负有赔偿承保公司损失的责任,那么,原本毫无过错的重庆外运,就会因追偿时效已过而丧失向有责任的船公司进行追偿的权利,成为无辜的替死鬼,无法追回几百万元的经济损失。所以,你们现在一定要抓紧时间,弄清楚追偿时效究竟应从何时起算,做到心中有数。

关于我国《海商法》第 247 条的追偿时效问题,在海上货物运输与内河货物运输的过程中常常会遇到,需要大家对此有一个较为统一的认识与解释。但目前对此,我国专家还有着不同的看法与解释,司法实践中也存在着不同的判决,当然我也有自己的看法。关于此案,我认为,为了维护自己的合法权益,在我国《海商法》尚未修改之前,或最高法院对此条款尚未出台司法解释之前,为了保险起见,你们还是要采取稳妥的办法,即从收到一审法院起诉状副本后,立即向有关责任方提起诉讼,确保追偿时效。但是,为了更加深入理解本条款中追偿时效的深刻含义与得到较为确切的解释,请你们再向司玉琢老师请教,以利解决正在处理的重庆外运案和今后碰到的类似案子。同时也有利于我们制定新的多式联运提单。

答复重庆外运公司咨询,2002.9.8

问 4:就追偿时效问题,请司教授给予更明确的指教。

我国《海商法》第 257 条规定"在时效期内或者时效期届满后,被认定为有责任的人向第三人提起追偿请求的,时效期间为九十日,自追偿请求人解决原赔偿请求之日起或者收到受理对其本人提起诉讼的法院的起诉状副本之日起计算。"可否这样理解:追偿时效有两个起算点,一个是解决原赔偿请求之日,一个是收到起诉状副本之日,那么这两个起算点存在冲突怎么办,以谁为准?追偿请求人"解决原赔偿请求"应当如何理解?是指法院或仲裁机构终审/局裁判,还是指实际赔付,如果一审裁决后,一方上诉后算不算"解决原赔偿请求",只有部分实际赔付算不算"解决原赔偿请求"?另外,沿江水路货物运输的追偿时效是否也应参照我国《海商法》的规定?

答:关于"90 天追偿时效"的问题,在司法实践中已产生很多争议,缺乏可操作性,主要表现为:由于该期间的起算点之一是收到法院送达的对追偿请求人的起诉状副本,而在这 90 天时间内,原诉讼请求通常不能结案,因而追偿之诉常缺乏明确的诉讼请求。此外，该 90 天的期间也适用于一年的时效期间届满之前，缺乏合理性，也不符合 1968 年《维斯比规则》和 1978 年《汉堡规则》相应的规定。因此，在制定新的多式联运提单时，就不要沿用《海商法》的规定，建议该条款为："被认定为负有责任的承运人、实际承运人或者其责任保险人依据代位求偿权向第三人提起追偿请求的，时效期间为九十日，自追偿请求人解决原赔偿请求之日起计算。如果解决原赔偿请求之日至前款一年时效届满多于九十日的，则追偿时效延至前款一年时效届满。"我们也建议《海商法》作此修改，该时效期间适用于承运人、实际承运人或者其取得代位求偿权的责任保险人向第三者的追偿。

至于何谓"解决"，应理解为法院作出一审判决、仲裁裁决，以及调节书生成之日，因为此时追偿人已有了明确的诉讼请求。

以上意见，供参考。

司玉琢答复中外运总公司法律部咨询，2002.9.10

1990 年 6 月作者与司玉琢老师参加法国巴黎
CMI（国际海事委员会）第 34 届会议

问 5：请司教授指教：内河水路运输的追偿时效如何计算？是否参照《海商法》关于时效的规定？另外，您认为：海上货物运输追偿时效的起算为自"解决"之日即应理解为法院作出一审判决、仲裁裁决，以及调节书生成之日，学生以为应当推论为司法终审裁判或裁决、判决生效之日，因为在此时追偿人的责任才最终确定，正因为确定了追偿人的责任，才使其有了足够的追偿理由和依据。当否，请赐教。

答：1. 关于内河水路运输的追偿时效如何计算问题，目前尚无明确的法律规定，最高院在一复函中曾答复内河货物运输的时效参照《海商法》第 257 条的一年时效，但我记得没有涉及 90 天的追偿时效。这可能是针对旧货规 180 天的索赔时效作出的答复，旧货规没有实际承运人的概念，所以没有答复追偿时效的问题。2000 年新货规有了实际承运人的概念，按最高院解释思路，我认为也应参照《海商法》第 257 条的 90 天的追偿时效。

2. "解决"争议的理解，你说的有一定道理，确切地说，应该是从生效的法律文书生成之日起算。但是，对于达成的和解协议不能说是生效的法律文书，是否可以认为，和解协议履行了，则以达成和解协议之日起算，和解协议未能履行，则以法院或仲裁庭最终生效的法律文书生成之日起算。

以上意见，供参考。

司玉琢答复中外运总公司法律部咨询，2002.9

注：一审判决后，重庆外运、民生船公司均向湖北高级人民法院提出上诉。二审法院开庭后，重庆外运考虑到二审结果的不确定性，以及将来追偿民生船公司的时效问题，同意进行庭后调解。本案最终在三方各自让步的基础上和解解决了。处理结果为：重庆外运赔偿原告 50 万元人民币；民生船公司赔偿原告 150 万元人民币；原告某保险支公司放弃其他诉讼请求而彻底结案。关于此案的详细案情，参见孟于群著《国际海运疑难典型案例精析》一书。

240. 海运货损的追偿时效如何起算

问：1995 年 1 月 1 日，作为承运人，我德发船公司按照托运人宇远公司的指示，将货物交给收货人五凌公司。9 月 5 日，五凌公司以该批货物发生部分货损为由将我司告上法庭，要求我司支付货损费 10 万美元。9 月 25 日，法院将起诉书副本送达我司。1996 年 3 月 2 日，我司与五凌公司达成和解协议，约定由我司一次性支付给五凌公司 5 万美元。但直至 6 月 6 日，我司才将该款项打入事先约定的五凌公司账户。五凌公司收到该款项后，于 7 月 2 日向我司签发了一份《收据和解除责任书》。7月10日，我司以宇远公司应对该货损承担责任为由，向法院提起追偿请求。宇远公司则抗辩称，根据我国《海商法》第257条的规定，无论是以原索赔（即五凌公司起诉我司）的诉状副本送达之日（即1995年9月25日）起算，还是以1996年3月2日原索赔双方达成和解协议之日起算，我司的追偿之诉均已过了90天的追偿时效，故请求法院驳回我司的起诉。法院审理后认定原告之诉时效已过，丧失胜诉权，遂驳回起诉。对此，我司感到法院判决不公平、不合理。请问，法院为什么要这么判呢？

答：本案系承运人在支付收货人的索赔后，转而向负有责任的托运人（即第三人）主张追偿之诉时如何认定时效是否已过的典型案例。按照我国《海商法》第257条的规定来看，本案扑朔迷离之处就在于，该时效的起算点至少出现了四个：除了上述托运人提出的两个时间之外，还应有1996年6月6日和1996年7月2日两个时间。那么，到底应按哪个时间起算呢？这不能不说是我国《海商法》第257条的规定给我们开出的一个哑谜。它带给实践审判的又岂止是困惑？其实本案遇到的问题，也是近几年来在我国海事司法实践中经常遇到的问题。目前，我国对于追偿时间的起算点有不同的看法与不同的判例。因此，对于准备向第三人提赔的当事人来说，最稳妥的做法，还是以收到一审法院起诉状副本为起算点。

答复德发船公司咨询，2006.10.17

241. 如何理解同意履行义务引起时效中断后的时效

问：我国《海商法》条款中，有关同意履行义务引起时效中断后的时效应如何理解？

答：我国《海商法》第267条关于时效中断规定："时效因请求人提起诉讼、提交仲裁或者被请求人同意履行义务而中断。但是，请求人撤回起诉、撤回仲裁或者起诉被裁定驳回的，时效不中断。请求人申请扣船的，时效自申请扣船之日起中断。自中断时起，时效期间重新计算。"如果同意赔付对方，并且争议金额不变，可引起时效中断，但中断的时间不像提起诉讼或仲裁那样可无限制直到最后判决，而是受我国《海商法》两年时效（租约项下的争议）的约束。也就是说，书面表示同意履行赔偿义务后两年内，如同意方未履行或未全部履行其赔偿义务，那么债权人应在两年内提起诉讼，否则从中断之日开始到两年，仍会引起时效已过，从而丧失胜诉权。如果是依据提单索赔货损货差或追偿运费中断时效重新计算，则应该是一年的时效。

另外，我国《海商法》中提及的书面同意引起的时效中断只能运用一次，即第二次再出的书面同意不再引起时效中断。但对此，我国《民法通则》的司法解释，是可以引起时效中断的，该解释条文是："诉讼时效因权利人主张权利或者义务人同意履行义务而中断的，权利人在新的诉讼时效期间内，再次主张权利或者义务人再次同意履行时效义务的，可以认定诉讼时效再次中断。"

答复海运学院老师咨询，2004.8.3

242. 申请强制执行裁决书也有时效问题吗

问：我们在香港的一个仲裁案胜诉了，仲裁裁决书送达对方已有两年之久，但香港的被申请人仍不执行裁决结果，怎么办？

答：1. 你们可以考虑去香港找律师通过香港法院申请强制执行。

2. 据我了解，根据仲裁庭的裁决书去法院申请强制执行也有个时效问题，可能是半年。如果是半年，此案申请强制执行的时效已过，就不行了。所以，以后不但要注意提起诉讼或仲裁的时效问题，同时在胜诉后，当对方不执行判决书或裁决书，需通过法院进行强制执行时，同样要注意时效问题。

3. 经咨询香港律师，在香港申请仲裁裁决书强制执行没有时间限制，但仍要尽快申请执行。

4. 如果在内地仲裁，仲裁裁决书的强制执行为两年，如果执行时效已过，再到香港申请执行，香港法院也会考虑内地有关执行时效的规定，因为该裁决书已经失效。

答复某贸易公司咨询，1997.4.7

（十二）海上欺诈

243. 被欺诈后如何补救

问：我们从事运输业务的过程中，特别是进入市场经济后常会出现一些欺诈案子。在欺诈案件发生后，作为被欺诈一方应如何办？可从哪些方面采取补救措施？

答：我们不但要有欺诈的防范措施，同时还要有补救措施，下面介绍几种有效的补救办法，以减少损失。

1. 即刻报案

发生类似问题后，立即通知公安部门与国际刑警一起配合解决。如河北衡水一案。

2. 申请法院扣船

曾有一案，收货人发现运来的钢材下面，有很大一部分是铁屑和废渣，立即通过天津海事法院申请扣船，为取得该案的胜诉做了很好的铺垫。

3. 申请法院扣货

某当事人曾为一家美国公司将人民币兑换成外汇，结果自己却没拿回代垫的钱。正好那家美国公司有一批出口到我国来的钢材，于是，拿不到钱的当事人就向法院申请扣住了其货物，这对胜诉的执行非常有利。

2005 年 12 月 18 日作者在中国政法大学于北京举办的
"两岸三地海商法研讨会暨海商法研究中心成立大会"上
做防止 FOB 项下的欺诈及防范的发言

4. 索要银行担保

福建一家卖方以 FOB 条款出口一批石头。然而香港买方不仅委托卖方租船，还提出运费待货物运到后再支付给卖方。卖方随即要求承运人——外运公司先垫付运费，外运公司担心卖方收不回运费而无法归还其垫付的款项，于是要求卖方先支付运费，否则出具银行担保。

5. 钱到账再放船

作为代理公司在代船东垫付了运费和代理费后，往往要求船东在船舶离开前付清为其垫付的费用。而有些船东会耍小伎俩，只给代理公司出示一张银行开具的可撤销的汇票。待船舶被放行后，船东又通过银行撤销了汇票，结果代理公司垫付的款项落了空。所以，在这种情况下，风险意识高的代理公司一定会跟进，直到垫付的费用真正汇到账户后，再予放行船舶，这才是可取的做法。

6. 不了解不做生意

对不了解的租船代理，不与其做生意。有时，我们遇到客户对货物时间要求很急的时候，便会通过租船代理租船。在对该租船代理根本不了解或者了解不多的情况下，又在短时间内找到价钱合适或价钱便宜的船只时，一定要提高警惕，要进行资信的了解。因为有些野鸡船，或老破船，或有意搞欺诈的船，或单船公司，或经多家之手租的船，往往价格便宜，但也极易令人上当受骗，或者给你带来诸多的麻烦，所以必须在对对方的资信情况进行了调查以后，才能决定是否跟对方做生意。如果时间来不及去调查，则宁愿放弃该笔生意，也不得冒险去做。在这一点上，万万不可粗心大意，掉以轻心，或者好心，否则就会吃大亏。

7. 依靠银行严格把关

银行的把关很重要。当银行审查对方的支票，发现有诸多处不符点或不合规时，必须认真对待，若经分析可能有诈，银行将会断然不予付款。这样，就可以避免一场更大的损失。

答复某航运公司咨询，1993.9.7

244. 怀疑欺诈可否拒付货款

问 1：四川某公司进口一批棕榈油，货物本应于 1995 年 3 月 20 日运抵，但始终不见货物到达的信息，也不知船在何方。卖主是日本一家公司，称所有单据都已及时交与买方，催促买方尽快按合同约定支付货款。请问：在此情况下买方应该怎么办？买方是否可以拒付货款？

答：1. 立即通过有关方面调查是否有欺诈？尤其是否与发货人有关？

2. 查该批货物是否如提单上所签的日期在装货港装了货？是否有倒签提单的现象？

3. 如查出属于倒签提单，或该船根本没去装货港，或去过装货港但并没装货，则买方就可以不予支付货款。

现在，最大的一个问题是：假设发货人按合同约定，按时按量地交了货，也没有任何证据证明他参与了欺诈，而是船方在搞欺诈，对此，收货人也是知道的。在此情况下，收货人是否可以不付款赎单？还是根据信用证的条件，只要单据齐全又无不符点，收货人就需无条件付款？或即使明知船方在搞欺诈，货物根本收不到，收货人也要照付货款？上述问题必须先咨询清楚，否则发货人即卖方有权向买方索要货款，而买方拒付是站不住脚的。

综上，你方有两个问题需询问中国银行：

1. 明知船方搞的欺诈，但发货人并不知情，作为买方可否拒付货款？

2. 信用证规定，超龄船要事先征得收货人的确认，而现在发货人未这么做，买方可否以单证不符为由拒付货款？

1995.6

问 2：根据信用证，在什么情况下买方可以拒付货款？

答：1. 单证不符，尤其有实质性的不符时。

2. 有证据证明，卖方知道或者参与欺诈。

3. 有证据证明，卖方在搞欺诈。

一旦发现卖方在交货中有欺诈行为，例如伪造单据或者造假交货等，买方应该立即通知开证银行拒付货款，并应立即向法院提出申请，请求法院对开证银行或者有关银行发布禁付令，命令银行不得向有欺诈行为的卖方付款。买方在采取这种措施时，尚须慎重行事，要确实掌握卖方欺诈行为的证据，并且应迅速及时，否则就会造成严重的后果。

上述三种情况虽然卖方提供了单证，但买方仍可以拒付货款。

问 3：在什么情况下买方必须付款？

答：有证据证明，卖方不知情、没有参与欺诈或是船方搞的欺诈时，即使货物未收到，买方也必须根据信用证的严格要求，按合同约定支付货款。

单据无不符点，即使货物发生问题，甚至货物全部灭失了，买方也须支付货款。

问4：当买方知道船方在搞欺诈，而搞不清卖方是否知情或者参与的情况下，买方不付款，卖方一再要求付款。此时，买方应怎么办？

答：按照国际惯例，此时买方可将该付的货款放在双方都同意的一家银行或者某一单位的账号上。待事情清楚了，或者买卖双方达成了和解协议，或者根据法院判决书、仲裁裁决书再来处理这笔货款比较稳妥。

答复四川外运公司咨询，1995.6

245. 租船人诈骗租金与油款，船方怎么办

问：青岛远洋期租一艘船给某家租船经纪人，依据租约条款，租船人支付了青岛远洋首期租金和加油款。待船只装完货，卖方按运费预付条款，将运费交给了租船人。本来租船人收到预付的运费后，应继续履行租约按时向青岛远洋支付租金和油款，但租船人不仅没履约，还委请律师给青岛远洋发了一封信。信中称：他不打算再向青岛远洋支付租金和油款了，因为青岛远洋属国家公司，而另一家国内公司也属于中国的国家公司，该国家公司欠了他的钱。他承认自己应继续向青岛远洋支付租金和油款，但请青岛远洋直接去找该国家公司索要。后来当青岛远洋再去找该国家公司时，租船人已经不见踪影了。当时因为货物已经装船，且签发了清洁提单。提单上已注明预付运费，事实上卖方也确实支付了运费（当然是支付给了"骗子"即租船人）。所以青岛远洋只有依据提单履行船方义务，将所载货物运送到目的港，交给提单持有人，而自己却收不到租金和油款。怎么办？

答：青岛远洋现在唯一的补救办法就是，通过各种渠道继续寻找租船人索要租金和油款。鉴于这种情况，船方无法向国内某公司索要，也没有办法再向收货人索要运费来充当租金（当然也可试一试）。

本案关键在于，船方对租船人的资信情况未做深入了解，上了他的当。碰上这种有预谋的骗子——皮包商，以往的教训就是吃大亏。然而凡事没有后悔药可吃，只有教训的吸取：今后，船方不能急于出租船只，也不能被租金合适甚至租金很高所诱惑吸引，从而忽视了最重要的工作即对租船人资信情况的审查，一定要告诫自己：事前找好合作伙伴是最关键的第一步，这也是比什么都重要的前提

和基础。

答复中国船东协会咨询，1995.6

246. 租船人诈骗租金，出租人能否留置货物

问1：我公司将期租的一艘船转租（期租的方式）给一家美国公司。美国公司揽到一批货物，即 5 000 吨钢材及 2 000 吨铝锭，装货港俄罗斯，卸货港为高雄和香港。

根据我公司与美国公司所签租约的规定，美国公司每 30 天应付一次租金给我公司。开始美国公司还是按时足额支付的，但最近这次，已超过 8 天尚未见付款。在这 8 天中多次催促过美国公司，美国公司称款已支付，但我公司却未收到其任何款项。我公司要求其将银行汇款单据传真过来，又不给。故我公司怀疑美国公司在搞欺诈。现在的问题是，在此情况下我公司可否撤船？撤船后可否留置货物？

答：根据你公司所提供的案情与材料，现提出几点意见，供参考。

1. 根据我国《海商法》第 140 条关于"承租人应当按照合同约定支付租金。承租人未按照合同约定支付租金的，出租人有权解除合同，并有权要求赔偿因此遭受的损失"以及原租约条款的规定，你公司均有权解除合同而撤船，并要求美方赔偿你公司因此遭受的损失。

2. 根据我国《海商法》第 141 条的规定："承租人未向出租人支付租金或者合同约定的其他款项的，出租人对船上属于承租人的货物和财产以及转租船舶的收入有留置权"，在此情况下，你公司可对船上属于租船人的货物进行留置。

3. 但根据该船所装货物的实际情况，即 5 000 吨钢材的运费为预付，而 2 000 吨铝锭的运费为预付还是到付尚不明确，根据原租约条款，也就是说，你公司可以撤船，但撤船后并不能免除你公司根据提单应履行的责任，即将货物安全运抵提单上所列明的目的港。对于运费已经预付不属于租船人的 5 000 吨钢材，你公司无权留置。对于另外 2 000 吨铝锭，如果原租约规定是运费预付，那么你公司也无权留置，仍需依照提单的责任将货物运抵提单所列明的目的港；如果原租约规定是运费到付，那么船到目的港交货前你公司可要求收货人付运费，否则不交货。

4. 你公司在未收到租金的情况下，如果一味地要留置不属于租船人的货物，

那么很可能会引起下列麻烦：

（1）提单持有人会要求原船东履行提单的责任和义务，而不执行你公司（二船东）的指示，否则收货人将有权扣船。

（2）提单持有人将会扣留属你公司拥有的另外的船只。

（3）收货人将指出货物的所有权是属于他的。他与你公司无任何债务关系，故你公司无权留置货物。如果硬要扣货，一旦收货人起诉你公司，你公司肯定要败诉。如果你公司把货物处理了，甚至削价处理了，则需承担的损失会更大，还要支付卸货费、仓储费、律师费及诉讼或仲裁费用等。

5. 根据此案情况，你公司还是不要采取留置货物为妥，而可以采取：

（1）宣布撤船，并告知租船人要承担由此引起的一切损失。

（2）将此情况告诉收货人，让收货人逼迫租船人向你公司支付租金，否则将对收货人行使你公司的权力。

（3）要求收货人考虑支付你公司租金或者重付运费，否则你公司将采取必要的措施。其目的是向收货人施压，以争取获得一部分租金或运费。

（4）如果收货人不接受，你公司只有履行提单的义务，将货物先运到目的港并交付。

（5）向租船人索赔或者在伦敦申请仲裁。

6. 经验教训：事先一定要选好租船人，否则陷进去就要冤枉赔钱，因为许多租船人都是利用运费预付而从事欺诈活动的，前述第 245 例青岛远洋的案子就是如此。

1995. 12

问2：我公司对美国租船人迟迟不按租约条款支付租金进行了警告，但发出警告后，美国公司无任何反应，我公司又该怎么办？

答：根据案情进展情况，你公司可考虑采取进一步的措施，看能否挽回一些损失。

1. 调查美国租船人的财产资信情况。

2. 如果美国公司有财产或钱，你公司可考虑根据租约中的仲裁条款在伦敦委托律师与美方进行仲裁。

3. 告诉收货人你公司与美国公司纠纷的进展情况，要求收货人承担或者承担一部分租金或运费，否则可能影响到他们及时收货，看收货人如何反应？

4. 立即了解并确定所装 2 000 吨铝锭是运费预付还是运费到付，如果是运费到付，交货前可要求收货人将运费直接付给你公司，否则留置相应的货物。

答复中外运集团总公司海运二部咨询，1995.12

247. 如何防范信用证下钱货两空之欺诈

问：无论是《跟单信用证统一惯例》，还是《联合国国际货物销售公司公约》，抑或是我国国内法，都没有任何条款提到当国际贸易的支付方式为信用证即 L/C 时，买方可以在何种条件或情况下拒绝付款。而是规定：在信用证业务中，各有关方面处理的是单据，而不是与单据有关的货物、服务及/或其他行为。信用证业务是一种纯粹的单据业务，银行虽有义务"合理小心地审核一切单据"，但这种审核只是用以确定单据表面上是否符合信用证条款，开证银行只"根据表面上符合信用证条款的单据付款"。因此，"银行对任何单据的形式、完整性、准确性、真实性以及伪造或法律效力，或对于单据中规定的或附加的一般和/或特殊条件，将概不负责。"所以在信用证条件下，实行所谓"单证严格符合的原则"，即要求"单、证一致"。

但是，在这种贸易体系下，这种纯单据买卖有一个最大的漏洞，即对买方而言，极有可能买来的是一堆文件，而根本收不到货，即潜伏的"文件诈骗"。因为，提单等文件是很容易伪造的。例如一个标准的 CIF 买卖，用于结汇所需的文件除按信用证规定的提单外，还包括发票，而发票更容易伪造。另外还包括一张保单，但保险公司只要收了保费便任你在保单上保 All Risk 或 A.B.C 条款都可以。所以，实际上即使信用证要求再多，但对伪造文件来说并没有增加什么约束，欺诈的文件往往并没有出现差错令 L/C 不能结汇，相反能制做假文件就不会有批注，从而都能顺顺利利地结汇。请问：在这种贸易体系与惯常做法下，买方发现卖方有问题后，应当从哪些方面加以考虑和采取措施，以防钱、货两空？

答：上述这种贸易体系显然使买方处于极其不利的地位，即不管单据项下货物状态如何，只要卖方提供的单据与 L/C 相符，买方就必须付款。这里，我着重要讲的是：当买方预感到卖方提供的文件有假，或者文件所显示的与事实有出入时，应怎样才能拒绝付款赎单，以避免可能遭受的损失，并举出充足的证据，成功地阻止银行履行第一付款人的"绝对"义务。现根据本人多年从事海商海事的办案实践及参阅有关资料，提供以下建议，供参考：

1. 无论是可撤销的信用证或是不可撤销的信用证，均须规定一个有效期，即交单付款、承兑或议付的期满日。凡受益人（一般是卖方）逾期提交的单据，开证银行就有权拒绝接受，买方也就理所当然地可以拒付货款。

2. 信用证内除规定有效期外，还应规定一个在提单或其他运输单据出单日期后必须交单付款、承兑或议付的特定期限。如超过该特定期限，买方也可以拒付货款。信用证内如未规定该特定期限，银行将拒绝接受迟于运输单据出单日期 21 天后提交的单据。但无论如何，单据都不得迟于信用证有效期提交。

以上两点，对买方而言，能掌握相当充分的证据，也容易做通银行的工作，以成功地使银行停止对外支付货款，避免买方遭受损失。但也有很多诈骗案，对买方来说，很难抓住有法律效力和证明力的证据，他们必须取得诸如法院、国际海事局、港口当局的通力合作才有可能成功。

3. 国际海事局掌握每条船舶的动态。买方可以通过国际商会的专门机构联系国际海事局给予调查，如果调查结果证明：结汇提单上的货物在提单签发之日根本没有装上指定的船舶发运（该船未到装货港，或到达装货港但未装合同约定的货物），那么银行就可以拒付货款。

4. 如果货物确实是在指定的港口、装上了指定的船舶，但是并没有在信用证规定的装运日期之前或当日完成，那么，发货人往往会要求承运人倒签提单，即实际装运日期比提单签发日期晚，以便使该提单可以符合信用证的规定，从而使发货人可以顺利结汇。在这种情况下，买方可以去装运港的港务局查看港务监督记录，取得发货人要求倒签提单的证据后，以发货人与船东串通行诈为由，要求银行拒付货款。

5. 买方也可查找英国劳氏船舶登记簿或国际海事局有关船舶登记资料，如果提单上标明的船根本不存在，或在提单签发之时该船正在其他航区营运，这肯定就有大问题了，买方必须马上采取行动，申请银行或法院拒付或发出止付令。

不过，总的来说，在 L/C 付款条件下，买方要拒付货款是相当困难的。然而，当买方发现卖方有问题后，只要掌握到充足的证据，及时采取果断的措施，并取得有关方的密切配合，要想成功阻止银行支付货款，避免或减少买方的损失，还是可能和可行的。

答复某贸易公司咨询，1994.5.7

248. 银行执行法院止付令是否需承担法律责任

问：我律师事务所受委托人的授权，正在处理一个信用证欺诈案。该案涉及到受益人的欺诈行为是否成立，我们的委托人即银行是否可依据法院的止付令及被告的欺诈行为而拒付货款等问题。

（一）基本案情

本案是一起关于涉及受益人信用证欺诈的诉讼案件，由中国某法院受理审理。

2010年4月，基础合同买方英国M公司与卖方中国S公司签订了涉案买卖合同。合同约定的付款方式为不可撤销且不可转让的即期信用证。

此后，应M公司的申请，国外R银行作为开证行开立了以S公司为受益人的信用证，指定的议付银行为中国的C银行。信用证约定适用《跟单信用证统一惯例》的最新版本，即UCP600。

2010年7月26日，R银行收到S公司通过C银行提示的信用证项下的全套单据，要求R银行付款。同一天，开证申请人M公司通知R银行，称S公司伪造信用证下提示的单据且已构成欺诈。而且，国外A法院已根据M公司的申请于2010年7月26日颁发止付令，禁止R银行向C银行进行付款。由此，R银行遵照A法院的止付令，于7月27日在审单期内向C银行发出拒付通知。之后，应S公司通过C银行提出的要求，R银行于2010年8月4日将全套单据退回，并且此后未再通过C银行提示任何单据。信用证于2010年8月15日到期。A法院还根据M公司的申请，于2010年11月29日颁发了禁止R银行向S公司付款的止付令（第三方扣押令）。

根据被告R银行提交的装船通知书、验货报告、大副收据等证据材料，涉案货物的实际装船日期是2010年7月5日、6日，而不是S公司所提交提单显示的2010年7月20日、21日，且三份所提交的提单是由另一家未经承运人授权的中国船务公司签发的，并非承运人或其授权代表签发的真实提单。根据承运人出具的《事实声明》，S公司所提示的提单系伪造，承运人确认不会凭该伪造提单交付货物。

由此，受益人S公司向中国有管辖权的法院提起诉讼，请求判令开证行R银行向其承担因拒付而造成的转售货物的差价损失。

（二）法律问题

第一，在信用证法律关系中，开证行付款的条件是什么？除对单据进行表面一致性的审查外，是否应对单据的真实性或其他方面进行审查？

第二，哪些情况构成信用证欺诈例外的"欺诈行为"？本案中，S公司以非承运人或其授权人签发的非真实提单提示付款，是否构成信用证欺诈？

第三，在基础合同买方申请并由国外法院颁发止付令的情况下，开证行能否拒绝向受益人付款？本案中，R 银行拒绝向 C 银行和 S 公司付款的理由是否充分？S 公司要求 R 银行向其承担因拒付而造成的差价损失，该主张能否成立？

答：关于第一个问题，我们认为：

（1）信用证作为国际货物买卖中常用的付款方式，是银行以自身信誉向卖方提供付款保证的一种凭证。其基本原则有二：独立抽象性原则和单证严格相符原则。二者缺一不可，共同维护信用证的单据交易性质。

（2）就独立抽象性原则，UCP600 规定："就其性质而言，信用证与可能作为其开立基础的销售合同或其他合同是相互独立的交易，即使信用证中含有对此类合同的任何援引，银行也与该合同无关，且不受其约束。因此，银行关于承付、议付或履行信用证项下其他义务的承诺，不受申请人基于与开证行或与受益人之间的关系而产生的任何请求或抗辩的影响。受益人在任何情况下不得利用银行之间或申请人与开证行之间的合同关系。""银行处理的是单据，而不是单据可能涉及的货物、服务或履约行为。"

（3）就单证严格相符原则，UCP600 规定，只要卖方所提交的单据表面上符合信用证的要求，开证银行就负有在规定的期限内付款的义务。

（4）根据上述原则，"银行对任何单据的形式、充分性、准确性、内容真实性，虚假性或法律效力，或对单据中规定或添加的一般或特殊条件，概不负责；银行对任何单据所代表的货物，服务或其他履约行为的描述、数量、重量、品质、状况、包装、交付、价值或其存在与否、或对发货人、承运人、货运代理人、收货人、货物的保险人或其他任何人的诚信与否、作为或不作为，清偿能力、履约或资信状况，也概不负责。"之所以如此规定，一是出于维护信用证机制的独立性原则，不损害买卖双方的利益；二是实践中银行也很难对每个当事人所提供单据的真实性进行审查。

（5）因此，在信用证法律关系中，开证行付款的条件是单证表面相符。开证银行除对单据进行表面一致性的审查外，一般情况下并不需要对单据的真实性或其他方面进行审查。但是，信用证的独立性原则和单证相符原则并非无一例外，欺诈就是其最主要的例外情况。

关于第二个问题，我们认为：

（1）信用证的欺诈例外是指在开证行付款前，如果发现信用证交易存在欺诈，即使付款请求人所交单据与信用证规定的条件在表面上严格相符，付款也可能被开证行拒绝或者应开证申请人之请求被法院止付，除非付款请求人属于法律应当予以保护的善意第三人。也就是说，如果受益人的行为构成了对信用证开证行或开证申请人的严重欺诈，则开证行可自行决定拒付信用证，或者由开证申请人向有管辖权的法院申请颁发止付令或采取类似措施以阻止信用证的兑付。

（2）信用证项下欺诈的标准比民法上一般意义上的欺诈高，一般是指受益人实施了非常重大的欺诈行为或者伪造单据。关于信用证欺诈的具体认定等问题，《跟单信用证统一惯例》并没有对此进行规定，而是留给各个国家的国内法律予以规制。对于是否构成信用证欺诈的例外，通常由具有管辖权的法院根据本国的法律进行认定。

（3）从信用证欺诈例外的发展历史来看，美国最早确立该制度，后来英国、澳大利亚、加拿大以及大陆法系国家纷纷通过判例和立法来确立该制度。从成文法的角度而言，已经为美国各州所接受的《统一商法典》第五编第109条系统地规制了欺诈例外及其具体操作："当发现存在欺诈时，开证行可以拒绝付款，或者由开证申请人请求法院阻止付款。……所要求的单据是伪造或者实质性虚假的（forged or materially fraudulent），或者提示承兑可能促成受益人针对开证人或者申请人进行实质性欺诈。"明确接受欺诈例外的英国著名判例是 United City Merchants（Investment）Ltd. v. Royal Bank of Canada，在该案中银行拒绝按信用证付款，因为第三方对提单实施了欺诈性的日期倒签。法官认为，"唯一的欺诈例外是卖方知道单据虚假或伪造，而通过欺诈借助信用证获取支付。"在另一英国案例 Edward Owen Engineering Ltd v. Barclays Bank Ltd 中，法官认为，"如果银行知道单据系伪造且付款的要求有欺诈性，它就没有义务付款。"也就是说，因为信用证是单据交易，所以只要单据存在欺诈，无论该单据是伪造的还是存在不真实的表述，即使货物按照合同约定交付，也构成信用证欺诈，开证行就可以拒付，或者被法院止付。

（4）在对待信用证欺诈例外的问题上，我国《最高人民法院关于审理信用证纠纷案件若干问题的规定》第八条也有明确规定，即只要"受益人伪造单据或者提交记载内容虚假的单据"，就构成信用证欺诈。我国最高人民法院早在1989年6月12日发布的《全国沿海地区涉外、涉港澳经济审判工作座谈会纪要》（法［经］发［1989］12号）中也对此作出了明确的规定。最高法院的立场是清楚而坚定的，一旦信用证项下发生实质性欺诈，则独立性原则将不再保护受益人。法院可以突破信用证的独立性原则和单据交易的基本原则，根据基础合同项下受益人是否有欺诈行为来判断开证行应否付款，而不仅仅根据单据是否严格相符判断是否付款。

（5）可见，无论是根据国际上主要国家的立法和判例，还是根据我国的法律规定和实践，在受益人提交伪造或虚假单据的情况下，均构成信用证欺诈例外的"欺诈行为"，开证行均可以拒绝付款，或者由有管辖权的法院依据开证申请人的申请颁发止付令。单据的真实性是信用证交易成功的基石，信用证方式下的买卖也被称为"单据的买卖"。虽然信用证中没有对单据应为真实有明确表述，但也隐含了受益人的保证，即其提交的单据是真实的。

（6）本案中，由于当事人约定适用的 UCP 600 中并未规定信用证欺诈的问题，就是否构成信用证欺诈，应当适用最密切联系地的法律，即中国法。根据《最高人民法院关于审理信用证纠纷案件若干问题的规定》》第八条规定的第一种情形，S 公司伪造提单的行为已明显构成信用证欺诈，开证行可以拒绝付款。S 公司为了将提单日期改为与信用证条款一致，提交了并非由承运人或其授权代表签发的伪造提单。开证申请人 M 公司即使进行了付款，根据承运人出具的声明，其持有这些伪造的提单也不可能从承运人处取得货物，必然会遭受难以弥补的实质性损失。因此，S 公司的行为已经构成实质性欺诈。

关于第三个问题，我们认为：

（1）在受益人提示的单据与信用证条款表面相符的情况下，开证行能否拒绝付款，关键取决于受益人的行为是否构成了欺诈。本案中，开证行在收到 S 公司所提示单据原件的当天即获知提示的单据系伪造，当然有权拒付，以维护开证行和开证申请人的合法权益。

（2）需要说明的是，根据我国《最高人民法院关于审理信用证纠纷案件若干问题的规定》第十条的规定，即使受益人存在信用证欺诈行为，只要交单相符，如果议付行已经善意地进行了议付，开证行则必须偿付议付行。该原则也被称为信用证欺诈例外的"例外"原则。但在本案中，并不存在欺诈例外的"例外"情况，因为作为指定议付银行的 C 银行并没有向受益人 S 公司实际进行实质议付，因此，欺诈例外可以适用，R 银行无须向 C 银行偿付。

（3）对于是否构成信用证欺诈，很多情况下开证行怕出现错误拒付，而是由开证申请人请求法院认定并作出止付决定。一旦各国法院依据当地法律颁发了止付令，开证行则必须遵照执行，否则就构成对当地法律的违反而受到制裁。

（4）本案中，国外法院已经应开证申请人的申请作出止付令并通知 R 银行，禁止 R 银行向 C 银行和 S 公司进行付款。在该情况下，R 银行只能遵守当地法院的指令拒绝付款。如果 R 银行向 C 银行或 S 公司付款，最终将无法从开证申请人那里得到偿付。而且，根据国外法律专家提供的报告，R银行将因违反止付令而受到当地公诉机构的起诉，并可能被刑事法院判定为犯罪而处以监禁或罚金。

（5）因此，R银行在本案中不存在任何过失，不应承担因拒付引起的任何责任，S公司要求R银行承担差价损失的主张不能成立。

答复北京市金杜律师事务所咨询，2011.11.11

注：该答复是我与中国政法大学比较法学研究院院长、教授、博士生导师高祥先生共同提出的法律咨询意见。截至本书交付出版之时该案件尚在法院审理中，未结案。

249. 空白提单被盗，物流公司是否承担责任

问：我公司空白提单被盗用，提单持有人要求我司按提单交货，或要求我司按提单所列货物价值赔付，否则，通过海事法院起诉我司，我司应如何应对呢？

答：关于本案提单的诈骗，提出如下想法，供参考。

1. 根据中国法律，由于管理不善，造成单证被盗引起的后果，是否要承担一定的责任，以及承担多大的责任均视具体情况而定，但在一般情况下是要承担相应责任的。

2. 承认有疏忽，然后通过中间人新鸿基公司找保险公司试试看（你公司先不要充当中间人，以免影响此案的处理）。

3. 委请一个有经验的海事律师，拟推荐INCE & CO律师事务所的X律师，此律师会讲广东话，但必须征得保险公司的同意。

4. 现在原告以提单作为法律依据起诉你司，你司可以从下列5个方面考虑并准备反驳：

（1）原告是否合法提单持有人？（是否提单上指名的收货人，是否正式有效背书，是否真正付款人）。

（2）提单的管辖权在中国海事法院，故香港是否有管辖权？

（3）提单上的内容是否与信用证相符？银行是否负有责任？

（4）托运人将货交给谁？何时交的？货物装载于哪条船？

（5）阐明此案纯属欺骗案，你司没有任何责任，请求法院驳回原告的起诉。

答复香港长运公司咨询，1997.3.15

（十三）担保纠纷

250. 凭银行担保放货是否有法律依据

问：韩国一进口商，在其未开出信用证前，国外发货人已发货。价值 3 万多美元的货到达后，该进口商并未去银行付款赎单，而是凭副本提单加银行担保将货物从船务代理处提走。当发货人发现进口商未去赎单，且只付了一半货价款时，便凭买卖合同多次找韩国进口商未果，随后凭银行退回的正本提单找船方要货，船方找到我船务代理要货，船务代理现只好凭银行保函去找银行，但银行保函的货价也只有一半的金额，故将来即使银行赔款也只是货价的一半，还有一半只好由船务代理承担。

2010 年 11 月作者在中储集团公司于北京举办的
物流业务培训班上讲授物流质押监管及防止欺诈议题

请问，船务代理凭银行担保放货是否有法律依据？是否要承担责任？

答：根据国际公约及我国《海商法》，实际上许多国家的海商法都有明文规定凭正本提单放货。但当货主由于种种原因在船到达后无正本提单时，船方为了自身的利益，往往凭收货人的副本提单加银行担保放货，以便早日解脱船舶，同时也为了方便收货人，但其风险仍是存在的，并且由船方承担，这样做法是合法的，也是一种国际惯例，但丝毫不能免除船方对正本提单合法持有人的责任，一旦出现正本提单持有人要货时，船方有责任赔偿。只是赔偿后，船方可找提货人索赔，一旦提货人不赔，船方可凭手中的银行保函找银行，要求赔偿。

答复中外运韩国船务公司咨询，1998.11.16

251. 船东保赔协会是否有义务为会员出具担保

问：我司为一经营海上运输的航运公司，为了规避风险，已将所营运的船舶都加入了船东保赔协会。近日，我司一条船与另一艘其他公司营运的船舶发生碰撞。事故发生后，我司第一时间向船东保赔协会通报了此事。对方船东认为责任在我方，要求我司承担。而在责任划分不能确定的情况下，我司拒绝了该索赔要求。对方船东威胁我司要通过司法途径扣押我司船舶。为避免船舶被扣而导致巨额损失，我司向船东保赔协会提出由其向对方船东出具保函的要求，然而船东保赔协会拒绝了我司的请求，并称其没有法定义务为会员出具保函。请问船东保赔协会的做法是否有依据，它是否有权拒绝我司的请求？

答：首先，从船东保赔协会的章程来看，船东保赔协会没有法定义务为其会员出具任何形式的担保。虽然船东保赔协会是船东互相保险的组织，其宗旨是维护与保障其会员的信誉与利益，并为之提供各项专业性服务，但其并未承诺在任何情况下都必须为其会员提供任何服务。换句话说，当会员投保的船舶发生事故后，船东保赔协会可以自主决定是否为其提供担保，但并没有义务必须这样做。另外船东保赔协会通常不会对外垫款，一般都是会员先对外进行赔付，船东保赔协会再将保险赔款支付给会员。

其次，虽然船东保赔协会没有义务必须为会员提供担保，但实践中会员遇到问题时，特别是入会船舶面临被扣风险时，船东保赔协会通常会为会员的利益考虑而替其出具协会的信用担保，但前提是事故船舶必须在其承保范围之内，而且引起扣船的原因也是承保范围之内的原因，否则船东保赔协会当然有理由拒绝为会员提供任何与该船舶无关的服务。

答复某航运公司咨询，2002.6

252. 船东保赔协会为何不出具保函

问 1：船东保赔协会就 A 轮花生米案邀请我们即 B 公司陪同来北京拜访外运总公司，请问在他与外运总公司谈判时，B 公司应注意些什么问题？

答：根据此情况，我们已向公司领导打了报告：

1. 外运总公司是站在租船人的立场。

2. B 公司即船东应讲明船东有责任，以便船东保赔协会将来承担 A 轮花生米案的大部分损失，以最大限度的减少外运总公司的损失。

3. 争取在中国打官司。

（1）如果在中国打官司，语言无问题，熟悉中国法律，了解法院诉讼程序。

（2）如果在荷兰打官司，争议金额无希望降下来；在中国打官司，按提单条款，有可能把争议金额降下来。

（3）在荷兰打官司，律师费用高，而在中国打官司，律师费用低。

1991.6.12

问 2：在京与你们谈判时，B 公司应如何配合，请告诉具体意见，以便我们做到心中有数。

答：关于 A 轮花生米案，在船东保赔协会跟我们谈判时，请你们即 B 公司注意以下两个方面的问题即可：

1. 外运总公司与船东保赔协会谈判时的观点将涉及 7 个方面：

（1）我们会站在租船人的立场上。

（2）谢谢船东保赔协会的支持与配合，争取把国外收货人的索赔金额压下来。

（3）强调船东即 B 公司也是有责任的。

（4）表明此案应依据所签提单协议条款中国享有管辖权。

（5）船东应能享受赔偿责任限额。

（6）依据照片进行分析。

（7）出口花生米到其他国家是否也出现过类似问题？

2. 整体意见：

（1）力争在中国打官司。

（2）实在不行，要求适用中国法律。

（3）损失金额应按 CIF 发票价格，即货价加运费和保险费计算。

（4）能否提出一个和解方案，促使承租双方达成和解协议。

（5）法定检验报告的主要内容，损失情况及损失原因。

1991.6.24

问 3：船东保赔协会在与外运总公司谈判中问及：在 A 轮花生米案中船东在此案中是否有责任？为什么外运总公司要出保函？

答：1. 中国商检局出两次证明，指出花生米质量无问题。作为船长，很难坚持花生米质量有问题，尤其在中国港口，船舶有可能被扣，所以在那种情况下，船长完全是为了维护船东的利益而凭保函签发了清洁提单。

2. 船长当时授权代理按大副收据签发提单，但代理未按大副收据的批注在提单上进行批注，而是签发了清洁提单，这不是船东的有意行为，船东保赔协会不得以船东未能制止其代理签发清洁提单为由拒绝维护船东的利益。

3. 代理是船长的雇员，由于代理所签提单引起的后果，应由船东负责，所以船东保赔协会应承担责任，再加上船方在运输中也有一些责任：（1）维护舷板产生汗水；（2）用塑料编织隔垫不透气；（3）采用隔垫的木板是潮湿的；（4）通风有问题。

4. 根据我国《合同法》，代理不应视为租船人的代理，而应视为作船东的代理。

5. 根据提单的记载，代理是"为和代表船长"签发提单的。

6. 根据船东与租船人的租约条款第 21 条，船东作为承运人应负责货损货差。

7. 当时为什么外运总公司代船东出了银行担保？

（1）B 公司与外运总公司关系友好密切。

（2）船东保赔协会当时处于困境，不便出保函，为考虑船东保赔协会的利益，外运总公司出了保函。

（3）当时 B 公司称，外运总公司先出保函，到时再设法以船东保赔协会的保函代替外运总公司的银行担保，使外运总公司能撤回保函，甚至还承担我们的保函手续费，如担保金额能降下来，将来全部由船东保赔协会承担损失。

（4）这条船已安排去挪威装货，如超过日期会产生新的损失，为了我方自己的利益，也只好安排出具保函。

8. 这是一个特殊的案子，如打官司胜诉了，对船东保赔协会也有利；如果败诉，对船东保赔协会也极为不利，船东保赔协会至少应承担两个法院打官司的律师费与诉讼费，不能只承担一个。

9. 船东保赔协会应实现自己的诺言，用船东保赔协会的保函代替外运总公司的银行担保。

10. 我公司领导对船东保赔协会不能将外运总公司的保函撤出，很不满意。

11. 要求船东保赔协会代表将上述意见和强烈要求带回去如实反映，包括我们的心情，并尽快告知我方结果。

12. 为了打胜官司请告知需要我们做些什么，我们能做到的将尽力去做。

13. 争取在中国打官司，要求对方提供损坏的花生米是如何处理的原始发票和证据。如果坏花生米已卖出或作其他用途处理，应当作价。作价后，与质量好的花生米比较算出差价方能索赔。

14. 我们与 B 公司都是船东保赔协会的成员，在我们与 B 公司没有利害冲突时，船东保赔协会也应尽力维护外运总公司的利益。

听完外运总公司的意见后，船东保赔协会的代表表示：

1. 感谢外运总公司对整个案情的介绍。

2. 船东保赔协会在 B 公司其他案子上都出了保函，但 A 轮之所以未出保函，是因为在签发提单时，船东明知货物质量有问题，并且船东保赔协会曾多次指出货物有问题，不能签发清洁提单，但船东仍签了清洁提单，故违反了船东保赔协会的章程，所以船东保赔协会无法出保函。

3. 此案在中国打官司的机会只有 50%。

4. 除非事实上有变化，否则很难改变船东保赔协会不出保函替换外运总公司所出保函的决定。

5. 对外运总公司所讲的事实与提出的要求将如实向董事会汇报。

答复香港华通公司咨询，1991.7.11

法律参考：

《汉堡规则》

第 16 条　提单：保留和证据效力

1. 如果承运人或代其签发提单的其他人确知或有合理的根据怀疑提单所载有关货物的品类、主要标志、包数或件数、重量或数量等项目没有准确地表示实际接管的货物，或在签发"已装船"提单的情况下，没有准确地表示已实际装船的货物，或者他无适当的方法来核对这些项目，则承运人或该其他人必须在提单上作出保留，注明不符之处、怀疑根据、或无适当的核对方法。

2. 如果承运人或代他签发提单的其他人未在提单上批注货物的外表状况，则应视为他已在提单上注明货物的外表状况良好。

3. 除按本条第 1 款规定就有关项目和其范围作出许可在保留以外：

（a）提单是承运人接管，或如签发"已装船"提单时，装载提单所述货物的初步证据；

（b）如果提单已转让给相信提单上有关货物的描述而照此行事的包括收货人在内的第三方，则承运人提出与此相反的证据不予接受。

4. 如果提单未按照第 15 条第 1 款（k）项的规定载明运费或以其他方式说明运费由收货人支付或未载明在装货港发生的滞期费由收货人支付，则该提单是收货人不支付运费或滞期费的初步证据。如果提单已转让给相信提单上无任何此种说明而照此行事的包括收货人在内的第三方，则承运人提出的与此相反的证据不予接受。

第 17 条　托运人的保证

1. 托运人应视为已向承运人保证，由他提供列入提单的有关货物的品类、标志、件数、重量和数量等项目正确无误。托运人必须赔偿承运人因为这些项目的不正确而导致的损失。托运人即使已将提单转让，仍须负赔偿责任。承运人取得的这种赔偿权利，绝不减轻他按照海上运输合同对托运人以外的任何人所负的赔偿责任。

2. 任何保函或协议，据此托运人保证赔偿承运人由于承运人或其代表未就托运人提供列入提单的项目或货物的外表状况批注保留而签发提单所引起的损失，对包括收货人在内的受让提单的任何第三方，均属无效。

3. 这种保函或协议对托运人有效，除非承运人或其代表不批注本条第 2 款所指的保留是有意诈骗，相信提单上对货物的描述而行事的包括收货人在内的第三方，在后面这种情况下，如未批注的保留与由托运人提供列入提单的项目有关，承运人就无权按照本条第 1 款规定，要求托运人给予赔偿。

4. 如属本条第 3 款所指的有意诈骗，承运人不得享受本公约所规定的责任限额的利益，并且对由于相信提单上所载货物的描述而行事的包括收货人在内的第三方所遭受的损失负赔偿责任。

253. 医院可否出具担保

问：山西一家医院拟进口几台先进医疗器械设备，价值 200 多万美元。医院已经筹措了 100 多万美元，还差 900 万元人民币。某银行同意向该医院贷款，但要求有第三者为其出具担保。为了揽取到该批货物的海运及其他运输业务（收入约几十万元人民币），我公司拟为该医院向银行出具此担保。但又担心出了担保，万一出现问题，医院还不了 900 万元人民币贷款怎么办？于是，我公司要求医院出反担保。但是根据我国《担保法》第 9 条规定："学校、幼儿园、医院等以公益为目的的事业单位、社会团体不得为保证人。"医院不能出具担保。医院称，可以将其门诊大楼作抵押。而根据我国《担保法》第 37 条规定："下列财产不得抵押：（一）土地所有权；（二）耕地、宅基地、自留地、自留山等集体所有的土地使用权，但本法第 34 条第（五）项、第 36 条第 3 款规定的除外；（三）学校、幼儿园、医院等以公益为目的的事业单位、社会团体的教育设施、医疗卫生设施和其他社会公益设施；（四）所有权、使用权不明或者有争议的财产；（五）依法被查封、扣押、监管的财产；（六）依法不得抵押的其他财产。"医院的医疗设施也不能作抵押。请问，我公司能否将医院赚钱设备的收入作为抵押呢？此外还有什么其他办法吗？

答：根据你公司所讲情况，我有如下五点意见：

1. 将医院赚钱设备的收入作为抵押，我看也不行。

2. 能否请医院先在保险公司投保，然后再要求保险公司向你公司出具一个保函。

3. 让地方政府说服银行不要担保。

4. 硬要你公司出担保，确实风险太大。

5. 将来若真正负责安排这几台医疗器械设备的运输一定要特别谨慎，否则弄坏一台，损失太大。同时还需事先明确自己的法律地位，是作为纯粹货运代理，还是当事人。

答复山西外运公司咨询，1996.3.29

254. 何谓恶意保函

问：何谓恶意保函？在海运实践中，承运人与托运人的保函如属恶意保函，承运人能以该保函对抗第三人吗？如不能对抗第三人，承运人在赔付第三人后，能依据该保函向托运人进行追偿吗？

答：海运保函是海运实务中常见的担保形式之一。保函对国际航运和贸易的发展起了相当的积极作用，亦产生了一定的消极影响。自保函在航运实践中出现以来，其效力问题一直备受航运界和法律界的关注。已达成共识的是，保函对包括收货人在内的第三人没有法律效力，即保函不能对抗第三人。

《汉堡规则》吸收了这一观点，在其第17条对保函问题作了立法尝试。我国保函问题的最早案例是广州海事法院所审理的"柳林海"轮保函纠纷案，最高人民法院在1988年10月4日对该案的批复中，也确立了海上货物运输的托运人为换取清洁提单而向承运人出具的保函，对收货人不具有约束力。

恶意保函（亦称具有欺诈性的保函）表现为，主观上承托双方出具的保函具有欺骗第三人的故意，客观上保函的出具并非是由于认识上的差别或技术上的原因（如"柳林海"轮案的情况），而是在货物的表面状况明显不良或有瑕疵，且承托双方都已意识到货物会发生损坏的情况下，通过承运人在提单上未如实批注、却签发清洁提单，从而侵害了不知情的善意取得该提单的持有人或收货人的合法权益，造成收货人严重的经济损失。这是恶意保函的基本特征。

当然，海运实践中所出具的保函表现为各种各样，要具体情况具体分析，从主观上的欺骗故意、客观上非认识或技术原因、危害后果严重等构成要件上，考虑装船货物的特性等具体情况，严格掌握恶意保函的认定。

例如，1990年8月5日，原告所属"特罗皮坎纳"轮靠泊秦皇岛装载被告所属中国蚕豆。8月6日，因下雨该轮船停止作业。该轮船船长发出了"我们很遗憾地通知你们，大量的有些潮湿和杂物混合物装进了我们货船1号和7号舱，因此我们要求你们对上述问题的出现负责"的声明。

8月7日，被告出具了内容为"'特罗皮坎纳'轮的船长通知我们一批潮湿和由杂物组成的货物装入你们的货船1号和7号舱，对出现这种问题我们表示愿意负责"的保函。8月8日，原告签发了No.1清洁提单。

11月9日，该轮船驶抵意大利卡塔尼亚港卸货，由于货物遭受雨淋后在舱内保留三个月且航行中遇到酷热天气，致使部分货物损坏并变质，原告因此赔付收货人31万美元，后依据保函起诉被告，要求其承担原告赔付收货人的损失。

从此案的具体情况来看，承托双方出具保函的主观故意欺骗收货人是显而易见的。该轮船在卸货港卸下货物大量腐烂变质，造成收货人严重的经济损失，增加了额外的索赔费用。此案所涉保函应属于恶意保函。承运人以国内大宗土特产的保函换清洁提单是惯例的抗辩主张，并不能改变保函恶意的性质。

对承运人依此保函向托运人索赔应当如何处理？我国法律没有针对性的规定，司法实践中也缺乏此类案例可供参考。

恶意保函破坏了提单这一重要商业文件在国际航运和贸易中的作用，影响了人们对提单固有作用的信任，违反了人类所应遵守的公共秩序，扰乱了航运、贸易市场，恶意保函比一般的无效经济合同有着更大的破坏作用。所以，我们应当重视其危害性的存在，对承运人据此向托运人索赔，采取严格的态度。

我认为，从杜绝此类保函的产生，维护正常的航运、贸易秩序的角度出发，对承运人援引此类保函向托运人的索赔权利，应当加以否定。我们要严格履行承运人如实签发提单的义务，使其清醒地认识到接受此类保函的风险，从而达到望而却步不敢接受的目的。这也是对托运人的一种制裁，使其严格按照买卖合同的约定提供合格货物，使收货人的合法权益得到维护。

答复某航运公司咨询，1990.11

255. 骗子冒名出具假保函如何处理

问：一钢材厂向另一家购买钢材需付 3 000 万元人民币，运输方式为海运。合同上写明河南久凌公司是担保人。后因买方没付款，卖方向法院起诉。2005 年 2 月 2 日河南久凌公司收到《河南省济源中级人民法院传票》、河南济源钢铁（集团）有限公司《起诉状》等文件，要求河南久凌公司承担责任。同时，河南久凌公司还接到银行通知，河南久凌公司账号已被河南济源中级人民法院查封。经查，此事根本与河南久凌公司无关，河南久凌公司从未出过这样的保函。实际上，所谓河南久凌公司保函全是假的，是诈骗犯盗用河南久凌公司的名义出的，河南久凌公司公章是伪造私刻的，河南久凌公司法定代表人签字也是伪造的。现法院将河南久凌公司的账户查封，我们已支付 14.5 万元人民币，申请法院对该保函进行鉴定，但至今法院未做鉴定。买方已到公安局申请立案，称是刑事案件。请问，在此情况下，我们应该怎么办？

答：1. 买方为何到公安局申请立案，我分析，可能是恶人先告状，有意拖延时间。

2. 如内查你公司确实没有出过这种保函，那么就应统一口径，从口头到书面都要说明该担保是假的，与你公司毫无关系，绝对不能含糊。

3. 你公司应马上去公安局，请他们对保函作出鉴定，推动此案尽快结束。

4. 几条腿走路，实在解决不了，可考虑按法院说的那样，先将土地证抵押在法院，争取尽早解决封账的问题，以避免影响你公司正常业务的开展。

答复河南久凌公司咨询，2005.3.23

注：事件发生后，河南久凌公司一方面于 2005 年 2 月 6 日向法院提出"公章鉴定申请"，申请对原告提供的保函及相关证据做司法鉴定，辨别其真假；另一方面将河南久凌公司土地证抵押在法院，使账户早日获得解封，以不影响河南久凌公司正常业务的开展。

后经河南久凌公司的四处奔波，澄清了事件的真相。2003 年南阳云钢星伟炼铁有限公司在与河南济源钢铁（集团）有限公司签订货物买卖合同时，被控告人王德洲（原系河南久凌公司货代一部经理，2002 年 11 月被辞退）私刻河南久凌公司单位印章，模仿河南久凌公司法定代表人签字，以河南久凌公司的名义，对外实施了担保责任，后因合同纠纷，河南济源钢铁（集团）有限公司将南阳云钢星伟炼铁有限公司诉至济源市中级人民法院，同时将河南久凌公司列为第二被告，要求承担连带担保责任。

司法鉴定的结果是保函及所盖公章均属伪造。在此情况下，原告于 2008 年 10 月 20 日向河南法院提出撤诉申请，放弃追究被告河南久凌公司承担连带责任。河南南阳市人民法院于 2009 年 8 月 19 日裁定准许原告撤回对被告河南久凌公司的诉讼。随后退回抵押在该法院的土地证，从 2005 年至 2009 年前后四年，无辜的河南久凌公司才从此欺诈案中彻底摆脱出来。

（十四）其他问题

256. 缔约托运人与交货托运人有区别吗

问：我国《海商法》第 42 条借鉴《汉堡规则》，将交货人也作为托运人，结果导致了托运人范围的扩大，并由此引发缔约托运人与交货托运人之间发生权利冲突的问题。请问孟先生，实践中这种冲突比较典型和突出的表现有哪些？您

2007 年 7 月 23 日作者在最高法院民四庭
于北京举办的海事审判培训班上讲授海事实务

是如何评价该条款的？日后在修改《海商法》时对该条款应该如何调整？

答：我已注意到，无论是我国《海商法》还是《汉堡规则》，在规定托运人的权利与义务时都没有明确地对上述两类托运人加以区分，从而导致了实践中对这两类托运人的权利与义务的混淆，也就是你所说的会在这两类托运人之间引发冲突。在实践中，这种冲突有可能体现在获得提单的权利上和提单托运人的记载上；还可能体现在控制权的行使、装货港相关费用的支付义务等方面。例如，在谁为运费的支付义务人问题上，我国《海商法》在关于托运人的定义，在提单中没有明确注明到付运费的情况下，承运人完全可以向其交付货物的人主张运费，这就导致了我国《海商法》在保护 FOB 卖方利益的同时，也给其带来了不应有的责任与义务。

从上面的分析我们可以看出，我国《海商法》第 42 条的规定确实存在某些不合理的地方。我认为，在未来有条件对我国《海商法》进行修改时，可以借鉴《鹿特丹公约》的相关规定，对这两类托运人加以区分，并对其权利与义务分别作出更加明确的规定。

答复某货运代理公司咨询，2009

257. 申报错误引起的费用谁承担

问：我司作为承运人，将一个 20 英尺集装箱的货物从我国广州运到美国迈阿密。按照美国法律，所有发往美国货物的木质包装必须在货物装运地进行熏蒸，并要求提供熏蒸证书。但是，我国国内发货人对本票货物申报为无木质包装。而货物抵达美国迈阿密后，美国海关查到的结果是：1. 货物包装为未经熏蒸处理的木质包装；2. 部分货物未提供商业发票。因此，美国海关对货物作出如下处理：1. 所有木质包装的货物全部装回原集装箱并要求退回中国；2. 凡未提供商业发票的货物没收；3. 有商业发票并且已经清关的货物收货人可以提走。按照美国海关的规定，收货人及我司均不能在美国销毁这些木质包装，而只能将其运回中国。于是，我司强烈要求发货人接受准备从美国退运回国的未熏蒸木质包装，并支付相关费用以及退运的运费等。但是，发货人一直没有明确答应。所以，我司担心如果这些木质包装的货物退运回国后发货人不接收也不支付我司费用，怎么办？我司能否通过法律途径解决上述问题，请您给我们提供法律帮助。

附本案所涉及的几个当事方的关系如下：

1. 提单显示，抬头以及标明的 Carrier 均为 CN Link，并无我司的记载。而 Shipping Order 中有我司的字样。事实上，真正的承运人并非 CN Link，而是我司，因为借用了我司美国代理 CN Link 的提单。这样就产生了一个问题，如果起诉发货人，应以谁的名义作为原告？

2. 提单中的托运人是 Gold Horse Trading (HK) Limited。但 Shipping Order 显示：托运人为广州市置邦运输服务有限公司（该公司是 Gold Horse Trading (HK) Limited 在广州的分公司）。

答：根据有关方面查核，本案货物确实是由我国国内发货人负责装箱（自拖、自报、自结）和铅封的。提单上打印 "This cargo contains no solid wood or solid wood materials"，是经过托运人认可且有提单确认件。除此之外，托运人对原木质包装没有任何其他书面承诺和保证。

根据我国《海商法》第 66 条的规定："托运人托运货物，应当妥善包装，并向承运人保证，货物装船时所提供的货物的品名、标志、包数或者件数、重量或者体积的正确性；由于包装不良或者上述资料不正确，对承运人造成损失的，托运人应当负赔偿责任。"

因此，我认为，由于本案发货人对货物的木质包装未申报，且未进行熏蒸或未能及时提供熏蒸证书，故在美国卸货港引起的一切费用（比如延迟费、罚款等），重新安排货物回运的费用，以及在中国港口处理的费用等，均应由发货人承担。理由如下：

1. 对木质包装须熏蒸的要求，美国早已公布，作为运往美国的货物发货人应当知道，并且应按要求进行处理；

2. 对此，你司也曾通知过发货人；

3. 货物明明是木质包装，但发货人却申报为无木质包装，这明显是一种有意行为。

如果发货人拒绝承担责任，你司作为承运人，完全可以在有管辖权的法院对其起诉。此外，你司还可以考虑采取留置发货人的货物（不限于本票货物）的办法，迫使发货人出面和解。

答复广东长运公司咨询，2007.4

258. 危险品事先未通知承运人船货损失谁承担

问：几年前，土畜产公司向中远公司托运一种危险品（不常见，但国际危规中有列出），为了省钱（如报危险品运费会高一些）、省事（因危险品办理托运时的手续较一般货物复杂麻烦），土畜产公司托运危险品时未事先书面报告承运人，一直没出过事。

但有一次，船方仍旧将该危险品按一般物品积载在舱内，由于通风不好（指对甲板而言），又在较热部位，航行中船上进行修理，需要在打开舱盖的情况下进行电焊作业，结果电焊产生的火星掉入舱内，引起爆炸，造成船舶本身及其他货物损坏。

经调查船舱货物发生爆炸的原因是由于土畜产公司的危险品所造成。由于此爆炸事故引起船上所载其他货物的损失，涉及的货主在广州海事法院起诉了船东，并判船东承担责任。现在船东在天津海事法院起诉了土畜产公司，要求土畜产公司承担其托运危险品引起爆炸对船舶的损失以及船东赔偿货主的损失。

但遭到土畜产公司的抗辩，他们抗辩的理由是：

1. 该货物的外包装有危险品的英文字母，船方应看到货物的外包装，并且辨认出该货物为危险品。

2. 因为此货物是危险品，不应装载于舱内，而应装甲板上，因此属船方积载不当。

3. 船方明知舱内有危险品，还开舱明火作业，由于火星掉入舱内货上引起的爆炸，对船舶及其他货物造成的损失应该由船方承担。

请问，土畜产公司的反驳在理吗？

答： 我认为土畜产公司的反驳理由根本不成立，有倒打一耙之嫌。因为无论是提单条款，还是中国《海商法》和国际公约均明确规定，托运人在托运危险品时，应事先书面报告承运人，同时，还应将此危险品的特性及防范措施通知承运人。例如我国《海商法》第68条规定："托运人托运危险货物，应当依照有关海上危险货物运输的规定，妥善包装，作出危险品标志和标签，并将其正式名称和性质以及应当采取的预防危害措施书面通知承运人；托运人未通知或者通知有误的，承运人可以在任何时间、任何地点根据情况需要将货物卸下、销毁或者使之不能为害，而不负赔偿责任。托运人对承运人因运输此类货物所受到的损害，应当负赔偿责任。承运人知道危险货物的性质并已同意装运的，仍然可以在该项货物对于船舶、人员或者其他货物构成实际危险时，将货物卸下、销毁或者使之不能为害，而不负赔偿责任。但是，本款规定不影响共同海损的分摊。"

本案中，托运人有意隐瞒危险品而按一般货交与承运人承运，什么都未告知承运人，因此由此引起船、货损失均应由托运人即土畜产公司负责赔偿，除非土畜产公司能证明有些货物的损失是在其危险品爆炸之前已被船方电焊火星所致，则这部分纯粹由于电焊火星造成的货物损失应由船方承担。如证明船货损失均因危险品爆炸导致，则土畜产公司应承担全部责任。

答复中国土畜产进出口总公司咨询，2003.5.26

259. 货物计重方式不同引起纠纷如何处理

问： 广州海运公司将船租给香港华生船务公司，香港华生船务公司又委托其唐山代理公司装运1.5万吨玉米。船方按吃水计重为1.52万吨，而货主通过商检装货计重为1.54万吨，两者相差200吨。船方坚持按吃水计重签发提单重量，而货主坚持按商检计重签发提单重量，双方不让。目前货已装完，还要熏蒸两天。在此情况下，我们应当如何处理？

答： 1. 你们先查清买卖合同与运输合同，该批货物是按什么标准计重？如有明确规定，就按明确规定计重。

2. 如果没有明确规定，双方只有将该批货物再申请商检一次，然后按重新商检的结果签发提单。

3. 如何解决此类纠纷并没有固定的模式，只有根据具体情况做通双方工作，最后达成一个和解方案。

4. 此事也可咨询一下香港华生船务公司在黄埔、山东或上海的代理公司。

答复中国船务代理有限公司咨询，1994.7.7

260. 配载图有误造成空舱谁有权索赔

问：我方有一批出口货，由于船方货物配载图的不准确造成欠载 5% 出现了亏舱损失。装货之初船方称，该批货物中有几个大袋子，如果装上船舱就盖不上盖子（后又否认）。事后船方在向我方索赔运费时又称，我方已付其 95% 的运费，尚欠运费（5%）7 000 多美元，加上空舱费（151 吨）7 240 美元，共计 1.4 万多美元，故向我方索赔 2.7 万美元。事实上，当时我方货已备足，完全是因为货物配载图与实际不相符，即显示记载货物的配载图未包括欠载的 5% 货物。请问，在此情况下，我方能否向船方反索赔，索要未装上船的货物所产生的损失？

答：1. 因有 5% 的货物未能装上船，你方可以此为由向对方提出索赔 1.2 万美元。

2. 至于未付的 5% 的运费，你方可称将按运输合同条款履行，在货物卸下后再支付。

3. 你们的运输合同中没有仲裁条款，今后注意一定要有管辖权条款。

答复外运总公司海运处咨询，1993.11.5

261. 进口货使用何种价格术语

问：我方拟进口一批由卖方派船、卸至码头的货物，签订合同时应使用哪种价格术语？

答：签订上述合同时，有两种术语可以使用：

1. 可使用 CFR（即原来的 C&F）LANDED 条款，表示卖方负责卸货费，并将货物卸至码头。

2. 也可使用 CIF LANDED 条款，意思与 CFR 基本相同，只是由卖方买保险。同时也有几点提醒你们注意：

1. 凡大宗货，船只因潮水太低无法靠泊卸货时，往往需要用驳船先卸下一部分货，那么驳卸费用也应由卖方承担。

2. 鉴于智利鱼粉起火案的教训，为便于今后因质量问题索赔，建议合同中争取签订以收货地商检报告为准的条款。如争取不到，可约定以发货国商检作为议付货款的依据，货到后收货人有权复检。这样，就为保护自己的权益打下一个较好的基础。

3. 卖方投保时，可要求其做一比较，是在国外买保险便宜，还是在国内买保险便宜？如果在国内买保险便宜些，还是在国内投保为好，国内投保理赔时也方便，何乐而不为呢？

答复北京华阳公司咨询，1991.7.9

262. 改港产生的费用谁承担

问：中技公司进口一套化工成套设备，运输条款为 CIF，系班轮条款，卸货港为连云港，并明确卖方投保延伸到现场所在地即安徽宿县。该套货物由我方负责接卸与运输到目的地。前三批货物均无问题，但第四批货物发生了问题。因为第四批货物中有一件 200 吨重的重大件货，我方曾与连云港联系，连云港有关单位称可以接卸，而实际运送该重大件货时，连云港有关单位又称无法接卸。于是，我方只好与发货人商量改港和改变运输方式。将卸货港改在上海，船到上海港后货物不卸在码头上，而是卸到另外一条船上，由水路运往安徽宿县。现在，发货人拒绝支付从上海到内地的保险费，拒绝支付卸货费。请问我方该怎么办？

答：你方可准备两个方案、一个表态：

1. 坚持按原合同约定的条款办，即要求发货人继续履行其义务将保险延伸到内地，卸货费仍由发货人承担。

2. 若发货人坚持不投保，你方要先动员国内货主加保国内这一段，否则万一发生事故，这一段无人投保，出现空白风险很大。事后，国内买方可向发货人再行索赔。

3. 你方需承担的费用，即由于改港卸货，并非如你方所讲是小变更，而是较大的变更，即风险加大了，作业困难程度也加大了。所以你方可表示将承担额外的费用，包括：（1）由于改变目的港、运输方式及运输工具，需要增加的保费由你方承担；（2）货物卸到码头上与卸到船上不一样，需要租用浮吊，且延长了作业时间，由此增加的卸货费由你方承担。

4. 按道理由于改港卸货所产生的一系列风险与额外费用都应该由连云港有关单位负责，如果你方有充足的书面证据能够证明当时他们确实曾经确认过可以接卸 200 吨的重大件货物，也可要求其承担你方的全部或部分额外损失，但是否这样做，应视具体情况决定，这只是我的一点建议，仅供参考。

答复连云港外运公司咨询，1995.6.9

263. 海上转运进口货物应注意哪些事项

问：在海上转运进口交接货物中应当注意哪些问题？

答：应当注意如下事项：

1. 如果是船靠船交接，应注意：

（1）明确责任的起止点；

（2）明确是利用船吊还是租用浮吊；

（3）谁雇用装卸工人；

（4）谁承担费用。

2. 如用船吊起卸重大件货物时，要注意船舶的稳定性，尤其是往另一条船上吊装货物的一刹那。吊机无货瞬间船倒向另一侧时产生的力量很大，此时极容易发生事故。

3. 如为集装箱货，卸到二程船上，二程船并非全集装箱船，部分集装箱须放置在甲板上时一定要加保甲板险，同时注意货物的加固问题。

4. 理货时若发现外包装有问题，或裸装货有问题，或有短少时，注意：

（1）要求船长或者大副在理货单或者提单上签字确认；

（2）有残损时，要立即申请商检，并照相作为依据；

（3）如知道一程船在海运途中发生过大的海事，要马上通知有关部门，尤其是承保公司，以便他们派人到现场，在一程船未离开时，采取必要的手段——如要求提供担保，以利于将来的索赔。

5. 应派人监卸监装，发现问题及时妥当处理。

答复香港华润运达保险顾问有限公司咨询，1998.7.28

264. 如何规避沿海承运人的赔偿责任

问：我重庆外运公司有两大业务板块：一是江海联运的国际远洋运输；二是重庆—上海的沿海运输。我司作为实际承运人，在远洋运输方面，可依据我国《海商法》维护自己的权利，特别是在海事赔偿责任方面，我国《海商法》规定了赔偿限额。但在沿海运输方面，我们却不清楚如何规避承运人（自己租用驳船）的赔偿责任。由于我国尚无明确的法律法规来规定沿海承运人的赔偿责任限额，因此沿海承运人受到的保护远远不及远洋运输承运人受到的保护那样全面。这样看来，一旦我司的江船发生全损事故，岂不是很可能要赔得倾家荡产，就算是买了船东责任险，几百万元的赔付金额也远远不够。

现在，想请教一下，作为沿海承运人，我司应如何规避自己的赔偿责任，或者采用何种方法降低自己的赔偿责任风险，特别是针对那些价值较大的货物运输？

答：沿海、内河运输适用我国《国内水路货物运输规则》以及我国《合同法》的规定，根据我国法律法规的规定，承运人不享受赔偿责任限制。在此情况下，规避方法有三：

第一，对于需承担赔偿责任的货物损失，建议你司在与托运人签订的货物运输合同中要约定赔偿责任限额。由于我国《国内水路货物运输规则》以及我国《合同法》不是强行法，这种约定一般会被认定为是有效的。但值得注意的是，这种约定一定要清楚明确。

第二，如果你司作为实际承运人，使用自己的船舶进行货物运输，建议你司投保我国《沿海、内河船舶保险条款》。这样，一旦发生事故船舶受到损失，你司便能从保险公司获得赔偿。

第三，建议你司选择赔偿比例较大的船东责任险种。从长远来看，你司可以寻找一家有诚意的保险公司，根据需要合作开发一个新的保险品种，即承保范围包括船东有责任对其船舶所载货物的货损货差进行赔偿。

以上建议，仅供参考。

答复重庆外运公司咨询，2007.8.12

265. 因罢工，船到港无法卸货怎么办

问：根据我们获悉的卸货港情况，当我们的船舶到港后，将会遇到港口罢工

无法卸货，请问我们该怎么办？

答：提单中都订有罢工条款。罢工属人力不可抗力，故可采取就近港口卸货，所产生的额外费用由收货人负责。

如果货物卸下，收货人不收货，船方必须放在仓库保管好。如收货人仍不接收货物，船方可对其货物进行留置拍卖，并可扣除船方所垫付的费用。但船方在采取这种行为时需注意：

1. 须证明无法进入合同约定的港口，卸货已成为不可能（例如港口全面罢工，找不到一家卸货公司）。

2. 罢工是无限期的（例如不知道罢工将会持续多久及何时能结束。如果知道罢工仅持续几天，则应考虑一个合理的等待时间，不能轻易称其为无限期罢工）。

3. 变更卸货港应通知收货人。所谓就近港口卸货要考虑其合理性。合理性既方便收货人又节省费用。总而言之，船方须考虑收货人的利益：（1）远近；（2）费用；（3）方便（假如将货卸到一个小岛上，收货人根本无法找到，就是不方便）。

4. 变更卸货港首先要考虑本港其他码头是否可卸货。如不能卸，再考虑就近港口。

答复中国外运总公司海运处咨询，1991.7

注：本案后续发展的情况是：船舶到达后，罢工于次日就结束了，船方仅损失一天船期。

266. 船未靠卸责任在谁

问：我远洋公司有一批进口纸张，从墨尔本运至青岛和塘沽，系班轮订舱。原计划在青岛卸货 857 吨，塘沽卸货 2163 吨。该轮于 1987 年 8 月 20 日到达青岛，由于当时港口拥挤，直到 8 月 29 日尚未靠卸。因此，船方来电称：根据提单××条，船方只承担 24 小时损失，其他损失应当由收货人负责，并且向我公司提出索赔××万元。请问，因为船未靠卸所造成的损失，收货人要负责吗？

答：你公司需注意以下几点：

1. 要先看清提单条款，然后再做相关决定。

2. 强调该轮是班轮条款，不管装卸费用如何，收货人均无义务和权力决定船舶何时靠卸。

3. 船舶何时靠卸完全是港务局的权力和安排。

4. 因船舶未靠码头或未系浮筒，不具备卸货的条件，所以提单上有关必须按装卸速度接卸或发运货物的条款根本不适应收货人。

答复中国轻工进出口总公司咨询，1988.6

267. 收货人不要货如何处理

问： 重庆某客户委托重庆外运，将价值31万美元出口的300吨货物运到西班牙。重庆外运负责铁路运输，然后委托湛江外运运往西班牙，经过荷兰鹿特丹转运，湛江外运作为中间人，收3%代理佣金，他们委托湛江某贸易公司实际负责出口运输。

该批货物于2004年10月运出，2005年11月8日到荷兰鹿特丹，因为一直未找到合适船只，货物一直被搁置在荷兰鹿特丹，由于市场价下跌（当时1 000美元/吨，现700美元/吨），西班牙以货物不能按时到达目的港为由，宣布退货并保留向发货人的索赔权。湛江某贸易公司曾答应找荷兰商人卖掉，一直未成功，后重庆外运、国内发货人和五矿公司一起商量在国外找买主，也未成功，全部运费已支付给湛江外运，湛江外运已给湛江某贸易公司，现重庆外运应怎么办？

答： 1. 不能让钱货两空，现在看来要钱不可能，只能设法控制货，因该货还有一定价值。

2. 先设法将货物在当地卖掉或运回，（要提取货得先付仓储费2000多欧元）。

3. 尽快将所有资料寄一份给我。待看完资料后，再决定可凭哪份合同追究哪方的责任：

（1）是湛江外运？（2）是湛江某贸易公司？（3）是承运人或实际承运人？

答复四川外运公司咨询，2005.3.3

注： 该案最后在重庆仲裁，重庆外运败诉，赔付对方损失200多万元人民币，但货物由重庆外运处置。在当地进行拍卖后，重庆外运实际损失100多万元人民币。重庆外运原本可以再向湛江外运追赔，出于同一系统的原因，重庆外运放弃了。

268. 款未收到，货已被提，卖方怎么办

问：五矿公司从日本购买一批钢材，然后卖给香港中物兆达。香港中物兆达又转卖给宁波中艺和华甬公司。该批钢材为硅钢品 1 500 吨，价值 220 万美元；钢轧卷板，价值 54 万美元。装货港为日本镇海港口，卸货港为宁波。采用信用证付款方式。我方派船，承运人为山东省烟台国际远洋运输公司 LU HAI 203 航次。发货人从未通知过船方不要放货。

货到后，宁波收货人即华甬公司凭担保提走了货，据悉货已卖给另一厂家，收了一部分钱，未付给香港中物兆达，总是称马上开证，但 9 个月过去了，收货人既未开证，也未付款。五矿公司与香港中物兆达合同中有仲裁条款。请问我们该怎么办？

答：根据你们所介绍的案情，现提出以下几个问题与建议：

1. 收货人一直不开信用证，长达 9 个月之久未收到货款，你们是怎么放的货呢？

2. 货被提走近一年，货款迟迟未收到，为什么没有采取任何措施呢？

3. 开证人多次称马上开证，但拖延了好几个月未兑现，怎么不采取行动呢？

4. 卸货快到一年了，请你们注意时效问题，一旦时效届满仲裁或诉讼就无法胜诉了。

5. 管辖权问题：（1）如你们打算告承运人即烟台船公司，应在青岛海事法院；（2）如打算告港务局及担保人，应在宁波海事法院。

6. 因为争议标的金额超过 2 000 万元人民币，建议你们一审在省高级法院，二审在最高法院，这样可以防止地方保护主义。

7. 案件本身很复杂，加上现在你们已经处于十分被动的地位，时间又拖了近一年，搞得不好结果是钱货两空，故建议你们赶紧委托国内律师帮你们分析研究，尽快采取法律行动，争取挽回全部或部分损失。

答复香港华润五矿公司咨询，1997. 11. 6

269. 仓库无单放货如何处理

问：真没想到您在法律会议上强调过多次的无单放货问题，在我们这儿又发生了，我真不知道该向您说些什么好，请您给些指示吧。

答：关于华东下属金陵公司案，我有这样几点建议，供你参考：

1. 了解整个案情，分析有利因素和不利因素。

2. 分析三种情况，你们认为属于哪种：

（1）你方理由较充分；

（2）你方理由不充分；

（3）双方理由对半。

3. 无论哪种情况，都要全力以赴争取减少损失。

（1）将案子本身的理由讲充分；

（2）尽量提供充足的证据；

（3）请专家论证并提供咨询意见。

4. 应从中吸取教训，避免再发生类似事件。

（1）要提高法律意识，加强法律工作，还需增加法务工作人员、壮大队伍。

（2）研究如何规范流程、完善制度，做到严格按流程办理交单交货手续，并且人人把关、层层把关，杜绝此类事故发生，否则要追究领导与个人的法律责任。

（3）总结教训，提出整改措施，并经常督促。就此案在华东公司内部再发一通报，引起大家高度警觉，高度重视此事。

（4）要举一反三，不仅是仓库无单放货的问题，还有作为承运人无单放货，作为船代无单放货，作为货运代理无单放货，作为报关行报送后单据错交等问题，反复强调无单放货的严重后果与责任。

要清醒地意识到，手中的单据是极为重要的，有些是有价值、甚至有相当价值的单据，所以要保管好，不能轻易交给不该交的人，也不能在收到应该收到的单据前放货。在业务中要明确所做的每单业务是谁委托你的、你应该对谁负责、所办理的单据应交给谁、你应该向谁收取费用等。

答复华东外运公司企管部咨询，2006.8.14

270. 信用证下拒付货款是否有理

问：我方从日本进口一批货物，由对方派船。我方开出信用证后，因日方单据与信用证不相符，尚缺一份有关重量的单据，故进口代理商一直未付款赎单。在此情况下，发货人对船上的货物也未采取任何措施。船到卸港后，船方凭"真正"的收货人保函交付了货物，然而这位"真正"的收货人其实并未支付货款。直到一年后，发货人才补齐所缺的有关单据，但此时信用证的开证日早已过期，并且因货损货差向船方索赔的一年时效也已过期。现在，发货人向进口代理商索赔，理由是，卖方已依据买卖合同将货物装上了船，一旦货物越过船舷其风险就已属于进口代理商了，并且发货人已按买卖合同履行了自己的义务，因此，进口代理商应按买卖合同向发货人支付货款。面对发货人的索赔，请问，我方应该怎么办？

答：根据你方提供的资料与介绍的情况，建议你方：

一、如果卖方因单证不符而违反了信用证条款，则本案中单证不符是至关重要的，你方当即且明确通知了银行，并向卖主表示拒付货款，所以买方以单证不符拒付货款是完全有道理的。即使卖方已将货物装到船上，买方仍然有权拒付货款，当然也有权拒收货物。

二、该批货物已被"真正"的收货人提走，发货人则应向船方索赔。

三、关于船方凭保函放货，船方对无单放货的责任是否以一年为限？根据我国《海商法》第257条的规定："就海上货物运输向承运人要求赔偿的请求权，时效期间为一年，自承运人交付或者应当交付货物之日起计算；在时效期间内或者时效期间届满后，被认定为负有责任的人向第三人提起追偿请求的，时效期间为九十日，自追偿请求人解决原赔偿请求之日起或者收到受理对其本人提起诉讼的法院的起诉状副本之日起计算。有关航次租船合同的请求权，时效期间为二年，自知道或者应当知道权利被侵害之日起计算。"

货方凭海运提单向船方索赔货损货差诉讼时效为一年。但对船方未凭正本提单放货，是否诉讼时效也为一年呢？看来，这个问题有待进一步探讨。

答复某贸易公司咨询，1996.3.29

271. 经营船舶需考虑哪些原则性问题

问：A公司将一条租来的船交给我公司进行运营，双方签了一个较为简单的合同，约定：A公司要向我公司提供船舶信息、配备船员，并向原船东支付费用（根据合同，究竟是程租还是期租暂不知道，故支付的是租金还是运费也不知道）；我公司则要负责船舶管理、安排船舶离靠港、加油加水、安排船舶其他给养、对船员进行管理、签发单证等事项；另外，A公司还将作为货主提供一些货物由该船进行承运。对此合同，我们在审查时感到有些奇怪，现特向您咨询四个问题：1. 我公司有无资质从事船舶运营？2. 我公司有无能力经营船舶？3. 该船除了装载 A 公司的货物，是否还可装载其他公司的货物？如果产生货损货差，由谁承担责任？4. 在承担此项业务中，我公司应注意哪些问题？

答： 我认为你的问题提得很好，有些问题正是你公司应该考虑和注意的，有些问题恰恰是需要由你公司来回答的问题，因此我对上述四个问题暂不一一作答，仅作一个原则性的答复，供你公司参考。

你公司准备代 A 公司进行船舶管理，不论是暂时的一条船，还是今后发展成多条船，首先要考虑的问题就是，你公司是否有资质从事这项业务？现时国家对公司经营范围的管理较过去宽松多了，许多业务项目只要不是法律法规禁止的或无须有关部门特批的，凡在工商管理部门登记注册的公司都可经营。但是具体到你公司拟代 A 公司管理船舶，从事船舶运营这一项目，是否还有其他特殊要求，并需取得有关部门的批准方能营业，的确是需要你公司首先要搞清楚的问题。

其次，如果资质无问题，接踵而来的是要考虑，你公司是否有能力经营这项船舶业务？因为这是一项专业性很强、风险较大的业务，它需要有专门的机构和专门的人才，绝不是任何公司和任何人想做就能做的事情。中国外运过去在香港有类似公司如华通、威林，在内地有厦门经贸船务公司，现在仍有香港经贸船务公司，目前中外运在香港已有一些较为成熟的、专门从事船舶运营业务的企业，它们都有一整套人马和专门的机构来做。不知你公司是否具备这样的条件。如果具备，那就相当于是一个船公司，挑选与聘用一些熟悉这方面的专业人才，成立专门的部门来从事这项业务，这是十分必要的。俗话说得好，没有金钢钻就别揽瓷器活。要知道管理一条船涉及到方方面面的事情，如对船舶本身的保险，加入船东保赔协会，船舶的安排与管理，船舶的物质供应，船舶的维修，货损货差的处理，海事海商纠纷的处理，等等。当然，如果你公司只做一些简单的船务代理事项，那就另当别论。

第三，你公司与 A 公司是怎样的法律关系？A 公司与原船东又是怎样的法律关系？对此，事先一定要梳理得很清晰，以免事后因法律地位分不清，承担一些本不应当承担的法律责任。我认为，最重要的还是你公司与 A 公司的船舶运营协议一定要签订好，权利、责任与义务必须明确，风险与费用必须清楚。例如，该船舶谁是船东，谁是承运人？谁投保了，谁加入船东保赔协会？发生货损货差后，由谁承担相关损失？发生海事后，如碰撞、油污、船员伤亡等，又由谁出面处理？再加上 A 公司还将提供一些货物装在此船上，船货属一家，是否具有双重法律身份？如发生货损货差，应该如何处置？这些都应在双方的协议中考虑进去，千万不要出现合作时什么都不谈，出现问题时相互扯皮或不知所措。所以说，你公司绝不能轻视协议中的每一条款。

第四，为慎重起见，也为了使你公司一开始就打下良好的基础，有一个良好的开端，建议你公司与中外运经贸船务公司、厦门经贸船务公司联系，主动向他们请教，他们是真正的行家里手，相信会让你们受益良多。

望以上意见对你们有些小小的帮助。祝你们成功！

答复上海华东物流公司企管部咨询，2010.3.3

272. 如何拒绝假合同的索赔

问： 1991 年，我公司与凤凰公司签订一合同，负责承运其进口冰箱的汽车运输，凤凰公司称其后台是怡和公司。5 月，我公司与凤凰公司进行对账，结果是我公司不欠凤凰公司任何运费，但发现凤凰公司有许多运费实际上并未付给怡和公司。

怡和公司也因此不放心凤凰公司，要求我公司、凤凰公司、怡和公司三家公司共同签署一个合同，我公司未签，也未出担保。

现怡和公司凭一份假的协议书拟起诉我公司（我公司与怡和公司根本未签过这样的协议书，公章、签名亦均是假的），向我公司索赔 1800 万港元。我公司与怡和公司无任何关系，仅与凤凰公司有关系。凤凰公司已将货交给怡和公司。所以，我公司既往所付的款项全部支付给凤凰公司，其中包括支付给凤凰公司的运费也全部付清。但从未支付给怡和公司任何费用。

我公司拒绝了怡和公司的索赔要求。并指出怡和公司提供的协议书上的公章、签名都是假的。怡和公司并未反驳；但我公司提出去公安部门进行鉴定，怡和公司则表示不同意。

请问我们应如何处理此案？

答： 我的意见如下：

1. 你公司应将怡和公司伪造的公章、签名等送到公安部门进行验证，以确认其是否为伪造的。

2. 你公司应将此案写一个详细的报告，附上所有附件，立足于打官司。

3. 让律师写一个材料，正告怡和公司不得诬告，否则由此引起的政治和经济损失均由怡和公司负责。

4. 你公司的详细报告写好后，向集团总公司的老总再打一报告。

5. 你公司应采取一切措施，切断与怡和公司的一切往来，以免怡和公司扣货、扣船等。

答复广西外运公司咨询，1994.1.11

273. 如何谨慎对待大项目投资

问：APP（金光集团）是一家由印尼华侨创办的公司，实力很大，在世界纸张行业排名前列，其中国公司总部设在上海，其与镇江当地公司合资建有一纸张公司（金光占有97%的股份），从德国引进生产线，总价值十几亿欧元，第一批是2亿欧元，安徽想要承揽其运输业务。对方提出与安徽外运做贸易，涉及金额1000万欧元以上（由于对方资金周转不过来，想要我们开证）。

安徽外运已预付20%的货款，目前要求对方：

1. 提供部分保证金；

2. 剩余部分出保函；

3. 用财产抵押担保。

答：我的意见是，让安徽外运：

1. 认真了解合作方的资信；

2. 写出书面可行性报告；

3. 领导班子集体讨论，作出决定；

4. 如决定做该投资项目，最好来京与法律部做进一步的探讨，需要总公司提供哪些支持，如何支持与配合；

5. 经讨论法律部也认为可以配合做，则将方案报总裁领导班子；

6. 一定要将风险控制好，如果认为是个好项目，当然就要动作快，但也不能忘记按程序办事，以杜绝一切漏洞。

答复安徽外运公司咨询，2003.9.19

274. 一案可否两诉

问1：香港联丰公司（以下简称"联丰公司"）凭副本提单提货案在天津海

事法院开庭，原告为意大利国民劳动银行香港分行（以下简称"意大利银行"），提货人为中国土畜产进出口公司大连分公司（以下简称"大连土畜产"），实际收货人为大连庄河包装制品厂（以下简称"庄河厂"），被告为香港联丰贸易公司（以下简称"联丰贸易公司"）。

1987 年，庄河厂与联丰贸易公司达成协议，购买 500 吨聚丙烯，总价值为 538 125 美元，采取托收支付方式。1987 年 12 月 31 日，在安特卫普装货，外运提单由中比公司签发（并非外运总公司签发，应该是代船长签的，船长是船东的雇员，故提单签发应由船东负责），装在"易兴"（TRODN ANIMATION）轮上。1988 年 3 月 20 日左右，货物被提走。1990 年 7 月 25 日，原告向天津海事法院起诉我外运。

关于此案，我们有如下几个问题向您请教，您看还有什么理由可以用来进行反驳？

1. 对"一案不得两诉"应作何解释？一诉后如果还有差额，是否可就差额再行起诉？

2. 对方无法提供原始正本提单，只提供了提单副本的影印件，可否？

3. 我方认为诉讼时效已过，其理由成立吗？

答：我认为你们无须承担责任的主要理由如下：

1. 一案不得两诉。此案原告已在香港法院起诉联丰公司，并获得大部分赔偿。由于联丰公司已宣布破产，原告不能得到全额赔偿，在此情况下，原告不得再向天津海事法院起诉。如果起诉，天津海事法院应拒绝受理，予以驳回。另外，原告向法院起诉作为货运代理的你公司即塘沽外运时无正本提单，仅凭影印件是不被认可的。

2. 外运不是承运人。（1）虽然租船人是承运人之一，但依据本案提单第 3 条和租约第 21 条的规定，外运不承担承运人责任。外运提单第 3 条光船租船条款规定："如签发本提单的公司非船舶所有者或光船租船人（按照实际情况即使与此相反），此提单仅作为当事人是船东或光船租船人的有效合同，作为其代理签订合同的公司，仅作为代理人，对由此所产生的任何问题不承担个人责任。"中租租约第 21 条规定："装卸工人和理货及租船人安排并作为船东的雇员，接受船长的指示和指导，租船人对雇用的装配工人的疏忽、过失行为或判断错误不负责任，对引水员、拖船或装卸工人的疏忽或装载不合理或装载不良造成的船舶灭失，也不负责任"。（2）本案中的承运人是船东，收货人仅享有向船东索赔的权利。该租约第 32 条已明确规定，船东或经营人作为承运人，对货损货差负责。外运是货运代理，负责报关、提货。放货是船东决定的，如果存在过失，也应是船东的过失，而与作为货运代理的外运无关。（3）提单是由中比公司签发的，并非由外运签发。签发提单是船长授权的，船长是船东的雇员，故签发提单由船东负责。

另外，外运提单第 3 条强调的就是，即使是租船，但不是租船人自己签发的提单，也不应承担责任。

3. 诉讼时效已过。外运提单第 10 条时效、索赔通知规定："除非在货物交付后或从货物应当交付之日起一年内提出诉讼，在任何情况下承运人将解除根据本提单所承担的一切责任。除非在货物交付地将货物交给根据提单有权提取的人接管前或当时，货物灭失或损坏及损失的一般性质的书面通知已送交承运人，或者，如货物的灭失或损坏不明显的，在交货后连续三天内送交有关通知，则这种货物的移交应视为承运人将提单上载明的货物交付的初步证据。在有任何实际的或可发现的灭失或损坏的情况下，承运人和托运人应对货物的检查和清理相互提供一切合理方便。"根据这一条，即使外运被视为承运人之一，一年的诉讼时效也已过。该时效从卸货之日或应卸货之日起计，不论任何情况，诉讼时效为一年。该批货物于 1988 年 3 月 20 日卸下，1990 年 7 月 25 日才向法院起诉，早已超过诉讼时效，故法院不应受理，你们也不承担任何损失的责任，除非是从货物交付之日或应交付之日起一年内提起诉讼。一旦时效已过，承运人在任何情况下，都免除提单项下的任何责任。

4. 本案纯粹是一个买卖合同纠纷。原告应找联丰公司及其合资者，以及实际提取货物但未付款的大连土畜产和庄河厂，他们才是适格的被告主体。

5. 如果法院受理了原告的起诉，并认定诉讼时效未过，则你司应申请法院将大连土畜产及庄河厂列入第三人作为共同被告。如果法院认定庄河厂已付款，则银行不得再起诉你司；如果法院认定庄河厂未付款，则庄河厂作为第三人并入本案审理。

答复香港华通公司咨询，1991.10.13

问 2：关于本案我想再跟您咨询几个问题，请您给予答复：

1. 塘沽外运凭副本提单放货是否要承担责任？

2. 银行是否有权凭手中的正本提单要求塘沽外运赔偿其损失？

据我所知，

1. 当地高级人民法院审判委员会已经做出决定，推翻一审法院判决，其理由是银行有权以正本提单要求承运人赔偿凭副本提单放货的损失（因我方提出的种种理由不能证明对方不是提单合法持有人）。

2. 目前，高级法院要求我方给出一个明确答复，法官还可以来京一趟。如想和解，法官愿意做工作，对方已表示我方赔偿 20 万美元即可了结此案。

答： 关于"易兴"轮凭副本提单放货案，我的答复与建议如下：

（一）我的答复

1. 一般来讲，承运人凭副本提单放货肯定是要承担放货的法律后果和责任。但具体到本案，虽然凭副本提单放货本身违法，即塘沽外运未凭正木提单放货是有过失，且意大利银行未能收回作为开证行付出的货款正本提单而受到损失。但该损失与塘沽外运过失之间并不存在必然的因果关系，因为造成意大利银行损失的直接和根本原因是由于开证申请人联丰公司的破产。此外，因果关系又是是否承担过失责任的必要的前提条件之一，因此，塘沽外运对意大利银行的损失不承担任何责任。

2. 银行能否凭手中持有的正本提单向承运人主张其权利，一直是一个有争议的问题，因为在提单流转过程中，银行的目的并不是为了取得提单项下的货物，而只是一个质押人，是处于中间环节的，因而不享受该物权。所以，意大利银行不具有诉权，尽管它是善意的提单持有人，也不得要求塘沽外运赔偿其损失。

（二）我的建议

1. 继续与二审法院联系，进一步搜集整理维持一审法院判决结果的理由。

2. 向最高人民法院咨询，听听他们的意见。

3. 如果最高人民法院也不支持你们的观点，而你们请的专家的意见也不是十分有力，那么你们可考虑争取和解，和解金额最多不超过 20 万美元，争取 16 万美元或 18 万美元解决。

4. 如果最后以 18 万美元和解，尚可考虑能否向大连土产公司和包装公司进行部分追偿，即对半解决，以最大可能减少损失。

5. 与此同时，你们应向外运总公司请示报告，决定此官司到底是继续打还是和解？如果以 18 万美元和解，这笔钱将由谁出，也要明确。

答复塘沽外运咨询，1994.2.1

注：1992 年 4 月 27 日天津海事法院判决认为，原告在该提单项下货物所受

损失已通过实际收货人庄河厂将货款支付给联丰公司，塘沽外运凭副本提单放货存在过失，但因其已将货物准确无误交给了业已支付货款的实际收货人，故不必承担法律责任；原告的损失已通过在香港的诉讼得到补偿，因此驳回原告诉讼请求。原告不服一审判决向天津高级人民法院上诉，经天津高级人民法院调解，双方达成了和解协议，即塘沽外运赔偿原告18万美元了结此案。

法律参考：

《海牙规则》

第6条

"……除非从货物交付之日或应交付之日起一年内提出诉讼，承运人和船舶在任何情况下都免除对灭失和损害所负的一切责任……"

二、陆运方面

275. 陆运过境换铅封发生事故谁之责

问：一批集装箱从印度经过我国边境被运往原苏联一加盟国，收货人发现有两个集装箱货物丢失，这两个集装箱曾在中国边境换铅封，负责这批货物过境业务的是我司陆运部，因此收货人向陆运部提出索赔。请问，我们该如何应对收货人的索赔？

答：1. 先查清事实，货物在发货地由谁负责铅封的？铅封是否完好？

2. 在中国过境是否都要换铅封？如是，由谁负责？委托人是谁？换铅封时，是否有交接手续与批注？

3. 你们在此案中扮演什么角色？你们是受谁的委托？在整个履约中你们有无过失？如有，第一，能否免责？第二，能否享受赔偿限额？

答复中国外运集团总公司陆运部咨询，2006.5.25

2010 年 7 月作者在新疆伊犁恒信国际贸易物流公司
讲授物流运输和有关法律及答疑

2010 年 7 月作者在新疆伊犁恒信国际贸易物流公司
讲授物流运输和有关法律及答疑

276. 因车皮推迟导致损失责任在谁

问 1：根据 1995 年 8 月 8 日我方与亚神公司所签合同，由我方承运苯酐 455 吨，从天津运至郑州储二里岗仓库。货到港后，我方负责报关、提货，并保证在 10 天之内将全部货物装车皮发运。如果超过时限，所产生的一切费用由我方承担。包干运费为 10.1 万元人民币。该批货物于 9 月 25 日运抵天津港口，共计 26 个 20 英尺集装箱。我方委托天津塘沽外运负责安排车皮，但车皮很难申请下来，我方只好将货物卸下存放在露天码头上，虽然货物下面做了铺垫，上面加盖了苫布，但连续多日的风雨天，使货物水浸受损，同时我方也因此未能按合同约定的时间将货物运到郑州。于是，收货人即亚神公司向我公司提赔，要求我方不但承担货损货差的损失，而且承担因货物延误所引起的市场差价损失及违约金等。

经仔细查阅双方签订的合同，我方认为其中第一、第二条款对我方有利，第三条款对我方不利。

1. 原合同第一条，对方应于到货前 7 天将齐全的进口单据交给我方，而对方未按时交齐单据。

2. 原合同我方盖的是海运进口部章，应视为无效合同。

3. 原合同第三条，我方保证在 10 天之内将全部货物装车皮发运。如果超过时限，所产生的一切费用由我方承担。由此误时使对方与需方的合同无法执行而造成的一切损失，由我方负责。

鉴于上述情况，请问我们该怎么办？

答：你方应设法考虑如下几个问题：

1. 无效合同能否减轻你方责任？

2. 车皮不能及时申请到是否算不可抗力默示条款？

3. 对方与需方的合同价格是否有假，是否为后补做的？价格要合理，不能完全依据对方与需方所提供的合同价格来进行赔偿。

1995. 10. 31

问 2：我方与亚神公司协商未果，于是亚神公司在河南郑州中级人民法院起诉了我方。请问，我方在出庭和答辩中应注意些什么问题？

答：根据本案情况，我认为你方在出庭和提交代理词两方面要注意以下问题：

（一）出庭时，应该讲清下面六个问题：

1. 船到塘沽港的情况；

2. 产生的额外费用 18 万元（因为不是集装箱船）；

3. 拆箱情况（应亚神公司要求）；

4. 发运情况；

5. 货到郑州的情况；

6. 保险情况：

（1）亚神公司私自通过塘沽外运投保，你方不知情；

（2）保险公司理赔情况；

（3）亚神公司向你方索赔并无道理。

（二）代理词，需进一步阐述的理由：

1. 本案中亚神公司与国内买方所签的购销合同是非法的，故不应得到法律的保护（依据我国《海关法》，我国关于打击走私的法律以及海关的答疑等，违法合同是无效合同，并且得不到法律的保护）。

2. 货物迟到的责任与你方无关，其造成的原因是亚神公司自己违约。

3. 引起的货损货差与你方无关，其造成的原因是亚神公司自己（应其要求拆箱、撤托盘，当打开集装箱时就有破包，腐烂的包装肯定会使货损扩大）。

4. 拆箱时有破损，但集装箱铅封完好，外包装完好，又未发生过海事，责任不在船方，亚神公司应该向卖方索赔。

5. 关于投保问题：

（1）当时是亚神公司自行投保的。

（2）亚神公司应直接向保险公司申请理赔（塘沽外运协助）。

（3）索赔应有证据，例如理货、商检报告等。

（4）了解国内保险情况，尤其是集装箱货拆箱的保险问题。

6. 即使购销合同是合法的，即使你方有责任，然而当时的市场情况也并非如亚神公司所讲的。因此，违约金定10%不对，最多定5%，不能索赔违约以外的其他损失。

7. 到货情况。

8. 向对方询问一些问题：

（1）进料加工是什么含义？是否可卖给人家？

（2）原"加工手册"中注明此货用于某厂，现在为何将300吨货卖给另外的公司，还有100多吨货在何方？

（3）违约金定10%依据何在？违约金不足以赔偿损失还可索赔，是什么意思？

1996.1.9

问3：收货人称化工原料市场波动较大，遂向我方索赔直接货损和间接行市损失，请问，在此情况下，我方应承担哪些费用及从哪些方面进行抗辩？

答：根据你方提供的情况，我认为，你方的抗辩代理词中可继续强调以下内容：

（一）根据我国《海关法》、海关对相关问题的答复以及全国人大颁发的打击走私的相关法律，本案中亚神公司与需方的购销合同是违法的，所以违法的合同不应得到法律的保护。

（二）本案中货物晚到的责任与你方无关，是收货人即亚神公司自己的原因造成的。对此，你方应当具体计算一下相关时间。

（三）同时还要强调你方不能承担间接损失的理由及法律。并且指出关于货物运输中产生的特殊费用，如收货人不付，当然会影响作为代办运输的你方。订费用时双方是按照正常情况订的，现在是非正常情况，你方代办托运、代运，这是代办前发生的额外费用。如 1. 货物超长、超重费用；2. 货物困难作业费；3. 发生共同海损所导致的费用分摊；4. 收货人对装货港的亏舱费（在承担运费的情况下）；5. 运输途中发生海事，货物卸下后需做特殊处理所发生的费用；6. 对方委托你方报关，因对方疏忽发生笔误，你方照填，而产生货物被扣，遭罚款，进而产生仓储费，甚至因有走私物品被发现后被追究的法律责任；7. 动植物需要检疫所产生的检疫费，如检疫有问题则要发生处理费、场地费，甚至货物被没收、被当场销毁以及被罚款；8. 货物混装混卸要分唛头的费用；9. 货无吊点以至被打破属正常，其超时费用；10. 危险品详细说明造成了困难作业，危险品的级别，危险品发生意外的处理费用，采取人身防护措施产生的费用等等，都应由收货人负责。上述特殊费用仅限你方提供的材料，鉴于有些情况你方未提供给我，所以请你方审视后补充完整，避免遗漏。

虽然上述费用均不属于合同中的"一切"费用，而是额外费用，但都应由收货人承担，或者收货人承担后再向有关责任方进行追偿。可见，"一切"并非绝对的"一切"，都是相对的"一切"。所以，本案中"一切"之外的额外费用，均应由收货人承担。

（四）本案中引起的货损与你方无关，其造成的原因是亚神公司自己的过失

1. 你方是应亚神公司的要求；

2. 集装箱内货物是简易包装，当然会有货损；

3. 收货人开箱时就存在货损；

4. 亚神公司应当提供货损检验报告；

5. 事发后亚神公司找塘沽外运担保不妥，应直接找保险公司提供担保。

（五）亚神公司无权向你方索赔

无论是货物的晚到，还是货物的损失，都是亚神公司的过失所致，亚神公司无权向你方索赔。

即使本案中收货人的购销合同是合法的，即使你方对货损有责任，但根据当时的市场行情，也不至于引起亚神公司有那么大的货物差价损失。

如果收货人亚神公司强调其委托你方代办运输，你方有责任保证其货物安全抵达，故对其货损如果保险公司不赔，应由你方承担。如果在事实上你方确有责任，站不住脚时，可以从程序或法理方面想办法保护你方，减少损失。

（六）关于保险的问题

保险需要进一步落实的情况有：（1）投保情况；（2）保险公司的理赔情况；

（七）需要询问收货人的问题

1. 进料加工是否是 CP 的含义？

2. 货源是给某厂家的，现为何又将 300 吨卖给化工公司，还有 100 吨在何处？

3. 违约金为何按工矿产品最高规定定为 10%？

（八）需要进一步跟进的情况

1. 船到塘沽的情况；

2. 新增加的费用情况（1.8 万元人民币）；

3. 拆箱的情况；

4. 发运的情况；

5. 货到郑州情况。

答复河南外运公司咨询，1996.1.16

277. 陆运起卸特殊货物应注意哪些事项

问：在公路运输和起卸超重、超高、超宽的特殊货物尤其是超大件时，应注意哪些问题？

答：第一，应当注意如下事项：

1. 运输工具是否适货，装卸工具要先测试。

2. 卸货时所用吊机，是大吊机还是土法吊机须约定明确；

3. 货物一定要加固好、捆绑好、积载好；

4. 要配备防雨设施，如遮盖的物料；

5. 指定开路车、架线车（如需要则事先向交通队申请协助）；

6. 沿途尽量避开险路、险电线、险桥梁；如无法避开，一定要格外小心、多加注意；

7. 选择有经验的司机，尤其要注意选择平坦路面，遇有下雪、冰冻天气及时提醒司机路面湿滑、拐弯时要减速慢行；

第二，建议采取如下措施：

1. 由于在运输中可能要途径几个省市，建议与各省市相关部门提前打个招呼，以便发生问题时，能及时得到各方的支持和帮助；

2. 从收货（指从一程船卸下货后）到将货卸到工地上，要有专人押运，车辆中途休息时，要有专人看管货物；

3. 向公路运输公司提供必要的图纸或其他资料、照片等，以便他们事先考虑如何积载和装卸，并准备必要恰当的辅料；

4. 如客户对货物运输有特殊要求，或货物本身有特殊性，如危险品、易碎品、贵重精密仪器、机械设备等，要书面通知承运人，以便他们视具体货物采取相应措施、对装卸做出特殊安排；

5. 在运输、装卸过程中，万一发生事故，应及时通知承保公司，并积极采取补救、控制措施，尽量减少损失，防止风险继续扩大，但需注意，在采取措施之前，要通知承保公司，并得到承保公司的认可，因为承保公司往往要考虑投保人采取的措施是否合理，是否经济合算。

答复香港华润运达保险顾问有限公司咨询，1998.7.28

278. 承揽海陆联运业务应注意哪些事项

问：我们进口一批货物，涉及到海运和陆运，请问在货物运输过程中要注意和考虑的问题有哪些？

答：装前需了解买卖合同及其条款，要特别注意的问题包括：

1. 货物包装要适合长途海上运输和公路运输；

2. 货物如采用集装箱运输方式，集装箱内的积载应合理，该加固的应加固，该隔垫的应隔垫；

3. 货物外包装的唛头要清楚，所标重量、尺码及重心要准确，尤其是超高、超重、超宽货物。特殊货物均需提供书面资料和照片，包括带包装后的照片并准确地标出货物的重心位置；

4. 有特殊要求的货物，一定要事先书面通知承运人，尤其是危险品。

答复河南外运公司咨询，1998.7.28

279. 陆运代理无保单如何获保险理赔

问：一批从原联邦德国进口到北京的彩色胶印机，是中国与原联邦德国政府贷款项下的议货。原来由原联邦德国发货人与机械总公司按照 FOB 条款签订的合同，即在原联邦德国边境交货。后来因为发货人的责任而推迟交货，所以由发货人承担迟交货物的违约罚款，即承担该批货物的运输费用。这样一来，原来的交货条款也就改为了 CIF 北京。货物除 20 个 20 英尺集装箱外，还有几个大件，其中包括一台 19 吨重的彩色胶印机主机，收货人为北京日报社。该批货物由原联邦德国港口运往原苏联港口，然后改用火车运至满洲里，再改装火车运到北京五里店车站。总承运人是从事陆运代理业务的一家公司，外运总公司负责满洲里至北京五里店车站这一段的陆运代理，而北京外运分公司则负责由北京五里店车站运到北京日报社。1988 年 5 月 28 日，北京外运分公司的装卸队去五里店车站接货时，由于吊机钢丝绳断裂，造成该彩色胶印机主机被摔坏。经过商检，原联邦德国专家认定为全损 19 万美元。按照合同约定该批货物属发货人在国外投保，但机械总公司说他们无保单。请问：该事故应属于谁的责任？是总承运人负责还是分包商负责？能否找保险公司到现场来查看实际情况？如何查询发货人是否已在国外投保？外运总公司应做哪些工作？

答：我的意见是：

1. 不要动现场，用油布盖好；

2. 由机械总公司作为收货人向总承运人与货运代理提出索赔；

3. 由机械总公司问发货人要保单，要投保的保险公司名称、地址、电传号、负责人等；

4. 给保险公司去电传提出索赔；

5. 查询对方包装是否符合合同约定；

6. 收集有关单证、提单和发票。

答复外运总公司陆运处咨询，1988.6

280. 货车触高压线起火如何配合保险理赔

问：沈阳轿车厂委托我司承运由日本进口的汽车生产设备，并负责办理租船、订舱、港口代理、公路运输一条龙服务。这批货物总值 8 869 744.7 美元，价格条件 FOB 大连。1990 年 7 月 6 日晚，船舶抵达大连港。8 日下午 1 点，沈阳外运汽车队派出 8 台大货车和两台集装箱拖车前往大连，9 日早 8 点抵大连，并开始装货，至下年 5 点货物全部装上车并驶往沈阳，10 日凌晨 3 点 40 分左右进入沈阳，4 点 30 分一台集装箱拖车驶在距沈阳轿车厂 100 米处时，由于承运人疏忽了货物超高的特殊情况，在遇有环路电车调头线时，未严格按照有关规定，采取挑杆作业（将高压电线挑起）的措施。结果，当整个车辆即将全部通过电线的一瞬间，尾部绑货的钢丝绳与高压电线间突然闪出火花，钢丝绳一下子被击穿烧断，随即货箱冒烟起火，不到 7 分钟，两个巨大的机器人被熊熊火焰吞没，虽经司机及消防部门的及时补救，但除 2 台机器人被毁外，还有 28 个挡板、4 个控制箱全部烧毁，直接损失约为 21 万美元，另外有些损失金额尚待开箱验货后方能确定，给国家造成数十万美元的损失。事故发生后，当事人看着烧焦的设备失声痛哭，悔恨万分，一路上辛辛苦苦，左怕刮、右怕碰，没想到临到家门口出了事。

火灾事故发生后，我司做了以下几方面的工作：

1. 公司主要领导向沈阳市政府、市经贸委和外运总公司汇报事故情况；

2. 事故处理其间公司每晚 5 点例会，通报事故情况；

3. 由主管经理和海运部、经理部、汽车队及大连办事处负责人组成事故调查处理小组；

4. 责成专人负责把大连港内没有运完的货物绝对安全地运到厂家；

5. 召开公司机关及各基层单位全体职工大会，统一思想，稳定人心，争取积极创收，弥补损失。

与此同时，我司会同公安消防部门、市保险公司及轿车厂有关方面联合召开一次事故调查分析会，协调各方意见，力争尽早妥善解决此次火灾事故。

这是我司头一次遇到这类型的事故，其涉及金额巨大，不知如何是好，故请您费心帮我们出主意想办法，看如何处理此事，并减少我司损失，谢谢。

答： 以下是我的几点不成熟的意见，供参考：

（一）从整个意外事故前后来看，责任在你方。因此，从现在起就要考虑最后由你方赔付的问题。车队属于你方，事故发生明显违章，需赔偿实际损失，且不得享受赔偿责任限额。

（二）此批货物为 FOB 条款（名古屋至大连），在人保公司投保，其保险责任应当延伸到目的地即沈阳轿车厂为止。由于意外事故是在沈阳运到厂家之间发生的，所以人保公司应当先行赔付货主。现在你方首先应当向货主即进出口公司讲明这个道理，然后让货主出面，你方协助货主先从人保公司拿到货款（投保金额）尽快重新订货。货主通过这条渠道获得赔偿的道理有三条：第一，既然投了保，当然首先找保险公司要求赔偿，这是顺理成章的事，也是获得赔款最快的途径；第二，可以获得外汇赔款；第三，不管原来投保多少金额都可以获得保额的全额赔偿（除非有免赔额）。如果找其他责任方，有时候只能得到责任限额的赔偿。当然你方可表示，货主如未从保险公司得到赔偿，则由你方负责，以挽回你方的名誉，并考虑今后的货源问题。

（三）你方同时迅速与人保公司交涉，请他们首先解决货主的问题，保证货主的损失不再继续扩大。如果人保公司不赔或者不予全赔，你方可以：

1. 带着货主一同去当地市政府反映问题，请求解决；

2. 带着货主一同去北京人保总公司反映问题，请他们协调解决；

3. 请外运总公司派人协助去北京拜访人保总公司，说明：（1）应当赔偿；（2）你方有了难，大家拿钱，一起解决；（3）表示今后你方还会在人保公司投保，请他们通融并全面、长远地考虑问题。

（四）当地市政府对你们很重视、很关心，你们应该充分利用这一优势，随时向市政府汇报，请他们让人保公司先行赔付，然后你们也承担一部分损失，但不能将损失全压在你们一家身上。

（五）向货主做工作，请求他们要求赔偿的金额尽量少一些。讲明间接损失一律不予赔偿，包括：1. 汇率变化；2. 价格上涨；3. 保险公司赔偿金额高，次年保费加收得也多；4. 拖延解决的时间将会影响生产，进而带来其他方面的损失。

（六）请货主尽快将实际损失金额计算出来，否则人保公司无法赔偿。如果损失金额实在不好确定，可与人保公司商量，先赔付已经确定的 21 万美元。然后再找国内有关单位对损失做一初步鉴定，即把完整无缺的货与有残损的货分开，算出完整无缺的货物的价值，将其剥离出去，剩下部分再考虑是否请日方来人鉴定损失及决定是否可以修复。

（七）经过鉴定，认定残损货物是否尚存一定价值。如果有价值，可以将残货卖给有关部门，收回一点钱，再加上你方的赔款，可作为对货方的补偿。

（八）尽快搜集有关倒签提单的资料。待研究后，再与货主或者人保公司商量，以它们的名义出面，向海运承运方索赔。但是索赔哪些损失、索赔多少金额、尚有待进一步研究考虑，因为如果证据不足难以索赔。

（九）关于包装问题，可以找包装公司、机械公司或者驻日本有关机构，了解日本本批货物的包装情况。如果确实存在问题，再商量如何依据买卖合同有关包装的条款向卖方提出索赔。

（十）关于尺码有变化的问题，也要抓紧落实；

关于公交公司无轨电车高压线的设置高度是否存在问题也需落实，如有责任向人保公司讲清楚。

关于递交公安局的相关事故报告，主要原因在于运输工具为开放式的，并非全封闭，造成火花落入空隙引起大火。

（十一）如果装有"机器人"的那个集装箱确实有变化，事先又未通知你方，也可考虑向日方发货人提出索赔。

（十二）目前你方每天所做的事情要有文字记载，与各方交涉的情况也要整理成记录。如与人保公司或者货主商量，最好要有双方签字的会议记录。

（十三）最后建议：一方面做好司机的工作，防止意外；另一方面待此事处理完毕，要很好地总结经验教训。作为代理公司还应投保货运代理责任险。

答复沈阳外运公司咨询，1990.7.14

281. 保险代位后能否直接向陆运责任险承保公司追偿

问：A 公司于 2002 年 3 月和 2003 年 6 月在甲保险公司先后两次投保了陆上运输货物保险，保险金额分别为 400 万元人民币以及 350 万元人民币。

保险条款第一条第（一）项约定："被保险货物在运输途中遭受暴风、雷电、洪水、地震自然灾害，或由于运输工具遭受碰撞、倾覆、出轨，或在驳运过程中因驳运工具遭受搁浅、触礁、沉没、碰撞，或由于遭受隧道坍塌、崖崩，或失火、爆炸意外事故所造成的全部或部分损失"，保险人负责赔偿。

2002 年 4 月 1 日以及 2003 年 3 月 29 日，B 运输有限公司与 A 公司签署运输协议，由 B 公司为 A 公司完成指定货物的运输。

2002 年 4 月 24 日和 2003 年 7 月 7 日，B 公司承运 A 公司电子设备的过程中，先后发生两次交通事故，造成运输货物受损。事故经交警部门认定，运输司机负全部责任，B 公司根据运输协议对货物损失应承担赔偿责任。

根据陆上运输货物保险条款第一条，上述货物损失属于保险事故，甲保险公司先后于 2002 年 8 月和 2003 年 11 月就上述两起事故损失向 A 公司分别赔付了 295 787.91 元人民币和 178 811.3 元人民币，A 公司出具了权益转让书，甲保险公司取得了向承运人 B 公司代位追偿的权利。

在追偿过程中，甲保险公司查明，B 公司分别于 2002 年 4 月 30 日和 2003 年 4 月 30 日与乙保险公司签订《国内货物运输承运人责任保险合同》，合同第一条约定："凡交由被保险人运输的货物，在本保单规定的有效期限内发生意外损失，根据法律规定应由被保险人承担的赔偿金额，本公司负责赔偿。"保险期限分别自 2002 年 5 月 1 日至 2003 年 4 月 30 日和 2003 年 5 月 1 日至 2004 年 4 月 30 日，累计责任限额皆为 500 万元人民币。

此时，甲保险公司能否直接向乙保险公司提出索赔？

答： 由于 B 公司在乙保险公司投保了承运人责任保险，而第二起事故发生在保险期间内，乙保险公司应当承担赔偿责任，因而甲保险公司对于 B 公司的追偿，最终将产生甲保险公司向乙保险公司追偿的结果。

答复人保总公司咨询，2004.12.27

三、空运方面

2005 年作者在石家庄河北空运公司讲授空运法律知识及案例分析

282. 快递提单丢失怎么办

　　问：中国外运山东有限公司威海分公司于 2007 年 11 月 12 日所取威海中行发韩国快件（银行编号 BP51D7G0346，快递追踪号 OCS32012267851）在 11 月 13 日凌晨交由中外运—欧西爱斯国际快递有限公司青岛分公司威海作业中心操作装包发往韩国。快件于 11 月 13 日下午到达韩国，韩国 OCS 通知遗失四个文件其中包含上述快件在内，请求查找。我公司协同青岛 OCS、威海 OCS 操作中心在韩国监管库、威海机场作业现场进行了细致查找无果，于 11 月 14 日下午经中韩双方确认快件遗失。由于此快件中包含青岛嘉里大通船公司出具的一套货值 88 211.2 美元的海运提单，请问，为了让船公司再补签一份提单，我公司可否向船公司出具一份保函，保证缴纳相当于货值 1.5 倍的保证金并保证期为一年。因为威海中行是我公司快递业务最大的客户，对我公司的利润支持一年约有 40 万元人民币，为了维护公司的信誉及合作关系，我公司作为承运人及合作方需妥善处理此事。现不知集团领导能否协调嘉里大通船公司，接受威海分公司的保证函，给予补签提单？

　　答：为了尽快使这一问题得到解决，不因快递提单的丢失而产生经济损失，我认为，你公司可直接与嘉里大通船公司联系，请他们再补签一份提单，最好争取在嘉里大通船公司不要求你公司出具保函的情况下同意补签提单，如果实在不行，一定要出具保函、要求你公司承担由于他们补签提单所引起的一切法律责任，你公司可表示同意。因为该提单是一份记名提单，相对而言其风险大大小于其他形式的提单。

另外，我们也将通过我们的渠道做嘉里大通船公司的工作，请他们相信外运集团及其下属公司将密切配合该公司解决此问题。

答复山东外运公司咨询，2008.1.4

注：关于威海外运快件丢失的处理结果，经当天下午电话联系威海外运，得到的反馈是目前本事已经威海外运方面的努力，得到妥善解决。在发现提单丢失后，威海外运多次与货主协调，让其和韩国收货人协商修改了信用证条款，将收货人的提货日期延长了时间，以便给我方处理此事留出时间。同时，威海外运与嘉里大通船公司多次协商，在威海外运同意给予信誉担保（没有出书面保函）的前提下，船公司重新出具了一套提单给货主（原提单为记名提单，丢失后即使别人捡到也无法提货），并在货主完成提货手续后，收回了提单。货方也完成了结汇手续。整体下来，威海外运实际没有受到损失，此事得到妥善圆满的解决。

283. 托运人快递提单遗失，货代如何放货

问： 重庆外运代理客户发运一票货物到英国某港，并将正本记名提单交付给托运人，托运人以快递方式寄送给国外收货人。货物到港后，收货人称没有收到提单，经查，快件签收联上显示由"BROWN"签收，但收货人工厂有200多个姓氏为"BROWN"的人，无从查找。收货人急于提货，请问，我们应如何处理？

答： 重庆外运作为货运代理，已向托运人交付正本提单，并妥善处理了全部代理事宜，提单遗失导致无法提货，责任在于货主，货运代理没有过错。但作为货运代理人，应协助客户解决出运过程中出现的问题，更好的服务于客户，因此在保证自身权益不受侵害的前提下，可以提供必要的协助。为解决目的港提货问题，重庆外运可以要求收货人和发货人同时出具保函，同时承诺：发货人和收货人任何一方不会再使用正本提单向重庆外运主张提货；收货人也不会向任何人（包括其本人）出具任何形式的提单记名收货人身份证明文件；发货人和收货人保证重庆外运的代理不会未凭正本提单放货而遭受任何损失，若由此产生纠纷致

使重庆外运以及代理遭受任何损害或支付的任何费用（包括诉讼费用及律师费用），发货人和收货人愿无条件承担其一切损害赔偿责任并偿还支付之费用及其利息。

答复重庆外运公司咨询，2008.3.26

284. 快递提单丢失如何申请法律救济

问： 国内发货人将一套三份的记名海运提单，委托我西南航空公司以快件方式寄送原南斯拉夫收货人。我公司又委托 UPS 快件公司寄送，最终在寄送途中将此快件丢失。

负责承运该提单项下货物的台湾长荣船公司一直坚持要凭正本提单放货。在收货人未收到正本提单的情况下，国内托运人、西南航空公司和原南斯拉夫收货人三方都愿意提供保函，表示如另有人持该提单来提货造成承运人损失时，将由出保函的三方承担。但台湾长荣船公司要求，要么先向船方支付 1.5 倍货款的押金，存放期为一年；要么只能凭正本提单放货。

该票货金额为 2.9 万美元，收货人已将货款电汇（TT）给了托运人，故托运人无任何损失。现在的问题是，发货人和收货人均已失去对该货的控制。因此，客户在无法解决问题的情况下会向法院起诉我公司。请问，我们应如何申请法律救济？

答： 根据上述案情，我认为：

1. 你们可请发货人找台湾长荣船公司总部进行交涉，同时与双方沟通能否共同接受第三方提供的担保？

2. 你们一方面提供银行担保；另一方面要求台湾长荣船公司降低保函金额。

3. 你们可向客户表明：西南航空公司只是代理，并无过错，不应承担责任。而 UPS 快件公司作为空运承运人虽有责任，但能享受每件 100 美元的赔偿责任限制。如果起诉，即使胜诉客户也只能在责任限额内获得赔偿，其利益将受到影响。所以，尽力说服客户不要采取诉讼的方式，而是与你们一起想办法让台湾长荣船公司接受保函尽快放货。

4. 如有损失，也应由 UPS 快件公司承担，而不应由你们承担。

5. 至于 UPS 是按每件 100 美元还是按整个货价进行赔偿，要看 UPS 过错的大小。

答复西南航空公司咨询，2003.11.12

285. 空运快件"错交"如何挽救

问1：现将我空运货代公司的快件"错交"一案的基本情况汇报如下：

国内发货人出口一批地毯至美国 B 城，支付条件为付款赎单。2003 年 4 月，地毯装上船后该发货人获得船方提单，并将正本提单交给国内某交通银行，委托该银行代收货款。于是，国内某交通银行委托我空运货代公司寄送含有海运提单的快件交美国 B 城某银行。我公司又将该快件交 UPS 承运，由 UPS 负责将快件运抵美国 B 城交给 B 城某银行。当 UPS 将此快件派送美国 B 城某银行时，该银行以空运单上没有银行的具体收件部门或具体收件人为由两次拒收。于是，UPS 请我公司告知接收此快件的美国 B 城某银行的具体部门或收件人，但此事被我公司搁置，未及时询问国内发货人和国内某交通银行。就在这段时间，美国 B 城海运提单项下的收货人获悉此快件已送到美国 B 城某银行，便向 UPS 证明自己就是该海运提单项下的收货人，声称货物已到卸货港需尽快拿到该海运提单去提货，并向 UPS 保证将承担 UPS 向其交付提单所产生的一切后果。于是，UPS 在未征得国内发货人、国内某交通银行和我空运货代公司任何一方同意的情况下，擅自将装有三份正本海运提单的快件交给了美国 B 城的收货人。该收货人凭此海运提单将货物提走后，一直以所收货物与订货不符而拒付货款。

在此情况下，国内发货人向国内某交通银行索赔。国内某交通银行又要求我空运货代公司负责赔偿国内发货人的损失。我空运货代公司认为自己是代理人，不是该快件的承运人，并在整个快件递送的过程中没有任何过失，故要求国内某交通银行直接向 UPS 索赔。但 UPS 称，一是我空运货代公司所填写的空运单上收件人名称不全，引起美国 B 城某银行即收件人拒收，应由我空运货代公司负责赔偿损失；二是 UPS 即使有责任，也应按空运单背面条款，依据《华沙公约》享受赔偿责任限制；三是按照美国惯例，在这种情况下，UPS 将快件中的海运提单交给能证明是海运提单上的收货人的人，UPS 不应承担责任。

现在国内发货人的损失的确发生了，我空运货代公司认为自己在此快件递送中无任何过失，而有过失的 UPS 又无理拒赔。为了减少损失的扩大和维护我公司的声誉，我们应该如何处理此纠纷，请您指教。

答：关于你空运货代公司的这个案子，经考虑，我准备跟美方 UPS 委请的汪律师联系并替你公司与他谈判。

（一）我打算与汪律师通电话的主要内容：

1. 可做委托方的工作，争取不起诉解决问题。

2. 和解可以，但 UPS 应讲出一点理由，使国内某交通银行做些让步。

3. UPS 的责任肯定是不能免除的。处于当时的情况，UPS 应将该快件退回或按委托人的指示行事，但 UPS 没有这样做，却擅自将含有提单的快件交给了第三人并产生了损失，所以 UPS 应承担全部责任。

4. UPS 不能享受赔偿责任限制即只赔 100 美元，因为这不是丢失，不是延误，也不是误派，而是 UPS 明知其后果，明知会产生损失而自作主张将此含有提单的快件交给了美国 B 城的收货人。美国收货人凭该提单提走了货物却不付款，使得国内发货人至今收不到货款。UPS 的此行为一是明知，二是草率，三是给委托方带来了经济损失，故不能享受赔偿责任限制。

5. UPS 是世界性的大公司，在中国既有业务也有名气，因此不应陷入这个毫无道理、自己又有过错的案子中不能自拔。相反，UPS 应从全局和长远角度来考虑此案的影响与自身的形象，争取尽快变被动为主动，进行赔礼道歉，并立即赔偿，重新获得客户的信任，挽回影响。

为此，建议汪律师将上述意思转告美方 UPS。

（二）同时，空运货代公司也可向汪律师转达，我们集团公司法律部有如下几点意见，请他慎重考虑，集团公司的总法律顾问将会直接与他联系：

1. UPS 擅自草率处理快件应承担全部责任；

2. UPS 不能享受 100 美元的赔偿责任限制；

3. 你方不同意 UPS 所谓的"美国惯例"；

4. UPS 该赔的不赔，影响很坏，形象很差，从长远、全局看，对 UPS 在中国开展业务很不利，这样做实在不合算；

5. UPS 本应做到第一时间赔付，才能体现 UPS 的服务，而现在这样做，根本无法挽回对其不利的影响；

6. UPS 应加紧督促美国收货人付款；

7. UPS 赔付后，可自行处理美国收货人手中的货物。

（三）你方需向发货人和银行说明的内容：

为了加速案子的顺利解决，你方一方面要进一步了解情况；另一方面还要做好国内发货人和国内某交通银行的工作，让它们也适当做点让步，使案子得以尽快了结，因为这样做对他们双方都是有好处的。为此，建议你公司对国内发货人和国内某交通银行讲明：

1. 让国内某交通银行表个态，只要 UPS 尽快赔付了结此案，他们将保持与 UPS 的业务往来，并且不会在内部扩大对 UPS 的不良影响。

2. 让国内发货人同意不计利息，少要 2 万元人民币，这样做比 UPS 将货退回国内处理还合算一些，也好办一些。

3. 让国内发货人同意，一旦收到货款就将其出口货物的所有权与处置权交 UPS。

4. 由于该批货物不是通过信用证结算的贸易，而是 D/A 条款，交通银行只是国内托收行，并非议付行，况且他们也没有任何经济损失，所以他们无权起诉 UPS；而真正的国内发货人又与 UPS 无直接法律关系，要走法律途径还需考虑程序问题，也不简单。因此，国内发货人最好还是以和为贵，能获得绝大部分赔付就行了。

（四）建议：

最后，建议你空运货代公司争取以和解方式了结此案，因为本案中你公司在操作上也存在着不当之处。在银行交递的快件中有相当一部分快件在收件人一栏中只注有银行名称，而没有具体收件人，一般情况下都按正常件接收，多数都会在目的地正常派送，当有异常情况（如拒收）时才会要求发件行重新提供具体收件人或按照发件行指示将原件退回。正是按照这样的惯常做法，本案中你公司在空运单上同样未注明具体的部门和收件人，导致了美国 B 城某银行的拒收，所以你公司也可能要承担一些责任。这就告诉我们，业务中的习惯做法并不等于就是正确的做法，不等于就不存在风险，要想将业务操作中的风险降到最低，只有严格遵守操作规程，尽量做到一丝不苟，没有疏漏。故建议你公司如果争取不到 UPS 承担全部责任，也可象征性地表示承担一点责任，以便与客户和解了结此案。其实，这样做的结果比打官司对你公司更为有利。

2003. 5. 20

问 2：关于 UPS 提出的三点拒赔理由不知您是怎样具体回复他们的，请赐教。

答：关于这个问题我是这样回复的：

汪律师，我是外运集团总法律顾问兼法律部总经理，关于空运货代公司与 UPS 一案，对于 UPS 提出的三点拒赔理由现答复如下：

1. 空运货代公司只是代理人，不应承担任何责任。

本案中，空运货代公司是作为 UPS 的国内代理接受国内某交通银行的委托的，因此该交通银行与 UPS 之间存在着快递服务合同关系，而不是与空运货代公司之间存在快递服务合同关系，作为代理人的空运货代公司只要妥善地履行了代理职责，未因其过错给委托人造成损失，就不应承担赔偿责任。

2. UPS 不能享受赔偿责任限制。

目前我国尚无调整快件运输的专门法规，因此，虽然对于《华沙公约》能否适用于航空快件运输尚存争议，且将《华沙公约》适用于快件运输还存在诸多不当之处，但在我国法院的司法实践中并不乏在快件运输中适用《华沙公约》的案例。《华沙公约》第 22 条第 2 款规定，"在载运登记的行李和载运货物时，承运人的责任以每公斤 250 法郎为限，除非旅客或托运人在交运包件时，曾特别声明在目的地交付时的利益并缴付必要的附加费。在后一种情况下，除非承运人证明旅客或托运人声明的金额是高于旅客或托运人在目的地交付时的实际利益，承运人应在不超过声明金额的范围内负赔偿责任。"同时，《华沙公约》亦对承运人享受赔偿责任限制的权利做了限制，即"如经证明造成损失系出于承运人、受雇人或代理人故意造成损失或明知可能造成损失而漠不关心的行为或不行为，则不适用第 22 条规定的责任限额；如系受雇人或代理人有上述行为或不行为，还必须证明他是在执行其受雇职务范围内行事。"在本案中，UPS 错交快件的行为即使不存在故意，也构成了一种轻率的行为，因此，无权再享受赔偿责任限制。

3. 要求 UPS 提供所谓"美国惯例"的书面资料。

本案中，UPS 声称其将快件交付给海运提单收货人的行为符合美国的惯例并可以免责，我们不同意此观点。因为：第一，本案如打官司，其管辖权和准据法均未确定；第二，本案即使适用美国法，我们也从未听到和看到过美国的这种惯例，故要求 UPS 提供美国存在此种惯例的相关证据；第三，我们相信，本案无论适用中国法还是适用美国法，或者参照有关航空运输的国际公约，UPS 肯定都是不能免责的。

汪律师，我们都是从事法律工作的，故从法律的角度分析整个案情，我认为 UPS 的责任是不可推卸的，应承担国内发货人的全部损失。鉴于本案损失的金额并不大，无论从法律方面还是从业务关系方面考虑，此案都不宜再拖，尽快解决纠纷对 UPS 肯定是有好处的。如果能争取和解那就更好，因为以和为贵，大家将来还可继续进行业务往来。望你将我的意见转告 UPS，请 UPS 给予重视并尽快答复。

2003.5.21

问3：汪律师来电，称UPS暂无消息。又称，UPS的业务部门想要我空运货代公司也分担一些损失，他认为我公司肯定不会同意，但据他所了解，经UPS查询，当时我公司给美国B城某银行收件人的地址是一个错误的地址（我让他提供一份书面材料）。

另外，我公司已答应国内某交通银行一有消息就会通知他们，并表示还是以和解为好，他们也同意此观点。只是交通银行自己不好做主，正与国内发货人联系，发货人也表示愿意和解。

请问，我们下一步该怎么办？

答：待国内发货人和国内某交通银行提出方案后将方案交我，然后我再向汪律师提供。我认为还是抓紧和解为好，例如少索赔2万元人民币，这2万元人民币由国内发货人承担，实在不行就由国内某交通银行、你空运货代公司和国内发货人三方分摊，这样对三方都有利。

另外，你空运货代公司还需写两份材料：一是当时UPS在未征得你方同意的情况下，擅自将该快件交给美国收货人，以致产生损失；二是现在UPS对此纠纷迟迟不予解决，对你公司与UPS造成的负面影响不小。

2003.5.23

问4：汪律师转来以下几点UPS的意见，问我空运货代公司能否做出一些让步。我认为UPS的这些意见与事实有出入，有些说法不对。您看怎么办？

1. 空运货代公司当时在快件的空运单上未按UPS的要求填写，即未写清收件人的具体部门或具体收件人。

2. 美国B城某银行拒收快件后，该银行副行长曾打过一电话给空运货代公司，但空运货代公司称没有具体收件人。

3. 后来空运货代公司的信息反馈很慢，等了大约四天时间。

4. UPS只好将快件交给了第三方，因为第三方能讲出快件的具体运单号及其详细内容。

5. 按照UPS的内部操作指南，因委托人提供的地址名称不详，收件人拒收快件，经查询后收件人仍不认，坚持拒收快件，而此时第三方又能讲清楚快件是给他们的，UPS可以将此快件交给第三方。

6. UPS认为，在快件错交的问题上空运货代公司也有一定的责任。

答：你先将你空运货代公司的意见发给我，然后视你们提供的具体情况与意见我再与汪律师交涉。

2003. 5. 28

问 5：汪律师来电说：他已与国内某交通银行经理联系过，并告知经理，如国内发货人仍要求赔付本息而不退一步，那么事情就不好解决；如果可退一步，事情就可能解决。UPS 的意思是：（1）只能赔付一半；（2）货物的所有权仍属国内发货人，UPS 不管。对此，不知您的意见如何？

答：国内某交通银行经理已答应与国内发货人商量，商量后他们会再给汪律师一个答复。同时，汪律师告诉我，UPS 仍要求你空运货代公司出 2 500 美元（约 2 万元人民币），此数在 UPS 赔付的那一半之内。也就是说，此问题由空运货代公司、UPS、交通银行以及发货人四方共同来解决。现将此方案告你，我的意见还是以促进和解为好。

2003. 6. 24

问 6：国内某交通银行告诉我，国内发货人已基本同意 UPS 提出的和解方案，要 UPS 书面提出，国内发货人再书面答复。不知您能否打一个电话给汪律师，讲一下此情况。

答：可以。另外，我再明确告诉你一点：到时 UPS 赔付的那一半之中包括由你空运货代公司出的 2 500 美元，即你空运货代公司也要出 2 500 美元。

2003. 6. 26

问 7：汪律师已提交了一个解决方案，基本意思还是 UPS 赔付一半，货物的处置权仍交还国内发货人。这个方案给了国内某交通银行，交通银行又给了国内发货人。但现在国内发货人又称那 2 000 美元的定金他们不能承担，因为原来答应承担的前提是在全赔的情况下。怎么办？

答：我的意思还是赶紧催促一下国内某交通银行，让交通银行也承担一部分定金，争取早日结案，否则到时 UPS 又不干了，前面所做的一切都将前功尽弃。

2003. 8. 14

问 8：告诉您一个好消息，此案已基本解决，由 UPS 赔付一半，国内发货人也同意。关于这个案子，空运货代公司副总说会向您写一份详细的材料，并且还想请您给空运货代公司专门讲一课，不知到时您是否有时间？

答：案子解决后请将结果告我，同时你们也应很好地总结一下经验教训。到时我会抽空去你们空运货代公司一趟并讲一课，讲课的内容主要是结合你们公司发生的一些案例进行分析，并提出一些具体的防范措施，以便提高大家的风险管理意识，避免今后重复交"学费"。这样，你们就不会天天坐在"火山口"上了。

答复空运货代公司咨询，2003.9.16

注：该事件给空运货代公司和 UPS 的声誉造成了很大的影响，事发后空运货代公司积极联络各方，安抚客户，并督促 UPS 尽快采取积极有效的措施，妥善处理此事，以避免损失的进一步扩大，消除业已存在的不利影响，重新争取失去的市场。最后，空运货代公司、UPS、交通银行以及发货人四方达成协议，UPS 和空运货代公司同意支付交通银行和解款总计 15 490.38 美元，其中 UPS 承诺支付和解款 13 069 美元，空运货代公司承诺支付和解款 2 421.38 美元，和解款由交通银行转付发货人。关于此案的详细案情，参见孟于群著《国际海运疑难典型案例精析》一书。

286. 空运货损如何主张权利

问：收货人接收空运货物时，发现货物有些已被损坏，于是向航空公司提出索赔。请问您是否需要出示第三方的证明？同时，请您告诉我们还应注意哪些问题？

答：1. 向航空公司提出索赔申请，不需要第三方证明。

发生货损向航空公司索赔分为两个阶段：第一，向航空公司提出异议（包括提出索赔申请）；第二，进一步确定航空公司是否承担赔偿责任（或双方协商解决，或向法院提起诉讼）。

（1）第一阶段，不需要提出任何证明。

依据我国《民用航空法》第 134 条的规定："托运行李或者货物发生损失的，旅客或者收货人应当在发现损失后向承运人提出异议……货物发生损失的，至迟应当自收到货物之日起十四日内提出……任何异议均应当在前款规定的期间内写在运输凭证上或者另以书面提出……除承运人有欺诈行为外，旅客或者收货人未在本条第二款规定的期间内提出异议的，不能向承运人提出索赔诉讼。"

（2）所及航空公司要求的第三方的证明（比如商检局），可能在第二阶段需要。

当货损是由外包装损坏引起的，货方负有举证责任时，很重要的证据就是第三方的证明。而这个证明可能由货方提供，也可能双方协商由某个检验机构进行联合检验出具的检验报告（防止货方提供的第三方证明航空公司不认可）。

货方向航空公司提出索赔申请，相当于第一阶段的提出异议，并不需要第三方证明。

2. 建议采取以下措施：

（1）对于航空公司：

①立即向航空公司提出书面索赔申请。

根据你方提供的情况，你方还没有就货损向航空公司提出符合我国《民用航空法》第 134 条规定的异议。为了防止货方丧失向航空公司索赔的权利，建议立即向航空公司提出书面索赔申请。

如果航空公司称，提出异议已经超过十四日的期限。你方可辩称，没有及时申请索赔，是由于航空公司一直要求提供第三方证明，且可出示提货时仓库的照片为证。

②争取与航空公司协商解决。

由于航空公司要求提供第三方证明，所以要催促货方尽快取得第三方证明。如果不能取得，估计向航空公司索赔是很难的。同时，与航空公司交涉时，告知其货方可能提起诉讼，一旦提起诉讼，将会比较容易取得商检局证明。

（2）对于收货人：

根据你方提供的情况，零件是否损坏尚不知。即使损坏，究竟是航空公司运输中造成的，还是货方发货时就已经损坏，也不得而知。

所以，首先催促货方尽快检测零件运转的情况，如发现损坏，尽快确定是航空公司运输中造成的，还是货方发货时损坏就已经存在。然而无论将来向哪方索赔，最有效的证明就是商检局部门出具的检验报告。

（3）对于国外卖方：

由于现在尚不清楚货损原因，建议同时向国外卖方提起书面索赔声明，以免超过时效，丧失索赔的权利。

（4）对于国外代理：

根据你方提供的情况，不清楚国外代理的身份。如果能确认对方即是国外卖方的代理，则应向其提起书面索赔的声明。

答复某货运代理公司咨询，2006.9.19

287. 空运货损能否享受赔偿责任限制

问： 我方负责空运的货物在运输途中丢失，原告认为被丢货物是被我方雇员盗窃，故要求我方赔偿，并且不得享受赔偿责任限制，要按"贵重物品"进行赔偿，请问对方的要求合理吗？

答： 根据你方提供的资料，我认为对方理由不成立。

1. 你方应享受赔偿责任限制的理由之一：

如果是"贵重物品"，通常要在空运单上打印出来，并缴付一定的附加费用。而本案既未标明是"贵重物品"，又未缴付任何附加费用，故对方所谓"申明了价值"的事实根本不成立，因而你方不能享受赔偿责任限制是不成立的。

2. 你方应享受赔偿责任限制的理由之二：

原告之货物在航空运输中受到损失，你方将按空运单承担损失。但由于原告不能证明造成损失的原因是被告故意所为或明知可能造成损失而漠不关心的行为或不行为所致，也不能证明是被告的受雇人员在执行其职务范围内的行事，故被告只能在不超过空运单声明的价值范围内进行赔偿。

即使有盗窃行为，但原告无证据证明被告之雇员的盗窃行为是在执行其受雇职务范围内行事，故原告无权引用1955年在海牙修订的《华沙公约》第25条，要求被告按灭失货物的金额赔偿损失，因为该条规定：（1）如果损失的发生是由于承运人的有意的不良行为，或由于承运人的过失，而根据受理法院的法律，这种过失被认为等于有意的不良行为，承运人就无权引用本公约关于免除或限制承运人责任的规定。（2）同样，如果上述情况造成的损失是承运人的代理人之一在执行他的职务范围内所造成的，承运人也无权引用这种规定。

而原告只能依据该《华沙公约》第22条第（1）款至第（4）款，即"（1）运送旅客时，承运人对每一旅客的责任以十二万五千法郎为限。如果根据受理法院的法律，可以分期付款方式赔偿损失时，付款的总值不得超过这个限额，但是旅客可以根据他同承运人的特别协议，规定一个较高的责任限额。（2）在运输已登记的行李和货物时，承运人对行李或货物的责任以每公斤二百五十法郎为限，除非托运人在交运时，曾特别声明行李或货物运到后的价值，并缴付必要的附加费。在这种情况下，承运人所负责任不超过声明的金额，除非承运人证明托运人声明的金额高于行李或货物运到后的实际价值。（3）关于旅客自己保管的物件，承运人对每个旅客所负的责任，以五千法郎为限。（4）上述法郎是指含有千分之九百成色的 65.5 毫克黄金的法国法郎。这项金额可以折合成任何国家的货币取其整数。"，来要求被告在不超过声明金额的范围内负赔偿责任，也就是说按原告在空运单上声明的货物灭失的相应金额赔偿原告。

3. 事实上，原告的空运货物并不是在香港丢失的，而是在洛杉矶至纽约的途中丢失的。

4. 空运单是约束双方当事人的，即使赔偿责任限制无效，其他条款也仍然是有效的。

5. （1）原告所指的盗窃嫌疑人不是你公司雇员，更不是你公司职员；（2）即使是你方雇员，原告没有任何证据证明被告之雇员的盗窃行为是在执行其受雇职务范围内行事。

答复河南外运公司空运部咨询，1993. 11. 21

288. 包机亏舱费损失能否减少

问： 我们遇到了一个亏舱纠纷，现请您告诉我们包机亏舱费的损失能否减少？

答： 根据你所提供的资料，现提出以下三点意见，供你参考。

1. 双方所签协议第 2 条第 5 款已明确规定，如包机舱位无货可供，由华力公司承担 50% 的亏舱费，如在装货 48 小时前书面通知航空公司，由华力公司承担 25% 的亏舱费。所以，由于华力公司无货可供造成的亏舱费只能按此条款办理，除非航空公司索赔的金额超过按此办法计算的金额。

2. 双方所签协议第 7 条规定：协议执行期限为一年，乙方不得退包机舱位。根据此条，一年内华力公司不得退包机舱位，否则即使因亏舱太多，也需待合同到期后才能退所包机舱位，除非华力公司提出，航空公司同意提前接受退包机舱位。

3. 华力公司应从中吸取教训：

（1）一是对行情货量估计要更接近实际。

（2）如把握性不大，时间可签短一些，如一个月或一个季度或半年，待实践一段时间后，根据具体情况再确定包机舱位时间的长短。

（3）如果是华力公司强势，可在协议中增订："华力公司可提前退包机舱位，但应在拟退包机舱位 15 日前书面通知航空公司"等条款，或要求退包机舱位承担更小的亏舱费。

答复华力空运公司咨询，2004.4.28

2007 年作者在中外运集团于宁波举办的
法律工作会议上就空运快件的法律问题答疑

289. 空运手机被盗谁来负责赔偿

问：我司接受托运人委托，办理 100 台手机的空运业务，目的地为上海。业务方式为"手到手服务"，即受托方从托运人手中接收货物后，应当完好无损地将货物交到托运人指定的收货人手中。货物被安全运抵，我司委托的上海代理已经提货，并将货物带回到自己的单位存放。货物交付前，上海代理发现货物被盗。警方介入后，追回被盗手机 79 台。收货人以货物不全并受损为由拒绝收货，并要求赔偿。我司通知上海代理向我司退还余下的 79 台手机，上海代理以因处理货物被盗事宜产生了额外费用，在我司同意承担该费用之前，拒绝退回货物。因货物已被投保，收货人或托运人可以从保险公司获得赔偿。在此情况下，我司是否需承担法律责任？应如何处理此案？

答：（一）法律分析

根据你司介绍的上述情况，站在你司的立场上，现做出以下法律分析：

1. 你司在货物运输、交付过程中造成了货物损失，且该损失不属于你司免责或享受责任限制的范围，因此，你司将可能承担货物的全部损失。如果托运人没有在委托运输时申明货物的价值，则托运人有义务证明货物的实际价格。

2. 保险公司赔付托运人或收货人后，可以向你司行使代位求偿权。

3. 无论上海代理在该业务中扮演的角色是你司的代理人还是合同的当事主体，上海代理均应承担对货物保管不当的法律责任。

4. 上海代理为处理货物被盗而产生的费用，无权要求你司承担。相反，你司可以就货物被盗而产生的全部损失和费用向对方索赔。

（二）应对措施

根据以上分析，建议你司采取以下应对措施：

1. 该纠纷的法律责任非常明确，建议你司从商业的角度来处理与上海代理之间的纠纷。如果上海代理不是一个很好的商业合作伙伴，你司完全有理由依照法律要求对方赔偿。

2. 为最大限度维护你司的利益，特推荐你司与上海当地的中外运企划部非常有经验的法务人员联系沟通，请他们给予你们一些具体的协助与意见。

3. 该纠纷给了我们一个启示，即在商业活动中，即使合作伙伴之间已经建立很高的信任度，各方之间在业务合作中仍然应当订立书面合同，明确各方之间的权利与义务。这样，一旦发生纠纷，各方之间容易划分清楚自己的权利和责任。

以上法律分析与建议，仅供你司参考。如需进一步协助，请随时告知。

答复中国外运河南空运公司咨询，2006.1.12

290. 空运被盗物能否凭公安证明理赔

问：一批数码录音机，在运输途中丢失，收货人未在机场作丢失记录，而是到机场公安局报了案，并有报盗窃案的记录。收货人向保险公司提赔，得到了赔偿。我们的问题是：1. 保险公司凭公安局出示的证明，能否作为向承运人索赔的依据？2. 承运人能否享受每公斤 20 美元的赔偿责任限制？

答：保险公司索赔时提出的公安局的证明应当是有效和有力的证据。如果保险公司不能证明是承运人或是承运人雇员的故意行为，那么承运人就可依法享受赔偿责任限制。

答复某空运公司咨询，2003.9.16

四、多式联运

2002 年 11 月 21 日作者在昆明与云南外运
研究分析多式联运法律及案例

291. 多式联运提单应交谁

问：香港某公司委托长运公司将一个 40 英尺集装箱（内有童装，价值约 3 万美元）由广州某厂用车运抵香港，然后由船转运到纽约。其运费已付长运公司，曾指示将该多式联运提单交给国内某厂，但货物装运后至今，因厂家破产，厂长携款潜逃，故该多式联运提单无人问津。这笔货物，先由纽约进口商向香港某公司开证、付款；香港某公司向厂家开证、付款。该集装箱货很快就要到纽约了，香港某公司又指示长运公司，将多式联运提单的发货人改为香港某公司，并交给他们，现在请问您，能否更改？能否将多式联运提单交给香港某公司？

答：根据你们介绍的案情，我有如下想法，供你们参考：

1. 关键要先搞清楚这批货物的所有权属于谁？

2. 广州某厂与香港某公司事先是否达成协议，即多式联运提单应给发货人即广州某厂？如有此条款，且广州某厂又未收到货款，那么就不应给香港某公司。

3. 为了慎重起见，又要保护长运公司自己的利益，建议长运公司最好书面致广州某厂，征得其厂方确认同意将多式联运提单交给香港某公司（如不回电也算默认），如不同意，则请香港某公司与该厂方直接解决，双方先达成一致意见后再交多式联运提单。

4. 即使最后要交多式联运提单，也应让香港某公司出具保函，对由于变更多式联运提单发货人和变更交接多式联运提单所引起的后果由他们负责。因为原本长运公司仅与香港某公司有委托关系，现一旦发货人打在多式联运提单上，长运公司又签发了提单，则发货人与签发提单的多式联运经营人即长运公司就形成了法律关系。

长运公司作为多式联运经营人，与多式联运提单上的发货人是有法律关系的，因为多式联运提单是运输契约，该多式联运提单约束该提单的当事人，此时承托双方的法律关系已经构成——提单持有人可以追究多式联运经营人的责任。

答复长运公司咨询，1997.11.16

292. 多式联运提单持有人应向谁索赔

问： 发货人委托法国一家公司运送货物，法国公司使用的是一家船公司的提单（多式联运提单），该批货物是 CY-CY，采用 D/P 贸易方式，该船公司签发了提单，并将货物运到目的港后，货物被提走，却无人到银行付款赎单。于是，发货人要求将单据包括提单退回。现提单持有人不知究竟应向谁提赔？另外事隔两三年，诉讼时效是否已过？那家原船公司也已更名重新注册了。我们该怎么办？

找法国货运代理——货运代理称已完成装运，且无过失，不承担责任。

找船公司——船公司称不是原船公司，不承担责任。

找船务代理——不知道是谁放的货？不知道谁是船务代理？

请您告诉我们该如何处理为上策？

答： 没看到任何材料不好说，只能就你们所说的情况提供一点参考意见：

1. 既然法国货运代理签发的多式联运提单，虽然不是货运代理本身的提单，但是他签的，就把他视为多式联运经营人，要求他赔偿，但时间已过两年，恐怕已丧失诉讼时效，你们可仔细查阅有关资料或咨询法国律师看是否存在诉讼时效的中断？

2. 案情尚需搞清楚，究竟是谁放的货？是谁提走的货？如属船方无单放货，或其代理无单放货，则可凭提单起诉承运人，只是不知诉讼时效是否已过？

3. 关于原来船公司已改为新船公司的问题，首先从法律上查清新船公司是否要承担原船公司的债务，然后再确定是否可向新船公司索赔。

答复中外运（香港）船务代理有限公司咨询，2001.9.5

293. 多式联运经营人收不回运费怎么办

问：我公司碰到这样一起纠纷，1989 年 8 月，一位自称是 A 公司的工作人员，来到我公司办理多式联运手续，将一批北京蜂王浆运到玻利维亚。该人填写了托运人出口单，托运人为北京某实业开发公司，货物数量为 527 件（94 公斤），并留下其临时通信地址。

我公司接受委托后，签发了多式联运提单，收货人为玻利维亚某进出口公司，运费为预付，运输路线为中国—哥伦比亚—智利—玻利维亚，收货人凭正本提单收货。

托运人后来未支付运费 3 000 多美元。我公司即找 A 公司，但该人不在。再找北京某实业开发公司，该公司已经停业，并且无法证明那人就是该公司的。在此情况下，我公司只好去法院打官司，但因找不到被告，法院驳回了我公司提起的诉讼。请问，我公司还有什么办法收回运费吗？

答：照我看，此运费已无法收回，只有从中吸取经验教训：

1. 签发提单时要谨慎，要查实托运人的实际情况，还要查验有关的证明文件，证明业务对象是谁。实际上，在整个过程中有许多疏漏的迹象。

2. 在未收取发货人的运费时，不能打运费预付（丧失了向目的港收货人进行留置货物的权力）。如果打了运费预付，就无法留置货物了。在个别情况下，如果未收到运费而需打运费预付时，一定要慎重，并且对托运人或公司的资信情况要有所了解，否则风险极大，甚至在诉讼中法官还有可能认定提单上你公司已注明"运费预付"的字样，而不再考虑托运人确实未付运费的具体事实，从而导致你公司败诉。

3. 要有多式联运经营人即为承运人的法律意识。

4. 在接受委托人的委托，安排运输或承担运输的过程中，注意关系人要清楚，而且要统一。

答复北京外运公司咨询，1994.7

294. 多式联运货险遭拒赔怎么办

问：现有一个货运代理与保险的问题需向您请教，其主要案情如下：有一个出口集装箱货物由国内运往国外，其运输方式采取的是国际多式联运（包括海运与陆运）。国内发货人委托一家货运代理负责该货的运输。该货运代理签发了一份多式联运提单，并代发货人投保了运输险，被保险人为发货人。但是，货运代理在签发的多式联运提单正面打上了"由发货人装箱、积载点数和铅封"等字样。同时，货运代理在同一家保险公司还投保了货运代理责任险。当该集装箱运抵目的地后，经开箱发现集装箱内的货物有残损，于是货运代理代发货人向承保公司提出索赔，遭到承保公司的拒赔，其理由是：该集装箱内的货物是由发货人自行装箱、积载点数和铅封的，集装箱被运抵目的地开箱时铅封是完好的，箱体外部是良好的，整个运输途中也未发生过任何事故，所以多式联运承运人对箱内货物的残损无任何责任。由于箱内货物有残损是在装箱前或装箱时就存在的，并非是运输途中造成的，因此，根据运输险的承保范围，它是不包括因发货人自身原因所造成的货损的。此时，货运代理出面澄清事实称，虽然该批货物多式联运提单上打明"由发货人装箱、积载点数和铅封"，但实际上是由货运代理进行的装箱、积载点数和铅封，并且在发货人与货运代理所签的运输协议中也有此条款，明确约定是由货运代理进行装箱。鉴于货运代理所提供的资料自相矛盾，故承保公司最后只认多式联运提单上打明的由发货人装箱，坚持不能赔付发货人。请问，在此情况下，我们应怎样才能说服承保公司赔付发货人？

答：关于此案，听了你电话中的介绍，我有这样一些想法，供你参考。

1. 本案承保公司依据集装箱货物运输保险的规定拒赔是有其道理的，因为货运代理所签发的多式联运提单上打明了是由发货人装箱与铅封，集装箱运抵目的地，开箱时铅封又是完好的，箱体也是良好的，整个运输过程中并未发生过任何事故，所以承运人对集装箱内货物的残损和短少是不负责任的。也就是说，集装箱内货物的损失是由发货人自身原因造成的，而不是承运人运输途中产生的，故这种货损不在运输险的承保范围之内。

2. 一般情况如上所述，承保公司拒赔是有道理的，并且道理还很充分。但是具体到本案，有其特殊性，即事实上集装箱内的货物并非由发货人所装，而是由货运代理进行装箱的，并且发货人提供了此事实的证据，所以此时承保公司不应再一味强调多式联运提单上所打明的由发货人装箱的字样，而应依据客观事实，认定是由货运代理装箱的真实情况，赔付发货人。

至于单据上所打字样与事实相矛盾的情况在我国时有发生，但在司法实践中法官最终认定事实的判例也不少。例如，在海运业务中，承运人经常应托运人的要求在提单上打明"运费预付"等字样，而实际上托运人有时并未预付运费，甚至当货物被运抵目的港收货人收到货后仍不支付运费的也时有发生。如果双方协商不成，那么承运人只好起诉托运人，要求托运人支付运费。而托运人往往称承运人所签发的提单上打明了"运费预付"，足以证明运费已付，以此为由进行抗辩。此时，法官面临的是相信提单所打字样，还是相信承运人所讲的事实呢？根据我国的现状与实际做法，法官通过对事实的全面分析与考察，一般都会认定承运人实际上未收到运费，因此有权向托运人追偿，从而判决托运人应支付运费给承运人。我认为，本案虽与上述情况有所不同，但情节与性质是很类似的，所以你们可将此案例转述给承保公司。

3. 本案货运代理在保险公司投保了责任险，该承保公司也应清楚，如果不赔付发货人，发货人肯定会要求货运代理予以赔偿。而货运代理也负有责任赔偿发货人，因为货运代理在本案中作为多式联运经营人，签发了多式联运提单，收取了全程运费，应对全程负责。况且，依据发货人与货运代理所签运输协议以及事实，集装箱的装箱工作实际是由货运代理负责的。

4. 既然货运代理对集装箱内货物残损须承担责任，那么依据其所投保的货运代理责任险，该损失也应在承保公司的赔偿范围之内。也就是说，承保公司如不赔付发货人，就要赔付货运代理人。在此情况下，我认为，承保公司从今后的业务上考虑，还不如赔付发货人。

5. 当然，你们也要向发货人与货运代理明确指出，在今后的业务中，不能再出现这种完全自相矛盾的情况，否则一旦发生纠纷，自己就会处于极其被动的地位，很可能要承担本不应承担的责任，甚至产生对自己极为不利的后果。

答复新时代保险经纪有限公司咨询，2010.3.1

295. 关于大陆桥运输业务的咨询

问：在大陆桥运输业务过程中，有几个问题向你请教，望你与有关业务部门联系，了解具体情况后尽快答复我，谢谢。

我的问题是：

1. 我国的大陆桥有哪几条线路？

2. 在你们经营的大陆桥业务中签发何种单据？由谁签发？

3. 在运输中发生纠纷后采用何种法律？依据哪个国家的法律？是否采用国际公约？

4. 能提供相关案例吗?

答: 关于您提出的四个问题,回复如下:

1. 大陆桥运输的主要线路:

(1) 日本、韩国、东南亚、美国—连云港—中亚(由日本、韩国、东南亚、美国等各国海运到我国连云港,经大陆桥运到中亚);

(2) 中亚—连云港—日本、韩国、东南亚、美国、中国台湾(返程则是,从中亚铁路运到我国,再通过海运运到各国与我国台湾地区);

(3) 连云港—中亚(目前欧洲也有零星货物通过海运到连云港,再转大陆桥到中亚)。

2. 运输单据的签发:

(1) 西行货物:①如果是全程运输,一般委托中外运的海外代理(日本外运、韩国外运、泰国外运)根据客户需求签发中外运抬头的多式联运提单,但会在提单上注明类似"提单不作为货物提取的凭证,货物提取后该提单自动作废"的表述;②如果是中国铁路段运输,会签发铁路运单,正本随车走。但无论是多式联运提单,还是铁路运单都不是中亚收货人提取货物的凭证,因为货到中亚的目的地,铁路直接向铁路运单注明的收货人交付货物。

(2) 东行货物:由于中亚客户并非直接客户,委托人也是货运代理公司或运输公司,一般由委托人自己签发多式联运提单,我司不签发多式联运提单。

上述业务,如涉及海运,则由船公司签发海运提单,我司作为托运人或收货人。

3. 各运输段的法律适用:

适用网状责任制,即适用各区段所在地的法律规定。

4. 大陆桥运输方面的案例(见附件)。

另外,我司也从事国内沿海运输加铁路运输模式的业务,如广州、厦门—连云港,通过内贸船运输,上岸后转铁路运输至中亚。

上述情况是目前我所了解到的,如有任何不妥之处,请多多指教。

附件:大陆桥运输案例分析

(一)基本案情

1996 年 12 月 30 日,某外运公司(以下简称"外运")与日本 ITS 公司(以下简称"ITS 公司")达成一份运输协议,约定由外运负责日本—中亚的国际货物多式联运的中国境内段铁路运输。而在此之前,ITS 公司已与日本丰田汽车公司达成由 ITS 负责日本—中亚汽车配件运输的协议。

2000 年 10 月至 2001 年 3 月，ITS 公司拖欠外运运费共计 113 220.00 美元。2001 年年初，外运获悉 ITS 公司经营状况恶化时，及时将未过境的五个集装箱（内装日本丰田汽车公司的汽车配件）拦截在阿拉山口，中止运输，并要求 ITS 公司尽快支付拖欠的运费，否则将不再负责该批货物的运输，并可能采取措施对货物进行处置。2001 年 5 月 22 日，外运收到 ITS 公司的代理人寄来的债权人通知。通知中表明：ITS 公司已经向东京地方法院申请破产，且法院已受理。2001 年 5 月 24 日，ITS 公司传真外运对于所欠运费给予确认，但表示无力偿还。2001 年 6 月 6 日，日本东京法院正式宣布 ITS 公司破产，并将《宣布破产通知书》和债权申请书寄给外运。

（二）主要争议和处理结果

日本丰田公司认为：作为多式联运托运人的丰田公司已将运费支付给 ITS 公司，对此 ITS 公司也给予确认。外运公司无权扣留其货物。

外运认为：由于 ITS 公司对外运而言也是托运人，ITS 未能及时支付外运运费，外运有权中止运输，至于货物的真正所有权人是谁与外运无关，日本丰田与外运没有任何的合同关系。

货物滞留阿拉山口六个月后，外运与日本丰田达成协议，同意由双方共同承担由此给外运带来的运费损失，日本丰田还承诺将在以后的业务中与外运进一步加强合作。

（三）法律分析

1. 法律关系

（1）日本丰田与 ITS 公司之间的法律关系：

二者之间的运输协议属于典型的国际货物多式联运合同，日本丰田是托运人，ITS 公司是多式联运经营人。ITS 公司负责履行或者组织多式联运合同，并对 TCR 全程运输负责。日本丰田向 ITS 公司支付全程运费。

（2）ITS 公司与外运之间的法律关系：

ITS 公司与外运之间签订的运输协议，属于区段运输协议。即外运只负责全程的部分运输，ITS 公司负有向外运支付区段运费的义务，相应的在该区段发生的货物损坏和灭失，ITS 公司有权向外运索赔。

（3）日本丰田与外运之间的法律关系：

严格意义上讲，外运和日本丰田不发生直接的合同关系。按照合同约定，日本丰田不负有向外运支付运费的义务，相应的货物发生损坏和灭失也是应当直接向全程承运人（ITS 公司）索赔。

（4）责任划分：

货物在运输过程中发生灭失或损坏，是由多式联运经营人负责，还是由区段承运人负责赔偿？应当适用什么法律规定？目前大体有三种形式：

①统一责任制（Uniform Liability System）

统一责任制指多式联运经营人对货主的赔偿责任，不分区段，统一按约定的限额赔偿。即多式联运经营人对全程运输中货物的灭失、损坏或延期交付负全部责任，不管事故责任是明显的，还是隐蔽的；发生在海运段，还是发生在内陆运输段，均按一个统一原则由多式联运经营人统一按约定的限额进行赔偿。

②网状责任制（Network Liability System）

网状责任制（又称混合责任制）指多式联运经营人对货主承担的全部责任局限在各个运输区段所适用法律规定的责任范围内，也即由多式联运经营人对集装箱的全程运输负责，而对货物的灭失、损坏或延期交付的赔偿，则根据各运输方式所适用的法律规定进行处理，如海上区段按《海牙规则》处理，铁路区段则按《国际货物铁路联运协定》处理，以此类推公路、空运分别按照相关的国际公约规定处理。在不适用上述国际法时，则按相应的国内法规定处理。同时，赔偿限额和责任范围也是按各区段的国际法或国内法的规定进行赔偿，对不明确区段的货物损失，或作为海上区段按《海牙规则》处理，或按双方约定的原则处理。

由于网状责任制介于全程运输负责制和分段运输负责制之间，又称为混合责任制。该责任制在责任范围方面与统一责任制相同，而在赔偿限额方面则与区段运输形式下的分段负责制相同。目前我国采用的也是网状责任制。

③修正统一责任制（Modified Uniform Liability System）

修正统一责任制是指多式联运经营人对货物灭失或损坏的处理，无论能否确定造成货物灭失或损坏的实际运输区段，都将强制适用本公约的规定。但其同时又规定：如果货物的灭失或损坏发生于多式联运的某一特定区段，而对这一区段适用的一项国际公约或强制性国家法律规定的赔偿责任限额高于本公约规定的赔偿责任限额，则多式联运经营人对这种灭失或损坏的赔偿，应按照该国际公约或强制性国家法律予以确定。据此，一旦货物发生灭失或损坏，多式联运经营人对货损的赔偿首先要依据所适用的法律规定来确定所适用的责任制形式。

该种责任制使国际多式联运中出现了双层赔偿责任关系：一、多式联运经营人与货主（托运人）之间的赔偿责任关系；二、多式联运经营人与其分包人之间的赔偿责任关系。前者的赔偿责任关系受制于多式联运公约的规定。由于其强制性的规定，多式联运经营人不能放弃或降低赔偿责任限制，亦不能将承担的责任转嫁给货主。但对多式联运经营人与其分包人的赔偿责任，多式联运公约却未作规定，实践中极易产生纠纷。如海运方面至今采用的是"不完全过失责任制"，航空方面则采用"完全过失责任制"，而陆上运输方面无论是公路抑或铁路均采用"严格责任制"。

基于国际航运惯例及我国《海商法》的规定，本案中应适用网状责任制。ITS 公司作为多式联运经营人对日本丰田负有不可推卸的全程承运人责任，无论货物在运输期间的任一区段发生货损或其他问题，日本丰田都可以向 ITS 公司主张权利。作为多式联运经营人的 ITS 公司不能以其与区段承运人订立的合同对抗托运人，也不能以货物的灭失或者损坏不是他造成的而推卸责任。

假如，托运的货物在外运负责的中国段发生灭失或损坏，而日本丰田能够举证证明货物灭失发生在外运负责运输的区段，外运作为区段承运人亦应对在其运输的区段发生的货物灭失负责。当然 ITS 公司作为多式联运经营人不能免除对全程运输负责的责任。由此可见，外运虽然将货物滞留阿拉山口，却没有进一步采取措施的原因就在于日本丰田公司完全可以抛开合同关系，在取得相关证据后直接以侵权起诉外运，或要求返还，或要求赔偿损失。

2. 法律适用

由于我国是《国际铁路货物联合运输协定》（以下简称"货协"）的成员国，根据我国《民事诉讼法》（第 142 条）国际条约优先适用的规定，应当优先适用《货协》的规定。根据《货协》的规定 1，铁路运输企业在托运人拒付或迟付运费的情况下，可以留置货物以保障其权利的实现。但是外运并非《货协》所说的铁路运输企业，所以无法据此行使留置权。

目前国内法对于国际货物多式联运只有我国《海商法》和《合同法》两部法律有相关的明确规定，另有《国际集装箱多式联运管理规则》（交通部和铁道部共同颁布）等行政法规有相关的规定。

那么，依据国内法中"特别法优于一般法"适用的原则，我国《铁路法》并未对多式联运做出明确规定。据此只有适用我国《海商法》或《合同法》有关多式联运合同的规定。但我国《海商法》有关留置权的条款 2 要求过于严格，必须是债权人所有的货物，且只能是与拖欠费用相关的适当的货物方可。很明显本案无法引用该法律条款的规定行使留置权。那么让我们再看看我国《合同法》是否能够保护外运的利益。我国《合同法》的规定应该说有所突破，已经不再要求必须为债务人所有的货物，但可否留置与拖欠运费无关的货物，在理论界尚存在争论，而司法审判中更是没有先例。

如果依据我国《合同法》第315条有关留置货物的规定，还必须先认定ITS公司的"托运人"身份，我国《合同法》本身并未明确"托运人"的定义，而我国《海商法》第42条规定："托运人"是指：（1）本人或者委托他人以本人名义或者委托他人为本人与承运人订立海上货物运输合同的人；（2）本人或者委托他人以本人名义或者委托他人为本人将货物交给与海上货物运输合同有关的承运人的人。据此，ITS公司的托运人身份是明确的，但是这本身就是个两难的问题，因为我们想适用我国《合同法》的规定，却要以我国《海商法》第42条的定义为前提，明显存在矛盾。

（四）经验教训

本案中，外运的风险主要来自运费的支付，为客户代垫运费将给外运带来巨大的隐患。因为ITS公司作为货运代理公司的偿债能力明显偏弱，而外运又与日本丰田不发生直接的合同关系，如果发生费用拖欠，外运只能依据区段运输协议向ITS公司索要。日本丰田已经将运费支付ITS公司，而ITS公司有意拖欠外运的运费，这时对外运极为不利。由此总结几点经验教训，供大家参考：

第一，建立完善的授信评估体系。对于长期合作且资信状况良好的客户，对其进行授信并评定等级，在限额标准的范围内允许其延长付款期限或为其垫付部分资金，一旦超过限额及时通报、不予支付，同时催收外欠款。而对于一般的客户，坚持付款赎单。

第二，合同履行过程中，时刻关注对方经营状况的变化。一旦发现对方经营状况异常，必须立即采取有力措施，如停止发运、控制货物流向或行使留置权等，以便在协商谈判或仲裁诉讼过程中掌握主动权。

第三，即使暂时存在法律上的障碍或争议，也不能坐以待毙，而是要积极应对，化被动为主动。本案中外运及时停运并采取措施将货物滞留在阿拉山口，成为日后与日本丰田谈判的有力砝码，否则，外运根本无法让日本丰田共同承担该笔损失。

第四，在签订涉外运输协议时，将管辖和准据法适用的问题事先纳入合同条款，约定由国内有管辖权的法院管辖并适用中国法。因为国内法的规定我们相对熟悉，而且相对诉讼成本较低。目前中外运股份有限公司的多式联运提单已将法律适用和管辖的约定考虑进去了，但在业务操作中不签发多式联运提单的情况也存在，因此，建议在签订运输协议时直接将管辖和准据法适用的约定写入合同条款。

答复朱先生咨询，2007.9.10

五、无船承运

2004 年 5 月 22 日作者在北大法学院研讨会上

做无船承运人的法律事务及案例的发言

296. 关于无船承运业务流程及责任的咨询

问：我们是一家刚刚开始从事无船承运人业务的货运代理公司，对于无船承运人的业务流程及责任不是很了解。现请您以通俗易懂的方式向我们讲解一下，我们将不胜感激。

答：应你们的要求，为了便于你们容易了解与看懂，根据无船承运人的业务流程及责任，特制作了四个图表，比较直观地了解其业务流程及其不同角色的法律责任，以供你们参考：1. 无船承运业务流程；2. 无船承运人背靠背的责任；3. 第二无船承运人参与运输的流程；4. 国际货运代理的角色与类型。

附图表如下：

1. 无船承运业务流程

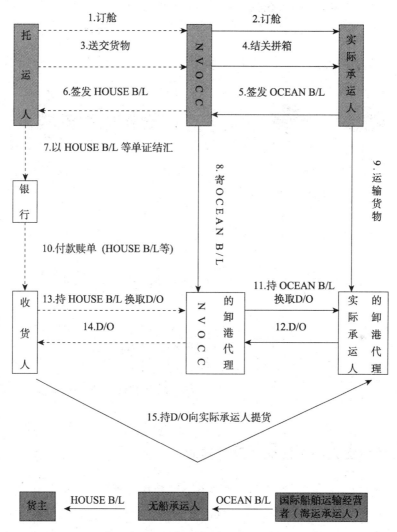

注：1. HOUSE B/L 为无船承运人签发的无船承运人提单

2. OCEAN B/L 为实际承运人签发的海运提单

3. D/O 为实际承运人签发的提货单

2. 无船承运人背靠背的责任

3. 第二无船承运人参与运输的流程

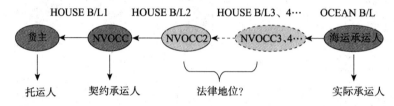

4. 国际货运代理的角色与类型

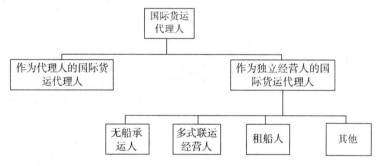

答复某国际货运代理公司咨询，2005.4.14

297. 无船承运人的责任期间是怎样的

问： 从法律上讲，无船承运人的责任只包括海上运输期间，而不包括海运以外的期间，这种说法对吗？

答： 你的问题提得很有趣，看起来无船承运人的责任应该仅为海运段，但实际上无船承运人的业务存在两种情况：一种情况是所承运的货物仅限海上运输；另一种情况是海上运输加上其他运输，如公路运输或者铁路运输，这种情况实际上是多式联运。所以在第一种情况下，无船承运人的责任仅为海上运输责任。但在第二种情况下，无船承运人承担的却是门到门的责任，即多式联运经营人的责任，而不仅是海上运输的责任，同时无船承运人的提单也并非是一张海运提单，实质上是一张多式联运提单，其条款与多式联运提单条款基本是一致的。

另外，在具体业务中，有时无船承运人在海运港口签发无船承运人提单，并且货物很快就装上船，所以无船承运人几乎等同于签了一张待运海运提单，不过托运人可以此提单在银行结汇，这是完全合法的。但有时无船承运人在内地签发无船承运人提单，此时无船承运人等于签发了一张多式联运提单，托运人即可凭此提单去银行结汇，这点恰恰是开展无船承运人业务的好处之一，亦即内地客户虽然货物还未装上船，但可凭无船承运人所签发的无船承运人提单在内地提前结汇。

同时，根据我国《海运条例》的规定，无船承运人在交通运输部备案的无船承运人提单，许多都是一张多式联运提单。

因此，根据上述情况，如果认为无船承运人的责任仅为海上运输责任，这种看法并不是很确切的。应该说，当无船承运人所承运的货物仅限于海上运输时，无船承运人只承担海上运输责任；当无船承运人所承运的货物除有海上运输外，还有其他运输方式时，只要货物一交给无船承运人，无船承运人便将承担多式联运经营人的责任，即门到门的责任。

根据我国《海商法》，无船承运人既是契约承运人，又是含海运的多式联运经营人，所以无船承运人既可能只承担海上运输的责任，又可能承担包括海上运输的多式联运的责任。

根据我国《海商法》第42条的规定，无船承运人应承担契约承运人的责任。同时，根据我国《海商法》第47条与第48条的规定，承运人应承担的责任原本只涉及货物从装船至卸船的过程，但是随着集装箱运输的发展，承运人的责任期间已向装船前及卸船后延伸。根据我国《海商法》第46条的规定，承运人对集装箱货物，无论是由承运人装箱，还是由托运人自行装箱，其责任期间从装货港接收货物时起至卸货港交付货物时止，货物处于其掌管之下的全部期间；承运人对非集装箱货物的责任期间，是指从货物装上船时起至卸下船时止，货物处于其掌管之下的全部期间。但是，承运人可以同托运人就此种货物在装船前和卸船后其所承担的责任达成协议。实践中，一些内陆的无船承运人往往同时负责完成货物由接收地到沿海港口的一部分内陆运输，因而无船承运人通常在接收货物后即签发无船承运人提单，而签发提单时货物并未装上船舶，此时，无船承运人提单的作用实际上相当于一张可用于结汇的多式联运提单，作为契约承运人的无船承运人其责任期间无疑从接收货物起即应开始，因此其管货义务亦应从接收货物之时开始。从该时起，无船承运人对于无论是由其负责的集装箱货物的装箱、积载，还是货物自内陆至港口、堆场至码头的运输，以及集装箱的搬移等，都要尽到妥善、谨慎的义务，否则就要对由此造成的损失向货方承担责任。

答复新时代保险经纪有限公司咨询，2009.4.13

298. 代理与无船承运人是否存在连带责任关系

问：一家注册地在境内的代理公司（以下简称"国内代理"），代表一家注册地在境外的无船承运人企业（以下简称"境外承运人"），向一家境内发货人（以下简称"国内货主"）签发了一份 NVOCC 提单，但该提单尚未在我国交通部办理过登记备案。国内货主的贸易条件是信用证付款，需要交单结汇。国内货主在发货后通过 NVOCC 提单在银行交单结汇未果。据了解，该货物在目的港已被提走，正本全套 NVOCC 提单现在国内货主手中。现国内货主起诉 NVOCC 提单的境外承运人及国内代理，要求赔偿损失。

请问：国内代理对国内货主的损失是否应承担责任？国内代理与境外承运人是否要承担连带责任？

答：根据上述案情和现行法律，我认为：

1. 作为代理在装港受承运人委托签发提单和在卸港受承运人委托代为处理放货事宜，尽管都属于船代的业务范围，但却涉及不同的法律关系和主体。

2. 根据本案，国内代理应是装港签单代理（在未审查提单及其他文件的情况下，我们假定国内代理是代理人身份）。

3. 该代理的签单行为本身与国内货主未能结汇的结果之间，尚未发现直接因果关系。因此，作为代理人的国内签单代理在没有过错的情况下不应承担责任。

4. 除非，国内代理被认定在本案中不是代理身份而是运输合同或物流合同的当事人。那么，他首先要向国内货主承担赔偿责任，然后再找相关责任方。

以上供参考。

答复塘沽某咨询公司咨询，2008.5.7

299. 无船承运人与实际承运人负有连带责任吗

问：我公司作为无船承运人，经常将货主的集装箱货物交由沿海或内支线的船公司实际进行承运，而我国沿海与内支线的船只，许多不是全集装箱船或半集装箱船，而是件杂货船改为可装集装箱船。多数情况都是实际承运人擅自将集装箱装在甲板上，事先既未征得货主的同意，也未征得无船承运人的同意，更没有要求货主投保甲板险，万一装在甲板上的集装箱出了事，船方即实际承运人与无船承运人都要承担责任吗？

答：1. 作为船方，无论是无船承运人还是实际承运人当然要承担责任，并且不能享受赔偿责任限制。

2. 货主即使投保了货物的一般基本险而未投保甲板险，也得不到承保公司的赔付，除非事先货主已将货物装甲板通知了承保公司，承保公司默认或书面同意了，即使货主得到承保公司的赔付，承保公司赔付代位后，也会向责任方追偿，此时实际承运人和无船承运人很可能被作为被告，实际承运人肯定是要承担全部责任，无船承运人承担全部责任或承担连带责任的概率应该说也是很高的。如果货主起诉了无船承运人，无船承运人尽管没有任何过失，但对于货主来说，他是契约承运人，那么无船承运人有责任首先承担赔偿货主的损失。当然；事后无船承运人可转而向真正的责任方即实际承运人再行追偿。

答复连云港外运公司咨询，2005. 3. 25

300. 无船承运人与实际承运人的免责一致吗

问：我们遇到一个有关无船承运人的责任问题，想请教您。事情是这样的，在一个案子中，货物在海上运输途中因火灾产生货损货差，后经法院判决：火灾引起的货损货差，海上实际承运人免责，但由无船承运人承担责任。您认为判无船承运人承担责任有道理吗？

答：因你介绍的案情很简单，故具体到本案，海上运输途中因火灾引起的货损货差，究竟是什么原因使得法院判实际承运人免责，而由无船承运人承担责任，不知有何特殊情况，否则不应该是此结果。

原则上讲，我国法律界、司法界都认同无船承运人业务中所发生的纠纷应适用我国《海商法》，无船承运人的性质属我国《海商法》承运人定义中的契约承运人。根据我国《海商法》的规定，承运人的免责条款不分契约承运人与实际承运人，应该说十二项免责条款既适用契约承运人，也适用实际承运人，其所适用的事项两者之间无任何区别。火灾免责是承运人免责事项中的一条（除非是船东故意或者事先预谋的火灾）。我认为，法院既然判实际承运人免责，如无特殊情况与原因，也不应判契约承运人即无船承运人承担责任的。在我国司法实践中，无船承运人与实际承运人都是我国《海商法》所讲的承运人，它们两者承担的责任义务与享受的权利是一样的。目前，只是在无船承运人能否享受海事赔偿责任限制上有不同看法，一些人认为无船承运人应享受海事赔偿责任限制；另一些人则认为无船承运人无船，不能享受海事赔偿责任限制。

答复新时代保险经纪有限公司咨询，2008.11.16

301. 无船承运人之留置权与停运权如何行使

问：我们在开展无船承运人的业务过程中遇到了两个法律问题，一个是货物的留置权问题，另一个是停运权问题。请您在百忙中提出宝贵意见，以便我们能及时正确地处理好这些问题，避免或减少由此带来的巨大损失。以下是两个具体问题：

一、如无船承运人签发的无船承运人提单打的是"运费预付"，原托运人已预付运费，而实际承运人签发的海运提单打的却是"运费到付"，当船方收不到运费时，若此时货物仍在船方的控制之下，那么船方是否可留置该货物？在这个过程中，对于实际承运人来说，货物的托运人是无船承运人，据此能否认定货物就为无船承运人所拥有？既然无船承运人已欠实际承运人的运费，那么实际承运人是否就可留置"无船承运人所拥有的货物"？

二、如托运人已将货物交无船承运人，但因单证不符或买卖纠纷而无法结汇，此时托运人能否直接通知实际承运人履行其停运权？如行，法律依据是什么？如不行，托运人又应如何保护自己？

答：你们提的两个问题很好，也很有意思，的确值得我们共同研究与探讨。有关无船承运人的问题都是一些新问题，虽然在这方面我有些研究与考虑，但一些想法也不是很成熟，实际中遇到的问题却要求我们去回答与解决，故现将我对这两个问题的一些不成熟的想法提供给你，仅供参考。

关于第一个问题：在题述情况下，对于实际的收货人来说，在实际承运人与托运人、收货人以及提单持有人之间均不存在海上货物运输合同关系，实际的收货人并没有向实际承运人支付运费的义务，在托运人已向无船承运人预付运费的情况下，货方更没有支付双份运费的义务。而对实际承运人来说，在其签发给无船承运人的提单上，注明的托运人是无船承运人，收货人往往是无船承运人在目的港的代理，在无船承运人未支付运费的情况下，承运人留置其签发的提单所证明的运输合同项下的货物似乎也在情理之中。

对实际承运人来说，无船承运人是托运人，但他并非是原托运人，该货物表面上为无船承运人所拥有，实际上却属于原托运人所拥有。故在原托运人已付运费的情况下，实际承运人不得留置并非真正属于无船承运人所拥有的货物。

第一，目前我国对无船承运人尚没有特别的法律法规来明确他的权责利，更没有留置权的有关规定，仅在《海运条例》中规定了其定义、业务范围及其他相关内容。

第二，我国司法实践与学者都认同，无船承运人应适用我国《海商法》中有关契约承运人的规定，其权责利基本与海运契约承运人一样，但又不完全一致，例如无船承运人因不拥有船舶，不得享受海事赔偿责任限制。

第三，关于"留置权"问题。根据我国《物权法》规定，留置权为法定的担保物权，其成立需依据法律的严格规定。我国《海商法》第87条规定："应当向承运人支付的运费、共同海损分摊、滞期费和承运人为货物垫付的必要费用以及应当向承运人支付的其他费用没有付清，又没有提供适当担保的，承运人可以在合理的限度内留置其货物。"大多数的解释认为这里"留置其货物"的"其"，是指根据承运人与托运人的约定或者提单的规定，或者按照我国《海商法》的规定，负有向承运人支付上述费用的人所有的货物。据此，上述情况下承运人应无权留置非债务人的收货人或提单持有人的货物。我国《合同法》第315条规定："托运人或收货人不支付运费、保管费以及其他运输费用的，承运人对相应的运输货物享有留置权，但当事人另有约定的除外。"根据该规定，实际承运人无疑有权留置运输合同项下的货物，而不论该货物是否为债务人所有，除非当事人事先另有约定。《国内水路货物运输规则》第40条规定："应当向承运人支付的运费、保管费、滞期费、共同海损的分摊和承运人为货物垫付的必要费用以及应当向承运人支付的其他运输费用没有付清，又没有提供适当担保的，承运人可以留置相应运输货物，但另有约定除外。"我国《物权法》第230条规定："债务人不履行到期债务，债权人可以留置已经合法占有的债务人的动产，并有权就该动产优先受偿。"由此可见，我国《海商法》、《合同法》、《国内水路货物运输规则》与《物权法》在该问题的规定上是存在矛盾之处的，而我国《海商法》作为特别法在上述问题上无疑应当优先适用。同时，根据最高人民法院发布的《涉外商事海事审判实务问题解答》（简称"《解答》"），沿海运输中托运人或者收货人不支付运费、保管费以及其他运输费用的，依照我国《合同法》的规定，承运人对相应的运输货物享有留置权，除非当事人之间另有约定；非我国港口之间的海上货物运输，依照我国《海商法》规定，应当向承运人支付的运费、共同海损分摊、滞期费和承运人为货物垫付的必要费用以及应当向承运人支付的其他费用没有付清，又没有提供适当担保的，承运人可以在合理的限度内留置债务人所有的货物。《解答》特别强调审判实践中应当注意不同的法律规定就留置权的行使所作的不同规定。由此可见，根据我国目前法律，题述情况下，货物并非无船承运人所有，且实际承运人基于此种业务特点应该知悉无船承运人并非货物所有权人，所以实际承运人在此种情况下不能留置货主的货物。

类似的情形还有，原船东不得留置不属于欠其租金的租船人的货物，而必须履行其提单所规定的义务，将货物交到提单上所列卸货港的收货人，此时船东只能依照他与租船人的租约条款向租船人追偿其租金。

关于第二个问题：目前，虽然我国《海商法》对停运权并没有明确的规定，但在海运实践中，托运人在某些情况下确实可采用停运权，但采用时需慎重，事先要考虑值不值得采用此手段，何时采用何时停止等问题，同时承运人在同意履行其停运权时也会有条件的。我国法律目前有关停运权的规定体现在我国《合同法》第 308 条，该条规定："在承运人将货物交付给收货人之前，托运人可以要求承运人中止运输、返还货物、变更到达地或者将货物交给其他收货人，但应当赔偿承运人因此受到的损失。"由此可见，在我国目前法律下，停运权的行使主体只能是托运人。在无船承运人与实际承运人的海上货物运输合同下，托运人为无船承运人，实际的托运人无权向实际承运人发出有关中途停运的指示，实际承运人也没有义务执行。此种情况下，实际托运人只能通过无船承运人来向实际承运人行使中途停运权，而如果无船承运人与收货人合谋欺诈的话，实际托运人的权益将很难获得有效保护，因此，从根本上来说，实际托运人应选择好有资信的无船承运人。所谓有"资信"的标准是指：（1）无船承运人有能力且配合托运人履行其停运权；（2）必要时无船承运人能积极主动地履行其停运权。

答复浙江货代物流公司咨询，2004.9.9

302. 无船承运人提单被盗用，谁为此买单

问：美国华运公司接到汕头海事法院派出庭传票，主要案情是：捷达公司签发了一份华运公司的无船承运人提单，随后发生无单放货，现货主以捷达公司和华运公司为被告，要求两被告承担承运人无单放货的责任。

经查，华运公司将空白无船承运人提单放在金陵公司。而金陵公司并未将提单借给捷达公司，更没有授权捷达公司签发该提单。对此事华运公司一无所知，但该提单的确属华运公司存放在金陵公司的提单，也就是说该提单是真的，而不是假的，但捷达公司如何获得该提单？是谁授权捷达公司签发的提单？这些至今是一个迷团。请问，美国华运公司应如何应对此案？

答：1. 千方百计将事情的来龙去脉搞清楚。

2. 开庭时讲明，华运公司不知提单怎么被捷达公司弄去，更没有授权他们签字，与捷达公司和货主无任何业务关系，故华运公司不应承担任何责任，应由捷达公司承担（如法官称：提单管理不善引起的责任华运公司应承担怎么办？华运公司要自圆其说）。

3. 除非能证明捷达公司与收货人一起欺诈，或能证明提单是伪造的，否则华运公司不可能避免承担责任，能争取到与捷达公司一起承担连带责任就算十分不错了。

4. 请求法官不能光凭提单抬头要求华运公司承担责任，而应看全部，看事实来判断责任方，这样做应该更合理，更符合实际。

答复美国华运公司咨询，2004.7.8

303. 无船承运人提单于银行结汇遭拒付怎么办

问1：FOB 出口货已被通关放行，但客户持提单于银行结汇却遭拒付，现客户手中尚持有正本提单。您看客户应该怎么办？

答：1. 首先客户须清楚手中所持的提单是无船承运人提单，还是多式联运提单，或是海运提单，以及承运人无单放货的情况。

2. 如果货运代理签发的是自己的、且为无船承运人提单，则客户可凭手中的无船承运人提单去找该货运代理问责。如果该货运代理仅作为代理人、签发的

是境外无船承运人提单，则客户无法去找该货运代理，除非客户认为他签单有过失，否则客户只能向境外的无船承运人索赔。

3. 如果货运代理签发的是多式联运提单，则客户可凭手中的多式联运提单向签发该提单的多式联运经营人，即该上海货运代理索赔。

4. 如果客户手中是承运人或其代理签发的海运提单，那么客户就可以直接去找海运承运人索赔。

5. 如果涉案金额较小，客户不想走司法途径解决，则可由该货运代理协助出面了解情况，并从中进行调解。

6. 所提问题的情况过于简单，请将详细案情及有关资料寄给我，以便有针对性地答复你们。

2008. 5. 9

问 2：沈阳某外贸公司（以下简称"外贸公司"）与一美国进口商（以下简称"美国收货人"）签订了一批针织品货物的出口贸易合同，合同金额为 1 万多美元，贸易条款为 FOB 天津到洛杉矶，信用证结汇，约定由上海飞裕中国国际货运代理有限公司（以下简称"货运代理公司"）作为货运代理办理有关货运事宜。外贸公司在信用证规定的时间内准时将货交给了货运代理公司。货运代理公司将货发运后，在上海签发了以货运代理公司为承运人、以外贸公司为托运人的无船承运人提单，并通过邮寄方式将提单交给了外贸公司。提单上收货人一栏载明"Order of ×× Bank（本案信用证开证行）"。后外贸公司携提单到银行结汇遭拒付，因为美国收货人不同意支付货款，其理由是该批货物延迟到达。因此，外贸公司即致电货运代理公司。货运代理公司称将联系美国收货人，但至今杳无音信。请问，在此情况下，外贸公司应采取什么救济措施来进行维权并挽回损失？

答：根据上述案情，我的分析与建议如下：

（一）本案的法律性质

要了解本案的法律性质，首先就要了解提单的作用和法律意义。

根据我国《海商法》第 71 条的规定："提单，是指用以证明海上货物运输合同和货物已经由承运人接收或者装船，以及承运人保证据以交付货物的单证。"

可见，提单在法律上具有下列作用：

1. 提单是承运人与托运人之间达成海上货物运输合同的证明。

提单的这一作用表明其具有债权的效力，是确定船货双方在货物运输关系中权利义务的依据。它是承运人与托运人之间达成的海上货物运输合同的条款和实体内容的证明，表现为提单上的条款。除承运人与托运人事先另有相反协议，或者托运人能证明该条款不是其真实的意思表示外，提单上的条款属于承运人与托运人之间达成的海上货物运输合同的内容。因此，承运人违反提单的规定或者未凭提单交付货物，就是对合同对方当事人即提单托运人的违约，应承担由此给托运人造成的损失。

2. 提单是承运人接管货物或者将货物装船的证明。

承运人、船长或者承运人的代理人向托运人签发提单，表明承运人已接管并占有提单上所记载的货物。

3. 提单是承运人据以交付货物的凭证。

承运人在目的港应当将货物交付给凭提单请求提货的人。对此，我国《海商法》第71条进一步规定："提单中载明的向记名人交付货物，或者按照指示人的指示交付货物，或者向提单持有人交付货物的条款，构成承运人据以交付货物的保证。"因此，如果是指示提单，承运人应按指示人的指示交付货物。如果承运人未凭提单交付货物，则构成对提单持有人的违约，应对提单持有人因此造成的损失负赔偿责任。

4. 提单是货物所有权的证明。

虽然我国《海商法》及其他法律中尚未规定提单的这一作用，国内理论界对此也存在争议，但认为提单是货物的物权凭证，提单具有物权的效力，对提单的拥有等于无条件地拥有提单上记载的货物；只要提单转让人对货物具有所有权并具有转移货物所有权的意图，则提单的转让意味着提单上所记载货物的转让，这种观点已为英、美、德、日等国普遍接受。在提单是物权凭证方面，我国法院也不乏正面的判例。因此，如果承运人未凭正本提单放货，则构成对提单持有人物权的侵犯，应对提单持有人因此造成的损失负赔偿责任。

具体到本案，外贸公司携提单到银行结汇遭拒付，说明提单还在托运人手中，并没有流转出去。而此时美国收货人已将货物提走，说明承运人并未凭正本提单交付货物。所以，本案是一起承运人无单放货的案子，这就是本案的法律性质。

（二）指示提单下货物的交付

如提单是记名指示提单，承运人应按记名指示人的指示交付货物。如指示人不作任何背书，则意味着指示人保留对货物的提货权，有权提货的仍是指示人本人。而本案中，不但指示人即信用证开证行未作任何背书，而且提单结汇时遭到拒付，这说明提单根本没有发生流转，对货物享有所有权并有权提货的人仍是托运人即外贸公司。

（三）外贸公司可采取的救济措施

综上，外贸公司是本案的托运人，且对本案货物仍享有所有权，是唯一有权请求承运人放货的人。所以，外贸公司目前可采取的法律救济措施主要有以下几种：

1. 根据提单以违约为由起诉货运代理公司。

本案中，货运代理公司给外贸公司签发了以外贸公司为托运人、以货运代理公司为承运人的无船承运人提单。根据上述分析，提单是承运人与托运人之间海上货物运输合同的证明，且构成承运人据以交付货物的保证。而现在美国收货人在没有拿到正本提单的情况下提走了货物，这说明承运人违反了据提单交付货物的保证义务，构成了对托运人的违约。因此，外贸公司可根据提单，以违约为由起诉货运代理公司，要求赔偿因其无单放货给自己造成的损失。

2. 根据提单以侵权为由起诉船公司。

本案货运代理公司仅是一家无船承运人，而不是真正的船东。根据上述分析，提单是物权凭证，承运人未凭正本提单放货，则构成对提单持有人物权的侵犯，应对提单持有人因此造成的损失负赔偿责任。所以，虽然本案外贸公司与实际承运人船公司之间并没有直接的合同关系，但其可根据提单，以侵权为由起诉船公司。若以侵权为诉由，则根据国际法的法律适用规则，因侵权行为提起的诉讼，应当适用侵权行为地法律并受侵权行为地法院管辖，故外贸公司采取此种救济措施应三思而后行，谨慎行事。

3. 根据提单以侵权为由起诉船务代理公司。

本案外贸公司也可根据提单，以侵权为由起诉有关船务代理公司（如有），起诉理由和注意事项同起诉船公司。

4. 根据货物贸易合同起诉美国收货人。

本案外贸公司可采取的最后一种救济措施是，根据针织品货物的出口贸易合同起诉美国收货人。根据《1980 年联合国国际货物买卖合同公约》第 53 条的规定，买方必须按照合同的约定支付货物价款。该《公约》第 58 条第 2 款进一步规定，如果合同涉及货物的运输，买方只有在支付价款后方可把货物或控制货物处置权的单据移交给卖方作为发运货物的条件。而我国《合同法》也规定，买受人应当按照约定的数额、地点和时间支付价款。可见，在买卖合同中，支付货款是买方天经地义的义务，这是毋庸置疑的。除买方在检验货物后，由于货物质量的原因，合法拒绝接受外，买方不得以任何理由拒绝向卖方支付货款；稍微延迟交付货物仅是卖方的一般性违约，不能阻止买方支付货款的义务。因此，本案外贸公司可以货物贸易合同起诉美国收货人。与上同理，起诉美国收货人也面临着法院管辖权的问题。根据我国《民事诉讼法》第 24 条"因合同纠纷提起的诉讼，由被告住所地或者合同履行地人民法院管辖"的规定，对本案有管辖权的法院是美国洛杉矶地方法院。考虑到律师费、差旅费等费用和对美国法律的熟悉程度等因素，外贸公司要采取此措施亦需谨慎。

综上所述，本案外贸公司能采取的最有效和最有力的救济措施就是，根据提单以违约为由在上海海事法院起诉货运代理公司，要求其赔偿自己的损失。

（四）关于"软条款"的教训

我们应从本案中吸取教训，特别要注意所谓的"软条款"，即结汇时提交单据需要有国外收货人提供的"验货证明"（指发货人装船时，需要收货人现场监装认可，并出具验货证明）。尤其当发现或注意到信用证或买卖合同中有此类条款时，一定要与国外买家交涉，争取删除该条款。千万不要听信对方口头称"没关系，这只是一种格式条款，他们不会坚持要验货证明的，也丝毫不会影响结汇"之类的解释。一定要坚持要求对方删除该条款。殊不知，一旦此类"软条款"继续存在，就等于潜伏着一个很大的风险。倘若对方是诈骗犯，轻信其一套胡言乱语，客户极易陷入他们精心设置的圈套。

此外，值得注意的是，FOB 条款出口时也要注意防止欺诈，特别是在签发无船承运人提单的情况下，千万要提高警惕！

答复沈阳外贸公司咨询，2008.10.8.

304. 无船承运人遭拒收货、拒付运费怎么办

问：2008 年 7 月，四川陶瓷有限公司向我司订舱出口一批 18X20GP 瓷砖到也门。买卖双方签订的外贸合同条款为工厂交货，分批出运。买方随后支付了卖方 30%（折合 45 万元人民币）的预付款，并开立了即期信用证给卖方。从工厂到也门的运费约定由我司与也门收货人中国办事处确认，由也门收货人持我司签发的 HOUSE B/L（收发货人为真实收发货人）到我司也门代理处付款后换取 MASTER B/L（发货人为我司，收货人为我司也门代理）。

于是，我司根据货物托运单向太平船务公司重庆分公司（以下简称"太平

船公司"）订舱、装箱。该票货物装船后，我司即签发付费条款为到付运费的 HOUSE B/L 交给国内发货人，而 MASTER B/L 上的付费条款为预付运费，实际未预付、未签单，要求船东做的电放。2008 年 9 月 14 日货物运抵也门港口，当天太平船公司即发送了到货通知告知也门收货人提货。

此前，在货尚未到港的 8 月底某天，我司业务员曾报告，也门收货人中国办事处称国内发货人不给予他们提单，故他们将无法提货。我司告知该业务员，此笔买卖既然已开信用证，国内发货人就一定会交单议付，也门收货人可在信用证规定的也门银行付款赎单。但该业务员第二天回复，他已与也门收货人中国办事处联系，对方称因该票货物品质有瑕疵后续不再发货，他们已支付预付款，故不愿再交纳全额去赎单，并要求我司在他们支付运费（该票运费折合 39.5 万元人民币）和保证金（货款差额）至太平船公司也门办事处后无单放货。我司考虑到该也门办事处没有太平船公司的授权，本身无主体资格，故要求也门收货人向我司支付全额运费及货款差额（该票货值折合 56 万元人民币，减去预付款 45 万元人民币，差额为 11 万元人民币）的保证金，同时约定如无人提出追索，该保证金到时效届满后由我司全额返还，至于目的港堆存费、滞箱费由也门收货人自行支付给太平船公司也门办事处，然后我司也门代理将无单放货。也门收货人同意自行承担堆存费和滞箱费并向我司支付全额运费，但提出货款差额将支付给太平船公司也门办事处并要求保证金 3 个月后退还。对此，我司不同意。经反复协商，目前双方仍未达成协议。此间，我司还与太平船公司联系，想帮其也门办事处获得正式的公司授权，亦未果。

同时，我司多次派人与国内发货人联系，而他们均不理会。后又派人直接去其公司协商，但他们要求我司支付货款差额后才退回提单，我司不同意。之后，我司又发函提出解决办法，迄今也未达成一致。

现接我司也门代理通知，因目的港一直无人提货，导致产生了高额堆存费和滞箱费，故太平船公司已向也门海关申请 2009 年 1 月 5 日将该货拍卖。据我司也门代理预估，拍卖所得金额将不足以偿付堆存费和滞箱费，因此提醒我司，太平船公司可能在拍卖后找我司收取不能全部偿付的堆存费和滞箱费差额。

请问：在此情况下，我司能否起诉国内发货人？是否另有更好的处理办法？我司应该怎样应对此纠纷？

答：第一部分，对你司目前处境的分析

（一）你司肯定要支付太平船公司的费用：

1. 运费;

2. 集装箱港口堆存费;

3. 集装箱滞箱费;

4. 集装箱本身的损坏或丢失。

(二)你司已产生或将产生的损失:

1. 收不到运费,但要支付运费及引起的其他费用给太平船公司;

2. 运费差价损失;

3. 办理此笔货物的相关手续费;

4. 处理此案纠纷的费用。

(三)你司能否起诉也门收货人?

本案中,因你司与拒不收货的也门收货人无任何法律关系,加上距离太远,故你司只能试着向也门收货人提出索赔,但轻易不要去也门法院起诉也门收货人。

(四)你司能否起诉国内发货人?

1. 本案中,国内发货人委托你司承运该批货物,有正式的书面委托书,但你司签发给国内发货人的 HOUSE 提单上运费一栏中打的是到付运费。

2. 太平船公司本应签发的是 MASTER 提单,该提单上的付费条款为预付运费,但实际上太平船公司并未签发该提单,你司也未付运费给太平船公司,而是应你司的要求将该笔货做了电放。

可见,该笔货的流程是:国内发货人作为真正的托运人将货物交给了你司,你司作为无船承运人向国内发货人签发了到付运费的提单,你司又以托运人身份向实际承运人太平船公司交付了该笔货物,太平船公司本应签发预付运费的提单。

3. 你司起诉国内发货人的障碍:FOB 条款出口货物,一旦货物装上船,发货人即已履行买卖合同。在收货人不收货的情况下,如发货人已结汇,一切与发货人无关,发货人肯定设法推脱责任;如发货人尚未结汇或者结汇尚未成功,其肯定要设法掌控船上的货物,否则发货人将钱货两空。此时,作为承运人要想找发货人收取运费或者产生的其他费用,只有在发货人想要船上的货物时,提出要求其支付运费作为放货的条件,或有证据证明收货人不收货的原因是发货人造成的。

第二部分,对本案的法律分析

根据你司介绍的案情和提供的资料,我总的感觉是本案对你司十分不利。你司目前处于一种十分被动与难办的境地。因为：

（一）若找国外收货人，你司现无任何证据证明收货人曾委托你司租船、订舱，而且至今他未付款赎单，也未提货，所以你司无法要求他支付运费。另外，国外收货人一直因买卖双方纠纷（据说是货物质量有问题）不付款赎单，拒收货物已近 3 个月，故此时要求他再付款赎单，并持提单向承运人主张要货几乎是不可能的。即使可能，承运人也会以我国《海商法》有关条款和提单背面条款进行有利的抗辩。如果国外收货人与承运人打官司，国外收货人也无法胜诉。

（二）若找国内发货人，你司也只是压一下他，威胁他。如对方实在不配合，你司也不要起诉，因为起诉他的理由不充分，结果只可能是败诉。

（三）对于太平船公司，你司作为租船人无任何理由不支付运费和不承担由于收货人拒收货物使其遭受的各项损失。虽然你司可以称，太平船公司本应签发预付运费的提单，说明运费已付给了太平船公司，并以此为由进行抗辩。但法院也曾判过此类案子，即使提单上打的是预付运费，只要承运人能证明实际上托运人并未支付运费，最终还是判决托运人败诉。另外，相信你司作为一个讲诚信的公司不会耍赖的。

（四）面对目前的状况，我认为，你司唯一的办法就是尽量设法减少损失，即尽快处理手中所控制的货物。现在，太平船公司掌控了这批货物，是否拍卖或何时拍卖这 18 个集装箱货物的决定权完全在你司和太平船公司手中，并且你们也有权处置该批货物。本案中，FOB 条款出口货物，本应是国外收货人委托你司找船，而实际上是国内发货人委托你司替国外收货人找船。从过去遇到收货人拒收货物的情况看，作为承运人一般采取的办法就是留置船上货物，然后进行拍卖，扣除损失（对此，我国《海商法》、提单条款、租约条款都有明确规定，尤其是在到付运费的情况下）。如果拍卖货物的价款不足以赔付给承运人造成的损失，那么承运人有权再向收货人索赔或起诉。当然，如果碰上资信状况不好的收货人，该差额也就无法收回，承运人只有自认倒霉、自己承担。

第三部分，可采取的补救措施

（一）你司应与各方协商，争取各方都承担一些损失，以免全部损失都落在你司头上。

（二）与各方协商后，视协商结果，如需你司承担的损失小于拍卖货物后的损失，那么你司即可按协商办法处理，当然还要看能否控制协商方案的具体实施。

（三）如各方协商不能达成一致，或协商的结果没有拍卖的结果好，或协商方案可以，但无法保证实施，那么你司就要尽快拍卖货物，尽量减少损失。因为早拍卖一天，你司就可早收回一些货款抵扣损失，同时也可使集装箱解脱，不再产生堆存费和滞箱费，而且还可避免集装箱本身产生的损坏或灭失的风险。

（四）因目前我尚不了解各方协商的情况，故对你司应如何决策不好提出肯定性意见。但根据分析与经验，我认为，你司很难与各方达成一个比较满意的协商结果，因为你司手中没有什么筹码，也没有什么过硬的理由。现在唯一比较好、又比较可行的办法，就是你司应与太平船公司一起商定尽早拍卖货物，将这18个空集装箱运回，以免损失继续扩大。

（五）你司是否已投保责任险，如已投保，应尽快与承保公司联系，共同商量如何处理此案。如果损失是在其承保范围之内，你司则可马上向承保公司提出索赔。

第四部分，应吸取的教训

本案的教训应该是深刻的。其中最大的教训有六点：

（一）在 FOB 条款出口条件下，作为承运出口货物的船方应当坚持采用预付运费。尤其是在对收货人资信情况不了解，或者收货人实力不雄厚的情况下，船方轻易不要同意到付运费。对于所装货物价值太低或者不太好处理的，船方更不能同意到付运费。否则，一旦收货人拒收货物，即使船方拍卖货物，也弥补不了自己的损失，碰上不好处理，或者处理时会引起污染的货物，还会给自己带来更大的麻烦和损失。

（二）作为契约承运人或实际承运人，在承运货物之前都应搞清楚谁是委托人，并且要有委托人书面明确的委托函，而绝不能为了揽到货物，或者为了满足托运人的要求而忽视向托运人要求书面委托书。否则，一旦出事、收不回运费时，都不知向谁主张权利，换句话说，谁都可以不承担法律责任，其苦果只好由承运人自己承受。

（三）船到卸货港后，若发现因种种原因收货人可能拒收货物、承运人就要马上采取措施，一方面与各方交涉，尽快促使收货人支付运费并尽早提货；另一方面一旦收货人拒收货物，要有应急预案。此类事情的处理宜早不宜迟，时间拖得越长，损失就会越大，解决就会越难，效果就会越差。

（四）目前，作为契约承运人或船公司接受提单到付运费的情况还是很普遍的，否则就揽不到生意。这的确是个客观存在的、甚至是承运人无法回避的事实，不接受风险就无法增加效益，甚至无法生存。但是，这绝不意味着承运人可以全然不顾风险地去承揽业务、可以无视接受此条款的风险，不考虑有无风险，或是风险大小，以及能否控制风险。作为一个明智的老板，必须将增加效益与风险管理结合起来，只有将两者关系处理好，才能使效益增加，使企业有一个稳定、健康、持续的发展。否则，就会因一起事故导致企业受到伤筋动骨的致命伤害，甚至关门倒闭。这样的事实已屡屡发生，必须引以为戒。所以，企业领导不但自己要有风险管理意识，而且还要使企业每一位员工都有风险防范的意识。

（五）作为无船承运人，在从事无船承运人的业务中，一定要清楚自己的法律地位和法律责任，不能光想着揽取货物、签发无船承运人提单、进行运输、能赚钱的一面；还要想到无船承运业务中的风险点在何处？特别是揽到国内发货人的出口货物、采取的条件是 FOB 时，更要格外谨慎，防止上当受骗，或因收、发货人之间的纠纷被牵扯进去，而无辜地遭受本不应承担的损失。

（六）发生事故或产生纠纷后，承运人在处理案件的同时，应马上查看自己是否投保了责任险。如已投保，则要在第一时间联系承保公司，属于承保范围之内，将由承保公司赔付（涉及免赔额和最高赔偿限额时，则免赔额和超过最高限额的部分除外）。同时，事故如何处理以及处理得好坏，与承保公司有着直接的利害关系。保险合同条款也要求事故发生后，投保人应及时通知承保公司，投保人在处理事故的过程中，对于许多事情的作为或是不作为，均应征得承保公司的同意。例如，对外如何表态、有责任还是无责任、和解还是打官司、在何处打官司、是否委请律师等等。否则，承保公司将以投保人擅自作出了不恰当的处理而造成的后果为由，拒赔或不全赔。

答复重庆外运公司咨询，2008.12.26

305. 契约承运人要承担无单放货的连带责任吗

问：我华美航务公司收到一张宁波海事法院起诉我司无单放货的传票，现将有关案情告知如下，请您指点我司应当如何应对该起诉。具体情况如下：

2007 年 2 月，我司美国洛杉矶分公司操作了一票由中外运集装箱运输有限公司宁波分公司（以下简称"宁波箱运公司"）发到美国洛杉矶的货物。

海运主单号：SNLL73590001（船公司是中外运集装箱运输有限公司）

货代分单号：SINL73590001（Sino-Am Marine Company Inc/华美航务公司提单）

船名：SINOTRANS TIANJIN V0016I

装船日：2007 年 2 月 3 日

抵港日：2007 年 2 月 22 日

货物名称：冷冻螃蟹（Frozen Cutted Crab）（1×40′冷冻箱）

发货人：舟山兴业有限公司（Zhoushan Industrial Co Ltd）

收货人：Yong Ming Int'l Group Inc（公司地址在美国洛杉矶）

在该票货物的运输中，宁波箱运公司（主单发货人）将海运主单做了电放处理（预付运费），并将三份正本货代分单放给了实际发货人。在船到港之后，由于发货人未收到收货人的货款，故没有将正本货代分单寄给收货人提货。后来，我司（作为宁波箱运公司在卸货港的代理）在没有回收到正本货代分单的情况下，由于正本海运提单已做电放，收货人自行将货从港区提走。

当发货人知道货已被收货人提走后，即委托律师向收货人追索货款（48 490.65 美元），但迟迟未果。于是，2007 年 6 月 14 日发货人起诉我司和宁波箱运公司无单放货。

附有关文件（共 12 页）如下，请参考：

1. 海运提单复印件；

2. 华美提单复印件；

3. 发货人律师给收货人的催款传真（共 4 页）；

4. 发货人的民事起诉状；

5. 宁波海事法院的传票；

6. 宁波海事法院的应诉通知书；

7. 宁波海事法院的告知合议庭组成人员通知书；

8. 宁波海事法院的送达回证；

9. 宁波海事法院的举证通知书。

答：从你司目前提供的案情和资料来看，我认为，本案中你司处于被动地位，但仍可从以下三个方面进行抗辩或者采取行动。

（一）首先明确你司在本案中的身份。

本案华美航务公司出具的货运代理的无船承运人提单上记载，托运人是舟山兴业有限公司，收货人是 Yong Ming Int'l Group Inc（公司地址在美国洛杉矶），预付运费。

本案无船承运人华美航务公司具有两个身份，对于实际承运人宁波箱运公司来说，它是托运人；而对于实际托运人舟山兴业有限公司来说，它是契约承运人。

在答辩状里，你司仍可主张是宁波箱运公司在卸货港的船务代理。因为，在无单放货的情况下，船务代理的责任要比承运人轻。一般情况下，承运人无疑是要承担无单放货责任的。而船务代理如果能够证明自己是受承运人的指示而放货的，有时可以免责。不过，法院对这方面的判决并非是固定的。鉴于本案中你司签发了货运代理的无船承运人提单，因此，法院极有可能认定你司为承运人。

（二）"电放"是否是发货人舟山兴业有限公司指示或同意的

在法律上，如果是提单持有人明确指示或者同意的无单放货，承运人及其代理可以免责。在目前普遍实行的"电放"做法中，承运人常常在同意"电放"前要求收回全套正本提单或者根本不签发正本提单，并要求托运人和收货人均出具担保函。这样的操作是一种对于承运人来说是比较稳妥、已经权利人同意的无单放货行为，这一行为也是对承运人的保护，令其无须承担无单放货的后果和责任。

本案中，由于你司没有收回三份货运代理的无船承运人提单，因此造成了发货人起诉你司。

本案中，舟山兴业有限公司既是发货人，同时又是提单持有人。因此，本案的突破点在于，如果能够证明"电放"是舟山兴业有限公司指示或者同意的，那么你司就不应承担责任了。

但是，在你司提供的案情和资料中，并没有提到"电放"是否是发货人舟山兴业有限公司指示或者同意的。如果实际情况是这样，你司就要收集证据，比如舟山兴业有限公司给你司的传真文件、电子邮件等。如果是宁波箱运公司擅自电放，那么法院就极有可能判决你司承担无单放货的责任。

（三）你司可考虑向收货人追偿，或协助发货人向收货人要回货款

如果你司分析认为，法院的判决极有可能要求你司承担无单放货的责任，那么赔偿后，你司尚可向收货人追偿。而现在你司就尽量采取一切可能的手段去协助发货人向收货人索要货款，比如发函给收货人称，由于收货人无正本提单提货，造成你司被发货人起诉，由此给你司造成的一切损失应由收货人承担。如果收货人再不付货款，你司将采取法律手段等。

另外，鉴于宁波箱运公司是实际承运人，你司是契约承运人，若要承担无单放货的责任，也应是宁波箱运公司与你司共同承担连带责任。

以上意见，仅供参考。请你司提供更多、更详细的资料，以便我提出一些更

确切的意见。

答复华美航务公司咨询，2007.7.4

306. 关于无船承运人责任保险方案的征询意见

问：请您抽空替我们审阅一下中国船务代理与无船承运人协会、交通部与中国太平洋财产保险股份有限公司共同开发的无船承运人责任保险方案，看该方案是否可行？尚存在哪些问题？哪些地方有待修改与完善？并请您提出具体意见。盼复，谢谢。

答：经仔细阅读与分析贵会、交通部与中国太平洋财产保险股份有限公司共同开发的无船承运人责任保险方案，我认为该方案在现阶段应该说是一个较为合理而可行的尝试。但是与通常的责任保险以及保证金制度相比，该方案及其保单中还存在着一些问题，尚需进一步明确，以增加其可行性。

1. 该保险合同的性质是责任保险合同还是保证保险合同

从该产品的开发备忘录中我们可以看到，中国太平洋财产保险股份有限公司提出该产品实际上是一种保证保险产品而不是责任保险产品。我认为这一定性值得商榷与探讨。虽然该保险单第三条关于在被保险人全部财产用于清偿有关赔款或罚款后仍有不足时，保险人将根据保险合同的规定，在约定的赔偿责任限额内负责赔偿被保险人尚未清偿的剩余赔款或罚款的规定类似于民法下的一般保证合同，但该保险与保证保险还是存在差别的。我国目前无论是保险界还是法律界对有关保证保险的许多问题尚存分歧。根据 1999 年 8 月中国保险监督管理委员会就"中国工商银行郴州市苏仙区支行与中保财产保险有限公司郴州市苏仙区支公司保证保险合同纠纷"一案，给最高人民法院发出关于保证保险合同纠纷案的复函，"保证保险是财产保险的一种，是指由作为保证人的保险人为作为被保证人的被保险人向权利人提供担保的一种形式，如果由于被保险人的作为或不作为不履行合同义务，致使权利人遭受经济损失，保险人向被保险人或受益人承担赔偿责任。保证保险合同的当事人是债务人（被保证人）和保险人（保证人），债权人一般不是保证保险合同的当事人，可以作为合同的第三人（受益人）"。根据保证保险合同的一般理论，依照保证保险合同，保险人向债权人（受益人）做出赔偿后，将代为取得债权人向债务人求偿的权利，而这在该无船承运人责任保险下是不现实的，也是不符合该保险的目的的。同时，在保证保险下，发生保险事故后，保险人应依照合同约定赔偿损失，且不享有一般保证合同下的先诉抗辩权。这显然也是与该保单第 3 条的规定相冲突的。而相比之下该险种更符合责任保险的特点，同时，将其定位于责任保险也可以为未来向完善的无船承运人责任保险发展奠定基础。

2. 受害人是否有权直接向保险人索赔或直接对保险人提起诉讼

根据该保险单，有权向保险人提出索赔的是被保险人，即无船承运人，且无船承运人提出索赔请求的前提条件是其以全部财产已支付了有关的赔款或罚款，但仍有不足，这是否意味着受害人无权直接向保险人提出索赔请求甚至直接起诉保险人呢？而这实际上有别于我国《海运条例》及其《实施细则》下的保证金的使用。虽然我国《海运条例》及其《实施细则》并未对由谁申请划拨保证金做出规定，但根据目前交通部受理的为数不多的申请冻结划拨保证金的个案，交通部允许受害人凭已生效的判决或司法机关裁定执行的仲裁裁决直接向交通部申请划拨无船承运人交存的 80 万元人民币保证金，且此申请的提出不受无船承运人财产状况的限制。因此，为切实保护受害人的利益，真正实现该责任保险的目的，应允许受害人在因无船承运人失踪或住所变更而无法直接向其提出索赔请求或提起诉讼的情况下，直接向责任保险人提出索赔请求或直接向责任保险人提起诉讼，同时亦不应以无船承运人已丧失偿债能力为限。

事实上，国际上一些规定了强制责任保险的国际公约，如《1969 年国际油污损害民事责任公约》及其 1992 年议定书、《2001 年燃油污染损害民事责任国际公约》、《1996 年国际有毒有害物质损害责任和赔偿公约》以及《1974 年海上旅客及其行李运输雅典公约》的 2002 年议定书都规定，受害人即保险合同以外的第三人可以直接向保险人或财务保证人提起诉讼。我国《海事诉讼特别程序法》第 97 条也对船舶油污损害的受害人直接向承担船舶所有人油污损害责任的保险人或者提供财务保证的其他人提出赔偿请求作了规定。这些国际公约和国内立法已经对传统的合同相对性原则做出了突破，因此，在无船承运人责任保险下，受害人直接向保险人提出索赔请求或提起诉讼已无理论障碍。

3. 保险赔偿的分配

我国《海运条例》及其《实施细则》并未对涉及保证金在不同申请人之间如何分配的问题作出规定，根据交通部的解释，应当按照申请的先后顺序。而对于同时提出的申请应如何进行分配还有待于交通部的进一步明确。

在该责任保险下同样存在这样的问题，即如果就同一事故受害人不只一个，那么 80 万元人民币限额内的保险赔偿应如何进行分配呢？是按照索赔数额的比例、被保险人赔偿的先后顺序、受害人向法院提起诉讼的先后顺序，还是按照法院判决的先后顺序呢？如果受害人在同一个管辖法院提起诉讼，法院可能会对此问题作出判定，但是若受害人在不同的法院提起诉讼又该怎么办呢？因此，这有待于保险合同或相关的立法予以进一步的明确。

4. 赔偿限额的理解及保费的支付

根据我国《实施细则》的规定，无船承运业务经营者的保证金不符合我国《海运条例》规定数额的，交通部应当书面通知其补足。无船承运业务经营者自收到交通部书面通知之日起30日内未补足的，交通部应当按照我国《海运条例》第15条的规定取消其经营资格。由此可见，根据我国《海运条例》及其《实施细则》，只要无船承运人具有经营资格，其在交通部交存的保证金就会始终保持在80万元人民币的状态，其使用没有次数限制。但是，从该保单的规定来看，由于保险人的赔偿以作为被保险人的无船承运人丧失偿债能力为前提，实际上等于该保单下80万元人民币限额内的赔偿只能用于一次事故，此后一个丧失偿债能力的无船承运人应很难再继续经营。这较之于保证金无疑对受害人的保护程度大大降低。

5. 保险人支付赔偿的依据

根据该保单的规定，保险人的赔付以无船承运人提交的法院的最终判决书或裁定书、仲裁机构裁决书或者国家交通主管部门行政处罚书为依据，即除行政处罚外，无船承运人与受害人必须通过司法或仲裁程序，由此确定的赔偿，保险人才予以承认。那么对于经保险人同意的无船承运人与受害人之间的和解协议保险人又是否承认呢，这需要保险单的进一步明确规定。

6. 保险合同的解除与保费的退还

如果在三年的保险期间内，无船承运业务经营者被交通部依法取消经营资格、申请终止经营或者因其他原因终止经营，该保险合同的继续存在已无意义，那么被保险人是否可以要求解除该保险合同，剩余期间的保险费保险人又是否退还呢？这在该保单中亦未规定。

以上意见，仅供参考。

答复中国船务代理与无船承运人协会咨询，2007

307. 是否需要投保无船承运人责任险

问：我公司是一家货运代理公司，现在也开展了一些无船承运人业务，请问在此情况下，我们有必要购买无船承运人责任险吗？

答：我们可向前跨进一步，先将危险品与二手货以外的货物运输的风险投保，然后再看哪些港口危险品较多，专门与保险公司再谈加保事项。现在每年花 50 万元人民币，承保几十个单位的责任险，我认为是必要的，也是合算的，如果买了保险，一年下来保费一分钱都未派上用途，也不能认为是 50 万元人民币白花了，而应认为这是一件大好事，是我们经营管理好，风险意识高，保险意识强，运气佳的表现，值得庆贺！买保险就是买一份保障。万一危险品与二手货以外的货物发生问题，且属于无船承运人责任险承保范围以内的损失，不超过 50 万元人民币按实际损失赔偿，如果超过了则按超过的损失赔，只是不能超过一年的赔偿总金额。

答复某货代公司咨询，2004.4.2

308. 投保无船承运人责任险后需注意哪些事项

问：为了有利于上市公司无船承运人业务的开展，上市公司投保了无船承运人责任险，请您告诉我们在此情况下，我们仍需注意哪些问题？

答：上市公司为本部和下属企业投保了无船承运人责任险，这对开展此项业务提供了一定的保障，但根据该责任险保单条款的内容，值得大家关注和重视的是：

1. 该保险费低，故承保范围小，赔偿少；

2. 赔偿范围为列明险加除外责任即只是列明事项才赔偿；

3. 有 4 000 美元的免赔额；

4. 每次的赔偿最高限额为 25 万美元；

5. 一年累计最高赔偿金额为 250 万美元；

6. 被保险人需谨慎履行义务；

7. 承保范围限于被保险人的责任之内的赔偿，因此被保险人本身及租用财物的损毁以及雇员的伤残等均不在本承保范围之内。货物掌管之前与交货以后的发生的责任也不在本承保范围之内；

8. 索赔时效已过不予赔偿；

9. 索赔单据齐全方有效（书面的原件须经有权力签字的人签字、盖章）；

10. 对外做任何承诺或表态，或对事故与货物如何处理均应事先征得保险公司的同意，例如：货物损失原因、大小、有无责任、责任大小，是和解还是诉讼、仲裁，时效的延长等；

11. 二手设备、易燃、易爆、易腐、易碎品、动植物等货物不在承保范围之内；

12. 故意行为不赔，如倒签提单、预借提单、无单放货。

在此，我还要强调三点：

第一，大家对投保无船承运人责任险要有正确的认识，买了保险并不意味着我们的经营风险可以完全规避或豁免，这次股份公司统一投保的无船承运人责任险具有保费低、承保范围小的特点，无船承运人的很多责任并不在承保范围之内，同时，保险条款设有免赔额条款和每次赔偿的最高限额条款，每次出险的免赔额为 4 000 美元，每次出险的最高赔偿限额为 25 万美元，年累计赔付限额为 250 万美元。也就是说，每次事故无论损失金额大小，保险公司不但会扣除 4 000 美元，而且对于单次超过 25 万美元以及全上市公司年累计超过 250 万美元的损失将也不予赔偿。投保责任险只是部分规避和转化了风险，而不是全面地规避了风险。另外，即使保险公司对于事故损失给予全部赔偿，那么在下一保险年度，保险公司会根据出险数量以及理赔金额相应地提高保险费用，加大我们的运营成本。

第二，即使对于在保险理赔范围之内以及赔偿限额之内的保险事故，我们也不能掉以轻心，保险公司的理赔程序相当苛刻和严格，不仅要在规定的时间内及时报险，而且还要提供完整、规范和有效的索赔文件。同时，在出险后采取的一些相关措施必须要经过保险公司的认可，尤其是书面确认承担责任或同意免除有关责任方责任的承诺千万不能擅自做主，一定要听从保险公司的指示或转交保险公司处置。否则，保险公司将不予理赔。为顺利从保险公司获取赔偿，一定要严格执行保险公司制定的理赔程序，提交完备、有效的业务单据等相关文件，不可息慢或擅自妄为。

对于二手设备、易燃、易爆、易腐、易碎品货物、动植物等特种货物的运输不在承保范围之内，作为无船承运人承揽运输上述货物时一定要谨慎小心。同时，对于故意或恶意或违法行为，比如无单放货、倒签提单、预借提单、谎报事故等等，保险公司均不予赔偿。

第三，大家要熟悉与掌握一些有关无船承运人的法律法规以及所采用的有关合同和单据，才能更好地开展无船承运人业务，并正确及时处理业务中出现的纠纷，以维护自己的合法权益，从而达到自己的预期目的。

1. 无船承运人虽然不能享受海事赔偿责任限制，但应享受我国《海商法》第 51 条规定的承运人应当享受的 12 条免责事项，同时也应按照我国《海商法》第 56 条的规定，享受单件赔偿责任限额。

2. 无船承运人对海上实际承运人而言是托运人身份，其应当享受包括停运权在内的托运人的权利。

3. 托运人在同时起诉无船承运人和海上实际承运人时，如能证明货物损坏或灭失完全是由于实际承运人的过错造成的，则可判决无船承运人与海上实际承运人承担连带责任或直接判决实际承运人单独对托运人承担赔偿责任。

4. 无船承运人在向有关方承担赔偿责任后，向责任方——海上实际承运人追偿的时效，应当遵循我国《海商法》的规定。但在目前我国《海商法》对追偿时效规定不是十分明确、实践操作中尚存争议的情况下，无船承运人应当尽早行使追偿权（提起诉讼或仲裁）。

5. 无船承运人与海上承运人签发的提单在效力上是不同的，责任主体不同，责任区间不同，责任大小不同，无船承运人签发的提单是确立其与托运人运输关系的证明和有关货方主张权利的依据，而海上承运人签发的提单只能约束无船承运人。

答复中外运股份有限公司企业发展部咨询，2006.10.28

六、船务代理

1990 年 4 月 22 日作者在佛山船代培训班
做海运提单及无单放货问题的答疑

309. 船代与货代业务能否同时开展

问: 我部正在对船务代理做一个专题研究项目,请您谈谈,我集团下面的船务代理是专做船务代理业务好,还是同时做一些货运代理的业务如替船东揽货为好?

答: 与上市公司海运项目部讨论有关船务代理与货运代理的关系问题,尤其是法律方面的问题,我觉得很有必要,我主要想从以下四个方面提请你们进行研究:

1. 依据我国《民法通则》对代理的定义及其法律责任,船务代理是受船东委托,维护船东利益的;货运代理是受货方委托,维护货方利益的。二者利益往往是对立的;

2. 目前我国法律对代理能从事何种业务无明确规定;

3. 从法理上看,有利益冲突,除非不涉及海事,货运代理不从事当事人业务,仅为代理人;从分工上看,应分工明确;从实践上看,却是分工不明确,相互有交叉;

4. 了解国外发达国家大公司船务代理的做法与发展趋势，发展中国家大企业船务代理的做法与发展趋势。

基于以上诸方面的因素和考虑，我的意见是：暂且不要下结论，先做境内外的调研工作，从中分析得出将两种代理业务混合在一起做是利大于弊，还是弊大于利？

目前维持现状，不过，我现在还是倾向将船务代理与货运代理业务分开为好。

答复中外运股份有限公司海运项目部咨询，2004.8.12

310. 船代接受海运托运书时应注意哪些事项

问 1：在接受发货人填写的出口货物海运托运书时，船务代理应当注意哪些问题？

答：发货人填写的出口货物海运托运书，实质上是发货人与承运人之间的货物运输合同。在发货人当中既有短期的散户，也有长期的老客户，对于这两种不同的发货人，船务代理所采取的措施也应有所不同。

1. 对于长期的老客户，船务代理可以与其签订一个大合同。合同中可约定：每托运一批货物时，发货人应加盖什么章，并将该章备案；也可约定：由发货人的业务员签名，同样要将该签名备案。上述约定不可小看，要想规避长期客户容易引发的风险，这是一项很重要的合同条款。这样，双方事先在合同中约定好如何盖章或签名之事，日后每一笔业务，只要按合同的约定执行即可，既简捷又稳妥。

2. 对于散户，由于双方之间尚未形成固定使用的公章，所以，船务代理必须要求散户盖其法人公章。此时，散户方业务员的签名是万万不可接受的。因为，日后一旦发生纠纷，发货人很可能主张该业务员并未得到其授权，他的签名是个人行为，不代表公司行为，以此为由逃避责任。而届时船务代理要举证是很困难的，而且很可能不被法院采信。

问 2：危险品托运时，托运人、承运人、船务代理的权利义务分别是什么？

答：危险品托运时，法律对托运人、承运人及船务代理的责任与义务的规定是非常严格的。

1. 承运人的损失由托运人承担。根据我国《海商法》第 68 条的规定，托运人有义务妥善包装、作出危险品标志和标签，并将其正式名称和性质以及应当采取的预防危害措施书面通知承运人。对承运人运输此类货物受到的损害，托运人要承担赔偿责任。

2. 船务代理无法定审核义务。我国《海商法》只规定托运人有申报、妥善包装危险品的义务，而没有规定船务代理有审核义务。货物是托运人托运的，属托运人所有，危险品的申报、包装、标志及预防措施通知承运人的义务自然落在托运人一方，对承运人造成的损失自然也由托运人承担。货物运输合同的双方当事人是托运人和承运人，与货物托运和运输相关的义务和责任，应由合同的一方当事人——托运人来承担。而船务代理与承运人之间是另外一个合同即委托代理合同关系。船务代理承担的是委托代理合同下法律规定的义务和责任，而不承担货物运输合同下法律规定的义务与责任。

3. 如果托运人申报了危险品，而船务代理由于疏忽未通知承运人，则船务代理要承担相应的责任。承运人有权就其损失提出索赔。理由是：我国《合同法》第 406 条第 1 款规定，"有偿的委托合同，因受托人的过错给委托人造成损失的，委托人可以要求赔偿损失。"

例如以下这起"危险品泄漏案"：2004 年，一条装有 4000 多个集装箱的船舶在宁波港装运货物。当货物即将装载完毕时，突然发现某集装箱处冒出一股股绿烟。由于当时不知是何物，为了防止货物发热、自燃，甚至爆炸，只好将船舶临时转移到锚地，并且卸下 100 多个集装箱。后发现第六舱底舱的一个集装箱冒绿烟。经检验师检查，该集装箱内装有化工危险品，该化工危险品自身发热、挥发，泄漏出来气体。但此前托运人交付货物时，并未申报危险品，而是按普通货交付的。为了船舶在装货港期间和整个航程中的安全，也为了符合目的港的要求，船东、租船人及港务局采取了一系列措施。一方面将冒绿烟的集装箱卸下来另行处理；另一方面对船舱进行清洗，以免污染周围其他货物和船舱。处理完毕后，又将卸下的 100 多个集装箱重新装上船。为此，前后共花了整整 12 天的时间。该船每天租金 3.5 万美元，加上清洗费、100 多个集装箱重新装卸费、船舶移动费、货物检验费、集装箱处理费等，共计损失 50 多万美元。这笔 50 多万美元的损失应由谁来承担呢？经查，装有化工危险品的集装箱的托运人是一家大的货运代理公司（实际托运人是另一家公司）。该货运代理公司交付货物时并未申报危险品，而是按普通货交付的。所以，根据我国《海商法》和有关法律规定，上述损失应由托运人即货运代理公司承担。如果是实际托运人未告知危险品，则货运代理公司有权向实际托运人追偿。

答复某船务代理公司咨询，2007.1.25

311. 船代可否签发清洁提单

问：我们遇到的疑难问题是：A 轮的期租承租人委托我公司作为 A 轮在天津港的船舶代理。A 轮船长以外运格式签发给我公司一封授权函，授权我公司签发清洁提单。现 A 轮在天津港已装完全部出口货物4 000 吨小麦，大副收据对此批货物有如下批注："1. 货物重量据称为4 000 吨；2. 货物外表状况不良，小麦中混有杂草、绳子和塑料物品。"但同时托运人 B 公司称，为使单证相符、方便结汇，希望我公司签发清洁提单。另外，买卖合同中有关于货物杂质的规定，要求货物杂质不能超过货物总量的2%。

现我公司面临的情况是：

1. 如不签发清洁提单，虽保全了承运人的利益、对承运人是负责了，但 B 公司凭借不清洁提单难以顺利结汇收回货款，对其很不利，有可能影响到我公司和 B 公司之间的关系与将来的合作。

2. 如签发清洁提单，虽 B 公司能顺利结汇取得货款，我们与 B 公司的关系得以维持，但这样处理对承运人相当不利。提单上批注的作用是对承运人的一种保护。只要提单上有了这样的批注，第一，货物如果有短缺承运人可以免责；第二，如果收货人对货物杂质含量提出异议要求承运人赔偿时，承运人可以免责。但如果我们签发了清洁提单，就等于放弃了对承运人的保护，一旦货物发生短少或杂质超过2%，收货人便以装货时承运人已核对货物重量且货物外表状况良好为由起诉承运人。承运人就要承担由此而产生的赔偿责任。

请问您，在此情况下，船务代理不顾大副收据的批注而签发清洁提单，如果收货人向船方索赔，船务代理是否要承担连带责任？

答：我认为，本案重点要考虑的问题有三个：第一个重点是杂质问题。《跟单信用证统一惯例》第 32 条 a 款规定："清洁运输单据系指未载有明确宣称货物及/或包装状况有缺陷的条款或批注的运输单据。"因此，提单中如批注"不知条款"不会被银行视为不清洁提单，因而不会影响托运人结汇。所以本案中第一个重点就是关于货物外表状况的批注。买卖合同中对货物杂质的规定是不超过2%，但却没有关于杂质的定义。大副收据所称"杂草、绳子、塑料"究竟是不是买卖合同所说的杂质呢？另外商检机构对于杂质是如何定义的呢？大副看到的部分货物有这样的情况，是否全部货物都存在这种情况呢？如商检机构对小麦的检测结果是杂质不超过 2% 的话，那么说明货物完全符合买卖合同的约定。这样，你们就可以签发清洁提单。如商检机构对小麦的检测结果不符合买卖合同的约定，则问题就在于你们如何取舍了。

第二个重点是船长所签发授权函的效力问题。这封授权函具有怎样的效力主要取决于授权函的措辞和含义。如果该授权函明确表示无论大副收据如何批注，船务代理均可签发清洁提单，那么这就是一封有效的授权函，属于承运人对其代理人的明确指示，表示承运人许可你公司在本案的情况下签发清洁提单。如果这封授权函并未表达此种含义，而是仅表示为：如果大副收据没有任何不良批注即可签发清洁提单。则这只是一封普通性质的授权函，并不能表示在本案的情况下承运人授权你们签发清洁提单。第二种情况不存在特殊授权，即不存在任何特殊免责，签发清洁提单必然有风险。不过第一种情况下，你公司签发清洁提单仍旧存在风险。你公司的代理行为无论属于《民法通则》规定的显名代理，还是《合同法》规定的隐名代理，代理行为的后果均应由被代理人承担。但你公司明知货物外表状况不良仍签发清洁提单，很有可能被判定为与承运人一起对第三人共同欺诈。而一旦被判定为共同欺诈，你公司就必须与承运人一起对第三人承担连带赔偿责任。在收货人索赔时，如果无法找到承运人或承运人无力承担赔偿责任，那么只能由你们对收货人先行赔偿，然后再凭借授权函向承运人追偿，这时追偿的结果就很难预料了。

第三个重点是托运人保函的效力问题。实践中应对这种情况的通常做法是，签发清洁提单，要求托运人出具一份保函，其内容为：因未将大副收据上的批注转移至提单上，承运人可能承担对收货人的赔偿责任，承运人因此遭受的损失，由托运人赔偿。而实际上法律并不完全承认这种保函的效力。如果托运人与收货人为同一人，那么保函是有效的，承运人不承担任何责任。然而大多数情况下，托运人与收货人并非同一人，这时保函的效力就根据具体情况有所不同了。一般来说，承运人接受保函并签发清洁提单，只要不是对收货人进行欺诈，保函在托运人与承运人之间就有效，但任何时候都不能对抗善意的收货人，即如果收货人索赔，承运人将承担赔偿责任，赔偿后承运人可再向托运人追偿；如属于欺诈，承运人就要对善意收货人承担无限额的赔偿责任，即丧失了赔偿责任限制，并且不能向托运人追偿，与托运人之间的债务关系已构成自然债务，不受法律保护。

在商业利害关系与法律规定的天平之间，你们只能两害相权取其轻。

根据案情，你方可采取下列应对措施：第一种方法虽然好，又无风险，但很难做到，后两种方法均有风险，并且无法彻底免除自己的责任。

1. 取得收货人的保函。如能取得收货人的保函，则可认为收货人与托运人已达成协议变更买卖合同。这样你公司的行为就是依据变更后的合同做出的，不构成对任何一方的欺诈，并且取得了合同双方的认可。这种方法的效果最好，但这种方法是最难成功的，因此无法采用。

2. 取得托运人的保函。关于托运人保函的效力，如上所述，由于不能得到法律的完全承认所以是一种比较危险的做法，如果不是万不得已也不可取。

3. 取得托运人与第三人的共同保函（或托运人保函加第三人担保）。此种保函中的第三人一般均为资信较好的银行。当收货人索赔、托运人无力承担债务时，即可由银行来代为承担赔偿义务。如为托运人与第三人的共同保函，则由两者承担连带赔偿责任。这种保函相对托运人保函更为稳妥，但又不像第一种保函那么难以取得，所以在三者之中相对来说是比较可取的。但一定要注意，虽然更为稳妥，毕竟其性质仍是保函，如果这种以保函换取清洁提单的行为属于欺诈，那么你方仍会处于非常不利的地位。

答复天津船务代理公司咨询，2004.4.2

312. 船代可否签发副本提单

问：一家出口公司出口服装到荷兰，每次出口时都要求我司（作为某船公司的船务代理）不但签发正本提单，还要求对副本提单也签发盖章，我们不知道这样做是否有风险？

答：1. 这样做肯定有风险，因为不知道对方将用副本提单做什么事情，所以说风险可小也可大，一般情况下不做为好；

2. 如果要做，首先要得到船东的同意，其次应向国内发货人询问清楚，其目的是什么，如果风险小又可控制，可提供方便；如果风险大或不好说，就要慎重考虑，采取防范措施；

3. 如果实在为满足发货人需求，则也要求发货人提供你方能接受的保函，最好是银行或者第三者（资信情况较好的公司）出具的担保。

4. 估计很可能是荷兰收货人在货到、正本提单未到的情况下，用这份已盖章签字的副本提单办理当地的提货手续，以免将来影响及时提货。

答复河南外运公司咨询，2005.3.31

1993 年作者与我国海商法资深专家在北京中国船务
代理有限公司举办的案例分析会上答疑
左起：冯立奇、刘书剑、徐鹤皋、朱曾杰、
傅旭梅、司玉琢、孟于群、张为民

313. 船代按船方指示签发清洁提单是否承担责任

问：鞍钢集团国际经济贸易公司（以下简称"鞍钢集团"）向日本买方出口一批热轧钢卷板（423 卷，18 588.32 吨）。该批货物由山东远东国际海运有限公司（以下简称"山东海运"）的"天裕"轮负责运输，大连天裕船务有限公司（以下简称"大连天裕"）为"天裕"轮的船舶经营管理人。辽宁中外运船务代理有限公司营口分公司（以下简称"船务代理公司"）受山东海运委托，承担"天裕"轮 V858 在营口港的船务代理业务。

2005 年 4 月 6 日，船务代理公司代表山东海运签发了货物已装船提单，船舶从营口鲅鱼圈港启航赴日本 Hakata 港。

4月12日，"天裕"轮抵达日本 Hakata 港卸货时发现货损。同日，收货人申请检验人对货损进行检验。检验人 Nippon Kaiji Kentei Kyokai 检验公司对货物进行了检验，并于4月15日出具了《检验报告》。经检验，"天裕"轮承运的货物严重锈损，有10 890.75吨（256卷）钢卷受到不同程度的锈损。通过对货损进行分类贬值计算，上述货损相当于1 458.35吨货物全损。公证检验人的检验结论认为，钢卷锈损是由于船舶航行过程中管货不当海水进入船舱造成的。

由于该批货物的损失属于保险责任范围，保险人中国平安财产保险股份有限公司鞍山中心支公司（以下简称"平安保险"）对货损进行了赔偿，赔偿金额为99 452.2美元。平安保险因此获得代位求偿的权利。于是，平安保险作为原告将山东海运、大连天裕和船务代理公司列为共同被告诉诸青岛海事法院，请求法院判决三被告负连带赔偿责任。

实际上该批货物在装货时，有一天经历了雨中作业，在签发的提单上有大副的批注：部分锈蚀。发货人为了顺利结汇向承运人山东海运出具了保函以换取清洁提单，山东海运接受了保函并书面指示船务代理公司签发清洁提单，船务代理公司根据其指示签发了清洁提单。而上述这个情节国外收货方并不知情。

现在的问题是，在本案中，承运人接受了发货人的保函，并书面明确指示船务代理公司签发了清洁提单，在此情况下，船务代理公司是否应承担连带责任？

答： 1. 关于保函的效力

调整国际海上货物运输法律关系的两个重要的国际公约《海牙规则》、《海牙—维斯比规则》都不承认保函的效力，但《汉堡规则》第一次在一定范围内承认了保函的效力。根据《汉堡规则》第17条的规定，托运人在货物外表状况批注保留时，为换取清洁提单而向承运人提供的保函，在托运人与承运人之间有效。但是，当提单转让至包括收货人在内的任何第三方时，此种保函无效。如承运人或代其行事的人接受托运人的保函，构成对信赖提单中所记载的货物情况的第三方进行欺诈时，则保函在托运人与承运人之间亦属无效。同时，承运人应对第三方因此所受的任何损失负赔偿责任，且不得援引赔偿责任限制。

由此可见，保函有效与否要区分善意与恶意。如果承运人接受保函签发清洁提单时并不是对收货人存心欺诈，而是因为某些客观条件的限制，如缺乏识别手段或计量工具等，在这种情况下，承运人接受保函免去提单上的批注，并不是对收货人的恶意欺诈，而是因为认识上的偏差或限制造成，则此种保函属于有效的善意保函，承运人如果受到收货人的索赔，应先赔偿收货人，之后通过保函从托运人或保证人处得到补偿，我国海事法院也有肯定此类善意保函效力的案例。但在托运人与承运人明知货物的表面状况有瑕疵仍以保函换取清洁提单的情况下，则此种保函是一种恶意保函，恶意保函无效，承运人在对收货人承担责任后不得以保函向托运人索赔，亦不能享受赔偿责任限制。这里值得注意的是，即使属于善意的保函也仅限在托运人与承运人之间有效，而在承运人与包括收货人在内的第三方之间是无效的，不能产生对抗的效力。

本案中，热轧钢卷板总量为 423 卷（18 588.32 吨），而《检验报告》表明，有 10 890.75 吨（256 卷）钢卷受到不同程度的锈损，相当于 1 458.35 吨货物全损。这样看来，已经有大约 1/13 的货物受到锈损。虽然根据《检验报告》货损是由于航行过程中管货不当造成的，应由承运人山东海运承担赔偿责任，与船务代理公司无关，但反过来，如果保险人查证船舶开航前即签发提单时，大副收据上的"部分锈损"达到一定程度而构成了"恶意"，则保函将会被认定为无效，此时船务代理公司也就难以逃脱责任了，因为他在签发清洁提单时货物表面已经有了明显的瑕疵，而他仍旧签发，说明他"明知"，具有故意的过错或起码有过失，应当承担责任。

因此，从这个方面来说，如果钢卷锈损的原因是承运人在船舶航行过程中管货不当海水进入船舱造成的，则船务代理公司可以抗辩指出该损失与己无关。

2. 关于船务代理的义务和责任

作为船务代理接受承运人的委托进行代理业务，他们之间的法律义务和责任适用我国《民法通则》关于代理与代理人的相关规定。根据我国《民法通则》第 63 条的规定，代理人在代理权限范围内，以被代理人的名义实施民事法律行为的，被代理人对代理人的代理行为承担民事责任。

本案中，平安保险提起的是侵权之诉，首先要证明侵权存在，其中之一就是要证明侵权人存在过错。而船务代理公司系山东海运的委托代理人，代理签发提单是其一项义务，并且他是根据被代理人山东海运的书面指示签发的清洁提单，所以作为代理人的船务代理公司并无过错。其次，平安保险可能提出钢卷锈损程度严重，签发清洁提单构成对包括收货人在内的第三人的欺诈而使保函归于无效，而船务代理公司仍然签发清洁提单，则构成我国《民法通则》第 67 条关于"代理人知道被委托代理的事项违法仍然进行代理活动的，由被代理人和代理人负连带责任"。如果船务代理公司能够证明其签发清洁提单时钢卷的锈损程度属正常范围（因为除非是不锈钢，否则一般钢材在装运时表面或多或少都有些锈渍），这种锈渍程度不至于导致构成对收货人的欺诈，即"非恶意"，则保函在承运人与托运人之间是有效的、不违法的，船务代理公司所代理的事项就不属于违法行为，也不应承担连带责任。

3. 应吸取的经验教训

综上，接受保函的风险与责任始终在承运人一方。所以，作为代表承运人一方利益的船务代理，在进行船务代理业务时，要慎签提单，特别是接受保函换取清洁提单时，更要慎之又慎、三思而行。考虑的因素可以参考以下几点：（1）掩盖货物外表的瑕疵状况，将会给日后可能的索赔金额带来多大影响；（2）货物的受损部分占全部货物的比例大小，因为这将是判断"善意"或"恶意"很重要的因素；（3）货物的受损部分在运输途中是否会影响其他货物而使之受损扩大；（4）考虑保函的可兑现程度；（5）考虑与发货人的关系，等等。

答复辽宁中外运船务代理有限公司营口分公司咨询，2006.7.10

314. 船代应如何处理提单批注问题

问1：甘肃某公司出口一批硅铁到土耳其。土耳其租船人派船到天津塘沽港装运。中间买主为日本某公司，该公司以信用证付款方式卖给土耳其，货价为2 000万元人民币。装货时，船方曾提出包装麻袋有破损，在大副收据上有批注。但发货人不同意该批注，想出保函换取清洁提单，而船方不接受。后船舶于1991年5月21日启航，船方委托我船务代理签发提单，但坚持要批注，而发货人又不干。经做双方工作，现仍未找到解决办法。请问，此时作为船务代理，我们应如何处理？

答：根据上述案情，我提出下列意见：

1. 船务代理因授权有限，只能按船方意见签发提单，但可将发货人意见转告船方。如船方最后仍坚持要批注，不签发清洁提单，那么船务代理只好跟发货人说明情况，让发货人自己去找船方解决。

2. 若发货人出具的是自己的保函，船方一般不予接受。发货人可与船方商量可否出具银行担保或保险公司的保函。如船方可以接受，则船务代理即可按船方的指示接受该保函而签发清洁提单。但我估计船方不一定会同意，因为：一是该保函带有一些欺诈性（已破包），到时不但不能对抗第三人，而且中国法院是否认定该保函的合法性尚是问题；二是如若发货人不认账，在中国起诉时，该保函可能为无效。

3. 最好的办法是发货人与收货人进行沟通，要求对方修改信用证，接受此种批注的提单。当然，此时还有三个因素要考虑：（1）行情，价格是跌是涨与收货人是否要货有密切关系；（2）讲明硅铁有些破包，但无任何影响；（3）如确因破包产生损失由发货人承担责任。

4. 考虑到你们既是船务代理又是货运代理，如果船方同意接受船务代理的担保，则你方也可要求发货人出具反担保。当然，这时船务代理也是有风险的，需慎重考虑。

5. 在此情况下，船方完全有权进行批注。一般情况下，即使船舶仍在尚未启航，也不能以船方要求批注为由扣留船舶。当然，发货人可以此来威胁船方，迫使对方接受保函、签发清洁提单。

6. 船务代理如果擅自签发清洁提单，其可能的后果是：（1）收货人将以船方与发货人串通欺诈为由而拒绝付款；（2）收货人将向船方提赔，船方转而向船务代理索赔；（3）船务代理将直接承担法律责任及其所产生的经济损失，并且不得享受赔偿责任限制。

总而言之，在这种情况下，船务代理不能擅自签发清洁提单，也不得未经船方同意，而凭发货人的保函签发清洁提单，否则船务代理将要承担法律后果和责任，并且不能享受赔偿责任限制。

1991. 5. 29

问 2： 关于此纠纷，我们已通过各种渠道做工作，仍未行得通。现日本买方逼发货人马上拿到清洁提单，否则一切单证都将过期。请问，此时如果我们船务代理不管船方的指示，擅自给发货人签发清洁提单，由发货人给船务代理出具一个保函可否？会有何种后果？

答： 不能这么办，否则后果将是严重的，因为：

1. 租船人即买方有权扣留船舶，由此引起的损失，船东将会追究船务代理的责任并索赔其损失；

2. 发货人即使拿到清洁提单，也不一定能结汇，因为收货人或许已采取措施要求银行不付款；

3. 如果为了统一对外，必须要有上级部门作证，要有书面证明：船务代理应发货人的要求，凭保函签发的清洁提单，如果产生纠纷将由发货人承担一切责任与损失。否则一旦发货人赖账，一切责任和风险都由船务代理承担。即使起诉，法院也不一定认定该保函的合法有效性，因为该保函带有欺诈性，船务代理会因此处于十分被动的地位。

答复天津船务代理分公司咨询, 1991. 7. 11

法律参考:

《汉堡规则》

第 17 条, 详见例 252 法律参考

315. 船代换单时应注意哪些问题

问: 当收货人凭进口货物海运提单办理换单提货时, 船务代理应当注意哪些事项?

答: 我认为要注意以下三个方面的问题:

1. 船务代理应当注意收货人提货时的盖章问题。收货人提货时需要在正本提单上签字、盖章, 这是中国独有的一种做法。而在国外, 收货人提货时并不需要盖章。因为根据有关法律的规定, 在不记名提单的情况下, 任何人持有正本提单提货, 承运人都必须交货。承运人没有义务审查谁是真正的收货人, 而且也无从审查。因此, 盖章并不是法律的规定, 而是中国独有的一种习惯做法。

在法律上, 只要承运人凭正本提单已放货, 便履行完毕承运人交货的义务, 不论收货人是否盖章, 也不论收货人盖的是什么章。我国之所以要求收货人盖章, 可能是为了防止收货人提货后不认帐, 声称没有提货。一旦收货人(或者任何人)这样主张, 承运人只要出具一份正本提单, 证明承运人已凭正本提单交货, 便足以抗辩了。因此, 从法律上讲, 在上述情况下, 不管收货人是否盖章, 也不管收货人盖的是什么章, 对于承运人来说都没有影响。

但是, 如果在记名提单的情况下, 承运人就必须审核收货人的身份, 并要求收货人一定要盖章, 而且要盖收货人的法人公章。

既然我国的习惯做法是要盖公章, 那么, 究竟要盖什么样的公章, 船务代理必须首先询问船东, 并按船东的指示行事, 千万不可自作主张。

如果船东让船务代理自己判断, 那么船务代理就要谨慎行事, 最好要求收货人加盖其法人公章。至于法人的其他业务专用章有何种效力, 我国的法律法规均无明确规定。因此, 最好不要盖其他的业务专用章。如果收货人是长期老客户, 也可加盖收货人与船务代理之间通常使用的章。这样, 万一日后发生纠纷, 船务

代理即可举证所盖的章是一直沿用的、是代表收货人的。

2. 如果收货人委托报关公司办理换单提货，同样，船务代理也应注意盖章的问题（有关注意事项同上）。

3. 中转货时，船务代理不但要注意审核头程海运提单的合法性，还要征询二程船承运人的同意。否则，一旦放错货，船务代理就会有风险与责任。

答复中国船务代理有限公司咨询，2007.1.25

316. 船代对积载不当是否承担责任

问：现将唐山船代案的基本案情与我们的想法向您汇报，请您帮助我们把把脉。

（一）基本案情

2002 年 4 月，唐冶公司口头委托唐山船代为其代理一宗租船业务，即由京唐港装运出口钢结构部件 339 件/307.20MT 至日本"HITACHINAKE"港。2002 年 5 月 1 日，唐山船代与鸿达船务签订了程租"HONGYUAN"轮的协议，其 FIXTURE NOTE 规定"其他条款和条件适用《金康76》"，落款承租人处的签名为唐山船代。当天，唐冶公司也口头委托神釜公司以承租人身份与唐山船代签订了"HONGYUAN"轮程租合同，其 FIXTURE NOTE 的规定跟唐山船代与鸿达船务之间的程租协议的规定完全相同。同日，神釜公司以唐冶公司货运代理人的身份与唐山船代签订了出口代理协议，委托唐山船代为其代办出口货物在京唐港的报关、报检、安排泊位、监督装船、缮制有关单证、协助接收货物、仓储等业务。

该批出口货物于 2002 年 5 月 25 日由京唐港装船，2002 年 6 月 1 日抵达日本"HITACHINAKE"港。货物到达后，收货人发现货物大部分弯曲、变形、掉漆，便委托日本检验机构对货物的损坏程度进行了检验鉴定，结论为：产生货物抵港受损的主要原因是货物积载不当，固定不牢，损失价值为 29 998 976.00 日元（约合 30 万美元）。收货人的损失由保险公司先行赔付后，保险公司取得代位求偿权向我国某海事法院提起诉讼，要求船东（鸿达船务）赔偿损失，并在 2003 年 4 月"HONGYUAN"轮再次抵达日本"HITACHINAKE"港时将其扣留。

2003 年 5 月 15 日，鸿达船务以传真致函唐山船代称：2002 年 5 月 1 日，唐山船代签订程租鸿达船务"HONGYUAN"轮自京唐港承运钢结构部件去日本

"HITACHINAKE" 的运输合同，该合同第 6 条、第 10 条约定运输条件为 FIOST，绑扎、固定、铺垫、隔票、付费等均由租方负责。由于唐山船代没有完全履行责任导致货物受损，现该轮已被收货人依法扣留在日本 "HITACHINAKE" 港，并将该案件诉至我国某海事法院。为此，鸿达船务向唐山船代提出：（1）由唐山船代提供相应数额的担保，促使该轮解扣，以减少损失；（2）鸿达船务保留向唐山船代索赔损失的权利。唐山船代经咨询法律顾问后，并未向鸿达船务出具任何保函和证明材料。

（二）基本想法

在分析上述 FIXTURE NOTE 与《金康76》的有关条款后，我们拟从以下几个方面进行抗辩：

1. "FIOST, LASHED, SECURED, DUNNAGED AND SEPERATION" 系指船方不负担装卸、堆装、平舱、捆扎、固定、衬垫和隔票费用。租船人/发货人在谨慎合理完成上述工作和负担费用后，如果船方不对租船人/发货人的上述工作提出异议，船方仍需对货物在运输过程中产生的损坏承担赔偿责任。

2. 合理积载、运输、保管货物是船方的法定义务，船方将积载货物的义务通过合同转让给租船人/发货人后，仍应尽到合理运输、保管货物的责任。货物在运输途中系由船方照料保管，船舶一开航，租船人/发货人已对货物失去实际控制，如果货物在运输途中因船方没有尽到合理保管的义务甚至重新配载而产生损失，船方却以货物积载不当为由要求免责，显然有失公允。因此，我们认为，船方因租船人/发货人积载不当而对损失免责的唯一前提是，船舶开航前已对租船人/发货人的积载工作提出异议，并明确不对因此产生的损失承担责任。本纠纷中，船方没有对发货人的积载工作提出过异议。

3. 根据上述第 2 点，我们认为，《金康76》第 5 条（a）款作为格式合同条款，无限扩大对方义务而免除自己的法定义务，按照我国《合同法》精神，应当是无效条款。

4. 我们认为，《金康76》第 2 条中的 "STOWAGE" 和第 5 条（a）款中的 "STOWED" 不是同一概念。"STOWAGE" 是指船东有责任与义务对船上所有货物从各方面作好积载，例如是否影响船舶重心，是否符合国际危规的规定（如船上另装有危险品），是否影响卸序，是否引起对其他货物的损害等，总而言之，要使船舶适航，保证船货的安全。"STOWED" 则是指租船人/发货人对自己所装货物堆放妥当就行了。

上述观点或许不准确，或许错误，因此，我们想请您利用您丰富的实践知识和多年的仲裁经验，在百忙之中帮助我们作出正确的分析和判断。

（三）具体问题

关于此案，还有以下几个具体问题需要考虑：

1. 船东要求日本保险公司不要起诉船东，而请保险公司起诉发货人（这一点根本不可能，除非日本保险公司抓不到船方的证据，或即使胜诉也无法执行）。

2. 船东要求日本保险公司直接起诉唐山船代，然后免除船东的责任。

3. 船东请我们证明，货物的捆绑、积载是由发货人负责的。我们能否出具这个证明？

实际上我们与唐山冶金机械厂无协议，对方证据不足，故在收集证据，想把我们三家都弄出来，然后说服日本保险公司直接向国内发货人索赔（这不可能，主要是日方保险公司不干）。

4. 如果中间贸易商与唐山冶金机械厂没有协议，那么唐山船代与中间商的贸易合同是否仍有效？如果有协议，能否取消唐山船代与中间商的合同？如果无法取消，即唐山船代与中间商的合同有效，能否免除唐山船代的责任？

现在，我们急切地想知道，在本案中，根据《金康76》的有关条款，我下属唐山船代是否应承担责任？如需承担，究竟要承担什么法律责任？

答：看了你们的基本案情与想法，我认为此案对你们下属唐山船代十分不利，对此你们要有充分的思想准备。待案子结束后，还应很好地总结经验教训。现将我的意见提供如下，供你们参考。

（一）关于法律部分

1. 货物积载和固定的责任方是船东还是承租人

本案中，根据日本检验机构的检验报告，造成货损的原因是货物的积载不当，固定不牢。因此，确定最终责任方的前提应是判断本案中谁应承担货物积载和固定的责任。唐山船代与鸿达船务之间的程租合同，在运费的支付部分约定了FIOST（free in and out, stowed, trimmed）。如果仅有此规定，事实上还不能十分明确地判定积载和固定的责任究竟在哪一方。因为，在英国就有一些判例曾被认为，FIOST 只是针对装卸作业的费用，而作业的风险与责任仍在船东身上，不会因该条款而转移到租船人身上（Ballantyne v. Paton (1912) S. C. 246）。但是，英国也有判例做出与此相矛盾的裁定，认为在该条款下作业风险和责任均已转移给承租人（Government of Ceylon v. Chandris (1965) Lloyd's Rep. 204；The "Panaghia Tinnou" (1986) 2 Lloyd's Rep. 586）。而我国《海商法》对此问题并没有明确的规定。

2. 本案援引《金康76》将责任转移给承租人

本案程租合同中除 FIOST 的规定外，FIXTURE NOTE 中还援引了《金康76》。根据《金康76》的规定，在 FIOST 下"货物的进舱、装载、积载、平舱以及出舱、卸货均由承租人或其代理负责，船东不承担任何风险、责任和费用。"由此可见，《金康76》从维护船东的利益出发，完全排除了船东在 FIOST 条款下对装卸作业的风险、责任和费用的承担。因此，根据该程租合同货物的积载和固定［固定作业与积载、平舱作业密不可分，因此多数判例判定在 FIOST 下，固定货物的费用（风险、责任）亦由承租人承担］的责任应由承租人唐山船代承担。

3. 追偿链条将责任又转移给实际装货人

本案中，唐山船代事实上又与神釜公司签订了一个背靠背的航次租船合同。该合同中亦采用了 FIOST 条款和《金康76》的规定。同时，根据神釜公司与唐山船代之间签订的出口代理协议，货物装船过程中，唐山船代应负责港方安排泊位、装船、监装，并协助甲方（神釜公司）进行货物垫舱、绑扎等工作。由此也可以判断货物的实际装货作业亦非唐山船代负责。

因此，本案中如果收货人针对货损起诉鸿达船务，将会出现一个追偿的链条，即鸿达船务在赔偿了收货人的损失后，可根据其与唐山船代之间的程租合同向唐山船代追偿；唐山船代在向鸿达船务做出赔付后，又可根据其与神釜公司之间的程租合同向神釜公司追偿，但前提是神釜公司此时仍然存在而未破产。

4. 不向船东出具书面证明

无论租船人是否应当承担上述责任，就船东与保险公司之间的纠纷而言，船东都是很难免责的。收货人/提单持有人因为提单与船东之间建立了法律关系，船东有依据提单的记载完好交付货物的义务。租约/FIXTURE NOTE 中有关船东的免责规定不能针对提单持有人（除非提单持有人是租船人，或有租约并入提单条款），它只是赋予了船东向租船人的追偿权。

或许船东考虑到了败诉的可能性，于是要求贵司出具一份"发货人应当承担因货物积载不当而产生的损失"的证明函，以便为将来的追偿收集证据。船东很巧妙地避免使用"租船人应承担责任"的字样，目的可能就是想从贵司顺利得到证明。船东一旦得到这份证明，更有充分理由依据 FIXTURE NOTE 向贵司追偿。

因此，建议贵司不要为船东与保险公司之间的纠纷出具任何形式的可能对己不利的法律后果的证明材料。考虑到商业关系，贵司可以给船东一份象征性的回函。我们起草了一份，供贵司参考：

"关于贵司因与日本某保险公司之间纠纷而需我司出具有关证明材料之事宜，我们经咨询总公司法律部门，被告知以下情况：

1. 我司为贵司出具的有关证明材料因涉及确认第三方义务，本身不具备法律效力；

2. 该材料的证明内容也不能为贵司的抗辩起到帮助作用。

因此，我们建议贵司通过其他程序和渠道去作出免责抗辩，如果免责抗辩不成立，贵司应当尽可能争取享受赔偿责任限制。"

（二）关于具体工作部分

1. 请你们与我法律部负责此案的同志一起研究分析唐山船代案。

（1）写出一个方案（7 月 7 日交）；

（2）写出答辩书草稿（7 月 14 日交）。

主要抗辩理由如下：

①唐山船代是租船代理。

a. 只拿了佣金；

b. 租船人是中间贸易商。

②"FIOST"只是一个费用条款，其风险、责任仍由船东承担（视案情发展再议）。

③船方应享受每件的赔偿责任限制。

④将贸易商与唐山冶金、唐山冶金机械厂、唐冶公司作为并列被告，或说服船东将四家作为共同被告。

2. 不要向对方提供任何文字资料。

3. 尽快取得商检报告，视货物损坏的数量、损失程度，粗略估计一下船方需要承担的实际损失。

答复中国船务代理有限公司及河北唐山船务代理公司咨询，2003.6.24

注：关于此案的详细案情，参见孟于群著《国际海运疑难典型案例精析》一书。

317. 船代放货时应注意哪些问题

问：在船务代理凭银行担保放货方面，我们有三个法律问题向您请教，请给予解答。

1. 凭银行担保函放货的法律效力和风险是什么？
2. 船务代理是否需要承担无单放货的责任？
3. 凭银行担保函放货时，船务代理应注意哪些事项？

答：（一）关于"凭银行担保函放货的法律效力和风险是什么"

根据有关法律规定，承运人应当凭正本提单才能放货。而在实践中，承运人凭银行担保函放货的情况却很常见。凭银行担保函放货，虽然多了一层保障，但风险依旧在承运人一方。因为，第一，一旦真正的提单持有人持提单要求提货时，承运人必须向其承担无单放货的责任；第二，承运人承担赔偿责任后，有权追偿。承运人既可向提货人追偿，也可向出具担保函的银行追偿。然而，一旦担保函是虚假的，或者银行拒绝履行担保责任，或者无能力履行担保责任，则一切后果都要由承运人自己承担。

（二）关于"船务代理是否需要承担无单放货的责任"

这首先要看船务代理是否有承运人关于放货的明确指示。如果船务代理是擅自放货（指承运人没有明确指示放货，或者明确指示不要放货），则船务代理就要承担无单放货的责任。

如案例 1：在中国建筑进出口总公司诉连云港外轮代理公司无单放货一案

中，上海海事法院认为：本案被告连云港外轮代理公司虽为承运人在目的港的代理，但被告未提供证据证明其交付涉案提货单的行为系受承运人指示，故该行为应视为代理人的独立行为，被告应直接承担法律责任。本案被告在未收回正本提单的情况下开出提货单，并承诺无条件放货，已构成对提单物权的侵害。由于该提货单的流转，造成全部涉案货物的无单放行，两者之间存在直接的因果关系。被告既有过错，又违反我国法律规定，并直接侵害了原告提单项下的物权，致使原告产生重大经济损失，对此被告应当承担侵权损害赔偿责任（上海海事法院（2002）沪海法商初字第 93 号）。

如果在承运人明确指示放货的情况下，船务代理对无单放货是否还需承担连带责任？对此，我国目前有两种看法，各法院的做法也不尽相同。

一种看法认为：根据我国《民法通则》关于代理的规定，只要船务代理无过错，代理人的行为后果由被代理人承担。在上述情况下，无单放货并不构成我国《民法通则》第 67 条规定的违法，因此船务代理无须承担连带责任。

如案例 2：广东省高级人民法院在审理上诉人中国轻工诉被上诉人化联船务、五星海运、汕头外代、大韩航运无单放货一案中，认为汕头外代不需承担责任。法院认为："汕头外代只是作为承运人在港口的代理人，其与中国轻工之间不存在直接合同关系，其按照委托人（即承运人化联船务）的指示放行货物，主观上并无侵占他人财产的故意；作为承运人的代理人，严格按照委托人的指示行事是其必须履行的合同义务，其按照委托人指示放行货物或者不放行货物也是在代理业务范围之内，行为上不构成过失。我国《民法通则》中关于代理人知道被代理行为违法仍然进行代理活动的，由被代理人和代理人承担连带责任的规定，应是指代理人明知代理的行为违反禁止性法规的明文规定的情形。本案尚无充分证据证明汕头外代的行为属于这种情形。因此，汕头外代行为不符合侵权行为的构成要件，故不应承担损害赔偿责任。"

另一种看法则认为：在上述情况下，船务代理对其无单放货行为应承担连带责任。

如案例 3：1998 年在福建东海经贸股份有限公司诉双龙船务有限公司、福州外轮代理公司一案中，厦门海事法院认为："被告福州外代作为承运人的代理人，应在法律规定的范围内行使代理权，其明知无单放货不符合我国法律规定仍按照双龙公司（承运人）的指令行事，也构成对原告的侵权。因此，福州外代应就其过错与被告双龙公司向原告承担连带责任。"

（三）关于"凭银行担保函放货时，船务代理应当注意哪些事项"

1. 船务代理要严格审核担保函的真实性，防止虚假担保函，并要审查提供担保函的银行的资质、信誉等；

2. 即使银行出具了担保函，船务代理也应先行请示承运人；

3. 在没有承运人明确指示放货的情况下，船务代理不得擅自凭银行担保函放货；

4. 船务代理一定要得到承运人明确的书面指示后，方可凭银行担保函放货；

5. 船务代理还应注意将承运人的书面指示保存完好。

答复中国船务代理有限公司咨询，2007.1.25

318. 承运人指示船代电放需盖章吗

问：承运人指示船务代理电放时，船务代理应要求承运人盖什么样的公章？

答：承运人要求电放时，要盖其法人公章或者与船务代理之间通常使用的公章。由于承运人通常在港口仅设立代表处，不可能在各个港口都存放法人公章，所以，一般加盖与船务代理之间通常使用的公章即可。这样，如果发生纠纷，便可出示既往业务往来的文件，主张所盖的公章代表该承运人。

答复某船务代理公司咨询，2007.1.25

319. 船代对无单放货能否免责

问：在总公司法律部的领导下，我公司无单放货一案经我们多年努力，广西高级人民法院一审以原告的新协议使提单失去物权凭证的效力为由判我方胜诉，免除了我方作为船务代理的责任。但现在对方不服，已上诉到最高人民法院请求改判。对此，请总公司指示我们，在对方上诉过程中我方应注意哪些问题？

答：关于此案，已上诉到了最高人民法院，我认为在上诉中应特别注意的问题是：

1. 根据我国《海商法》的有关规定，承运人及其代理人应该凭正本提单放货，否则承运人应承担无单放货的责任，其船务代理亦要承担无单放货的连带责任。但世界上任何事情都不是绝对的，同样，承运人无单放货在有些特殊情况下是可以免除责任的，例如索赔诉讼时效已过，原告不是适格的主体，货方明确同意船方或其代理无单放货等。本案也是另外一种特殊情况，所以，你们在上诉答辩书中最重要、最关键的是阐述的事实与理由，仍为由于原告在承运人无单放货后并未直接找承运人或其船务代理索赔并提起诉讼，而是与买方进行协商解决，签有新的处置货物协议，致使海运提单的性质已经改变，结果原告在一审中败诉。我认为，继续紧紧围绕这一核心问题详细阐述是至关重要的，这一条底线绝不能被原告突破。

2. 本案提出一个问题，即提单所包含的物权凭证的效力是否"只有在买方付款赎单，承运人凭单交付后，才丧失物权属性"，是否会由于持有人的其他行为而丧失物权。本案由于国际贸易合同的国内买方没有依约开出信用证，提单始终由晓星公司持有，在货物到达目的港后，晓星公司既没有自行前去提货，也没有把提单转让第三人，让第三人前去提货，而是以默认方式认可六分公司的提货。晓星公司知道权益被侵害后，首先选择的不是持提单向船公司或船代公司主张权利，而是与国际贸易合同的买方以及实际提货人签订协议，重新商定付款方式、金额、时间等。新协议的签订意味着六分公司为收货人，六分公司的提货行为被认可，从而晓星公司的收货人地位被改变，它不再是收货人，其所持有的提单也随之失去物权凭证的效力。

3. 另外，关于诉讼时效的问题，只要证明货主扣船并不能引起货主对船务代理进行诉讼时效的中断，则货主起诉船务代理的诉讼时效就已过。在无单放货的情况下，原告无论是以违约还是以侵权的法律关系起诉相对方，其时效均为一年，而不是以违约起诉（适用我国《海商法》）为一年，以侵权起诉（适用我国《民法通则》）为两年。关于时效，根据最高人民法院的解释为一年，根据最高人民法院的案例也明确是一年（法释〈1997〉3 号）。

4. 总之，你们在上诉答辩书中一方面要充分肯定广西高级人民法院因为提单当事人另有和解协议，故提单物权凭证性质已丧失的判决；另一方面你们也要坚持指出原告有关"时效中断"的说法是错误的，即货主对申请船舶的扣留并不能自然引起货主对船务代理进行诉讼时效的中断，故原告起诉船务代理的诉讼时效已过是成立的。

答复广西外运公司及谢律师咨询，2002.11.18

注：最高人民法院二审认为：货物运抵目的港后，智得公司、晓星公司、六分公司签订三方协议，对涉案货物货款的支付做出了安排，改变了原买卖合同货款的支付方式。三方协议表明晓星公司认可了六分公司实际收货人的地位，由此

可认定晓星公司已经确认六分公司的提货行为，晓星公司的提单不再具有物权凭证效力，晓星公司的诉讼请求不应受到法律保护，维持原判。

关于此案的详细案情，参见孟于群著《国际海运疑难典型案例精析》一书。

320. 船方拒付船代垫付费用怎么办

问：1990 年 3 月 9 日，新加坡京华船务公司的"开普顿"轮在湛江港装出口木薯干18 000吨（由对方派船），委托我方做船务代理。我方报价代理费6 382元人民币，税费7 708元人民币，港务费1 205元人民币，拖轮护航费3 830元人民币，杂费500 元人民币，共计21 000元人民币。最后核算实际支出费用为22 198元人民币，故要求对方再付12 325.06美元，但船方表示难以接受，其理由是：

1. "开普顿"轮是 3 月份到的，4 月份港务局加价20%（3 月报的价，4 月1 日加价生效）不应计入里面。

2. 报价与实际支出费用悬殊太大。

3. 三个月之后才要钱，时间太久（港务局费用出不来），船东账已结清。

请问，我们应怎么办？

答：1. 及时向船方催要船务代理费用及相关费用。

2. 中国船务代理有限公司与船方有关系，请他们出面做做工作，向船方解释费用悬殊原因：（1）港务局涨价；（2）船舶靠泊费；（3）电话、电传费。争取以 2：8 或 3：7 和解。

3. 如和解不成，你方可通过新加坡律师致船方一封信，催促船方付款，并表示如果船方仍坚持不付款，你方将采取必要的法律行动。

4. 今后你方要注意订明实报实销，预备金要多打一点金额。

答复中外运湛江船务代理公司咨询，1991.4.15

321. 法院传票错写船代名称怎么办

问：我珠海船务代理公司现接到加拿大原告的一张传票，从传票上看不出原告出于何故起诉珠海船务代理公司，因为原告仅起诉船东，称该船东有一条船来珠海时，是珠海船务代理公司签发的提单。但珠海船务代理公司发现：第一，该传票的送达方式不符合正规做法即不是通过法院送达，而是邮寄过来的；第二，

2008 年 10 月 27 作者在中国船务代理有限公司
于厦门举办的培训班上讲授有关船代业务的法律问题

虽传票寄至珠海，但被告名称有误，写的是"船务代理总公司"。为此，珠海船务代理公司咨询了律师，意见是先不予理睬对方。现该传票已转至船务代理总公司，经该上市公司法律部讨论，其意见也是先不理睬对方。请问您的意见如何？

现将中国外运股份公司证券法律部先后给珠海船务代理公司的分析意见与解决办法也一并附上，供您参考。

附件 1：证券法律部给珠海船务代理公司的分析意见：

第一，签发该提单的"CHINA MARINE SHIPPING AGENCY LIMITED GUANGDONG ZHUHAI"已经注销，你司应以何名义答复对方？如果以现有名称答复，势必要进行相关解释，那么这份答复就不仅仅只是告知对方程序不对、请其退回那么简单了，可能还要告知对方来龙去脉以及对方告错名称了，甚至也还要将你司的正当业务抗辩理由一并告知。

第二，对方所告被告公司名称是总公司，地址是珠海的地址（对方应该是写漏公司名称了，但相比之下被告的名称是否更具法律效力？），虽然寄送地址是往珠海，但总公司还是完全有可能通过珠海见到这份传票的，是否作为被告不管通过哪种途径只要见到传票，就都可以有资格答复法院呢？

第三，如果你司将错就错，以对方所告公司名义（即总公司名义）答复其该传票无效（包括司法程序、被告公司名称与地址不符且并无涉及该业务），是否较为直接和简单呢？

附件2：证券法律部给珠海船务代理公司的解决办法：

珠海船代黄经理：

关于 M. V. "GREAT RAINBOW" 集装箱货损一案之事，船务代理总公司经过与我部沟通意见后，认为目前有两种解决方法：

第一，由贵司答复法院的传票。

请贵司声明本诉状的送达不符合中国司法程序（根据《民事诉讼法》的相关规定），因此是无效的，请法院将传票退回原告。

这样做有可能会拖延一段时间。令原告采取符合中国司法制度所要求的方式进行送达，可能要花几个月的时间。但是最终的结果仍然是走正常的诉讼程序解决，就要涉及到律师费和抗辩的诉讼费用的问题。当然贵司方面有很强的理由可以答辩，这里就不再赘述。

第二，贵司不予答复。

这样做的可能就是会让原告在加拿大法院很快就拿到一个缺席判决（判决有可能对贵司不利），那么因为本案的送达程序本身有问题，中国的法院一般不会认可该判决，因此该判决在中国基本不会得到承认和执行。那么就涉及到珠海船务代理在境外的资产是否会遭到扣押或强制执行，如果贵司在境外，特别是加拿大没有什么资产，那么这样的情况基本可以避免，但是由于原告有可能执行与贵司有关联关系的公司的资产，甚至外运集团在境外的资产（如有），所以还是有一些风险在里面，当然我们可以有充分的理由证明外运集团在境外的公司或代表处与贵司没有任何关系，因此不应承担任何责任，当然这些抗辩还是要涉及到法律费用的问题。

综上所述，有两种方法可以采用，具体怎么办，请贵司考虑。但是需要说明的是，如果要答复法院，应由贵司方面出面，因为该传票是直接交贵司的，不是寄往北京的船务代理总公司，如果由船务代理总公司答复从逻辑和法律关系上都说不通。

以上意见，请参考。

中国外运股份公司证券与法律事务部
2004 年 9 月 13 日

答：我同意暂不理睬对方的意见，其后果是加拿大的法院可能作出缺席判决，但到我国通过申请法院强制执行时，珠海船务代理公司可以传票送达程序和被告名称有误为由进行抗辩，使得加拿大法院的判决无法执行。另外，为了稳妥起见，可通过我加拿大船公司了解一下究竟是怎么回事？与此同时，咨询一下如果你方不理睬对方，根据加拿大法律其结果会如何？

答复珠海船务代理公司咨询，2004.9.15

注：珠海船代经再三考虑决定不理睬加拿大法院的传票，至今对方无任何反应。不过今后接到境外法院的传票并非一律不予理睬，尚需进行分析和个案处理。

七、货运代理

2005 年 4 月 29 作者在商务部举办的国际货物运输
代理企业业务培训班上讲授货代责任及责任保险

322. 何谓国际货运代理

问：什么是国际货运代理？

答：国际货运代理是指，根据客户的指示，并为客户的利益而揽取国际货物运输的人，其本身并不是承运人。国际货运代理业可以依这些条件，从事与运送合同有关的活动，如储货（也含寄存）、报关、验收、收款等。

这一定义是"国际货运代理协会联合会"规定的，除此之外，目前国际上尚无普遍认可的定义。国际货运代理原系指代表进出口商完成货物的装卸、储存、安排内地运输、收取货款等日常业务的代理机构。近年来，随着国际贸易和多种运输形式的发展，国际货运代理的服务范围也扩大了，已由订舱、报关等日常的基本业务扩展到为整个货物运输和分拨过程提供一整套的综合服务。

各国对其称谓不尽相同，例如"通关代理行"、"清关代理人"、"报关代理人"及"船货代理"等，而我国则称之为"国际货运代理"。国际货运代理不管使用何种称谓，只提供自己的代理服务。

（摘录自《海商法大辞典》，1998.1）

323. 国际货运代理的经营范围包括哪些

问：国际货运代理的经营范围是什么？

答：该经营范围是指国际货运代理受客户的委托，完成货物运输的某一环节或与此有关的各个环节的工作。除非发货人或收货人想亲自参与各种运输过程和办理单证手续，国际货运代理可以直接或通过分包人（分货运代理）及其雇佣的其他代理机构为客户服务，也可以利用其海外代理人为客户提供服务。

简而言之，国际货运代理的经营范围包括：1. 代表发货人（出口商）。具体有：（1）选择运输路线、运输方式及适当的承运人；（2）向选定的承运人订舱；（3）提取货物并签发有关的单证；（4）研究信用证条款及有关政府的规定；（5）包装；（6）储存；（7）称重及量尺码；（8）安排保险；（9）将货物运抵港口并代办报关、单据手续，将货物交与承运人；（10）做外汇交易；（11）支付运费及其他费用；（12）取得已签发的正本提单，并交付发货人；（13）安排货物的转运；（14）通知收货人货物的动态；（15）记录货物灭失或损坏的情况；（16）协助收货人向有关责任方进行索赔。2. 代表收货人（进口商）。具体有：（1）报告货物动态；（2）接收和审核所有与运输有关的单据；（3）提货及支付运费；（4）安排报告、付税及其他费用；（5）安排运输过程中的存仓；（6）向收货人交付已结关的货物；（7）协助收货人储存或分拨货物。3. 其他服务。除了上述列举的服务项目外，国际货运代理根据客户的需要还可以提供与运输有关的其他服务，以及特殊服务，如与工程有关的货物、交钥匙工程（提供能够使用的设备、仪器等工程）所需的货物混装和拼箱运输服务；也可以就消费者的需求、新的市场、竞争状况、出口战略、外贸合同中适用的贸易术语以及与其业务有关的一切情况向客户提出建议。4. 特种货物，如工程所需货物的运输（主要包括用于建筑机场、化工厂、水电站、炼油厂等大型工程的重型机械设备等），装挂及海外展览品运输服务。

（摘录自《海商法大辞典》，1998.1）

324. 国际货运代理的法律地位是怎样的

问：国际货运代理的法律地位是怎样的？

答：该法律地位即指国际货运代理人在进行业务活动时，在与有关各当事人间的权利、义务关系中所处的法律地位。该代理人有时以代理人的身份、有时以委托人的身份出现，这要视每一具体事实和所属管辖权中的法律而定。

目前国际上尚无有关国际货运代理的立法，各国对国际货运代理的法律地位的规定也不相同，如大陆法系国家的规定以代理的概念为基础，国际货运代理是其委托人的代理人，负责安排委托人的货物运输，并受传统的代理规则的制约。这些规则包括谨慎地履行义务，忠实于委托人，遵守合理的指示，并能对所有义务作出解释。作为代理人，国际货运代理可取得适用于代理人的抗辩和责任限制。但是，如果处于委托人的地位，国际货运代理签订以其本人的名义承担责任的合同，它就需要对整个货物运输过程的合理完成负责，包括货物在承运人及在国际货运代理的其他代理机构掌管的期间。

实务中，国际货运代理的法律地位常常因其提供的服务类型而发生变化。例如，当国际货运代理本人承担公路运输或当其提供拼箱、混装服务，并签发自己的提单时，它处于委托人的地位；然而当其分包人是与其签订货物运输协议的客户所知晓的，则它仍为代理人。大陆法系国家对国际货运代理的法律地位的规定虽有所不同，但就总体而言，国际货运代理是以其本人名义代表委托人开展业务的。因此，国际货运代理对其委托人而言，是代理人；而对承运人而言，又是委托人（缔约当事人）。

不过，大陆法系国家的国际货运代理的责任是不同的。在一些国家，例如法国，国际货运代理除了对其行为负责外，还应对运输合同的履行负责，从这个意义上讲，国际货运代理通常被认定为"承运人"。对实际运输过程中的责任，法国法律允许发货人在国际货运代理和承运人之间作出选择。在另一些国家，如原联邦德国，国际货运代理的法律地位则完全不同，它不承担合理履行运输合同的责任，除非其本人亲自进行了运输。还有一些国家采用"国际货运代理的标准贸易条件"，尽管各国所订条款不同，国际货运代理都应做到合理谨慎地处理受托货物和遵守客户有关货物运输的指示。作为代理，通常应对其本人及其雇员的过失承担责任，但是，当他能够证明它对第三方的选择做到了合理谨慎时，一般不承担因第三方的作为或不作为引起的责任。

（摘录自《海商法大辞典》，1998.1）

325. 国际货运代理有哪些权利

问：国际货运代理的权利有哪些？

答：客户应支付给国际货运代理因货物的运送、保管、投保、报关、签证、办理汇票的承兑和为其服务所引起的一切费用。同时，还应支付由于国际货运代理不能控制的原因，致使合同无法履行而产生的其他费用，才能取得提货的权利。否则，国际货运代理人对货物享有留置权，有权以某种适当的方式将货物出售，以此来补偿所应收取的费用。

（摘录自《海商法大辞典》，1998.1）

326. 国际货运代理对客户负有哪些责任

问：国际货运代理对客户的责任有哪些？

答：国际货运代理对托运人的责任，主要表现在以下三个方面：第一，对货物的灭失或残损的责任；第二，因职业过失，给客户造成经济损失，例如不按要求运输，不按要求对货物投保，报关有误造成延误，运货至错误的目的地，未能代表客户履行对运输公司、仓储公司及其他代理人的义务，未收回提单而放货，未履行必要的退税手续再出口，未通知收货人，未收取现金费用而交货，向错误的收货人交货等；第三，迟延交货，尽管按惯例货运代理一般不确定货物到达日期，也不对迟延交货负责，但目前的趋势是对过份的延误要承担适当的责任，此责任限于被延误货物的运费或两倍运费。

（摘录自《海商法大辞典》，1998.1）

327. 国际货运代理对海关承担何种责任

问：国际货运代理对海关有何种责任？

答：国际货运代理对海关的责任在于及时、准确、如实地向海关申报。凡有报关权的国际货运代理在替客户报关时应遵守海关的有关规定，向海关当局正确、如实申报货物价值、数量和性质，以免政府遭受税收损失。同时，如报关有误，国际货运代理将会遭到罚款惩罚，并难以从客户那里得到此项罚款的补偿。

（摘录自《海商法大辞典》，1998.1）

328. 何谓国际货运代理对第三方的责任

问：国际货运代理对第三方的责任是指什么？

答：此类责任多指对装卸公司、港口当局等参与货运的第三方提出的索赔承担的责任。这类索赔可分为两大类：一是第三方财产的灭失或损坏及由此产生的损失；二是第三方的人身伤亡及由此产生的损失。

（摘录自《海商法大辞典》，1998.1）

329. 何谓国际货运代理的责任限制

问：国际货运代理的责任限制是怎样的？

答：国际货运代理的责任限制，是指将国际货运代理的责任限制在合理的限额内。各国有关国际货运代理的责任及责任限制的规定是不一致的，有些国家采取的是严格责任制，有些国家规定其只对过失或疏忽负责，而且赔偿的限额规定也不相同，完全取决于具体案件中所涉及的法律和契约的规定。但是，不少国家有关国际货物运输的法律，尤其是有关国际货运代理行为的法律很不完善，多数情况下仅有一些原则性的规定。

菲亚塔（FIATA，国际货运代理协会联合会）提供的"标准贸易条件范本"中规定了最高责任限制，其货物灭失、残损或短少的赔偿限额为 2 美元/公斤，每起案件不超过 × 万美元。根据这一原则，许多国家的国际货运代理协会制定的标准贸易条件中都有责任限额，如英国规定赔偿限额为 2 特别提款权/公斤（毛重），每起案件不超过 7.5 万特别提款权；德国规定赔偿限额为 3.75 马克；马来西亚规定赔偿限额为 5 马来西亚林吉特/公斤，每起案件不超过 10 万马来西亚林吉特；印度规定赔偿限额为 15 印度卢比，每起案件不超过 1.5 万印度卢比；新加坡规定赔偿限额为 5 新加坡元，每起案件不超过 10 万新加坡元；瑞典规定赔偿限额为 50 瑞典克朗，每起案件不超过 5 万瑞典克朗；芬兰规定赔偿限额为 40 芬兰马克；挪威规定赔偿限额为 60 挪威克朗，每起案件不超过 6 万挪威克朗；丹麦规定赔偿限额为 65 丹麦克朗，每起案件不超过 6.5 万丹麦克朗。

（摘录自《海商法大辞典》，1998.1）

330. 何谓国际货运代理的除外责任

问： 国际货运代理的除外责任是指什么？

答： 国际货运代理的除外责任即指国际货运代理可以免除的责任。通常在国际货运代理的标准贸易条件的条款或与其客户的协议中规定，由于以下原因引起货物的丢失、短少或损坏，可免除货运代理的责任：（1）客户的疏忽或过失；（2）客户本人或代替客户搬运、装货、储存或卸货；（3）容易变质的货物内在缺陷，如由于破损、泄漏、自燃、腐烂、生锈、发酵、蒸发或由于对冷、热、潮湿的特别敏感性；（4）缺乏或不当包装；（5）错误或不完整的地址或货物标志；（6）有关货物错误的或不完整的情况；（7）国际货运代理无法避免的情况以及不能防止的后果。尽管有以上（1）至（7）这些条件，国际货运代理仍必须对因其自己的过失或疏忽而造成的货物灭失、短少或损坏负责。如果另有特殊协议规定，国际货运代理应对货币、证券或贵重物品负有责任。

此外，一旦当局下达关于某种货物（危险品）的唛头、包装、申报等特别指示时，客户有义务履行其在各方面应尽的职责。客户不得让国际货运代理对由于下列事实产生的后果负责：（1）有关货物的不正确、不清楚或不全面的情况；（2）货物包装、刷唛和申报不当等；（3）货物在卡车、车厢、平板车或集装箱的装载不当；（4）国际货运代理不能合理预见到的货物内在危险。如果国际货运代理作为发货人或租船人须向海运承运人支付与客户货物有关的共同海损分摊或由于上述情况涉及第三方责任，客户应使国际货运代理免除此类索赔和责任。

（摘录自《海商法大辞典》，1998.1）

331. 何谓国际货运代理的责任保险

问： 何谓国际货运代理责任保险？该责任保险包括哪些风险？

答： 这是指在国际运输中，国际货运代理为弥补货物运输方面带来的风险而投保的责任险。这种风险不仅来源于运输本身，而且也来源于完成运输的许多环节中，如运输合同的签订，仓储合同的签订，保险合同的签订，操作、报关、管货、向承运人索赔和保留索赔权的合理程序、签发单证、付款手续的管理等。上述这些经营项目一般都是由国际货运代理来履行的。一个错误的指示或是一个错误的地址，往往都会给国际货运代理带来非常严重的后果和巨大的经济损失，因此国际货运代理有必要投保自己的责任险。在这一点上，国际货运代理有与承运人相同之处，即不仅有权要求合理的责任限制，而且其经营风险也可通过投保责任险获得赔偿。

国际货运代理承担的责任风险主要产生于三种情况：（1）本身的过错。国际货运代理本身有过错，如未能履行代理业务，或者使用自有车辆运输的情况下，无权向任何人追索；（2）分包人的过错。在"背对背"的情况下，责任的产生往往由于分包人的行为或遗漏，而国际货运代理没有任何过错，此时从理论上讲国际货运代理有充分的追索权，然而现实中其却无法全部甚至部分地从责任方得到补偿，如海运（或陆运）承运人破产；（3）保险责任不合理。在"不同情况的保险"责任下，单据不是"背对背"的，而是规定了不同的责任限制，分包人的责任小于国际货运代理的责任或没有责任。

上述三种情况涉及的风险，国际货运代理都可以从不同的渠道得到保险。国际货运代理投保责任险的内容，取决于由于他的过失或疏忽所导致的风险损失。如：（1）错误与遗漏，包括：虽有指示但未投保或投保险别有误；延误报关或报关单内容缮制有误；发运到错误的目的地；选择运输工具有误；选择承运人方面有误；再次出口未办退还关税及其他税的必要手续；保留向船方、港方、国家储运部门、承运单位及有关部门追偿权的遗漏；不顾保单有关说明而产生的遗漏；所交货物违反保单说明。（2）仓库保管中的疏忽，即在港口或外地中转库（包括租用或委托暂存待运的其他单位的仓库、场地）装卸、监装和储存保管工作中的疏忽过失。（3）货损货差不清，即在与港口储运部门或内地收货单位各方接交货物时数量短少、残损责任不清，经查证确属国际货运代理的责任。（4）延迟或未授权发货，包括：部分货物未发运；港口提货不及时；未及时通知收货人提货；违反指示交货或未授权发货；交货而未收取货款（以交货付款条件成交时）。

（摘录自《海商法大辞典》，1998.1）

332. 国际货运代理的责任保险制度有几种

问：国际货运代理的责任保险制度有几种？分别是怎样的？

答：国际货运代理的责任保险有三种不同的保险制度：（1）国际货运代理以其所用的"国际货运代理的标准贸易条件"中规定的责任限制赔款为基础进

行投保时，只能获得责任限制的赔款。（2）国际货运代理虽采用该"标准贸易条件"，但要求保险公司承保其全部责任时，可获得全部责险的赔款（此时不考虑该"标准贸易条件"中所列明的责任限制）。在上述两种制度情况下，虽然保费是国际货运代理支付的，但该保费已包含在国际货运代理向委托人所收取的服务费中。一般来说，委托人没有向保险公司追偿的权利，然而当国际货运代理破产时，保险公司只要承保了上述责任险，委托人就可以从保险公司得到赔偿。这种责任险与承运人投保的责任险相类似。（3）委托人投保货物运输过程的全部风险，其中包括由于国际货运代理的过失或疏忽所引起的损失的风险时，有权直接向保险公司进行索赔，因为他是投保的当事人，此时保险公司不得援用国际货运代理所采用的该"标准贸易条件"中的责任限制条款。对于国际货运代理人来说，这种保险制度的好处是承保人往往会放弃对他们的索赔，尽管损失是由于国际货运代理人的过失或疏忽造成的。

国际货运代理投保责任险制度是非常必要的，投保后，既可以使委托人较快地得到合理的赔偿，又能使国际货运代理提高服务质量，对委托人和国际货运代理都是十分有利的。

（摘录自《海商法大辞典》，1998.1）

333. 何谓国际货运代理的"有限责任保险"

问：国际货运代理的"有限责任保险"的内容是什么？

答：国际货运代理仅就其本身所确定的有限责任进行投保。该有限责任保险主要分为三种类型：一是根据"国际货运代理标准贸易条件"所确定的国际货运代理的责任范围，国际货运代理可选择只对其有限责任投保；二是国际货运代理承认并接受承保人的免赔权，对每起索赔的一部分进行自我保险，免赔部分越大，所付保险费越低，但存在如下危险，即国际货运代理面对多起小额索赔，其总额非常大，有可能根本不能从承保人处得到赔偿；三是国际货运代理还可以通过缩小保险范围来降低其保险费，只要过去的理赔证明这是合理的。但意料之外的超出范围的大额索赔可能会使其蒙受巨大的损失。

（摘录自《海商法大辞典》，1998.1）

334. 何谓国际货运代理的"完全法律责任保险"

问：国际货运代理的"完全法律责任保险"是指什么？

答：国际货运代理按其所从事的业务范围、应承担的法律责任进行投保。"国际货运代理的标准贸易条件"确定了国际货运代理的责任范围，国际货运代理可以选择有限责任投保，也可以选择完全责任投保。由于法院有时因为另外的原因而认为"国际货运代理的标准贸易条件"的规定不合理或不合法，所以国际货运代理进行完全法律责任保险是合理的。

（摘录自《海商法大辞典》，1998.1）

335. 何谓国际货运代理的"最高责任保险"

问：是什么国际货运代理的"最高责任保险"？

答：国际货运代理的"最高责任保险"是某些欧洲国家所广泛使用的一种被称为 SVS 和 AREX 的特种国际货运代理责任保险体制。在这种体制下，对于超过确定范围以外的责任，国际货运代理必须为客户提供"最高"保险，即向货物承保人支付一笔额外的保险费用。这种体制尽管对国际货运代理及客户都有利，但由于国际货运代理需支付一笔高额保险费，故目前尚未被广泛使用，仅在欧洲流行。

（摘录自《海商法大辞典》，1998.1）

336. 何谓国际货运代理的"集体保险制度"

问：何谓国际货运代理的"集体保险制度"？

答：国际货运代理的"集体保险制度"是某些国家货运代理协会所设立的一种集体保险制度。这种保险制度，向其成员组织提供责任保险，既有利也有弊。

其优点是：（1）使该协会能够代表其成员协商而得到一个有利的保率；（2）使该协会能够要求其成员进行一个标准的、最小限度的保险，并依此标准进行规范的文档记录。

其缺点是：（1）一旦推行一个标准的保率，就等于高效率的国际货运代理对其低效率的同行进行补贴，从而打消其改进风险管理、索赔控制的积极性；（2）使其成员失去协会的内部信息，而这些信息可能被竞争者所利用。

（摘录自《海商法大辞典》，1998.1）

337. 投保国际货运代理责任险有哪些渠道

问： 投保国际货运代理的责任险渠道有哪些？

答： 国际货运代理可以通过四种基本渠道投保其责任险：（1）所有西方国家和某些东方国家的商业保险公司，可以办理国际货运代理责任险。（2）伦敦的劳埃德保险公司，通过辛迪加体制，每个公司均承担一个分保险。虽然该公司具有相当专业性，但市场仍分为海事与非海事，并且只能通过其经纪人获得保险。（3）互保协会也可以承保责任险，这是一个具有共同利益的运输经纪人为满足其特殊需要而组成的集体性机构。（4）通过保险经纪人（其自身并不能提供保险），为国际货运代理选择可投保责任险的保险公司，并能代表国际货运代理与保险人进行谈判，还可提供损失预防、风险管理、索赔程度等方面的咨询，制定并完全根据"国际货运代理的标准贸易条件"来从事国际货运代理业务，要求国际货运代理都投保责任险，其前提是这些国家的经济、货运、保险及法律制度均发展到一定的水平。

目前，大多数发达国家的国际货运代理都投保了国际货运代理责任险；而在发展中国家，投保该责任险的却为数不多。当然，这与发展中国家的保险公司未开展此项业务有关系，不过，这给那些欲投保该责任险的国际货运代理带来不便，迫使他们到别的国家去投保。有些国家，投保该责任险成为国家或某一国际货运代理协会、某些客户带有强制性的要求。如：原联邦德国"国际货运代理的标准贸易条件"中，就强制要求国际货运代理为其客户提供最高的保险，以使得客户能向国际货运代理进行责任追偿。新加坡国际货运代理协会要求所有成员必须投保责任险，并规定每次事故责任险的最高限额不少于10万新加坡元。同时，某些特殊货物的合同都订有要求国际货运代理出具第三方责任险的证明的条款。此外，还要求国际货运代理再投保三种险，即对第三方的责任险、运输责任险及仓库责任险。

（摘录自《海商法大辞典》，1998.1）

338. 何谓国际货运代理的"订约自由"

问：何谓国际货运代理的"订约自由"？

答：国际货运代理的"订约自由"，即指国际货运代理人与发货人之间签订合同时所享有的自由。虽然"国际货运代理标准贸易条件"对国际货运代理人的义务有所规定，但是他们享有很大程度上的契约自由。在确定国际货运代理与发货人之间的关系时，既可以完全按"国际货运代理标准贸易条件"行事，也可以另行约定其他条款或对该标准贸易条件进行删改或增减。

（摘录自《海商法大辞典》，1998.1）

339. 何谓国际货运代理的"标准贸易条件"

问：什么是国际货运代理的"标准贸易条件"？

答：这是解释国际货运代理与其客户关系中的一般合同的标准条款，尤其是国际货运代理的权利、义务、责任及其所适用的抗辩理由。制定该标准贸易条件是保持和提高国际货运代理行业标准的有效方式之一，有些国家是根据"菲亚塔（FIATA，国际货运代理协会联合会）标准贸易条件范本"制定的，这些条件通常需要与每个国家的商业习惯和法律规定相一致。

尽管各国的标准贸易条件不同，但国际货运代理一般应做到：合理照管交于它的货物和按客户指示处理有关运输事项。同时，国际货运代理对在目的港任何确定日期交货不予保证，而且通常可在客户不支付所欠费用的情况下对货物行使留置权或延迟交货。英国、加拿大、挪威、丹麦、瑞典、芬兰、德国、马来西亚、新加坡、印度、印度尼西亚、泰国等一些国家的国际货运代理协会，制定了有关国际货运代理的标准贸易条件，并已采用。我国尚未制定。

（摘录自《海商法大辞典》，1998.1）

340. 何谓国际货运代理提单/分提单

问：国际货运代理提单/分提单是什么？

答：当国际货运代理提供"集运"和"拼箱"服务而签发其自己的提单时，

该提单称为"国际货运代理提单"或称为"分提单"。国际货运代理将分提单或其他类似的收据交于每一票货的发货人，而其代理则在目的地凭出示的分提单将货物交于收货人。

国际货运代理签发的分提单的内容可能不一致，但就一般而言，这类分提单的内容包括：托运人名称、指示方、通知方地址、装货港、抵达日期、卸货港、最终目的地、运费支付、正本提单份数、运输标志及件数、包装/内装货物、总重量、交货条件、表面状况和品名、签发地点和日期、集中发货人或其代理的名称和地址。

由于国际货运代理享有"订约自由"，所以分提单的条件并不统一，如：（1）有的不承担货物在实际承运人监管下发生货损货差的任何责任；（2）有的虽作为当事人行事、签发提单，但只承担代理人的责任；（3）有些国际货运代理承担责任，而且对发货人给予赔偿，但赔偿金额不超过负有责任的承运人对其的赔偿金额；（4）有些国际货运代理签发分提单，但承担可转让的菲亚塔联运提单规定的所有义务。分提单的条件因代理人的不同而不同，没有统一格式。

（摘录自《海商法大辞典》，1998.1）

341. 国际货运代理协会联合会是怎样的组织

问： 国际货运代理协会联合会是什么样的组织？

答： 国际货运代理协会联合会简称"FIATA"（菲亚塔），是由该组织法文名称的第一个字母组成的。它是国际货运代理的行业性组织，于1926年5月31日在奥地利维也纳成立，总部设在瑞士的苏黎士。该联合会的宗旨是保障和提高国际货运代理在全球的利益。

菲亚塔的组织机构有：（1）大会，为菲亚塔的最高权力机构，通常每两年举行一次大会，所有会员（一般会员和联系会员）都可以参加。大会选举主席和高级职员，有权作出法律和章程限制以外的一切决定。（2）执行委员会，由一般会员（每个成员国代表最多为4名）组成，每年召开一次会议，任命委员会主席，并向大会提交推举本届主席及下任主席、副主席及秘书长候选人。执行委员会由大会选举产生，任期4年，由10名或10名以上副主席（双数）及主席团组成董事会，是决策机构，每年召开两次会议。下设10个技术委员会，即公共关系、运输和研究中心、法律单据和保险、铁路运输、公路运输、航空运输业、海运和多种运输、海关、职业训练以及统计等。

菲亚塔的一般会员是国际货运代理协会或有关行业的组织，或在一个国家中独立性注册登记的、且为唯一的国际货运代理公司。菲亚塔是一个在世界范围内运输领域最大的非政府和非营利性组织，具有广泛的国际影响。其成员包括世界各国的国际货运代理行业，该联合会有 76 个一般会员，1751 个联系会员，遍布 124 个国家和地区，包括 3500 个国际货运代理公司，拥有 800 万雇员。

国际货运代理业被认为是"运输的组织者"。菲亚塔是联合国经济与社会组织及联合国贸易发展大会的咨询者，同时也被其他政府组织、政府当局及有关运输的非政府国际组织（如国际商会、国际空运联合会、海关合作组织等）确认为国际货运代理业的代表。1977 年，菲亚塔在印度孟买设立了亚洲秘书处，以推动会员在亚太地区的活动。其出版的刊物有：菲亚塔新闻和菲亚塔通讯。中国对外贸易运输（集团）总公司作为国家级组织以一般会员的身份，于 1985 年正式加入了该组织。

（摘录自《海商法大辞典》，1998.1）

342. 关于货运代理责任险方案的咨询

问：我厦门速传物流股份发展有限公司最近与厦门中保洽谈货运代理两个险种：承运人责任险和代理人责任险。我们没有经验，与他们洽谈了很长时间，初步框架如附件，想请您帮提提意见，看看我们还需注意什么，非常感谢！

答：贵司的货运代理责任保险方案已收到。这里想请你介绍一下你们和人保洽谈时，双方各自对于责任范围中的第一、第二、第三条是怎样理解的？目的或意图各是什么？双方的理解是否一致？因为很多情况下，投保人和保险公司往往从各自的利益出发，从不同的角度来解释保险条款，一旦发生保险事故索赔时，双方就会对条款的解释产生分歧，所以明确双方的真实意图进而在条款订立时就解决分歧是十分重要的。

贵司的保险方案总体来说实现了贵司的目的，费用又相对来说较为合理，可以说在货运代理责任保险的开拓上迈进了一大步。所以我看过之后尽管觉得存在下面一些问题，但是，希望贵司能尽快地、积极推进该方案的落实，对于这些问题可以尽力跟保险公司协商争取修改或明确，但要想全部解决这些问题可能将是一个循序渐进的过程。

1. 该保险方案的标题与后来的责任范围不相符，容易引起误解，可否去掉提单二字。另外，此处及后面条款中的提单，是仅限于贵司签发自己的提单，还是亦包括代签他人提单的情况？如果贵司仅作为代理人未签发提单又该怎样处理？

2. 义务范围中的"货运代理"是一个狭义的概念，即仅限于作为纯粹代理人的货运代理？还是包括无船承运业务、物流业务等？是否应明确出来？

3. 承保区域中提到的"运单"是一个什么概念？是运输单证的简称，包括了海运提单、海运单、多式联运提单以及公路运单、铁路运单等？还是仅指海运单？"运单"一词在条款中多次出现，有待于进一步规范化。

4. 承保区域中"在其控制照管下"，这一用语更适合对货运代理为当事人角色的责任期间的界定，因为当货运代理作为纯粹代理人时，实际控制照管货物的应不是货运代理。因此，承保区域的规定与后面的责任范围的规定亦不严谨。

5. 有关承运人责任部分提到的"每一提单"、"每张提单"的说法有待统一。

6. 条款中提到了"疏忽过失"、"失误"，是否有必要将二者统一。

7. 条款关于保险对象的规定，实际上是一个一般性的规定，应考虑使其具有针对性，真正使该条款能够覆盖贵司将面临的风险，如规定包括贵司及贵司的所有子公司、分公司、分支机构及控股公司。

8. 关于责任范围的条款中第一条及第二条均使用了"包括……"的说法，是否使用"包括但不限于……"的说法对贵司更为有利。

9. "承运人责任"中使用"承运人"这一概念不够恰当，因为根据前面的承保区域，贵司很可能要承担仓储人或公路运输经营人等责任，这样不仅前后矛盾，而且在索赔时可能还会面对保险公司的托辞。

10. 承运人责任中提到被保险人签发的"国际货物运输单证"，这里的国际货物运输单证具体指什么，范围是大还是小，被保险人作为当事人未签发单证的情况又该如何对待，这都有待于双方的进一步明确。

11. 有关延迟交付的规定附着了"意外"这一定语，那么本保险条款承保的延迟交付是否仅限于因意外事件造成的延迟，而因被保险人的过失造成的延迟保险人则不予承保？

12. 责任范围第二条有关责任限制的规定中，货币单位使用了"美元"，这与我国《海商法》关于单位责任限制的规定不一致。我国《海商法》中使用的是SDR，根据国际货币基金组织在其官方网站上发布的数据，1SDR = 1.45816USD（2005年7月14日），这样贵司在根据我国《海商法》的单位责任限制作出赔付后，向保险公司索赔时获得的保险赔偿（暂不考虑本保单中设定的其他责任限制）与已经付出的赔偿之间就会形成一个差额，这对贵司是十分不利的。

13. 保险期间的起止需要进一步的明确，因为货运代理的责任范围很广，可能并不限于承运人责任中"接收到交付"的责任期间。

14. 每次事故承运人责任的免赔额为 5 000 元人民币、代理人责任的免赔额为 3000 元人民币，这一约定是否考虑了贵司的实际情况，即贵司发生的事故中是否较多的集中或略低于这一数额，如果集中在这一数额的事故较多，就需要考虑与保险公司协商降低上述免赔额。同理，关于责任限额的规定，若贵司发生的事故经常会超越这一限额，则应与跟保险公司协商提高该责任限额。

15. 关于保费的计算方法，各地方、各保险合同项下都不尽相同，关键要看哪一种方式对贵司更为有利，同时也取决于双方讨价还价的实力。

16. 关于业务数据的申报，此种申报贵司能否做到，是否现实，如果能做到，条款中就有必要规定一个保险人的保密义务。

17. 在责任范围中，代理人责任以及承运人责任均提到"因疏忽、过失直接造成被保险人的违约"，贵司作为代理人或承运人的责任是否仅限于违约责任，是否存在承担侵权责任的情况，例如无单放货被对方以侵权为诉因提起诉讼时，依据本条款，贵司在承担了侵权责任后很可能得不到保险公司的赔偿。

18. 承运人责任中的第四项"运错目的地、送错货物、未凭提单或类似单证交付货物等依法而应承担的损失"，这里的"损失"是仅包括货物本身的损失，还是亦包括了由此产生的费用？

19. 第 23 条有关保单无效的规定，实质上是对被保险人违反告知义务的一种惩罚，但这种惩罚较之于我国《海商法》和我国《保险法》的规定都更为严格，对贵司十分不利。

20. 第 31 条关于保单终止的规定中，承保的风险扩大，保险责任自动终止，这里的扩大有待于进一步的明确，扩大到何种程度即导致保险责任的终止。

答复厦门速传物流股份发展有限公司咨询，2005.7.7

附件一：保险方案

险　　　种　国际货运代理提单责任险

被 保 险 人　厦门速传物流发展股份有限公司

被保险人地址　中国厦门湖里

营 业 处 所　厦门湖里

业务范围　货运代理

保险期限　自 2005 年 6 月 日零时起至 2006 年 6 月 日二十四时止

责任范围　详见中国人民财产保险股份有限公司《国际货运代理责任保险》条款

司法管辖　本保险单受中华人民共和国的司法管辖

承保区域　本保险自被保险人根据有关的运单在集装箱集散站或其他场所接受承运货物起生效，在其控制照管下，运抵目的地交收货人为止。

赔偿限额　（一）承运人责任

    1. 每一提单赔偿限额　　RMB400 000.00

    2. 累计赔偿限额　　　　RMB2 000 000.00

其中：疏忽过失责任累计赔偿限额为

      RMB1 000 000.00

    （二）代理人责任

    1. 每次事故赔偿限额　　RMB100 000.00

    2. 累计赔偿限额　　　　RMB1 000 000.00

☆每一提单赔偿限额：指被保险人签发的本保险范围的每张提单，发生本保险单项下责任事故，不论一次或多次，被保险人累计索赔金额总额。

每次事故免赔额（一）承运人责任　　RMB5 000.00

        （二）代理人责任　　RMB3 000.00

☆每次事故：指不论一次事故或一个事件引起的一系列事故，在一张提单项下，被保险人因多种失误而牵扯到不止赔偿一次事故时，其最高免赔额以每张提单最高绝对免赔额为限。

保险费率　（一）承运人责任 3‰

      （二）代理人责任 3%

每年运量

预计年营业额　指年度的营业收入，包括运费、分拨、转运等费用，预计 RMB25 000 000.00

预计年保险费　（一）承运人责任　　RMB75 000.00

      （二）代理人责任　　RMB30 000.00

最低保险费　RMB50 000.0，保险期满，根据实际营业额计算保险费，多退少补，但保险费不得低于最低保险费

追溯期　无

业 务 申 报　被保险人于本保险单生效日起每季度将该季度所有承运业务以清单形式（包括货物所有人名称、运单号码、货物名称、运输工具名称、出运日期、运输路线、货物收费/吨或货物价值等）交保险人。在得到保险人确认签章后，此申报清单将作为被保险人在发生保险事故时向保险人索赔及结算的依据。

特 别 约 定　（一）对于保险双方可直接确定的货物损失，保险人应按照保险责任直接进行赔付；

（二）对于第三点除外责任之第十二条，保险人不负责赔偿是指货物本身的损失；

（三）契约关系：指合同关系，其形式包括 1. 规范的合同，2. 无合同文本，但有间接书证可以证明存在的合同关系，如运单。

附件二：国际货运代理责任保险条款

一、保险对象

凡在中华人民共和国境内批准注册，从事国际货运代理的企业，均可作为被保险人。

二、责任范围

责任 A　代理人责任

第一条　在本保险有效期限内，被保险人及其雇员在从事本保险单载明的委托代理业务活动时，因疏忽、过失直接造成被保险人的违约，包括选择第三方有误、制单出错、报关有误等依法应由被保险人承担的经济赔偿责任，保险人负责赔偿：

保险人对每次事故引起的赔偿金额以法院或仲裁机构或政府有关部门根据现行法律裁定的应由被保险人偿付的金额为准。但在任何情况下，均不得超过保险单明细表中对应列明的每次事故的赔偿限额。且在本保险期限内，保险人在本保险单项下对上述经济赔偿的最高赔偿责任不得超过本保险单明细表中列明的累计赔偿限额。

责任 B　承运人责任

第二条　在本保险有效期限内，被保险人在从事本保险单载明的签发国际货物运输单证活动时，因下列原因依法应由被保险人承担的经济赔偿责任，保险人负责赔偿：

（一）托运货物在被保险人或与其签约提供运输服务的关系人的照料、保管或控制下，所遭受的物质损坏或灭失（以下简称损失）；

（二）因托运货物遭受损失而产生的可预见的利润损失、换置受损货物期间的利息损失以及实际承运人的船期损失；

（三）因意外延迟交付货物而产生的可预见的利润损失、换置受损货物期间的利息损失以及实际承运人的船期损失；

无论在任何情况下，对于上述（一）项货物损失的赔偿责任以每公斤货物 2 美元或者以每件或每单位货物 666 美元为限，二者以高者为限，（二）、（三）两项的每次事故赔偿限额以被保险人收取的相应损失货物运费的两倍为限。

（四）被保险人及其雇员或与其有契约关系的第三方因疏忽、过失直接造成被保险人的违约，包括运错目的地、送错货物、未凭提单或类似单证交付货物等依法而应承担的损失；对于本项的赔偿限额不得超过本保险单明细表中列明的赔偿限额。

第三条 因被保险人之受托货物在发生上述责任范围内的损失，被保险人为减少损失而发生的托运货物合理的转运、抢救和清理费用，依法应由被保险人承担的部分，及事先经保险人书面同意的诉讼费用及其他费用，保险人负赔偿责任。但本项的赔偿限额不得超过本保险单明细表中列明的赔偿限额。

第四条 被保险人自有的货物的损坏或灭失；

第五条 在运输合同中约定或声明价值的货物。

第六条 由于被保险人或其雇员的不诚实、恶意行为或违法行为造成被保险人违约而应承担的责任；

第七条 由于被保险人在为委托人办理货物运输保险合同时存在过失，造成委托人不能从保险人处获得经济补偿或补偿不足所应承担的责任。

第八条 任何因被保险人诽谤他人而产生的责任；

第九条 由于被保险人破产或无力偿债造成被保险人所应承担的责任；

第十条 被保险人的下列损失、费用和责任，保险人不负责赔偿：

（一）被保险人根据与他人协议应承担的责任，但即使没有这种协议，保险人仍应承担的责任不在此限；

（二）被保险人在其他保险项下可以获得赔偿的损失和费用，但超出部分不在此限；

第十一条 由于下列原因造成被保险人的损失和费用，保险人不负责赔偿：

（一）被保险人及其代表的故意行为；

（二）战争、敌对行为、军事行为、武装冲突、罢工、骚乱、暴动；

（三）政府有关当局的没收、征用、销毁或毁坏；

（四）核裂变、核聚变、核武器、核材料、核辐射和放射性污染；

（五）地震、海啸；

（六）烟熏、大气、土地、水污染及其他污染；

（七）本保险条款中列明的应由被保险人自行负担的免赔额；对于任一保险事故，当有二个以上的免赔额时，则以高者为准；

（八）直接或间接由于计算机 2000 年问题引起的损失。

第十二条　下列托运货物的损失，保险人不负责赔偿：

（一）金银、珠宝、钻石、玉器、古玩、古币、古书、古画、艺术作品、邮票；

（二）现钞、有价证券、票据、文件、档案、账册、图纸、计算机资料；

（三）牲畜；

（四）瓶装酒、烟草及烟草制品；

（五）易腐坏的托运货物发生变质或损坏，但由于火灾、盗窃或者直接由于装载运输工具发生碰撞或倾覆造成的损失除外。

定义：易腐坏货物，指托运货物其性质和状态容易变质或腐烂的货物。一般有水果、蔬菜、鱼类、肉类、皮革等。

第十三条　其他不属于本保险责任范围内的一切损失、费用和责任，保险人不负责赔偿。

四、赔偿限额

第十四条　本保险赔偿限额分代理人责任赔偿限额和承运人责任赔偿限额。对于每项赔偿限额又分每次事故赔偿限额和累计赔偿限额，总的累计赔偿限额为两项累计赔偿限额之和。

五、保险费

第十五条　保险人参照被保险人的选择的赔偿限额和年签发运单营业额来确定保险费。但在任何情况下，本保险单项下的保险费不得低于本保险单明细表中列明的最低收费。

六、保险期限

第十六条　本保险的保险期限为一年。

七、被保险人义务

第十七条　被保险人应履行如实告知义务，并回答保险人就有关情况提出的询问。

第十八条　被保险人应按书面约定如期缴付保险费，未按书面约定缴付保险费的，保险人不承担赔偿责任。

第十九条　在本保险有效期限内，保险重要事项发生变更或保险标的危险程度增加，被保险人应及时书面通知保险人，保险人应办理批改手续或增收保险费。

第二十条　被保险人应采取一切合理的预防措施，包括认真考虑并付诸实施保险人提出的合理的防损建议，由此产生的一切费用，均由被保险人自行承担。

第二十一条　一旦发生本保险单所承保的任何事故，被保险人或其代表应：

（一）立即通知保险人，并在七天或经保险人书面同意延长的期限内以书面报告提供事故发生的原因、经过和损失程度；

（二）尽力采取必要的措施，缩小或减少损失；

（三）在预知可能引起诉讼时，立即以书面形式通知保险人，并在接到法院传票或其他法律文件后，立即将其送交保险人；

（四）根据保险人的要求提供作为索赔依据的所有证明文件、资料和单据。

第二十二条　被保险人如果不履行第十七条至第二十一条约定的各项义务，保险人不负赔偿责任。

八、赔偿处理

第二十三条　发生保险责任事故时，未经保险人书面同意，被保险人或其代表对索赔方不得做出任何承诺、拒绝、出价、约定、付款或赔偿。必要时，保险人可以被保险人的名义对诉讼进行抗辩或处理有关索赔事宜。

第二十四条　必要时，保险人有权以被保险人名义向有关责任方提出索赔要求。未经保险人书面同意，被保险人不得接受有关责任方就有关损失做出付款或赔偿安排或放弃向有关责任方索赔的权利。否则，保险人可以不负赔偿责任或解除本保险。

第二十五条　在诉讼或处理索赔过程中，保险人有权自行处理任何诉讼或解决任何索赔案件，被保险人有义务向保险人提供一切所需的资料和协助。

第二十六条　保险人赔偿损失后，由保险人出具批单将累计赔偿限额从发生之日起相应减少，并且不退还累计赔偿限额减少部分的保险费。如果被保险人要求恢复至原累计赔偿限额，应按约定的保险费率加缴恢复部分从损失发生之日起至保险期限终止之日止按日比例计算的保险费。

第二十七条　保险人赔偿损失后，不减少保险人对本保险单项下的承运人责任或代理人责任项下的各风险责任的每次事故赔偿限额。

第二十八条　被保险人请求索赔的权利，自其知道或者应当知道保险事故发生之日起二年不行使而消灭。

九、总则

第二十九条　保单效力

被保险人严格遵守和履行本保险单的各项规定，是保险人在本保险单项下承担赔偿责任的先决条件。

第三十条　保单无效

如果被保险人或其代表漏报、错报、虚报或隐瞒有关本保险的实质性内容，则本保险单无效。

第三十一条　保单终止

本保险单在下列情况下自动终止保险责任：

（一）被保险人丧失保险利益；

（二）承保风险扩大。

本保险单终止保险责任后，保险人将按日比例退还被保险人本保险单项下未到期部分的保险费。

第三十二条　保单注销

被保险人可随时书面申请终止本保险单，对未满期的保险费，保险人依照短期费率的规定返还被保险人；保险人也可提前十五天书面通知被保险人终止本保险单，对未满期间的保险费，保险人依照全年保险费按日比例返还被保险人。

第三十三条　权益丧失

如果任何索赔含有虚假成分，或被保险人或其代表在索赔时采取欺诈手段企图在保险单项下获取利益，或任何损失是由被保险人或其代表的故意行为或纵容所致，被保险人将丧失其在本保险单项下的此次索赔的所有权益。对由此产生的包括本公司已支付的赔款在内的一切损失，应由被保险人负责赔偿。

第三十四条　合理查验

本公司的代表有权在任何适当的时候对保险标的的风险情况进行现场查验。被保险人应提供一切便利及本公司要求的用以评估有关风险的详情和资料。但上述查验并不构成本公司对被保险人的任何承诺。

第三十五条　重复保险

本保险单负责赔偿损失、费用或责任时，若另有其他保障相同的保险存在，不论是否由被保险人或他人以其名义投保，也不论该保险赔偿与否，本公司仅负责按比例分摊赔偿的责任。

第三十六条 权益转让

若本保险单项下负责的损失涉及其他责任方时，不论保险人是否已赔偿被保险人，被保险人应立即采取一切必要的措施行使或保留向该责任方索赔的权利。在保险人支付赔款后，被保险人应将向该责任方追偿的权利转让给保险人，移交一切必要的单证，并协助保险人向责任方追偿。

第三十七条 争议处理

有关本保险的争议解决方式由当事人在合同约定从下列两种方式中选择一种：

（一）有关本保险的争议，由当事人协商解决。协商不成的，提交仲裁委员会仲裁；

（二）有关本保险的争议，由当事人协商解决。协商不成的，依法向人民法院起诉。

第三十八条 司法管辖

本保险单的司法管辖为中华人民共和国司法管辖。

343. 货代如何代客户投保

问：我公司与一家大货主签订了一份运输合同，该货主委托我公司运输的同时还委托我公司代为投保，现请您就我公司代货主投保时应注意哪些什么问题提出意见，以利于我公司工作，我们将不胜感激。

答：关于你公司代货主投保一事，我提出以下几点意见，供你司在进行投保时参考：

（一）河南外运公司与南阳二机石油装备（集团）有限公司（以下简称"南阳公司"）需要再签订一个委托合同。现有的委托书是对外性质的，即，河南公司在投保、索赔时出示给保险公司，用来证明它是得到了南阳公司的授权委托，作为南阳公司的代理人行事。一般来说，委托书不规定双方的权利义务。当事人需要另签订委托合同，将双方的权利义务规定下来。

（二）至于保险合同中，投保人、被保险人等项填写你公司还是南阳公司，有关此问题首先建议咨询当地保险公司。不过我认为：保险合同的权利义务主体是被保险人，而你公司只是南阳公司的代理人，因此被保险人最好填写南阳公司。

（三）根据你提供的资料，打算投保《陆上运输货物保险条款》及扩展盗窃责任。

代理保险时，选择哪个保险产品，以及需要哪些个性化的保险服务，是很重要的。如果代理人擅自选择，或者没有取得客户的书面意见，在发生货损货差时，客户往往责怪代理人没有投保合适的险种，甚至追究代理人的责任。

因此，投保什么险种，需要哪些个性化的附加保险服务，首先要询问南阳公司的意见。要求南阳公司提供一个书面的材料。

如果南阳公司说，你外运公司是专家，请你外运公司决定。那么，你公司要结合这笔货物运输的具体情况，运输途中以及目的地可能发生的风险损失，选择适当的保险产品。然后提供给南阳公司确认，并要求他们提供书面的确认意见。

（四）在选择险种时，要跟南阳公司讲清楚赔偿范围，有哪些除外责任，是否有免赔额与最高赔偿限额等。最好你公司带着保险公司的人，让保险公司的人跟南阳公司讲清楚。

（五）委托合同的内容

代理投保索赔合同

甲方：南阳二机石油装备（集团）有限公司

乙方：中国外运河南公司

兹有甲方与乙方就双方签订的途经阿拉山口到达俄罗斯罗斯托夫的两台 ZJ30 和两台 ZJ40 车装钻机国际联运代理运输合同中的保险事宜，经双方协商，签订本委托合同。甲方委托乙方代为办理运输合同中的钻机运输保险的投保、索赔工作。甲方作为被代理人，乙方作为代理人。

1. 经双方协商，货物投保＿＿＿＿＿＿＿险种。

2. 乙方的权利和义务

（1）代理甲方投保；

（2）代理甲方索赔；

（3）乙方应该合理谨慎的行事，维护甲方的利益；

（4）如果根据保险合同，保险人没有赔偿责任，乙方不承担责任（具体赔偿范围见该货物的保险合同）；

（5）非乙方的过失导致了保险人拒赔，乙方不承担责任；

（6）乙方作为受委托方无转委托权。

3. 甲方的权利和义务

（1）有义务协助乙方向保险公司索赔，包括及时提供有效的索赔单证等；

（2）有权指示并督促乙方履行本合同下的义务。

4. 运输合同中的货物 ZJ30 车装钻机单台套价值 12 831 654 元人民币，ZJ40 车装钻机单台套价值 15 385 385 元人民币。

答复河南外运公司咨询，2007.8.7

2006 年 8 月作者在中国国际货运代理协会于北京举办的
中国国际货运代理业管理规定修改座谈会上

344. 货代签发多式联运提单项下货物被盗是否属货代责任险

问：我有一个做货运代理的朋友，他们的货运代理浙江公司在保险公司投保了货运代理责任险。他们揽到了一批门到门的货物，并且向发货人绍兴公司签发了多式联运提单。发货人绍兴公司于 2008 年 10 月将 1362 卷 TR 染色布匹运到国外，委托事项包括该批货物的内陆运输、海关报关、商检手续等事宜。货运代理浙江公司将业务转委托上海公司，将从发货人绍兴公司的工厂运输到上海港。该批货物装载在一个 20 英尺的集装箱内，由发货人绍兴公司自行装箱、计数和铅封。但在驶往港口的途中，司机离车而去（因该司机与上海公司有矛盾），将拖车和集装箱丢弃在公路旁。由于无人看管，夜晚该集装箱内的货物被盗。后客户报案，经当地公安局判断并确认，集装箱确实被撬开，大部分货物已不见了。

于是，发货人绍兴公司根据手中货运代理浙江公司签发的多式联运提单向货运代理浙江公司索赔，要求赔偿 56 万元人民币。货运代理浙江公司认为这种情况应属责任险承保范围之内，即向承保公司申请理赔。但承保公司称：该集装箱是由发货人绍兴公司厂家自行装箱、计数和铅封的，集装箱内是否已装提单上标明的货物，如装了是否装了那么多，所装货物的价值是否达 56 万元人民币，这一切都是发货人绍兴公司自己讲的，无第三人的证据，故请律师准备拒赔。

现请您判断一下，该承保公司拒赔是否有理？

答： 根据你所提供的情况，我有如下意见：

（一）本案产生的货物被盗损失，应由作为多式联运经营人的货运代理浙江公司承担责任，因为：

1. 这是一批门到门的多式联运货物；

2. 该货运代理浙江公司签发了多式联运提单；

3. 是货运代理浙江公司委托的上海公司，故由于该上海公司指派的司机过错引起的损失首先应由货运代理浙江公司承担。

实际业务中，货运代理浙江公司在接收发货人绍兴公司自行装箱的门到门货物时，一般不会打开集装箱进行查核是否装了货，装货数量与质量是否与买卖合同的要求相符，除非当时有所怀疑。因此，货运代理浙江公司一旦签发了多式联运提单，并且无任何批注，即视为货运代理浙江公司作为多式联运经营人接收了提单所标明的货物，货运代理浙江公司对货物的责任就已经开始。

4. 承保公司不得以自己的猜想与推论——由于发货人绍兴公司自己装箱，没有第三人的证据——就断定发货人绍兴公司未装货，或者未按合同装足货，或者货物价值并非 56 万元人民币，并且以此拒赔。如拒赔成立，则必须负有举证责任。

（二）承保公司拒赔理由不成立，因为：

1. 本案发生的货物被盗损失应由货运代理浙江公司承担；

2. 本案事故应属货运代理浙江公司责任险的赔偿范围之内。

（三）本案情况比较特殊。纵观案情，发货人绍兴公司既然已将货物交给了货运代理浙江公司，并已获得货运代理浙江公司签发的清洁的多式联运提单，那么发货人绍兴公司就已经履行了买卖合同交付货物的义务，可全然不用理睬货物在货运代理浙江公司掌控中发生的货损货差问题，因为此时的责任应由货运代理浙江公司承担。

如果是包括海运的多式联运，应适用我国《海商法》第 103 条和第 104 条，即

"多式联运经营人对多式联运货物的责任期间,自接收货物时起至交付货物时止。""多式联运经营人负责履行或者组织履行多式联运合同,并对全程运输负责。"

如果是不包括海运的多式联运,应参照《1980年联合国国际货物多式联运公约》第14条,即:

"(一)本公约所规定的多式联运经营人对于货物的责任期间,自其接管货物时起到交付货物时为止。

(二)就本条而言,

1. 自多式联运经营人从下列各方接管货物之时起:

(1)发货人或其代理;或者

(2)如果收货人不向多式联运经营人提取货物,则按照多式联运合同或按照交货地点适用的法律或特定行业惯例,将货物置于收货人支配之下;或者

(3)将货物交给根据交货地点适用的法律或规章必须向其交付的当局或其他第三方;在上述期间,货物视为在多式联运经营人掌管之下。

(三)本条第(1)款和第(2)款所指的多式联运经营人,包括他的受雇人、代理人或为履行多式联运合同而使用其服务的任何其他人;所指的发货人和收货人,也包括他们的受雇人或代理人。"

第15条,即"多式联运经营人为他的受雇人、代理人和其他人所负的赔偿责任除按第21条的规定外,多式联运经营人应对他的受雇人或代理人在其受雇范围内行事时的行为或不行为负赔偿责任,或对他为履行多式联运合同而使用其服务的任何其他人在履行合同的范围内行事时的行为或不行为负赔偿责任,一如他本人的行为或不行为。"

总之,绍兴公司作为发货人,就像一般海运货物一样,一旦按照买卖合同将货物装上船,其责任就转移到承运人,发货人绍兴公司可凭手中的清洁提单及相关单据去银行结汇。同样,本案的发货人绍兴公司也可凭手中的多式联运提单及相关单据去银行结汇,其后,都将是收货人与货运代理浙江公司之间的事情了。

答复新时代保险经纪有限公司咨询,2008.12.17

注:上海洋山港海关查验时发现集装箱内布匹只剩下560卷,少了802卷。发货人绍兴公司向杭州市萧山区人民法院提起诉讼,要求货运代理浙江公司赔偿丢失布匹损失以及出口退税损失,共计人民币56万元。

货运代理浙江公司认为,发货人绍兴公司的损失是在运输合同的履行过程中造成的,货运代理浙江公司并不是上述运输合同的相对方,不是适格主体。货运

代理浙江公司与发货人绍兴公司只是货运代理关系，仅作为货运代理人联系承运人，为发货人绍兴公司履行相关委托事宜，且发货人绍兴公司对实际承运人上海公司没有异议，故货运代理浙江公司在处理委托事务时没有过错，发货人绍兴公司向货运代理浙江公司主张损失没有法律依据。

法院最终认定货运代理浙江公司要替发货人绍兴公司完成的事项包括了内陆运输、海关报关、商检等，而内陆运输只是完成整个委托事项中需要完成的其中一个环节，因此两者之间是委托合同关系而非运输合同关系，对于发货人绍兴公司要求的赔偿，法院不予支持。

发货人绍兴公司不服判决，向杭州市中级人民法院提起上诉。二审判决驳回上诉，维持原判。

目前，发货人绍兴公司又以"委托合同纠纷"为由，起诉货运代理浙江公司。

法律参考：

最高人民法院关于审理海上货运代理纠纷案件若干问题的规定

（2012 年 1 月 9 日最高人民法院审判委员会第 1538 次会议通过）

法释〔2012〕3 号

中华人民共和国最高人民法院公告

《最高人民法院关于审理海上货运代理纠纷案件若干问题的规定》已于 2012 年 1 月 9 日由最高人民法院审判委员会第 1538 次会议通过，现予公布，自 2012 年 5 月 1 日起施行。

二○一二年二月二十七日

为正确审理海上货运代理纠纷案件，依法保护当事人合法权益，根据《中华人民共和国民法通则》、《中华人民共和国合同法》、《中华人民共和国海商法》、《中华人民共和国民事诉讼法》和《中华人民共和国海事诉讼特别程序法》等有关法律规定，结合审判实践，制定本规定。

第一条　本规定适用于货运代理企业接受委托人委托处理与海上货物运输有关的货运代理事务时发生的下列纠纷：

（一）因提供订舱、报关、报检、报验、保险服务所发生的纠纷；

（二）因提供货物的包装、监装、监卸、集装箱装拆箱、分拨、中转服务所发生的纠纷；（三）因缮制、交付有关单证、费用结算所发生的纠纷；

（四）因提供仓储、陆路运输服务所发生的纠纷；

（五）因处理其他海上货运代理事务所发生的纠纷。

第二条 人民法院审理海上货运代理纠纷案件，认定货运代理企业因处理海上货运代理事务与委托人之间形成代理、运输、仓储等不同法律关系的，应分别适用相关的法律规定。

第三条 人民法院应根据书面合同约定的权利义务的性质，并综合考虑货运代理企业取得报酬的名义和方式、开具发票的种类和收费项目、当事人之间的交易习惯以及合同实际履行的其他情况，认定海上货运代理合同关系是否成立。

第四条 货运代理企业在处理海上货运代理事务过程中以自己的名义签发提单、海运单或者其他运输单证，委托人据此主张货运代理企业承担承运人责任的，人民法院应予支持。

货运代理企业以承运人代理人名义签发提单、海运单或者其他运输单证，但不能证明取得承运人授权，委托人据此主张货运代理企业承担承运人责任的，人民法院应予支持。

第五条 委托人与货运代理企业约定了转委托权限，当事人就权限范围内的海上货运代理事务主张委托人同意转委托的，人民法院应予支持。

没有约定转委托权限，货运代理企业或第三人以委托人知道货运代理企业将海上货运代理事务转委托或部分转委托第三人处理而未表示反对为由，主张委托人同意转委托的，人民法院不予支持，但委托人的行为明确表明其接受转委托的除外。

第六条 一方当事人根据双方的交易习惯，有理由相信行为人有权代表对方当事人订立海上货运代理合同，该方当事人依据合同法第四十九条的规定主张合同成立的，人民法院应予支持。

第七条 海上货运代理合同约定货运代理企业交付处理海上货运代理事务取得的单证以委托人支付相关费用为条件，货运代理企业以委托人未支付相关费用为由拒绝交付单证的，人民法院应予支持。

合同未约定或约定不明确，货运代理企业以委托人未支付相关费用为由拒绝交付单证的，人民法院应予支持，但提单、海运单或者其他运输单证除外。

第八条 货运代理企业接受契约托运人的委托办理订舱事务，同时接受实际托运人的委托向承运人交付货物，实际托运人请求货运代理企业交付其取得的提单、海运单或者其他运输单证的，人民法院应予支持。

契约托运人是指本人或者委托他人以本人名义或者委托他人为本人与承运人订立海上货物运输合同的人。

实际托运人是指本人或者委托他人以本人名义或者委托他人为本人将货物交给与海上货物运输合同有关的承运人的人。

第九条　货运代理企业按照概括委托权限完成海上货运代理事务，请求委托人支付相关合理费用的，人民法院应予支持。

第十条　委托人以货运代理企业处理海上货运代理事务给委托人造成损失为由，主张由货运代理企业承担相应赔偿责任的，人民法院应予支持，但货运代理企业证明其没有过错的除外。

第十一条　货运代理企业未尽谨慎义务，与未在我国交通主管部门办理提单登记的无船承运业务经营者订立海上货物运输合同，造成委托人损失的，应承担相应的赔偿责任。

第十二条　货运代理企业接受未在我国交通主管部门办理提单登记的无船承运业务经营者的委托签发提单，当事人主张由货运代理企业和无船承运业务经营者对提单项下的损失承担连带责任的，人民法院应予支持。

货运代理企业承担赔偿责任后，有权向无船承运业务经营者追偿。

第十三条　因本规定第一条所列纠纷提起的诉讼，由海事法院管辖。

第十四条　人民法院在案件审理过程中，发现不具有无船承运业务经营资格的货运代理企业违反《中华人民共和国国际海运条例》的规定，以自己的名义签发提单、海运单或者其他运输单证的，应当向有关交通主管部门发出司法建议，建议交通主管部门予以处罚。

第十五条　本规定不适用于与沿海、内河货物运输有关的货运代理纠纷案件。

第十六条　本规定施行前本院作出的有关司法解释与本规定相抵触的，以本规定为准。

本规定施行后，案件尚在一审或者二审阶段的，适用本规定；本规定施行前已经终审的案件，本规定施行后当事人申请再审或者按照审判监督程序决定再审的案件，不适用本规定。

（作者注：2012 年 5 月 1 日后的类似案件可采用此司法解释）

345. 投保货代责任险后如何理赔

问：长运公司陕西办事处于 1999 年 1 月 9 日承运客户的水泥预制板期间，

操作的吊车突然折弯，使被吊的水泥预制板坠落地面并产生裂缝。我司已投保货运代理责任险。针对这起事故，我们有几个问题向您请教：

1. 吊车是长运公司的财产（约 200 万元人民币），突然折弯，估计修理费要 30 万人民币，责任险承保公司是否赔偿？

2. 由于吊车的吊杆突然变弯，预制水泥板被摔坏，损失大约 3 万元人民币，责任险承保公司是否赔偿？

3. 根据目前案情我们应做些什么工作？

答：你公司投保了货运代理责任险，当货物发生损失后马上就想到承保公司是否赔偿，这很好。现答复你公司提出的几个问题如下：

1. 请你们查核一下货运代理责任险的条款，看长运公司陕西办事处是否参加了投保，即在承保单位之中。

2. 查阅合同条款，看长运公司本身财产损坏是否在责任险承保范围之内，根据我的经验与知识，初步认为责任险不包括投保公司自身的财产损失。所以请同时查阅你公司的财产在哪家保险公司投保的，由承保了你公司财产的保险公司负责，如果责任险与财产险都在 AGF 公司投保，那么 AGF 公司应负责赔偿，但据我所知，长运公司的财产险并未在 AGF 公司投保，所以应根据财产险的保险合同向其承保公司另行申请理赔。

3. 如长运公司陕西办事处也在责任险承保范围内，那么预制水泥板的损失一般来讲应在承保范围之内，但前提是，委托方无过失，责任全在你方。否则，如果责任在委托方，赔偿情况则完全不同：比如水泥预制板是 25 吨，而委托方告知长运公司是 20 吨，长运公司按 20 吨重的吊杆去吊 25 吨重的东西，结果引起吊杆弯扭，不但被吊物摔坏，连吊杆也被折弯，在此情况下，长运公司不但不赔偿被摔坏的水泥预制板，而且还应要求委托方赔偿修理吊机的费用。

4. 现在要做的事：

（1）收集资料，分清责任，尤其委托方是否存在少报或错报货物重量的情况；

（2）要当事人、目击者提供一些书面证明；

（3）拍一些照片，作为现场证据；

（4）委托哪家修理的吊车，费用为多少，事先均需征得保险公司的同意（前提是在该保险的承保范围之内）；

（5）通知 AGF 公司，AGF 公司派人立即去西安查看现场。

如果是吊机本身质量或操作不当造成货主的损失，应在货运代理责任险承保范围之内。

答复香港长运公司咨询，1999.1.14

346. 我国国际货运代理责任是如何分类的

问：孟老师，您好！我是您的学生，来自嘉里大通，曾有幸聆听您亲自讲授 FIATA 课程。授课过程中您提到曾出版过一本货运代理责任方面的案例书，我非常感兴趣，不知哪家书店可以买到？书的全名是什么？货运代理的责任大体分哪几类？

答：讲课中提到我写的那本书的书名为《货运代理与物流法律及案例评析》，约 90 万字，书中有 200 多个案例，由中国商务出版社 2005 年 12 月出版。

通过近 40 年从事的货运代理工作，我深深地认识与体会到，作为一名从事货运代理业务的人员，不但要有丰富的业务知识，而且也要有深厚的法律功底，只有具备了这两方面的本领，才能把工作做得更好。借此机会，我介绍一下我国关于国际货运代理责任的分类，供你在工作和学习中参考。

参照国际惯例，并根据我国有关法律法规及具体业务实践，关于货运代理的责任通常是按以下六种情况进行划分的：

1. 以纯粹代理人的身份出现时的责任划分

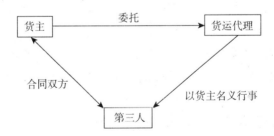

货运代理作为被代理人的代理时，在其授权范围内，以被代理人的名义从事代理行为，所产生的法律后果由被代理人承担。在内部关系上，被代理人和货运代理之间是代理合同关系，货运代理享有代理人的权利，承担代理人的义务。在外部关系上，货运代理不是与他人所签合同的主体，不享有该合同的权利，也不承担该合同的义务。对外所签合同的当事人为其所安排的合同中的被代理人与实际承运人或其他第三人。当货物发生灭失或残损，货运代理不承担责任，除非其

本人有过失。被代理人可直接向负有责任的承运人或其他第三人索赔。当货运代理在货物文件或数据上出现过错，造成损失，则要承担相应的法律责任，受害人有权通过法院向货运代理请求赔偿。所以，一旦发现文件或数据有错误，货运代理应立即通知有关方，并尽可能挽救由此造成的损失。

2. 以当事人的身份出现时的责任划分

货运代理以自己的名义与第三人签订合同，或者在安排储运时使用自己的仓库或运输工具，或者在安排运输、拼箱、集运时收取差价，这样，往往被认定为当事人并承担当事人的责任。货运代理作为合同当事人并以自己的名义安排属于托运人的货物运输，同时，托运人付给他的是固定费用，而他付给承运人的是较低运费，即从两笔费用的差价中获取利润。此外，货运代理常常将一些货主的货物集中在一个集装箱内，以此来节省费用，这对货运代理和托运人都有利。在这种情况下，对托运人来说，货运代理被视为承运人，应承担承运人的责任。

3. 以无船承运人的身份出现时的责任划分

当货运代理从事无船承运业务并签发自己的无船承运人提单时，便成了无船承运经营人，被看作是法律上的承运人。他一身兼有承运人和托运人二者的性质。根据我国《海商法》第42条的规定，无船承运人应属承运人即契约承运人，虽然它自己不拥有船舶，也不经营船舶，但是它对于实际承托运人来说是承运人，并要承担承运人的责任，当然同时也享受承运人的权利和义务。不过，它与海运实际承运人享受的权利与义务还是有些区别的，例如海运实际承运人可享受海事赔偿责任限制，而无船承运人却不能享受海事赔偿责任限制（关于能否享受有两种截然不同的观点，但目前认为不能享受的占主流）。

4. 以多式联运经营人的身份出现时的责任划分

当货运代理负责多式联运并签发提单时，便成了多式联运经营人（MTO），被看作是法律上的承运人。

根据多式联运公约的规定，MTO 对货物的责任期间，包括自接管货物之时起到交付货物时止由其掌管货物的全部期间，MTO 也应对他的受雇人以及他为

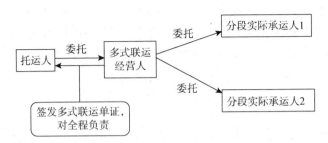

履行多式联运合同而使用其服务的任何其他人的作为或不作为负赔偿责任。他负有对发货人、收货人之货损货差的责任（延期交货的责任视提单条款而定），除非能证明他为避免货损货差或延期交货已采取了所有适当的措施。

　　多式联运过程中发生的货物灭失或损坏，如能知道是在哪一阶段发生的，作为多式联运经营人的货运代理的责任将适用于这一阶段的国际公约或国家法律的有关规定；如无法得知，则根据货物灭失或损坏的价值，承担赔偿责任。货物灭失或损坏的赔偿限额最多不超过毛重每公斤 920 特别提款权，或每公斤不得超过 2.75 特别提款权，以较高者为准。但是国际多式联运如果根据合同不包括海上或内河运输，则 MTO 的赔偿责任按灭失或损坏货物毛重每公斤不得超过 8.33 特别提款权计算单位。

　　对于货物的迟延交付，联合国《多式联运公约》规定 MTO 有赔偿的责任，并规定了 90 天的交货期期限，MTO 对迟延交货的赔偿限额为迟延交付货物的运费 2.5 倍，并不能超过合同的全程运费。发生货物迟延运抵目的地时，如能确定这种迟延发生在哪个阶段，并适用于这一过程的国家法律或国际公约的规定，则应承担赔偿责任，由多式联运经营人负责赔偿。但上述货物灭失、损坏或迟延，如能证明是由于某些即使恪尽职守也无法防止的原因造成的，则多式联运经营人可免责。据联合国贸发会议调查，目前许多货运代理从事多式联运业务时，仍采用标准交易条件中有关代理人（纯粹代理人）条款，企图免除自己作为承运人的责任，这种作法显然是不妥的。

　　联合国《多式联运公约》因尚未达到 30 个国家的有效批准而未能生效。尽管 FIATA 制定了多式联运单证，但是，由于各国的船公司、承运单位及其企业规模的大小不同，以及各国的法律不同，使得所规定的多式联运人责任的多式联运单证及其背面条款存在差异，加之目前国际上尚无一个可供各国通用的、统一规范的标准多式联运单证，造成多式联运单证纷繁杂乱的状态。

　　至于我国有关多式联运的法规，原则上 1999 年的我国《合同法》的相关条款适用于所有合同，包括多式联运合同。然而，根据该《合同法》第8章第123条："其他法律对合同另有规定的，依照其规定。"表明涉及海上区段的货物多式联运合同由1993年我国《海商法》的规定调整。根据我国《海商法》，将多式联运合同定义为"多式联运经营人以两种以上的不同运输方式，其中一种是海上运输方式，负责将货物从接收地运至目的地交付收货人，并收取全程运费的合同。"MTO对货物的责任期间与联合国《多式联运公约》的规定一致，即覆盖"自接收货物时起至交付货物时止"；有关MTO的责任基础采纳的是网状责任制，即"货物的灭失或者损坏发生于多式联运的某一运输区段的，多式联运经营人的赔偿责任限额，适用调整该区段运输方式的有关法律规定"；灭失或损坏的运输区段不能确定，MTO的责任将由调整海上货物运输的承运人责任的规定来决定。我国《海商法》规定MTO对货物的灭失或者损坏的责任限制为：每件或者每件其他单运单位666.67SDR，或按照灭失或损坏的货物毛重，每公斤2SDR，以二者中较高的为准；除非托运人已经申报货物的性质和价值，并在提单中载明，或者托运人和承运人已经另行约定更高的责任限额。对于迟延交付，我国《海商法》规定货物交付期限为60天，MTO对迟延交付的赔偿限额为迟延交付货物的运费数额，但承运人的故意或者不作为而造成的迟延交付则不享受此限制。

5. 以"混合"身份出现时的责任划分

有些货运代理，从事的业务范围较为广泛，法律关系亦相对复杂，加之我国在货运代理方面的法律尚不健全，故使货运代理在从事不同的业务、以不同的身份出现时，所享有的权利和承担的义务亦不相同。也就是说，因其处于不同的法律地位，所承担的法律责任不同。对于货运代理法律地位的确认，不能简单化一，而应视具体情况具体分析。除了作为货运代理代委托人报关、报验、安排运

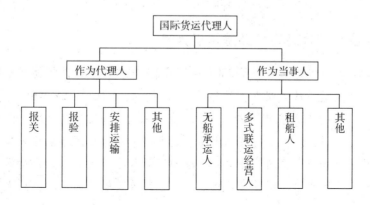

输外，还用自己的雇员，以自己拥有的车辆、船舶、飞机、仓库及装卸工具来提供服务，或陆运阶段为承运人，海运阶段为代理人。在此情况下，有时需承担代理人责任，有时视同当事人需承担当事人的责任。

6. 以合同条款为准时的责任划分

在不同国家的标准交易条件中，往往详细订明了货运代理的责任。通常，这些标准交易条件被结合在收货证明或由货运代理签发给托运人的类似单证里。

原则上，货运代理如以"代理人"的身份为客户提供服务，他们通常是根据客户的指示和为了客户的利益履行货物运输，而其本身并不是承运人，因此货运代理对货物的灭失或残损不负责任，尤其是对第三人造成的损失或间接损失不承担责任，除非货物在其保管或实际掌管下，由于他的疏忽、过失或由其雇员的失职造成的直接损失；货运代理对迟延交货一般也不负责任，除非在合同条款中有明文规定。此外，货运代理对承运人的行为或错误不承担责任，除非他被证明在选择承运人时有疏忽，即使承担责任，其责任也是有限的。货运代理的责任限制，通常规定在标准交易条件中。

目前，中国国际货运代理协会虽已制定"标准交易条件"，但在托运人与货运代理之间订立的委托合同中并未将该标准交易条件并入进去。有的合同很正规且详细，明确规定了货运代理的责任；有的合同很简单，对货运代理的责任无任何规定。如果委托合同中对货运代理的责任有明确的规定，只要其条款与我国的相关法律法规不冲突，法官在处理此类纠纷时，一般都会遵循合同所订明的条款，判定货运代理是否应承担责任。

答复嘉里大通物流公司咨询，2006.9.7

347. 货代应承担代理责任还是承运人责任

问：我公司与华力兴公司于 2007 年 8 月 20 日签订了一份货物运输协议，约定我公司作为承运人从天津新港运输一框架箱货物（TC-SCAN MSV 集装箱检查系统）到冈比亚的班珠尔港，并约定海运费及其他相关费用的标准。由于我公司在目的港没有代理，所以没有签发无船承运人提单。货物实际由马士基承运，且马士基签发了以华力兴公司为托运人、以 SGS 冈比亚为收货人的海运提单。货物运抵目的港，在卸货过程中发生货物从船吊上跌落至舱底的事故，后经检验，货物推定全损。

另，华力兴公司与收货人 SGS 冈比亚签订的贸易合同约定货物的所有权及风险自货物在目的港交付后方转移至买方承担，因此华力兴公司在国内向北京人保投保海运一切险，被保险人为华力兴公司，理赔地为北京。事故发生后，华力兴公司已经将正本提单和保单交付北京人保，要求赔偿。

在北京人保的要求下，华力兴公司分别向我公司和马士基发出了索赔函。目前，理赔工作正在处理中。

请问，在此案中我公司所处的法律地位是什么？应承担何种法律责任？如何应对华力兴公司的索赔？

答： 根据你公司提交的材料，归纳有关情况并出具法律意见如下：

（一）你公司在本票业务中的法律地位

虽然在你公司与华力兴公司所签的协议中约定你公司作为承运人，但经过对整个案件的分析，在该票业务中你公司的身份并不是（契约）承运人，而应是纯粹的货运代理人。其主要理由如下：

1. 强调货运代理的法律地位，既有作为纯粹代理又有作为当事人的两种情况，在货运代理具体业务中，往往混在一起难以分辨，甚至有时会出现这样的情况，即代理合同的标题是物流，但后面具体内容的条款全是代理人，或者合同标题是代理，但后面具体条款全是物流。所以，我们在确定货运代理究竟是什么性质，应承担何种责任，不能光看合同抬头或者某一条款，必须全面衡量、综合分析，才能得出一个正确的结论，此案虽然有"承运人"三个字，但实际并不是承运人，而只是代理人。

2. 你公司虽然以承运人的名义与华力兴公司签订了运输协议，但该运输协议并未实际履行。

华力兴公司委托出运的货物实际上存在着两个运输合同：一是你公司与华力兴公司订立的货物运输协议；二是马士基与华力兴公司之间以提单为证明的货物运输合同。而你公司与马士基之间并不存在任何合同关系。马士基向华力兴公司签发了提单并实际履行了运输义务，毫无疑问它成为货物的承运人。

根据我国《海商法》第 42 条的规定，"承运人"是指本人或者委托他人以本人名义与托运人订立海上货物运输合同的人。"实际承运人"是指接受承运人委托，从事货物运输或者部分运输的人，包括接受转委托从事此项运输的其他人。可以看出，（契约）承运人是与实际承运人相对应的概念，没有所谓的实际承运人，也就谈不上（契约）承运人，而实际承运人是由（契约）承运人委托的、承担全部或部分运输义务的人。然而在本票业务中，马士基是直接接受华力兴公司的委托并以提单形式与华力兴公司订立的运输合同，并非由你公司委托。所以在本业务中，只存在承运人（马士基）和托运人（华力兴公司），并不存在所谓的契约承运人。

综上，从法律上讲，你公司的承运人身份因所签的合同未实际履行而不能成立。

3. 你公司实际上仅仅履行了一个纯粹货运代理的职责，即代理客户向船公司订舱、安排装箱发运、代理报关等。从你公司实际办理的业务来看，是典型的货运代理业务，且在承运人的选择上没有过失，虽然吃了运费差价，但此现象广泛存在于货运代理业务实践中，不能仅凭此项就将你公司归为承运人。

4. 托运人华力兴公司认可你公司的货运代理身份。在华力兴公司给北京人保的报告函中，曾明确指出你公司为运输代理，而马士基为承运人。

（二）你公司可采取的应对措施

虽然你公司的法律地位从法律规定和实际履行的角度看可以认定为货运代理，但不排除北京人保代位求偿时仅以货物运输协议为由追索你公司的可能性。结合目前的进展，建议你公司可以从以下角度着手应对工作：

1. 你公司在向北京人保出具任何书面文件时，都要阐明自己的地位是纯粹的货运代理人，注意相关的措辞，不要给北京人保留下任何口实。

2. 主动与北京人保沟通，说服其直接代位追偿马士基。你公司可以向北京人保阐明以下观点：首先，你公司仅是纯粹的货运代理人，对货物在目的港的损毁不承担任何责任；其次，退一步讲，即便可以认定你公司为契约承运人，则作为契约承运人你公司有权享受我国《海商法》下的赔偿责任限制，在这一点上与马士基的地位是完全相同的，因此追偿你公司没有实际意义。

3. 保留一切有关往来函件和业务单证，协助华力兴公司做好保险理赔工作，维护客户关系。如认为有必要，你公司可考虑和借助华力兴公司的关系与北京人保进行沟通。

以上分析及意见，仅供参考。

答复北京外运公司咨询，2007. 12. 3

注：本案虽仲裁胜诉（其中一个仲裁员保留自己的不同意见），北京外运幸免 800 万元人民币的巨大经济损失，但尚应冷静思考，认真吸取经验教训。因为北京外运处于极其被动的地位，合同条款一开始就将自己定位为"承运人"，且

确实吃了差价，当然，即使有责任也应争取享受赔偿责任限制。

348. 货代作为承运人需注意哪些问题

问：外运公司在作为承运人时，应该注意哪些问题？请您给我们举些案例说明。

答：作为承运人时须注意下列问题：

（一）双重代理问题

例如，中国某进出口公司委托外运公司作为货运代理，办理货物由中国运至鹿特丹。接受委托后，外运公司以多式联运经营人的身份，签发了一份清洁的多式联运提单。在运输过程中，由于船舶出了问题，海运改为空运。而空运货到后却被其他人提走，因此外运公司成为被告。在该笔货物运输过程中，虽然是因实际承运人过失造成的，但外运公司也有过错，外运公司在选择实际承运人时未恪尽职责，也应承担一定的责任。最后，此案庭外和解撤诉。

（二）船舶适航问题

例如，"宏大"轮货损赔偿案，在排除非不可抗力因素后，认定为船舶不适航导致的货损，由船东承担责任。

（三）管货责任问题

例如，1984 年 9 月，上海远洋"向阳"轮在大连装豆粕 4.5 万吨运到曼谷。卸货时，突降大雨，船长命令赶紧关舱。由于滚动轴承被卡住，舱门未能及时关上，以致货物遭到水湿。虽然加盖了油布，但仍有部分货物受损。保险公司向货方赔款后即向船方提出索赔，其理由是船方未管好货物致使货物受损。而上海远洋则认为，滚动轴承被卡住属不可抗力。法院最后认定：该主张不属不可抗力，应事先检查，系措施不力，故判决上海远洋承担 600 万美元的损失。

当收货人发现货物有问题时，最有效的办法就是扣船索要担保。

（四）签发提单问题

签发提单方面问题较多且复杂，易产生纠纷。承运人签提单，既是权利，也是义务。

1. 承运人对所签清洁提单应负责任

例如对漏装货，如未批注，承运人也要承担责任。

2. 注意不得随意签发不清洁提单

例如担心收不到运费或者其他有关问题：

（1）1990 年 8 月 17 日，山东五矿有 5 000 吨水泥装在希腊的货轮上运往韩国。该批货物装船后，船方认为该航程亏舱 1 万吨，要求在提单上加批注。由于货物包装是完好的，故发货人不接受批注的提单。双方坚持了一段时间，发货人即要求法院扣船以签发清洁提单。经审查法院扣了船，最后船方出了清洁提单，因为船方只有权签货物包装、外表的情况，其他的不能批注。

（2）1991 年 9 月 15 日，安徽进出口公司委托湛江外运将 6 000 吨水泥从湛江运往韩国。该批货物装上美国服务公司"阿"轮后，大副出了收据：货物表面状况良好。但船方担心货到后收不到运费，要求在提单上加批注，签不清洁提单。对此，发货人不同意，因为大副收据上货物表面状况是良好的。后来发货人与法院联系，并未采取诉讼前的扣船，而是让发货人跟船方讲道理。最后，船方接受了发货人的意见，签了清洁提单。

3. 签发不清洁提单也须谨慎

例如"金马"轮提单案。我国出口的地瓜干，装载于"金马"轮。当发货人要求签发清洁提单时，船方坚持批注地瓜干有霉变和杂质。货方出示商检的质量标准指出商检结果证明该货物杂质是在合同允许的范围内。为此双方僵持起来。于是货方诉至法院。法院判决船方承担由此给货方造成的损失。所以，作为承运人在签发清洁与不清洁提单是相对的，不宜过分坚持，也应取慎重态度。掌握的尺度就是否能顺利交货，这与船长的经验相关。

4. 不要预借提单

例如上海"大苍"轮被扣案和日欧案，都是因为承运人预借提单，导致船方承担法律责任。

5. 谨慎补签提单

如当时发现提单丢失，承运人可补签，但要非常谨慎。例如，1988 年，深圳某公司从香港购买 6000 只彩色显像管。货到国内港口后，因该公司无进出口权，于是将提单交珠海电视机公司去报关。结果报不了，还称提单丢失了，只将汇票退给该公司。该公司只好去找香港中资船务公司，请承运人补签提单。承运人要求提供银行保函，该公司即提供了银行保函。但拿提单去办提货手续时，货已被提走，是在办补签提单之前被提走的。该公司即凭手中补签的提单向承运人提出索赔，货方告了船公司、外代及港口。最后通过法院审理，实际上是珠海电视机公司将货提走了。因此，船方在补签提单时应首先清楚货物的相关情况，如货物已被提走，船方已无任何责任，就应拒绝补签提单。虽然法院在审理此案中，最后没有判承运人承担任何责任，但承运人补签提单的行为一定要特别小心。

6. 以保函换清洁提单的问题。这是一个很敏感、很谨慎的问题。法院对此十分谨慎，很少保护这种行为。

答复广西外运公司咨询，1991.5.11

349. 货代如何做好每一环的交接和责任划分

问： 自 2004 年下半年开展拼箱业务以来，由于从发货人手中收到货物至货物抵达最后目的地交付给收货人，涉及仓库（CFS）收货、CFS 拼装、目的港 CFS 分拆、到门交付等环节，我司均以承运人的身份对客户负责货物的数量和包装完好。除了港至港直接拼装集装箱外，有时候我司还涉及在香港第二次集拼的情况。在实际操作中，我司经常面临客户索赔，主要是在目的港提货时，收货人发现货物短少、残损或者整票货物遗失。我司虽然投保了货运代理责任险，但由于拼箱货物多为小批量的货物，货值或者索赔标的多数未能达到保险条款下的免赔额，即使达到了免赔额，能得到的赔偿金额占整个索赔金额的比例也非常小。但是，如果将这些小额索赔金累计起来，总索赔金额也就不小了。对此，我司有如下问题需要向您请教：

1. 我司初拟了一个货物理赔指引，以供各分公司或营业部在遇到客户索赔时有一个赔偿指引（详见附件《广东长运货物理赔指引 20060926》）。但是该赔偿是否合理，对我司是否有利，法律程序是否有问题，还请您多多指教。

2. 当发生索赔后，除了金额较大的可以从保险公司得到补偿外，我司很难再从有关责任方进行追偿，原因是按照我司目前的操作情况，很难在法律上确定谁是责任方。例如，货物的短少究竟是发生在装货港 CFS 还是目的港 CFS，就很难确定。对此，我司曾咨询过保险经纪人，但一直未找到有效的办法。不知您是否能给我司一些这方面的指导？

答：（一）关于《货物理赔指引》，在你司草稿的基础上，我进行了较大的修改。现将修改后的《指引》给你们，供参考。

1. 海上货物运输合同

（1）如果提单首要条款中规定适用《海牙规则》，则适用《海牙规则》的赔偿责任条款，最高赔偿限额为每件货物赔偿 100 英镑。

（2）如果提单首要条款中规定适用《海牙—维斯比规则》，则适用《海牙—维斯比规则》的赔偿责任条款，最高赔偿限额为，每件货物 666.67 计算单位，或者每公斤 2 计算单位, 取金额高者进行理赔 [注: 1 特别提款权 (SDR) 目前兑换美元为 1.44 美元, 因此上述赔偿限额兑换美元为每件货物 960 美元, 或每公斤 2.88 美元, 取金额高者进行理赔。我国《海商法》的一个计算单位等于 1 特别提款权]。

(3) 如果提单中没有约定适用的法律 (包括国际公约或国内法), 则考虑适用我国《海商法》的赔偿责任条款, 内容同《海牙 - 维斯比规则》的规定。

(4) 货物用集装箱、货盘或者类似装运器具集装的, 提单中载明装在此类装运器具中的货物件数或者其他货运单位数, 视为上文所指的货物件数或者其他货运单位数。未载明的, 每一装运器具视为一件或者一个单位。

(5) 如果托运人在货物装运前已经申报货物性质和价值, 并在提单中载明的, 或者承运人与托运人已经另行约定高于法律规定的赔偿限额, 则赔偿限额以托运人申报的价值或者承运人与托运人另行约定的限额为限。除非承运人能够证明托运人申报的价值高于货物的实际价值。

(6) 如果损失的货物价值较低, 金额低于上述的赔偿限额, 则按照货物的实际损失进行理赔。

2. 航空运输合同

(1) 如果合同中约定适用《华沙公约》或者我国《民用航空法》, 赔偿限额为每公斤 17 计算单位 (目前兑换美元为每公斤 24.48 美元)。

(2) 如果合同中没有约定适用的法律 (包括国际公约或国内法), 则考虑适用我国《民用航空法》, 赔偿限额同上。

(3) 托运人在托运货物时, 特别声明在目的地交付时的利益, 并在必要时支付附加费的, 承运人应当在声明金额范围内承担责任, 除非承运人证明托运人声明的金额高于货物在目的地交付时的实际利益。

(4) 托运货物的一部分或者货物中的任何物件毁灭、遗失、损坏或者延误的, 用以确定承运人责任赔偿限额的重量, 仅为该一包件或者数包件的总重量。但是, 因托运货物的一部分或者货物中的任何物件毁灭、遗失、损坏或者延误, 影响同一份航空货运单所列其他包件的价值的, 应该以此种包件的总重量来确定承运人的责任赔偿限额。

(5) 如果损失的货物价值较低, 金额低于上述的赔偿限额, 则按照货物的实际损失进行理赔。

3. 铁路运输合同

(1) 如果合同中约定适用《关于铁路货物运输的国际公约》, 则赔偿限额为：

①短缺货物毛重每公斤不超过 50 法郎；

②损坏货物的赔偿限额为，不超过该部分货物灭失时应付的赔偿额；

③如果铁路同意比一般运费低的特定运输条件，可以在合同中限制关于超过运输期限或货物灭失或损坏时的赔偿限额。

（2）如果合同中约定适用《国际铁路货物联运协定》，则采用足额赔偿的方法，货物损失方可以得到 100% 的赔偿。对货物损失的赔偿金额在任何情况下，都不得超过货物全部灭失时的款项。

（3）没有约定国际公约或者约定不明确的，适用我国法律。我国《铁路法》以及《铁路货物运输实行保险与负责运输相结合的补偿制度的规定》对赔偿限额的规定如下：

①如果货物没有保价，成件货物，每件不超过 700 元人民币；非成件货物，每吨不超过 500 元人民币；

②如果货物保价，按照货物的实际损失赔偿，但不超过保价额。

4. 多式联运合同

（1）如果能够确定损失发生的区段，则适用该区段的法律和赔偿限额。

（2）如果不能确定损失发生的区段，且其中一种是海上运输方式，则适用我国《海商法》的赔偿责任限额。

5. 合同中对索赔另有约定

（1）如果合同中对索赔另有约定，则按照约定理赔。

（2）但是，这种约定不能违反强行法的规定。

强行法的适用主要体现在海上货物运输中，不能违反《海牙规则》或者《海牙－维斯比规则》或者我国《海商法》的规定。适用哪个法律，取决于提单的约定；没有约定的话，适用我国《海商法》。

6. 对货方的要求

凡发生货物索赔，要求货方首先向其保险公司索赔。如果货方没有投保而必须直接向你司索赔，则无论索赔方是货方还是保险公司，均必须提供由合法检验机构出具的检验报告（Survey Report）、商业发票、装箱单、以及报关单。缺检验报告和商业发票的索赔案件不予受理。

（二）关于理赔后的处理问题与应注意的问题

在法律上，你司在赔偿货主之后，如不能确定谁是责任方，便无法追偿。这也是多式联运经营人、总物流服务提供商在将物流的各个环节分包给第三方后，面临的一个棘手的问题。能够向责任方追偿的唯一方法是，找出责任方，这就需要你司在业务环节上加以改善。从接收货物到交付货物的整个过程包括很多环节，比如 CFS 拼装、运输、目的港 CFS 分拆、到门交付等，必须做好每一环节交接过程的工作，确定责任方。这里有一个真实的例子：一个业务员在做业务时，将客户的每一票货物在离开起运港之前，都一一拍照留存。货物到了每一个转运港，都会有他委托的人员监督货物的完好情况，并通过 IT 手段传递，直至送到客户手中。这样，客户就可以直观地知道每一票货物的随时状况。自然，生意就滚滚而来。这提醒我们记住：作为一个服务性行业，永远不能或缺的是细致入微、孜孜不倦的服务。

另外，你司还要做好交接环节的检验工作，主要包括：

1. 每一个环节交接时，你司可以派专员对货物点数、称重、查看外包装。

2. 如果发现货物有短少、损坏的情况，你司则要留下足够确凿的证据。比如，你司可以让对方相关负责人做一个货物状况的书面说明等。必要时，你司还可以申请相关合法检验机构对货物进行检验，并出具检验报告。

3. 同时，你司应向责任方提出书面索赔。

答复广东长运公司咨询，2007.4.5

350. 货代签发提单应注意哪些问题

问 1： 货运代理提单即 House Bill of Lading 与承运人提单有些什么区别？

答： 货运代理提单与承运人提单的相同点与不同点如下：

1. 当货运代理提单仅起收据作用，无法用来结汇时，它与承运人提单区别很大，二者条款也存在很大差异。

2. 当货运代理提单变成无船承运人提单时，其性质与承运人提单一样，是承运人性质，可用于结汇提单，其与承运人提单的条款也有许多相同之处。

3. 当货运代理提单变成无船承运人提单时，两种提单条款的区别究竟有多大，要视具体提单再下结论。

问 2： 货运代理能签哪些提单？

答： 货运代理可以签发的提单如下：

1. 签货运代理提单，作为收据；

2. 签多式联运提单，作为多式联运经营人；

3. 签货运代理的无船承运人提单，作为无船承运人；

4. 签船公司的海运提单，按理说海运提单应由船务代理签发，但在实践中，船东有时也委托货运代理签发提单。由于我国无明确法律规定货运代理不能签发海运提单，故只要无人追究，货运代理签发海运提单也是合法有效的，并未导致海运提单的无效，或引起发货人持海运提单无法结汇的情况。

（严格说，货运代理作为双层代理，有利害冲突，本不应签发海运提单；或作为船务代理，本不应从事货运代理业务。但在我国的业务实践中确实存在这种双层代理，法院的态度是，在审理案件中只要对方不提出，法院就不追究，认定其所签行为和所签单证合法有效。）

答复对外经贸大学杨教授咨询，2004.5.17

351. 不交运费能否扣留提单

问：有一家货物托运公司不支付运费，我们能否依据双方委托合同事先约定的有关留置单据的条款扣押货主的提单吗？

答：1. 第一先向客户讲明情况，要求其履行合同条款，支付运费。如客户仍旧不按合同约定支付运费，你们可采取法律行动，并表示有可能留置客户的提单，以此来催要运费。

2. 客户坚持不付运费，该货运代理则有权扣押提单及其他单据。其主要理由与法律依据是：

①双方合同中事先有明确约定，如货主不交运费，货运代理可扣押单据及货物。

②双方订立此条款既不存在威胁问题，也不存在违反国家有关法律。

③我国货运代理协会制定的中国国际货运代理协会标准交易条件有此条规定。该交易条件第8条"费用"第6款规定："客户未付清公司的费收情况下，公司或其代理人有权对收到的货物和单证行使留置权。如客户在得到货物或单证留置通知28天内仍不付款，或当货物为易腐烂物品时，公司向客户发出书面通知后合理时间内仍不付款，公司有权依法对货物和单证进行处置，以补偿欠费和处置费用。"

④菲亚塔推荐的示范法也有此条规定。该示范法第15条"一般留置权"规

定："货运代理在准据法允许的范围内，享有对于客户欠付的任何到期款项包括货物的仓储费和相同支出补偿有关的货物与单证的留置权，并且可以其认为合适的方式行使该权利。"

⑤我国《海商法》第 87 条规定："应当向承运人支付的运费、共同海损分摊、滞期费和承运人为货物垫付的必要费用以及应当向承运人支付的其他费用没有付清，又没有提供适当担保的，承运人可以在合理的限度内留置其货物。"

3. 你司作为货运代理可参照上述条款的精神处理此事，但一般情况下轻易不要采取留置单据的手段去解决问题，除非事先双方有明确的约定。

答复河北某货运代理公司咨询，2006.1.19

法律参考：

《最高人民法院关于审理海上货运代理纠纷案件若干问题的规定》，详见例 344 法律参考

（作者注：2012 年 5 月 1 日后的类似案件可采用此司法解释）

352. 货物丢失能否索回欠费

问：您好！今把上次与您见面商讨案件的资料邮寄给您，想向您咨询有关该案的几个问题：

1. 该案的法律关系是定位于货代合同还是运输合同，哪样将更有利于案件的诉讼？

2. 现在的证据材料能否追究北京海丰货运代理公司的赔偿责任？

3. 该案可否由北京的法院管辖？

4. 如何认定北京海丰货运代理公司与刘先生和徐先生的关系，怎样才能最大限度地挽回损失？

本案件的背景：2004 年×月，个体户洪先生与北京海丰货运代理公司签订了运输协议。该协议的落款甲方为洪先生个人签名，乙方为刘先生签名，并盖有北京海丰货运代理公司的印章。该协议条款明确由甲方委托乙方安排从中国运至俄罗斯货物的运输业务。从该协议的所有条款只能看出是铁路运输，并未含有海上运输。但本案的纠纷却是，甲方认为乙方应承担海上运输中运抵俄罗斯所丢失的 16 个集装箱货物的责任，并赔偿其损失。乙方公司的刘先生也在 2008 年手写了一张欠条，明确写明承认欠洪先生丢失 16 个集装箱货物损失费用 1 000 万元人

民币，落款人是刘先生。故洪先生认定，白纸黑字，北京海丰货运代理公司和刘先生应归还其该欠条上所承诺的 1 000 万元人民币欠款。

答： 我的意见与上次在京面谈的想法基本一样，即如果打官司，洪先生很可能败诉，其败诉的主要原因就在于证据不足。下面，就现有的材料对洪先生有利与不利的方面进行实事求是的分析，然后再对本案的法律关系以及如何诉讼等问题进行分析，以供你参考。

（一）对洪先生有利的方面

1. 按甲方洪先生所讲货物丢失的实际情况和过程，洪先生确实有损失。

2. 刘先生是乙方北京海丰货运代理公司的人，于 2008 年 12 月 27 日写有一欠条，明确记载其欠洪先生 1 000 万元人民币。如按委托合同，适用《民法通则》两年的时效未过，还可去法院起诉。

3. 仓库经办人当时也出具了书面证明，证实本案货物在运输途中确有丢失，并表示如有需要可出庭作证。

4. 洪先生与北京海丰货运代理公司于 2004 年 6 月 25 日签订运输协议，有效期为一年，协议到期前一个月双方不提出异议自动延期一年。

5. 就此案，洪先生于 2006 年 8 月 3 日向北京市公安局报了案，案子的性质为合同诈骗。公安局于 2006 年 9 月 12 日给了回执单。

（二）对洪先生不利的方面

1. 双方在 2004 年 6 月 25 日签订的运输协议中并无海运条款，只有铁路运输条款。另外，该协议如延期一年后，双方未有异议，是否又可自动延期，一直延期至今？很可能不能这么理解。应该理解为，自动延期一年后，如双方未表示再延期，则该协议有效期自动丧失。因此，无效协议是不能再作为处理本案依据的。

2. 本案中既没有明确的洪先生交给北京海丰货运代理公司的货物清单，也没有北京海丰货运代理公司或代表该公司收到洪先生的货物清单。

3. 本案中既没有清楚的货物丢失清单，更没有第三方所出具的货物丢失证明。

4. 为推脱责任，北京海丰货运代理公司肯定会否认刘先生所打欠条与其公司有关。在此情况下，你们还得证明当时刘先生是北京海丰货运代理公司的职员，并且是该公司的经理，他完全有权代表该公司出具欠条，他的行为就是该公司的行为，故北京海丰货运代理公司应承担刘先生的行为后果，即承担赔付洪先生欠款的责任。不过，该公司现在有无偿还能力，尚不得而知。

5. 关于本案中那张可作为直接证据的欠条，本身也有缺陷，因为它一不是北京海丰货运代理公司的抬头纸，二没有该公司的盖章，三不知刘先生写欠条时即 2008 年 12 月 29 日是否仍任职于该公司的经理或职员。

（三）诉求的法律关系与起诉的法院选择

1. 以货代合同起诉，时效可能已过

如果你方以货代合同为主要理由与证据在天津海事法院起诉，要求北京海丰货运代理公司承担责任，其理由似乎比较充分，但会存在诉讼时效可能已过的问题，而且如对方对货运代理的法律地位与扮演的角色比较熟悉（一般来说海事法院的法官比较熟悉），那么对方就会宣称自己是纯粹的代理，而不是当事人，并以根据所签运输协议及货代合同作为代理在"安排运输"中没有过失，不应承担货物丢失的责任来进行抗辩，同时也会否认刘先生所写欠条对其公司有约束力。

2. 以欠条为由起诉，难度很大

从以上利弊分析的情况来看，本案对于洪先生来讲，最有利的、也是唯一的证据就是刘先生开的那张欠条。起诉如果能胜诉，就在于法官对那张欠条的认定与采信。因此，你方的关键是要将刘先生与北京海丰货运代理公司紧紧地绑在一起，绝不能让他们把自己与刘先生割裂开来。另外，还要考虑到北京海丰货运代理公司对刘先生所开具的那张欠条肯定会不认账，或者由于该公司经营情况不善，即使洪先生胜诉也得不到欠款，通过法院申请强制执行也执行不到。所以打官司之前，你们应要求洪先生调查北京海丰货运代理公司的资信情况，以便让他看清楚起诉可能会带来怎样的结局。

当然，以欠条为主要理由与证据起诉，其诉讼时效是不会存在什么问题的，但要将刘先生与北京海丰货运代理公司捆绑在一起，要求北京海丰货运代理公司承担法律责任，难度就会大得多。

总之，从案件的整体来看，本案事实不清，既无货物丢失的直接证据，也缺乏其他间接证据，无法形成证据链，因此胜诉的可能性不大。不过，也不是一点可能性都没有，只要主办法官能认定那张欠条就能定案，这一点就要看你们与法院沟通交涉的情况了。

本案的确是一个难以抉择和比较棘手的案子，我的意见还是以那张最有利的证据即欠条为依据起诉，也就是说以委托合同打官司较好，这样就能适用《民法通则》两年的时效。另外，本案可以考虑在北京法院打官司。

当然，根据本案的实际情况，究竟是以货代合同还是以委托合同起诉，其诉讼时效是否存在问题，是在天津海事法院还是在北京法院起诉？这些均请你们仔细研究斟酌作出最后的决定，我的意见仅供参考。

最后，建议你们先实事求是地向洪先生分析本案的利弊，并告知案件的难度与败诉的可能性。如果洪先生执意要打官司，请你们替他争取要回欠款，那么你们也不妨努力试一下。

关于案子的进展情况请随时告我。如不打官司，请告知你们的决定和理由；如打官司，也请告知起诉的最后结果。

答复尚公律师事务所于律师咨询，2010. 10. 18

注：本案向天津海事法院起诉时，天津海事法院认为：该案不属于货代业务范围不予受理。后经与洪先生讲明情况，考虑到时效问题和胜诉的可能性很小，洪先生决定放弃追偿。

353. 货代能否使用和签发 FIATA 多式联运提单

问：我国货运代理协会经常收到会员的询问：他们能否签发 FIATA 的单据？如能，应联系谁？怎样才能获得 FIATA 提单？自 1985 年以来，您参加过 FIATA 总部许多活动，请您告诉我们，应办理何种手续，才能使我国货运代理协会的成员使用 FIATA 的有关单据？

答：关于 FIATA 对普通会员使用其多式联运提单有如下规定，现提供给你们参考。

以下 FIATA 多式联运提单使用规定将取代以前的 FIATA 联运提单使用规定，并作为国际货运代理协会联合会（以下简称"FIATA"）与各国货运代理协会（以下简称"普通会员"）之间签署的许可协议的不可或缺的重要组成部分：

1. 由 FIATA 联运提单转为 FIATA 多式联运提单

现有的 FIATA 联运提单可以继续使用，直到现有存货被全部用完为止。之后该联运提单将不再被使用。

然而，某个成员的货代公司在使用 FIATA 多式联运提单后，不得再使用 FIATA 联运提单。

任何情况下，FIATA 联运提单的使用期的截止日期为 1993 年 2 月 28 日。

2. FIATA 多式联运提单的印制

FIATA 成员在印制 FIATA 多式联运提单前，应当向 FIATA 提供印版并得到 FIATA 同意。只有在 FIATA 正式同意后，FIATA 成员才能开始使用 FIATA 多式联运提单。

3. FIATA 多式联运提单的文字

FIATA 多式联运提单印刷的文字为英文。如根据某国内法要求，该提单可以被印刷成英文之外的该国家的文字。普通会员应自行对文字翻译的准确性负责并承担翻译费用。

如其他文字版本的 FIATA 多式联运提单与英文版本出现歧义，英文版本被视为具有最终法律效力。

4. 谁可以签发 FIATA 多式联运提单

只有成为 FIATA 普通会员的成员并在得到普通会员的同意后，方能签发 FIATA 多式联运提单。

FIATA 普通会员负责确定，被授权签发 FIATA 多式联运提单的成员应当在业界具有良好声誉并须完全符合以下条件：

——有多年的货运代理从业经验；

——在最低限度内已缴纳会费；

——有富有经验的专业从业人员（至少有一位具有多年丰富货运代理从业经验的高级经理）。

5. FIATA 多式联运提单的编号

每份正本 FIATA 多式联运提单上均有编号。

FIATA 普通会员应确保将注册编号已分发给每位成员，并作好记录。

6. FIATA 多式联运提单的使用不当或滥用

FIATA 普通会员应当对被授权签发 FIATA 多式联运提单的成员严格管理，避免提单被滥用或使用不当，以维护提单的良好声誉。

FIATA 普通会员即使已采取合理预防措施，但一旦 FIATA 多式联运提单因使用不当或被滥用，仍应当立即跟进关注并将违规事件通知 FIATA。

7. FIATA 普通会员的标识

FIATA 普通会员应当在 FIATA 多式联运提单前端上注明自己的标识（或标志）。

8. 国家代码

FIATA 普通会员应当在 FIATA 多式联运提单上标明办公地所在国家的代码（按照所提供的清单）。

9. 有权使用 FIATA 多式联运提单的成员名称和营业地

有权使用 FIATA 多式联运提单的成员应当在提单的右上端印上自己的名称

和详细地址，并标明营业地址，内容应当包括电话、传真和电传（如有）。

10. 责任保险

根据 FIATA 多式联运提单特点，签发提单的成员应当购买责任保险。FIATA 普通会员对此予以监督和管理。

FIATA 普通会员应当要求成员提供购买责任保险的保单复印件并予以存档。

此外，FIATA 普通会员被授权可以为它的全部成员统一购买责任保险。

11. 国际商会（ICC）批准 FIATA 多式联运提单的责任

FIATA 多式联运提单已得到 ICC 的批准并按 ICC 要求可以在提单上使用 ICC 的标识。FIATA 普通会员保证，在提单上使用 ICC 标识不导致 FIATA 权利的丧失。

11.1 FIATA 多式联运提单不再作新的修订。

11.2 除非实际掌控货物或作为实际承运人，成员不得在 FIATA 提单上手写、打印或修改任何与提单条款相抵触的条款。

答复中国货代协会综合部咨询，2005.8.2

354. FIATA 提单可否当空运单使用

问：现有一事向您咨询。经我国货运代理协会申请、FIATA 总部同意，并经商务部批准，我国的国际货运代理企业可以向货运代理协会申请采购使用 FIATA 制定并在世界各国推荐的提单等四种单据。至今为止已有一家企业采购使用。现在在京从事空运货运代理的企业很多，他们提出拟采用此份 FIATA 多式联运提单作为空运单使用，不知可否？

答：FIATA 多式联运提单的确一方面可以作为多式联运提单使用，另一方面，当只有一种海运的运输方式时，也可以作为海运提单使用，一般来说银行也是接受的。但是，只有一种空运的运输方式时，能否作为空运单使用，照我看，恐怕不行。因为关于运单，已有另外的海运单、空运单、公路运单和铁路运单。为了慎重起见，也为了真正弄清此问题，建议你向 FIATA 总部制定与批准各国使用该提单的有关部门咨询，然后再答复空运货运代理企业。

答复中国货代协会综合部咨询，2007.11.6

注：经向 FIATA 有关部门咨询，FIATA 多式联运提单不可作为空运单使用。

355. 货代报关后单据应交谁

问： 华源公司、华东某公司、首实公司之间存在长期的业务合作关系。其中华源公司作为外贸代理人为首实公司代理进口货物；华源公司、首实公司均与华东某公司签订了长期货运代理合同。在从事涉案业务的时候，首实公司电话委托华东某公司为其进行货物进口报关。同时华源公司根据首实公司的要求把全套报关报检、提货单证均寄交给华东某公司。华东某公司收取该全套单证后签收了单据清单并传回给华源公司。华东某公司完成报关后把货物单据退给了首实公司。首实公司提货后未向华源公司支付货款，华源公司随即在法院起诉华东某公司，索赔金额为 1 440 万元人民币。

该案争议的焦点在于：华东某公司究竟是接受谁的委托从事报关行为的？根据前面的介绍，华东某公司与华源公司、首实公司均签有长期的框架性货运代理合同，但是并没有就单票业务再签订具体的合同。因此各方都无法提供涉案业务的书面合同。华东某公司主张其是根据首实公司的委托进行报关的，并非根据华源公司的委托，因此报关行为完成后把单证交给首实公司完全正确，理由在于：1. 首实公司就涉案业务进行过电话委托，有首实公司的证人佐证；2. 首实公司支付了涉案业务的代理费用；3. 首实公司承担了涉案货物全部的关税和增值税税款；4. 首实公司提货之事华源公司知情，提货后，华源公司在此后半年时间内，一直在向首实公司主张债权，并已实现部分债权，直至其起诉，但是从未向华东某公司主张过权利。华源公司则认为是其委托华东某公司进行报关的，理由是：1. 全套报关单证是华源公司提供给华东某公司的，且有华东某公司的签收回执为证，因此华东某公司与华源公司之间通过单证的交付行为确立了委托关系；2. 在提交给海关的《报关委托书》中的委托人显示为华源公司。

法院认为，虽然在本案中华东某公司与华源公司、首实公司之间均没有签订涉案货物具体的委托协议，但是在没有相反证据证明的情况下，华源公司与华东某公司单证的交接，应当认定为是事实委托。华东某公司收到的报关单证显示华源公司是货物的所有人，而华东某公司将清关后的货权凭证（其中包括属于华源公司的涉案正本提单）在未取得华源公司同意的情况下，擅自交付给首实公司，侵犯了华源公司的物权，应当对华源公司的损失承担责任。并且根据最高人民法院的司法解释，虽然华源公司一直在向首实公司主张涉案的债权，但除非经法院生效判决确立，类似华源公司与首实公司之间的这种债权的设立不能消灭华源公司与华东某公司之间在先的物权托付的合同责任。

请问，对该案争议，从法律的角度，您有何看法？

答： 该案十分典型也很有研究价值，作为货运代理的公司在代理报关过程中，一定要谨慎处理报关后的单据应交给谁的问题，稍不留心，就有可能承担本不该承担的责任及巨额的经济损失，大家必须从该案中吸取经验教训。根据上述案情，提出法律分析意见如下，供参考：

1. 口头委托的证据效力

《最高人民法院关于民事诉讼证据的若干规定》第 76 条规定："当事人对自己的主张，只有本人陈述而不能提出其他相关证据的，其主张不予支持。但对方当事人认可的除外。"本案中，华东某公司表示首实公司曾经电话委托过其办理报关手续，但不能提供相应的书面证据材料印证这一点。虽然找到了首实公司当时的具体业务人员出庭作证，但依然不能说服法院接受首实公司曾与华东某公司建立了报关委托关系，因为单个证人事后证言的效力远低于原始书证的证明力。

2. 海关格式《报关委托书》的证据效力

根据我国法院已有的判例来看，法院其实并不仅仅依据海关格式《报关委托书》列明的委托人来认定实际委托人身份，因为进口商必须列为《报关委托书》上的委托人主要是基于国家对进出口许可资格进行监管的需要，只有获得进出口许可资格的企业才可以获得海关十位数报关编码，任何没有报关编码的企业，不能进入报关程序，当然也就无法从事外贸业务。

由于我国的这种进出口货物经营人和所有人人为分离的外贸代理体制，直接导致了国内的货主单位和外贸经营单位在进口贸易过程中货物的物权转移的不确定性。本案中，既可以由外贸进出口公司以外贸经营人身份委托华东某公司报关，也可以由事实上已经取得物权的没有进出口经营权的收货人委托华东某公司报关，或者由上述两种当事人的代理人以代理名义或者以自己的名义委托华东某公司报关。但是国家出于监管的需要，要求每一次报关，除了常规应当提交的报关文件外，还必须提交一份证明该项外贸交易的国内当事人具备进出口经营权的格式《报关委托书》。

可见，这一《报关委托书》事实上仅仅是一份报关程序性文件，不能证明报关所涉货物的物权归属，更不能证明事实上的报关委托关系。在同一批进口货物可以有多个不确定委托人的情况下，事实上报关代理人没有资格，没有理由，也没有义务要求委托人必须提供并审查报关货物合法取得的证明，也即委托人必须是货物的所有人。因此，本案中，法院认为如果仅仅凭海关格式《报关委托书》上列明的委托人，不能当然证明从事涉案货物报关的就是华源公司委托的华东某公司，但是华源公司向华东某公司提交全套报关单据，华东某公司出具书面回执的行为则从另一侧面可以印证华源公司与华东某公司委托报关关系的成立。而华东某公司虽然通过证人主张其与首实公司的委托关系，但却不能提供相应书证，这也是最终法院不能支持华东某公司主张的症结所在。

3. 华源公司提交全套报关单证行为的效力

本案中，华源公司将全套报关单证（其中包括正本涉案提单）提供给华东某公司负责处理并要求回执，由此可以初步进行推断，货物当时的所有权仍然为华源公司所有。从谨慎的角度分析，华东某公司完成报关工作后，将包括有物权凭证的全套报关单证交付第三人之前，应当得到华源公司的书面认可，否则就很可能会侵犯华源公司的货物所有权。

4. 原告提交的证据效力

在合同证据和举证责任的法律规定上，《最高人民法院关于民事诉讼证据的若干规定》第 5 条明确规定："在合同纠纷案件中，主张合同关系成立并生效的一方当事人对合同订立和生效的事实承担举证责任；主张合同关系变更、解除、终止、撤销的一方当事人对引起合同关系变动的事实承担举证责任；对合同是否履行发生争议的，由负有履行义务的当事人承担举证责任；对代理权发生争议的，由主张有代理权一方当事人承担举证责任。"因此，原告应对主张的诉讼请求提供证据。在审判实践活动中，考虑到原告举证困难的实际情况，在被告不能提出相反证据的情况下，法院会倾向于相信原告提出的证据。所谓相反证据，一般认为是书面证据（如原被告之间的书面约定等），而被告的口头否认、逻辑推断都不能作为相反证据。在本案中，原告华源公司提供了与被告华东某公司之间的长期代理合同、涉案货物报关单证的交付证据、海关报关委托书。这一系列证据形成了一个完整的证据链，以证明华源公司与华东某公司之间委托关系的成立。对于华东某公司提出的首实公司曾电话委托的抗辩，法院认为在没有其他书面证据印证的情况下，不足以对抗华源公司的证据链，而华东某公司提出的是首实公司支付了关税及代理费，也不能证明华东某公司与首实公司委托关系的存在。

综上，本案法律关系较为复杂，其中经验教训亦有不少：

1. 在进口代理业务中，对于每票货物都要有书面的委托协议

本案的教训在于，就这票货物，华东某公司在没有书面委托的情况下，也没有去核实首实公司当时是否有权提货，就轻易把清关后的提货单证交付给了首实

公司，结果导致了实际货物所有人的损失。为了杜绝这种情况的再度发生，凡进口报关代理人除了与客户签订长期合同外，还应就每票货物与客户签订具体的委托合同。在合同中应当明确各方的权利和义务关系，特别是要约定委托人提供单证的义务。这样，即使对于本案中华源公司提出其寄交单证的行为构成实际委托的理由，也可以认为是华源公司代首实公司提交了单证，那么进口报关代理人的抗辩理由也就会更加充分。

2. 在报关结束后，对单据的处理要谨慎小心，谨防侵犯物权所有人的权利

在进口货物的收货人和外贸代理人不是同一主体的时候，为了防止出现侵犯物权所有人权利的情况，在报关结束交付货物提货凭证等单证时，进口报关代理人应当询问外贸代理人和收货人的意见，在他们的意见一致后，并且得到书面确认，再进行单据的移交，以避免再出现类似本案的纠纷。

3. 健全单证管理制度，严格放货审批权限

对于可用于提货的单证（包括但不限于报关单、舱单、提货单等）要加强管理，建立必要的管理制度和业务流程，特别是要严格放货审批手续和权限。只有通过不断完善并严格执行管理制度和业务流程，才能最大限度地降低经营风险。

答复华东某公司咨询，2006.7.31

356. 货物申报有误谁担责任

问：由于货物申报不对，造成俄罗斯海关没收货物，其责任应由谁负？是发货人自负，还是由货运代理负责？应负多大责任？其赔偿应按什么计算，保险公司是否赔偿？

答：因为你们在问题中未交代货物申报不对的原因是什么？又未讲清楚是由谁进行填写申报的，但根据货物申报的有关规定与实践情况，可分几种情况回答你的问题。

1. 凡属货主自填、不实、有误、虚报的，由货主自负其责。

2. 虽由货代即你方负责填写，但其内容是按货主要求填写的且无误，则也应由货主负责。

3. 你方作为称职的货运代理，应事先了解海关的有关规定并书面告知货主，这样你方就一点责任没有。

4. 因你方货物申报不对造成损失时，如无故意行为，你方应争取享受赔偿

责任限额，即按提单条款赔付。

5. 此案除非你方另投保了"收不到货"的保险附加条款，否则保险公司不予赔偿。

答复中外运集团总公司陆运部咨询，1994.9.14

357. 货代牌子借与他人，谁为诉讼"买单"

问：我们现在碰到一个难题，请您相助，看如何处理比较好。

事情是这样的，我公司上海分公司与杜、周私人挂靠，即杜、周挂靠我上海分公司，以上海分公司的名义对外开展业务，每年交给上海分公司一些管理费。

随后他们与六家车队签了货物运输协议，六家车队接受货物并负责承运后，未收到杜、周支付的运费，但又找不到杜、周两人，故六家车队起诉我方，要求我方承担责任，赔付 70 万 ~80 万元人民币的运费。

答：1. 不能再将货运代理的牌子给别人（单位或个人）使用，否则无法逃脱借用者所产生的法律责任与后果。

2. 本案中，你公司已将牌子借给杜、周个人，杜、周个人以你公司名义与六家汽车公司订立运输服务合同，现杜、周将所委托的货物交给汽车公司运输，未给汽车公司任何运费（杜、周二人携货主支付的运费潜逃，不知去向），故汽车公司向你公司追讨 70 万 ~80 万元人民币的运费。看了整个案卷的资料，你公司很难以杜、周是个人行为而免除你方的责任。

3. 现在唯一可以进行抗辩的是，你公司仅授权杜、周从事海运业务，而从未授权其从事陆运业务，现杜、周委托汽车公司所做的陆运生意，所以应是杜、周个人的事情，与你公司无关。再者杜、周两人自与汽车公司签订协议后，你公司并未委托该汽车公司做过一票陆运业务，所以无义务承担陆运运费。

4. 鉴于此案的真实情况与法律责任，我认为你公司处于劣势，官司打到一定程度，如对方有和解之意，则争取和解，这样会减少一些损失。

答复中兴公司咨询，2003.6.13

法律参考：

《中华人民共和国国际货运代理业管理规定》（1995 年第 5 号文发布）

第 22 条

国际货物运输代理企业不得有下列行为：

（一）以不正当竞争手段从事经营活动；

（二）出借、出租或者转让批准证书和有关国际货物运输代理业务单证。

《中华人民共和国国际货运代理业管理规定实施细则》（1998 年外经贸运发第 20 号）

第 42 条

国际货运代理企业作为代理人，可向货主收取代理费，并可从承运人处取得佣金。国际货运代理企业不得以任何形式以货主分享佣金。

国际货运代理企业作为独立经营人，从事本细则第 32 条中有关业务，应当依照有关运价本向货主收取费用。此种情况下，不得从实际承运人处接受佣金。

358. 关于制定我国货代标准交易条件的咨询

问： 我国货代协会准备起草一份《标准交易条件》，故想听听您的意见，在制定我国货代标准交易条件时需要考虑哪些问题？

答： 希望你们能尽早拟定出一份好的《标准交易条件》草稿。我经考虑，现提出两点意见，供你们参考。

（一）制定的原则

1. 以菲亚塔的"示范法"为基础，主要参考英国、德国和新加坡的货代标准交易条件。建议主要参考新加坡的货代标准交易条件，将货运代理作为代理人和当事人明确分开，以便明确其不同身份的法律地位。

2. 注意将我国的具体情况与国际做法结合起来。

3. 将具体条款与实际可操作性结合起来。

4. 尽量不与现行法律有所冲突，使其条款具有合法性、有效性。

5. 该条件的条款不要太简单，但也不能像德国订得那么复杂和过细。要适合我国国情，条款的内容要明确、具体、清楚为好。

6. 尽量设法平衡委托方与货代方的权益。

7. 在制定过程中要虚心听取和充分征求各方面人士的意见，例如国务院法制办官员、法官、院校教授、货代公司专家、律师等有关单位人员的意见，同时也要听取、征求做货代具体业务的有经验人士的意见，如有可能，也可征求菲亚塔法律专家的意见。

（二）条件的主要内容

1. 定义

2. 作为代理人时的权利与义务，作为当事人时的权利与义务

3. 委托人的权利与义务

4. 责任限制

5. 除外责任

6. 责任保险

7. 法律适用

8. 管辖权（法院、仲裁）

9. 其他

答复中外运集团法律部咨询，2000.7

八、国际物流

2010 年 12 月 27 日作者在中储协会于珠海举办的现代仓储物流
企业软实力建设与提升专题讲座上讲授物流法律实务与质押监管

359. 何谓第三方物流

问：我公司是一家传统的运输公司，现拟开展第三方物流业务，但又不是很清楚第三方物流的真正含义，您是这方面的专家，请您给我们指点一下，以便我们考虑如何开展这项业务，谢谢！

答：第三方物流，从语法结构上说，是一个偏正短语，中心词是"物流"，"第三方"是修饰词。物流，根据我国《标准物流术语》的定义，是指"物品从供应地向接收地的实体流动过程。根据实际需要，将运输、储存、装卸、搬运、包装、流通加工、配送、信息处理等基本功能实施有机结合。"物流简而言之就是物的流动，即从供应地向需求地的物理转移。而"第三方"描述的则是做这件事的主体，谁实现这种流动，是被转移标的物的供方与需方之外的第三方。在我国《标准物流术语》中，第三方物流就是由供方与需方以外的物流企业提供物流服务的业务模式。从这个意义上来说，只要是第三方所提供的物流服务，不管是简单还是复杂，都可统称为第三方物流。所以，第三方物流并不是什么新生事物，没有什么可神秘的，它只是由于企业需求的多元化导致所提供的物流服务也多元化罢了。很多情况下，一个物流产品包含了诸多物流功能，并应用了现代信息技术和其他新工具等，使其内涵变得丰富、并具有较高的技术含量，但其本质并没有改变。

无论是物流还是第三方物流，都不是一个法律概念，因为迄今为止，世界上还没有哪一部现行有效的法律对此做出阐释或规定。我国《标准物流术语》也只是业内相关机构在调查研究的基础上对物流业务相关的一些名词所作的解释。从法律分析的角度出发，第三方物流可以理解为合同物流，即供方与需方之外的第三方依据有关合同所进行的物流活动。第三方物流是一种以企业需求为导向的商业活动，由于企业的需求不断丰富、具体、系统化，使得服务的提供方逐步升级，所提供的服务内容不断扩充；而第三方物流企业服务能力的不断提高以及服务意识的逐步成熟，又反过来激发企业的需求，将服务的链条不断向两端延伸。

答复某运输公司咨询，2007.1.5

360. 何谓第三方物流合同

问：我是一位大学教师，并且正在讲授"物流"方面的课程，对于"第三方物流合同"属于什么性质的合同，学术界和社会上有许多说法，所以我很想听听您的见解，以利于我的授课。

答：第三方物流合同就是物流服务的需求方与第三方物流经营人所订立的、规定由后者提供何种物流服务、双方的权利和义务等内容的协议。第三方物流合同同样是一个笼统的概念，它不是我国《合同法》下的一类有名合同，因其可能包含了多个有名合同或无名合同的内容或要素，不能用某一个有名合同去概括它。它是一种混合合同。那么，是否有必要在我国《合同法》下再增加一类有名合同，如第三方物流合同或服务合同（因为第三方物流说到底是物流经营人为客户所提供的一种服务）？其实没有必要。首先，第三方物流合同的说法不是一个严谨周密的法律概念，它可能包含某一个或多个有名合同。如前所述，单纯的一个第三方仓储合同也是一个第三方物流合同，在这种情况下，它应定性为仓储合同还是第三方物流合同呢？再如，包含了仓储、运输、加工承揽等多项功能的合同，若定性为第三方物流合同，那么对其功能下的权利和义务是再行描述，还是作为法条参照适用？若参照适用，则第三方物流合同名下除了定义也就没有实质内容了。归结到底，所谓第三方物流合同只是一个功能性的衍生物，由于它包含了诸多的有名合同或无名合同下的要素，并通过实践将各要素打造成了有机结合的系统，所以，赋予这类合同以新的生命力。但它不能脱离这些要素而存在，同时这些要素又具有不可消除的独立性。比如在我国法律调整下，第三方物流合同中有关仓储的条款就要依照我国《合同法》中仓储合同一节进行权利和义务的判别，即使仓储只是整个第三方物流合同中的一个部分或一个要素。而 WTO 协议中规定的服务合同，用在这里也是不合适的。因为在 WTO 协议下，服务协议包含范围极广，它与贸易协议、知识产权协议处于并列地位。物流服务仅仅是 GATS 下的一个分支，在我国《合同法》下引用服务合同来定义第三方物流合同，显然在范围上是不匹配的。所以，完全可以将第三方物流合同作为一种综合性的无名合同来处理，无须单独创立一个新的有名合同。

答复某大学法学院李教授咨询，2007.5.3

361. 何谓第三方物流经营人

问：现有一问题想向您请教，即什么是第三方物流经营人？我司正遇到一个纠纷：在与一家托运人签订的一份"货运代理运输合同"的条款中订有"我司签发联运提单"和"我司保证将货物安全、准时运到目的地"等字样，并且实际签发了多式联运提单。后来在铁路和公路运输中发生了货损，现在托运人认为我司是多式联运经营人，即第三方物流经营人，应承担对货物损失的全部责任。而我司实际上仅是一家货运物流企业，目前以自己在本案中为纯粹代理人的身份行事，不应承担任何责任进行抗辩。面对这样的一个身份问题，特请您跟我们讲讲什么是第三方物流经营人。

答：我从两个方面简单介绍一下吧：

1. 第三方物流经营人的定义

第三方物流经营人，是指与产品的供给方或需求方签订合同，按照合同的规定提供物流服务，并独立承担责任的经营主体。第三方物流经营人是一个笼统的称谓，他可以表现为多种形式，如货运代理人、仓储经营人、海上运输承运人、陆上运输承运人、加工承揽人等等，而且他既可扮演上述中的某一种角色，也可集合多种身份为一体，这取决于其自身的实力与合同签订的情况。"自身实力"是指第三方物流经营人是否有能力去提供多项服务并实现多个物流功能的有机结合。此"能力"并不局限于自身，也包括其雇佣的其他主体和采购的其他资源，因为选择合适的分包商，协调各分包商的业务，对分包合同及其执行进行管理，也是第三方物流经营人的一种能力，而且是考核第三方物流经营人的一项十分重要的能力。第三方物流经营人能否在竞争激烈的物流服务市场上生存下来并做强做大，这一能力的具备及运用起着举足轻重的作用。而第三方物流经营人与有关方订立的合同是对其提供服务的一种具体规定，合同体现的是客户选择第三方物流经营人所欲实现的目标，是对客户需求的一种固化，所以说第三方物流是以合同为导向的系列的、个性化的物流服务，它在实践中引导着第三方物流经营人的行为。

2. 第三方物流经营人的法律身份——代理人与当事人

如今，货运代理行业已发生深刻的变化，历经了一个从代理人向当事人转变的过程。作为纯粹的货主代理人，货运代理只需依照货主的委托，以货主的名义进行报关、报检、订舱等国际海上运输的相关事宜，收取佣金；而作为独立的运输经营人，即当事人，或者是混合了代理人与当事人双重身份的混合经营人，货运代理可以承运人的身份签订合同，签发自己的提单，收取运费，收入的来源为运费差价，这就是所谓的无船承运人；同时他还可以兼具短驳承运人、仓储保管人、装/拆箱人、托盘/标签加工人等多个身份，履行多种合同下的义务。不难看出，实际上就是我们当下讲的第三方物流经营人所从事的业务。所以，第三方物流经营人中有一部分就来自于传统的货运代理，货运代理从代理人到无船承运人/多式联运经营人，再到第三方物流经营人，历经的是一种业务上的不断升级和身份上的逐步转变。

因此，我们不能笼统地下结论说第三方物流经营人就是代理人或者当事人。所谓"经营人"本身就是一个包含范围极广的说法，在法律上被称为经营人的有"多式联运经营人"、"港站经营人"等。按照《1980年联合国国际货物多式联运公约》的规定，"多式联运经营人"是指其本人或通过其代表订立多式联运合同的任何人，他是事主，而不是发货人的代理人或代表，或多式联运承运人的代理人或代表，并且负有履行合同的责任。而按照《联合国国际贸易运输港站经营人赔偿责任公约》的规定，"运输港站经营人"是指在其业务过程中，在其控制下的某一区域内或在其有权出入或使用的某一区域内，负责接管国际运输的货物，以便对这些货物从事或安排从事与运输有关的服务的人。但是，凡属根据适用于货运的法律规则身为承运人的人，不视为经营人。上述关于"经营人"的概念都强调了其不是作为任何一方的代理，而是作为独立的当事人行事的。对于第三方物流经营人而言，他也有可能在某些业务下扮演代理人的角色，比如代理客户报关、报检、代收各种费用等，或者依照双方签订的合同在某些事项中充当委托方的代理人。

归根到底，第三方物流经营人的法律身份的确定，要看他与有关委托人所签订的第三方物流合同的规定，以及在业务中实际承担的是什么项目，操作的是什么业务，扮演的是什么角色。在某一阶段，他扮演的是代理人，如报关代理；在另一阶段，他扮演的是当事人，如海上运输承运人。他的身份可能是复杂的，身兼数职；也可能是简单的、单一的，例如一个合同下只约定第三方物流经营人提供仓储服务，那么他就是简单的仓储保管人的身份。

答复某货代物流公司咨询，2007.5.7

362. 第三方物流企业需具备哪些条件

问：我们是一家货代公司，已经开展一些增值服务项目，下一步拟转型提升为货代物流企业，从事第三方物流业务，我们分析从事第三方物流业务要比货代业务复杂得多，门槛也高，今特向您请教从事第三方物流的企业应具备哪些条件，以便今后的路子走得稳一些。

答：在我国要想成功地开展第三方物流业务，涉及的因素与条件诸多，但分析归纳起来，无非是客观条件与主观条件。你们在开展此项新的业务中，首先要做的工作就是必须分析自身的客观条件与主观条件是否具备，从中找到一个最佳平衡点，并处理好两者的关系。

（一）第三方物流企业应具备的客观条件

1. 基本的运输能力与仓储能力

要做好第三方物流，则第三方物流企业必须具备很强的组织能力，相当规模的运输能力以及实际的物流资产，如仓库、车辆及其配套设施，并能组织社会物流设施作为自己的分供方。在提供第三方物流服务的过程中，能关注和了解客户的物流需求，为客户提供节省成本的物流方案或途径，与客户结成长期服务的伙伴关系，更多更深地介入客户供应链的全过程。

2. 完备的信息系统与健全的网点

第三方物流企业必须不断地进行信息化改造，拥有以先进技术支持为基础的信息系统，能及时接受和准确反馈各方面的物流信息。此外，它还必须拥有科技含量高的网络，即在全国甚至全球具有自己的网点，对这些网点不但能指挥得动，而且能指挥得灵。利用这一平台，能控制和知道自己的货物在何处，目前处于何种状况，何时能到达目的地，真正做到 just in time 与零库存，实现各方高效率与高效益的最终目的。

3. 能提供整合运送服务

要开展第三方物流业务，第三方物流企业必须能够提供整合运输、仓储及配送服务，包括多式联运、买家指定集运、门到门送递、户到户送货、运输中途整合、交接运输、卖家物流中心、配送中心及地区配送中心、逆向物流及退货处理等。

4. 能提供各种增值服务

开展第三方物流服务的同时，第三方物流企业尚需提供各式各样的增值服务，包括报关清关、报检报验、质量管控、简单组装、保险服务、特殊组合包装、再包装、再循环服务等。

5. 具有物流方案设计能力

第三方物流企业必须具有分析客户需求的能力，进行业务调查的能力，收集行业信息的能力，评估市场走向的能力，并最终提供全面解决问题设计方案的能力。

6. 满足需求收费合理

既要产品收费合理，又要产品质量能够真正做到符合客户的要求，已成为当今第三方物流企业必备的条件之一。21 世纪的客户着眼点是价格、品质、效率及速度四方面的结合。由于选择增加，客户对价格的要求自然是越低越好，还需附加种种额外优惠，除了要物有所值之外，还需提供量体裁衣及不断创新的产品。因此，生产批量愈来愈少，而货品的寿命周期却愈来愈长。而且，在用户选购过程中，须尽量减少不必要的环节，做到全盘电子化、无纸化及送货到户，甚至提供安装服务及回收服务等。另外，对物流服务的要求也已由"及时"发展到"准时"，即 just in time，因为市场变化转瞬即逝，因此希望缺货的遗憾从此消除。

（二）第三方物流企业应具备的主观条件

1. 选好合作伙伴

选择一个好的合作伙伴，即与一个讲诚信原则的大客户进行合作，对第三方物流企业来说是最基本的要求，也是最关键的问题。合作伙伴选好了，再难的问题也能摆平，反之再容易的事情也不能解决。好的合作伙伴是诚信履约、减少风险的前提，没有好的合作伙伴，即便万事俱备也是徒劳。好的合作伙伴，无论是在业务开展顺利的时候，还是在业务开展困难的时候，都能采用一种积极的合作态度，而这种态度只靠合同约束是无法得到的。在现代企业交往中，不守信用、违规违约的情况时有发生。所以，选择一个好的合作伙伴，愿意与自己风雨同舟、共谋事业，是业务顺利开展的重要条件之一。

2. 签好物流合同

签署一个好的合同，即制定一些既符合客户要求、第三方物流企业自己又能接受的条款，使双方责任明确，费用合理，使各自行为都有依据，受到制约，使业务操作有其标准，风险控制受到保障。

3. 加强团队建设

做任何事情，从事任何行业，规划制定再好，方案制定再细，最终还要靠人去落实。搞物流也是如此，必须要有一批既有理论知识，又懂具体业务，还有丰富经验，并具管控能力的人才。没有这方面的人才，没有这样的团队，要想搞好物流只是一句空话。市场竞争归根结底还是人才的竞争，团队的竞争。管理团队是开展业务的根本，项目运作的关键。它决定企业的发展方向，对企业的战略决策起着决定性的作用。因此，第三方物流企业应有一个权威性的领导机构或指挥体系，亦即管理团队，能使企业上下统一思想、统一步伐、统一行动，指挥"全军"共同作战，做到"全军"资源共享，信息共享。只有好的管理团队，才能经营管理好整个业务产品服务体系，才能最大化地创造企业价值。

4. 具有拳头产品

产品是客户关注的焦点，没有好的产品一切都是空的。核心竞争力是吸引客户的亮点，没有一个核心竞争力的好产品，客户将不会也不敢采购你的服务。有了具备核心竞争力的好产品，才能建立自己的优势，才能在与众多对手的差异化竞争中形成制胜的法宝。拥有核心竞争力的好产品是企业发展的关键，由此可以带动相关业务的发展壮大，提高市场占有份额。所以，第三方物流企业应按照客户的需求，根据市场的变化，不断开发新产品，最后形成具有核心竞争力的好产品，即自己的特色产品，拳头产品。同时产品价格要合理，也要具有竞争力。

5. 健全管理机制

第三方物流企业应有一套好的管理机制，即要有一个业务操作程序，一个正确而完善的业务操作模式。让每个员工都严格按程序办事，一丝不苟。办事的程序一个不能少，一个不能马虎，一个不能不达标，一个不能不到位。只有做全了，到位了，才能使业务走向规范化、标准化、科学化，才能使管理不靠人治，而是依靠制度起保障作用，今天是这样，明天仍旧是这样。一个企业如果没有一套好的管理制度，就会业务混乱，客户也就不可能将项目交给这样的合作伙伴。不以规矩，难成方圆。一个好的企业一定有一套好的管理体制，优秀的团队＋好的产品＋完善的管理制度＝成功的未来！管理出效益，业务的发展离不开现代化的管理制度，有章可循可使企业走向正规化、专业化；绩效管理可使员工增强责任心、归属感；业务流程可使产品提升知名度，扩大市场份额。

6. 持续改进业务

第三方物流企业应有一个有效的、能持续改进的业务系统，它是核心竞争力的一个重要组成部分，也是谋取优势的一个重要手段。好的业务系统可以规范业务操作，防控风险，从而吸引更多客户。业务系统只有不断改进创新，才能满足客户的持续需求。企业自身拥有一个有效的、能持续改进的业务系统，就能加快业务的发展，提高企业的业绩，增强企业的实力。

7. 达成坚实共识

与客户有一个共同的认识是建立友好合作的第一步，拥有共同的认识和目标是业务顺利开展的基础。所以，第三方物流企业应与客户有共同语言，对物流有一个统一的认识，各方明白所做的物流是怎么一回事，各方要做好哪些工作，各方需衔接好哪些事项，以及各方应解决好哪些问题。

8. 完善沟通机制

沟通很重要，缺乏沟通，双方就无法达成共识，无法合作工作，无法扩大业务。因此，第三方物流企业应建立一个良好的沟通机制，并使之不断完善。让合作双方能在一种制度化而又比较轻松的环境下坦诚交流，及时发现并有效解决合作中出现的问题；让自己能不断了解客户的想法，满足客户的需要，从而留住老客户，发展新客户，尤其是那些能带来利润的大客户；同时，让客户也能给予合理的费用，善意的理解和积极的配合。

9. 创造合作环境

再好的业务项目也需要好的运作环境，良好的合作环境是长期合作的基础。故第三方物流企业应创造一个良性的合作环境，使自己与客户都能积极主动、认真履行合同的权利与义务，遇到问题或困难时，双方能共同设法马上解决。

10. 制定整套培训

第三方物流企业应有一整套培训的方法，即对全体员工能根据具体的业务，不同的阶段，对不同层次的人员进行培训，并且是轮番培训。培训的老师应是既有理论知识又有实践经验的老师，培训的教材应是来自实践、贴近实践又高于实践（即有前瞻性）的教材，培训的知识应不是玄学，而是大家看得懂、记得住、摸得着并具可操作性的知识。

11. 创建企业文化

创建企业文化，即在企业内部营造一个好的工作环境，不仅各项硬件设施要齐，尤其是软件环境要好。第三方物流企业要有一个好的企业文化的氛围，使大家相互尊重，相互学习，使人人心情舒畅，积极向上。只有这样，企业才有凝聚力，员工才有干劲，工作才能做好。

综上，要打造一个真正意义上的"综合物流"企业，就要能对自己的服务体系进行全面升级，以更高的标准向客户提供服务，根据客户的需求，能提供统一的、覆盖国内外的操作方案和流程，并在执行时能很好地协调和衔接。鉴于此，第三方物流企业必要时可设立一个专门的机构，一个独立于货运、快递、合同物流之外的"横向"组织。它的主要任务是提供单一渠道，专门解决国内外大客户的特殊要求，包括从制单、报关到多种运输的衔接，甚至到终端配送的多种物流服务。这样，客户在使用自己的物流服务时，就无须联系许多不同环节的人，因为他们非常不喜欢跟很多不同的部门或单位打交道，他们只喜欢与一家真正意义上的综合物流企业，即能提供整体服务的第三方物流企业打交道。

答复广东某货代公司咨询，2009. 8. 10

363. 如何防范物流业务的风险

问：请您根据您几十年的经验与我公司的具体情况，谈谈我公司在物流业务中的主要风险及其防范措施，以利我公司加强物流风险管理工作，谢谢！

答：你公司的业务风险主要存在于以下几个方面：

1. 大的投资项目（一定要看准，防止突发事件）；

2. 垫付或已付运费及其他费用（货代、船代、租船等各项业务中）；

3. 出具担保、代开信用证；

4. 运输及仓储的安全。

建议采取下列措施：

1. 进行科学严格的论证，分析利弊，关键是对弊如何克服要有有效措施，在开董事会前，应有法律人员参与提出意见。

2. 对被垫付的客户要有了解与分类，根据信用、资信情况分成几类，给予不同金额的垫付，不同时间长短的垫付，垫付后要有专人负责催要，直到落实，对如期不还者应有对应措施。

3. 经常重申公司的规定，不能盲目出担保，超过一定金额要经总公司批准，不能盲目代开信用证，必须对客户有了解，同时要有保障措施：（1）出第三者担保；（2）远期信用证；（3）资产抵押与你方。

4. 经常督促检查，表扬优者，批评、处罚差者。

答复北京某物流公司咨询，2004.6.29

364. 如何防范供应链的风险

问：目前，在各种报刊杂志的文章中，特别是在论述有关物流方面的问题时，经常会提到"供应链"这个概念。现请您结合相关案例，跟我们简单讲讲什么是"供应链"？"供应链"中潜在的风险有哪些？应怎样进行防范？

答：供应链是工作流程、实物流程、资金流程和信息流程的结合体。因此，必须将这四个方面连在一起，进行整体的优化，设计出配合企业内外部环境和需要的流程。供应链需要各企业之间的紧密合作，强调供应的全部过程和所有环节。现阶段经济发展的趋势十分明显，市场竞争已从产品和企业层面转为供应链与供应链之间的竞争。未来的全球竞争，不仅是国家与国家之间的竞争，而且也是供应链与供应链之间的竞争。传统意义上，供销之间互不相干，是一种敌对与争利的关系。而在供应链管理的模式下，所有环节都应看作是一个整体，链上的企业除了自身的利益以外，还应共同去追求整体的竞争能力和盈利能力。因为，客户选择一件产品，即生产这个产品的整条供应链上的所有成员都会受益，但如果客户最终不要这件产品，则整个供应链上的所有成员都将面临亏损甚至被淘汰的危险。遗憾的是，我们的企业高管人员往往没看到这一点，他们只重视企业利润的创造，而常常忽视了供应链中的风险，对于事先有意识进行风险控制就做得更少了。

（一）供应链中潜在的风险

1. 天灾带来的风险

台风、地震、洪水、火灾、雪灾等来自大自然的破坏，时刻威胁着供应链的安全。例如，飞利浦公司的大火就是因为大自然的破坏而引起的：暴风雨中的雷电引起电压增高，陡然升高的电压产生电火花点燃了车间的大火。又如，台湾

"9.21"地震就曾引起全球 IT 行业的震动。再如，货轮常常遇到台风不能进港，货物无法上岸，结果导致厂家无法进行装配、生产等等。

人类目前普遍面临着环境恶化的问题，天灾爆发的频率也越来越高，作为一种不可抗力，它将成为供应链的致命杀手。

2. 人祸导致的风险

相对于天灾而言，人为的因素更加复杂多变。比如，独家供应商的问题。供应链上出现独家供应商，是各种利益冲突比拼形成的结果。厂家从降低建设成本的短期利益而不是规避风险的长期利益考虑，会觉得独家供应商制度利好，其供货较稳定，且建设成本低、管理费用低、维护成本低；而供应商从保护己方利益与打击竞争对手的立场出发，也会使用各种威逼利诱手段，要求厂家建立独家供应商制度。但从以下"爱立信案例的教训"中可以看出，采取独家供应商政策实际上存在着巨大的风险：即一旦供应链中某个环节出现问题，整个链条就会崩溃。

3. IT 技术缺陷的风险

IT 技术的缺陷会制约供应链作用的发挥，如网络传输速度、服务器的稳定性和运行速度，软件设计中的缺陷，以及令人防不胜防隐藏于各个角落虎视眈眈的病毒等。国内一家著名通信制造企业曾因内部网络中断，造成近两个小时的瘫痪状态，损失巨大。还有"千年虫"的问题，全球耗资几千亿美元才总算平安渡过这一关。在全球一家的供应链中，倘若哪一家未能及时完成除虫工作，其产生的不符合电脑日期规格的数据都有可能引发重大的连锁反应，造成无法估量的损失。

值得注意的是，在供应链上的企业中 IT 的应用水平往往参差不齐，因此对于那些水平较低、又拿不出足够资金的企业，链上的其他企业应予以重点关注。

4. 信息传递的风险

当供应链规模日益扩大、结构日趋繁杂时，供应链上发生信息错误的机会也随之增多。例如信号膨胀，当企业管理人员依据市场潮流和信号作出预测并调整生产线时，相关命令即会在供应链中互相传递，由于链上的每一个环节都有可能作出同样的预测和调整，这样就会在不知不觉中夸大市场的需求。又如对短缺反应过度，如果用户订单输入不完整，就会造成对用户需求的错误理解，从而导致订单的盲目增加。结果，供应商无法清楚地知道究竟是市场真有需求，还是产生了"幻觉"需求。这样的"短缺"或者说"短缺的感觉"，到最后总会变成供应过剩。再如不平衡订单，企业出于种种原因不能经常下订单，供应商会因得不到可靠信息而无法安排生产，这种对市场的不确定感将会传染给供应链上的所有成员。

5. 企业文化的风险

企业一般都具有自己的企业文化，它表现在企业的经营理念、管理模式和文化制度上，也表现在员工的职业素养、服务态度和敬业精神等方面。不同的企业文化会导致对相同问题的不同看法，从而采取有差异的处理手法，最后得出不同的结果。因此，如何协调供应链成员之间不同的企业文化，往往是一个令人头痛的问题。

6. 经济波动的风险

经济高速的增长容易导致原材料供应出现短缺，而经济萧条则会使产品库存成本上升，这些都会影响企业的正常生产。另外，还有许多其他不可预见的因素，小的如交通事故、停水停电等，大的如政治因素、战争等，也都会影响供应链的正常运作。

（二）供应链风险的防范

针对供应链中的种种风险，企业应该事先采取相应的措施进行防控：

1. 开辟多种供应渠道

为了确保产品供应稳定，企业应该开辟多条供应渠道，不能单单依靠某一个供应商，否则一旦该供应商出现问题，势必影响整个供应链的正常运行。此外，如果企业在对某些供应材料或产品有依赖性时，还应考虑开辟多地域的供应渠道。比如，战争会使某些地区原材料供应中断，此时，如果没有其他地区的供应，势必会给企业造成危机。同时，企业还必须对每一个供应商的情况进行跟踪评估。如果企业想与供应商建立信任、合作、开放性交流的供应链长期伙伴关系，那么，它就必须首先分析市场的竞争环境，知道自己的产品需求是什么，产品的类型和特征是什么，用户的要求是什么，以确定是否有建立供应链合作关系的必要。如果已经建立供应链合作关系，企业则应分析现有供应商的状况，对其业绩、设备管理、人力资源开发、质量控制、成本控制、技术开发、用户满意度、交货协议等方面作出调查与评估。一旦发现供应商出现问题，企业就应及时调整供应链战略，因为这些问题很可能成为影响整个供应链安全的因素。

2. 采用多种信息传递方式

厂家—消费者—供应商在供应链中起着不同的作用，它们之间的互动日益加快，关系也变得越来越复杂。这就要求给予支持的网络基础设施必须完备，尽量采用多种信息传递方式，以确保供应链所要求的数据完整、可靠和安全。

3. 制定突发事件应急预案

供应链是一种多环节、多通道的复杂系统，很容易发生突发事件。在供应链管理中，对突发事件的发生事先必须作好充分的准备。对于一些偶发但破坏性大的事件，企业应该预先制定应变措施和应对流程，并且建立相关的应急机构。

4. 充分利用现代科学技术

现代科学技术的应用可以有效地降低信息传输错误，充分利用互联网技术以及 GPS、EDI 等技术，企业可以及时控制与大大减少供应链的风险。

5. 建立长期合作伙伴关系

企业与供应链成员进行紧密合作，可以提升整条供应链的竞争力。因此，企业应把供应商看作是自己的长期合作伙伴，与其共担风险，共享利润，实现双赢。

（三）爱立信案例的教训

2000 年 3 月 17 日晚上 8 点，美国新墨西哥州，飞利浦公司第 22 号芯片厂的车间发生了一起火灾，火灾持续了 10 分钟，破坏了正在准备生产的数百万个芯片，更严重的是飞利浦公司需要几星期才能使工厂恢复生产。

这家工厂是爱立信供应链中的一环，为爱立信公司提供多种重要的零件芯片。它的地位举足轻重，这是因为在 20 世纪 90 年代中期，爱立信公司为了节省成本简化了它的供应链，基本上排除了后备供应商。也就是说，有几种芯片只能由该工厂提供。当飞利浦公司将发生火灾的消息告诉爱立信公司时，那些刚刚坐上新位置的高级经理们根本就没意识到后果的严重性，仍旧按部就班地安排工作。危机很快显现：在市场需求最旺盛的时候，由于飞利浦公司的供应跟不上，供应链中又没有其他的后续设备供应商，没有其他公司生产可替代的芯片，爱立信失去了市场。爱立信公司的官员透露，这场火灾可能导致该公司损失 4 亿美元的销售额，市场份额也将由 12% 降至 9%。由此可见，产业的供应链是环环相扣的，任何一环出现问题，都将可能影响整个供应链的正常运行。因此，供应链风险应该值得企业管理者充分重视。

也许爱立信并非因为这场大火而决定将手机生产外包，但是这场大火给爱立信带来的市场销售的损失却是实实在在的，它同时也给那些正在建设或者使用供应链的厂商们提了一个醒：供应链中的潜在风险应及时防范。

答复某物流公司咨询，2008.2

365. 如何防范物流外包的风险

问：我们是一家从事物流业务的公司，在开展这项业务中经常需要与外包商打交道、洽谈合作项目，在既往的合作中，令我们最担心的是外包业务中潜在的风险，这使我们心里很没底，今特请教，外包业务中的风险究竟是哪些？我们应如何应对？

答：你公司在开展物流业务中，外包业务是不可或缺的，它是物流企业的一项重要的合作项目。为了达到公司的预期目的，了解和掌握外包业务中的风险的确关系到公司的健康发展。根据你们公司的要求，我从两个方面来回答你的问题：

（一）企业物流外包面临的主要风险

1. 企业文化传递失真的风险

售后服务与企业文化关系非常密切。服务过程也是企业文化理念传递的过程和顾客对企业认知的过程。服务外包后，双方企业文化的差距往往会导致企业理念传递的失真，对企业形象在顾客头脑中形成一定的冲击。一些大型跨国公司接受此种外包服务时，出现这种现象以及所带来的后遗症尤为明显。

2. 被竞争对手模仿和赶超

当企业的业绩严重依赖于第三方物流企业，或者第三方物流企业的力量异常强大时，企业有可能丧失自身原有的优势，使物流外包得到的收益遭受严重的破坏，即产业价值链内力量的对比出现了有利第三方物流企业的决定性倾向。当企业遭到潜在竞争对手的模仿和赶超时，就会失去原来的优势资源和核心竞争力。

3. 企业技术机密泄露的风险

在物流外包的过程中，企业会将产品的相关技术资料提供给第三方物流企业，企业内部的有关资料就会处于一种半公开状态，这其中有些属于企业商业机密。如专有产品技术指标的有关数据一旦泄漏，就会对企业产生极其不利的影响。我国目前尚无相关法律规范第三方物流行业的运作，所以物流外包造成企业内部机密泄漏的风险是显而易见的。国外就曾发生过 IT 服务物流外包公司将企业的技术资料泄露给竞争对手的事件。

4. 可能造成营销策略运用的脱节

服务的范畴涵盖售前、售中和售后三个阶段，在营销策略运用上这三者已经成为一个有机的整体，相互呼应，相互影响。由于仅仅将售后物流外包，其余两项服务无法完全外包，所以促销活动中这三者有时很难协调一致，使活动效果大打折扣。

5. 对消费需求变化反应迟钝

售后服务除了满足顾客需求外，另一个重要作用就是关注需求，发现需求，研究反馈需求信息。海尔的"大地瓜"洗衣机、无尘安装服务、免费设计服务等这些被媒体所追捧的优秀产品和服务创意均来自于售后服务的信息反馈。随着外包业务的开展，企业自己的售后服务人员消失了，这条反馈需求信息的重要渠道有可能随之消失；即使物流外包企业能提供此类服务，往往也会因为双方的沟通问题，造成信息传递的延迟，企业对市场需求变化的反应不再像过去那般灵敏了。

6. 可能造成专业人才流失

物流外包后，企业相当一部分业务人员的职责，由直接参与管理转变为协调物流外包的工作，这种状况可能会使其中的专业人才或骨干力量，因为不能直接从事管理而另寻高就，甚至跑到竞争对手公司去。

7. 企业内部管理困难

当一群外来的穿着他们企业制服的人员，用一种与自己企业格格不入的做法，在操作本企业产品的运输、仓储、装卸、包装、流通加工、配送等工作时，不可避免地会对本企业员工产生一定的影响。另外，企业相关职工也会担心自己所从事的业务被外包而失业，这些都可能会使职工对工作的热情和对企业的信心降低，从而导致业绩水平和生产率的下降，以致造成管理上的困难。

8. 自有资产变卖的成本损失

企业一旦选择物流业务外包，那么它原有的从事该业务的资产将被废置。企业如果不愿意承担这些资源的保养费必然会将它们出售，在这种情况下的出售可能会遭受一定的损失。此项资产损失与物流外包所带来的收益比较是否值得，企业尚需慎重考虑。

9. 外包业务失控质量难以保证

虽然企业是通过对外购买物流服务，但这不是一种实物的买卖。企业委托第三方物流企业代为管理物流业务之后，管理权就不再属于企业，因此，第三方物流企业有可能因使用委托权不当，损害委托人利益而使自己得益。特别是当存在信息交流有障碍时，第三方物流企业可能因为自身的利益，在企业对其控制力减弱的情况下，提供较差的服务或抬高服务价格，反而给企业造成对外包业务的失控。

（二）企业物流外包的风险规避

针对我国目前物流外包的状况，为了迅速与国际级企业接轨，物流企业关键要做好以下几个方面的工作：

1. 要在观念上去正确理解物流外包的实质

企业物流外包并不等于将企业内部的一切物流活动交给第三方物流企业去处理，自主权仍在企业一方，因此企业无须担心物流控制权旁落的问题。在确定实施物流外包时，企业可以考虑将自己的薄弱环节交给第三方物流企业，自己拥有丰富经验的环节仍留在自己手中，保持原有的核心能力。这样势必会为企业在某些环节节约一定的人力、物力以及财力。应该认清的是，当今的社会是一个合作的社会，尤其我国已加入世贸组织，面对国际大型企业带来的冲击，企业间必须建立起良好的合作关系，只有这样企业才能信心十足地去迎接挑战。

2. 要摸索第三方物流企业成功的关键因素，解决物流外包中存在的瓶颈

能够提供最大客户价值，即在保持服务水平不变的基础上提供最低成本的第三方物流企业，将是满足以下特点的第三方物流企业：具有强有力的核心能力，服务范围较大，信息技术实施能力较强，以及具备服务全球性客户的能力。此外，第三方物流市场上的最终赢家，将是那些能够充分利用资源，年复一年地进行持续改善和为顾客增加价值的第三方物流企业。

决定第三方物流可提供价值的关键因素在于：强有力的核心能力与规模经济效益。在供应链中，至少拥有一个关键环节并且展示出其强大的核心能力，将成为第三方物流企业生存的一个必需特点。它表明这家第三方物流企业有超越其他第三方物流企业为顾客增加价值的能力。这些特点包括由于拥有规模经济效益而能够提供价格低廉的运输服务和拥有内部专有信息技术。强大的核心能力也可以给第三方物流企业提供一个获利的战略平台，它可以在此之上开发或者收购相关的物流服务能力。那些没有核心能力或者利润微薄的第三方物流企业，将被价格战摧垮，或者被其他第三方物流企业兼并。

3. 要认识信息技术日益增长的重要性，与合作伙伴间建立良好的信息共享关系，从而在企业间形成良好的合作基础

使用信息技术是建立世界级供应链第三方物流企业的关键。正如在供应链成员之间有效地移动实物可以提供创造价值的机会一样，对与供应链上"产品流"平行流动的"信息流"的恰当管理同样重要。在整个供应链的各个环节分享信息，可以实现最佳生产计划，降低库存要求，并更好地协调整个供应链过程中的产品移动，最终导致所提供的最终产品的成本降低。除了革命性地改变了供应链上各个环节成员之间相互沟通的方式以外，互联网在运输市场也起着日益增长的作用。一些企业已经或正在开发基于互联网的物流信息系统，用来交换和传递关键的物流信息。其中，快步公司与宝供物流联合开发的基于 internet/intranet 的物流信息系统已经成功地运作数年，为支持宝供物流的发展和客户在华业务的拓展起到了有力的作用。

除了以上几个硬性条件之外，为规避风险，确保外包成功，企业物流外包还需特别关注软性条件的内容。

4. 要制定明确的目标

决策者若打算将企业的售后服务进行外包，必须明确一点，即企业将从中得到什么好处，也就是说必须确定外包能给企业创造多大的价值。通常，企业要针对合作伙伴设立相应的标准来衡量外包能否完成企业售后服务的任务、是否有助于实现企业经营目标以及目标实现方式是否合理。如果企业像某集团一样将售后服务作为企业的一种核心能力，那么就不要轻易将售后服务全部外包出去。

5. 要选择合适的外包伙伴

售后业务外包活动开展之前，企业应正式发布需求建议（request for proposal，即 RFP），进行公开招标。在此过程中，要及时了解第三方物流企业的有关情况，要求它们提供详细的服务信息，衡量它们的操作能力，必要时可直接向它们的顾客进行调查了解。

6. 要培育新型的服务文化

售后服务外包后，企业不应简单地将自己的企业文化复制过去，这只会加剧冲突，而应努力培育一种新型的服务文化。有的第三方物流企业针对不同的企业，通过专门的项目小组与之进行沟通，在提供物流服务的过程中不仅准确传递企业的文化，而且将其理念贯穿其中，例如赛维的"我用心，你放心"理念。

7. 要确保企业在外包过程中的控制权

企业在与外包伙伴打交道时是一种客户与供应商之间的关系，一定要确保企业对这种关系的控制。一般的做法是，在企业内指定一名销售部门的专职人员进行双方的沟通工作。这名专职人员不仅要专注于合同管理，更要真正了解整个外包流程和企业对第三方物流企业的要求，并根据企业的营销规划，及时地将售后服务与营销活动有机地结合起来。

8. 要加强与第三方物流企业的关系管理

为了双方的利益，企业应把外包关系当作一种伙伴关系来培养和管理。合同开始执行后，双方一定要定期进行正式的会晤来讨论存在的问题，了解工作进展的情况，并提出对未来工作的期望。

此外，作为物流需求商的企业在寻找合作伙伴时，首先要了解第三方物流企业是否拥有可以满足外包项目所需的组织架构；其次与第三方物流企业签订必要的法律文件，讨论全部服务项目细节，拟定工作范围。通常外包项目开始于标书，对标书的制作务必要聘请专业人员来设计，标书包括一般性条款和工作范围，工作范围应该具体规定要求服务的项目。第三方物流企业在投标时，应做出明确答复，并对标书提出建议或意见，原则上，第三方物流企业的回复应当满足标书所列举的服务要求。目前，许多企业在实施外包时，其中一项重要的工作就是与第三方物流企业召开项目招标会，目的是让第三方物流企业了解项目的背景和理解标书的内容，如第三方物流企业和企业对标书的理解能够达成一致，则外包就能成功一半。

随着社会分工的进一步细化和物流产业的快速发展，物流外包正迅速被供需双方所认可。物流外包，即生产或销售等企业为集中精力增强核心竞争能力，而将其物流业务以合同的方式委托于专业的第三方物流企业运作，外包是一种长期的、战略的、相互渗透的、互利互惠的业务委托和合约执行方式。

以上意见，希望对你公司物流外包业务的开展有所帮助。

答复中物储国际物流有限公司咨询，2012.7.30

366. 何谓现代物流合同的风险责任

问：我是一名大学教师，正在讲授现代物流，但对于现代物流涉及的法律知识、尤其是现代物流合同的风险责任从未接触过，更没处理过这方面的案子，有关这方面的资料也很缺乏。而您一直在中国外运公司，从事法律工作和研究也有近三十年了，处理过相当多的各类案件，其中包括物流业务中出现的许多问题和纠纷，不少属于疑难案件，同时对物流法律方面的问题也有研究，发表过不少文章，所以，我很想请您就现代物流合同的风险责任谈谈自己的看法，以便我们学习与教学。谢谢您对我们教学工作的大力支持！

答：关于现代物流的法律问题，对我来说也是个新课题，在不断学习和研究，同样也感到这方面的知识匮乏。和老师相比有点不同的是，我在工作实践中要面对和处理许多物流业务中出现的问题和纠纷，甚至参加诉讼与仲裁，这就迫使我不得不去思考遇到的问题，不得不到处求教、认真学习、钻研总结，以求从中不断解决新问题，不断分析新形势，不断吸取新知识，不断积累新经验……现应你的要求，将我对现代物流合同风险责任的了解和体会与你们分享，很不成熟，只为起到抛砖引玉的作用，大家一道探讨研究，有不对之处请指正。

现代物流合同是一个对多个的关系，业务是一对一的关系，服务性质是多功能的，物流的成本较低，增值服务较多，供应链因素多，质量难以控制，运营风险大。同时，现代物流要求提供最适宜的运输工具、最便捷的联运方式、最短的运距、最合宜的包装、最少的仓储、最省的时间、最快的信息和最佳的服务。现代物流企业对上述要求做出承诺的同时，无可置疑的事实是责任范围明显增大。

由于现代物流业务的特性与要求不同于传统物流，因此其合同责任有增无减。我们在研究传统物流的合同责任时，首先需要搞清它的法律地位及其法律责任，同样，我们在研究现代物流的合同责任时，也要从其法律地位与法律责任入手。一般来讲，传统物流企业有时处于代理人的法律地位，有时处于当事人的法律地位。而现代物流企业则在绝大多数情况下处于当事人的法律地位。当它扮演当事人角色时，它是整个现代物流业务的组织者和指挥者，要对全过程负责。我们将其责任概括为合同责任和与合同有关的其他责任：

（一）现代物流合同与责任

1. 现代物流企业与客户所签的合同与责任

现代物流企业与客户之间的法律责任主要体现在双方所签的合同，目前在所签署的此类合同中，人们会发现某些大客户凭借自己雄厚的经济实力在谈判中处于有利的地位，往往会提出一些特别的要求与需要，而现代物流企业常常迫于商业上的压力而接受某些苛刻的条款，甚至是"无理"的条款。合同中订立此类极不合理的条款，一旦产生纠纷，后果肯定是相当严重，会导致公司破产。例如某现代物流企业与客户签订了一个合同，该现代物流企业作为承运人替客户运送一批价值将近 900 万美元的货物，却只收取 2 万美元的费用，合同中要求该物流企业对货物全程负责，并不可享受豁免条款，也不可享受赔偿责任限制。在这种条件下，一旦货物全损，即使该现代物流企业无任何过失，也得承担无限责任，即至少赔付客户 900 万美元。在法律责任与商业利益发生冲突时，我们需要平衡一下进行取舍是对的。但风险这么大，受益这么小，权利与义务极不相称，很明显是显失公平的，我们还能做这笔生意吗？

有时现代物流合同承担的责任是很大的，即从货物接受到货物交付至最终顾客手中，整个过程无论何时、何处，也无论是否在其实际控制之下，或转由其他公司运输或保管，无论是其自身责任还是分包商责任，对客户来讲，只要货物发生问题，均由现代物流企业承担责任。有的现代物流企业为了揽取生意，甚至将涉及的各种运输所适应法律中的正常豁免条款都删掉了，例如原有业务对货物发生短少和残损引起的赔偿，承运人可享受赔偿责任限制，而现代物流企业在某种程度上将可能面对的是全额赔偿，不得享受赔偿责任限制，这样就承担着无限大的责任。

传统物流业务对时间的要求不高，一般在合同中对时间无明确约定或对时间有约定但很宽松；而现代物流业务对时间性的要求很高，货物运到客户手中晚了不行，早了也不行，要刚刚好，即 just in time。也就是说现代物流服务要求货运代理帮助客户控制存货和配送，即要做到在正确的时间内将完整无缺的产品以精确的数量送到准确的地点，甚至直接上架出售商品。所运到的货物不光要求数量正确，还要保证质量，不能出现短少或残损。如不能做到按时、按质、按量提供货物，则直接影响到客户的信誉、形象，以至给客户带来经济损失，所以现代物流服务对时间和质量的要求都十分严格，一般合同中都有明确的条款加以规定。

客户对现代物流企业服务水平的衡量标准一般包括：

仓储分流要求	开发期 （承包后半年）	成熟期 （承包后一年）	高水平期
货源保证	90%	98%	99.95%
交货密度	七日一次	每日一次	一日三次
交货落单时限	72 小时	48 小时	6～12 小时
交货时差	±1 小时	±15 分钟	准时
货物仓储周期	四周	两周	半周至一周

其他指标要求	
库存准确度	99%
交付运输准确度	98%
货损不得超过	0.035%～0.1%
超交短交不得超过	0.1%
文件交收失误不得多于	1%
索赔处理不得超过	30 日

例如：某现代物流企业根据宏碁电脑下属苏州明基工厂的配送指令须提供市

内数小时、市外 1 天至 3 天的严格限时配送服务；根据摩托罗拉厂商的要求提供 24 小时全天候服务，包括业务交接、通讯联系、库存管理、全国配送等，厂商对提货、操作、航班、派送都有明确的要求，时间则以小时计算；根据世界知名品牌厂商纽迪西亚的要求，承诺向其分销商供货的时间，保证自接到指令以后 48 小时内。

此外，传统物流业务通常为一票货、两票货，一船货、两船货之合同，而现代物流合同往往涉及半年、一年、甚至数年之久的长期合同，且须定有清楚的条款，做不到轻易不能承诺，否则风险未规避，反而惹祸上身，承担难以承受的合同责任。

2. 现代物流企业与分包商所签的合同与责任

多数情况下，现代物流企业是整个"供应链"的组织者，其中有些"供应链"是其自己全部负责，但需要委托分包商来具体实施。毫无疑问，现代物流企业这样做是对的，既是行业惯例也是行业特征。但实践中现代物流企业常常会碰上这样一个问题，即与资信情况好的分包商合作不仅能降低物流经营的成本，也可以使现代物流企业的责任风险降到最低点。在物流运作的全程中，客户发生损失，无论是现代物流企业的过失还是分包商的过失，都要由现代物流企业先承担对外赔偿责任。当然，如属分包商责任，现代物流企业赔付后，尚可向分包商进行追偿。但由于现代物流企业与客户和分包商所签合同分别是背对背的合同，因此所适用的法律往往是不一样的，其豁免条款、赔偿责任限制及诉讼时效也是不一样的，致使现代物流企业得不到全部赔偿。反之，如遇到一个资信情况不好的分包商，甚至该分包商突然宣布破产或倒闭，现代物流企业的损失更无法得到弥补，其风险是可想而知的。

3. 现代物流企业与信息提供商所签的合同与责任

现代物流企业要想开展物流服务离不开信息技术，但现代物流企业在利用信息技术时面临着两个问题：一是信息系统出故障；二是商业秘密受到侵犯。一旦信息系统发生故障造成现代物流企业的正常业务无法进行，不能及时履行向客户提供信息的服务，甚至资料全部丢失，损失相当可观。在此情况下，如在所签合同条款中根据有关法律明确划分了双方的责任，纠纷就容易解决，如在所签合同中未作明确规定，既查不出原因，又确定不出责任方，纠纷就很难解决。所以，现代物流企业与信息提供商在签订合同时明确双方责任，确定何种情况下信息提供商需承担多大的责任是十分重要的。

信息技术的发展为物流信息的实时化提供了可能，在物流管理中，由于计算机通信和网络技术的应用，人们可以时时刻刻获得反映仓储和运输等状态的真实、准确、连续的各种动态信息。所以，商品在现代物流业务中，信息的提供越来越重要，不但现代物流企业依赖它来掌握与控制其货物，以便做到 just in time，客户也需要通过它随时掌握货物的动态，甚至在合同条款中明确规定现代物流企业要及时准确不间断地向客户提供货物的信息，也就是说，提供实时信息不只是现代物流企业吸引客户的优势，而是现代物流企业应承担的责任。一旦出现停电或信息系统发生故障，一时无法及时提供信息，或提供的信息有误，现代物流企业是否都需要承担责任呢？如需要承担又要承担多大的责任呢？所以说能向客户提供信息是现代物流企业的优势，同时也是一种义务。

4. 现代物流企业的第三者法律责任

现代物流企业除基于上述三种合同关系要承担责任外，还基于侵权行为会承担第三者责任，并且对第三者责任所引起的赔偿有时也是相当惊人的。例如现代物流企业在负责运送客户的货物而用自己所拥有的船舶来承运时，一旦发生海事，作为承运人的现代物流企业无法免责，不但要承担货物的货损货差责任，如对第三者造成了损害，也须承担赔偿责任。例如，近年发生的某船舶撞坏河上桥梁的案件，宁波海事法院判某船公司赔偿 520 万元人民币。又例如，广州海事法院判某船公司的船舶漏油引起海上油污事件，造成我沿海渔业海滩受损，赔偿××万美元。所以，我们说现代物流企业对第三者的责任也是随时可能发生的，其潜在的风险也不小，对此我们必须给予高度重视。

第三者责任，如对周围环境造成污染也需承担责任。例如现代物流企业使用仓库存放危险品，如发生爆炸引起周围的生命财产发生伤害或损坏时，要承担赔偿责任；现代物流企业使用卡车运送有毒有害液体而产生泄漏，引起周围的生命财产损坏并且造成环境污染时，也要承担赔偿责任；现代物流企业使用的船舶发生漏油，尤其是承运原油的船只发生漏油，引起周围环境污染，对海域、海滩等造成损失的，同样要承担赔偿责任。

（二）与合同有关的其他责任

1. 商品特性与责任

现代物流企业的责任往往与商品的特性有关，其特性直接关系到商品损坏的风险程度及导致的索赔事故。商品的特性主要包括六个方面：易损坏性、易腐烂性、易自然性、易爆炸性，以及每磅价值和财产对货运损坏的责任等。另外，提供特殊货运服务，如展览会给予的表演、艺术品及珍藏品等，其责任也是很大的。

2. 全程服务与责任

传统物流业务多为简单的、单一的操作，衔接问题较少。而现代物流服务多为一站式的全程服务，需要配套操作，强调科学合理的衔接，这样，现代物流企业的责任范围无形中加大了。例如，有时现代物流服务所承担的责任是全程的，要求所有环节密切配合，在全程服务中，不得有任何一个环节出问题，否则，将会给整个现代物流服务带来损失和影响。有时现代物流服务承担全方位的服务，要求任何时候都要有人提供服务，且需精心照料不得出现任何差错。此外，传统物流业务不包括电脑系统引致的问题，而现代物流服务对电脑系统造成的影响和损失也要负责，而且诸如此类高科技产品的损失，如未投保，其赔付的责任将是巨大的，有时甚至是难以承受的。

下面是某现代物流企业签订的物流合同，从中不难看出其责任和风险不仅很高，而且责任范围加大，赔偿责任限制亦得不到享受。

（1）责任期间：从某地堆场、仓库或者有关装船港口接管货物开始，直至依厂商之指令在印尼港口交付货物或者完成货物回运或运转至其他地点的整个期间。在责任期间内，货物因现代物流企业或者其他任何人的故意或过失而遭受灭失或损坏的，由现代物流企业直接向厂商赔偿。

（2）时间要求：根据厂商出口口岸的情况，现代物流企业承诺将运输时间控制在如下的期间之内。

项目	绵阳—印尼	黄埔—印尼	深圳—印尼	南通—印尼
全程时间（天）	22	12	9	20
运输方式	火车、船舶	船舶	船舶	船舶

上述表格中的"时间"指，自现代物流企业接管货物、火车启运、船舶启航时起至货物抵达上海或印尼港口这一段时间，如果现代物流企业在上述时间届满后 7 日内未将货物运抵印尼，则视为迟延交货，并承担由此产生的责任。

（3）投资责任：如果因印尼政治局势、社会治安、市场情况或者其他任何原因，厂商削减向印尼出口的货物数量或者不再向印尼出口货物时，厂商不再承担本合同项下的货物货运量的保证责任。

本协议原则上可被理解为厂商愿将其所有出口至印尼的货物交由现代物流企业按本协议安排运输、监管或储存。

（4）其他责任：……不管上述服务是由现代物流企业直接完成还是委托他

人完成，都由现代物流企业直接向厂商负责。……现代物流企业在得到印尼海关任何警告或处理通知后，应当在 24 小时之内及时通知厂商，否则厂商因印尼海关之行为而遭受损失，由现代物流企业负责赔偿……

现代物流企业在此明确声明放弃其根据《中华人民共和国海商法》第 8 条所享受的任何抗辩和货物运输合同和/或提单及其他所适用的法律文件中规定的任何类似抗辩。

3. 提供金融服务的责任

正当国内的物流企业将满腔热情倾注到仓储、配送、电子网络的时候，物流业巨头们却开始瞄准供应链的另一个关键环节——资金流。国际物流巨头们认为对卡车运输、货运代理及一般物流服务而言，激烈的竞争使利润率下降到平均只有 2% 左右，而且没有进一步提高的可能，而处于供应链末端的金融服务由于各家企业涉足少，目前还有广大空间，于是包括 UPS 在内的几家大型现代物流企业在物流服务中增加了一项金融服务，将其作为争取客户的一项重要举措。

目前现代物流企业提供的金融服务形式多种多样，如用托运人的应收账款冲抵物流费用；货在途中的时候就向托运人支付货款，这样托运人资金周转加快，可以购买更多货物并提前向供应商支付费用，让供应链迅速周转；将一个长期合同的费用化整为零，多次支付，客户可以多次获得收入，直接给予贷款服务。

目前，一些现代物流企业为了从头到尾控制供应链，保证特殊产品的运输质量与长期稳住客户都开始关注金融市场，但这些现代物流企业也担心与面临着此种服务的风险，因为需求此项服务的客户很有可能是那些金融信誉度低的企业。

答复某交通大学张教授咨询，2007.7.7

367. 物流公司应承担代理人责任还是承运人责任

问：由我物流公司负责运输的一台复卷机被摔坏，现收货人要求我司承担全部责任，并已向上海海事法院提起诉讼。因此案涉及的赔偿金额很大，我司请您在百忙之中提供一份法律咨询专家意见，以便我们能正确处理、避免或减少损失。谢谢您的鼎力相助。下面是本案的简况与有关资料。

某纸业公司与我物流公司于 2004 年 3 月 1 日签订《进口设备运输代理合同》。依据合同，纸业公司委托物流公司负责将成套设备复卷机从海外发运港口安全运抵中国境内的纸业公司施工现场的全过程工作，包括但不限于港口接货、报关、报检、理货、索赔签证、海关放行、保险、临时中转、仓储以及内陆运输等。

合同签订后，物流公司为该项目的运作联系了境外一家有资质的无船承运人德国 B 公司，由 B 公司负责在起运港接收货物并将货物运输至中国北方某港口。B 公司向交付货物的生产商签发了自己的无船承运人提单，用于结汇。纸业公司向银行付款赎单后将提单交付给物流公司办理目的港的提货事宜，并由物流公司联系报关公司为货物办理进口清关手续。其后，物流公司安排内陆承运人 C 公司将货物运至内地安装工地。就以上操作所发生的包括运费在内的所有费用，统一由物流公司收取。物流公司向纸业公司开具了国际货运代理业统一发票，再将有关费用支付给无船承运人、报关行等其他当事人。

2005 年 7 月 4 日，纸业公司对物流公司提起诉讼，要求物流公司依据合同赔偿由于货损所致的货物修理费和检验费。纸业公司诉称：2004 年 6 月 8 日，涉案货物复卷机在装上 J 轮运往中国的中转过程中，由 B 公司向设备生产商 M 公司签发了 HOUSE 提单，该提单载明托运人为 M 公司，收货人凭指示，通知方为纸业公司，装运港为芬兰赫尔辛基，转运港为德国汉堡，卸货港为中国北方某港口，转运船舶为 Y 轮。据《货损报告》记载，2004 年 6 月 18 日，涉案复卷机抵汉堡卸船后被装上拖车运送到码头场地内。但由于拖车没有采取安全措施，在运输过程中，复卷机发生倾斜并摔落到地上，发生货损。货损发生后，纸业公司立即停止了运输，并在进行了初步检验后将复卷机自行安排运回 M 公司进行修理。

主要合同条款：

……

2. 合同标的

2.1 本合同的范围为纸业公司的进口设备从装运港口至纸业公司施工现场交货地点的全过程工作，包括但不限于港口接货、报关、报检、理货、索赔签证、海关放行、保险（设备在装运港口越过船舷到纸业公司施工现场卸车落地前）、临时中转、仓储及将设备运至纸业公司施工现场交货地点等。

……

5. 双方的责任和义务

5.2 乙方（物流公司）的责任和义务

……

5.2.6 因运输产生的责任事故，造成设备货物损坏时，按设备货物的价值承担甲方的损失。

5.2.7 在合同规定的时间将承运的设备安全可靠、完好无损的运达北方纸业施工现场。

5.2.14 索赔工作，海运过程中发生的残损短缺由乙方取得有效的检验签证在甲方协助下对外进行索赔；设备在港卸船落地后完好，运输至纸业公司施工现场过程中发生的残损、短缺由乙方负全部责任。

……

8. 索赔

如果由于乙方的原因使所承运的设备受损或对甲方造成了损失，甲方有权要求乙方给予相应的赔偿。甲方有权从该批次货物运费中扣除相应的索赔金额。

答： 根据贵司所述情况和提供的材料，经分析，特对本案提出以下几点意见：

一、根据贵司与纸业公司所签合同条款的规定，本案中，贵司处于被动和劣势地位，免除责任及完全避免损失看来是很困难的，只能设法争取减少一些损失。该意见基于的主要理由是：1. 虽然此合同称为"代理合同"，但是实际上是委托合同。2. 如果是单纯的代理人角色，只要本身无过错则可以免除责任；但问题是依据合同条款无法认定贵司是单纯的代理人角色，相反很容易被认定为当事人的角色并须承担当事人的责任。3. 造成货损的原因不属于我国《海商法》免责事项的范围之内。4. 合同明确规定按货物实际损失的价值赔偿，故无法享受赔偿责任限制。5. 明确承诺保证将货物"安全可靠、完好无损的"运送到纸业公司施工地。6. 明确不得将义务进行转让或分包，不得进行分装、转船，如需中转或转委托，须事先征得纸业公司的同意。然而，贵司做出擅自行事的举动，将货物既中转又转委托，属严重违约。

二、鉴于上述分析，为使贵司达到减少损失的目的，建议从以下几个方面进行思考并着手进行抗辩（当然有些理由是牵强附会的，有些甚至还只是一种思路）：

1. 保险公司是否赔付纸业公司是问题的关键。从贵司与纸业公司的合同以及事故发生后双方的往来传真等文件，均可以看出该运输下已投保了保险，而且保险公司业已参与到事故调查中来。那么保险公司是否已赔付纸业公司就成为目前的关键问题：（1）如保险公司已全额赔付纸业公司，则纸业公司无权再向贵司索赔；如保险公司部分地赔付了纸业公司，则纸业公司仅能就未从保险公司获得赔偿的部分向贵司索赔；如保险公司从责任方——汉堡港方的保险人处已获得赔偿，则保险公司也无权向贵司再进行索赔。（2）如保险公司尚未赔付纸业公司，根据贵司与纸业公司所签合同的第 8 条，在贵司投保情况下，如果由于贵司的原因使所承运的设备受损或对甲方纸业公司造成了损失，纸业公司有权要求贵司给与相应的赔偿，而在纸业公司投保的情况下，由贵司协助纸业公司向保险公司索赔。此时需要判断对于受损设备所投保险，是属于贵司投保，还是属于纸业公司投保？另根据合同第 10 条，纸业公司委托贵司按设备总价值的 110% 投保海运一切险，加保战争险，保险范围为从起运港直至甲方工厂，是否可以认为贵司只是接受纸业公司的委托，代为办理货物投保相关事宜，但被保险人和受益人肯定都是纸业公司，所以应属于第 8 条中规定的"甲方（即纸业公司）投保的情况"。因此事故发生后，贵司的义务是协助纸业公司向保险公司索赔，而非直接赔付对方。但是，特别要注意的是这种抗辩可能会存在一个问题，由于合同中约定贵司不得转船运输，所以保险中可能不包括在中转港转船发生的货损，此时纸业公司必定会强调由于贵司违约进行转船运输，导致无法得到保险赔偿，所以应由贵司赔付有关损失。这样贵司必须事先仔细研究有关货物的保险条款等资料。

2. 关于未事先征得贵司同意的问题。事故发生后，纸业公司未与贵司协商，擅自单方处理并支付高达 34 万欧元的修理费等费用的做法是不恰当的。因为作为物流合同的一方当事人，出现任何货损货差，贵司可能都要对货主承担赔偿责任，所以纸业公司对外所为的与运输货物有关的支付可能最终都成为贵司赔偿责任的一部分，因此贵司对此应当有知情权。举一个极端的例子，如果货物的修理费高于货物的价值，则根本无需再运回发货港的卖方处，而是直接购入一件新的机器就可以了。对于受损货物的处理，纸业公司应当事先征得贵司的意见，并与贵司取得一致。

3. 关于代理人角色的问题。从合同条款来看，贵司与纸业公司之间合同的性质，被认定为委托合同的可能性较大，但贵司仍可尽力主张自己是代理人而非当事人，理由是合同价格实际上是一个包干费。但根据我国法院的一些判例，这种包干费实际上是货运代理事前垫付，事后收回的费用。此外，合同中亦有关于垫付费用之类的说法。特别提醒：对一些能够证明贵司赚取了运费差价的证据也应能有一个合理的解释。

4. 关于转让与分包的问题。双方在合同中约定"乙方未经甲方事先同意，不允许将合同规定应履行的义务全部或部分进行转让。乙方签订合同后，不允许分包。"但实际上贵司作为乙方分别与德国 B 公司（负责国外运输部分）、国内运输 C 公司（负责国内运输部分）签订了委托协议。B 公司对于货损的这批货签发了 FBL 提单，提单上记载的发货人是芬兰的卖方，收货人是凭指示，通知方是纸业公司。通过提单的记载，我认为纸业公司对于贵司与 B 公司之间的委托协议是早已知晓的，作为原始的委托方，其并没有提出异议，并且接受了该 FBL 提单，所以可以视为纸业公司已经追认了该项委托，视为已经修改了原合同。货物是在汉堡港港口作业中，在拖车运输过程中发生的事故，根据汉堡出具的检验报告，"机械在汉堡港处于码头操作方掌管期间，在倒载时由于没有采取安全措施导致发生摔落"，所以汉堡港方是该货损发生的主要责任方，这一点贵司与纸业公司也已达成共识。纸业公司在起诉状中强调双方在合同中约定"同批次的设备（货物）必须同一航次运输，不得分装、转船……"而货物却采取了联运的方式，在汉堡转船，而货损恰恰就发生在转船的过程中，所以乙方的违约行为导致了其损失的发生。对此可以提出两点异议：首先，纸业公司作为 B 公司 FBL 提单上的收货人通知方，对于货物转船的情况应当是知晓的（特别提醒：是否有这方面的证据请注意收集），但没有及时提出异议，可视为对该运输安排的认可；第二，货物发生损坏的直接原因是汉堡港方在拖车作业时的过失，二者之间有明确的因果关系，而货物转船运输与货物致损之间没有必然的因果关系，不能说转船运输必然导致货物受损，而如果不转船货物就肯定完好无损，这之间明显不存在法律上能够认可的因果联系。结合合同中的下列条款："5.2.14 索赔工作，海运过程中发生的残损短缺由乙方取得有效的检验签证在甲方（纸业公司）协助下对外进行索赔；设备在港卸船落地后完好，运输至纸业公司施工现场过程中发生的残损、短缺由乙方负全部责任"，本案中发生的残损短缺是汉堡港方的过失导致的，且乙方已经取得有效的检验报告，甲方应当协助乙方向真正的责任方进行索赔。所以，根据第 5.2.14 条，贵司可主张发生本案货损后，乙方的义务为"协助甲方对外进行索赔"，而不是直接赔偿。

5. 关于追索分包商的问题。根据贵司与下家 B 公司的合同，在国外段的运输实际上是 B 公司负责的，尽管货损是汉堡港方造成的，但不能因此免除 B 公司对贵司的责任，贵司可以就货损向 B 公司索赔。在贵司与 B 公司的合同中有关于法律适用与仲裁地的约定，即"所依据的法律为国际通用海商法，仲裁地点在德国"。此约定由于无法执行，实际上是无效的，所以贵司可以考虑先行在上海（目的港所在地）起诉 B 公司，以保护诉讼时效。我个人认为，贵司还应抓紧着手针对下家公司的索赔，由于贵司已了解到对方财务状况很不好，所以越往后拖，情况可能会越发不利。

6. 关于责任限额与时效问题。可请律师查一下根据我国有关法律，在装卸码头货物发生损坏，责任方能否享受赔偿责任限额，其诉讼时效是多长时间。关于时效的问题，我个人的看法是：首先法院对本案所立的案由是"海上运输合同货损货差纠纷"，所以应适用我国《海商法》。《海商法》第 257 条规定"就海上货物运输合同向承运人要求赔偿的请求权，时效期间为一年，自承运人交付或者应当交付货物之日起计算。"所谓自交付货物之日，是正常情况下货到目的港后收货人才发现货损货差，但本案中货损发生在中转港，且货损发生后收货人当即就了解到该情况，所以在此我考虑该索赔时效是否应从收货人知道或应当知道货物损害发生时开始计算。那么货损发生在 2004 年 6 月 18 日，而收货人纸业公司应该是当天就了解到货损的发生，时效届满应在 2005 年 6 月 18 日，而本案立案时间是 2005 年 7 月 4 日，按照上述的理解，已经超过时效。但上述只是我个人的一种思路，暂未找到法律的支持，故建议贵司与律师就该时效问题再进行深入的讨论，因为时效一旦超过，等于釜底抽薪，对方的索赔就没有成功的可能性了，这是索赔中很关键的法律程序问题。

最后，鉴于本案比较特殊，所签合同条款又存在一些问题，为了及时采取保护和挽救的措施，请尽快委请一位既擅长海商法又懂国际货运代理业务的资深律师进一步做深入细致的研究和探索。

以上意见仅供参考。

答复某物流公司咨询，2005.7.21

注：案件结果

一审法院的判决：

2006 年 2 月 24 日，一审法院作出判决认为，纸业公司和物流公司签订的《进口设备运输代理合同》合法成立并有效。合同的名称虽为"运输代理合同"，但根据双方在合同中对有关运输权利、义务和方式的约定，应认定双方之间形成多式联运合同关系。物流公司在本案中是否签发提单或由谁实际签发提单，并不影响双方之间就全部设备形成的多式联运合同性质。物流公司违反运输义务造成纸业公司的损失，应承担赔偿责任。由于纸业公司在涉案运输合同和发出订舱指令中已经申报了货物的价值，且双方在运输合同中约定因运输造成货损时，物流公司按货物的价值承担赔偿责任，所以物流公司作为多式联运合同的承运人已无权要求享受海事赔偿责任限制。遂判决支持纸业公司的诉讼请求。

判决物流公司向纸业公司赔偿货物修理费损失人民币 3 666 082.20 元、运费损失人民币 430 325.04 元、上述两项费用的利息损失人民币 81 928.14 元以及负担诉讼费人民币 24 606. 30 元，共计人民币 4 202 941. 68 元。

二审法院的判决：

二审法院判决认为：一审法院认定的事实基本属实，应予以确认。根据涉案合同首要条款的规定，物流公司负责将合同项下所有货物从海外发运港口安全运抵物流公司在国内的施工现场，该条款是物流公司对于纸业公司提出的委托运输合同项下货物及处理相关货代业务的要约之承诺，再结合涉案合同范围的约定，可以认定涉案合同的实质系涵盖运输委托和货代委托的概括性委托合同。合同中有关物流合同保证每批次货物按期运抵目的地、因运输产生责任事故造成设备货物损坏按设备实际价值承担纸业公司损失的条款，应属物流公司以全程承运人的身份对安全运输和合同责任作出的承诺，相比合同中其他货运代理义务和责任条款来说，该些承运人义务和责任条款更能反映涉案合同的性质。由于双方当事人对有关运输的权利义务和法律责任已作出明确约定，因此应按照合同的约定来调整双方之间的法律关系，没有约定的，适用相关运输法律调整。

关于物流公司主张的纸业公司的起诉超过诉讼时效的上诉理由，二审法院认为，纸业公司系基于委托合同的约定，向违反委托合同义务而理应承担合同责任的物流公司主张权利的，其起诉适用的诉讼时效应为两年，所以起诉并未超过时效。

2006 年 10 月 30 日，上海高院作出终审判决，维持一审判决。

2011 年 5 月 12 日作者在对外经济贸易大学讲授国际物流法律责任

368. R 物流公司是否应承担货损货差的责任

问： 现将两个物流公司有关仓储管理合同的仲裁案的主要案情介绍如下，并请您提出咨询意见，我们将不胜感激。

2007 年 11 月，青岛 H 物流公司（以下称"H 公司"）与上海 R 物流公司（以下称"R 公司"）签订了《仓储管理合同》（以下称"《合同》"），约定由 R 公司为 H 公司在上海宝山区某地址的多间仓库（以下称"仓库"）的货物提供仓储管理服务，具体包括进行货物存储过程中的收、发、存管理等。

《合同》第 5.1 条约定："货物在库储存期间，R 公司负责货物安全。……因不可抗力造成的货物损失，R 公司同意先行赔偿。除此以外的原因造成的货物损失，由 R 公司负责赔偿。"

《合同》第 5.4 条约定："R 公司应投保综合责任险，单次出险的保险赔付限额为人民币 100 000 000 元。"

《合同》第 16.2 条约定："不可抗力。双方同意，在任何时间内，各方由于火灾、洪灾、战争、封锁、暴乱或政府机构干预（除非该等政府行为是为了一方未遵守法律而进行的制裁或罚款），而延迟或未能履行其协议义务的，该方对此不承担责任。前提是延迟或未能履行义务的一方在上述情况发生时立即通知另一方，并且造成该等履行延迟的不是出于上述方的失误。"

2007 年 7 月，中国 P 保险公司向 R 公司签发了"财产一切险"的保险单，上述仓库内财产被列入被保险财产，保险责任范围涵盖被保险财产因自然灾害或意外事故造成的物质损坏或灭失，保险期间为 2007 年 12 月 1 日至 2008 年 3 月 23 日。

2008 年 1 月 28 日至 31 日，因特大雪灾，上述仓库接连垮塌，库存货物毁损严重。另外，在《合同》履行期间货物还发生大量短少。H 公司因此遭受重大经济损失，但是，R 公司拒绝承担赔偿责任。双方因此发生争议。H 公司在中国国际经济贸易仲裁委员会提起仲裁，请求裁决 R 公司赔付因雪灾造成的货物损失、因管理不善造成的货物缺少等。

根据此案的案情，我们有下列四个问题需向您请教。

1. 《合同》第 16.2 条"不可抗力免责"条款与第 5.1 条"先行赔偿"条款之间的关系如何？应当如何适用？H 公司是否可以主张第 16.2 条实际上仅是当事人约定对于一部分不可抗力事由造成的损失免除责任？

2.《合同》第 5.4 条约定的 R 公司应投保"综合责任险",而合同签订后 R 公司实际上投保的是"财产一切险"。对此应当如何认定?H 公司是否可以主张 R 公司违约?

3. 本案中保险公司是否应当对货物的损失承担责任?H 公司在仲裁程序中应采取怎样的策略?

4. 公估机构出具公估报告的证明效力如何?H 公司是否有任何办法推翻该报告,或请求仲裁庭对该报告不予采信?

答: 关于问题 1:

建议 H 公司可以主张第 16.2 条是当事人以列举方式明确约定列明的免责事由;对于没有列明的事由(即使属于不可抗力情形),则可视为当事人放弃了免责的权利,这样的做法也是有一定合理性的。而且,对于"先行赔偿"的理解,结合《合同》各条款,应当可以理解为发生损失后 R 公司应当先于保险公司赔偿;至于 R 公司与保险公司之间的赔付问题,与 H 公司无关。

关于问题 2:

对于该问题,需要考察双方当事人签订《合同》时的真实意图如何,有无就投保问题进行过具体协商,形成过书面文件没有?要求以谁的名义投保,投保哪一具体险种?R 公司事实上所投的险是否与双方达成的意向是否并不一致?

如果 H 公司能够搜集到相关证据证明,当时要求 R 公司投保包括责任险、财产险等险种在内的"综合险",则对 H 公司较有利。

关于问题 3:

就保险公司的责任问题,仲裁庭可能会比较关注:R 公司是否具有保险利益?公估机构出具的公估报告中也曾提到,保险公司不应赔偿的理由之一即,发生损失的货物并非被保险人 R 公司所有。就该问题,H 公司可以提出:从法律上讲,R 公司当然具有保险利益;而且,保险公司在投保时对于 R 公司并非货物所有人这一点也是明知的。因此,当货物的损失属于保险单列明的责任范围时,保险公司当然应当赔偿。

本案的仲裁程序中,建议 H 公司的主要策略还是应当针对被申请人 R 公司的抗辩进行反驳,就 H 公司与 R 公司的合同权利义务关系进行主要论证;H 公司可以不主动提出保险公司的赔付问题。但 R 公司基本上肯定会提出保险公司未赔偿的问题,则 H 公司可采取相应的反击措施。

关于问题 4:

对于公估机构出具的公估报告，只要该机构具有相应的资质，仲裁庭一般还是会采信的，除非：（1）H 公司能提供证据证明公估机构确实与保险公司或其他当事人有串通；或者（2）H 公司能够提出让仲裁庭觉得公估报告中确实有明显错误的内容（例如，公估报告中过多分析和评论了当事人之间《合同》的条款内容和责任问题，这些内容明显不是一般的公估报告应包括的，显然不合理）。

另外，还可以考虑重新委托一家公估机构（最好是比原公估机构更具权威性的）出具报告，或者提请仲裁庭指定一家公估机构重新进行评估。但是在提请仲裁庭指定时，通常仲裁庭不太愿意指定；而且由于距离事故时间已久，又需要最好委托上海当地的公估机构，重新委托评估的话可能会有一定困难。

答复北京市金杜律师事务所杨律师咨询，2008.3

注：案件结果：仲裁庭经审理裁决，R 公司向 H 公司赔付因雪灾造成的货物损失以及因管理不善造成的货物缺少损失等。

369. 物流履约中船方不具备装货条件应否担责

问：某公司从国外进口一批货物，由我方负责运输。为此，我方与船方签订了一份程租船合同。双方约定，"出租人不负担装卸、积载及平舱费用"（FIOST）。双方还约定，大船将在装货港抛锚，货物由发货人从驳船交到大船上。大船到了锚地，并且递交了装货准备就绪通知书。但是，由于大船本身舱内出现问题，当时并不具备装货条件，而驳船已经到达大船边并且具备卸货条件。请问，此时发货人能否向船方索赔？

答：你们首先要仔细查阅该程租合同中关于装货时间开始起算的条款是如何约定的？是"递交装货准备就绪通知书"开始起算？还是"递交装货准备就绪通知书"后24小时开始起算？或是其他约定？如果是"递交装货准备就绪通知书"开始起算，根据以上情况，我认为此时发货人可以向船方索赔。理由如下：本案大船已为到达船舶，并且已经递交了装货准备就绪通知书。这就意味着，装货时间已经开始起算。发货人应当可以将货物由驳船卸到大船上，大船应当开始接货。此时，如果再因船方自身的原因而不能接货，那么由此引起的时间损失的风险应当由船方承担。也就是说，发货人可以从装货时间中扣除停装时间，按照事先滞期速遣条款约定的金额计算相关损失费用。

答复中外运股份公司工程物流项目部咨询，2006.9.1

370. 物流运输甲板货提单的批注可否修改

问： 船东要求在船东提单上对甲板货进行批注，作为托运人，我司是同意船东的批注内容，还是可以对其批注进行一些修改？请您提出宝贵意见。

答： 为了维护你司的利益，根据你司多式联运提单背面甲板货条款的内容，建议你司可以用下列措辞代替船东在船东提单上对甲板货批注：

After the carriers and/or vessel and/or owners give notice to the shipper and/or consignee and/or receiver or comply with the custom of shipping or the relevant laws or administrative rules, the carrier and/or vessel and/or owners shall not be liable for the loss/damage of the goods caused by the special risks involved in such carriage.

当然，你司也可以对上述措辞进行相应的简化，但其基本意思应当不变，即承运人需在满足一定条件的情况下对甲板货的损失免责。这也是根据我国《海商法》的原则，即承运人对甲板货的灭失损坏不是在任何情况下都可以免除责任的。

我国《海商法》第53条对承运人装运舱面货有明确规定：承运人装运舱面货应当同托运人达成协议，或者符合航运惯例，或者符合有关法律、行政法规的规定。承运人依照前款规定将货物装载在舱面上，对由于此种装载的特殊风险造成的货物灭失或者损坏，不负赔偿责任。承运人违反本条第1款规定将货物装载在舱面上，致使货物遭受灭失或者损坏的，应当负赔偿责任。

另外，以下几条也是对承运人装运舱面货的规定：一、根据我国《海商法》第42条第5款的规定，本法中所指的货物应当包括舱面货。但本条第1款的规定意味着承运人无权任意地将货物装载于舱面上。本条第1款规定承运人只有取得托运人的同意或者根据航运惯例或者根据有关法规，才有权可以将货物装载于舱面上。二、如果承运人违反本条第1款规定，擅自把货物堆放在舱面上，即使他们举证证明已履行了本法规定的承运人的义务，也不能摆脱对舱面货遭受灭失或者损坏的赔偿责任。承运人是否可以享受赔偿限制应当按照本法第59条的规定决定。三、承运人依照本条第1款的规定将货物装载在舱面上，对于此类货物的运输，受本法规定的调整。不过，货物装载在舱内或者舱面上，遇到风险时，后者情况下，风险要大得多。故本条第2款规定，对由于此种装载的特殊风险造成的货物灭失或者损坏，承运人不负责任。

需要注意的是，因为目前我还没有看到本案船东提单的背面条款，所以不知道该提单背面条款的首要条款是否适用《海牙规则》。在《海牙规则》中，舱面货的运输不视为海上货物运输，在《海牙规则》适用时，货物丢失损坏的风险由货方承担。

答复中外运股份公司工程物流项目部咨询，2006.3.14

371. 船方对物流运输甲板货可否全部免责

问： 由我司工程物流项目部负责装载、捆绑的一批出口几内亚工程货物，38 件经托运人同意装甲板，FIOST。2006 年 3 月 11 日程租的一条船从新港开船后，由于风浪，甲板货松动，从舱盖板滑向两边，因木材船有栏柱，货未掉海中，但砸坏下面的搅拌机。船东签发的提单批注对所装甲板货不负任何责任。托运人开始未投甲板险，后口头同意加保费，同意一切险加甲板险，但不包括锈蚀。该货物需要在下一港新加坡进行重新捆绑，此项工作应由谁负责？其捆绑费用应由谁支付？已产生的货损应由谁负责？可否不让船方这样批注？船方对甲板货是否在任何情况下都免责？

答： 1. 赶快催促托运人落实甲板险，争取保险公司不带任何附加条件。

2. 查看托运人与工程物流项目部的运输合同中的法律关系，即工程物流项目部是代理人还是当事人或是契约承运人。

3. 看租船条款及 1994 年金康租约，分清船东与租船人的责任。

4. 争取船方不批注或按提单一般条款进行批注（实践中船方批注不负责也不是绝对的，船方仍须妥善照料好货物，仍旧不能不合理绕航等）。

5. 船方有文字说明对甲板货检验符合要求（符合什么要求，以此要求船方也承担一些责任）。

6. 在新加坡一定要重新对甲板货进行加固捆绑，其费用争取由保险公司承担（因为这能减少货损，否则保险公司要赔更多），如保险公司要求工程物流项目部和托运人也承担一些，可考虑接受。

7. 查看装货时对捆绑工作有无明确要求与标准，装货港捆绑公司是否按要求与标准对货物进行的捆绑，是否应当对货物的松动损失负有一定的责任？

答复中外运股份公司工程物流项目部咨询，2006.3.14

372. 海运中转港陆运货损如何处理

问： 我中外运股份有限公司工程项目部与国内某公司签订了一份运输合同，约定由我方负责将该国内公司一套德国产的柴油发电机设备转运到沙特内陆。海运部分由我方负责承运，沙特清关、内陆运输工作由我方负责安排。海运任务顺利完成，但在沙特内陆运输途中发生了事故，发电机从拖车上滑落，严重受损。目前，受损设备仍在修理当中。保险公司已预赔 60 万美元，估计总共要赔 100 万美元。由于受损损失还没有最终确定，所以保险公司暂时未起诉有关责任方。但保险公司认为，有关责任方应当承担全部赔偿责任。

请问：1. 如果将来保险公司起诉我方，我方有何理由可以避免损失？2. 我方与托运人在运输协议中订有仲裁条款，约定发生争议交由中国国际经济贸易仲裁委员会仲裁，而与保险公司没有签订仲裁条款。因此，保险公司代位求偿时是否适用上述签订的仲裁条款，原仲裁条款是否能够自动转移？如不能转移，我方应怎么做？3. 我方是选择诉讼好还是选择仲裁好？4. 此案应如何适用法律，适用什么法律，是沙特法律还是中国法律？

答：（一）关于问题 1，要回答这个问题，首先就要确定你方在本案中的法律地位。

方案一：若你方是多式联运经营人，则要对全程运输包括海运、陆运负责。鉴于此，你方对沙特陆运部分发生事故导致的货损应当对货主负责。但是由于货物的损失发生在确定的区段即陆运区段，所以你方在赔偿货主后可向陆运区段的实际承运人追偿。

现在的问题是，保险公司已赔偿了货主，将来很有可能会向你方追偿。因此，1. 你方可以要求实际承运人给你方出具一个担保函，担保在你方赔付保险公司之后实际承运人将赔偿你方货损造成的损失和利息以及相关诉讼费用等；2. 你方也可以向保险公司出具一个担保函，引导保险公司转向陆运区段的实际承运人追偿。但不管怎样，你方在赔偿时都可以主张赔偿责任限额。而且如果是诉讼，你方还应要求追加陆运区段的实际承运人为第三人，以节约诉讼成本，更好地解决此案。

方案二：若你方只是承运海运部分，而陆运部分则仅作为受托方负责清关和委托陆运承运人的货运代理，则你方只负我国《民法通则》中所规定的代理人的责任，只要你方在选择陆运承运人方面无过错，运输过程中产生的所有责任均由被代理人即发货人承担。

根据前述案情介绍，本案中，只说明"沙特清关、内陆运输工作由你方负责安排"，未明确你方究竟是受托方委托陆运承运人、还是本身就是承运人。因此，你方争取以代理人身份采用方案二，这样就可以避免损失；若代理身份不成立，则你方可退一步采用方案一，尽量减少自己的损失。

（二）关于问题 2，我国《海商法》第 252 条规定："保险标的发生保险责任范围内的损失是由第三人造成的，被保险人向第三人要求赔偿的权利，自保险人支付赔偿之日起，相应转移给保险人。"根据这一规定，可见保险公司的"代位"是一种"求偿权"，是向第三人要求赔偿的权利，而不是一种义务，可以理解为合同权利的转让。

在仅转让合同权利的情况下，合同中的仲裁条款能否随之转移而适用于新的合同双方当事人？这个问题在理论界与实践界都存在较大的争议与分歧。

反对仲裁协议继续有效的理由概括起来有三点：一是仲裁协议以当事人意思自治为基础。合同权利转让时，受让人没有机会表示自己对仲裁条款的意见，如果让其继续生效违背了当事人意思自治原则。二是仲裁协议的独立性。因为仲裁协议的独立性，所以它不能随着其他合同条款的转移而转移。三是仲裁协议的特殊性。仲裁条款本身即为一种义务，对于受让人而言，接受合同转让仅意味着他受让了合同项下的全部或部分权利，并不意味着他也同时承担了必须通过仲裁来解决他和债务人之间的争议这种义务。

而支持仲裁条款随着主合同转移的理由主要有：1. 转让中，受让人不能取得比转让人更优的地位，这项原则对仲裁条款同样有效。所以受让人只能接受仲裁，而不能在仲裁与诉讼中进行选择。2. 如果债权一经让与，债务人就只能和必须到法院打官司的话，那么债务人的地位就会受到相当大的损害。况且，在商业实践中，当事人之间因存在相互信任关系而订立仲裁条款是极罕见的。3. 如果允许合同的另外一方当事人在仲裁与法院诉讼之间进行选择，则使他有机会通过挑选仲裁或者法院而捞取好处。因此，如果受让人知道或者应当知道原来合同中的仲裁条款，他就应当受到仲裁条款的约束。因为合同的另外一方当事人与转让人签订合同时，本来是希望争议通过仲裁方式解决，如果作为合同原来一方当事人的转让人通过自己的单方行为使合同另外一方当事人的仲裁愿望落空的话，这对合同的另外一方当事人来说是难以接受的。

因此，仲裁条款能否转移关键还是立场问题。如果认为仲裁更有利于你方，则你方可以用上述支持的理由来维持仲裁条款的效力。反之亦然。

但是，如果事与愿违，保险公司采用诉讼方式，而你方意图维持仲裁条款的效力，还想通过仲裁的方式解决争议，则只好与保险公司另行签订一个仲裁协议。这种在争议发生后签订仲裁协议的方式在我国仲裁法中是允许的，实践中也是最常用的。

（三）关于问题3，诉讼与仲裁各有利弊。但我个人认为，仲裁的方式更佳。原因有五：

1. 仲裁是一种快速解决争议的方式，一般来说费用也较低。而以诉讼解决争议则比较慢，且费用往往偏高。更重要的是，与法院实行两审终审制相比，仲裁实行一裁终局制，一般对仲裁裁决不能上诉（除非程序存在问题）。这样，一旦仲裁裁决作出，案件便告终结，对双方当事人都有约束力。

2. 通过仲裁对交易中发生的争议寻求公正而权威的人士协调解决，比通过诉讼对当事人之间的感情产生的负面影响要小，更有利于当事人今后的交易继续进行。

3. 仲裁一般不公开进行，这有利于保守当事人的商业秘密，也更有利于维护当事人的商业信誉，而诉讼难以做到这一点。

4. 通过仲裁的方式解决争议，当事人可以自愿选择仲裁机构、仲裁员，甚至可以选择仲裁程序等，而审判庭的组成人员（法官）的人数和人选，诉讼当事人无权过问。因此，从这方面讲当事人有更大的自主权和更加方便。

5. 仲裁制度更有利于仲裁裁决的执行。无论是诉讼，还是仲裁，裁决结果的可执行性是至关重要的。在这方面，仲裁远远优于诉讼，这是因为参加《1985年纽约公约》的国家很多，仲裁裁决可以在签约国得到承认和执行，就像本国的判决一样。而相形之下，法院的判决往往只能在国内有执行效力，一出国门，由于国与国之间很少订有互相承认和执行法院判决的公约，外国法院无义务协助你执行，因此根本无法执行。

总之，在保证使争议得到公正、合理解决的前提下，仲裁具有省时、省费、程序灵活的优点。

综上所述，我认为本案还是选择仲裁好。原因是：一是考虑到你方与保险公司的关系，以后还有继续合作的可能，因为你方需要经常投保运输险、财产险等，所以仲裁不会太"伤感情"；二是仲裁能够更彻底地解决问题和保护实际陆运承运人的利益。作为"仲裁第三人"的实际承运人如果被裁决承担责任，则仲裁裁决的执行将比法院诉讼判决的执行更有保障，理由如上所述；三是仲裁节省费用，节省时间。

（四）关于问题 4，回答这个问题需分两个层次：

1. 在运输协议中明确约定有适用的法律

在这种情况下，要看这个约定的法律符不符合规定，行不行得通，例如所选择的法律有无违背相关国际法或国内法的强制性规定等等。如果可以，则适用协议约定的法律。但本案中约定的争议解决方式是仲裁，所以问题又回到上面第二个问题即"仲裁条款能否转移"。因此，如果上述第二个问题的答案是肯定的，选择的法律不违背相关国际法或国内法的强制性规定的情况下，是可以适用约定的法律的。如果上面第二个问题的答案是否定的，则等于没有约定适用的法律，这时建议转向以下第二个层次。

2. 在运输协议中未约定适用的法律

在这种情况下，要讨论本案是适用沙特法律还是中国法律或是其他法律，也分两个层次：

（1）如果你方是多式联运，首先适用我国《海商法》。我国《海商法》第 105 条规定，"货物的灭失或者损坏发生于多式联运的某一运输区段的，多式联运经营人的赔偿责任和责任限额，适用调整该区段运输方式的有关法律规定。"根据这一规定，本案中的货损发生在沙特的内陆运输途中，所以应当适用《国际公路运输合同公约》或者沙特的相关公路运输法。

（2）如果你方仅为发货人的代理人，则保险公司无权向你方追偿。至于法律适用问题，因为本案沙特境内的内陆承运人是当事一方，所以保险公司追偿承运人时，也应当适用《国际公路运输合同公约》或者沙特的相关公路运输法。

答复中外运股份公司工程物流项目部咨询，2007.1.8

373. 物流合同中班轮条款船边到仓库货损谁承担

问：某程租船合同中，双方约定了"班轮条款"，并注明船方的责任期间是钩到钩。合同约定运输的货物是成套设备。根据当地的习惯做法，成套设备均由船方负责从船边运至仓库。货物从船上卸下后，船方的雇员将货物从船边运到了仓库，船方也支付了雇员费。但是，在从船边运至仓库的过程中，货物发生了损失。请问，在此情况下，货损的责任应由谁承担？

答：根据介绍的案情，本案货损由谁负责，我认为有两种可能：

第一种可能，货损由收货人负责。理由如下：根据本案合同，双方约定的是班轮条款，并且注明船方的责任期间是钩到钩。也就是说，从货物卸下船起，合同即已履行完毕，船方的责任终止。至于当地的习惯做法，只能看作是船方帮忙。此时，船方的雇员应视为收货人的雇员。因此，在从船边运至仓库过程中发生的货物损失，应当由收货人自行承担。

第二种可能，货损由船方负责。理由如下：当地习惯做法是由船方的雇员将货物从船边运至仓库，本案合同中并未写明船方对此期间发生的货物损失不负责任。另外，正因为习惯上是由船方的雇员来完成此段作业，并且雇员费也由船方支付，由此推断，收货人支付的运费中应已包括货物从船边运至仓库的费用，所以，在此期间发生的货物损失应当由船方负责。

综上分析，本案合同中约定了班轮条款，又约定了船方的责任期间是钩到钩。但实际上，根据当地的习惯做法，却是由船方负责将货物从船边运至仓库。在此情况下，合同中应进一步明确，货物从船边运至仓库期间所产生的费用、风险和责任由谁承担，以及运费包括哪些服务项目。否则，一旦发生问题，如本案，很容易引起纠纷。

答复中外运股份公司工程物流项目部咨询，2006. 9. 1

374. 物流合同中 FOB 班轮条款如何解释

问：我国买方以 FOB 班轮条款（FOB Liner Terms）与日本卖方签订了 11 条生产线的货物买卖合同，约定货物从神户进口到上海，我司负责其海上运输。第一船系由日本发货人将货从驳船卸到岸上，再从岸上装载于我司货船，整个操作流程顺利。但第二船日本发货人要求将货从驳船直接吊到我司货船上，由于该货最重件达 20 吨，神户港口没有可吊这么重货物的岸吊，只能使用汽车吊、船吊或者浮吊。如果直接过驳，汽车吊吊臂不够长，而日韩线船舶通常也没有可吊这么重货物的船吊。在此情况下，只能租用浮吊吊货，然而，双方事先并未就租用浮吊吊货达成协议。于是，买卖双方与承运人对租用浮吊吊货所产生的附加费用发生了争议。争议的焦点是，使用浮吊吊货所增加的装卸费用应由谁承担？最终，承托双方协商决定：由我司作为承运人与发货人再签订一个书面协议，明确租用浮吊吊货所产生的额外费用（包括短捣、浮吊等）由货方负责承担，即由收发货双方协商解决。

现在的问题是，请您解释一下，在 FOB 班轮条款下，此案中租用浮吊吊货所增加的装卸费用到底应当由谁承担？

答：（一）FOB 条款下买卖双方的责任

贸易术语主要解决的是买卖双方的交货责任以及与交货有关的费用及风险等问题。根据目前被广泛采用的《Incoterms2000》，在 FOB 术语下，卖方必须支付如下费用：（1）与货物有关的一切费用，直至货物在指定的装运港越过船舷时为止；及（2）……；买方必须支付如下费用：（1）货物在指定的装运港越过船舷时起与货物有关的一切费用；及（2）……。而且卖方没有运输责任和保险责任，买方必须支付费用和订立从指定装运港运输货物的合同。

由此可见，买卖合同中使用 FOB 条款决定了买方承担租船费用即运费。所以本案中既然双方签订的是 FOB 条款，则运费理所当然应由买方即我国进口方承担。

（二）FOB 术语变形后各方的责任

Liner Terms（班轮条款）又称"船边交接货物条款"，在这种变形下，装船按照班轮的做法处理。也就是说，由承运人负责装船，装船费由买方在支付运费时一并支付，卖方不承担装船费用。正常情况下，卖方在装船港码头船边把货物交给承运人，其交货义务即告完成。但本案中使用的是浮吊吊货，这就不属于正常情况下的装货，其所增加的装船费用究竟应由谁承担，应当考虑以下几个因素：

1. 买方与承运人在租船合同中使用的是什么条款？

若使用的是 FOB Free In，则承运人不负责货物装船。卖方支付此笔费用后，可根据买卖合同向买方追偿。若使用的是 FOB Liner Terms，正常情况下，是由承运人负责装船。而本案不属于正常情况，则应考虑下面一个因素。

2. 发货人或订立运输合同的买方，事先是否向船方交待或告知了这一非正常情况？

此处所说"非正常情况"，系指货物超重、超长、超大等体积或者重量方面的非正常，而导致不能使用岸上吊杆或船上自带吊杆完成装货作业。若事先已交待清楚，船方又同意，则使用浮吊的费用就是意料之中的而不是额外费用，当然由船方负担；但若事先没有交待清楚，则属于额外费用，由租船人即买方承担。显然，本案正是由于双方对这个问题没有事先交待清楚，或者说未引起足够的重视，才导致矛盾的产生。这也是大家在实践中应当吸取的教训。

3. 你司与船方和货方的关系如何？

你司与船方和货方签订的是背靠背合同？还是作为货方的代理签订的代理合

同？若签订的是背靠背合同，则要考虑你司与进口方签订合同时，进口方是否已告知货物的特殊情况；若已告知，那么你司与船方签订租船合同时，是否也向船方告知了此情况；按照这种方式决定三方的责任，类似于上述 2 中的责任承担。若你司仅作为货方的代理，则应按代理的有关制度处理。

答复中外运股份公司工程物流项目部咨询，2006.7.26

375. 物流海运的亏舱费应如何计算

问：2007 年 7 月，我司与南通星辰合成材料有限公司（以下简称"南星公司"）签订了一份双酚 A 设备的运输合同，约定由我司负责将南星公司以 FOB 条件进口七件设备从欧洲安特卫普和巴塞罗那运至我国南通指定现场。

同时，我司又与 SAL 船公司（以下简称"船公司"）签订合同，约定由该船公司负责分两批运输上述设备：第一批五件设备，受载期为 8 月 5 日至 15 日，装货港为安特卫普和巴塞罗那，卸货港为南通；第二批两件设备，受载期为 10 月 5 日至 15 日，装货港为巴塞罗那，卸货港为南通。

此后，第一批货物运输于 10 月 6 日顺利完成。但是，第二批货物运输过程中出现了一些意外情况。船公司要求将装船期从 10 月 5 日至 15 日延至 10 月底（此变更不影响货物抵达南通港的时间，即货物仍将于 11 月底前抵达南通港），经南星公司同意后，我司同意了船公司的上述变更。

9 月 21 日，船公司发来具体船期通知为 10 月 20 日至 25 日，后又通知为 10 月 23 日至 24 日，我司随即通知南星公司，请其通知发货人及时备货。而 10 月 10 日，船公司又与我司商量是否能将装船期提前至 10 月 14 日，我司又将此情况通知南星公司，并同时指示船公司直接与发货人联系，看其是否能在 10 月 14 日前完成报关及内陆运输等工作。

但是 10 月 11 日，船公司的信息反馈却出人意料：发货人称货物要 11 月中下旬才能备妥。我司得知此信息后，立即要求南星公司确认此事。经南星公司与发货人核实，上述情况属实。于是，10 月 12 日，我司即通知船公司货物无法在约定受载期装船，请船公司另行安排为 11 月中下旬运输。船公司随后发来邮件称：根据承运人的标准通用条款，在此情况下运输合同已经终止，并且货物未能按期装船，给承运人带来的损失，我司须向其支付 100% 的海运费作为亏舱费。

该标准通用条款中亏舱费的相关条款如下：

第 33 条：终止条款

如果租船人提出变更货物受载日期，船东有权终止合同，并根据以下不同的终止日期收取不同的空舱费用：

1. 货物受载期开始之前 4 周终止合同，收取全部运费的 25% 作为空舱费用；

2. 货物受载期开始之前 4～2 周终止合同，收取全部运费的 50% 作为空舱费用；

3. 货物受载期开始之前 14～1 天终止合同，收取全部运费的 75% 作为空舱费用；

4. 货物受载期开始后终止合同，收取全部运费的空舱费用。

请问：根据上述情况以及合同有关空舱费的约定，我司是否需要承担 100% 的亏舱损失？另外，有何办法能够降低空舱费用？

答： 按照你司与船公司的合同约定，货物的受载期为 10 月 5 日至 15 日（后改为 10 月 5 日至 31 日），但你司于 10 月 12 日提出货物无法在 10 月 31 日前装船，提出的日期是在货物受载期开始即 10 月 5 日之后，故你司应当承担 100% 的空舱费用。在这种不利的情况之下，为了尽可能地减少你司的损失，你司仍然可以向船东提出以下几点主张：

1. 船东有义务避免损失的进一步扩大，如果船东认为其遭受了全部运费的损失，应当提供相应的证明；

2. 由于运费价格已经包含了装卸费用，所以在没有实际发生货物运输的情况下，船东在索赔空舱费时，应当扣除装卸费用；

3. 希望船东能够将空舱费用降至 50%，你司可以承诺继续将第二批货物交由该船东承运，并且可以给予一定的运费优惠。

4. 从商业关系上跟船东沟通：

（1）长期友好协作。（2）现在面临的亏舱，不是我们双方的责任，而是发货人未备妥货，所以双方来承担这一损失比较合理、恰当。（3）今后我们将继续友好合作，在同等条件下，一定优先考虑。

5. 给国内收货人一个索赔函并保留对其的索赔权。从现在起一方面尽量减少亏舱赔偿费，另一方面着手准备向国内收货人追回此笔赔款。当然，也可协助国内收货人向国外发货人索赔此笔损失。

尽管你司赔付船东后，尚可从收货人获得赔偿，但是，仍有一些经验教训值得总结：

1. 慎签确认书

在订立正式租约前，如需先签一个 FIXTURE NOTE，即订租确认书，则要注意明确自己的法律身份和对方的法律身份。

在该订租确认书中，往往只明确一些最主要的条款，细节则以一条"其他条款将按××租约/其他事项将按出租人的标准条款来履约"。对于这样的一条款，你司应对其中提及的"××租约"或"标准条款"给予充分重视，要索取该"××租约"或"标准条款"等文件，且逐条逐字地仔细阅读，看其是否有不利或很不利于你司、甚至完全不能接受的内容，再决定是否签订含有此条款的租约，否则，一旦盲目签订此类确认书，该条款就将成为陷阱，后患无穷。

2. 合同主体的适格性

在正式订立租约前，还应充分了解合同主体的适格性以及合同履行的可靠性，并详细具体地约定违约责任。

3. 背靠背合同的一致性

作为背靠背合同的当事主体，在与上家船东和下家委托人订立的合同条款中，责任和义务应当尽可能保持一致，以避免日后向上家或下家赔偿后，无法顺利从下家或上家获得追偿。

4. 履约纠纷的慎重处理

在合同履行的过程中，一旦出现争议，要纵观全局，积极应对。在与对方谈判的过程中，尽可能获取对方的书面意见。而向对方出具书面意见时，一定要措辞谨慎，必要时委请相关法律人员协助处理。

5. 船方资信要了解

对船东的资信情况一定要很了解，尽量不要租用希腊船东的船，尤其不要贪图便宜租用单船公司的船只，否则极易上当受骗。

答复中外运股份公司工程物流项目部咨询，2007.10

376. 物流货物因延迟装船货损由谁承担

问：某物流公司根据物流合同接受发货人的货物，并将货物运到装货港。之后，货物在港务局的掌控之下。由于原定的租船船舶不能如期到达装货港，出租人找了一条替代船，造成了货物延迟装船。在货物还未开始装到替代船上时，装货港发生了涨潮，潮水将货物打湿，造成了货物损失。这种损失应该由谁负责，是保险公司、港务局、出租人、物流公司，还是发货人？

答：根据本案有关材料，发货人对货物投保了财产险，但保险合同中约定，保险公司的赔偿责任起止期间是从货物装船时开始，而本案货物发生损失时，保险公司的保险责任尚未开始，所以，发货人不能向保险公司索赔，只能根据物流合同向物流公司索赔。

物流公司赔付后，可以再向责任方追偿。但如果找不到责任方，或者责任方根据分合同条款及有关法规免责，或者责任方虽有责任但无力赔偿，则物流公司也只能自吞苦果。

对于港务局来说，本案货物在其掌控之下，如果涨潮程度不属不可抗力，而且又有天气预报，但是港务局未采取相应的预防措施，那么，港务局应当承担货物损失的责任。

另外，出租人也应承担责任。根据我国《海商法》第 97 条第 2 款，"因出租人过失延误提供船舶致使承租人遭受损失的，出租人应当负赔偿责任。"本案中，如果原定的船舶能够如期到达装货港，货物就不会遇到涨潮，也就不会被打湿。而且，如果船舶如期到达，开始装货后即使发生了货损，发货人也可向保险公司索赔。正是由于第一条船未如期到达，货物在等待替代船舶期间，遇到了涨潮，发生了损失，且发货人无法向保险公司索赔，所以，出租人也应对此承担责任。

答复某物流公司咨询，2006.9.1

377. 物流运输中租浮吊额外费用谁承担

问：我公司为了实施一项物流工程项目曾租了一条船，船上有重吊。后来出租人改换了一条替代船只。当时我方疏忽未注意替代船上是否有重吊。结果，导致船舶抵达卸货港后，因船上和港口均无重吊，导致船上重货无法及时卸离，最后只好临时租用浮吊。不巧在海上作业时又遇到风浪，无法快速卸货，从而产生了租用浮吊费和延长卸货费等。请问您，因替代船只本身未配备重吊设施而产生的上述卸货额外费用，应由谁来承担？

答：根据你所提供的简单情况，而我尚未看到你们的租约条款以及其他相关资料，故对本案不可能马上作出一个十分贴切而准确的结论，只好先分几种情况进行分析，以供你们参考。

第一种情况，你方作为租船人，在与出租人所签的租约中，虽然允许出租人可以换船，但同时明确规定了出租人的替代船只必须符合租约的要求，即替代船只本身应有重吊。当出租人告知替代船只本身无重吊时你方应立即提出质疑，这样责任就很明显，由于替代船只无重吊所引起的卸货的额外费用应由出租人承担。

第二种情况，你方作为租船人，在与出租人所签的租约中，已明确说明有重货且需租用船只本身的重吊进行装卸，对此出租人也予以确认。后因出租人的替代船只无重吊，结果产生了卸货的额外费用，虽然出租人告知替代船只时，你方疏忽未发现替代船只无重吊且未提出异议。在这种情况下，我仍认为应由出租人承担，理由是：出租人知道船上载有重货需要配备重吊，且原船只因配有重吊而符合租船人卸货之需，现恰恰由于出租人的替代船只无重吊而无法装卸原先双方约定的重货，故由此引起的卸货额外费用的责任在出租人。

第三种情况，如果你方作为租船人，允许出租人找替代船只，同时另有明确约定，替代船只可不具备装卸重货的重吊，或明确约定租船人重货装卸的重吊费用由租船人承担，或所装重货由租船人负责，那么本案所产生的重吊卸货额外费用均应由租船人即你方负责。

答复上海华东物流公司企管部咨询，2009.3.4

378. 物流运输中因修船无法交货怎么办

问1：我司接受发货人委托，负责安排货物从宁波港运至某国某港口。我司与二船东签订的租船合同约定由二船东提供船舶，负责运输上述货物。二船东再程租"A"轮提供运输服务。

货物装船后，原船东对货物的瑕疵在提单上作了批注。由于该提单不符合结汇要求，二船东在我司和发货人提供担保的情况下，签发了自己的清洁提单，并将货物安放在甲板上。

"A"轮装货完毕离开宁波港。一个月后，船舶航行至某海域发生故障，便停驶在当地修理。货物运输搁浅近3个月。

发货人提出，由其代垫转船费用，尽快安排转船，否则各相关方的损失会越来越大。我司将发货人的此意转达给二船东和原船东，但未得到明确答复。于是，我司已派人前往修船地，了解船舶的故障原因及修理进度。

请问您，针对上述纠纷，我司下一步需采取怎样的应对措施？

答：根据你司提供的材料，现分析和建议如下，请参考：

1. 首先要明确你司的法律地位，即你司在此项业务环节中扮演什么角色，是代理人还是承运人身份？根据你司与发货人之间的合同初步判定，对于发货人来说，你司的角色不是契约承运人，不应承担承运人的法律责任。但是，你司需做好准备，不排除货方仍会以你司为契约承运人的理由起诉你司。此外，你司须继续搜集证据，找出充分的理由，来证明发货人为不适格原告，你司在本案中既非承运人不应承担承运人责任；亦无任何过失不应承担任何责任。

2. 你司不是个体户、皮包商，虽然在本案中有一定的道理，但也不能采取消极态度处之，相反从公司的长远利益和全局考虑，应想方设法避免损失的扩大。因此，你司须以积极的态度，面对现实，协助货方，处理此案。

3. 动用有关资源，千方百计与原船东和二船东取得联系，将律师函直接发给他们，要求其尽快修船或找替代船舶，并承担相应的责任和费用。

4. 尽快了解船舶的修理情况，分析计算船舶的修理成本，并与转船费用进行比较，以便决定是选择等候修船还是立即寻找替代船，替代船的费用由谁承担或如何分摊。如果等待修船能够解决问题，则第一方案是选择修船。

5. 第二方案是找替代船。如果修船无期，只好找替代船。在寻找替代船时，你司需考虑替代船的资信、船型、船期、运费等因素，如果原船东及/或二船东拒绝单独承担此替代船舶的费用，在万不得已的情况下，可以考虑由原船东、二船东、发货人、收货人和你司几方先垫付，待货物运抵目的地后，再确定承担该费用的责任方。此外，如确定找替代船，你司需同时与保险公司洽商相关事宜。

6. 你司须注意每一个环节和每一个步骤的操作，在与各方协商过程中，尽可能制定书面文件，并斟酌用词。

7. 原船东签发的是不清洁提单，而二船东凭发货人和你司的保函签发了清洁提单，如货物在原船的运输过程中或在替代船的运输过程中发生货损货差，很可能会涉及你司。这是一种潜在的风险，你司应当事先进行认真分析，并作好充足的思想准备和应对措施。

8. 本案结束后，你司应当及时总结经验教训，避免重蹈覆辙。在商业经营活动中，始终应将风险防范放在第一位，将商业利益放在第二位。运用法律做好风险防范与追求商业利益最大化并不矛盾，相反，做好风险防范工作，可以最大限度地保证自己商业利益的实现，同时也可以最大限度地规避可能发生的法律责任。风险防范工作的内容很广，它体现在业务经营中的每一个环节。因此，在租船业务中，你司应当选择资信好的客户，购买租船人责任保险，订立严谨的租船合同等。只有这样，在业务顺利的时候，可以享受到经营收益；一旦出现纠纷，可以及时准确地界定相关方的责任，避免自己承担不应有的损失。

2007.8.7

问2：关于"A"轮一事，据香港律师反馈的信息，该轮于×月×日在某国某港口被"D"公司和"E"公司以迟延交付和积载不当造成货损为由申请扣押。该轮被扣押后，船东若不积极应对，继续履行运输合同将变得不可能。请问，在此情况下，我司面对货主和船东，需采取哪些措施，对于船载货物须如何处置？

答：在答复你司的问题之前，我想知道以下情况：

1. 船舶被扣至今已一个星期，你司是否知悉船东保赔协会有无提供担保？

2. 你司与二船东进一步的洽谈结果如何？二船东对找替代船是什么意见？

关于所提问题，如果船东不积极配合，建议你司尽快考虑以下措施：

1. 密切关注扣船事态的发展，争取根据当地或有关法律加入到债权人行列；

2. 船东保赔协会如不提供担保，意味着你司不要再考虑等待修船的问题，而应立即考虑如何安排替代船的问题。在安排替代船时，要充分考虑以下几个方面：

（1）在找替代船之前，应先了解清楚扣船地的法律是否允许卸货？该货是否与他人的货物混装在一起，如果存在混装，可能涉及其他货主不允许卸货，即使允许卸货，也将增加额外的卸货费用以及可能存在的损坏他人货物的情况。

（2）确定找替代船后，要考虑替代船的船型应当符合适货要求，船东资信良好，运费合理。如果原船东或二船东拒绝单独承担替代运费，考虑由原船东、二船东、发货人和贵司一起垫付，货抵目的地后，再确定由责任方支付。在确定替代船后，建议还是买份租船人责任险。

（3）要加大对二船东的压力，了解清楚二船东的资产，包括但不限于期租船等，在将来可能的诉讼时，可通过保全取得主动。

（4）对货主没有什么很好的办法，只能尽量协助货主安排货物出运，但千万不能以任何形式承诺任何责任和费用。

以上建议，仅供参考。

2007.8.28

问3：以下附件是"A"轮事件的进展情况，请过目并提出您的意见。

附件：

集团法律部:

"A"轮自被"D"公司和"E"公司申请法院扣押后,目前仍处于被扣押状态。据了解,发货人在某国的收货人已对"A"轮原船东提起诉讼,要求其交付货物。

我司将这段时间内的主要情况汇报如下:

(一)我司告知发货人"A"轮在某国某港已被扣押的信息。

(二)原船东在×月×日向相关利益方宣布共同海损(见附件1)。

1. 函件上注明的日期为×年×月×日;

2. 函件称"A"轮船长于×月×日和×月×日两次在航海日志上宣布共同海损。

(三)我司告知发货人原船东已宣布共同海损,并建议他们与其收货人积极应对。

(四)原船东未提供任何担保,坚持认为船舶被非法扣押,并要求释放船舶(见附件2)。

1. ×月×日,法庭进行听证会,船东与扣船方陈述各自意见;

2. ×月中旬,法庭作出裁定,驳回船东异议,并要求原告在×月×日之前向法庭提交诉讼文件。

3. 据称原船东打算对法庭裁定提出上诉。

(五)我司敦促二船东向收货人提供权利证明文件。

1. 目的——打通收货人对原船东主张权利的通道;

2. 现状——收货人已对原船东提起诉讼,且法院已受理。

(六)关于转船的争执。

1. 船东认为船舶被扣押是非法的,因此不会同意转船;

2. 据我们了解的情况,由于船舶吃水问题,在某港转船有困难;若在锚地减载,由于风浪大,甲板上的货物又多为重大件,风险大,费率高,缺乏可操作性;

3. 扣船方坚持某港具备转船条件,但到目前为止未提供任何可行性建议。

(七)关于船舶状况的争执。

1. 扣船方认为船舶仍存在不少必须修复的缺陷,仍不适航(见附件3);

2. 船东认为船舶适航;

3. 我司要求船东提供海事部门出具的足以证明船舶适航的证据(见附件4)。

(八)我司当前的工作和担心。

1. 调查了解二船东的资产状况；

2. 协助收货人向原船东主张权利，在船舶无法被释放的情况下，迫使船东同意转船；

3. 如果收货人对原船东的诉讼进展不顺利，在其心理承受的极限内货物不能被运到目的港，那么他可能会调转矛头指向贸易商（发货人），我司有可能被卷入诉讼。

（九）我司急需了解与核实的情况。

1. 某港究竟是否具备转船条件？

2. 如果不具备，而转船又是必须的，该如何操作？

在此次事件的处理过程中，我们聘请了香港律师为我司提供法律服务，我们曾于×月×日和×月×日分别向二船东和原船东发出律师函（见附件5~8），询问情况并保留权利。通过律师与扣船方及船东律师保持着联系。

特此汇报。

答：对"A"轮事件的进展情况，我有以下几点意见：

1. 虽然发货人正在全力向承运人提出索赔并出面处理此事，暂时未向你司提赔，但你司绝不能掉以轻心，一切要立足收货人向承运人索赔未成功后，转而向国内发货人索赔，或向发货人和你司同时索赔。

2. 积极搜集有关资料，对于收货人或发货人可能以违约或侵权为由起诉你司做好准备。

3. 若发货人起诉你司，你司可以"发货人为不适格原告、你司亦为不适格被告"为由进行抗辩。因为在CIF条款下，一旦发货人根据买卖合同的要求将货物交付给了船方，且所交货物已越过船舷，作为卖方的发货人便完成了交货义务，货物的风险也随之转移至买方。发货人对货物在运输途中产生的任何货损货差均无丝毫的责任可言；发货人对收货人收不到货物也不承担任何责任；更何况发货人不仅没有因为买方收不到货物而遭受任何实际损失，且已收到货款。所以本案中的发货人当然没有权利、也没有资格作为原告起诉你司？不知其拟以何种法律关系起诉你司？事实上，发货人与你司已无任何法律关系，故你司也为不适格被告。

值得一提的是，本案中，由于船方未能履行运输协议将货物按时运抵目的港的这一事实，丝毫不能改变货物越过船舷一切风险包括收货不着的风险均由买方承担。当然，风险与责任是两回事，船东对其违约责任还是要承担责任的，而追究其责任的适格人是收货人，因此本案最有权利和资格向实际承运人追究责任的是收货人。

4. 积极协助收货人向实际承运人索赔，尽快处理好此案，因为只有他们索赔全部成功或部分成功，才能减轻你司的风险与麻烦，当然，协助时所做的一切都要注意自己的身份，不能留下任何不利于你司的把柄。

答复浙江某物流运输公司咨询，2007. 11. 5

379. 船舶被扣如何保护自身权益

问 1：2006 年 2 月，我公司通过国内的一家 broker，与希腊 Thesarco Shipping Co Sa 签订了一份程租船合同，承载的货物为 8 000 吨钢轨，自中国湛江港运至委内瑞拉卡贝略港，船名为 Thermopylae Sierra，货主为攀钢集团。

该船于 2006 年 3 月 27 日从湛江港起航开出，3 月 30 日抵达上海装货港，等了 12 天泊位后装了 3 000 吨铝锭和 8 000 吨石膏板，又驶向连云港装了一些钢管，连等泊位加倒舱，该船 5 月初才从国内开走。此后，该船在海上航行了近 3 个月，才抵达美国休斯敦港，好不容易卸完了石膏板。不料，8 月初该船竟然被石膏板的收货人通过法院扣留，船东被索赔 40 万美元。经我公司与船东的美国律师联系，被告知是因为上年的一些未决纠纷导致扣船，且船东目前账上没钱，无法向法院提供 40 万美元的银行保函，要想放船至少还需要 3~4 周的时间。

攀钢集团是我公司十分重要的大客户，这批钢轨自湛江港运出，至今已有近 5 个月，仍未到达委内瑞拉，这给他们在委内瑞拉的项目工期造成了严重的影响，使其工作陷于瘫痪。而且，该批钢轨是我国政府援助委内瑞拉铁路建设项目的一个重要部分，钢轨不到位，国内的机车头、道岔等一系列物资也就无法启运。加之，委内瑞拉查韦斯总统 8 月下旬即将访华，届时随行的铁道部官员必将向我国政府官员问及此事，这对我公司的名誉及今后的业务均带来巨大的影响。此外，我公司还面临着攀钢集团的巨额索赔。

目前船上只剩下我公司的货物，怎么办？我公司想过多种解决办法，比如再租一条小船，将货物在休斯敦港卸下，通过转船，再运到委内瑞拉，但这样做的费用估计要 40 万美元以上，而且还要等待船期、装卸等，时间会拉得很长，远水解不了近渴。

为此，我们特向您寻求帮助，我公司应当采取哪些措施。才能快速解决问题？如果我公司在美国的公司代为出具 40 万美元的银行保函，先将船放掉，待船舶抵达委内瑞拉卸完货后，再协调攀钢集团及收货人扣船事宜，想办法将该笔钱要回。不知此办法从法律的角度是否讲得通？是否可行？

此事十分紧急，期待您的帮助！

附件为我公司与船东、货主的合同及提单。

答：邮件收悉。根据邮件中介绍的情况，我提出以下初步意见，供你们参考：

1. 首先需要判断你公司在本案业务中的身份问题。即对攀钢集团来说，你公司是承运人还是攀钢集团的代理人？从你公司与攀钢集团的合同来看，你公司是作为"承运方"签订的货物运输合同，责任是作为攀钢集团的"海运总代理及总负责人，……负责保证货物安全、准时、顺利地运抵目的港"。经分析，对于攀钢集团来说，你公司在扮演着承运人的角色。但你公司所提供的租约、提单等文件有些模糊不清。比如，租约中的船东与租家分别是谁？似乎签章的名称与邮件中所提到的不甚相符。另外，船东提单中的签章以及抬头的承运人又分别是谁，关系如何？希望你公司能进一步提供说明，以明确各方的法律关系，这将有利于你公司决策下一步的行动以及追偿的方式。

2. 对于攀钢集团来说，你公司作为其承运人，目前首要任务就是要保护好其货物的安全，保证你公司能够继续履行与攀钢集团的合同，避免货物在美国港口再出现其他问题，比如被扣留、被卸到海关仓库导致高额的仓储费用等等。作为承运人，如果货物不能按时运到，应当向客户承担延误的责任；如果货物被认为灭失，还应当赔偿客户的货物损失。8 000 吨钢轨的货值，应该不算是一个小数目！因此，现在你公司一方面需要催促船东尽快解决问题，另一方面也要保留对船东索赔的权利。一般来说，出现本案这种问题，船东的保赔协会应出具保函，把船先放掉，因为 40 万美元应该不算高额的担保。但很奇怪，本案中为什么船东保赔协会没有出面呢？从这点来看，该船东很可能是家资信较差的公司。另外，你公司还要积极与攀钢集团及收货人进行联系，保证货物一旦到达委内瑞拉，收货人能够及时收货，防止在收货过程中再出现纠纷，给你公司造成更加被动的局面。

3. 你公司在邮件中提到的找替代船，或者由你公司在美国的公司代为出具保函，先把船放掉，之后再找船东索赔，这些都不能说不是一种办法，但在选择的时候，需要评估各种风险。

（1）代为出具保函的办法：其风险在于，你公司在美国的公司出具保函后如何控制船，如何控制船东。如果船到达委内瑞拉港口前又被扣了，怎么办？也可能船在美国港口还没开出，就又被其他的债权人扣了，这种情况以前也曾遇到过。另外，即使船到达委内瑞拉港口，卸完货后你司能否扣留该船？如何成功扣留？也都是需要考虑的问题。虽然 40 万美元的担保看起来比找替代船要省一些费用，但不可控制的风险还是很多的。所以，在不了解船东情况、船舶被扣留原因的情况下，由你公司在美国的公司贸然提供担保风险是非常大的。

（2）找替代船的办法：采用这种办法，需要首先看当地的法律是否允许在船舶被扣的情况下，将船上的货物转运。建议你公司咨询一下当地律师，如果可以转运，应当尽快找替代船，且该船的资信一定要好，以防再出现类似的情况。另外，你公司还要考虑是否会发生船东不配合卸货的情况。与提供担保相比，有时找替代船的费用看起来要高些，但将货物运抵目的港的安全保证相对较高。

上述办法采用哪种，你公司可根据这批货物的价值，以及与攀钢集团的关系，作出选择。

4. 鉴于此事比较紧急，建议你公司双管齐下：一方面，聘请当地律师，了解船舶被扣的具体原因和进展情况，以及扣船申请人、船东、法院对此事的态度，看近期是否有放船的可能性，据此可判断一下船东的状况。另一方面，如果货物必须马上运到委内瑞拉，则你公司应立即与船东协商转运的事宜，同时在市场上寻找替代船。一旦货物装上替代船，你公司即可立即申请扣押原船东的船舶。由于船东提单的 shipper 是攀钢集团，可能届时的法律手续还需攀钢集团出具，你公司可与攀钢集团进行协调，同时通过找当地律师了解当地的法律程序。

问 2：感谢您的及时回复。现就您提出的几个问题进行说明：

1. 我公司确实是承运人（现给您一份清晰的租约及提单，请再过目）。租约中的船东为 Thesarco Shipping Co Sa，租家为 Sinotrans Ltd。据大连的 broker（Bammen Forwarding Agency Co. , Ltd）讲，该公司为船舶管理公司，底下的签章很有可能是原船东的签章。

2. 如果货物灭失，攀钢集团是否应首先向保险公司索赔？据 broker 讲，该公司在签我公司货物的同时，还签了美国的一家公司从日照到休斯敦的4 000吨石膏板，结果船东1 吨石膏板也没装（当时还甩了我公司的几台机车头和道岔），现在就是这家美国公司在休斯敦港把这条船给扣了，但由于船东严重违约不属于船东保赔协会的承保范围，因此船东保赔协会不予出具保函，这种说法站得住脚吗？

3. 按您所说，我公司目前正在"两条腿走路"：一方面，我公司明天会再次与船东的美国律师进行联系，了解此事的进展情况，同时向委内瑞拉收货人了解在委内瑞拉扣船的可能性及有关程序，等这些都了解清楚以后再考虑出保函的问题；另一方面，我公司正在跟两家船东谈替代船的问题，同时我公司将咨询华运公司在美国的律师，询问在船被扣的情况下卸货、转船的可能性。

答：1. 如果攀钢集团投保了货物险，一旦发生货物保险事故（比如货物灭失或者损坏），他们即会首先向保险公司索赔，因为这样做对他们来说最为方便和快捷。如果确实属于承运人责任，保险公司将会取得代位求偿权后转而向承运人追偿。所以，除非你公司投保了承运人责任险，否则是无法避免地承担责任。

2. 一般来说，货损货差是属于船东保赔协会承保的范围。所以，船东保赔协会不予出具保函的那种说法，我觉得有些奇怪。

问3：感谢您的回复。目前，货物仍安全地在船上。现船舶停在休斯敦港，下一步将直接开到委内瑞拉的卡贝略港，中间无其他挂港。由于另行租船费用昂贵，时间亦无保证，并且攀钢集团给我公司的压力非常之大，所以当务之急，我公司将集中一切力量，设法尽快使法院放船。目前，我公司正在向委内瑞拉收货人了解扣船的相关手续。如果我公司可以提交保函的话，那么肯定需要通过律师办理。为此，我公司向华运公司在美国的律师咨询了此事。以下是我公司的咨询与美国律师的回复，供您参考。

1. 我公司的咨询：

Dear Mr. Bob

　　Good day!

　　I am a close colleague of Mr. Army Lu from Sinotrans China. It is a great pleasure to contact with you. Here we are dealing a big trouble which needs your kindly assistance. We signed a voyage charger party with a Greece company named Thesarco Shipping Co Sa in March. Our cargo is 8000mt rail from Zhanjiang, China to Puerto Cabello, Venezuela. The vessel's name is Thermopylae Sierra. The vessel arrived at Houston on end of Jul. But after discharging 8000mt gypsum board, she was arrested by receiver for claim compensation of USD400000 because of lack loading gypsum in China. The vessel has stayed at anchore area of Houston for more than 20 days. Our receiver at Venezuala has been waiting for this rail with grand urgency.

Worsely the owner has not enough money to apply and present a bank guarantee of USD400000 to release the vessel. Furthermore they can not get any help from P&I club. In this case we appreciate it if you can give us some comment in order to settle this trouble asap. Is it possible that we take place of owner to present bank guarantee to the local court? What about the procedure/formality? We think it has to be handled via lawyers.

The owner's lawyer: Tel: 713 - 9742927, Cel Phone: 001 - 281 - 8570801. The attached file is contract and b/l for your reference.

By the way, would you please give us your good price for dealing with this case? But we really need your some comment firstly.

Many tks for your time and care.

We are looking forward to hearing from you.

2. 美国律师的回复:

Dear Sir:

Thank you for your e-mail. I am terribly sorry to hear about this problem. We can, of course, help you. Since the case is in Houston, it will be necessary to hire a lawyer in Houston to do the local work there. In such arrangement, we would manage the case and instruct Houston counsel in your behalf. You may prefer to hire and instruct Houston counsel directly. We have no recommendation of Houston counsel, although we expect your P&I club has a local representative who is probably a good candidate. Once you have hired counsel, he should contact the owner's and other lawyers involved to learn the situation and recommend a strategy to you. Unfortunately, it appears it will be expensive, as I see no easy solution. Please advise how you want to proceed.

答:如我昨天在邮件中提到的那样,再次提请你公司关注出具保函的风险。比如,船在到达委内瑞拉之前再次被扣押,怎么办?或者出现其他事故等,又怎么办?提供保函后不可控制的风险确实很多,如果你公司最终决定提交保函放船的话,要特别注意以下几点:

1. 保函的担保范围应限制在船东与现在的扣船申请人之间的债权债务纠纷;

2. 保函的金额应严格限制在 40 万美元,不能扩大;

3. 最好在保函中加上有利于你方的生效条件,比如规定你方在委内瑞拉顺利卸货后,保函才能生效等;

4. 美国的律师费用会较高;

5. 要求船东给你们反担保，同意因你们出具保函而造成的损失由船东给予赔偿，防止船东届时不认可你们的保函，而导致你们索赔不着。

答复中外运股份公司工程物流项目部咨询，2006.8.22

380. 何谓物流监管三方协议

问： 我公司从事多年仓储业务，近来打算开展动产质押监管的物流业务，由于这是一项新的业务从来没接触过，不知从哪些方面考虑？合同应如何签订？请您给我们一些指点和启示，我们将不胜感谢！

答： 物流监管业务的开展实际上是基于现实中存在的一个基本矛盾——一边是有钱但不放心贷出去的银行，一边是没钱急于贷款的企业，仓储公司的物流监管业务将二者有机地联系在一起，仓储公司"一手托两家"，成为银企之间的桥梁，在解决上述矛盾的同时提升了自身的价值和效益。所以该项业务若进展顺利能够形成一种三赢的局面，可以极大地提高资金利用率，提高各方的收益。

物流监管业务从业务模式上讲，是以连接仓储企业、银行、生产流通商的货物质押业务为核心，成为不同行业之间的业务整合、集成运行的一个典范。其操作原理并不复杂，贸易流通型企业也许不拥有大规模的不动产，但它总是控制着一定量的动产，也就是手中总是有一批货物，企业将其所有的动产交给银行认可的仓储公司保管，以仓储公司开具的仓单或是以该动产本身作为质押物，向银行申请贷款，而仓储公司对质押货物进行保管，并按照银行的指示办理放货。仓储企业是典型的物流企业，提供的是物流服务，在市场竞争日益激烈的今天，固守传统的服务职能已经渐渐不能满足客户和市场的需求，从单纯的物流服务向物流与金融相结合的服务转变，是仓储企业发展的途径，也是市场的需求导向。

你们开展此项物流监管业务需要签订"物流监管三方协议"，这是物流企业与银行、客户之间签署的协议，也是每一个动产监管项目都必须签订的最重要的法律文件。"物流监管三方协议"主要内容包括：物流监管企业，银行和客户（出质人）之间的法律关系，质物要求，监管期间的确定，监管要求，查询查验要求，提取质物要求，质权行使方法，费用及支付方式，留置权条款等。

"物流监管三方协议"确定了三方在这个监管项目中的责任和义务。每一个监管项目的责任与风险主要在"物流监管三方协议"中确定。因此，"物流监管三方协议"的管理是合同体系管理最重要的内容。该协议制定得是否全面、严谨，对能否达到预期目的至关重要。

答复新疆某贸易物流公司的咨询，2010.5.7

381. 物流商开展动产质押监管需注意哪些问题

问： 集团运输管理部将仓单质押作为综合物流的一个新的增长点，正牵头研究与银行签协议共同发展此项新业务，在此项新业务中必定有许多法律关系要清晰，许多法律问题要考虑，故请您提出宝贵意见。

答： 你们所说的仓单质押，实际上是一种仓单质押的变形，目前在我国还没有真正的仓单质押，所以称之为仓库货物质押较为符合实际。具体到我集团的仓库货物质押是指仓库货物由外运担保向银行质押贷款，这种新的做法，是由外运仓库、货物存放人与银行三方达成协议，使得三方都受益。外运揽到货主的货存入仓库和运输，货主以仓库的货获得银行贷款，银行贷款出去有质押的货物与外运的担保作保障。

仓库货物质押可能涉及几个法律责任方面的问题：

1. 最初评估的价值可能随时间与行情贬值了怎么办？

2. 如果有两个人或再加上银行都主张货物是属于他们的怎么办？

3. 如果是坏货、不值钱货、无人提货怎么办？到时谁交仓租费？谁交处理费？谁交环境污染费？

4. 如果货物真正需要处理时，是银行自行处理即可，还是必须通过法院处理？自行处理往往涉及处理的价格合理不合理等问题。

5. 如果货物本身引起爆炸或污染导致第三者责任，银行是否属责任方之一？

在对此项新业务不是很熟悉时，请你们去实地考察，听听三方当事人的真实意图，了解各个具体环节和所涉及的各种单证，然后再从法律角度分析一下潜在的风险与责任是什么，研究如何在合同条款中加以规避和解决。

答复中外运集团总公司运输管理部咨询，2004.5.28

382. 如何管控物流质押监管业务中的风险

问： 在物流质押监管（以下简称"质押监管"）业务中，质押物多数都存放在贷款人即出质人的仓库中，由物流企业派出的监管人员监管质押物，一旦业务监管不严，或监管不到位，或监管人员的道德问题导致质押物失控，就会使物流企业承担巨大的经济损失。特请您告诉我们如何加强对贷款人的质押物的管控？应从哪些方面入手避免或减少物流企业的经济损失？

答： 你的问题提得很好，其实在开展质押监管的业务中，对于物流企业来说，如何管控风险虽然看起来是一项普通的工作，但也是一项重要的工作，甚至是必须面对的头疼问题。物流企业在开展质押监管业务时必须控制好风险，并在控制风险的过程中找到一个最佳平衡点，以期达到企业的目标。今天借此机会向你全面介绍一下我所知道的质押监管的风险与防范措施，以便你了解后，针对你们所开展的具体业务制定出符合实际的、规范的和可操作的风险管控方案，相信对你公司的工作一定会有所帮助与提高。

（一）签订合同的风险防控

签订好与银行、出质人的合同是很重要的第一步。物流企业要想全面控制风险，必须认真细致研究合同条款，加强对合同条款的制定、谈判与签订，从源头杜绝风险的发生。为此，应了解分析所要签订的合同条款内容，不能接受苛刻的霸王条款，不能放弃法律已明确规定的免责条款和其他维护自己合法权益的条款，不能接受承诺本企业做不到的条款。同时，还要注意争取一些能维护自己合法权益或有利于自己的条款。

1. 要有退出机制

案例：合同到期，银行仍让物流企业质押监管，客户频临破产、为发工资强行处理质押物，银行不起诉客户，却起诉物流企业。

例如，信阳一磷肥案涉及 2 500 万元，该案是在政府支持、银行打保票的情况下，出于对银行、政府的信任，银行出于自身的考虑、公与私两方面的利益，三方签署了协议，协议中约定："银行不解押，物流企业就不能单方面地解押"，这样的条款造成物流企业长期不能解脱出来，其责任和后果是不堪设想的。这样的条款不能接受，一定要修改，一定要有退出机制。银行可以进行评估，物流企业仅是协助审查，出于合作关系，完全信任了银行。一位几乎崩溃了的老总深有体会地说："最大的风险来自银行！"

2. 要求库存质物的价值为 1.2 倍；

3. 制定应急预案，尤其与市场变化有密切关系的货物；

4. 物流企业争取在提供的合同范本中加入以下条款：

（1）对入库货物的价值不承担责任；

（2）对高附加值、高危、易变质的货物免责；

（3）不承担对货物品质、权属等方面的认定；

（4）对于有包装的货物，物流企业只负责外包装表面的审核。但应注意观察货物，发现异常有法定的一些默示作用。

①中储欺诈案，冰箱、空调掉包，如重量明显异常、很难负责，但若外包装良好、且异常难以分辨时，物流企业可能要负责；②桶装花生油案，使用传统油标尺，插入单设油槽中有点花生油，其他桶内全是水；③空运白银被盗案；④钢材锈蚀案；⑤以次充好案。

（5）汽车仅对其表面审核，物流企业对其合格证的真伪、车辆划痕等不负责任；

（6）对于一般难以辨别品质的大宗货物（如一级钢材、一级大豆等），物流企业不承担对货物品质的识别责任。对物流企业而言，货物品种识别责任需要事先的明确界定，避免事后因理解的偏差产生纠纷。

遇到对方提出苛刻的、不合理的条款时，一定要认真对待、据理力争，争取删除或者提出限制条件。

对于各方的责任、义务和风险，在合同中订得越清楚约好，使各自在业务环节中知道自己扮演什么角色，承担什么责任，明白哪些事情该做，哪些事情不该做。一旦违约又将承担哪些法律后果。

因此，不要忽视、轻视、偏视合同条款，它不仅是各方履约的依据，也是产生纠纷后解决问题的"法律"依据，更是将来打官司的证据，所以，我们要十分重视合同每一条款的谈判、签订与落实。

（二）监管人员道德风险的防控

仓单质押合同签订好，实施的重任就落实到监管人员身上，心不在焉的哨兵，比敌人还危险。监管人员的素质、水平与责任心是关键。监管人员不仅要知道该做什么，并且要做到位，才能不断发现风险，及时控制风险，正确处理风险，达到避免风险或者将风险化解在萌芽状态。对此，物流企业的领导必须高度重视，加强监管人员的选任和管理，系统地对监管人员进行业务知识的培训，从而教育和培养出一支技能过硬、人品信得过的监管队伍。

1. 录用监管人员很重要

一客户总经理突然去世，监管员失职不在岗，出现监管不力的现象，于是身为董事长的妻子就趁机把监管在仓库中的食用油搞走了，监管员回来后发现质物不见了，于是报了警，现该总经理之妻已被捕，但财产已转移价值 300 万元人民币，而她本人情愿坐牢也不退返货物。

当然客户中也有好的，某仓库监管员发现库内自己监管的棉花没问题，但旁边一堆另一家的棉花内部被掏光，于是监管员一边检查物流企业的货、一边立即上报物流企业领导，避免给物流企业带来的损失。对于这种责任心强监管到位的监管人员应该给予表扬和肯定。

2. 谨防监守自盗

客户在其仓库内质押了3 000吨钢材后，邀请监管员喝了两天酒，喝得酩酊大醉，结果客户趁此机会，把钢材全部拉走了，等监管员醒来才发现，一夜之间钢材全没了，本案已在法院起诉。

物流企业高管人员要经常到第一线去督促检查质押监管的情况，规章制度的落实，发现问题及时提出改进意见、进行整改，并抓住典型、表扬好的、以点带面、长抓不懈。同时，还要注意倾听监管人员的意见与建议，采纳他们合理的意见、满足他们合理的要求，提高物流企业的凝聚力，充分调动每个监管员的积极性与责任感，这也是搞好物流企业的重要的生力军。

（三）货物质量与包装风险防控

1. 质押货物的包装与质量的问题，对质押监管人员来说，既是一个难办复杂的问题，又是一个经常碰到必须解决的问题，虽然我国《合同法》有所规定，但实践中无法操作，在处理纠纷与司法审判中也有不同的看法与做法，所以仓库监管人员要坚持只对包装货物的外观进行观察与判断，如有问题，一定要在入库单上加以批注。至于包装内部是什么货物与质量一概不加评论与批注，也就是说，质押监管人员只对货物包装负责而不对包装内的货物与质量负责。

2. 对于大宗货也须坚持只对货物表面状况，如是否有锈蚀、是否含其他杂物等加以批注，涉及货物本身质量，例如品种的规格、纯度、属于何种类别等特点不批注。

3. 质押监管人员在接收货物时要认真负责，恪尽职责，并且严格按照操作流程办理出入库手续。当发现入库货物不符合常理常规，有明显异样时，应及时向出质人提出异议，并通知银行到场一起及时处理。

4. 争取在质押监管合同条款中，对货物的包装与质量方面订明监管人员应尽的职责，明确在何种情况下质押监管人员可以免责，在何种情况下质押监管人员不能免责，这样就可从根本上解决这一问题，避免事后扯皮。

（四）出质人货物所有权的风险防控

1. 在质押监管合同条款中，应明确"银行负责贷款人存入物流公司仓库的出质物确属贷款人的货物，如非属出质人货物或因出质人办理手续不全、不合法而不属出质人货物，则银行在贷款人违约的情况下无权享受对出质物的留置权，由此产生的损失银行自负，质押监管人员对此不承担任何责任"。这点很重要，是质押监管纠纷的重要合同依据。

2. 提醒银行：在出质人以自己的货物进入质押贷款中，银行应对该客户的资信情况进行认真细致的调查，并进行动态监管，要保证存入物流企业的出质物确属贷款人所有，用以保障银行的自身利益。原因是：企业监管人员既无责任、也无法确认贷款人对存入仓库的货物是否具有所有权。

3. 协助银行：质押监管人员在按业务流程操作时，应清楚办理哪些手续才能使出质物合法地成为出质人所有。因此，质押监管人员应协助银行敦促出质人对其货物办理合法手续，并做到位，避免事后产生出质物所有权的问题，令银行无法对仓库中的货物行使留置权。

强行提货案：

袋装质押物，每袋货物价值 8 000 至 1 万元，客户质押在物流企业仓库内监管。客户因在外地欠债，辽宁警车开来，强行从仓库提货去进行拍卖，仓库领导坚决反对，已抵押的货物一旦被提走要负责任的，于是法警声称要抓人、逮人。仓库坚持不同意，出动了 100 多人拦截，启用大货车顶在库门口，6 辆装货车卡在大门口，警车进不去、出不来，找领导要抓人。当地的百姓对法警的做法很不满也来助兴阻拦。从下午一点一直僵持到五点半，法警车灰溜溜地开走了。辽宁、沈阳电视台都报道了，称该行为属暴力抗法，但后来也不了了之，仓库保护自己的利益，已经质押的货物不能再抵债，但法院保护债权人的利益，依法可以执行？到底谁正确？

（五）仓库放货风险

1. 这是一个最普通、但又最关键的问题。质押监管人员在任何时候、任何情况下，都必须坚持依法凭提单放货，否则将会承担无单放货的风险责任。所以，质押监管人员不仅要有这样的风险意识，严格按照正规的放货程序放货，还须提醒的是：绝不能凭上下级关系、凭熟人关系就忘记风险和责任，无单放货。

2. 在放货过程中，还要按流程将需办理的一切手续办到位，要"认单"不"认人"，如客户事先有特殊要求，应坚持既"认单"又"认人"；在这放货的过程中来不得半点马虎，不能出现任何错放、漏放情况，尤其对出质物不能发生多放货的情况，这是违约行为，后果严重。

3. 质押监管人员在接受监管货物且代客户报关时，千万注意办理完的报关单据一定要交回给委托人，坚持谁委托报关，报关单据就交还给谁的原则，尤其在收货人与进口商非同一家时，更要分清单据和货物应交给谁。否则稍有不慎就会出大问题，并有可能承担错交单据、货物被取走的法律责任和巨大的经济损失。

4. 放货时应坚持无单不放货的原则。但在个别无单情况下，可凭保函放货，此时需格外谨慎，注意：（1）不接受提货客户自己的保函。（2）不接受法律明文规定不能提供保函机关所出具的保函。（3）接受银行保函或者认为可接受的第三方企业的保函。（4）最好提供物流企业自己推荐的保函。（5）接受对方提供的保函时，要有本企业法务人员或委请律师认真审查保函内容，包括保函的金额、时效、签字盖章等事项。

建议：质押监管定位跟踪。

（六）欺诈风险防控

1. 增强防止欺诈的意识

在开展业务中，无论是领导还是员工都要增强防止欺诈的观念，观念扎下根，才能在各方面重视，在各项措施上加以防范，在每个岗位上加以体现，在每个人的具体工作中加以落实。

2. 提高业务知识水平

质押监管业务属于一项新的业务，涉及银行、物流企业与贷款客户，故关系较为复杂，目前是物流业务发展的一个新增长点，肯定明白人还不多，工作中还有很多不完善之处，甚至有漏洞，所以大家只有不断增长这方面的知识，熟悉并精通业务，才能及时发现问题，有效地防止欺诈。

3. 严格按正确流程办事

质押监管业务较传统仓储业务复杂，尤其是它不但将货物存入物流企业仓库，有时还会存入租用的仓库，甚至大部分情况下是派人去贷款客户的仓库进行监管，其难度可想而知，加上派去的人员少则只有1人，多则也仅有几人，既分散又较远，所以必须靠制度来进行管理，要求所有人员严格按正确流程办事，以堵塞各种漏洞，这也是防止欺诈的有效手段之一。

4. 守住底线

有些案件的发生与物流企业初期的放纵有关，是管理工作不到位形成的。做大宗项目，发现少了800吨绝对不是一日之寒的事情了，如果一旦发现货物变少，马上做出强烈反应，以坚决强硬的态度要求客户补齐货物，立即给客户一个警醒，下不为例，不能开这样的头；如若无所谓、视而不见，久而久之，让某些人产生想法，势必造成有空可钻。所以，一定要守住底线，将风险控制在萌芽状态中。

5. 随时观察市场变化

当经济市场发生变化，尤其是发生巨大变化时，往往会有一些诈骗分子乘机钻空子，利用某些企业资金链出现问题，对其质押物下手打鬼主意、采取各种手段进行欺诈，所以遇到市场变化的情况，物流企业要格外注意市场动态、客户与质押物的关系变化，严格控制仓库中进出的质押物，一切按合同条款的规定办理出入货物的手续。加强管理，谨防欺诈者将手伸向物流企业的监管仓库。

（七）选择伙伴、资信重要

挑选资信好的合作伙伴十分重要。否则，在开展这一业务中，原本十分简单的事情会变得十分复杂，而较为复杂的事情会变得更难处理；一些"馅饼"会变成"陷阱"，或许一开始就不是"馅饼"而是"陷阱"。物流企业不但赚不到一分钱，反而亏了大本，使物流企业处于十分被动的困境，尤其是市场动荡、市场变化较大时，更要关注出质物价格的变化，动态跟踪合作伙伴资信情况的变化，同时还要有应急预案。

1. 选好客户

要把客户分成：优、中、差几类，要动态跟踪考察、要时时跟进考察，发现问题及时做出相应的调整。

天津一集装箱客户很讲诚信，物流企业因内部工作调整，将负责集装箱的部门并入物流部门，工作交接中出现了遗漏，忘记将天津客户移交到物流部，结果忘记给派驻天津客户仓库的监管人员发放工资长达 4 个月，后来人家不辞而别了，1 个月后天津客户告知物流企业，物流企业才派新人接手工作，所幸的是没发生任何问题，这就是客户选择得好，初期考察和评估工作做得比较到位，因此在物流企业无人监管的情况下仍按规章办事、存货、正常运行。

2. 学会取舍

不要对任何客户都一律接受。一笔数额近千万元的大项目、银行极力推荐、上级也已批准，但物流企业发现质物是被搁置一年以上、已过期、过时、无市场销路的塑料管，企业生产经营状况很不好，客户拟以此质物申请贷款，经慎重考虑最后决定放弃。事实证明，该客户与银行负责人私交甚密，贷款后即消失，风险很大，如接管肯定烂在手里。

（八）谨防银行、政府、熟人推荐的客户（凭关系）

推荐的客户也要全面深入地调查资信、严格审查其项目。

案例：

明明仓库中只有300吨货，非说有磷肥1 000吨，银行急于想做成这笔业务，结果按1 000吨放的贷款，根本不打算还贷的客户立刻失踪。银行起诉物流企业监管不利，物流企业起诉客户，但客户失踪货物也没了。

教训与建议：

物流企业一旦"开拓"了这个项目，完全相信、一律接受、100%地签约、无丝毫戒备，最后一定会陷入泥潭、走向无法自拔的被动局面，成为替死鬼，承担巨大的风险与责任。所以，无论哪个级别、哪个机构、多么熟悉的朋友推荐项目一律视同新的、陌生的项目，认真地全面调研、分析，考察，得出自己的结论，而不是凭着人家的推荐词就签约，对于推荐，建议大家要求推荐人出具书面推荐，以防发生纠纷时口说无凭。

（九）构建四方合作体系

适时将保险公司引入，构建四方合作体系，这一点很有必要。从国外的既有经验来看，保险公司的介入是开展质押监管业务一个重要的、不可缺少的因素。在传统的仓储业务中，货主极少为仓储物投保货物保险，但在新业务模式下，银行作为质权人为保障其利益，要求货物必须有合格的、足额的保险来保障。同样，物流企业也无法回避保险问题，投保物流责任保险是物流企业转嫁风险的最有效途径，特别是业务规模壮大后，集团的有关支持就愈显单薄，最终还是要靠商业保险公司来分散这部分风险。

目前是银行、客户、物流企业三家签署协议，在时机成熟后，应当引入保险公司，构建四方协议和四方的合作体系。

（十）严格操作、流程到位

严格按流程操作，并且作业要到位。质押监管业务对我们来说是一个崭新的业务，并且法律关系比较复杂。表面上看开展此业务很容易，也很简单，只是与银行、出质人签订一个合同，派一两个监管人员去出质人的仓库或租用的仓库监管就行了，成本低、赚钱还可观。殊不知，三方协议一旦签署，物流企业便起到了一个担保的作用。在这一担保过程中如果出了事，物流企业在某些情况下就可能要承担担保的法律责任和后果，甚至可能会导致巨大的经济损失，所以作为物流企业首先要制定一个正确的、具有可操作性的业务流程，同时还要不断检查、督促、规范与监管所有业务人员在每个环节上切实按流程办理，并且每天每次都做到了位。长此以往是件不容易的事，但要避免责任风险我们必须这样要求。

根据合同该做的要做，该管控的要管控，该检验的要检验，该批注的要批注，而且要做到位。

（十一）掌握业务取舍分寸

在开展这项业务中，要学会取舍，懂得哪些可以做，哪些不可以做。既要严格把关、又要有所取舍，尤其是那些风险高、监管难度大、收费低、缺乏发展潜力的输出监管项目应予以放弃。下面分别说明：

1. 不能开展质押监管业务的情况

（1）风险无法控制的，包括：

①出质人的厂矿企业资信情况不是很了解；

②出质人企业经营管理水平十分低下与混乱；

③出质人厂房仓库条件设备十分落后与恶劣，甚至连安全消防设备都没有或是欠缺落后。

（2）无法满足要求的保税、贵重（安全性要求高）、恒温（酒）、鲜货（各种活动物）等。

2. 不能从事质押监管业务的质物

（1）无法看到货物，例如散装筒仓货、各种装在储罐内的油类等。

（2）无法达到要求的货物，例如仓库本身条件和管理人员素质均无法达到要求的、如果接受了肯定做不到的。

（3）市场价格变化较大的货物，对于市场价格波动幅度较大，容易出现出质人风险的行业与产品，应适当控制业务规模，逐步减少此类项目的操作，从而降低系统风险。

（4）易腐易烂的货物，例如冷冻、冷藏货。

（5）危险易燃易爆的货物，严格限制油品、棉花等危险、易燃类货物的监管项目，原则上不鼓励开展此类相关业务。

（十二）机遇忧患意识共存

质押监管应成为拓展业务的一个窗口。开展质押监管业务与物流企业主营业务要紧密联系起来，不仅做质押监管业务同时做增值服务；不仅能赚钱，还能提高控制客户的能力。

让质押监管业务的客户变为物流业务的客户，建立长期稳定多项的业务合作伙伴关系，就能增加风险管控的能力。

开展质押监管业务的初衷和目的是为了带动主业，增强竞争力，拉长供应链，通过做质押监管项目，达到争取其他环节的物流业务，这样不但提高了仓储业的管控能力，赚到了钱，还进而建立起长期合作的伙伴关系，带来大项目的合作机遇，因此我们要由开始的短视只管来钱，转变为长视，要有远见、有长远的开拓思路。例如：某客户要求物流企业提供质押监管业务，目的是为了解决银行贷款问题，对于货物客户要求放在他自己的仓库，物流企业坚持货物放置其自己的仓库监管，否则不做，最后客户出于贷款的需要，同意放在物流企业的仓库，物流企业进而以积极的态度将客户的配送运输业务也揽了下来，经过一段时间的合作，彼此建立了信任，成为长期的合作伙伴而不会轻易离开，不仅解决了管控问题，还真正实现了盈利的目的。

因此我们提倡大家在业务实践中以积极的态度去探索、去寻求、要付出一定的学费，找出适合自己的经营模式和管理方法。才能把这项质押监管业务健康地开展起来。一线的你们是最聪明、最富有才干的！相信未来你们一定能够取得丰厚硕果！

既要有机遇意识又要有忧患意识。在开拓质押监管这一新业务时，既要想到它是物流企业的一个新的业务增长点，又要想到必须加强物流企业的全面风险管理，只有将两者有机结合与统一好，才能达到提高效益的预期目的。

(十三) 严审项目，关注"两高"

大力开发和积极拓展与主营业务相结合的质押监管项目，通过增加服务环节、延伸服务链条等手段，在加强监管货物有效控制的基础上，降低出现监管业务风险的概率。

在严格控制新项目审批的同时，各单位还应重点关注"两高"（高耗能、高排放）行业的运行走势，及时了解相关产品市场价格的波动情况，密切监控重点出质企业的生产经营情况，加大对质押监管现场的管理和检查力度，与各合作银行保持紧密合作，采取积极主动的预防措施，严格控制业务风险，确保质押监管业务平稳、健康发展。

答复五矿发展股份有限公司仓储物流部咨询，2010.12.21

383. 工程物流合同有何特点

问：我航运公司最近接受一项国际工程项目的物流出口业务，由于设备大、数量多，两端延伸和增值服务也比较多，比以往的航运业务具有很大区别且十分复杂，尤其是需要协调和衔接的环节多，所以特向您请教，在履行这样一项工程

2011 年 7 月 7 日作者在中国国际贸易学会和中南林业科技大学
物流学院于长沙举办的全国外贸物流员师资培训班暨考务工作会议上
讲授物流法律实务及风险防范

物流合同时有哪些特点值得重视和注意，以避免责任事故的发生？

    答：所谓工程物流，是指国际工程项目所需的设备、产品及物资跨国间的采购、拆卸、包装、移动、装箱、固定、运输（海运、空运、铁路、公路）、卸货拆箱、安装、调试、废弃、回收、补货的全过程。

    工程物流的服务范围，广义上可以包括从一国生产厂家工厂接货一直到另一国工地现场交货卸车等整个过程；狭义上指上述过程的某些环节或部分。就其涉及的整个流程看，可包括整个工程物流项目的管理和策划、运输（内河、沿海、远洋、空运、铁路、公路）、清关、超大件货物移动、驳船转运及装卸操作等。

    工程物流具有一定的特殊性，它"货量大、价值高、操作难、风险大、收益高"。首先，工程物流下的货物多为大件设备和轻泡货，货物量比较大，通常为件杂货运输方式，需分批次发运；其次，很多是跨国运输，项目所在地大部分在第三世界国家，如中东、非洲、拉美等地，涉及两国的清关服务以及目的地的内陆运输；再次，货主主要是国内较有实力的大型企业或有较强实力的贸易商。在合同签订和履行中，货主往往处于优势地位；第四，此类合同涉及面较广，例如租船运输、内陆运输、保险、商检、清关等，所以合同的签订和履行比较复杂。

从运输方式看，工程物流多以海运和国际铁路联运等方式为主，其中尤以海运居多，因此从业务线上，可归结为海运货运代理项目的一种高端服务，它确实与货运代理有着许多的不同之处。

答复华东外运公司咨询，2010.11.2

384. 物流配送合同责任有哪些

问：我们在开发区物流中心从事配送业务，目前业务开展得比较正常和顺利，为了满足现在客户对物流配送的更高要求，高标准地做到高效、适时、通畅，以减少配送环节可能出现的问题和承担的责任，今特前来向您请教，请您告诉我们，从履行合同的角度考虑，我们将面临怎样的合同责任？

答：物流配送的特点是物流行业最具典型和特色的环节，它在很大程度上决定着物流配送合同的条款内容和第三方物流经营人的责任与风险。物流配送最大的特点，就是管理上突出了一个"just in time"，强调其及时性。

你提的问题很重要，在从事物流配送、履行配送合同中，所面临的合同责任有以下几个方面：

1. 合同条款的责任

签好物流配送合同条款，直接关系到双方当事人的合法权益能否得到有效保护。合同条款是双方享有权利和履行义务的依据，是衡量双方是否违约的标准，同时也是发生纠纷、行使诉讼仲裁司法权利的依据。从某种意义上讲，一份经过周密思考、全面有效的合同条款，不但可以减低合同风险，还可以达到避免和减少经济损失的效果。因此，第三方物流企业在不违反现行法律法规的强制性规定的前提下，将其责任风险尽量控制在一定限度内，并注意第三方物流主合同与分合同之间的衔接一致，明确各方应承担的责任，规避合同差异的责任风险。

2. 货损货差的责任

货损货差的责任，主要是指货物在仓储、运输以及配送过程中，由于自然灾害、不可抗力、交通肇事、野蛮装卸、偷盗、火灾等原因，而产生的货物损害或的赔偿责任。对于因上述原因所产生的责任，可分为两部分：一是可控部分的责任，物流配送服务商主观上须有防范意识，提过加强管理和规范业务流程来规避其责任风险；另一部分是不可控的责任风险，物流配送服务商可通过投保责任保险将其转嫁给保险公司。

3. 缮制单证错误的责任

根据第三方物流合同的约定，第三方物流企业应按照客户的指示配送货物。然而，在配送过程中，往往由于操作人员的疏忽，将需要配送的货物地址、型号、品种、规格、数量等资料缮制错误，致使货物出现错发、错运、漏运，给客户带来损失，对此，第三方物流企业需承担赔偿责任。物流配送服务环节多，要求物流配送服务商对可能产生风险的环节进行全面分析，科学管理，制定一套有效的管理流程，使各业务环节标准化、程序化、制度化，并根据业务的需求不断完善，同时加大检查力度，杜绝和减少因疏忽大意造成的责任损失。

4. 延迟配送带来的责任

及时、准确将货物配送到客户指定的位置，是第三方物流企业的一项履约责任。但有时因集货时间过长、送货路程太远、运输工具速度太慢、送货地点过于分散且路线规划不合理、承诺送货时间过短、配送作业环节太多，造成送货时间太长；或因送货时间估计不准，造成送货不准时和送货时间的不稳定；或因缺乏规范的信息查询系统，令消费者订货后无法得知送货的具体信息。诸如此类的原因，造成延误的发生，使得物流配送服务商势必会遭到客户投诉，甚至追究其违约责任，要求赔偿。当然，造成这一结果的原因并非单方面的，有时也因客户原因所致，例如：由于需求预测不准、某些商品库存量过低、供应商未能保证供货、脱销商品未及时补充，造成缺货，使得预定的货物无法配送。一旦发生此类难以预料的情况，物流配送服务商应立刻启动应急预案，以应对突发事件，进行妥善处理；同时，也应改进合同条款，增加供应商保证货源等义务，以使自己的责任风险降到最低或消除。

5. 延伸服务带来的责任

单纯的物流配送服务已不能满足客户的需求。物流配送服务商要在及时、准确完成客户配送要求的同时，承担为客户提供的延伸服务。例如：为客户运作快速消费品配送服务时，还要求将零售商应支付的货款代客户收回，并承担回收货币时带来的潜在风险。这就要求物流配送服务商在与分包商签订分合同时，把该由分包商承担的风险，明确约定在合同条款中，并建议其投保适合的保险险种。

6. 管货的责任

物流配送中心对管货的要求非常严格。为满足不同客户的需求，它需要具备对冷藏货、冷冻货、保鲜货、危险品等货物划分不同货物区进行保管。配送中心的管货责任是指货物储存在配送中心时的损坏、混同、变质、短少、自爆、灭失等责任风险。作为货物保管人，不论是保管普通货物，还是特殊货物，都要承担妥善保管的义务，这也是物流配送服务商最起码的义务。降低货物毁损灭失的责任，只有靠专业服务、尽职履行义务予以规避。

7. 放货的责任

放货是指配送中心按照客户的指令，将货物放予指示的或被授权领取的提货人。配送中心在放货环节上面临的主要风险是放错货，主要是指将货物放给了无权提货的人，而在放货过程中允许客户在满足一定条件下分批提货加大了放错货的风险，提货的频率越高，理论上出错的可能性越大。可能导致放错货的原因一是配送中心没有按照客户的指示行事，将货物擅自交给客户未指定的人；二是客户或其他人伪造指令，骗取配送中心的放货。这就要求物流配送服务商加强内部管理和监督机制，建立健全必要的制度，加强审核，层层把关。为防止骗取货物的事件发生，建立有效的沟通机制，对于关键的信息要事先进行确认，确认该指令的真伪，谨慎审查放货指令的各项内容是否与合同约定的一致，以将风险降到最低。此外，加强内部摄像监管，以防内部人员与客户串通骗取提货的行为。总之，要通过内部管理的加强及与客户的密切配合来规避风险。

8. 选择承运人不当带来的责任

选择什么样的实际承运人是物流配送中非常重要的一环，特别是在快速消费品的配送过程中。物流配送服务商一定要对实际承运人的资质、资信、履约能力进行全面的谨慎的多方位的考察和分析。如果一味地考虑成本，盲目选择费用低的实际承运人进行运送，或缺乏诚信的个体运输户，有可能存在被欺骗、货物失踪、无偿付能力等风险。因此，在与实际承运人的合作中，挑选资信较好的合作伙伴可以在更大的层面上实现减低成本的目的。

9. 人身安全带来的责任

货物在仓储、配送过程中，由于机械化的程度较高、速度较快，以及快速消费品包装等自身的质量问题，容易出现操作人员的人身伤害事故。例如：在配送快速消费品时，曾出现因产品包装质量问题造成玻璃瓶自爆事故，导致操作人员受到伤害。因此，物流配送服务商一定要制定标准的业务操作流程，并严格按其落实与检查，同时要通过投保来分散可能存在的危险。

答复某开发区物流配送中心咨询，2011.3.20

385. 物流责任险是否承保一切责任

问：我司开展物流业务已有一段时间了，间或也发生过一些事故，造成货损货差，要我司承担法律责任，赔付受害方，故我司拟投保物流责任险，但我们不知投保该险种后，承保公司在何种情况下给予赔付？是否发生事故就能给予赔付？请给我们一些指导意见和解答。

答：投保物流责任险，事前将风险转移，这无疑是对的，对物流业务的开展是有益的。但投保后并不意味着承保公司将承担你司的一切风险和损失，因为，一是任何保险都有除外责任；二是你司交纳的保险费有限，其承保的范围和保险金额也有限，承保范围之外的，承保公司也不会给付；三是如该责任险有免赔额和最高赔偿额的约定，承保公司对其免赔额之内的和最高赔偿额之外的，是不予赔偿的；四是在一些责任事故中根据该责任保险条款，你司未尽履行义务，例如应提交的索赔单据不齐全，未事先征得承保公司同意而擅自处理的，也可能遭到承保公司的拒赔或部分拒赔。总之，对投保物流责任险应有正确和全面的认识，绝不能认为一旦投保了物流责任险就万事大吉，甚至对加强经营管理都掉以轻心。这样就会将好事变成坏事了。另外，投保物流责任险后，一定要认真仔细阅读保险条款，尤其是对免责条款、免赔额和赔偿限额要有个基本的了解，从而清楚哪些责任事故在承保范围，哪些责任事故不在承保范围之列，这是关系到企业切身利益的部分。为了使你们深刻理解物流责任险和如何处置物流业务中发生的事故，特举几个案例供你们参考。

案例一：某公司切片机超限运输案

某公司承运一台进口切片机，电话委托一家长期合作的物流公司为实际承运人，但并未与其签订相关的公路运输合同，也未就货物尺寸、价值以及运输路线等信息，与实际承运人进行沟通。

2011 年 2 月 19 日，在车辆接货后驶出港区大门时，由于司机大意，撞到港内 4.5 米的限高架，致使集装箱内的货物受损。出口方鉴定后认为只有部分配件可以使用，修复所需的费用已超过其重置价值，故该设备已无修复价值，应推定全损，定损价值约为 400 万元人民币。

该损失系交通意外事故所致，意外事故系物流责任险的保障范围，且该事故系物流商转委托的实际承运人疏忽大意所致，不存在故意行为，综合上述，该保险事故属于物流责任险的保障范围。

保险人最终在扣除免赔额后，赔偿被保险人约 400 万元人民币。

案例二：某公司承运服装失窃案

某公司承运客户的一票运输业务，共计 64 个纸箱的成品服装从广州发往长沙。该公司电话委托了一家物流公司为实际承运人，双方填写了托运单据并签字，但未对实际承运人就货物价值与失窃风险做出提示，也未对货物装载方式提出防盗建议。

司机在运输过程中，未对货物安全予以充分关注，在经停的休息区也未对货物进行清点和检查。2011 年 3 月 30 日，车辆抵达长沙市内的卸货区，卸货过程中发现顶棚被割开，共计 58 箱服装失窃，服装零售价值约为 71 万元人民币。

盗窃系物流责任险保障的风险，由于该案件系由盗窃所致，且被保险人无故意行为，因此属于保险保障范围。但在定损金额上，由于服装的零售价值远高于其实际价值，换言之，实际损失小于零售价值，按照保险补偿原则，保险人最终定损金额为 35 万元，并按此金额赔付。

案例三：某公司货物质押棉花被烧案

某货代公司为其授权从事质抵押监管业务的下属公司统一投保了责任险。2010 年 1 月，该公司青岛分公司保税物流仓库露天棉花堆场发生火灾。经公安消防局认定起火原因为："捆扎棉包的铁丝崩断、摩擦撞击产生火花引燃棉花。起火后风力较大，棉花堆垛之间的距离较近，造成火势迅速蔓延扩大。"

经过公估人核损理算，此次事故造成质抵押业务下的棉花实际损失金额为 16 579 802.2 元人民币。因货物仓储保险存在严重不足额投保瑕疵，致使损失无法得到全部赔偿，该货代公司向责任险保险公司提赔。保险公司认可了保险责任，目前双方正就理赔资料进行整理和沟通。

案例四：某公司货物被错运案

2011 年 1 月 26 日，天津某货代公司运输价值1 858美元的 2 个纸箱聚酯网至印度钦奈港，但由于工作人员疏忽，被错运到新西兰。客户提出在 3 月 20 日必须出书面证明货物已由新西兰发往印度钦奈港口，且错运产生的费用由天津货代公司承担。否则客户将重新安排货物空运，产生的全部费用，由天津货代公司进行赔偿。天津货代公司立即向责任险保险公司报案，错运所产生的费用由保险公司按保单赔偿。

案例五：某公司货物被漏装案

天津某货代公司接受客户委托，要求安排 9 月 7 日的船期。由于操作人员工作失误，没有将此票货物打印在给仓库的装箱明细中，以至于仓库没有装载此票货物。天津货代公司发现后，将此票货物装载在了下一班船上，但到港时间晚了一周。收货人对此表示不满，因此客户拒绝支付此次运输相关费用，共计 2 700 元人民币。保险公司经过核对相关单证，认定本次事故属于保险责任，进行了赔付。

答复某物流运输公司咨询，2011.10.15

386. 物流企业投保责任险需注意哪些事项

问：我们是一家货代物流企业，拟投保国际货代物流企业责任险，现请教您在投保该责任险时应注意哪些方面的问题，以利于我们业务的开展，盼复，谢谢！

答：你们准备投保货代物流企业责任险很好，但需考虑以下三个主要方面的问题：

（一）特别需要注意的事项

1. 关注"责任免除"和"投保人、被保险人义务"条款

任何责任保险均无法涵盖被保险人的所有责任损失。国际货代物流企业应详尽阅读"责任免除"和"投保人、被保险人义务"条款，避免因理解不当发生索赔纠纷。

重点责任免除提示：

（1）因无单放货、倒签提单、预借提单造成的损失。

（2）被保险人自有的或拥有实际所有权或使用权的任何财产损失及责任，含自有公路运输工具造成的责任损失。如拥有自由运输工具，可向保险人提出要求，扩展自有运输工具责任。

（3）揽货合同、运输合同、代理合同等业务合同中，超出法律范围而承担的责任不予赔偿（建议国际货代物流企业不要因投保责任险而放弃对合同的管理和把关，避免在合同中随意增加己方责任）。

（4）故意行为责任损失、自然灾害损失。

（5）如运输金、银等贵重商品和有生植物、动物等特殊货物，应加费投保"特殊货物扩展责任保险条款"。

2. 如实申报营业额

营业额是计算保费的重要因素之一，国际货代物流企业应按财务报表准确申

报上年度货代业务营业额，据此预交保费，在第二年度续保时，根据本年度实际营业额，保险公司将对保费据实结算，多退少补。如财务报表中有非货运代理业务的收入，应将该部分剔除，但应在投保时对剔除部分予以书面说明，并提供相应证明资料。如发生少报营业额情形，将影响索赔。

3. 准确提供分支机构信息

分支机构指不具法人资格的分公司。集团公司统保时，具有法人资格的子公司视为分支机构。填写投保单时，应准确披露分支机构数量和信息，保险公司在保险单中将分支机构作为共同被保险人予以标明。否则会影响保险单的完整性，赔偿处理时极易引发纠纷。

4. 可以扩展无船承运人责任

标准保险条款对因签发无船承运人提单而造成的责任事故是不赔偿的，但如国际货代物流企业向保险公司申报了无船承运人经营范围，保险即扩展承保因签发无船承运人提单而在保险责任范围内的损失，为此，国际货代物流企业需多支付5%的保费。

5. 赔偿合法代理人造成的责任损失

如责任损失是该被保险人的业务代理人造成的，在保险责任范围内仍予以赔偿，但代理人应为具有相关资质的合法企业。

6. 提单责任险还承保独立经营人/当事人责任损失

提单责任险除承保保险责任范围内的提单责任损失外，还承保国际货代物流企业不签发提单、但承担独立经营人责任的责任损失。

7. 保险起讫日期及保费交付期限

保险责任起讫日期不能从投保日期（含投保当日）向前追溯，但并不以保险费入账日期为依据，应以保险单上标注的起讫日期为准。如在保险单标注起讫日期时，投保人未缴纳保险费，保险仍然生效，但投保人/被保险人应及时将保费交付至统一保费账户，否则保险不予赔付，或保险公司有权解除保险合同。

8. 法人投保

投保人应为具有法人资格的国际货代物流企业，不具有法人资格的分公司应随同其上属具有法人资格的国际货代物流企业一并投保。凡不符合我国商务主管机关对货运代理业注册资本要求的企业投保的，需经当地货代协会或中国货运代理协会推荐。

9. 责任保险无法取代货物运输保险

很多国际货代物流企业也提供代理运输保险投保服务。货物运输保险是为避免货物运输风险投保的险种，与国际货代物流企业责任保险有本质的区别，两者的责任范围和责任免除有极大差别。货物运输保险根据货物加成后的价值逐票投保，不受责任限制的限定，国际货代物流企业应在每笔业务前落实货物运输保险的投保情况，不能因投保责任保险而忽视运输保险，或用责任保险替换运输保险，否则会承担违反委托人指令的责任，不利于责任保险的索赔。但是，投保了国际货代物流企业责任保险，如受到货物运输保险公司的责任追偿，凡在责任保险赔偿范围内的损失，保险公司均可以赔偿。

（二）无需重复投保

对于中国国际货运代理协会所推荐的"国际货运代理责任险"与"国际货运代理提单责任险"两个险种，国际货运物流企业可根据需求任选其一，无须重复投保。

1. 代理人责任险：适用于不签发货代提单（house-bill）的中小规模的国际货代物流企业。

2. 提单责任险适用于如下国际货代物流企业：

＊签发货代提单（house-bill）或 FIATA 单证；

＊经营规模较大；

＊自有仓储设施或仓储业务量较大；

＊多式联运、增值服务业务量较大；

＊危险运输路线上的业务量较大；

＊内陆运输业务量较大；

＊历史上发生过高额赔偿事故。

（三）免费服务

投保中国货代责任险，可享受的免费服务项目有：

1. 取得 FIATA 会员资格：经申请，凡投保任何一款货运代理责任保险的企业，可由中国货运代理协会推荐为货运代理协会联合会（FIATA）会员；

2. 签发 FIATA 单证：投保提单责任险的中国或各地货代协会会员可获得 FIATA 提单 – FBL、FIATA 运单 – FWB、FIATA 收货凭证 – FCR 签发权；

3. 保险替代 FMC – NVOCC、AMS 的保证金：中国货运代理协会和各地货运代理协会会员持有效提单责任险保单，经中国货代协会推荐，在向美国联邦海事委员会（FMC）申请无船承运人资格时，无须交纳 15 万美元保证金，仅需每年缴纳 1 500 美元保险费；向美国海关申请 AMS 申报资格时，无须交纳 5 万美元保证金，仅需每年缴纳 1 000 美元的保险费，大大减轻企业的资金压力；

4. 多重保险优惠：如与运输保险联合投保，可享受责任险、运输险双重优惠。

答复某货代物流公司咨询，2011.12.1

387. 投保物流责任险应注意哪些问题

问：请您告诉我们，在投保物流业务中的承运人责任险时应注意哪些问题？

答：在物流业务履约中投保物流承运人责任险时，应考虑以下几个方面：

1. 选择的承保公司的资信情况要好。

2. 承保公司的售后服务要好。

3. 承保公司的承保范围要宽，尤其应包括你们已经发生过和估计会发生的风险。

4. 争取无免赔额或免赔额较低的产品。

5. 争取每次赔付额和累计赔付额较高的产品。

6. 但不能一味的找最低保费，而不顾产品是否适合你们，不顾产品是否包括你们所需求的项目（例如允许装的货物种类，是否允许装甲板，航行区域等等），尤其要注意是否有特殊要求。

答复中外运股份公司工程物流项目部咨询，2006.11.21

388. 如何依据物流责任险向承保公司索赔

问：我司作为一家物流公司，在香港的中国人民保险（香港）有限公司投保了物流责任险，其承保范围包括我司从事的传统货运代理业务与无船承运人业务。最近负责一批货物从荷兰鹿特丹运到广东东莞，我司签发了自己的无船承运人提单。运输途中产生了货损，并且在东莞工厂进行了检验，在鹿特丹对破箱进行了重新包装，有部分货物仍存放在鹿特丹仓库，发货人要求将原来海运货物改为空运，但承保公司不同意改变运输方式，在此情况下，请您根据我司的上述简单介绍及快件寄去的有关资料，替我司出出主意，指导我司应如何对待与处理此案。我司想咨询的问题是：

1. 承保物流责任险的保险公司该不该赔？

2. 包装存在的问题应由谁承担责任？

3. 发货人要求将存放在鹿特丹仓库的原海运货物改为空运，我司可同意吗？

答：根据贵司提供的现有资料，对这起货损案现提出以下法律咨询意见，供参考：

1. 由于贵司已在中国人民保险（香港）有限公司投保了物流责任保险。该保险承保贵司作为货代或无船承运人对所承运货物在运输途中有损坏或灭失的承运人法律责任。也就是说这次货损应在投保范围内，所以对有关货损而采取的一切措施应当跟保险公司联系，并征得保险公司的同意。例如是否赔偿发货人或是否通过诉讼解决问题等，每一步都要征求保险公司的意见。因为这一切的费用都跟保险公司有关，也就是说跟贵司将来在承保范围内能否获得相应的赔付有关。

2. 根据资料，贵司作为无船承运人的法律责任是成立的。所以应当就有关货损赔偿发货人。但是，本案涉及包装的问题，是由于双方在货物的整个包装中都有过错（托盘绑扎部分是由托运人负责的，拼箱部分是由贵司委托的装卸公司负责的。造成货损双方都有责任），所以贵司可以根据这个理由向发货人抗辩（如收货人索赔，也可根据这个理由抗辩，把责任推向发货人，让其向发货人索赔），争取免除、减轻赔偿责任或争取双方和解。但采取上述所有的措施都必须先行与保险公司沟通。

3. 通过发过来的资料显示，如果贵司作为无船承运人的法律责任成立，则保险公司同意赔偿将损坏的货物从鹿特丹运回东莞的海运费以及在鹿特丹的检验费。并且有关货物在东莞厂进行检验的费用、在鹿特丹的破箱重新包装的费用及仓租费用等，均可连同货损一同向保险公司索赔。保险公司在贵司法律责任成立的条件下会按合理的金额赔偿。通过你们与保险公司的接触，得知保险公司是倾向于不同意将有关货物空运回东莞的。而且按照常理和惯例，空运回来的做法费用也太高，不符合通常做法。所以现在贵司要做的是：先别同意空运，但如发货人坚持要求空运，则与之进行磋商，空运费用由发货人承担。否则不能同意。并且与发货人进行的每一步都应征求保险公司的意见。

答复香港某物流公司咨询，2006.7.31

389. 物流商如何通过签订合同保护自己的利益

问：我司通过开展物流业务，对物流方面的知识有了一些了解，但总的来说还是觉得知识很缺乏，尤其是有关物流方面的法律知识，所以，很想您能结合具体的物流案例分析讲解一些法律常识，这样对我们的帮助一定会很大，盼望您的回复。

答： 你们提出的建议很好，我结合最近发生的一个物流货损方面的案例进行分析，相信能够满足你们的要求，对你们有所帮助。现将该案例介绍如下：

（一）基本案情

2002 年 12 月 11 日，某物流公司与某轮胎公司签订了《物流服务协议》。根据该协议的约定，物流公司为轮胎公司提供产品物流服务。2003 年 4 月 28 日根据轮胎公司的指示，物流公司将 402 件轮胎装入一个车皮号 P64B34 50213 的全封闭车皮内，并用号码为 22 857 和 22 858 的铅封封好。编号为 45 443 的列车带着这节车皮于 2003 年 4 月 29 日从沈阳于洪火车站出发，并于 2003 年 5 月 13 日到达重庆市梨树湾火车站。但货物到达重庆时，经查验只剩下 278 件轮胎，即短少 124 件轮胎。因为轮胎公司为其货物购买了运输保险，所以轮胎公司在其发现轮胎丢失后，即向承保人美亚保险公司（简称"保险公司"）索赔，保险公司委托保险公估公司对货物短少进行鉴定，2003 年 6 月 12 日保险公估公司出具《检验报告》，确认货物短少数额，损失金额为 256 438.35 元人民币。2003 年 6 月 25 日保险公司向轮胎公司做出了 248 438.35 元人民币的赔偿，同时代位取得轮胎公司进行追偿的权利。保险公司于 2003 年 7 月 2 日委托申达律师事务所向物流公司追偿包括检验费 9 658 元人民币在内的共计 258 096.35 元人民币。2003 年 7 月 8 日，石家庄铁路公安处立案侦察，确认该火车运经河北省境内的临西车站时遭窃，造成轮胎丢失，现已追回轮胎 53 件，存放在该公安处。保险公司于 2004 年 5 月向中山区人民法院提起诉讼请求，其认为作为轮胎物流服务的提供商，物流公司对货物的损失负有不可推卸的责任。

2004 年 5 月 25 日，物流公司收到某区法院的民事起诉状，由于本案纠纷发生在物流公司为轮胎公司代办国内铁路运输过程中，即为接受轮胎公司的委托，将 402 件轮胎从沈阳通过铁路、公路联运至重庆，在铁路运输途中被盗。根据《最高人民法院关于适用〈中华人民共和国民事诉讼法〉若干问题的意见》第 30 条规定："铁路运输合同纠纷及与铁路运输有关的侵权纠纷，由铁路运输法院管辖。"物流公司认为，此案是与铁路运输有关的侵权纠纷，提出管辖异议，申请移交由铁路法院管辖。

某区法院就物流公司提出的管辖异议做出裁定：以此纠纷为代位求偿合同之诉，其法院有管辖权，驳回了物流公司的管辖异议的申请。

（二）处理结果

此案件经某区人民法院、某市中级人民法院二级法院终审判决。一审某区人民法院于 2004 年 11 月 29 日审结：驳回原告保险公司的诉讼请求，案件受理费6 440 元人民币由原告负担。原告不服进行上诉。二审由某市中级人民法院于2005 年 6 月 20 日作出终审判决为：驳回上诉，维持原判。

（三）法律分析

本案的核心法律问题就是轮胎公司与物流公司所签协议的性质、物流公司的法律地位以及相应的法律责任。

1. 物流服务协议的性质

本案中，物流公司与轮胎公司签订的《物流服务协议》的第 1.1 条约定，轮胎公司委托物流公司根据本协议有关条款从事产品的物流服务；物流公司同意接受这一委托，并严格按照附件一的要求提供专业、及时和优质的服务。该条款已经明确将本协议的性质确定为委托协议，委托人是轮胎公司，受托人是物流公司，委托事项是由物流公司为轮胎公司的产品从事物流服务，代理方式是严格按照附件一，即轮胎公司指定的标准化业务流程来进行。《物流服务协议》第 6.4条的规定，"由于受托人的疏忽而造成轮胎公司的任何资产在受托人或其分包方运输、使用或保管期间的灭失或损坏，必须负责赔偿。"即物流公司只有在"由于其疏忽"而造成货物的灭失或损坏的情况下，才"必须赔偿"。综合上述两款，物流公司作为委托合同的受托人从事的是综合性的物流服务，包括报关、代理发运、汽车运输、仓储等多个环节，而在归责原则上采用的是过错责任制。

2. 物流公司是否承担赔偿责任

本案中，轮胎被盗事件发生在铁路运输阶段。众所周知，我国的铁路运输实行的是国家垄断经营，承运人只可能是国家铁路部门。物流公司在这个环节上充当的是铁路运输代理发运人的角色。作为一个代理人，物流公司已经尽到了勤勉之责。货物一旦交付给承运人，物流公司便无法对货物进行控制和管理，妥善照管货物的职责转移到承运人身上。货物在运输途中被盗，作为代理人的物流公司在主观上没有任何过错。所以，依据双方所签第三方物流合同的明确约定，物流公司在没有"疏忽"的情况下，对货物的损失不承担赔偿责任。

3. 第三方物流企业的法律地位

我国现行立法和司法实践均未明确物流服务合同的法律性质，与之相关联的第三方物流企业的法律角色也是不明朗的。很大程度上是一事一议，具体问题具体分析。实践中，综合性的物流服务合同包括多个要素，如仓储、运输、配送、代理发运、报关报检等，根据客户的个性化需求，第三方物流企业对各要素再进行整合。在不同的要素环节上，第三方物流企业所充当的角色是不同的，这一方面取决于合同条款的约定；另一方面也受客观条件的限制，例如在铁路运输上，第三方物流企业只能是代理发运人，而不可能是承运人；在报关报检上，第三方物流企业也只能作为纯粹的货运代理人。

所以现阶段，在物流领域没有统一的单行法的情况下，对于物流服务合同的性质以及第三方物流企业所承担的责任，必须依照具体合同的约定，确定纠纷产生的具体环节，来判定第三方物流企业所应承担的法律责任。

实践中，客户，特别是一些大客户、优质客户，凭借其强势的谈判地位往往要求第三方物流企业对整个物流过程承担法律责任，就是说不论货损货差或者其他损害出现在哪个环节上、第三方物流企业自身有无过错，都要一概向客户承担赔偿责任。第三方物流企业承担的是一种绝对的严格责任，货物只要到了第三方物流企业手中，不管什么原因，只要出了问题，第三方物流企业都要负责赔偿，而且不能享受责任限制。这对于第三方物流企业来说是有失公平的。虽然它可以依据合同向实际的义务履行者追偿，比如实际承运人，但由于对方往往可以享受法定的责任限制，所以赔偿很难做到背靠背，很难是全部的，与客户直接签订合同的第三方物流企业就要承担赔偿之间的差额。

所以签订一份较为完善的物流服务合同，对于第三方物流企业而言是降低自身风险、取得良好收益的一个重要前提。本案中的物流服务合同，由于明确约定了物流公司的过错责任制，等于在责任承担上有了一个保护性的条款，物流公司才得以免除赔偿责任。

（四）经验教训

本案的涉案金额并不大，但其体现的问题非常具有典型性。总结起来，有以下几方面的经验值得吸取和借鉴：

1. 通过合同条款保护自己规避风险

签订一份权责明确的第三方物流合同是规避风险的前提，第三方物流企业必须明确自己在第三方物流合同中的法律地位，在何种情况下必须承担责任，而在何种情况下可以免除责任。目前物流服务市场也处于买方市场，客户的议价能力比较强。当然，我们是要服务于客户，要向客户提供优质的第三方物流服务，但这并不意味着第三方物流企业要大包大揽地承担责任。第三方物流企业承担的责任与其取得的收益应当是基本匹配的，否则就有违基本的商业原则。如果第三方物流企业与客户签订的是一个大的第三方物流合同，在约定不明确的时候，第三方物流企业往往会被认定为全程的当事人，需要对整个物流过程中出现的任何事故承担赔偿责任。所以，在大合同的某些环节上，当第三方物流企业客观上不能作为当事人时，一定要在合同中明确约定，争取对自己有利的条款，以降低风险。

2. 认清法律地位、了解法律责任

在做业务的过程中，要认清自己在整个合同中的角色，什么角色承担什么责任。这一点对于传统的货运代理人来讲显得尤为关键。当货运代理既从事传统货运代理业务又从事第三方物流服务时，一定要清楚自己扮演的不同角色，以及相应的法律地位，了解自己可能要承担的法律责任。

3. 恪尽勤勉之责，防止损失扩大

第三方物流企业应当恪尽勤勉之责，在发生货损货差事故后协助客户进行追偿，防止损失的扩大。本案中，客户的轮胎被盗后，物流公司积极配合轮胎公司进行保险索赔，尽最大努力将损失减少到最低。在石家庄铁路公安局追回 53 条轮胎后，就该 53 条轮胎如何处理等相关问题，物流公司在第一时间内请示享有代位求偿权的保险公司，以避免损失的进一步扩大。这样做较好地维护了客户关系，也维护了自己的合法权益。

答复某物流公司咨询，2006.9.20

390. 签订第三方物流合同需注意哪些问题

问：我公司是一家从事物流业务的企业，我们认为物流业务比较复杂，又无物流合同范本，故请您指教一下，在签订物流合同时要注意一些什么问题？

答：一个企业要想从事第三方物流的业务，首先是企业本身要具备开展此业务的基本条件，即人财物要到位；其次是选好合作伙伴，选择一个好的伙伴十分重要，它直接关系到合作过程中能否共同履约、相互配合，从而达到双赢的目的；再次就是签好合同，一个好的合同对于双方来说都十分重要，因为它既是双方履约的一个准则，又是双方处理履约中纠纷的一个依据，也是双方维护各自合法权益的一个体现。所以，在签第三方物流合同时，一定要做到合理、完善，切忌草率行事。

签订第三方物流合同时需要特别强调的注意事项是：

1. 对于自己目前不能做到，并且通过努力也不能做到的服务项目绝对不能承诺。否则就会处于被动地位，不但不能达到原来签下合同赚到钱的目的，还会引起纠纷，给对方带来麻烦，给自己造成经济损失。其结果不是双赢，而是双败。

2. 合同中对于服务范围与服务的具体项目要十分明确。因为第三方物流的成本与利润往往与其服务范围和服务项目息息相关，从事物流业务计算自己的盈利时，是根据接受的服务范围与服务项目得出的，如履约中实际接受的服务范围与服务项目超出其预算时确定的范围与项目，则肯定会增加成本，这样不但赚不到钱，还有可能亏本。所以写清楚这一条，对双方来说都十分重要。

3. 订立纠纷的处理条款，明确所适用的法律。合同中写进这一条不是不讲诚信，也不是不相信对方，恰恰说明双方都讲诚信原则，都有较强的法律意识。一方面双方都会依法履约，另一方面，万一产生协商解决不了的纠纷，也能依法处理，且事先知道解决问题的途径是诉讼还是仲裁，如果选择仲裁，亦知道在何处进行仲裁，仲裁时适用何种法律。这对双方都是十分有益的。

4. 物流业务合同往往不是单一的、短暂的，而是涉及多方面的、较长时间的合同，所以在签订合同时，一定要全面、连贯、综合地考虑，每个环节都要考虑到，不能只考虑一个环节，也不能只做短期、局部的打算。

5. 在签订物流业务合同时，要清楚自己所扮演的角色，是处于代理的地位，还是处于合同当事人的地位。如果处于合同当事人的地位，就须承担当事人的法律责任。对于客户来讲，无论服务项目是由物流企业承担，还是部分或全部委托给分包商承担，一旦发生问题，客户遭受了损失，首先就会要求物流企业承担，即使其损失全部是因分包商的责任造成的。

6. 签订合同时，还应考虑主合同与将来和分包商订立合同的一致性。如果明知将来无法达成一致，会对自己不利或需要承担较大责任与赔偿时，则应考虑自己的最大承受能力，力争将风险责任控制到最低程度。

7. 物流合同中的最大一个特色，就是客户对出货或到货的时间要求十分严格，往往订有 JUST IN TIME 条款。此条款要求交接货物的时间为几天、几小时，甚至精确到分钟，一旦不能按约定的时间交接货物，往往就会构成违约，承担违约的损失或遭罚款。更为重要的是丢失客户，甚至丢失大客户。所以在承诺这一条款时，物流企业一定要有十足的把握方可承诺。对于 JUST IN TIME 这一条款，不能小看、不能轻视，因为它不是一般条款，而是一条主要的条款、一条特别重要的条款。要成为真正意义的第三方物流企业，就必须能够满足客户这一要求，一旦承诺下来，就必须做到。

答复上海某物流公司咨询，2006.9

391. 如何处理第三方物流的合同纠纷

问：我们在实际业务中感到第三方物流涉及的方面和环节比较多，一旦发生纠纷，解决起来比较复杂，目前我国尚无成文的物流法律法规，请问在第三方物流业务中发生纠纷时我们应适用什么法律呢？

答：你提及的问题的确是目前困惑大家的一个问题。但物流的纠纷还是要解决的，也是可以解决的。下面我就从第三方物流合同的订立、责任划分的原则、时效和法律适用等几个方面做一说明，希望能对你有所帮助。

1. 第三方物流合同的订立

由于物流立法的缺失，我国法院或仲裁机构在处理第三方物流合同纠纷时，很大程度上依据第三方物流合同条款的约定，因此，一个谨慎的第三方物流经营人首先要注意签订好第三方物流合同。目前，国内物流市场是一个需求方的市场，各种规模的、大量的第三方物流企业及不规范的竞争等因素，导致市场上物流服务需求方和提供方的不平等地位。在订立第三方物流合同时，需求方往往利用自己的优势地位在合同中加入苛刻的条款，比如要求第三方物流经营人承担自收到货物时起至目的地交付货物时止，整个期间货物的各种风险导致的损失，甚至连不可抗力也不能免责；再如要求第三方物流经营人赔偿全部损失，放弃法定的单位赔偿责任限制。这些条款的订立使第三方物流经营人承担了巨大的压力，处于十分被动的地位，也大大增加了违约纠纷发生的可能性。同时，第三方物流合同对于第三方物流服务范围的约定往往不明确，过于概括或笼统，这也为潜在的纠纷埋下了隐患。

具体到合同订立的细节，第三方物流经营人应注意如下几个方面：

（1）合同标题要与合同条款一致；

（2）订立的"苛刻"条款不能与现行法律相违背；

（3）订立的分合同必须在主要条款中明确与总合同一致，并且具有同等效力，分合同条款与总合同条款不一致时，应以总合同条款为准；

（4）总合同订立后，如果需要对合同条款进行增加或更改，双方应严格依照我国《合同法》的有关规定进行；如果总合同明确规定了增加或更改合同条款的特殊要求，签订分合同时一定要按照总合同的特殊要求作，否则分合同无效，其增加或更改的条款也无效；

（5）在履行总合同条款时，如需继续签订一些分合同，其分合同条款应与总合同条款一致，如不一致，应视为对总合同的更改，或对总合同部分条款的更改，此时双方应格外谨慎，并且在分合同条款中明确规定其以分合同规定的条款为准。如适用法律法规与总合同不一致时，应明确规定以分合同适用的法律为准，否则，都将以总合同条款为准。

2. 第三方物流合同的归责原则

如上所述，在第三方物流合同下存在着不同的合同法律关系，不同的法律关系下当事人的权利义务不同，法律所确定的归责原则也存在明显的差别。比如，在委托合同关系中，第三方物流经营人作为受托人享有过错责任制度的保护，只对因其本人过失给委托人造成的损失承担责任；但在我国《合同法》下运输合同关系中，因严格责任制度，第三方物流经营人作为承运人时应对第三责任人（即非其本人）原因造成的货物损失向货方承担责任；而在国际海上货物运输合同中，则适用不完全的过错责任原则。归责原则的差异对第三方物流经营人关系重大，不但涉及第三方物流经营人自身的责任问题，而且也会对其向货方承担责任后能否向第三责任人追偿产生实质影响。例如，第三方物流经营人作为陆路运输合同的承运人，承担的是严格责任，对运输过程中由于第三责任人的原因致使货物毁损灭失要向货方承担赔偿责任；但在海上货物运输合同中，第三方物流经营人作为承运人可以对其雇员在驾驶或者管理船舶中的过失造成货物毁损灭失免责。又如，货物在物流过程中因火灾灭失，第三方物流经营人在向货方承担赔偿责任后向第三责任人追偿，如果火灾发生在海上货物运输过程中，实际承运人可以援引我国《海商法》第51条第1款第2项的规定免责，此时，第三方物流经营人就无法通过向第三责任人追偿转嫁风险；如果火灾发生在储存环节，第三方物流经营人就有可能向保管人追偿。

3. 第三方物流合同下的责任限制

在第三方物流合同及其实际履行中，不仅归责原则存在不同的差异，而且第三方物流经营人作为合同一方所承担的赔偿责任也有重大区别。我国《合同法》第113条规定："当事人一方不履行合同义务或者履行合同义务不符合约定，给对方造成损失的，损失赔偿额应当相当于因违约所造成的损失，包括合同履行后可以获得的利益，但不得超过违反合同一方订立合同时预见到或者应当预见到的因违反合同可能造成的损失。"但在不同的运输方式下，存在不同的赔偿制度。在海上或航空运输中，根据相应的国内法和国际公约、国际惯例分别存在着不同的赔偿责任限额。而在国内的公路运输合同中，我国法律尚无对承运人责任限制的保护制度，一旦发生货物损失将承担全部的赔偿责任。

这里应当注意的是，各类运输法规对于赔偿责任限制的规定并非强制性规定，第三方物流经营人可以在第三方物流合同中订明高于相关立法中规定的赔偿责任限额的条款。因此，第三方物流经营人在与客户的洽谈过程中应据理力争，在第三方物流合同中订立各种损失情况下的赔偿责任限额，并且在与分包商签订合同时要根据实际情况确定好赔偿责任限额条款，以免自己在将来面对索赔时承担无限制的赔偿责任而无法追偿。

4. 第三方物流合同的时效

第三方物流合同下的不同合同法律关系及其不同的法律适用，同样导致了第三方物流合同下不同合同法律关系时效的差异，对此一直存在着争议。区段说认为，需分清形成合同责任的事件发生在何区段，是货运代理区段、陆运区段、海运区段、空运区段、仓储区段、加工区段亦或包装区段，然后根据不同的区段套用我国《民法通则》或《海商法》的时效规定。而统一说则认为，在物流过程中要分清责任发生的区段是很困难的，如集装箱在目的地仓库开箱时发现箱内货物毁损，但并不能检验出货物是毁损于陆上还是海上，因此，规定适用统一的时效。统一说中又分一年说和两年说，一年说认为海运物流的主体为海运，时效规定一年有利于货方及时向第三方物流经营人索赔。时效的不同不但关系到货方向第三方物流经营人的索赔，同样会影响到第三方物流经营人向造成损失的第三责任人的追偿。目前司法实践中体现的趋势是第三方物流合同作为综合性合同应适用我国《民法通则》普通的诉讼时效，采用统一说的两年时效。而根据我国《海商法》第 257 条的规定，第三方物流经营人可以在收到诉状或解决纠纷的 90 日内向实际承运人追偿损失。

5. 第三方物流合同的法律适用

在目前没有可直接适用的物流立法的情况下，宜采取以下步骤来解决第三方物流合同的法律适用问题：首先根据我国《合同法》原则，在不违反公序良俗和法律禁止性规定的前提下，第三方物流合同中双方当事人的约定应作为解决纠纷的首要依据，即当事人有约定的应当遵从约定。第三方物流经营人，包括分包物流合同的分包商作为物流服务的提供商应按照合同约定严格履行合同义务；其次根据特别法优先的原则，凡涉及物流过程（环节）中有相关特别法（部门法）加以调整的，应首先适用该法律加以确定当事人双方的权利义务和赔偿责任、范围、限额等问题。例如，涉及海上运输的，应适用我国《海商法》，涉及航空运输、公路运输、铁路运输的，应适用我国《民用航空法》或《公路运输法》或《铁路运输法》；再次，应根据第三方物流合同下的内容是否涉及我国《合同法》

相关有名合同规定的情况，分别适用我国《合同法》分则加以调整；最后，如果既没有当事人的约定和特别法的规定加以适用，也无法按照我国《合同法》分则的规定来确定当事人的权利义务，那么应按照我国《合同法》总则的相关规定加以适用。

答复某物流公司咨询，2009.7.5

392. 物流总分合同仲裁机构不一致怎么办

问：我公司遇到一起纠纷，案情大致如下：

物流公司与工厂签订一物流项目的总承包合同（以下简称"物流合同"），物流合同约定该项目项下的物流服务均由物流公司负责，责任为严格责任。物流合同还约定，每次涉及租船运输，物流公司在签订租约之前要得到工厂的书面确认。事实上，物流公司租船时，依据物流合同条款的规定，得到了工厂的书面确认。并且在与船方签订租约前，每次都先与工厂签订一份租船合同。其中一个租约项下的货物在地中海遇到 10 级风浪而发生了货损，部分装甲板的货物因大风浪而落到海里，船舱内的部分货物发生摇晃也受到损坏。与此同时，船方发了海事声明。在一年的时效内，保险公司在某省代表工厂依据物流合同向物流公司申请仲裁。目前物流公司与工厂有两个合同，一个是物流合同，另一个是航次租船合同。航次租船约定适用金康 94 条款，在香港仲裁，适用英国法。物流合同在某省仲裁，适用中国法。物流公司只有在不可抗力的情况下方能免责，否则就要对货物的安全负责。航次租船是在物流合同之后签订的。

保险公司申请仲裁后，物流公司在某省中院提起确认航次租船的仲裁条款效力的诉讼，但最终，法院认为航次租船和物流合同的仲裁条款均有效，申请人有权选择。

案件回到某省仲裁委进行仲裁，物流公司申请案件适用涉外程序，保险公司方开始同意，仲裁委做出案件属于海事案件适用涉外程序的决定后，保险公司感觉对自己不利。现在，保险公司和物流公司拟商量重新达成仲裁协议，看是否可以选择在中国海事仲裁委员会仲裁。

问题是：物流公司和保险公司之间有两个合同，究竟应该适用哪一个合同及其相关规定？是物流合同还是租船合同？依据是什么？

答：下面从两点回答你的问题：

1. 适用物流合同还是航次租船合同？

货损发生在航次租船合同下的运输期间，应该适用航次租船合同。理由是：

航次租船合同是双方对于租约运输区段的特别约定（注：特别约定可以是签订物流合同的当时，也可以是随后），或者可以说是就租船运输区段而签订的，变更了物流合同。

就合同签订的时间来说，物流合同在先，航次租船合同在后。航次租船合同是对物流合同中海上运输区段的约定。根据我国《合同法》第 77 条，"当事人协商一致，可以变更合同"。因此，航次租船合同是对物流合同的变更。

由于物流合同涉及整个物流服务期间，航次租船合同只是关于海上运输区段，因此，它只变更了物流合同中租船运输区段的约定。其他部分，仍适用物流合同（注："合同变更仅对已经变更的部分发生效力，对于未变更部分的权利义务继续有效。"——崔建远《合同法》第 163 页）。

所以，两个合同都有效，只不过适用区段不同。航次租船合同适用于该合同约定的区段；物流合同适用于剩余区段。

另外设想一下，如果当事人只签订了一个物流合同，然后在物流合同里对海上运输区段重新约定，那么，法律效力是比较明确的，即，海上运输适用重新约定的内容，其他部分适用物流合同。本案中，当事人虽然签订的是两个合同，但从法律效力上，与上述情况是一致的。

2. 适用哪个仲裁条款

（1）如果本案适用航次租船合同，也应适用航次租船合同约定的仲裁条款。

（2）在《最高人民法院关于同时选择两个仲裁机构的仲裁条款效力问题的函》里，最高院批复，当事人可以选择任何一个仲裁机构仲裁。但是，最高院批复案件的案情是：当事人之间只有一个合同，只有一个仲裁条款，该仲裁条款约定了两个仲裁机构的选择权"合同争议应提交中国国际贸易促进委员会对外经济贸易仲裁委员会，或瑞典斯德哥尔摩商会仲裁院仲裁"。

这与本案的案情不同，因此，该司法解释不适用于本案。本案当事人先签订了物流合同，后来对海上运输区段，签订了航次租船合同。航次租船合同视为对海上运输区段的特别约定，或者对物流合同的变更，而这种变更包括仲裁条款。所以，海上运输区段应适用航次租船合同约定的仲裁条款。

（3）《最高人民法院关于湖北省出版进出口公司、湖北东湖光盘技术有限责任公司与康维克科技（成都）有限公司买卖合同纠纷一案中仲裁条款效力的请示的复函》中，提到的案例与本案相似。

"湖北案"中，当事人在合同中约定了仲裁条款，后来双方当事人达成了"第二次补充合同"，"第三次补充合同"，约定"无需仲裁"。不过最高院认为，由于"补充合同"里提到的"无需仲裁"是指对"一个特定的事项"不需要仲裁，因此，"补充合同"并不能解除仲裁条款。

而最高院的批复函承认了"湖北案"中"补充合同"对原合同仲裁条款的修改和影响。如果"湖北案"中，"补充合同"里提到的"无需仲裁"不是针对"一个特定的事项"，那么，"补充合同"便能起到解除原仲裁条款的作用。

所以，当事人的"补充合同"可以改变/解除原来的仲裁条款，签订时应考虑清楚，慎重用语。

答复某物流公司咨询，2007.7.10

九、其他方面

1993 年作者在外运总公司于大连海事大学举办的
第一期理货班上讲授理货的相关法律问题

393. 为何我国采用 FOB 条款出口不断增加

问： 为什么我国采用 FOB 条款出口的货物越来越多，并且已占整个出口货物的 80%？

答： 1. 根据我的调查主要有以下几个原因：

（1）从现在市场情况看仍是买方市场，因此选定离岸价格条款还是到岸价格条款的主动权往往在买方，目前，买方选定离岸价格的占主流。

（2）当前，航运市场运价的涨跌变化太快，不稳定，故国内许多出口商一是怕订舱或租船的风险太大，二是怕麻烦，干脆采用 FOB 条款（即国外买方派船）。

（3）有许多出口商，尤其是中小企业，不太了解 FOB 和 CIF 条款的实质内容，更少去考虑什么情况下采用 FOB 条款为好，什么情况下采用 CIF 条款为好，因此不会争取在有利于自己或可以采用时去签订 FOB 条款，造成的结果是一切由买方决定。

（4）我国船公司的宣传很不够。过去只有几大船公司参加广州交易会，今后应多设摊位、广为宣传我方派船之优势，面对面与国内客户讲明采用 CIF 条款出口的好处及其如何办理相关手续。

（5）一般客户现在不是首先考虑肥水不流外人田，考虑国家利益，而考虑的是采用 FOB 出口合算，还是采用 CIF 出口合算，哪个对客户既省钱又省事，他们就采取何种方式出口。此外因租船业务不熟悉，图省事就由买方派船。也有的客户通过盘算，觉得采用 FOB 条款出口要么省钱，要么更方便，殊不知，在当今的市场上，出口采用 FOB 一样要格外小心谨慎，因为这其中的风险也是很大的，很容易上当受骗，所以建议出口时尽量采用我方派船即 CIF 条款。当然进口时采用 FOB 条款于国家有利。

2. 承运人和货运代理应积极主动争取国内外客户

（1）鉴于目前的情况，我国船公司和货运代理不能在国内坐等，而要走出去，到国外去联系买方，采取由买方指定我国船公司或货运代理承办他们的运输及相关业务。

（2）我国船公司和货运代理也不能在办公室坐等，而要走出去，到社会去联系国内的客户，与他们加强沟通，密切联系，尤其是趁广交会等大型进出口交易会的机会，到会场去进行实地宣传，积极推销出口货采用 CIF 条款；进口货采用 FOB 条款的好处，并推荐自己的优势。

（3）我国船公司或无船承运人要多替客户着想，一方面要主动上门服务好；另一方面要价格优惠方便多，使得客户感到贴心便捷性价比好。

（4）不断向国内货主进行宣传，告诫他们谨慎出口，出口货采用 FOB 条款极易上当受骗。要想防止海上欺诈，其中最有效的防范措施就是进口货尽量采用 FOB 条款，出口货采用 CIF 条款，并首先选择国内资信情况好、有实力的船公司，或选择国外资信好、实力雄厚的船公司进行海上运输，切记不能不做调查或不顾船公司的资信和实力盲目签订合同。

答复中国货代协会综合业务部咨询，2006.3

394. 第三者责任险如何赔付

问：中艺公司在某保险公司为其办公大楼投保了财产险。大楼因发生漏水现象造成了财产损失，同时水湿后也给第三者带来一定的损失。第三者要求中艺公司赔偿。于是，中艺公司向该保险公司提出索赔。该保险公司称：办公大楼因水湿造成的损失可以赔偿，但造成第三者的损失不能予以赔偿，理由是：中艺公司并未在承保公司投保第三者责任险。请问您，为何我司买了保险，承保公司却不赔偿？何谓第三者责任险？

华润集团在太平洋保险公司投保了第三者责任险，集团大厦的食堂漏水，从A座漏到B座，隆地房地产管理公司立即采取积极措施，以减少损失的继续扩大，为此花费了1万多元人民币。随后华润集团向太平洋保险公司提赔，太平洋保险公司称：华润公司投保的是第三者责任险，而非财产险，现因A座与B座都属隆地管理公司的财产，并非属第三者的财产，故不在我们承保范围之中。华润集团再查保单，其财产险是由民安保险公司承保的，于是改向民安保险公司提赔，民安保险公司答应赔付，但要扣除保单中规定的免赔额。请问您，为何我们买了第三者责任险，承保公司又不予赔付呢？投保了第三者责任险在什么情况下才给予赔付呢？

答：1. 首先要清楚何谓第三者责任险？

一般来讲，财产保险业务中的第三者责任险必须具备三个条件：

第一，第三者责任险保单不包括投保人自己拥有财产的损失；

第二，在意外事故中有收到第三者向投保人提出的索赔；

第三，第三者责任险只承保第三者财产的损失，并且是由于投保人有过失而应承担法律责任时。

2. 上述两案说明，当我们的财产发生损失要向保险公司提赔时，一定要先仔细查看保单，审阅自己投保的是什么险别、是否在承保范围之内、自己是以何种身份去提赔、保单中有无免赔额、提赔的金额有无超过免赔额、保单中有无赔付比例等。总之，投保人既不能事先根本没有投保该险种而向保险公司索赔，也不能张冠李戴。

上面提及的第2个问题就属于张冠李戴。原以为隆地管理公司是独立的管理公司，应属第三者，第三者采取减少损失所支付的费用，应向承保华润集团第三者责任的太平洋保险公司提赔。但后来查证，A座与B座都属华润集团的财产。隆地管理公司虽然是独立的房地产管理公司，但它同属于投保人华润集团属下的财产，不属保险业务中的第三者（即保险业务中的第三者为投保人之外的第三者）。因为太平洋保险公司的保单中投保人一栏明确写着"华润集团通过隆地管理公司"，也就是说，隆地管理公司本身就是投保人，而非第三者。再查隆地管理公司在民安的财产保单中，承保的标的也明确打上了"食堂"，即食堂包括在隆地管理公司为自己投保的财产险中。正确的做法是隆地管理公司直接向民安保险公司申请财产理赔。所以，当隆地管理公司向民安保险公司提赔时，民安保险公司立即表示予以赔付。申请赔付的项目及理赔结果如下：

1997 年 7 月 27 日湾景中心 B 座下水道堵塞，污水及粪便由 D/F 涌出，水浸 D/F 多处及 3/F 多处天花漏水，引致损失，当天由隆地管理公司工程人员协助疏通及清理食堂积水，人工费 1 000 港元，维修 3/F 天花费用 6 000 港元，浸湿贵宾厅及食堂 20 张高级木椅、全层地面、地脚线等浸湿，估计维修购置及清洁费需 15 000 港元，总共申请赔付金额为 22 000 港元。

实际给付金额为 15 000 港元，免赔额为 7 000 港元，经公证行检验其损失属实，承保公司扣除免赔额后给予了赔偿。

答复香港华润集团隆地管理公司咨询，1998.4.3

395. 何谓营业中断险

问：我们公司很想投保营业中断险，但我们对该种险别很陌生，故请您简单介绍一下，以便我们参考和决定。

答：你们提到的营业中断险，又可称后果损失保险与利润损失保险。投保营业中断险的目的是为保障被保险人因意外事故发生，妨碍了正常业务，从而引起的经济权益损失。

如你们公司要投保，请特别注意有下列几点：

1. 投保该险种一般均与火灾险一起投保。

2. 两种险别通常由同一承保公司承担，否则，一家承保公司认为应该赔偿，另一家承保公司认为不应予赔偿，案子就复杂了。另外，分开投保肯定还会贵一些。

3. 如果火险方面认为不应承担责任，那么营业中断险也不承担责任，对于这一点，保单条款中是有明确规定的。

4. 对营业中断时间也要做出约定，如 1 个月、6 个月或 1 年，营业中断时间订得越长，保费费率就越高，反之就越便宜。

以上意见仅供你们参考，如还有何问题可随时与我联系。

答复香港华夏公司咨询，1998.7.21

396. 如何理解与使用不可抗力条款

问：近一个月来，我国许多省份遭到了严重的水灾，这场灾害不但影响了我国这些省市的工农业生产，而且影响了我外贸进出口业务，当然也就会造成我司的一些出口货无法按期履行我方的义务，对此我方是否应承担法律责任？我方是否可用合同中的"不可抗力"条款来免除自己无法交货或无法按期交货的法律责任？如行，那么在使用这一条款时应注意些什么问题？如何来证明自己遇到了"不可抗力"？

答：1. 何谓"不可抗力"

首先要搞清楚什么叫"不可抗力"。所谓人力不可抗力是指：双方签订合同后，由于受到政治、经济因素和自然条件变化的影响，发生了双方当事人无法预料、无法避免和无法控制的事件，如自然灾害或战争，使合同不能履行或不能如期履行，遭受事故一方，可以据此免除责任，对方无权要求赔偿损失。

"不可抗力"是民事活动中的重要法律术语，我国《民法通则》和《合同法》对不可抗力定义为"不能预见、不能避免并不能克服的客观情况"。通常不可抗力有这样几类情况：

（1）自然灾害。虽然人类逐步提高对自然灾害的预见能力和抵御能力（如11级大风对于十几万吨货轮来说已经不再是不可抗力），但是人类仍要面临无法抗拒的自然灾害。在现实生活中，因自然灾害严重影响人们的生活和生产、阻碍合同履行的事件屡见不鲜，如地震、雪灾等。

（2）政府行为。当事人在合同签订之后，政府颁布新的政策、法律或采取新的行政措施，导致合同不能履行。如地震之后，政府采购抗震救灾用品导致一些厂商无法完成原先签订的合同。

（3）社会异常事件。主要是指阻碍合同履行的一些偶发事件，如恐怖分子闹事导致当地旅游业暂停。

搞清楚"不可抗力"条款后，我们就可以正确使用该条款了，在处理目前水灾造成的后果时就有所遵循了，也就是说在交货的地区，由于水灾的原因使得合同无法履行或无法按期履行时，可以凭"不可抗力"条款免除法律责任。

2. 使用"不可抗力"条款需注意的问题

（1）不得借此机会将原来本不应属于"不可抗力"原因造成的不履行，或将该不履行的原因归于"不可抗力"，要求免除责任是不行的。

（2）"不可抗力"事故是有范围的，应根据双方合同中规定的范围来行使此条款。

（3）"不可抗力"条款，应对双方都适用，任何一方当事人均可援引此条款免除责任，不能仅片面地约束一方。

（4）如不属于无法履行，仅属于无法按期履约，且对方同意推迟履约，一旦有履约能力后，应先履行原来的合同。

3. 遇到"不可抗力"情况后应如何举证

（1）应将事故情况立即通知对方，通知对方无法履约或不能如期履约，并要求获得对方的确认。

（2）拍摄一些说明灾情严重的照片。

（3）收集好当时当地气象部门的天气预报和能反映本地本单位受灾严重的各种资料，如报纸的报道、文件的汇报、录像等。

（4）同时还可携带买卖合同等有关资料到贸促会出证认证部门去公证"不可抗力"证书，经他们认证后的证书有法律效力。

4. 制定"不可抗力"条款时须注意的问题

进出口贸易公司面临的风险较多，因此更需要通过适当的合同约定，在遭遇"不可抗力"风险时保障自身的权益，避免承受额外的损失。综上所述，贸易公司在制定"不可抗力"条款时应注意以下一些问题：

（1）根据业务特点约定不可抗力范围，特别是可以将贸易公司中自身难以控制的第三方风险（如政府行为）列为不可抗力风险；

（2）明确约定相对便利的"不可抗力"通知方式、证明形式；

（3）尽量提供贸易公司在"不可抗力"条件下更多的选择权，使贸易公司可以根据不同的情况选择解除、部分解除、延期履行等；

（4）根据业务性质，约定"不可抗力"损失的分担方式，在没有对价的情况下，不盲目承担额外的责任与风险。

答复某进出口贸易公司咨询，1998.8.1

397. 签订合同可否盖部门章

问：我们与俄罗斯签订一份大陆桥运输合同，能否用部门公章，因为上次为签一个类似合同盖公司章，足足花了半年时间，所以我们想用部门章，您看这样行吗？

答：第一，应该盖公司章，盖部门章如果导致合同无效，事情就麻烦了。为保证合同有效，一定要加盖公司章。当然，即使合同被认定无效，也不是说就不能追究相互的责任了，有责任的一方仍旧要承担责任，并且从司法实践的趋势看，尽量不否定合同的效力，因为一旦否定合同的效力更难判定与判决，而法律要求司法部门又必须作出最后的判决。

第二，公司效率慢，可派专人盯着此事，我想这次盖章不会再花半年时间了吧！

答复中外运集团总公司运输管理部咨询，2003.7.28

398. 两被告是否应承担连带责任

问：由我所代理的青铝案，经过法院一、二审判决及再审判决，现均已败诉。但我们认为其判决都不对，准备向最高法院进行申诉，并认为我们的理由与证据都是很充分的。但在申诉之前，我们很想听听您的意见，对于您的意见我们会认真考虑与采用。现将该案的详细材料及一、二审法院的判决书提供给您，同时介绍其简况如下：

经审理查明，青铝公司与广南公司于 1995 年 2 月 16 日签订了一份购销合同，合同明确写明，广南公司向青铝公司供货 10 万吨。截至 1996 年，广南公司已供应×万吨，还欠青铝公司铝 9 900 吨。同时，青铝公司于 1995 年 5 月至 1996 年 1 月止，先后×次为这 10 万吨货物付款共计人民币×亿元。本案中所涉 14 398 吨货物是广南公司已向青铝公司提供的最后一笔货物。

广南公司于 1996 年 7 月 1 日与港兴公司订立了一份借用 14 398 吨货物的协议，协议中明确了借方是广南公司，出借方是港兴公司，双方借用关系不涉及到青铝公司。

另经审理查明，青铝公司虽然是广南公司的股东之一，但它们是两个完全独立的法人，是母、子公司的法律关系，各自独立承担法律责任。

北港公司称，本案所涉 14 398 吨货物是由青铝公司和广南公司共同向其借用的，没有任何证据；此 14 398 吨货物青铝收货而拒付货款，是不当得利，没有法律依据；此 14 398 吨货物收不到货款是青铝公司与广南公司合谋欺诈的结果，既没有证据也没有法律依据。本案中北港公司与港兴公司、港兴公司与广南公司和广南公司与青铝公司之间的法律关系，是完全独立与不相干的三个法律关系，北港公司与港兴公司 14 398 吨货物的货款损失只能由港兴公司承担，港兴公司承担的这笔货款损失只能由广南公司承担，青铝公司无义务承担广南公司的债务，所以，北港公司无权起诉青铝公司并要求其承担付款责任。

答： 经认真研究你们所提供的一、二审及再审判决书，并仔细看过整个案件的材料后，我认为法院一、二审及再审的判决的确存在很大的问题。你们可向最高法院进行申诉，并且存在胜诉的空间。现将我的两部分意见提供给你们参考。

一、我对青铝公司一案的看法

本案看起来很复杂，实际上并不是很复杂，关键在于广南公司与青铝公司之间是否存在购销合同关系，这 14 398 吨货物是否是该购销合同项下的货物，青铝公司向广南公司所付的款项包不包括这 14 398 吨的货款。只要能说清楚这个焦点问题，就能很容易的断定青铝公司应不应当承担一审、二审与再审下来的责任。纵观整个案情，我认为此案应彻底翻过来，判青铝公司不承担任何责任。对本案我有如下几点看法：

（一）本案青铝公司与广南公司的法律关系

本案青铝公司与广南公司都是独立的法人（见附件 1），他们之间是母子公司的法律关系，应各自独立的承担法律责任，对于这一观点，国内外的法律都是一致的和明确的，法官的看法也是一致的。也就是说没有任何理由与法律依据要求母公司青铝公司来承担子公司广南公司的债务。

（二）本案的基本事实

1. 青铝公司与广南公司签有一个 10 万吨的货物的购销合同（见附件 2），本案中青铝公司所收的 14 398 吨货物就是这 10 万吨货物中的一部分，而不是 10 万吨货物之外的 14 398 吨（无法进一步说明与证实，甚至连北港公司也提供不出任何证据证明这 14 398 吨货物是广南公司与青铝公司所签合同的 10 万吨货物之外的 14 398 吨）。

2. 对于所签 10 万吨货物的购销合同下的货款，青铝公司已全部支付给广南公司（见附件 3）。

3. 事实上，广南公司还欠青铝公司××吨货物（见附件 4）。

（三）几种例外情况

我们也认为事情不是绝对的，本案中只要有下列情况之一，青铝公司就可能要承担相应的法律责任：

1. 所适用的法律明确规定要承担连带责任的事项。

2. 两公司表面上是母子关系，但实际上是同一班人马、同一财务，甚至是同一间办公室。

3. 当广南公司向北港公司要这14 398吨货时，青铝公司为这14 398吨货提供了担保，并表示到时广南公司不付款，由青铝公司承担付款责任。

4. 这14 398吨货是由青铝公司、广南公司、北港公司和港兴公司四方签的一个共同的协议，协议中有条款明确写明，青铝公司与广南公司共同承担14 398吨货物的付款责任或承担付款的连带责任。

5. 有证据证明本案是广南公司与青铝公司一手策划与串谋欺诈北港公司的结果。

6. 存在不当得利行为。根据我国法律对不当得利的界定，不当得利是指"没有合法依据取得利益而使他人受到损失的事实"。构成不当得利需要四个因素同时具备：①一方获得利益；②他方受到损失；③取得利益和他方受到损失有直接的因果关系；④取得利益没有合法的依据。

（四）本案不存在例外情况

因为上述所列六种情况在本案中都不存在，所以，进一步说明了广南公司供应给青铝公司14 398吨货物纯粹是正常履约的法律行为与做法，与广南公司欠北港公司14 398吨货款归还不了是不应牵扯到一起的，二者是明明白白的两回事，是两种完全不同的法律关系。

（五）正确结论

我们不应毫无道理的、错误的将青铝公司与广南公司牵扯在一起，将子公司广南公司的付款责任强加在与此事毫不相关，没有法律关系，也无任何过错的母公司青铝公司头上，让它做无辜的替罪羊。也不能牵强附会，硬要把我上述所列的可能导致母公司承担相应法律责任的情况强加给青铝公司，从而达到要求青铝公司承担法律责任的目的。照我看，这完全是地方保护主义的一个恶果。如果硬要不顾事实与法律关系，判青铝公司承担其本不应承担的法律责任，对我国法院与法官的形象都将是一种巨大的破坏。这种不公正的判决将会给我国的司法部门带来很大的负面影响。

二、判决理由与反驳要点

（一）一审判决：因为广南公司欺诈北港公司骗了货，青铝公司获得了赃物，应该承担付款的责任。

反驳理由：青铝公司未参与欺诈，也不知情。北港公司的此种说法无任何证据，连间接的证据都没有。青铝公司与广南公司是购销合同关系，与北港公司毫无法律关系，很显然一审判决的理由是根本站不住脚的。

（二）二审判决：因为青铝公司与广南公司是母子公司关系，故应承担连带责任。广南公司无法付款时应由青铝公司承担付款责任。

反驳理由：

1. 正因为青铝公司与广南公司是母子公司关系，一般情况下不应相互承担连带责任，而应各自独立承担自己的法律责任。

2. 即使要承担责任，怎么证明这14 398吨货物不是广南公司应向青铝公司交付的10万吨货物之内的货物呢？怎么证明这14 398吨货物的货款不在青铝公司所支付给广南公司的货款之内呢？

3. 再退一步，即使未付款，在法律关系上也应是北港公司找港兴公司，港兴公司找广南公司，广南公司找青铝公司，怎么也轮不到由北港公司直接找青铝公司承担责任。

（三）再审判决：青铝公司与广南公司构成共同侵权，青铝公司应承担连带责任。

反驳理由：如果属共同侵权，青铝公司与广南公司可能会承担连带责任，但关键是本案中：

1. 根本不存在青铝公司与广南公司共同侵权的事实。我国《民法通则》第130条虽然原则规定"二人以上共同侵权造成他人损害的，应当承担连带责任"，但是没有对"共同侵权"的概念和构成要件做出明确规定。至今学界和司法界对共同侵权的构成要件仍存在十分激烈的冲突，对此不妨可以参考一下最高人民法院《关于审理人身损害赔偿案件适用法律若干问题的解释》中第三条的规定，即二人以上共同故意或者共同过失致人损害，或者虽无共同故意、共同过失，但其侵害行为直接结合发生同一损害后果的，构成共同侵权，应当依照《民法通则》第一百三十条规定承担连带责任。由此可见，成立共同侵权，承担连带责任，除共同危险行为外，必须要有加害行为的存在且加害行为要直接结合发生同一损害后果，本案中青铝公司并不存在加害行为，北港公司亦无法提供证据证明青铝公司存在加害行为，因此，也就谈不上青铝公司与广南公司共同侵权，承担连带责任的问题。

2. 北港公司一直是以违约为诉由起诉青铝公司要求其承担责任的，即北港公司提起的是违约之诉，法院不能代替北港公司将本案改为侵权之诉。因为，法院这样做本身就违反法律，同时也与法官的职业道德相违背，我们坚决不能认同这种行为。

答复某律师事务所张律师咨询，2005.1.22

注：申诉过程中，在最高法院的主持下，双方达成和解协议，青铝公司由承担全部责任改为承担部分责任，赔付港兴公司部分货物损失，最终了解此案。

2005 年 12 月 9 日作者在湖南外运公司讲授
公司法律及货运代理责任法律知识

399. 董事执行其在董事会通过的决议是否合法

问：按照公司章程条款规定，董事会只需要两人出席就可以召开，并且只需要两个董事的意见一致就可以做出有效的决议，如出席会议的两个董事做出的决议，然后由他们自己去执行，根据香港的法律是否有效？

答：应当是有效的。理由如下：

1. 章程条款对董事会决议的有效性已做出明确的规定，即

（1）出席董事会的董事的法定人数为两名以上（含两名）；

（2）做出的决议意见一致。

2. 章程条款没有明确规定出席董事会的董事做出的决定不能由董事本人去执行。

3. 董事本人去执行董事会决议不是代表个人，而是代表公司。

4. 除非去执行决议的董事与所执行的事项有利益冲突或者与所执行事项的当事人有串谋。

答复湖南外运公司咨询，2001.9.6.

400. 香港办理律师见证需要哪些文件

问：《广州市房地产买卖指南手册》第2条第2款第2项规定，出售房地产的条件是：1. 申请对象是个人；2. 申请对象是企事业单位；3. 申请对象是股份制单位；4. 申请对象是境外注册公司的须提交由我国司法部委托的香港律师见证。请问：在香港办理律师见证手续需要些什么文件？

答：在香港办理律师见证手续需要下列四个文件：1. 香港公司在港的注册证书；2. 香港公司最后一次年报上的董事会人员名单；3. 香港公司在广州购房的房产证书（购房者应是香港公司）；4. 一份有3个董事签名的简单函（复印件也可以），函中内容为：现提供××公司（指该香港公司）的三份文件，请香港律师进行见证。

答复湖南外运公司咨询，1999.5.13

401. 委托律师协议可否终止律师费、可否拒付

问：某律师离开原来所在的律师事务所，未经原律师事务所和案件委托人即我司的同意，可否将在原律师事务所承办的案子带走，并要求我司支付律师费用？如我司不支付律师费，某律师将起诉我司。

答：我认为不行，其主要理由为：

1. 首先起草一份协议已中止，你方可不给费用的理由：

（1）当时是与律师事务所签的协议，并非与该律师签的。

（2）该律师离开律师事务所，其所做案子并非理所应当地可随律师带走，而必须经律师事务所和委托人同意。

（3）律师事务所撤消的信息，该律师未通知你方，而你方已向律师事务所写信要求中止委托合同，故可视为委托合同已提前终止。

（4）此后，你们并无正式、有效的协议委托该律师承办此案，也从未委托该律师所在的新的律师事务所承办此案，故你方与该律师和他所在的新的律师事务所无任何合同关系。

（5）因为是风险律师费用合同，律师未曾帮你们要回一分钱，故你们也可以一分钱都不给律师所。

（6）客户委托律师打官司，一般情况下，客户可根据自己的需要撤销对律师的委托。

2. 可通过私人关系传递信息，考虑到合同终止前该律师做过一些工作，可给他一些费用（10 万至 15 万元人民币），但该律师应向集团公司去函消除负面影响。

3. 如不行就跟该律师打官司。

答复江苏外运公司咨询，2004.7.6

402. 委托他人设计的商标被转卖是否属侵权

问： 国内某商家委托华润中广公司设计一商标，而中广公司总经理助理又将该商标转卖给一家港商，现国内某商家在香港以商标侵权案告了港商与中广公司，港商与中广公司败诉，被判赔偿有形损失约 200 万港元，无形损失待判。另外，国内某商家的律师开出律师费为 2 000 多万港元，虽然港商与中广公司有书面协议，如败诉由港商负责承担损失，但据了解该港商的律师已不办理此案，该港商要清盘了。

我们的问题是：

1. 商标权是国内某商家的，还是中广公司的，或两者共有的？

2. 总经理助理的转让协议书是个人行为还是公司行为？

3. 中广公司与港商的协议书是否有效？

答： 对于你提出的三个问题我的答复如下：

1. 国内某商家委托中广公司设计商标，按照委托人的要求商标设计后，委托人按合同付了款，中广公司的商标给了某商家，至此，该商标的知识产权就已经转移给某商家了，中广公司与该商标已无任何关系，当然更谈不上有产权问题了。

2. 总经理助理的转让应视为中广公司的行为，因为第一，该商标设计是中广公司做的，属于中广公司设计出的产品；第二，该总经理助理有这种权利签订协议书；第三，发现转让后，中广公司未马上作出否定的意见。

3. 中广公司与港商的协议书应当是有效的，但只能约束他们两家，不能对抗已胜诉的原告，如按协议书本应由港商承担败诉后的一切损失，但港商破产或无能力承担时，应由有承受能力的中广公司承担，中广公司承担后，可依据中广公司与港商的协议书再进行追偿。

答复香港华润集团审计部咨询，1999.5.26

十、关于仲裁

2009 年 11 月 13 日作者在中国海商法协会
于上海举办的第七届海商法国际研讨会上主持专题研讨

403. 如何申请仲裁解决纠纷

问：进口公司进口了一个价值 3 万欧元的零件，运抵山西某厂安装时，发现不配套，无法装入机器，现想通过仲裁解决纠纷，请问如何在国内进行仲裁？

答：1. 看买卖合同有无有效的仲裁条款，如有且在国内，那么可与合同条款中约定的仲裁机构联系并向其仲裁机构提交仲裁申请书及相关资料，如仲裁机构受理了，将要求申请人交纳仲裁费用和指定仲裁员。

2. 如买卖合同事先没有仲裁条款，双方可事后补签一个书面的仲裁条款，然后提起仲裁也可。

3. 如你方决定提起仲裁，要求对方赔偿或再运送一个符合要求的新零件时，必须做好一切准备工作，比如理由是否充分，证据是否齐全，其法律依据是什么等等。

4. 提起仲裁且出庭，在我国可委请律师进行，也可由当事人自己承办一切。

5. 标准仲裁条款范本：

贸仲示范仲裁条款：

"（一）凡因本合同引起的或与本合同有关的任何争议，均应提交中国国际经济贸易仲裁委员会，按照申请仲裁时该会现行有效的仲裁规则进行仲裁。仲裁裁决是终局的，对双方均有约束力。

Any dispute arising from or in connection with this Contract shall be submitted to China International Economic and Trade Arbitration Commission (CIETAC) for arbitration which shall be conducted in accordance with the CIETAC's arbitration rules in effect at the time of applying for arbitration. The arbitral award is final and binding upon both parties.

（二）凡因本合同引起的或与本合同有关的任何争议，均应提交中国国际经济贸易仲裁委员会_____分会（仲裁中心），按照仲裁申请时中国国际经济贸易仲裁委员会现行有效的仲裁规则进行仲裁。仲裁裁决是终局的，对双方均有约束力。

Any dispute arising from or in connection with this Contract shall be submitted to China International Economic and Trade Arbitration Commission (CIETAC) _____ Sub-Commission (Arbitration Center) for arbitration which shall be conducted in accordance with the CIETAC's arbitration rules in effect at the time of applying for arbitration. The arbitral award is final and binding upon both parties. "

海仲示范仲裁条款：

"凡因本合同引起的或与本合同有关的任何争议，均应提交中国海事仲裁委员会，按照申请仲裁时该会现行有效的仲裁规则进行仲裁。仲裁裁决是终局的，对双方均有约束力。"

China Maritime Arbitration Commission (CMAC) Model Arbitration Clause

"Any dispute arising from or in connection with this contract shall be submitted to China Maritime Arbitration Commission for arbitration which shall be conducted in accordance with the commission's arbitration rules in effect at the time of applying for arbitration. The arbitral award is final and binding upon both parties. "

答复山西外运公司咨询，2005.6.16

404. 如何选择仲裁地点

问：我船代公司与俄罗斯一家船公司拟签订一份船代总协议。其他合同条款均已谈妥无问题，仅在涉及仲裁条款时先订为在我国仲裁，对方未提出任何异议，但后来对方又提出如有争议协商解决不了时，在被告方仲裁。但我们认为对方比较闭塞，未参加 WTO，我们又不了解对方国家情况，不能同意。我们提出在第三方即英国伦敦仲裁，一开始未说此问题，后来表示修改，我们可以接受吗？

答：根据你所介绍的情况，我认为：第一，争取在我国北京的中国海事仲裁委员会进行仲裁；第二，在第三方仲裁，第三方仲裁的地点争取在香港（熟悉、距离近、无语言障碍），如对方不同意，则争取在伦敦仲裁（规范、熟悉、英语、历史最长、成熟）。衡量利弊后，还存在一个是谁求谁的问题？如果是对方有求于你方，那么你方应坚持在中国仲裁；如果是你方有求于对方，并且想签订船代总协议，做成此笔代理生意，那么你方也可同意在伦敦仲裁，虽然在伦敦仲裁，不像在国内仲裁熟悉有关法律与仲裁程序，并有一定的语言障碍，控制力度较小，成本亦大（仲裁费用、律师费用、交通住宿费用），但终归还是公平的，不算无理要求，无论如何都优于"在被告方仲裁"。因为你方成为被告的情况很少，只有无单放货或操作不当时，才可能成为被告。而绝大多数情况下，是对方欠你方垫付费、代理费、装卸费、拖引水费、理货费、其他杂费等，对方成为被告的可能性大。

答复中外运船务代理公司咨询，2007.10.16

405. 提起仲裁是否引起时效中断

问：关于"LUGANO VENTURE"轮案，我有以下两个问题需要请教：1. 仲裁是否引起时效中断？2. "提交仲裁"何时起算？

答：1. 关于仲裁是否引起时效中断

我国《民法通则》和《海商法》的条款都明确规定，只要提起诉讼或提交仲裁，时效就中断，即仲裁也引起时效中断。就是说，只要申请人依据有效的仲裁条款，在时效内提交了仲裁，时效就可中断。

2. 关于"提交仲裁"何时成立

"提交仲裁"是申请人指定仲裁员就算"提交"，还是在指定仲裁员的同时，还需寄出仲裁申请书及有关文件，或者需所指定的仲裁员同意担任本案的仲裁员并收到了仲裁申请书及有关文件才算是"提交"，对于"提交"如何确定确实是有争议的，但关键是看所适用的法律，尤其是根据所适用的仲裁法和仲裁规则来判定。

3. 我的基本想法

（1）仲裁在世界上许多国家，包括在美国，是应该能引起时效中断的；

（2）如果根据美国法律，只要申请人本人或其律师正式通知指定仲裁员就算"提交仲裁"，那么此案的时效还未过。

鉴于上述情况和本案是在纽约仲裁且适用美国法，我建议请美国律师给你们进一步提供有关美国仲裁引起时效中断的法律条文及有关案例和仲裁成立的条件的法律条文及案例。有了这两方面的具体法律条文及案例，加上美国律师与西英保赔协会的意见，你们就能够确定时效是否已过，以利于你们决定下一步应当采取的措施。此意见仅供参考。

答复中租公司咨询，1997. 2. 28

406. 如何委托独任仲裁员

问：福建外运与西安一家当事人在香港仲裁，对方委托了某先生为独任仲裁员。我方认为如同意委托同一位仲裁员不好，怕该仲裁员偏袒西安当事人。您觉得我们的担心有道理吗？

答：1. 本案涉案争议金额小，仅30万元人民币，还是委托独任仲裁员为宜。在委托独任仲裁员的问题上，你方可能有些误解，认为仲裁员与律师一样，谁指定就为谁服务。其实不然，仲裁员与法官一样，不得谁委托就偏袒谁，而须客观公正，除非福建已有材料，证明西安当事人与该先生关系很密切，甚至有利害关系，需回避。

2. 你方可回复西安当事人，同意委托该先生为独任仲裁员，对××案作出公正的裁决。

3. 重新审阅仲裁条款，如有明确约定则只能按约定办，如双方有意修改则可按修改后的新约定办。

4. 仲裁费用是仲裁员按每小时收取，每个仲裁员的价格不一样，如开庭、开庭场所尚需另付费用。

5. 可以不用律师，自己辩护，或请另外的人辩护。如败诉，通常会裁定由败诉方承担仲裁员费用、对方律师费用，甚至包括对方其他出庭参与仲裁人员的费用（如出差费），至于承担多少，由仲裁员根据公平合理的原则自行裁定。

答复香港万福德船务代理有限公司咨询，1999.7.27

407. 可否接受独任仲裁员的委任

问： 我公司期租了一条船，由于船舱有锈，引起船舱不适货，产生纠纷，船东通过香港律师，委托杨良宜先生为仲裁员，要求索赔 11 万美元。我公司拟委托一家律师所，进行反索赔，金额为 22 万美元。现有几个问题向您请教：

1. 我方同意对方委托杨先生作为独任仲裁员好，还是另委托一名仲裁员好？
2. 对方要求 7 天内指定仲裁员，根据香港的仲裁规则应是几天？
3. 香港律师收费标准是怎样的？请您代为我们委请一名香港律师。

答： 1. 如果对方同意，杨良宜先生接受，可共同委托杨良宜先生担任独任仲裁员，因为杨良宜先生办案公正，加之本案涉及金额又小，为节省仲裁费和律师费，完全可以委托杨良宜先生为独任仲裁员。

2. 香港律师告知，如双方均为香港当事人，应是 7 天；如有一方不是香港当事人，应是 30 天，除非租约中另有明文约定。

3. 香港律师费用较贵，目前合伙人和一般律师收取的费用不同，每个案件还依据所花费的实际时间来计算律师费。

答复中外运新加坡发展公司咨询，1999.5.26

408. 可否四方合并仲裁

问： 我公司最近与韩国公司产生纠纷，我公司作为租船人依据租约的航速条款，扣留了一部分租金未付给出租人即二船东韩国公司。本案中，我公司为该期租船的三船东，二船东和原船东分别是 KEOYANG（韩国公司）和中租公司。三个租家的租约条款内容基本一样。我公司与二租家有航速索赔争议，扣了租金，他们当然也扣了中租公司的租金，中租公司又扣了原船东的租金。现在，原船东要与中租公司仲裁，中租公司找到韩国公司，韩国公司找到我公司，问我公司是否愿意四方一起仲裁。除上述争议外，他们三家间也有争议，拟申请仲裁。韩国公司不是原船东，应是二租家，我公司是最后一个租船人。前面的几个租约中都有仲裁条款，只是仲裁地点与仲裁机构不一样。现在的纠纷与各方都有牵连，为了简便和节省费用，拟四方一起合并仲裁。请告诉我们是同意好，还是不同意好。

答：根据您所提供的简单案情，我们认为在本案中，你公司是最后者，并且已根据你公司与韩国公司的租约条款扣了租金，处于较为主动地位，故不必同意四方一起合并仲裁。因为四方一起合并仲裁，需要你公司的律师看四家的所有文件，既费时又费钱。另外，在各方指定仲裁员的问题上也很难统一。如果你公司不同意四方一起合并仲裁，他们毫无办法，让他们先去仲裁，静候其裁决结果，再看下一步如何行动也不迟。若中租公司与韩国公司仲裁的结果是韩国公司胜诉，有权扣航速索赔的租金，其金额也合理，那么韩国公司就不会再向你公司提起仲裁。如结果是韩国公司败诉，无非是韩国公司向你公司提起仲裁。而此时你公司仍有两种可能，若败诉，无非是将所扣租金全部退还韩国公司，也不会产生额外的更大的损失。

以上是经与法律界人士商讨的意见，仅供您参考。

答复中外运新加坡代理公司咨询，1999.2.11

409. 仲裁约定不同的两个案件可否合并审理

问：关于我司最近在美国进行的一起仲裁案，现说明情况如下：

1993 年 3 月，我司在 L/C 项下出运给美国 CONNELL 公司桔片罐头 20 个货柜，共计金额 25.96 万美元。单据在通过银行议付时，CONNELL 公司以我方单据中有不符点为由，将货款全部拒付。我司催请对方付款，对方竟提出，与我司从 1991—1992 年签订的若干个合同项下货物，发到美国后陆续发现质量有问题，其损失达 37 万美元，因此要求将这 37 万美元与 25.96 万美元相抵消。我司不同意，一再说明 25.96 万美元货款与 37 万美元索赔款是两码事，必须分开处理，对方不予理睬，我们只得诉诸法律程序解决，了解到美国贝克律师事务所是十大全球律所之一，且熟悉美国的法律，故我们向该事务所进行了咨询，并得到书面意见书。意见书上明确指出："无论是在中国还是在美国进行的仲裁，两个仲裁庭都无权将索赔与付款的问题混在一起进行审理。"因按合同仲裁条款，仲裁应在被诉方所在国进行，因此对方 37 万美元的索赔，应在中国起诉。同时，贝克律师事务所还在书面意见书上说，此案胜诉机会较大，故我司决定向美国仲裁协会起诉。我司起诉后，对方答辩要求 37 万美元索赔与 25.96 万美元货款并案处理，贝克律师事务所反答辩不同意并案处理，并要求仲裁庭首先确立程序而确定美国仲裁庭只有 25.96 万美元的管辖权。现美国仲裁员作出答复和决定：两个案子在美国并案处理，由于贝克律师事务所为我们请的是独立的仲裁员，他们认为：仲裁员即已作出决定，无法予以挽回、并建议我们撤诉，我司对此感到非常痛心，感觉明明是有道理的事情，怎会弄得这么惨，难道美国的仲裁员可以无视法律，无视双方当事人的约定，将明明不属于一个管辖权范围的两个案子硬拉到一起来？律师难道就没有办法去影响、说服仲裁员吗？贝克律师事务所的北京办事处不行，通过他们的美国总部行不行？另外，据美国贝克律师事务所说，美国仲裁协会只给了四个仲裁员名单供他们选择，他们选的第一候选人是一位美籍华人，而仲裁委最后给的却是一位叫 "JOHN F. O'CONNELL" 仲裁员，此人是否会与 CONNELL 公司有什么牵连？CONNELL 是一家族公司，CONNELL 是人的姓名。

总之，我司现在处境很难，不知有什么办法能挽回这一局面，此案是撤诉还是继续打官司为好？请您为我司提供具体意见，我司将不胜感激！

附件：

湖南粮油食品进出口公司：

贵司欧向星女士和胡群先生今天来我事务所北京办事处向我们介绍了贵司与美国 CONNELL 公司（以下称美方）关于履行 HFOE9306 号合同产生的争议。根据贵司的要求及我们现在了解的情况，我们现向贵司提出如下意见：

一、关于索赔与付款问题

如果我们可以证明合同背面的仲裁条款对双方是有约束力的，那么仲裁原则上应在被诉方所在国进行。因此，美方对贵司就其他合同而进行的索赔应在中国通过仲裁解决。而贵司要求美方付款的问题应在美国通过仲裁解决。无论是在中国还是在美国进行的仲裁，两个仲裁庭都无权将索赔与付款的问题混在一起进行审理，除非双方当事人同意这样做。

二、关于仲裁

如贵司要通过法律程序向美方追索货款，根据合同的规定，应在美国通过仲裁解决，除非双方同意在第三国进行。因为没有指明仲裁机构，仲裁可以通过临时仲裁庭或在双方同意的条件下通过美国仲裁协会进行。在美国，通常国际性的仲裁都是在美国的仲裁协会进行。该会的总部设在纽约。该会多年来与中国的涉外仲裁机构一直保持友好的往来。

仲裁程序开始时，仲裁庭或仲裁协会会要求申请仲裁的一方先缴付约一万美元左右的定金作为仲裁费的预付款。最终的仲裁费金额由审理该案的仲裁庭来确定。在美国仲裁及当事人因仲裁而发生的律师费和其他费用原则上由败诉方承担。但具体金额由仲裁庭来确定。

三、几点看法

1. 根据我们了解的情况，我们认为贵司胜诉的机会比较大。尽管我们不能百分之百地保证。因为根据合同美方将很难证明他们有理由提了货而不必付款。至于其他合同项下的索赔，美方应在中国通过仲裁解决。如果美方没有根据那些合同的规定在 30 天内提出有关质量问题的索赔，美方也不一定就有权获得赔偿。

2. 在美国进行的仲裁可能会比较简单，也可能会比较复杂。可能会比较简单是因为美方可能没有料到贵司会不顾及他们的威吓，聘请了美国律师与他们论理，如果他们明智，他们会自知理亏而早日采取和解的方式解决付款问题。这样，仲裁可能不一定要进行到底就能使问题得到解决。也许会比较复杂是因为美方也许会在合同文本问题上纠缠合同背面的一般条款及仲裁条款的效力问题，这样可能会使程序上的问题复杂化。

3. 我们的建议；我们建议先由我们律师出面写一封信给美方，在说明事实与法律的基础上，要求他们在 15 天之内付款。如果美方这封信没有积极的反应，我们将开始在美国的仲裁程序。

4. 我事务所的律师收费按工作小时计算，平均来说应为每小时 290 至 300 美元。对于新客户，我们一般在开始工作前要求客户给我们先付 2 万美元的律师费预付款。我们事务所一般每个月给客户一个收费通知并附说明。说明律师在收费的时间内所做的事情及所发生的如电话、传真等实际开支。

以上意见供贵司参考。

贝克·麦肯思国际律师事务所
一九九三年九月四日

答：（一）对双方主张的分析

1. 你方主张不应将两案并审的理由：

（1）付款与索赔应分开；

（2）过去的几个合同与本案的合同是独立分开的，不应并入一个案件纠纷来处理；

（3）两案仲裁地点不同，付款纠纷应由美国仲裁机构审理，索赔纠纷应由中国仲裁机构审理。美国的仲裁机构无权代替中国的仲裁机构进行仲裁，除非双方当事人同意；

（4）对方不是因本案索赔应支付货款的纠纷提出的反诉，而是对既往几个合同的产品质量提出索赔，两者性质不同。

2. 对方主张合并审理的理由：

（1）双方都是几个合同的当事人；

（2）每个合同都有仲裁条款。

（二）时效是否已过

如时效确实已过，可请求仲裁员考虑已过时效的案子不能在反诉时恢复时效。建议你方查询买卖合同中有关时效条款的约定，是否约定有关时效恢复的条款；再查美国有关时效恢复的法律规定及《联合国国际货物销售合同公约》的相关规定。

（三）考虑可否向美国法院申请撤销仲裁裁决

你方可考虑向美国法院申请撤销仲裁裁决，理由是仲裁庭适用法律不当，程序上存在严重问题，导致仲裁裁决有误。

（四）关于是否撤诉问题

如你方有把握认定前几个合同货物质量没有问题，不应赔偿对方 37 万美元，则可坚持己方的抗辩主张；如你方对前几个合同货物质量是否存在问题无把握，或确实存在问题需要赔付，且赔付金额与你司索赔金额接近，就应考虑和解或撤诉。撤诉的理由是，即使本案获赔了 25.96 万美元，但对方就前几个合同货物质量问题申请仲裁，将来仲裁结果很可能是你方败诉，需要承担赔付给对方相近的金额，那就应该考虑撤诉，同时双方签订一份一揽子解决问题的协议。因为两次仲裁所付出的不仅是精力，还有律师费用、交通费用、仲裁费用等人财力的支出。

当时在对方不付款的情况下，你方如果不将货物交给对方，就不会出现这种钱货两空的被动局面。

（五）关于反诉问题

假如本案中也存在货物质量问题，对方则可在本案仲裁中，于应诉的同时提出反诉。事实上，对方提出冲抵货款的原因恰恰是因为既往几个合同中货物的质量问题，而非本案货物存在质量问题，所以本案不存在反诉问题。

（六）如决定撤诉，应向该律师事务所提出抱怨性的质疑，并要求其退返你方已预付的大部分律师费。

（七）可考虑要求美国律师再做些努力，指出美国仲裁机构将两个约定为不同仲裁地点的案件合并审理是错误的。

答复湖南粮油食品进出口公司咨询，1993.9

410. 何谓不好的仲裁条款

问：现想请教您一个问题，在合约中订立仲裁条款时，应注意哪些问题？何谓不好的仲裁条款，请您指教并且举例说明。

答：英国法院对仲裁条款的解释是非常宽松的，一个模糊而简短的表达，例如"伦敦仲裁"或者"伦敦仲裁条款"即可。但是有些国家对仲裁条款的解释是非常严格的，必须写明地点、机构全称。例如，我国1994年8月31日通过的《仲裁法》第16条与第18条明确规定："仲裁协议包括合同中订立的仲裁条款和以其他书面方式在纠纷发生前或者纠纷发生后达成的请求仲裁的协议。仲裁协议应当具有下列内容：（一）请求仲裁的意思表示；（二）仲裁事项；（三）选定的仲裁委员会。""仲裁协议对仲裁事项或者仲裁委员会没有约定或者约定不明确的，当事人可以补充协议；达不成补充协议的，仲裁协议无效。"所以，为了使仲裁条款有效和不发生纠纷，应尽量避免订立一些不好的仲裁条款或无效的仲裁条款。下面一一介绍几种不好的仲裁条款：

1. 仲裁条款限制范围过窄

合约规定，共同海损应该依据1950年《约克·安特卫普规则》解决，并在伦敦仲裁。而该国法院判决认为，合约这一条款所指的仅仅是针对共同海损方面的争议在伦敦进行仲裁，并不包括对合约下滞期费的仲裁。又如仲裁条款仅包括滞期费纠纷，未包括延滞损失，仲裁机构是否有权裁决就很麻烦。这样的仲裁条款就把范围缩小了，限制得太死了。

2. 仲裁地点不明确

仲裁条款中先订在英国仲裁，后又提出在俄罗斯仲裁。英国法院认定无效，因为不好确定在哪儿仲裁。

3. 修改不到位

定期租船合同本身有仲裁条款，后面附加条款又写上在伦敦仲裁。如果选择在伦敦仲裁就应删除标准条款的仲裁地，但未删除。这样的修改还好说，因为附加的条款效力高于标准格式中条款的效力，但也会引起纠纷。

4. 浮动仲裁条款

外运公司曾在租约中订立"在伦敦仲裁或者北京仲裁，由被告方选择"的条款，被称为浮动性的仲裁条款。

在某案例中，外运公司作为被告，选定的是在北京仲裁，英国法院认定这个浮动仲裁条款有效。在上诉仲裁条款中，虽然出现两个仲裁地似乎有不明确的地方，但条款中的后一句，即由被告方选择，便可确定在何处仲裁，所以英国法院中止原告在英国法院的诉讼，将此案交由北京仲裁机构处理。但如果在我国，这样的仲裁条款就会被认定为无效。

5. 规定金额难确定

有合约先写上管辖权条款，如 100 万元以上的争执由法院管辖，100 万元以下由仲裁管辖。但是 100 万元怎么确定呢？是否包括利息和诉讼费等？仲裁中涉及的争议标的，如中途有修改，裁决金额超过 100 万元，怎么办？所以这也不是好的仲裁条款。

6. 合同中的仲裁条款

合同中约定的仲裁条款一般均为有效的仲裁条款，除非法院认定上述仲裁协议是无效的、不能实现的或者无法履行的。

答复中国政法学院某研究生咨询，1995. 1. 12

411. 合同无效，仲裁条款是否有效

问：关于"华阳案"，对方可能会以合同无效，仲裁委员会无权受理为由进行抗辩，拒绝向我司支付赔款。您认为这样的抗辩理由站得住脚吗？

答：我认为仲裁委员会完全有权审理此类案件，对于合同效力的审理是在其管辖范围之内的。至于合同是否有效，仲裁庭将依法审理并作出裁决。而合同中的仲裁条款有其特殊性，也就是独立性，即使合同的变更、解除、终止或者无效，也不影响仲裁协议的效力。它不像对方所描述的那样，合同无效、仲裁条款也无效；无效合同只有法院才有权审理，这是毫无法律依据的，是对仲裁法的不了解，是对方的主观想象和主观愿望。对方企图以此为由来逃脱责任，拒付你司赔款，这是根本行不通的，是徒劳的。更何况，我认为这是一个完全有效的合同，因为：

1. 财务章也是代表该公司的，是公司批准同意后才盖的；

2. 双方从头到尾一直在依照合同履行双方的责任，实际上货也装了，船也将货运到了卸货港，并交给了收货人。事实上已完成了合同，至少可以说以实际行动承认了合同；

3. 合同完成后，回过头来又说合同无效，纯属无稽之谈、毫无道理。好比

双方签了一个合同，付了款，交了货，当货的质量出现问题时，不是根据商检报告及合同条款向另一方提出索赔，而是企图去否认合同的存在、否认自己的行为、否认合同的有效性，这只能是一厢情愿、是不可能的，也是绝对办不到的。

答复北京外运公司咨询，1993.8.1

412. 提单中的仲裁条款是否有效

问：提单中的仲裁条款是否有效，尤其是能否约束收货人与受让人？

答：我主张提单中订有的仲裁条款有效。

1. 租约条款，包括仲裁条款有效并入提单后，提单的当事人，包括收货人与受让人均受该仲裁条款的约束，这已成为各国的惯例，英、美都承认，我国一般也会认定的。

2. 我国《海商法》第78条规定："承运人同收货人、提单持有人之间的权利、义务关系，依据提单的规定确定。"

收货人即提单持有人不承担在装货港发生的滞期费、亏舱费和其他与装货有关的费用，但是提单中明确载明上述费用由收货人即提单持有人承担的除外。

根据这一条，①肯定了提单管辖权条款；②明文将仲裁条款除外；③提单中的一个仲裁条款，作为提单当事人均应受到约束。

3. 实践中，托运人、收货人、提单受让人对提单事先是了解的，或应当了解的，也就是说对仲裁条款也是了解的。

4. 国际上已有一些国家，尤其是海运发达国家，如英、美都有判例，承认提单中的仲裁条款。

5. 我国提单上的管辖权条款，并没有得到绝大多数国家承认，实际上承认的国家并不多，即使法院判了，还有一个执行问题。而如果提单中订有仲裁条款，仲裁结果的执行反而好办一些，因为很多国家都是1958年《承认和执行外国仲裁裁决的公约》的成员国，事实上相互执行仲裁裁决比较多，也比较顺利。

6. 当然，法院应当有一个倾向性的意见或态度，这样将使船公司在修改提单时更有信心去采用仲裁条款，这不是仲裁与诉讼之争，而是如何对国家更有利的问题。

7. 问题的症结是：①仲裁是双方的自愿，而不是一方的要求；②根据1958年《承认和执行外国仲裁裁决的公约》的规定，有效的仲裁协议需要双方事前或事后达成书面的协议。而提单没有双方签字，另外收货人或受让人是后来才知道的。

答复大连海事大学某研究生咨询，1996.4.15

413. 租约并入提单中的仲裁条款是否有效

问 1：某公司进口智利鱼粉 2 万多吨，湖南人保承保 5 000 吨，另一家保险公司承保 15 000 吨。在海上运输途中鱼粉起火，货物遭受损毁。

该批货物由发货人程租一条船，采用金康条款，简式提单，提单上打明租约并入提单条款，特别指出"包括仲裁条款"。现在的问题是，租约条款中的仲裁条款是在伦敦，且明确约定船东与租船人有争议时在伦敦仲裁，请问，此条款是否能约束提单持有人？仲裁条款是否具有双方自愿性？并入提单的仲裁条款是否有效？

答：应该说本案租约中的仲裁条款已经被有效地并入提单，所以不但约束船东与租船人，也约束船东与提单持有人。

如果适用我国《仲裁法》，仲裁条款只写"在伦敦仲裁"就存在一定的问题，因为根据我国《仲裁法》的规定，仲裁条款必须正确、完整地写出仲裁机构名称的全称，例如写"在北京仲裁"，或"在贸促会仲裁"，或"在海事仲裁委仲裁"均不行，必须写上"在北京中国海事仲裁委员会仲裁"。但如果适用英国法，写"在伦敦仲裁"是有效的。

问 2：由于该轮倒签提单一天，加上货损较大，已在上海海事法院成功申请扣船。船方委请船东保赔协会出具了保函，但保函中未提及该案审理由中国法院管辖并适用中国法律。此时中国法院是否有管辖权？能否在中国法院起诉船方？

答：因为提单中订有有效的租约并入条款，包括在伦敦仲裁的仲裁条款也被有效地并入进来了，虽然中国法院有扣船的权利，但实体审理还得由仲裁机构进行。而在船东保赔协会出具的保函中，也并未改变仲裁条款，未订明由中国法院管辖和适用中国法。所以中国法院扣了船，不等于就自然地享有实体审判权，其结论是中国无管辖权，不能在中国法院起诉船方，应在伦敦提起仲裁。

问 3：鉴于该轮倒签提单和发生货物损毁，能否以侵权行为在中国法院起诉对方？

答：亦不行，因为一般情况下的货物损毁和倒签提单均属违约，只能按违约性质处理，不能以侵权性质去法院起诉对方。

问4：根据我国《海商法》，租约条款是双方自由订立的，如果将租约并入提单，当租约条款与我国法律有冲突时是否无效？

答：如果适用我国法律，当并入的租约条款与适用的法律产生冲突时，则租约条款应被视为无效。

问5：根据金康绕航条款的规定，船方可在未经租船人同意之下绕靠另外的港口，不要领航员，去救助遇难船只……

上述规定是并列的，即可以挂靠另外港口，可以不要领航员自己靠泊，可以去救助别人，还是说为了去救助别人在无领航员的情况下可绕航靠泊？

答：《航次租船合同金康94》第3条是关于绕航的规定："船舶有权为任何目的以任何顺序挂靠任何港口，有无引航员在船均可航行，在任何情况下拖带和/或救助它船，亦可为拯救人命和/或财产而绕航。"对此我国《海商法》第49条亦规定："承运人应当按照约定的或者习惯的或者地理上的航线将货物运往卸货港。船舶在海上为救助或者企图救助人命或者财产而发生的绕航或者其他合理绕航，不属于违反前款规定的行为。"如果托运人与承运人事先对航线有约定，船舶应走该约定的航线；没有该约定时，船舶应走装卸两港之间的习惯航线；如既无约定航线又无习惯航线，船舶应走地理上的航线，即在保证船舶及货物运输安全的前提下，装卸两港之间最近的航线。其他合理航线，是指船舶为了船货双方共同利益，或者存在其他合理需要，如在海上躲避台风或者战争风险，送病危船员上岸治疗等，而驶离航线的行为。法律禁止的是船舶进行不合理绕航，但并非禁止任何船舶绕航。在海上为救助或者企图救助人命或者财产，或者有其他合理需要船舶可以驶离航线。

你方所提的问题，一方面取决于你方具体合同的约定，另一方面要看当时的实际情况，来确定船方所采取的绕航行为是否合理合法。而救助人命显然是合理的，且无须引航员在船上，任何情况下船方均有权挂靠任何港口。

答复湖南人保分公司咨询，1998.6.25

414. 租约中在广州提交仲裁是否有效

问1：双方当事人在租约中规定：如果有争议，协商解决不了，在广州提交仲裁。此条款是否有效？

答：应该认定无效。因为广州没有海事仲裁，所以此条款无法实现。另外，双方当事人都是国内公司，无涉外因素，又在我国《仲裁法》生效以前，所以不能去海事仲裁委员会，除非双方另外补签一个在广州工商局仲裁。

问 2：根据租约，如果要清舱，由船长派水手，费用由租船人承担。现在需要清舱，花了 10 天时间，租船人想办理停租，其理由是：认定船舶不适航，即船舱不适货。此理由是否成立？

答：租船人办理停租无理。因为在租期内，货物由租船人指定，需要清舱是租船人的要求，所以清舱费应该由租船人出，所花的时间应该算租船人自己的时间。租船人不得以船舱不适货而办理停租，因为租船人进行清舱并不是为了船方的利益，船舱不适货也并非交船时的情况。

租船人办理停租是不对的。因为在期租期间，安排货物的装卸都是由租船人自己按照租约条款安排的。每航次卸货后是否需要清舱，或者因为下航次要装别的货物，需要特别清舱，都是租船人自己的事。租船人需清舱可以找船方，也可以找港方，其费用是由租船人自己承担，所以根本不存在一个可以停租的情况。如果是最后一个航次，还船时，租船人虽然不装货物了，但是租船人还有责任对货舱进行清扫，清扫到货舱的状态与接船时的状态一样，其清舱费用和所花的时间均应由租船人承担。

答复蛇口马律师咨询，1995.6.26

415. "在北京仲裁" 的仲裁条款是否有效

问：甲货运代理公司向乙货运代理公司订舱，运载货物 2.4 万吨。乙货运代理公司按每吨货物 56 元人民币向甲收取了运费，并将该运费汇入某船务代理的账户上。按约定，船方应退 1% 的佣金，由甲货运代理公司和乙货运代理公司各得 0.5%，但船方一直未给甲货运代理公司 0.5% 的佣金，故甲货运代理公司拟通过仲裁解决此纠纷。船方称，双方合同中虽有仲裁条款，但仲裁条款仅写 "在北京仲裁" 无效。请问，该仲裁条款是否有效？

答：本案仲裁条款应属无效。理由有三：

其一，根据我国《仲裁法》的规定，仲裁条款应当约定正确的仲裁机构名称，并且是全称，而本案仲裁条款只有仲裁地点，而无仲裁机构的单位名称；

其二，北京至少有"中国海事仲裁委员会"、"中国国际经济贸易仲裁委员会"和"北京仲裁委员会"三个仲裁机构，即使根据本案仲裁条款，也无法确定是哪个仲裁委员会具有管辖权；

其三，虽本案仲裁条款中写有"在北京仲裁"，但据此也只能推断双方明确的仲裁地点是北京，而对仲裁委员会是哪家并未约定，除非双方当事人达成补充协议，一致选择其中的某一个仲裁机构，否则该仲裁协议无效。

答复天津塘沽某咨询公司咨询，2008.3.10

法律参考：

《中华人民共和国仲裁法》

第十六条 仲裁协议包括合同中订立的仲裁条款和以其他书面方式在纠纷发生前或者纠纷发生后达成的请求仲裁的协议。

仲裁协议应当具有下列内容：

（一）请求仲裁的意思表示；

（二）仲裁事项；

（三）选定的仲裁委员会。

第十八条 仲裁协议对仲裁事项或者仲裁委员会没有约定或者约定不明确的，当事人可以补充协议；达不成补充协议的，仲裁协议无效。

最高人民法院关于适用《中华人民共和国仲裁法》若干问题的解释（2005 年 12 月 26 通过，2006 年 9 月 8 日起施行）

第六条 仲裁协议约定由某地的仲裁机构仲裁且该地仅有一个仲裁机构的，该仲裁机构视为约定的仲裁机构。该地有两个以上仲裁机构的，当事人可以协议选择其中的一个仲裁机构申请仲裁；当事人不能就仲裁机构选择达成一致的，仲裁协议无效。

416. "在中国北京仲裁"条款无效怎么办

问：我们在一条程租租船协议中订的仲裁条款为"在中国北京仲裁"是否有效？如无效怎么办？

答：在我国《仲裁法》未颁布实施以前，"在北京仲裁"或"在伦敦仲裁"，或"在北京或伦敦仲裁，由被告方选择"在我国和在英国都是有效的。

但自 1995 年 9 月 11 日，我国《仲裁法》实施后，根据该法第 16 条和第 18 条的规定，其仲裁条款须写明仲裁机构的名称必须准确且全称及仲裁机构的地址，所以光写一个"中国北京"，不符合我国《仲裁法》的要求，一般会被认定为无效，仲裁机构也不予受理，但是在仲裁实践中，司法部门对一些与我国《仲裁法》规定有出入的，即有瑕疵的仲裁条款，从尊重双方当事人的仲裁意愿出发，根据有瑕疵的仲裁条款只要司法部门认为可以推定出何地、何仲裁机构有管辖权的，均会认定该仲裁条款有效，其仲裁机构有权受理。

具体到本案，如你方现在提出在北京某仲裁机构进行仲裁，对方也同意你方的意见，则该仲裁条款即为有效，如对方称租约中所订的仲裁条款无效，那你方就只好去美国起诉对方。

今后，你方在租约或其他合同中订立仲裁条款时，一定要注意符合我国《仲裁法》的规定，不能随意，也不能想当然，否则就会使仲裁条款无效，造成工作中的被动，带来不必要的经济损失。本案你方就要为 50 万美元的滞期费到美国去起诉对方，由此会产生交通费、诉讼费、高额律师费，还要面临语言问题等诸多不便和额外费用。

答复中外运经贸船务公司咨询，2007.8.7

417. 租约未签字盖章，仲裁条款是否有效

问：我方（中外运沈阳公司）程租一条船运载原木从朝鲜罗津港到我国张家港，二船东为香港"东丰船务有限公司"，船名为"BUDVA"，双方经过多次电传往来达成一致，并按电传内容开始实际履行，后来又拟了一个较详细的租约，但双方均未签字，也未盖章。履行过程中，双方在装货等问题上产生纠纷，船东宣布扣货（实际未扣成），并要求支付空舱费、滞留损失费，现在按后来拟定的租约条款在香港提起仲裁，但我方认为在电传往来中根本没有提及仲裁条款，而且所谓的租约双方都没签字或盖章，因此根本就不能生效，从而仲裁条款也不具有法律效力。

就本案，我们向您请教下面四个问题：

1. 租约在双方未签字或者盖章的情况下是否生效？

2. 在这种情况下，租约中的仲裁条款是否有效？

3. 若其在香港仲裁，按英国法，双方没有在上面签字或者盖章的租约，法律效力如何认定？

4. 照您看，香港仲裁机构会受理此案吗？我们应采取怎样的措施来处理？

（一）案情简介

我方受图门外贸公司的委托，程租一条船舶运载木材（原木）从朝鲜的罗津港到中国的张家港。

船东为香港的"东丰船务有限公司"，船名为"BUDVA"，该轮于 1993 年 5 月 28 日抵罗津港，由于在朝鲜一边装货一边等货，装装停停，速度较慢，致使该轮在罗津港停留近两个月。

合同规定船东提供最少四个舱口装木材，四个舱装满后，只装了 9431.06CBM。船东不同意再继续装货，原因是：合同规定该木材数量为 13000CBM ±5%，由租家选择，规格尺寸为 4M、6M、8M 长各占 30%，而实际装船情况，绝大部分是 4M，占 90% 以上，所以造成亏舱太大，四个舱装不下。而我方要求继续装，于是双方出现僵持，船舶在罗津港锚地又停留了十几天，后于 7 月 3 日开航，问题并没有解决（图门外贸和发货人同意船舶开航）。

该船于 8 月 3 日抵达长江口锚地，张家港港方安排引水，要求该轮进港，但该轮拒绝驶入张家港，原因是：合同的卸港为张家港，而船东出示的提单是上海港，就这样在长江口锚地滞留近半月。

船东宣布扣货，提出要求我方支付空舱费，在朝鲜装完 9431.06CBM 后的所谓滞留损失费及在上海长江口锚地的滞留损失费。

我方通知船东：一、我方运费（9431.06CBM）已付，船东没有权力扣货。二、空舱费和滞留损失，双方一直在争议，可通过法律裁定，船东不能借此理由扣货。三、滞期费，合同规定卸货结束后，三十天内支付，现在索要没有理由。四、船东提单为卸货上海港（租家原来有此要求改港为上海港），但合同为张家港，我方不追究船东的违约责任。可靠上海港，但不能有任何附加条件（船东要求改上海港附加一些条件，主要是索取上述费用）。

（二）对方香港律师的传真

沈阳外运：

关于 M. VBUDVA 轮（1993 年 6 月 17 日租约）在朝鲜罗津港和上海港产生的滞期费与迟延费纠纷，我们是 M. V BUDVA 轮的二船东东丰船务公司的香港律师。

1. 根据上述轮的租约，已经产生了一些争议，我们代表我们的客户向你索赔在装卸港悬而未决的滞期费和迟延费。

2. 根据该轮租约第 33 条的仲裁条款，将在香港仲裁，适用英国法，我们的委托人（客户）根据第 33 条已聘请 XXX 先生作为他们的仲裁员。

3. 我们同时要求你们依据租约第 33 条规定的时间内指定你们的仲裁员，如果你们从今天起未在一个月内指定仲裁员，我方的客户保留向香港高级法院解决指定仲裁员，并组成仲裁庭。

4. 请给予答复。

香港×××律师

答： 你方 1993 年 10 月 13 日的传真收悉，关于所咨询的问题，现将我的意见答复如下：

1. 我曾多次跟你们讲过，在香港适用的是英国法，在英国法下，像租约这样的合同，并非一定要签字或盖章才有效，口头达成协议也是有效的。根据你所讲的，本案中，你们所做的事情已大大超过了口头协议，不但在简易租约、往来电传与传真中涉及租约条款，而且也实际按租约条款履行，例如货物已装。进入到如此地步，在司法程序上，你们不能再说与出租方之间无合同关系。任何一方在租船业务中已履行到上述程度，例如已装货，还称无合同或合同无效，无疑是在做傻事。

2. 此时，租约中的仲裁条款当然是有效的。

3. 在香港，没有像北京的中国国际经济贸易仲裁委员会这样的机构，香港的仲裁案只需指定仲裁员，并由仲裁员单独处理仲裁案，进行起来较为简便。在本案中，你们可能没有许多其他行之有效的方法来保护自己。对沈阳外运来说，在此情况下，也不能摆脱其被动的处境。如果你们不顾出租方提出的仲裁，不指定仲裁员，不出庭维护自己的权益，到时出租方（如果出租方胜诉）将以仲裁裁决书向中国法院申请强制执行中国外运在境内外的财产，包括扣船等，因为中国是 1958 年纽约公约缔约国，对于各国仲裁裁决的结果应予执行，否则可向法院申请强制执行。所以，一般情况下，你们不能不予理睬，而是必须依据香港的仲裁法进行抗辩。除非你们认为本案的争议金额很小，例如只有几百或几千元，不值得出面打官司，败诉就赔款，否则你们应积极面对，尤其在你们不清楚或无法确定本案将对你们是否有利，损失的承担究竟有多大的情况下。所以，我建议你们聘请香港律师在香港处理此案为上策，不要盲目地认为你方不理睬出租方提出的仲裁，即使香港仲裁裁决你们败诉，你们也可以拒绝执行，这是绝对不可能的。

答复沈阳外运公司咨询，1993.8.19

418. 对仲裁协议效力有异议如何处理

问：如果甲公司认为与乙公司订有仲裁条款，于是向仲裁委员会提出仲裁申请。乙公司却认为其与甲公司之间不存在法律关系，更没有仲裁条款。那么，在这种情况下，乙公司应该怎么做？是到法院提起仲裁机构无管辖权的诉讼；还是去仲裁机构应诉，请求仲裁庭先对管辖权异议作出裁决？

答：我国《仲裁法》第20条明确规定："当事人对仲裁协议的效力有异议的，可以请求仲裁委员会作出决定或者请求人民法院作出裁定。一方请求仲裁委员会作出决定，另一方请求人民法院作出裁定的，由人民法院裁定。当事人对仲裁协议的效力有异议，应当在仲裁庭首次开庭前提出。"

根据最高法院的司法解释，中国国际经济贸易仲裁委员会有关管辖权异议的案子应当到北京二中院申请，而中国海事仲裁委员会有关管辖权异议的案子则应当到天津海事法院申请。

选择请求仲裁委员会作出决定的，若仲裁委员会对管辖权异议作出临时裁定后，对方不服该裁定的，不得再向法院就管辖权问题提起诉讼；同样，选择请求法院作出裁定的，若法院对管辖权异议作出判决后，对方不服判决的，也不得再要求仲裁委员会对管辖权异议作出裁决。

答复某租船公司咨询，2007.4

419. 无仲裁条款可否不予理睬仲裁庭

问：新加坡公司与巴西公司有纠纷，一直未解决，再加上新加坡公司拟宣布破产，故巴西公司根据其与新加坡公司租约中的仲裁条款在伦敦提起了仲裁，将我总公司作为仲裁的被申请人，要求我方在伦敦仲裁。但我方认为，此案只与新加坡公司有关系，与总公司无任何关系，更没有仲裁条款，故我方准备通过律师出面回答对方：总公司与对方无任何关系，更没有仲裁条款。另外，我方拟去天津海事法院告对方，指出无仲裁条款，要求法院作出一个裁定，以便寄伦敦仲裁庭，或将来对抗强制执行。同时，我方还准备指定仲裁员，以进行无任何关系与没有仲裁条款的辩驳。请问，这样行吗？

答：关于新加坡公司COA案，经与香港李律师商量，我认为：

1. 总公司暂不要急于委请仲裁员；

2. 可再去一个 E-mail，重申总公司与巴西公司没有任何关系，事前事后更没有仲裁条款；

3. 尽快将在天津海事法院的立案情况告诉李律师；

4. 尽快找出新加坡公司与巴西公司的仲裁裁决书提供给李律师，到时从第 3、第 4 条中找出理由再告诉巴西公司指定的仲裁员，以表明总公司的态度，影响其仲裁员不能无理作出任何错误的裁决。

总公司之所以不委请仲裁员，主要考虑：①如委请，好象总公司有点开始松动。②不指定，总公司仍可向巴西公司指定的仲裁员提出自己的理由。③就同一事项已有裁决书，不能又仲裁一次。④据新加坡公司松先生保证，事实上此案与总公司无任何关系，更没有仲裁条款。⑤从分析看来，巴西公司至今并没有什么证据可将总公司与新加坡公司联系在一起。如有，对方早就会提出，或裁决胜诉后就会采取行动，不会拖到今天。⑥巴西公司最后一次仍不能提供充分的理由，但提到新加坡公司与总公司的关系是代理关系，即新加坡公司是代理，总公司是未披露的委托人，这也只是巴西公司的一种逻辑推理，其实是母子公司关系。⑦即使是代理关系，代理与当事人单独订立的仲裁条款就一定能适用委托人与当事人吗？应该说，一般情况下难度很大。

答复中国某集团总公司法律部咨询，2005.5.12

注：事实上，新加坡公司与总公司为母子公司，总公司与巴西公司根本不存在任何仲裁协议，最后巴西公司自动放弃了仲裁。

420. 仲裁庭能否作出缺席裁决

问：某货运代理公司负责代国内一家客户安排班轮订舱，由于客户的原因有 150 立方米的货物未装上船，造成船方亏舱。船方在香港提起仲裁，要求货运代理公司赔付 2 万美元的空舱费。根据该班轮订舱条款，产生纠纷协商达不成一致，在香港仲裁，适用英国法律。我们的问题是可否不理睬仲裁机构？既不委请仲裁员，也不出庭进行答辩，仲裁机构是否就无法进行裁决呢？

答：根据香港仲裁法，一方不按仲裁规则指定仲裁员和不出庭答辩，仲裁庭并非不可以进行缺席裁决。香港仲裁委员会将依据香港仲裁规则代缺席的一方指定一位仲裁员，再由二位仲裁员推选一位首席仲裁员，由他们三位组成一个仲裁庭，对此案进行审理。如你方不出庭，仲裁庭将根据申请人一方提供的材料与事实进行缺席裁决。当然，仲裁庭会尽量做到公平、合理，依法审理办案。但毕竟因缺少未出庭一方提供的材料与事实和在庭上的抗辩，仲裁裁决的结果对未出庭一方肯定会有不利的影响，只有在仲裁庭认为根据申请人所提供的材料和所讲述的事实和经过均对申请人即出庭一方不利，并且应由申请人承担全部责任时，对未出庭的被申请人才不会有任何不利影响。但会有这样的申请人吗？

答复某货运代理公司咨询，2010.3.19

421. 我国裁决书能否在境外申请强制执行

问：请问申请人持有我国仲裁裁决书，能否去埃及执行？另外，我公司在埃及也有一仲裁案，对该案我司是否一定要答辩？目前我国内地的仲裁裁决书能否在香港得到执行？

答：你公司有两个仲裁案，对于这两个仲裁案，我的意见是：

1. 第一个仲裁案已有我国的裁决书，凭该仲裁裁决书，申请人可去埃及法院，申请强制执行，因为我国与埃及均为 1958 年《承认和执行外国仲裁裁决的公约》的签字国。

1958 年《承认和执行外国仲裁裁决的公约》第 1 条有关成员国相互执行条款规定："（1）由于自然人或法人间的争执而引起的仲裁裁决，在一个国家的领土内作成，而在另一个国家请求承认和执行时，适用该公约。在一个国家请求承认和执行这个国家不认为是本国裁决的仲裁裁决时，也适用本公约。（2）'仲裁裁决'不仅包括由为每一案件选定的仲裁员所作出的裁决，而且也包括由常设仲裁机构经当事人的提请而作出的裁决。（3）任何缔约国在签署、批准或者加入本公约或者根据第 10 条通知扩延的时候，可以在互惠的基础上声明，本国只对另一缔约国领土内所做成的仲裁裁决的承认和执行，适用本公约。它也可以声明，本国只对根据本国法律属于商事的法律关系，不论是不是合同关系，所引起的争执适用本公约。"

2. 对于第二个仲裁案，一个很重要的前提是你公司与集团是否有连带责任关系？如果没有连带责任，在埃及又均无任何财产，则可不予理睬，或能以很少的赔款尽早了结；如存在连带责任，就要考虑争取和解，以 50% 的赔偿了结此案。

3. 关于内地仲裁裁决书在香港的执行问题，情况是这样：

自 1997 年 7 月 1 日香港回归后，内地仲裁裁决书在香港申请强制执行，不再依据 1958 年《承认和执行外国仲裁裁决的公约》，因为此时不是两个国家的界限，而是一个国家的概念了；但适用香港当地的法律也不行，因为香港法律只适用在港的单位。那么现实的做法是，基于内地仲裁裁决书，向香港法院起诉被申请人，由香港法院作出判决：是驳回该仲裁的裁决，还是予以执行。所以，若华润集团与塞得有限公司是总分公司关系，负有连带责任，那么宁夏的申请人赴香港申请强制执行时，可基于仲裁裁决书，起诉华润集团，同时要举证证明华润塞得公司在埃及已无财产资金执行，华润集团是其总公司，应承担连带责任，香港法院接受这一观点后，方可进行强制执行。

在英国和中国香港，所谓"揭开公司的面纱"，即要求母子公司相互承担连带责任是很困难的，除非有足够证据证明这两个公司就是一个公司，或母公司成立该子公司完全是为进行欺诈，或母公司本身就负有责任，并且母公司一直出面在处理该纠纷，甚至误导了对方。

另外，当公司清盘时，根据香港公司法，6 个月之内不得为了逃避公司责任而有意转让资产，但正常的贸易支出除外。

答复香港华润集团埃及公司咨询，1999. 3. 18

422. 仲裁也讲究技巧吗

问：甲方（货方）与乙方（货运代理）签订港到门的运输合同，承运两集装箱机械设备。合同约定：合同执行中产生争议，提交北京中国海事仲裁委员会依据其现行仲裁规则仲裁。货到目的地拆箱后发现破损，货主拟提出索赔，可供选择的索赔对象有：货运代理、船公司、卸货港码头公司、公路运输的车队，请问能否通过诉讼来解决此纠纷？货方如何选择索赔对象来确保索赔成功？被索赔对象在准备仲裁答辩意见的时候通常要注意哪些？

答：（一）如果货方选择的索赔对象是乙方即货运代理，不能通过诉讼解决，因为甲乙双方事先有书面的有效的仲裁条款，除非事后双方书面同意撤销该仲裁条款。

（二）货方与货运代理签发的是港到门的运输合同，如果该货运代理有实力，法律关系又明确，找货运代理索赔最保险。

（三）被索赔对象即仲裁被申请人需注意的问题：

1. 程序方面的问题

①海事仲裁委员会是否有管辖权；

②是否是适格的被告；

③索赔时效是否已过；

④索赔单据是否有效与齐全。

2. 实体问题

①适用的法律是否正确；

②对方有无责任；

③有无除外责任；

④能否享受赔偿责任限制；

⑤如是货主装箱，铅封、交货时集装箱体外表是否完好，铅封有否问题；

⑥如果货运代理知道是哪一个环节发现货损，那么可要求将该责任方作为第三人列为被申请人，但是仲裁中很难办到，因为第三人不受甲乙双方合同仲裁条款的约束，如果诉讼就容易得多，只要法院同意，就可将第三人列为共同被告并请求法官直接判第三人承担法律责任；

⑦向责任方提出索赔，书面保留索赔权。

答复中国政法大学徐教授咨询，2007.10.20

423. 仲裁员如何拟写仲裁庭审提纲

问：又有一段时间未与您联系了，现有一好消息告诉您，我已成为仲裁战线上的一名新兵。现有一事相求，请您谈谈如何制定一份仲裁庭审提纲？盼复。

答：小刘，很高兴听到这一喜讯，祝贺你成为一名仲裁员，我们又成了同一战壕的战友。关于如何制定庭审提纲，提出以下参考意见，希望能够帮到你。

关于这方面，我的体会是在开庭前有无庭审提纲区别很大，有无一个好的庭审提纲又确实大不一样。准备一份好的提纲，会使你心中有数，有条不紊，更好地掌控庭审进程，同时不会遗漏拟通过庭审了解的重要事实，双方的真实意思，分清责任的细节，核实一些将作为裁决的重要证据。以便使我们客观、公正、对双方负责地做出仲裁裁决。

在制定庭审提纲之前，首先要认真细致地阅读申请人与被申请人的申请书和答辩书，以及所附的全部文件与证据。特别是申请人提起仲裁的法律依据，例如双方当事人达成的合同及补充合同等，更要仔细阅读，甚至对每个段落、每个条款和每个词句都要反复斟酌与理解，对整个案情越熟悉越有利于案件的审理工作。其次，看完案子的所有资料后，理出一个头绪，确定一个思路，然后归纳整理出几个有争议又涉及责任划分的问题。利用庭审这个机会让双方当事人进行充分的辩论，以搞清楚事实与一些细节问题，哪怕是一个数字，一个日期，一个名称都不要放过，该说明的一定要说明，需要确认的一定要查问清楚，因为这些材料的掌握将直接影响到仲裁裁决的结果，尤其是仲裁如无特殊情况一般只开一次庭。最后，制定庭审提纲还有一项任务是提醒，即对规范动作的提醒，列出庭审过程中必须做的那些规范动作，例如，需要向双方当事人明确本案的管辖权，适用的法律，询问请求的事项与金额有无变更，对证据的质证，是否接受调解等。

制定庭审提纲就像老师备课一样，准备得越充分、越认真、效果就越好。

我相信通过不断的实践与经验积累，你一定能成为一个好的仲裁员。

另外附上两个具体的庭审提纲，供你参考。

附件一：庭审提纲

一、关于仲裁案件是否具有管辖权与适用中国法律问题

二、本案的仲裁时效是否已过？

1. 投资款（何时开始起算、有否中断、是否适用两年、是否已过）

2. 滞纳金（何时开始起算、有否中断、是否适用两年、是否已过）

3. 补偿费（何时开始起算、有否中断、是否适用两年、是否已过）

三、《承诺书》是否有效？

1. 查清签订《承诺书》前后事实，L 先生为什么没在《承诺书》上签字？他是否知道、是否同意该《承诺书》？

2. 是否必须经三个自然人同时与物流公司签订《承诺书》方为有效？

物流公司认为该《承诺书》无效的理由及法律依据（具体条款内容）是什么？

3. 该《承诺书》如果有效，所签订的滞纳金 3‰ 与补偿费 10% 是否在合理范围？

物流公司认为多少为合理？其法律依据是什么？

W 先生认为合理的法律依据是什么？

4. 滞纳金与补偿费，W 先生计算的依据是什么？是依据 60 万元为基础，还是依据 120 万元为基础？

5. 如果《承诺书》无效，为什么物流公司返还 W 先生 50 多万元？

四、W 先生作为申请人申请仲裁是否适格？

物流公司主张"即使《承诺书》有效，也是两个人与物流公司签订的，现在只有 W 先生一个人申请仲裁，请求仲裁庭给予驳回"的法律依据是什么？

W 先生认为是适格的理由和法律依据是什么？

五、W 先生要求赔偿律师费的理由与法律依据是什么？

六、对《国际物流项目合作合同》及《承诺书》等文件进行质证。

七、W 先生已投资 60 万元的证据，物流公司是否认可？物流公司已返还 W 先生 50 多万元的证据，W 先生是否认可？

附件二：庭审提纲

一、严格按程序办案，核实审查双方提交的文件，包括：

1. 申请书中提到的"后经双方协商"的书面证据；

2. 申请人已支付 26 万元委托费的书面证据（申请人支付给谁了）；

3. 被申请人已退还 13 万元委托费的书面证据（以谁的名义退还的）；

尤其在被申请人可能不出庭的情况下，更要把好关。

二、确认仲裁条款的有效性，本案所适用的法律、仲裁时效及仲裁请求事项与金额。

三、申请人与被申请人之间的关系是代理合同关系还是委托合同关系？

被申请人是代理人还是被委托人，即铁路运输承运人？

四、确认合同的有效性及对有关条款的解释

1. 合同的有效性（核实是否盖有公司的合同印章与授权代表的签字）；

2. 合同的性质（是否为国内铁路运输代理委托合同）；

3. 合同条款之约定：

（1）双方的责任；

（2）费用及结算；

（3）重点条款的解释。

五、了解核实本案的具体案情

1. 整个案子的真实情况；

2. 货物未能发运的原因？

被申请人是否存在违约或过错？如有违约或过错能否免责？如负有责任且不能免责，能否享受赔偿责任限制？是否存在不可抗力的因素？

3. 合同履约过程中，申请人有无违约或过错？申请人是否按合同约定及时支付了委托费？委托费包括哪些费用？26 万元的委托费是如何计算出来的？

4. 被申请人未退返剩余 13 万元委托费的理由是什么？

5. 若因被申请人原因造成合同无法履行，则应退返委托费的全部还是部分？其依据是什么（例如《民法通则》、《合同法》、《国际货运代理业管理规定及实施细则》、代理协议或是双方协商同意）？

六、如双方均到庭，争取在仲裁庭的主持下促成和解。

答复某仲裁员咨询，2011.8.18

2008 年 10 月 23 日作者夫妇与司玉琢老师夫妇在大连合影

后 记

我请司玉琢老师为本书写序，是因为在我几十年的工作实践中得到过他的许多教诲，使我不但学到了许多法律知识，而且学会了如何做人。我虽不是大连海事大学的学生，但他却是我的老师，我一直是他的"编外"学生。

司老师任大连海事大学前校长、中国海商法协会副主席、中国海事仲裁委员会副主席、博士生导师。其学生遍及海内外，许多都是担任一定职务的领导和各行各业尤其是海事运输、海事法律方面的专家，可说是桃李满天下。他平易近人，和蔼可亲，从不摆架子，大家都很喜欢向他请教；他为人正直，学术严谨，逻辑思维强，故他写的文章和学术演讲都受到大家的一致好评；他一辈子以身作则，既教书又育人，是大家学习的楷模；他特别注重理论联系实际，经常深入教学第一线，并亲自处理各种疑难复杂的案件；他曾多次代表中国参加国际法律与国际公约制定的会议，发表过许多见解与建议并被采纳，在国际上享有很高的威望。

今天，司老师在百忙之中仍能抽出时间为我写序，我十分感动，也十分荣幸！谢谢您老师！衷心祝愿老师幸福快乐！愿师生情谊长在！

孟于群

2012 年 4 月 17 写于长沙